Heinz Ritter-Schaumburg

Dietrich von Bern

König zu Bonn

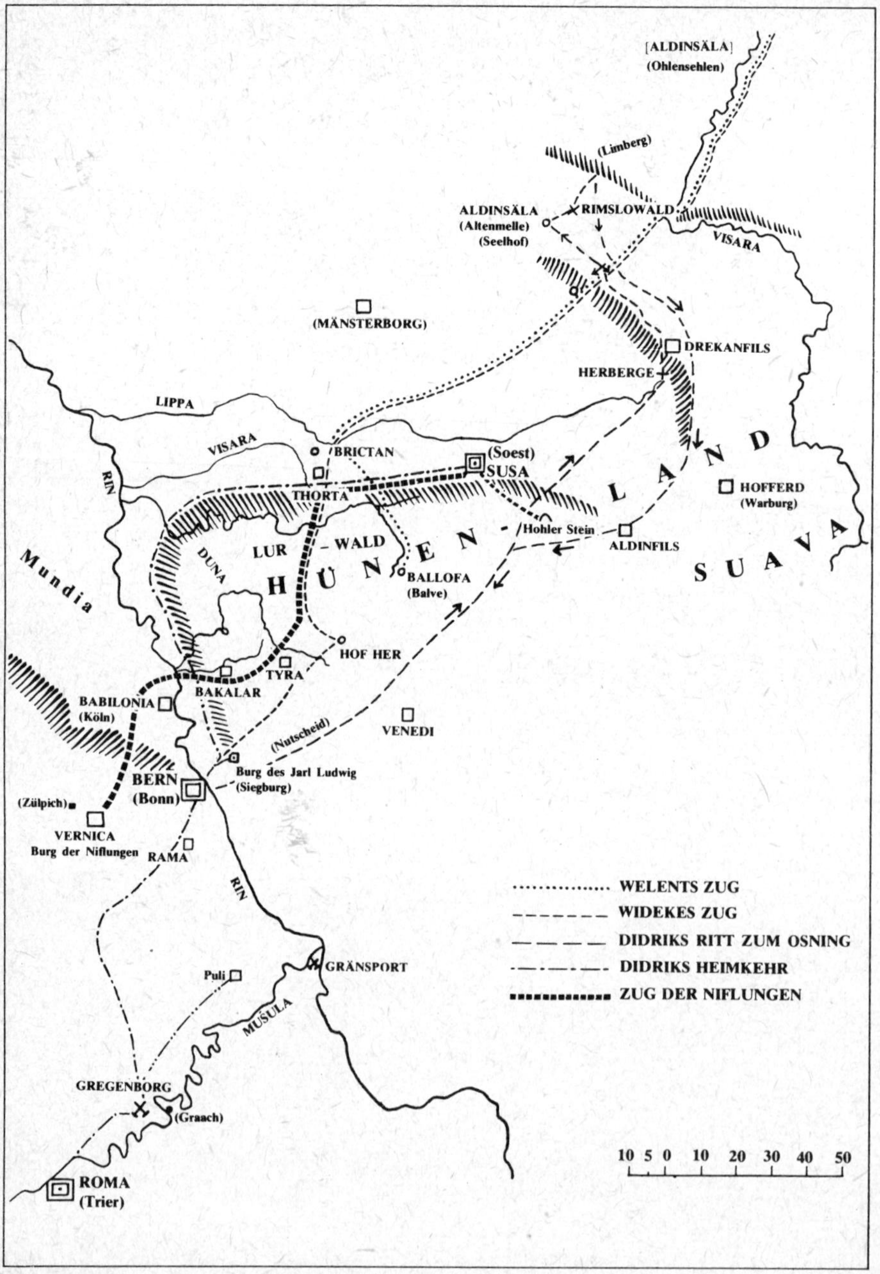

Orte und Wege der Thidrekssaga

Heinz Ritter-Schaumburg

Dietrich von Bern

König zu Bonn

Herbig

Das Umschlagbild stellt einen Stich des alten Bonn (1575) dar, aus dem hervorgeht, daß Bonn im Mittelalter den Namen Verona (= Bern) trug.

Umschlaggestaltung: Werner Rebhuhn, Hamburg
Herstellung: Franz Nellissen
Satz: Filmsatz Schröter GmbH, München
Reproduktion des Bildteils: Mediacolor, Verona
Druck und Binden: May + Co., Darmstadt
Printed in Germany
ISBN: 3-7766-1227-4

INHALT

Vorwort 9

Didrik von Bern und Theoderich der Große 11

Die Fragestellung 13
Die Quellen 15
Weland (Wieland) fertigt das Schwert Mimung 18
Die Überlieferung der Thidrekssaga: die Handschriften 21
Der Ursprung der Thidrekssaga 22
Antiquissima barbara carmina 25
Überblick über das Leben Theoderichs des Großen 28
Überblick über das Leben Didriks von Bern 30
Kurzer Vergleich 32
Die Gliederung der Thidrekssaga 33

Das Leben Didriks von Bern nach der Thidrekssaga 35

I. Didriks Jugend 37

Didriks Vorfahren 37

Didriks Großvater Samson 37
Ritter Samsons Heimat 46
»Salerna« 48
»Bunna dat heisz man dô Berne« 53
Samsons Söhne: Didriks Vater Thetmar 57
Didriks Oheim Herzog Ake 58
Didriks Oheim Ermenrik 59
»Rom« 60
»Puli« und »Greken« 63

Didrik und seine Kämpen 66

Hillebrand 67
Didriks Jugendabenteuer mit Hillebrand 72
Heim 76

Widekes Zug nach Bern/Bonn 81

Begegnung am Eydiss-Fluß 84
Das Kastell auf der Lippe 86
In Bern/Bonn 89
Der Kampf mit Didrik 90
Geographischer Rückblick 93
Der Hof Her 100
Die Zweikampfregeln 104

Didriks Ritt zum Osning 107

Ritt zum Osning 107
Der Kampf mit Ekke 108
Burg Drekanfils 111
Die Begegnung mit Fasold 112
Die Riesentiere im Rimslowald 113
Geographischer Rückblick 116
Der Vertrag mit Fasold 119
Aldinsæla 121
Wo lag Aldinsæla? 123
Die Saurierspuren 126
Jägerlatein 127
Nochmals Aldinsæla 131
Rückweg über den Aldenfils 133
Widekes und Heims Feindschaft 136

Detzlef der Däne 137

Detzlefs Jugend 137
Detzlefs Fahrt nach Bern/Bonn 139
Detzlef wird Didriks Mann 141
Am Königshof in »Rom« 142
Detzlefs Schulden 142
Weitere Gesellen Didriks 143
König Thetmars Tod 146

Die Ostkönige 146

Die Ostreiche 147
Attalas Aufstieg 150
Walter und Hildegund 151
Didrik hilft Attala 155
Wildefer befreit Wideke 157

Der Zug gegen Jarl Rimstein 158
Von Sigfrid und den Niflungen 161

Der Zug ins Bertangaland 163

Der Kampf mit dem Riesen 166
Sigfrid und Amlung 170
Die Zweikämpfe 171
Didriks Kampf mit Sigfrid 175
Herbort und Hilda 178
Didriks Heirat 181
Jarl Iron 182
Fritila Borg 184
Herzog Akes Tod 188

II. Didrik im Exil 191

Sevekins Hinterlist 191

Der Tod der drei Söhne Ermenriks 193
Der Tod der Örlungen 194
Didriks Vertreibung 196
König Ermenrik 199

Die Ostkämpfe 201

Im belagerten Kastell 203
Hillebrands Zeitzählung 205
Der russische Tydrek 207
Unglückliche Schlacht 212
Zweiter Feldzug gegen Waldemar 214

Die Schlacht bei Gränsport 216

Jungherr Thetmar 216
Didrik und Ercha 217
Die Königsknaben 219
Vorbereitung und Ausmarsch 220
König Ermenriks Rüstung 221
Gränsport 222
Das »Gänsfürtchen« 224
Hillebrands Nachtritt 227
»... da geht der Mond auf« 229
Die Schlacht 231
Der Tod der Königssöhne 232
Didrik verfolgt Wideke 234
König Didriks Klage 237
Die Rückkehr nach Soest 238
Königin Erchas Tod 240
Die Zauberkünste der Ostacia 241

III. Didriks Alter 247

Didriks Heimkehr 247

Der Weg zur Mundia 249
Jarl Elsung von »Babilonia« 250
Die Burg der Wölfinge 253
Hillebrand und Alebrand 256
Das Hildebrandslied 258
Der Einzug in Bern/Bonn 260
»Ram« 262
Schlacht bei Graach 264

Didriks Altersjahre 266

Didrik wird Christ 266
Hillebrands Tod 267
Heim im Kloster 268
Didriks Fortritt 270
Die Legende 272
Rache an Wideke 273

Didrik von Bern an der Mosel 277

Nachwort 279

Die Zeitordnung der Thidrekssaga 282

Didriks Leben 282

Anmerkungen 283

Übersetzung der Thidrekssaga-Texte 306

Vorwort zur Übersetzung 306

I. Didriks Jugend 307
II. Didrik im Exil 375
III. Didriks Alter 414

Bildnachweis 432

Vorwort

Das Buch »Die Nibelungen zogen nordwärts« ist mit ungewöhnlicher Anteilnahme, Wärme und Begeisterung aufgenommen worden, von Alten wie von Jungen. Im Juni 1981 herausgekommen, mußte es schon im November 1981 in 3. Auflage erscheinen. Viele sind, einzeln oder in Gruppen, den Wegen der alten Sage nachgewandert, haben selbst geforscht und gesucht. In der überlieferungsträchtigen Stadt Soest haben Schüler sich mit ihrem Lehrer und einem Buchhändler zusammengetan und einen großformatigen, achtseitigen »Soester Börde Courier« über die Niflungen in Soest herausgebracht mit eigenen Beiträgen, Forschungen, Plänen, Berichten. Und eine Flut von Briefen und Anrufen ist mir laufend zugekommen mit Fragen, Anregungen, Vorschlägen und auch wohl Zweifeln, welche aber die Grund-Thesen nicht antasteten. Die Darlegung des Zuges der Niflungen vom Neffelgau bei Zülpich nach Soest hat im ganzen einhellige Zustimmung gefunden. Auch ist die Darbietung des bisher unbekannten Textes der altschwedischen Handschrift der Thidrekssaga dankbar begrüßt worden.

Das Nibelungenbuch hatte damit begonnen, Schritt für Schritt aufzuzeigen, wie die Orts- und Raumangaben der Thidrekssaga, die man bisher fast ausnahmslos für irrig oder dichterisch erfunden angesehen hatte, ernst genommen und sorgfältig geprüft zu werden verdienen. Das Ergebnis wäre vor kurzem noch unvorstellbar gewesen: Die Heimat der Niflungen im Zülpichgau zwischen Neffel und Erft im südwestlichsten Teil des heutigen Bundeslandes Nordrhein-Westfalen, der Ort ihres tragischen Unterganges in der Hauptstadt des einstigen »Hünen«reiches Soest im nordöstlichen Teil des Landes.

Das Nibelungenbuch verlangt nun zwingend nach einer Ergänzung; denn das Niflungen-Drama ist nur ein kleiner Ausschnitt aus dem großen Leben des Königs Didrik von Bern, von welchem die Thidrekssaga vor allem berichtet. Die Schicksale dieses Königs, seine Herkunft und seine Taten, wollen dargestellt sein und in den rechten Zusammenhang gerückt werden. Und wieder gilt es hier, den Orts- und Raumangaben der Thidrekssaga, die jahrhundertelang unverstanden geblieben waren, auf den Grund zu kommen, sie zueinander in Beziehung zu setzen und Unbeachtetes der alten Überlieferung ans Licht zu bringen. Das unternimmt dieses Buch; und es fügt wieder den bisher unübersetzten Text der altschwedischen Handschrift bei.

Hier erhebt sich nun gleich die entscheidende Frage, ob mit unserem »Didrik von Bern« der große Ostgotenkönig Theoderich gemeint ist und ob um *diesen* germanischen König und sein italisches Reich sich alle diese Überlieferungen ranken – oder ob dies Berichte sind über einen *niederdeutschen* König in Bern/Bonn, der nichts mit jenem gemein hat. Die Antwort auf diese Frage wird das neue Buch ebenso bringen wie den zusammenfassenden Bericht über Leben, Taten und Schicksale des Königs Didrik von Bern und seiner Kämpen.

Hilfe und Förderung ist mir in so ungewöhnlichem Maß und von so vielen zuteil geworden, daß es nicht möglich ist, einzelne und einzelnes hervorzuheben. Ich verweise auf die Einleitung meines Nibelungenbuches, wo ich jene genannt habe, die mir in der Frühzeit meiner Forschung hilfreich gewesen sind. Ihrer Mitarbeit und Unterstützung verdankt auch dieses Buch viel; denn alle seine wesentlichen Erkenntnisse sind schon damals erarbeitet worden.

Ich danke also all denen, die meine Anfragen beantwortet haben, Ämtern und einzelnen, Fremden und Freunden, die mich mit Angaben, Hinweisen, Ablichtungen, Karten und Bildern unterstützt haben, die meine Vorträge an den verschiedenen Orten förderten; und ich danke all denen, die an mich geschrieben oder mich angerufen haben, die ihre Anteilnahme an dieser Arbeit und ihre Freude darüber aussprachen. Darunter waren auch viele Jugendliche. Ich danke aber ebenso für manche wichtige Berichtigung, manchen fördernden Vorschlag, auch gelegentliche Kritik, falls sie von solchen kam, die mein Buch wirklich gelesen hatten. Ich denke dabei auch an die Berichterstatter in Zeitungen und Zeitschriften, die fast überall in sachlicher Weise meine Arbeit bekannt gemacht und beurteilt haben. Die Förderung des Ministeriums für Wissenschaft und Forschung des Landes Nordrhein-Westfalen in den Jahren 1975–1980 galt auch den Inhalten dieses Buches.

Schaumburg-Rinteln, 11. August 1982

Dr. Heinz Ritter-Schaumburg

Didrik von Bern und Theoderich der Große

Die Fragestellung[1]

Wer Antworten sucht, muß Fragen stellen. Wer klare Antworten sucht, muß klare Fragen stellen. Wer entscheidende Antworten sucht, muß entscheidende Fragen stellen. Es ist eine merkwürdige Tatsache, die sich auf alle Gebiete des Forschens bezieht, daß die entscheidenden Fragen oft nicht oder erst spät gestellt werden, und dann nicht immer von Fachleuten.

Wer sich an die Sagen von König Dietrich von Bern erinnert, wie er zusammen mit seinem »Meister Hildebrand« gegen das Riesenpaar kämpft, wie er 12 starke Gesellen um sich schart und mit ihnen zum Wettkampf auszieht, wie er den starken Sigfrid besiegt, wie er in der Schlacht bei Gränsport (später »Raben«) sein Reich wiederzuerobern sucht, wie er dort den fliehenden Widga-Wideke, der die Königsknaben erschlagen hat, in atemberaubendem Ritt verfolgt – jeder denkt dabei gleich an Theoderich den Großen, der Italien beherrschte und in Ravenna residierte, wo heute noch sein großes Grabmal steht. Diese Meinung findet sich in allen Büchern über ihn, in Geschichts- und Literaturdarstellungen, in jedem Lexikon. Ist diese Gleichsetzung richtig?

Handelt es sich bei Dietrich von Bern und Theoderich dem Großen um ein und dieselbe Persönlichkeit – oder um zwei verschiedene? Noch in der vorzüglichen Dissertation von Heinrich Joachim Zimmermann: »Theoderich der Große – Dietrich von Bern« (Bonn 1972), dem neuesten Buch über dieses Thema, wird die Frage nicht gestellt. Das Thema wird durchweg so behandelt, als ob es selbstverständlich wäre, daß hier nur von *einer* Persönlichkeit gesprochen wird. Zimmermann schreibt auf S. 167 seines Buches:[2]

> »Wir gehen davon aus, daß die Heldensage von Dietrich von Bern, die den Stoff zu den Heldenepen des Mittelalters liefert, an das Leben und die Taten des Gotenkönigs Theoderich anknüpft.«

So wird denn alles, was über Dietrich von Bern in den Sagen erscheint, auf Theoderich den Großen und auf Italien bezogen.
Dies ist eine These, eine Annahme, eine Vermutung. Wenn sie richtig ist, stört sie den Gang der Untersuchung nicht. Wenn sie falsch ist, geschieht folgendes: Es werden *jene* Dietrichsagen, welche schon in frühen Zeiten Stoffe, Namen und geographische Angaben aus dem Leben Theoderichs aufgenommen haben, als ursprünglicher eingestuft; jene aber, die sich davon freigehalten haben, als irrtümliche und abwegige. So wird eine Rangordnung aufgestellt, welche die an den Anfang gesetzte Vermutung, die These, am Ende notwendig bestätigen muß. Es entsteht ein Zirkelschluß.
Die ungewöhnlich großen Unterschiede in den Lebensläufen und Charakteren Dietrichs und Theoderichs werden in Zimmermanns Buch deutlich erkannt, aber es wird keine Folgerung daraus gezogen. Zimmermann schreibt (S. 178):

> »Dagegen entfernt sich die Überlieferung in Heldensage und Heldendichtung so weit von der historischen Wirklichkeit, daß nur noch Umrisse zu erkennen sind...
> Für alle Überlieferungsstränge ist gemeinsam, daß sie ein Theoderich-Bild ergeben, das der historischen Wirklichkeit nicht entspricht.«

Der erste Satz sagt, daß in der Heldensage und -dichtung nur noch Umrisse der historischen Wirklichkeit zu erkennen seien; im zweiten Satz wird auch auf die erkennbaren Umrisse Verzicht getan und festgestellt: Das Bild Dietrichs von Bern der Heldensage und -dichtung entspricht der historischen Wirklichkeit Theoderichs des Großen *nicht.*
Trotz dieser klaren Aussage wird die Möglichkeit nicht erwogen, daß in Geschichte und Sage von zwei verschiedenen Persönlichkeiten die Rede sei. Wie stark mußte das allgemeine Vorurteil sein, welches in einer so vorzüglichen Untersuchung die entscheidende Fragestellung verhinderte! Diese mußte lauten:
»Waren Theoderich der Große von Ravenna und Dietrich von Bern der Heldensage die gleiche Person; oder waren es zwei verschiedene Persönlichkeiten?«
Diese Frage stellt dies Buch.

Die Quellen

Als Quellen für Theoderich den Großen stehen uns zahlreiche zeitgenössische Schriftsteller des 6. Jahrhunderts zur Verfügung, unter ihnen vor allem Jordanes, Prokop und Kassiodor. Sie vermitteln uns, von verschiedenen Standpunkten aus, ein vollständiges, umfassendes Bild der Persönlichkeit, der Taten und Schicksale Theoderichs des Großen, eingebettet in die Geschichte des oströmischen Kaisertums und die Gotengeschichte.

»Dem kritischen Biographen im modernen Sinne ist die Möglichkeit gegeben, diese Quellen zu überblicken und ihren Quellenwert zu beurteilen. Der heutige Geschichtsschreiber vermag also ein ausgewogenes Theoderich-Kapitel zu schreiben.« (Zimmermann S. 50f).

Anders ist es mit den Quellen für den König der Heldensage Dietrich von Bern. Wir besitzen eine größere Anzahl von mittelhochdeutschen Epen, Dichtungen in Reimversen, aus dem 13. und 14. Jahrhundert. Sie vermitteln uns einzelne Ereignisse aus dem Leben Dietrichs von Bern, so »Dietrichs Flucht«, »Die Rabenschlacht« und »Alpharts Tod«. Eine Reihe weiterer Dietrich-Epen sind reine Dichtungen, nur der Phantasie entsprungen, märchenhafte Erzählungen teils von Riesen und Zwergen, ohne greifbare Anknüpfungen an bestimmte historische Ereignisse oder Orte.[3]

Diesen mittelalterlichen Quellen hinzuzurechnen sind auch das Nibelungenlied und »Die Klage«, eine dem Nibelungenlied angehängte Dichtung in Kurzversen mit unendlichen Aufzählungen, aber fast ohne Handlung. Die Entstehung des Nibelungenliedes reicht ganz an den Anfang des 13. Jahrhunderts heran oder setzt sogar schon in den letzten Jahren des 12. Jahrhunderts an. Aber das ist immer noch 600–700 Jahre später als die Theoderich-Quellen. Das einzige altüberlieferte Dokument ist das Hildebrandslied, eine Stabreimdichtung in althochdeutscher Sprache, niedergeschrieben im 8.–9. Jahrhundert. Mit ihm werden wir uns noch eingehend beschäftigen.[4]

Unter allen Dietrich-Quellen die wichtigste aber ist die Thidrekssaga.[5] Sie berichtet das *ganze* Leben des Berner Königs, von seiner Jugend, ja von seinem Großvater an bis zu seinem Tod. Sie gibt sich wie eine Chronik (mit dichterischen Einschlüssen) und beteuert immer wieder, daß ihr Bericht auf wirklichen Begebenheiten einer sehr frühen Zeit beruhe, nahe jenen Ereignissen selbst, und daß die Spuren der von ihr erzählten Vorgänge noch vielerorts erkennbar seien.

Wenn dies wahr ist und sich erweisen läßt, dann haben wir in der Thidrekssaga eine Quelle aus der gleichen Zeit wie die genannten Theoderich-Quellen, dann können wir beide gegenüberstellen, können vergleichen und folgern. Alles kommt also darauf an, herauszufinden, wieweit die Thidrekssaga glaubwürdig ist, aus welcher Zeit sie stammt, über welche Zeit sie berichtet und in welchem Raum ihre Geschehnisse spielen. Sie macht viele geographische Angaben, nennt Länder und Orte von Salerna und Rom bis nach Holmgard in Rußland; aber es war bisher nicht gelungen, ihre geographischen Angaben zu verstehen und ihr geographisches Gesamtbild zu erfassen.

Als ich im Jahre 1965 für eine Woche im Arnamangnæanske Institut in Kopenhagen arbeitete, wo alle wichtigen Handschriften der Thidrekssaga im Original oder in guten Wiedergaben studiert werden können, war man dort der Ansicht, daß eine Erklärung der geographischen Namen der Thidrekssaga überhaupt nicht möglich sei, weil ein Sinn in diesen Angaben gar nicht vorhanden wäre. Ich war anderer Ansicht und bin es heute noch mehr; aber ich stand mit meiner Ansicht allein.

Viele Angaben der Thidrekssaga waren tatsächlich so ungewöhnlich, daß es fraglich schien, ob sie überhaupt einen Sinn meinten, und es ließ sich zwischen den einen und andern kein klarer Zusammenhang finden. Bis in die Gegenwart herein galt daher die Thidrekssaga als unklar, unzuverlässig, ja unsinnig; und als ihre unwahrscheinlichste Angabe wurde angesehen, was sie über den Zug der Niflungen zu berichten hatte. Da hieß es im Kapitel 363 der Haupthandschrift:

> »Die Niflungen ziehen nun immer ihres Weges, bis sie an den Rhein kommen, da wo Duna und Rhein zusammenkommen.«

Da diese Stelle aber in allen drei bis dahin vorhandenen Übersetzungen[6] aus dem Altnordischen ins Deutsche wiedergegeben wurde mit: »da wo Donau und Rhein zusammenkommen«, so war es kein Wunder, daß das allgemeine Urteil über diese Stelle darin überein kam, daß die Thidrekssaga hier etwas völlig Unsinniges geschrieben hätte, da es einen Zusammenfluß von Donau und Rhein nicht gibt, und daß man an dieser Stelle besonders deutlich sehen könne, wie die Thidrekssaga in ihren Ortsangaben unzuverlässig und ahnungslos sei.

In meinem Buch »Die Nibelungen zogen nordwärts«[7] habe ich grade diese Stelle zum Ansatz genommen und an ihr gezeigt, daß man der Thidrekssaga Unrecht tut. Denn es *gab* eine Duna, die in den Rhein floß, die heutige Dhün, welche, aus dem Bergischen Land kommend, bei Wiesdorf-Leverkusen in den Rhein mündete, bis sie 1840 in die Wuppermündung umgeleitet wurde. Und diese Mündungsstelle in den Rhein war ein genauer geographischer Punkt, dort gelegen, wo es seit Jahrhunderten und Jahrtausenden durch die Ausschwemmungen des reißenden Flüßchens eine passierbare Furt gab, wo der Fernweg aus dem Westen den Rhein überschritt und (auch) nach Soest weiterlief, wo heute die Autobahn neuerdings den Rhein überschreitet.
Hier zeigte sich die Thidrekssaga nicht ahnungslos und unsinnig, sondern stimmig und kenntnisreich über den Zustand ganz früher Zeiten. Die Auffindung der Duna-Dhün war für mich der Ansatz, nun weiter den geographischen Angaben der Thidrekssaga nachzuspüren; und so gelang es mir, die Heimat der Niflungen im Zülpichgau an der Neffel, die den Niflungen-Nyfflingen wahrscheinlich den Namen gab, und ihren Weg von dort nach ihrem Zielort Susa(t) = Soest fast genau zu bestimmen, samt der Burg Bakalar des Markgrafen Rodinger im heutigen Altenberg. Es fanden sich die sonst im tiefen Süden angesiedelten Orte nun in Niederdeutschland in sinnvollem Zusammenhang, und eines stimmte zum andern.
Hatte so die Thidrekssaga ihre Zuverlässigkeit in bezug auf ihre geographischen Angaben kundgetan, so tat sie das auch noch auf ganz anderen Gebieten. Es wird in der Thidrekssaga unter anderm auch die Geschichte von Wieland dem Schmied erzählt, und in ihr – und nur in ihr – wird berichtet, wie Weland (Wieland) das berühmte Schwert Mimung schmiedet. Ich habe das in meinem Nibelungenbuch ausführlich dargestellt, wiederhole es hier aber nochmals wegen der Wichtigkeit dieser »Stichprobe«.

Weland (Wieland) fertigt das Schwert Mimung

Da heißt es in der kürzesten Handschrift, der altschwedischen, die wir künftig die »Svava« nennen, Kap. 64:

> »Weland ging zur Schmiede und machte, was er vermochte. Er machte ein Schwert in sieben Tagen. Da kam der König zu ihm in die Schmiede gegangen, und das Schwert gefiel ihm gut. Weland ging zu einem Fluß, warf einen Filzhut stromauf und ließ ihn flußab gegen die Schwertschneide treiben. Das Schwert schnitt den Hut entzwei. Da sagte der König: »Das ist ein gutes Schwert, das will ich selbst haben!« – Weland antwortete: »Es ist noch nicht fertig, Herr!« – Der König sagte: »Mach es fertig und gib es mir dann!« – Weland sagte Ja. Und damit trennten sie sich.
> Weland ging in die Schmiede, zerschlug das Schwert, zerfeilte es dann, so schnell er konnte, und vermengte es mit Mehl. Dann nahm er Gänse, ließ sie drei Tage hungern und gab ihnen das so zu fressen. Darauf siebte er ihren Kot, nahm den Stahl, den die Gänse nicht verdauen konnten, schweißte ihn zusammen und machte ein Schwert daraus, viel kleiner als das vorige war. Da kam der König zu ihm.
>
> **Sv 65**
> Nun ging Weland zum Fluß und warf einen Filz in den Fluß, zwei Fuß dick, und hielt das Schwert davor. Da schnitt das Schwert den Filz entzwei. Der König sagte: »Du machst kein besseres Schwert, als dieses nun ist!« – Weland antwortete: »Das soll noch zweimal so gut werden, Herr!« – und damit schieden sie von einander.
> Weland kam wieder in die Schmiede und zerfeilte das Schwert, wie er vorher getan hatte, und machte das alles von neuem... Der König kam zu Weland, und sie gingen zum Fluß. Er warf einen Filz hinein, drei Fuß dick, und ließ ihn auf das Schwert zutreiben. Da schnitt das Schwert den Filz. Der König sagte: »In der ganzen Welt findet sich nicht, was diesem Schwerte gleich ist!« –

Das war das Schwert *Mimung*, welches, wie die Thidrekssaga berichtet, »Eisen wie Kleider schnitt«. Bei der Wettprobe zwischen Weland und dem Hofschmied Amilias, schnitt er diesen samt seiner Rüstung vom Helm bis zur Hose durch.
Mit diesem Bericht der Thidrekssaga hat sich im Jahre 1936 die deutsche

Eisen-Industrie befaßt und nachgeprüft, was Weland da eigentlich gezaubert hat. Sie ist zu erstaunlichen Ergebnissen gekommen.

Die aus den früheren »Rennfeuern« und Schmelzöfen gewonnenen »Luppen« (glühende schwammige Metallklumpen) waren weiches, biegsames Schmiede-Eisen. Es ließ sich leicht mit dem Hammer verformen und ließ sich verschweißen, aber es ließ sich nicht »härten«. Wenn man es »abschreckte« = glühend in kaltes Wasser tauchte, veränderte es seine Eigenschaften nicht. Die »Pila« der Römer aus solchem Eisen verbogen sich schnell, und die Kelten mußten ihre Schwerter nach kurzem Gebrauch überm Knie wieder zurechtbiegen.

Bestrich man aber solch weiches Eisen mit Blut, Rindertalg, Kot oder sonst einem organischen Stoff, glühte es damit und wiederholte diesen Vorgang mehrmals, dann wurde wenigstens seine Oberflächenschicht härtbar, wurde nach Abschreckung zu einer Stahlhaut, »Zementstahl«. »Aufkohlung« nennt man diesen Vorgang, weil Stahl erst durch einen Zusatz von Kohlenstoff entsteht. Auf diese Weise konnte sich Weland harte Feilen herstellen.

Außen Zementstahl, innen weiches Eisen, das war Welands erstes Schwert. Wenn er dieses nun ganz zerfeilte, zusammen mit Gänsekot wieder verschweißte und neuerlich härtete, so war harter Zementstahl und zähes Schmiedeeisen durch die ganze Masse verteilt, und diese von neuem mit einer Stahlhaut umgeben. Zugleich entstand durch den Wechsel von hart und zäh an der Schneide eine Sägewirkung, welche die Schneidkraft erhöhte. Das war Welands zweites Schwert. Dieses Verfahren dürfte er von seinem Lehrmeister Mime gelernt haben; denn er nannte das Schwert »Mimung«.

Aber Weland war das nicht genug. Er wiederholte den Vorgang nochmals und schuf so ein neuartiges Schwert, das allem Schmiedeeisen hoch überlegen war und »Eisen wie Kleider schnitt«. Dieses Schwert war durch und durch Stahl.

Im Jahre 1936 hat Dr. Ing. J. Heddäus in der Monatsschrift der Vereinigten Stahlwerke AG »Das Werk« (Jg. 1936 Heft 9) wohl zum ersten Mal das Welandsche Verfahren analysiert; und noch im gleichen Jahr wurden darauf zwei Patente zur Erzeugung hochwertiger Stähle angemeldet. Worum es sich hier handelt, das hat besonders deutlich Hermann Rüggeberg in »Die Kunde« (Neue Folge 9. Heft, 1–2, Jg. 1958) dargelegt. Er überschreibt seinen Aufsatz: »Werkstattklatsch oder Wahrheit? Wieland schmiedet das erste Ganzstahlschwert des Abendlandes«; und er faßt zusammen:

»Indem Wieland die Feilspäne seines Schwertes, mit Gänsekot vermischt, dem Schmiedefeuer aussetzte, kohlte er in einem zweimaligen Verfahren jeden Feilspan durch seine ganze Masse hindurch zu Stahl auf.«

Aber dies war noch nicht alles. Dr. Ing. Daeves schrieb in der »Rundschau deutscher Technik« (Nr. 26, 20. Jg. vom 27.6.1940) unter der Überschrift: »Die Untersuchung altdeutscher Eisenteile«:

Warum verwendete aber Wieland gerade Geflügelmist? Wozu die mehrfache Einsatzbehandlung und Neuschmiedung? – Kot enthält außer Kohlenstoff auch Stickstoff. Erst seit Anfang dieses Jahrhunderts ist uns bekannt, daß die Stickstoff-Einwanderung eine beträchtliche zusätzliche Härtesteigerung bewirkt, so daß ›nitrierte‹ Stähle die höchste bei Eisen überhaupt vorstellbare Härte aufweisen. Sie finden z. B. Anwendung in höchst-beanspruchten Flugmotorenteilen...
Die nach dem Wielandschen Verfahren behandelten Späne bestanden also aus einem weichen und zähen Kern mit einer nach Härtung äußerst harten und schneidfähigen Schale. Wurden diese Späne zusammengeschweißt, erneut zerfeilt, eingesetzt und verschweißt, so mußte sich nach mehrfachem Wiederholen und Härten ein Körper ergeben, der sehr gleichmäßig aus zäherem härtbarem Eisen und äußerst hartem Karbid (Eisen-Kohlenstoff-Verbindung) und Nitrit (Eisen-Stickstoff-Verbindung) mosaikartig zusammengesetzt war. Die Vereinigung von Schneideigenschaften und Zähigkeit ist bei einem solchen Verbundkörper wesentlich günstiger als bei einem durchgehend harten neuzeitlichen Messer und infolge der größeren Härte und günstigeren Verteilung der Nitride auch besser als die eines Rasiermessers oder Werkzeugstahls, das aus einer harten Grundmasse (Martensit) und eingebetteten Karbiden besteht.«

Die Fachleute der Stahl-Industrie hatten also festgestellt, daß das Wielandsche Verfahren nicht dichterischer Phantasie entsprungen war, sondern genaueste Schmiede-Kenntnisse, ja Schmiede-Geheimnisse, mitteilte. Die Angaben waren sachkundig und technisch richtig. Dies war keine Märe, sondern echter Bericht. Eine Überlieferung, die einen solchen Sachbericht enthielt – und nur die Thidrekssaga enthielt ihn –, durfte auch in anderen Mitteilungen Anspruch auf Zuverlässigkeit machen.

Die Überlieferung der Thidrekssaga:
die Handschriften

Die ursprünglich niederdeutsche Thidreks-Didriks-Sage ist uns in deutschen Sprachen nicht erhalten geblieben; ihr Text ist uns aber in den nordischen Sprachen überliefert, und zwar durch drei isländisch-altnordische Pergament-Handschriften und ihre Nachkommen sowie durch zwei altschwedische Handschriften.
Von den altnordischen Pergament-Handschriften (Codices) sind zwei verschollen. Wahrscheinlich sind sie beim Kopenhagener Stadtbrand 1728 vernichtet worden. Aber ihre Inhalte sind nicht verloren. Rechtzeitig wurden von ihnen Abschriften genommen, und diese sind als die isländischen Papier-Handschriften A und B noch vorhanden und werden im Arnamagnæanske Institut in Kopenhagen als 178 fol. (A) und 177 fol. (B) verwahrt.
Auch gibt es noch Abschriften von Abschriften, von denen vor allem die Handschriften D und E wichtig sind, wobei D mit B zusammengehört und E mit A.
Die einzig erhaltene Pergament-Handschrift ist die sogenannte »Membrane« (weil auf Pergament = Membrane geschrieben). Sie wird in der Königlichen Bibliothek in Stockholm in der norwegisch-isländischen Handschriftensammlung als Nr. 4 verwahrt. Sie ist zugleich die älteste erhaltene Handschrift der Thidrekssaga überhaupt und stammt nach Schrift und Aufmachung aus der Mitte des 13. Jahrhunderts, 1250–1260. Sie ist abgedruckt bei Henrik Bertelsen: »Þiðriks Saga af Bern«, Kopenhagen 1905–1911 in zwei Teilen, deren I. Teil auch die Texte der Handschriften A und B bringt, deren II. Teil wenigstens die Varianten von A und B mitteilt.
Die »Membrane« hat mit A und B eine verwandte Überlieferung. Sie alle gehen letztlich auf eine gemeinsame Quelle zurück, doch hat jede Handschrift für sich viele Besonderheiten.
Außer den isländisch-altnordischen Handschriften und deren Nachkommen (Abschriften bis in die neuere Zeit herein) gibt es nun aber noch Die altschwedische Handschrift, wobei man die beiden vorhandenen Exemplare, ein vollständiges und ein zu drei Fünfteln erhaltenes, als eine Einheit ansehen kann, da die Abweichungen nur geringfügig sind. Diese »Svava«, wie ich sie (zuerst vielleicht irrtümlich, aber brauchbar) nannte, hat nun einen vollkommen anderen Text als die übrigen Handschriften. Ihre Einzeltexte sind viel kürzer, einfacher, sachlicher, grad-

liniger, ursprünglicher und haben vielfach deutsche Namensformen statt der skandinavischen.
Nun ist aber grade diese »Svava« in ihrer Einfachheit verachtet und als eine schlechte und verstümmelte Kopie der Membrane angesehen worden. Das geschah einmal, weil Svava und Membrane bestimmte Eigentümlichkeiten gemeinsam haben; und zweitens, weil die Svava in einem Schlußvers angibt, daß sie eine Übertragung ins Schwedische sei. Aus beidem schloß man, die Svava wäre eine (verkürzende) Übersetzung der Membrane aus dem Altnordischen ins Schwedische.
Dieser Schluß ist voreilig. Die Gemeinsamkeiten von Membrane und Svava deuten zwar eine engere Zusammengehörigkeit an, aber sie sagen nicht aus, wer von wem abhängig ist; und darüber hinaus bliebe noch die Möglichkeit, daß beide aus *einer* Quelle stammen. Und die Tatsache wieder, daß Svava eine Übersetzung ist, sagt nicht aus, daß sie aus dem Isländisch-Norwegischen stamme. Sie kann ebenso gut (oder besser) aus dem Dänischen oder unmittelbar aus dem Deutschen übertragen worden sein. Es kann sich also umgekehrt verhalten: daß die Svava die Quelle der Membrane wäre (oder eine ihrer Quellen). Das hätte manches für sich.

Der Ursprung der Thidrekssaga

Aus welcher Zeit stammt nun die Überlieferung der Thidrekssaga? Die Zeit der Entstehung der Membran-Handschrift (um 1260) ist nur ein zufälliges Datum; die Inhalte selbst sind viel älter. Über ihren Ursprung gibt die Thidrekssaga selbst einige Auskunft: einmal in einem Vorwort, das aber nicht in allen Handschriften vorhanden ist und vor allem der Svava und der Membrane (dieser vielleicht durch eine große Lücke im Anfang) fehlt. Das Vorwort lautet in der Handschrift A:

> »Diese Saga ist zusammengesetzt nach den Aussagen deutscher Männer, doch einige nach deren Liedern, welche vornehme Männer ergötzen sollen, und welche einstmals gedichtet wurden gleich nach den Ereignissen, welche in dieser Saga erzählt werden. Und wenn du einen Mann nimmst aus jeder beliebigen Burg in ganz Sachsland (Niederdeutschland), so werden alle diese Saga auf die gleiche Weise erzählen. Das bewirken aber ihre alten Gesänge.«

Zum zweiten wird über den Ursprung der Thidrekssaga berichtet in einem Nachwort zum Niflungen-Untergang. Da heißt es (Mb 394):

> »Hier kann man nun hören die Erzählungen deutscher Männer, wie diese Begebenheiten vor sich gegangen sind, und zwar von etlichen, die in Soest geboren sind, wo diese Ereignisse sich zugetragen haben, und die manchen Tag die Stätten noch unzerstört gesehen haben, wo diese Begebnisse sich ereigneten: wo Hagen fiel oder Irung erschlagen ward, oder den Schlangenturm, in dem König Gunter den Tod fand, und den Garten, der noch ›Niflungengarten‹ genannt wird. Und es steht alles noch auf dieselbe Weise, wie es damals war, als die Niflungen erschlagen wurden; auch die Tore: das östliche Tor, wo zuerst der Kampf sich erhob, und das westliche Tor, das ›Hagens Tor‹ genannt wird, das die Niflungen in den Garten brachen; das wird noch alles auf dieselbe Weise benannt, wie es damals geschah. Auch solche Männer haben uns davon gesagt, die in Bremen und Münsterburg geboren sind. Keiner wußte mit Gewißheit vom andern, doch sagten alle auf dieselbe Weise davon. Auch entspricht das meist dem, was alte Lieder in deutscher Zunge sagen, welche weise Männer gedichtet haben über die großen Begebenheiten, die sich in diesem Lande zutrugen.«

Die Membran-Handschrift, welche diese Angaben enthält, ist nach allgemeinem Urteil um 1260 entstanden. Und ohne weitere Prüfung nahm man an, daß die Befragung der deutschen Männer gleichfalls eben damals, um 1260, erfolgt sei, ja daß die Aussagen der Deutschen eine Hauptgrundlage für die Entstehung und Niederschrift der Membrane gebildet hätten. Man stellte sich vor, daß diese Männer Kaufleute aus den verschiedenen deutschen Städten gewesen wären, die sich in der norwegischen Hafenstadt Bergen mit dem »Sagamann« und seinen Helfern zusammenfanden und ihnen an den langen Winterabenden dort ihre Kenntnisse mitteilen konnten.

Dies ist noch heute die weithin verbreitete Vorstellung von der Entstehung der Thidrekssaga. Wenn wir dies alles aber sorgfältig durchüberlegen, stoßen wir auf unerwartete Schwierigkeiten.

Fraglich ist zunächst, ob die geschilderte Befragung um 1260 überhaupt stattgefunden haben kann, und zwar aus folgendem Grund: Es ist nämlich zwischen 1170 und 1180 das alte Soest völlig verwandelt worden. Ein riesiger Festungsgürtel wurde um die Stadt gelegt mit mächtiger Mauer, oben breit wie eine Straße, mit gewaltigem Graben, mit starken Festungstürmen und vielen neuen Toren. Diese Arbeiten führten auch im Inneren der Stadt zu großen Veränderungen; und darnach stand in Soest nichts mehr »auf dieselbe Weise, wie es damals war«. Von dieser Umgestaltung weiß die Membrane, wenn sie sagt:

> »Männer, die in Soest geboren sind, wo diese Ereignisse sich zugetragen, und die manchen Tag die Stätten noch unzerstört gesehen haben, wo diese Begebnisse sich ereigneten.«

Haben dic Männer diese Stätten »manchen Tag noch unzerstört« gesehen, so haben sie sie darnach noch manchen Tag zerstört gesehen; das heißt: sie haben die Zerstörung miterlebt.
Nehmen wir an, daß sie damals noch jung waren, als die große Umgestaltung begann, so mußten sie um 1170 doch wenigstens 10 Jahre alt sein, um an diesen Vorgängen mit Bewußtsein und Interesse teilzunehmen, und wenn sie die Sagen so gut beherrschten, noch um einiges älter. Dann waren sie um 1160 oder früher geboren. Wenn diese nun später, zu Männern erwachsen, den Nordleuten über die alten Sagen berichteten, so konnte das nicht um 1260 sein, denn da wären sie ja 100 Jahre und älter gewesen; es mußte vielmehr geschehen sein, als sie in ihren besten Jahren waren, 25–40, rüstig und unternehmend genug, um weite und anstrengende Reisen zu machen; und das wäre zwischen 1180 und 1200 gewesen. Vor 1200 also, etwa um 1190, kann solche Befragung stattgefunden haben, nicht aber um 1260.
Daraus ergibt sich, daß das Nachwort zum Niflungen-Untergang sich nicht auf die Zeit von 1260 beziehen kann, als die Membrane entstand, sondern nur auf eine Befragung um 1190. Die Niederschrift der Membrane und die Befragung der Deutschen sind zwei zeitlich verschiedene Vorgänge, sie liegen etwa 70 Jahre auseinander. Was in der Membrane darüber steht, ist also nur eine Abschrift aus der viel früher erfolgten Niederschrift, die wir die Vor-Membrane nennen können. Sie mag um 1190 entstanden sein und enthielt schon das Nachwort zum Niflungen-Untergang. Die »Sagamänner« von 1260 haben dann Niflungensaga samt Nachwort abschriftlich in die Membrane übertragen.
Mit dieser Überlegung befinden wir uns schon vor der kritischen Schwelle, vor der Wende vom 12. zum 13. Jahrhundert. Weiteres Nachdenken führt uns in noch frühere Zeit zurück. Unsere Soester, Bremer und Münsteraner Berichter hatten sich die Sagentexte ja nicht aus den

Fingern gesogen, sondern sie hatten sie selbst von der älteren Generation übernommen, hatten sie erzählt bekommen, vorgetragen gehört oder sogar auswendig gelernt. Die unglaubliche Bewahrungskraft mündlicher Überlieferung ist uns aus vielen Beispielen vieler Völker bekannt. Und damit wären wir schon bei der um 1130 geborenen Generation. Bei dieser schon müssen diese Inhalte lebendig gewesen sein, und da hier nirgends ein schöpferischer Anlaß zur Selbstgestaltung dieser fernen und heidnischen Stoffe gesehen werden kann, müssen wir folgern, daß diese Sagen von Generation zu Generation stets weitergegeben worden sind, bis wir beim Zurückverfolgen auf eine schriftliche Quelle stoßen.

Antiquissima barbara carmina

Von solcher schriftlichen Quelle wissen wir nun tatsächlich aus der Zeit um 800. In seinem Buch »Das Leben Karls des Großen«[8] berichtet sein Biograph Einhard im 29. Kapitel, nachdem er vorher angeführt hat, wie Karl die Rechtsbücher der fränkischen Stämme zusammenstellen ließ:

> »Item antiquissima barbara carmina, quibus veterum regum gesta et bella canebantur, scripsit et memoriae tradidit.«
> »Auch ließ er die ganz alten deutschen Lieder, in denen der frühen Könige Taten und Kriege besungen wurden, aufschreiben und dem Gedächtnis einprägen.«

Hier also erfahren wir von einer schriftlichen Quelle, an welcher sich die mündliche Überlieferung immer wieder beleben konnte. Wir wissen nicht, wie lange sie bestanden hat, aber wir wissen, daß sie bis ins 12. Jahrhundert Nachwirkungen gehabt hat.[9] Neben der schriftlichen muß die mündliche Überlieferung immer mitgelaufen sein. Und wenn Einhard schreibt, daß Karl diese Lieder oder Liedinhalte »memoriae tradidit« = dem Gedächtnis übergab, anvertraute, einprägte, so heißt das sicher nicht nur, daß er sie schriftlich bewahrte, sondern auch, daß er sie auswendig lernen ließ.

Das erfahren wir sogar mit Bestimmtheit durch Thegan[10], den Biographen von Karls Sohn und Nachfolger, Ludwig dem Frommen. Von ihm, der so sehr der Kirche zugetan war, sagt Thegan:

»Er verachtete die Volksgesänge, die er in der Jugend gelernt hatte, und wollte sie weder lesen noch hören noch lehren.«

Er hatte sie also selbst *gelernt*, zu seiner Zeit konnte man sie noch lesen und hören, und vom König erwartete man, daß er sie *lehrte*, wie es sein Vater getan hatte. Und »lehren« wie »lernen« kann nur das Auswendiglernen meinen.

Der *Inhalt* dieser Lieder- und Sagen-Sammlung wird nur im Großen angegeben: *»Die Taten und Kriege der frühen Könige«*. Genau dies aber ist es, was die Thidrekssaga enthält: Die Schicksale, Taten und Kriege der frühen Königsgeschlechter: der Niflungen, der Friesen und Hünen (Westfalen), der Wilzen und Schweden, der Dänen, der Russen, der Aumlungen (Rhein- und Moselfranken), König Sigmunds Geschlecht, Brünhilds Herrschaft; dazu die Schicksale ihrer Verwandten (Walter und Hildigund) und ihrer Gesellen.

Schon Karls des Großen Eltern-Generation muß diese Sagen geschätzt und gepflegt haben; denn eben im 8. Jahrhundert taucht der Name Nibelung in der Pippinidischen Königsfamilie auf. Und auch hier gilt, was wir vorher sagten: Da kein schöpferischer Anlaß zur Neugestaltung dieser Sagenstoffe zu ersehen ist, müssen diese von Generation zu Generation mündlich weitergegeben worden sein und kamen letztlich von jenen her, die diese Ereignisse aufzeichneten oder mündlich prägten »gleich nach den Ereignissen, welche in dieser Saga erzählt werden«, wie das Vorwort der Thidrekssaga glaubhaft versichert. Damit wären wir zeitlich in der Gegend des 5. oder 6. Jahrhunderts.

Daß die Erzählungen und Berichte der Thidrekssaga aus dieser Zeit stammen, dafür spricht noch Weiteres. Bis auf späte Randgeschichten und den Bereich von England ist die Thidrekssaga noch *völlig heidnisch*.

Sie kennt keine Geistlichen und keine Klöster, keine kirchlichen Bräuche und Sakramente. Ihre Ehen werden durch einen Vertrag geschlossen und durch ein mehrtägiges Fest gefeiert ohne alle Heiligung. »Sie tranken den Brautlauf« heißt die Formel dafür, und in dem Wort »Brautlauf« stecken sehr alte Vorstellungen.

Auch das räumliche Bild der Thidrekssaga ist ein sehr frühes. Sie kennt keine einzige der vielen Pfalzen Karls des Großen, keine rechtsrheinischen Städte außer Soest und einigen Burgen, kennt nicht Detmold noch Paderborn, nicht Minden, Verden, Magdeburg, kennt nicht die Sigiburg noch die Eresburg, die zu Karls des Großen Zeit bedeutend waren. Das Land ist schwach bevölkert, die Kämpen ziehen auf »Volkwegen« oder

auf einsamen Höhenwegen mit nur vereinzelten Raststätten durch »bebautes und unbebautes Land.«
Von den politischen Verhältnissen, wie sie sich zu Karls des Großen Zeit und schon zu Zeiten seiner Vorgänger herausgebildet hatten, ist noch nichts vorhanden, kein großes wachsendes Frankenreich mit starker Zentralgewalt, und der Name »Franken« wird nicht genannt. Die Sachsen der Thidrekssaga sitzen noch im Elbwinkel, die »Suawen« am Nordrand der Mittelgebirge von der Elbe bis zum Sauerland, die (Lango-)Barden in der Gegend von Lüneburg. Alles ist noch Umfeld der Völkerwanderungszeit.
Hinzu kommt, daß die in der Thidrekssaga genannten Orte ganz alte Namensformen haben (Thyra, Thorta, Gregen, Raam, Bern, Susa(t), Vernica, Venedi). Unter ihren zusammengesetzten Ortsnamen sind viele mit -borg, je 2 mit -stein, mit -fils (im Sinne von Dickicht), mit -gard (im Osten), je einer mit -sæla, -lar, -port (an der Mosel), mit -heim (nur südlich der Mosel), aber keiner mit -dorp (außer einer späten Erwähnung in Dänemark). Jene Zusammensetzungen aber, die später so häufig werden, fehlen ganz. Es gibt keine auf -rode, -hausen, -ingen, -hoven, -hagen, -weiler, -bach, -tal, -berg, -feld, -scheid, -bruch, -siefen usw. Das bedeutet: *Die Thidrekssaga hat einen ganz alten Ortsnamenbestand*, der in sehr frühe Zeiten zurückweist, Zeiten, die lange vor Karl dem Großen liegen.
Fassen wir alles zusammen, so dürfen wir sagen: In der Thidrekssaga ist uns eine geschlossene Überlieferung aus der Zeit der Völkerwanderung erhalten geblieben, aus jener, zumal für die nicht römisch-besiedelten Gebiete Deutschlands, bisher so dunklen und schriftlosen Zeit. Wie die Ortsnamenformen deutlich ausweisen, hat sich diese Überlieferung verhältnismäßig rein bis in die Zeit ihrer schriftlichen Niederlegung bewahrt und damit bis in unsere Zeit.
Die Thidrekssaga gibt uns einen Erzähl-Bericht über das Leben des Königs Dietrich von Bern von seinen Vorfahren an bis zu seinem Tod. Die Erhaltung dieses Geschichts-Dokuments ist ein fast einzigartiger Glücksfall. Es war immer schon vorhanden, aber erst jetzt wird es möglich, es aufzuschließen. Wir dürfen es als die gültige Lebensdarstellung dieses rheinischen Königs ansehen und es jenen Quellen gegenüberstellen, die uns vom Leben Theoderichs des Großen berichten.
So wie das Bild Dietrichs in diesem Buch vorgelegt wird, gelöst von allem Nebenspiel und ganz auf sein Leben begrenzt, zugleich in dem ihm angemessenen geographischen Raum, ist es bisher nicht erschienen und

gibt Nachricht von einem der Großen unserer Geschichte, wenn seine Größe auch eine einseitige ist, grade wenn man sie mit dem großen Goten vergleicht. Aber ich denke mir, daß das so dargestellte Bild Dietrichs von Bern aus unserm Geschichtsbewußtsein nun doch nicht mehr wird herausgelöst werden können.
Ich gebe nun einen kurzgefaßten Überblick über das Leben zuerst Theoderichs und dann Dietrichs, den ich künftig mit seinem niederdeutschen Namen »Didrik« nenne, und vergleiche dann diese beiden Lebensläufe in einer kurzen Überschau.

Überblick über das Leben Theoderichs des Großen.

Hören wir zunächst, was der große Brockhaus von 1956[11] über den Gotenkönig schreibt!

»Theoderich der Große, ostgot. König (471–526), * in Pannonien um 456, † Ravenna 26. 8. 526, begann 488 im Auftrag des oström. Kaisers Zeno den Kampf gegen Odoaker in Italien, den er 2½ Jahre in Ravenna einschloß. Nachdem er den Gegner mit eigener Hand ermordet hatte (493), wurde T. Herr von Italien, mit Sizilien, Dalmatien, einem Teil Pannoniens, Inner-Noricum und Rätien.
T. behielt die röm. Staatseinrichtungen bei und war um Erhaltung der antiken Kultur besorgt; hervorragende Römer (Cassiodor, Boethius) betraute er mit Ämtern. Das Heerwesen blieb seinen Goten vorbehalten: eine Vermischung der arian. Goten mit den Römern trat nicht ein. Italien erfreute sich dauernder Ruhe und Ordnung, doch erfüllte sich T.s Ziel nicht, alle germanischen Völker, soweit sie sich im weström. Reich befanden, zu vereinigen. T. wurde bei Ravenna beigesetzt.«

Und über Ravenna sagt das gleiche Lexikon:

»Nachdem Honorius 404 die Kaiserresidenz nach Ravenna verlegt hatte, erlebte die Stadt ihre Blütezeit. 476 wurde Ravenna die Hauptstadt Odoakars, 493 der Sitz der ostgotischen Könige, 552 der byzantinischen Exarchen und damit der Mittelpunkt der byzantinischen Kultur im Abendland.«

Die Ausführungen über Theoderich sind reichlich kurz. Etwas ausführlicher – und diese Erweiterungen sind wichtig – berichtet das bewährte »Meyers Lexikon«[12] von 1909 folgendes:

»*Theoderich der Große, König der Ostgoten,* geb. 454, gestorben 30. August 526, Sohn des Amalers Theodemir, lebte 462–472 als Geisel am byzantinischen Hofe, nahm dann an seines Vaters Kämpfen teil, ward nach dessen Tode 474 oder 475 König der Ostgoten und stand im Bunde mit dem oströmischen Kaiser Zenon, der ihn 481 zum Patricius und Magister militum, 484 zum Konsul ernannte und ihm 487 die Erlaubnis erteilte, Italien für den Kaiser zurückzuerobern. 488 zog er über die Ostalpen, schlug Odoaker 489 am Isonzo und bei Verona, 490 an der Adda, zwang ihn 493 in Ravenna zur Übergabe (27. Febr.) und tötete ihn bald darauf mit eigener Hand. Er nannte sich nun, obwohl er die byzantinische Oberhoheit anerkannte, König von Italien und begründete hier das ostgotische Reich. Er sicherte dessen Grenzen nach außen, erwarb Sizilien, die Alpenlande und die Provence, suchte den Frieden unter den germanischen Reichen aufrecht zu erhalten und ward von diesen als Schiedsrichter geachtet; für seinen Neffen Amalarich führte er 507–526 die Vormundschaft auch über das tolosanische Westgotenreich. 498 erhielt er von Anastasios die Abzeichen des abendländischen Kaisertums. Im Innern stellte er eine treffliche Staatsordnung her. Seinen Goten wies er ein Drittel des Grundbesitzes an und übertrug ihnen den bewaffneten Schutz des Reiches; für die Italiker ließ er die römische Verfassung, Gerichtsordnung und Gesetzgebung bestehen und suchte sie durch Milde und Gerechtigkeit für sich zu gewinnen, begünstigte den Ackerbau, errichtete Getreidemagazine und schmückte die größeren Städte mit Kirchen, Palästen, Bädern, Wasserleitungen und errichtete sein Grabmal. Dennoch gelang es ihm nicht, die Goten mit den Römern zu verschmelzen und die Abneigung der orthodoxen (= katholischen) Geistlichkeit gegen die Herrschaft der arianischen Ketzer zu überwinden. Ränke der katholischen Aristokratie verleiteten ihn 524 zur Hinrichtung der Senatoren Boetius und Symmachus. Bei seinem Tode ging das Reich auf seinen zehnjährigen Enkel Athalarich, den Sohn seiner Tochter Amalaswintha, über.«

Wenn man diesen Bericht liest, begreift man nicht, warum der Brockhaus 1956 seine Angaben so verkargte. Alles an dem obigen Bericht ist wichtig. Im ganzen ersieht man, daß Theoderichs Beziehung zu Verona gering war. Seine Haupt-Stadt wurde und blieb Ravenna. Der Name Theoderich (oder Dietrich?) von Ravenna wäre für ihn sinnvoll. Die einzige wesentliche Berührung mit Verona ist die Schlacht gegen Odoakar in der Nähe dieser Stadt. Die Schlacht muß heftig und blutig gewesen sein, auf beiden Seiten; aber der entscheidende Durchbruch Theoderichs nach Italien war nicht hier geschehen, sondern an der Isonzo-Brücke:

»In Sicht der Schanzen Odoakers ließ der Amaler seine Wagenburg zusammenfahren und gönnte seinen Mannen Rast vor der Entscheidung. Am 28. August griff er an und blieb Sieger. Der geschlagene Feind ging auf *Verona* zurück. Etwa einen Monat später war Theoderich, der ihm mit seiner Wanderschar langsam auf der Via Postumia folgte, heran.«

Prächtiger als zum Fest ließ er sich nun zum Kampf mit erlesenem Gewand und Bortenwerk schmücken und sagt (nach Ennodius:)

> »Wer mich am Sturm meines Angriffs nicht kennt, der erkenne mich am Glanze! Stolze Zier zeige mich denen, die nach mir trachten!« –

Aber schon beim Marsch auf Italien zu, vor dem Sturm auf die widerstreitenden Gepiden, hatte er gleich-stolze Worte gesprochen:

> »Wer den Weg in die feindliche Schlachtreihe sucht, der folge *mir*! Nicht schaue auf einen andern, wer ein Vorbild fordert zum Kampfe! Mannesmut zählt nicht die Masse! Hoch die Zeichen! Weithin soll man sehn: Ich verberge mich nicht! Nicht seien sie ungewiß, wen sie bekriegen, durch wessen Hiebe sie ihr Leben verlieren! Wer im Kampf mir begegnet, adelt so seinen Untergang!« –[13]

Die Schlacht von Verona hebt sich aus allem Geschehen nicht so ungewöhnlich heraus, daß sich dadurch ein Name »Theoderich von Verona« rechtfertigen ließe. So wird er in seiner Zeit auch nicht genannt.

Gliedern wir Theoderichs Leben auf, so zeichnen sich vier Perioden ab:

1. *Jugend*. Vom 8.–18. Jahr als edle Geisel am vornehmsten Hof der damaligen Welt, in griechischer Sprachwelt.
2. *König der Ostgoten*. Rivalenkämpfe und Kämpfe im Dienste des griechischen Kaisers. Hohe Ehrungen und Ämter. Im gotisch-griechischen Sprachraum. 20.–35. Jahr.
3. Die Eroberung Italiens im Namen des Kaisers. Entscheidungschlachten. Ausschaltung der Rivalen. Im gotisch-römisch-griechischen Sprachraum. 35.–39. Jahr.
4. 33 Jahre Friedensregierung. Herrscher zweier Volksteile, Vermittler zwischen zwei Religionsformen. Gesetzgeber, Organisator, Diplomat im gotisch-römisch-griechischen Sprachraum. 39.–72. Jahr.

Überblick über das Leben Didriks von Bern

Das Leben Didriks von Bern wird in der Thidrekssaga, welche wir als die eigentliche Quelle ansehen müssen, folgendermaßen dargestellt:
Didrik stammt nicht aus altem Königsgeschlecht. Sein Großvater Samson hatte sich aus eigener Kraft vom Ritter zum Herzog und vom Herzog zum König gemacht und mehrere Reiche erobert, darunter das von Bern-Bonn. Didriks Mutter war die Erbin dieses Reiches.

Didrik wird in Bern/Bonn geboren und bringt hier ungestört seine ganze Jugendzeit zu. Mit 11 Jahren wird er zum Ritter geschlagen, mit etwa 20 Jahren wird er König nach dem Tod seines Vaters. Er versammelt um sich von seinen jungen Jahren an einen Kreis der besten Helden seiner Zeit. Mit ihnen zieht er auf vielfache Abenteuer aus, in denen sie sich erproben. Ihre größte Herausforderung ist der Kampf gegen König Isung von Bertangaland (Bardengau) und seine Kämpen. Hierbei besiegt Didrik, wenn auch mit List, den stärksten aller Helden, Isungs Bannerträger Jung-Sigfrid, und gilt nun als der stärkste Kämpe seiner Zeit.
Seinem Oheim König Ermenrik von »Rom«/Trier hilft er gegen dessen Feinde und feiert seine Feste mit. Dann wird er bei ihm verleumdet und von ihm aus seiner Heimat vertrieben. Er begibt sich, etwa 26 Jahre alt, mit seinen Getreuen ins Exil zu König Attala von Soest, dem er früher selbst einmal geholfen hat, und wird großzügig von ihm aufgenommen.
An König Attalas Seite lebt er 32 Jahre lang und hilft ihm mit seiner Schar, die ursprünglich 700 Ritter betrug, bei dessen Kämpfen und Kriegen gegen die Ostkönige.
20 Jahre nach seiner Vertreibung versucht Didrik mit Hilfe König Attalas, sein heimisches Reich wiederzugewinnen. Attala und Königin Ercha geben ihm ihre beiden Söhne auf diesen Zug mit. Es kommt zu der großen Schlacht bei Gränsport an der Moselmündung, in der Didrik siegt. Aber sein Bruder Thetmar und die beiden Söhne Attalas werden im Kampf erschlagen. Didrik gibt Sieg und Erfolg preis und kehrt tiefbekümmert nach Soest zurück, wo er von König Attala und Königin Ercha in Freundschaft wieder aufgenommen wird.
11 Jahre später findet in Soest das Nibelungen-Drama statt, an dessen letztem Akt Didrik entscheidend beteiligt ist. Ein Jahr darauf zieht er einsam, zusammen mit Hildebrand und seiner Frau Herrat, unter Kämpfen in seine rheinische Heimat zurück, gewinnt mit Glück und Tatkraft sein Reich wieder und erobert auch das »Rom«/Trierer Reich seines inzwischen gestorbenen Oheims gegen dessen ungetreuen Ratgeber und Nachfolger zurück.
Hier in »Rom«-Trier verbringt Didrik den Rest seines Lebens in Ruhe, unterbrochen von letzten Kampftaten, und läßt sich »christen«, d.h. er tritt zum römisch-katholischen Glauben über. Am Ende seines Lebens zieht er nochmals aus, um den Tod der Königssöhne an Wideke zu rächen. Er stirbt in der Fremde unerkannt an den empfangenen Wunden.

Gliedern wir das Leben Didriks von Bern auf, so können wir auch hier mehrere Perioden unterscheiden:

1. *Jugend* im heimischen Bereich. Abenteuer-Kämpfe. Der Bund seiner Gesellen. Der Zug ins Bertangenland und Sieg über Sigfrid. Didrik der stärkste Held seiner Zeit. Er wird König. 1.–26. Jahr.
2. Aus seinem rheinischen Reich vertrieben. *Exil* am Hofe des Hünenkönigs Attala in Soest. Mit diesem zusammen Kämpfe gegen die Ostkönige. Ca. 26.–46. Jahr.
3. Versuch der Rückeroberung seines Reiches. Die Schlacht bei Gränsport. Tod der Königskinder. Verzicht auf die Ausnutzung des Siegs und Rückkehr nach Soest. Weiteres Exil. Teilnahme am Kampf mit den Nibelungen. 46.–58. Jahr.
4. Rückkehr und Wiedergewinnung seines rheinischen Reichs. Eroberung des »Rom«/Trierer Reichs. Didrik wird König in »Rom«. Er tritt zum (röm.) Christentum über. Rache an Wideke. Einsamer Tod. 59. Jahr bis zum Tode.

Kurzer Vergleich

Schon bei diesem kurzen Überblick ist es schwer, irgendwelche Gemeinsamkeiten zwischen beiden Königsschicksalen zu finden. Es scheint beinahe alles verschieden: Herkunft, Stellung, Sprache, Religion, Schicksale, Taten, Interessen, Charaktere. Und trotzdem hat man bis heute fast einhellig an der Meinung festgehalten, daß es sich hier um ein und dieselbe Persönlichkeit handele.[14] Diesem Rätsel werden wir weiterhin nachgehen und einiges davon zu ergründen suchen.

Zunächst aber wenden wir uns nun dem Leben, den Taten und Schicksalen des niederdeutschen Didrik von Bern zu, wie es die Thidrekssaga übermittelt. Wir werden ihre geographischen Rätsel aufklären und werden uns dadurch den Zugang zu ihren Vorstellungen verschaffen. Wir werden den Bericht der Ths über das Leben dieses Königs, der bisher noch fast unbekannt war, eingehend kennenlernen. Dann werden wir uns nochmals dem Vergleich mit Theoderich dem Großen zuwenden.

Die Gliederung der Thidrekssaga

Die Thidrekssaga gliedert sich in drei große Teile nach den Orten, an denen Didrik sich vorwiegend aufhielt:

I. DIDRIKS JUGEND in »BERN«/Bonn;
II. DIDRIK IM EXIL in »SUSA«/Soest;
III. DIDRIKS ALTER in »ROM«/Trier.

Diese Teile sind sehr ungleich an Umfang. Der erste ist der weitaus größte, der letzte der kleinste. Jeder Teil ist ausgiebig eingeleitet. Der I. Teil, welcher Didriks Jugend bis zu seinem 26. Jahr umfaßt, beginnt mit der Geschichte seines Geschlechts, mit seinem Großvater Samson und dessen Söhnen, Didriks Vater Thetmar, seinem Oheim Ermenrik und dem weniger bedeutsamen Stiefbruder Ake. Der II. Teil beginnt mit Sevekins Rache. Dieser Ratgeber stachelt den König Ermenrik auf, erst die eigenen Söhne umzubringen, dann seine Neffen zu vernichten, endlich gegen Didrik vorzugehen. Doch Didrik entweicht ihm. Seine Flucht führt ihn an den Hof des Königs Attala von Soest. Der III. Teil wird eingeleitet durch Didriks Heimkehr nach »Bern«/Bonn.
Zwischen den I. und II. Teil sind Berichte eingefügt über die Schicksale von Didriks Verwandten:

1. über den Sohn seiner Schwester Isolde, Herbort, der für Didrik eine Braut werben soll, diese aber selbst entführt. Es ist die Geschichte, welche der Dichtung von »Tristan und Isolde« zugrunde liegt.
2. Walter und Hildegund, welche sich am Hofe König Attalas lieb gewinnen und gemeinsam fliehen. Es ist die Vorform des Walthari-Liedes. Walter ist der Sohn einer Schwester von Didriks Vater, also Didriks Vetter.
3. Herzog Ake, Didriks Oheim, das Liebesspiel zwischen Akes Frau und Jarl Iron, und Akes Tod.

Der I. Teil schildert die Taten Didriks und seiner Gesellen, das Entstehen ihres Freundschaftsbundes, die Herkunft Sigfrids und der Niflungen und den großen Zug ins Bertangaland mit 13 Wettkämpfen. Der II. Teil besteht außer der umfangreichen Einleitung aus drei großen Abschnitten:

1. Didriks und Attalas Ostkämpfe:
2. Die Schlacht bei Gränsport;
3. Grimhilds Rache.

Letztere wird eingeleitet durch den Bericht über den Streit der Königinnen und Sigfrids Tod.
Der III. Teil beginnt mit Didriks Abschied von Soest, es folgen die Kämpfe auf der Heimfahrt nach Bern/Bonn, die Wiedergewinnung von Bern, eingeleitet durch den Kampf Hillebrands mit seinem Sohn Alebrand, und der Endkampf gegen Sevekin mit der Einnahme »Roms«. Darnach kommen noch allerlei Mitteilungen, Legenden und Spät-einschübe. In ihrer altschwedischen Fassung (Svava) schließt die Thidrekssaga mit Didriks später Rache an Wideke und seinem Tod.

Das Leben Didriks von Bern nach der Thidrekssaga

I. Didriks Jugend

Didriks Vorfahren

Didriks Großvater Samson

Die Thidrekssaga beginnt mit der Erzählung von Didriks Großvater Samson und seinen Taten.

Sv 1
Hier beginnt der Bericht über einen Ritter, der geboren war im Appolij in einem Ort, der Salerna heißt. Darüber herrschte ein Jarl, der Rodger hieß, und sein Bruder Brunste(i)n. Der Jarl hatte eine schmucke Tochter, hieß Hilleswid, und ihm diente ein Ritter, hieß Samson. Der war viel stärker als andere Männer. Sein Haar und Bart waren schwarz wie Pech. Er war gewachsen wie ein Hüne, nur war er nicht so hoch. Er war dick und stark wie ein Riese, doch war er wohlgewachsen. Er hatte ein starkes Herz. Sein Antlitz war breit und lang und grimmig. Zwischen seinen Augen war eine Spanne Abstand. Seine Brauen waren schwarz, als säßen zwei Krähen über seinen Augen. Sein Hals war dick. Seine Schultern waren dick und breit. Seine Arme waren dick und hart wie sonst Knüttel. Er hatte weiche Hände und schöne Finger. Er war wohlgewachsen in jeder Weise, auch schnell und rasch in allen Spielen.
Sein Sinn war solcher Art: Er war freundlich und bescheiden, und allen antwortete er lächelnd. Er war verständig und mild und gediegen in seinem Sinn. Er war ein solcher Kampfheld, daß ihm niemals, wenn es zum Kampf kam, irgendwie bange war. Er war oft in Zweikampf und Heerkampf, und immer gewann er den Sieg.
Was er gelobte, schlecht oder gut, das würde er halten, und stürbe er darum. Deshalb wurde er sehr gepriesen. Seine Feinde waren alle in Furcht vor ihm.
Niemals rühmte er sich selbst, welche Mannstat er auch vollbrachte. Rühmte ihn ein anderer, so stand er und hörte zu. Er diente dem Jarl gut, und der achtete ihn hoch.

Sehr liebte er die Tochter des Jarls. Eines Tages stand er vor dem Tisch des Jarls. Der Jarl gab ihm eine Schüssel mit Essen und hieß ihn die seiner Tochter bringen. Samson nahm die Schüssel und ging zu dem Turm, wo die Jungfrau war.
Und während er in den Turm hinaufging, befahl er seinem Knappen, sein Roß zu rüsten und seine Waffen und was er hatte.
Er ging hinauf in den Turm, setzte die Schüssel vor die Jungfrau und stand und aß mit ihr. Er sprach mit der Jungfrau und bat sie, ihm zu folgen. Sie sagte: Ja, das wollte sie gerne tun. Als sie satt waren, nahm die Jungfrau ihre Kleider und ihr Gold und Silber und machte sich fertig. Sie sagte zu ihren Jungfern: »Ritter Samson will mich mit sich fortnehmen, ob ich will oder nicht. Ich wage nicht, ihm nein zu sagen. Wären hier 100 Gewappnete, er nähme mich gleichwohl fort, wenn er wollte; und ich werde ihm folgen, obwohl ich Schande davon habe, daß ich so allein fahre ohne meines Vaters Willen.«

Samson nimmt die Jungfrau auf seine Arme, trägt sie hinaus und entführt sie in einen großen Wald. Dort baut er sich ein Haus. Der Wald ist unbetreten und so ausgedehnt, daß es später heißt (AB 5): »Wie kommt ihr hierher so weit in diesen Wald, diesen großen Dunkelwald (myrkwid), auf unbekannten Wegen? Ritter Samson sagte, daß man einen halben (B: ganzen) Tag brauche, bevor man aus diesem Walde herauskäme.«
Als der Jarl merkt, daß Samson mit seiner Tochter fort ist, verfolgt er ihn mit einer Anzahl Ritter. Sie treffen sich, aber Samson erschlägt sie alle. Hierauf wird der Bruder des Jarls, Brunstein, zum König gewählt. Aber als er auszieht, seinen Bruder zu rächen, erschlägt Samson auch ihn. Jetzt begibt Samson sich mit seinen Blutsfreunden, die zu ihm stoßen, in das von Herrschern entblößte Gebiet, um es in Besitz zu nehmen.

Sv 4
Darauf ritten sie allesamt zu einem Platz. Als die Bürger erfuhren, daß Samson kam, wurden sie alle voll Furcht vor ihm; denn sie hatten von seiner großen Tapferkeit erfahren, und sie hatten derzeit keinen Anführer.
Da nahmen sie alle mit einem Beschluß Samson als ihren Anführer an und gelobten ihm Treue und Gefolgschaft. Daraufhin hielt er ein Thing mit dem Landvolk ab und bekam dort die gleiche Antwort.

Sv 5

Samson reitet aus von der Stätte mit 500 Mann und kommt zu einem anderen Ort, der war viel größer. Er sandte Botschaft in den Ort, sie sollten herausgehen und sollten ihm huldigen als ihrem Herrn.
Die Bürger kamen zusammen und sprachen von seiner großen Tapferkeit. Sie trauten sich nicht, gegen ihn zu kämpfen. Darum übergaben sie den Ort und sagten ihm treue Dienste an.
Samson ritt hinein in den Ort mit all seinem Volk und berief zur Versammlung das ganze Land. So wurde ihm gehuldigt als ihrem Anführer. Keiner war so kühn, daß er wagte, ein Wort dagegen zu sprechen.
Sie wollten Samson zum König machen. Er antwortete: »Ich will nicht Königs Namen tragen, bevor ich das ganze Land gewonnen habe!« – Er blieb dort 5 Tage. Dann ritt er hinaus mit 2000 Mann und los auf Salerna. Das war der größte Ort, der im Lande war. Er schickte Botschaft hinein, sie sollten die Stätte in seine Gewalt übergeben.
Bei dieser Nachricht wurden die Bürger sehr besorgt. Sie kamen zusammen, berieten darüber und wurden dann einig, sie wollten ihm huldigen. Sie trauten sich nicht gegen ihn zu kämpfen.
Doch legten sie ihre Rüstungen an und ritten hinaus mit manchem Banner und vielem Volk, mit Pfeifern und Bläsern, bis sie zu Samson kamen.
Dort stiegen sie von den Rossen, fielen auf ihre Knie und gaben sich und den Ort in seine Gewalt.
Samson dankte ihnen sehr. Darauf stiegen sie wieder zu Pferde und begleiteten ihn hinein in den Ort, wo des Königs Haus war, setzten ihn auf den Königssitz und gaben ihm Königs Namen.

Samson sandte Botschaft übers ganze Land, sie sollten zu ihm kommen. Also kam dort viel Volk zusammen und huldigte ihm als ihrem König und Herrn.

Sv 6

Samson ist nun König über das gesamte Land, welches vordem König Brunstein besessen hatte. Samson hatte einen Sohn, der hieß Thetmar. Er war männlich gewachsen, darum hatte der König ihn gern. Als Samson ein alter Mann wurde, war Ermenrik zu seinen Jahren gekommen, und Thetmar war 12 Jahre alt.

Eines Tages saß Samson in seinem Herrensitz, und Ermenrik stand vor ihm. Der König sprach zu ihm:
»Du sollst nicht länger dienen, mir nicht und keinem andern! Ich will dir Königtum in Hesbanien geben und 13 gemauerte Schlösser, die ich gewann mit meinem Schwert. Mehr gewinne dir selbst! Ich erbte kein Land von Vater und Mutter und habe gleichwohl genug!« – Darauf setzte er Ermenrik zu sich und ließ Speisen vorlegen und einschenken für ihn wie für sich selbst. Da ließ sich der junge Bruder, Thetmar, vernehmen:
»Mich dünkt, ihr habt ungleich zwischen uns Brüdern geteilt! Was wollt ihr nun mir geben, wenn er so viel bekommen soll?« –
Der König saß und hörte zu, und er sah zornig auf Thetmar, weil der so keck redete. Da ging Thetmar hinaus; denn er bekam keine Antwort von seinem Vater.

Sv 7

Eines Tages saß der König an seinem Tisch und hielt großen Hofstaat. Da waren viele Herzöge und Grafen, Ritter und Knappen, und sein Tisch war ganz besetzt mit Silberschüsseln und Silberbechern, und das Haus war innen mit Goldgewebe bezogen. Vor ihm standen viele Edelleute und hatten kostbare Goldbecher in Händen; auch waren dort Pfeifer und Bläser genug.
Da sprach der König zu seinen Edelleuten: »Ich bin nun ruhig in meinem Reiche gesessen 20 Jahre lang, so daß alle meine Mannen guten Frieden gehabt haben; und ich habe in diesen 20 Jahren mein Reich nicht vermehrt. In diesem Haus sitzt manch wackerer Mann, und hier herrscht große Freude und Lust, und vieles ist seither geschehen. Mein Haar und Bart waren rabenschwarz und sind nun taubengrau. Damals waren meine Arme rot und blau, nun sind sie wie Schnee. Meine Brünne kam nicht von mir, oft ein halbes Jahr lang, und damals waren unsre Schwerter oft rot von Blut, und große Scharten darin von harten Helmen – nun sind sie rot von Rost. Jetzt wollt ihr alle auf Damenpferden (Zeltern) reiten, damals aber ritten wir große, schöne Rosse.
Welchen Wert hat mein weißer Bart und daß ich hier sitze mein Alter über und habe gute Tage? Ich werde gleichwohl sterben. Habe ich aber tapfere Taten getan in Krieg und in Fehde, das überlebt mich bis zum Gericht (til domen). Darum taugt es nicht, lange so dazusitzen!«

Und nun gebot er, alle seine Ritter und Knappen im ganzen Land sollten bereithalten Hengst und Harnisch auf den Tag, den er ihnen ansagte.

Sv 8

Darauf ließ er einen Brief schreiben an einen Jarl, der Elsung hieß und damals über Bern (Bonn) herrschte, und sandte mit ihm 6 Ritter dorthin. Und er schrieb also in diesem Brief: »Wisse, Jarl Elsung, du hast lange in Bern gesessen, und ich kriegte doch niemals Schatzung von dir. Darum sende mir deine Tochter Odilla, die soll mein Sohn haben sich zur Gesellin. Und laß sie begleiten von 12 freigeborenen Jungfrauen! Und schicke mir mit ihnen 40 Ritter, wohlgewappnet! Jeder Ritter soll einen Knappen haben.
Du sollst mir auch senden 40 Falken und 40 Hunde, die gut gezogen sind! Der beste Hund soll einen goldenen Halsring haben, die Leine soll geflochten sein aus deinem eigenen Bart! So kriegst du zu wissen, ob irgend ein König der Welt mächtiger ist als du bist! – Willst du das nicht tun, dann sei bereit binnen 3 Monaten mit all deiner Macht, dann will ich dich heimsuchen.« –
Die 6 Ritter kamen nach Bern-Bonn mit des Königs Brief und übergaben ihn dem Jarl. Der Jarl las den Brief und wurde dabei rot wie das Blut. Darauf sprach er zu seinen Mannen:
»Der reiche Samson hat mir geschrieben, er wolle Schatzung haben von mir. Er weiß, ich bin nun ein alter Mann. Doch ehe das geschieht, was er hier geschrieben hat, soll zuvor mancher Helm zerkloben werden und manches Ritters Blut vergossen! Es soll eher mein Leben kosten, und meine ganze Burg werde niedergebrochen, ehe mir solche Schande geschieht!« – Dann ließ er die 6 Ritter ergreifen, die den Brief vortrugen; einen ließ er hängen, vieren ließ er den Kopf abschlagen, dem sechsten ließ er die Hände abhauen und sandte ihn heim, die Nachricht anzusagen. Darauf ließ er seine Burg ausbauen, so fest er nur konnte, und setzte eine Wurfschleuder vor jedes Tor. All sein Volk aber ließ er ausrüsten mit Waffen und Rossen.
Der eine Ritter kam heim zu Samson und brachte ihm die Botschaft, wie es ergangen war. Samson saß eben über Tisch. Da konnte keiner erkennen, was er für Kunde bekommen hatte. Er wurde weder rot noch blaß. Er war, als wäre ihm nichts geschehen. Drei Monate später sammelte Samson ein großes Heer und ritt nun aus Salern heraus, mit ihm drei Könige, dazu Herzöge, Grafen, viele Ritter und Knappen,

daß sie alles in allem 2000 Mann waren. Sobald er ins Land des Jarls kam, traf ihn der Jarl mit 1000 Rittern. Diesem folgte auch zahlreiches anderes Volk und Landsherrn von Ungeren und Swaweren und Beyeren und Torkeren.[15] Sie schlugen ihre Banner aus, und beide Seiten ritten gegeneinander.

Sv 9

Samson ritt vorwärts, und seine zwei Söhne begleiteten ihn, Ermenrik und Thetmar. Samson hieb zu beiden Händen Männer und Rosse, so daß nichts ihm standhielt, wohin er sich wandte. Da flohen alle vor ihm, und sein Roß war ganz blutig. Er schlug sein Schwert an seinen Schenkel, und das hallte und knallte so, daß mans hörte all über das Heer, und er rief lauthallend: »Wäre ich auch alleine hier, ich wollte euch alle zusammen bestehn!« – Allen grauste bei seinem Ruf. Nun sah der Jarl, wieviel Schaden Samson seinem Volke tat. Er rief seinen Mannen zu, hieß sie kühn vordringen und sagte: »Wir gewinnen den Sieg!« –

Damit ritt er auf Samson los und rief: »Du hast viele meiner Edlen erschlagen, das sollst du nun büßen!« – Dann hieb er auf Samson und zerschlug ihm den Schild in zwei Stücke; und den zweiten Hieb tat er auf Samsons Helm. Der Helm war hart, und das Schwert glitt an ihm ab, fuhr in die Schulter und brach durch die Brünne. So bekam Samson eine große Wunde. Da hieb Samson ihm so auf den Hals, daß das Haupt abging. Darauf hielt er das Haupt hoch und fragte seine Feinde, ob sie es kennten, und rief sie alle auf, sich zu ergeben. Als diese sahen, daß ihr Anführer tot war und viele von ihrem Volk waren erschlagen, da mußten sie sich ergeben und huldigten Samson als ihrem König und Herrn.

Sv 10

Samson ritt ein in die Stadt Bern, und alles Volk ging hinaus ihm entgegen mit Pfeifern und Bläsern. Sie fielen ihm zu Füßen, folgten ihm wieder in die Stadt hinein und übergaben ihm all das Gold und Silber, das der Jarl besessen hatte.

Da vermählte Samson seinen Sohn Thetmar, er gab ihm des Jarls Tochter und alles Reich, das ihr Vater besessen hatte, und machte ihn zum König darüber.

Samson ritt von dort weg und auf »Rom«, sein Sohn Ermenrik begleitete ihn. Da erkrankte Samson tödlich und starb. Ermenrik zog vor »Rom«, kämpfte mit den Römern und errang großen Ruhm, auch gewann er den größten Teil von »Rom«. Er zog auch nach Grekin und gewann den größten Teil des Landes dazu und wurde sogleich ein mächtiger König.

Samson hatte noch einen dritten Sohn, der hieß Herzog Ake. Er hatte ein Schloß, das Fritila hieß.

Es ist mein Wunsch und mein Bestreben, die alte Sagen-Überlieferung in ihrer ursprünglichen Form wieder lesbar zu machen und ihr so zu der Geltung zu verhelfen, die sie verdient. Deshalb stelle ich der von mir bevorzugt verwendeten Svava-Handschrift an wichtigen Stellen Texte aus den anderen Handschriften gegenüber. Da es aus Raumgründen nicht möglich ist, in diesem Buche zwei Handschriften vollständig nebeneinanderzusetzen, gebe ich hier als Beispiel einen Teil aus dem 2. Kapitel der Samsongeschichte und vergleiche den Text der Handschrift A (da die Membrane hier noch ihre große Anfangslücke hat) mit dem der Svava.

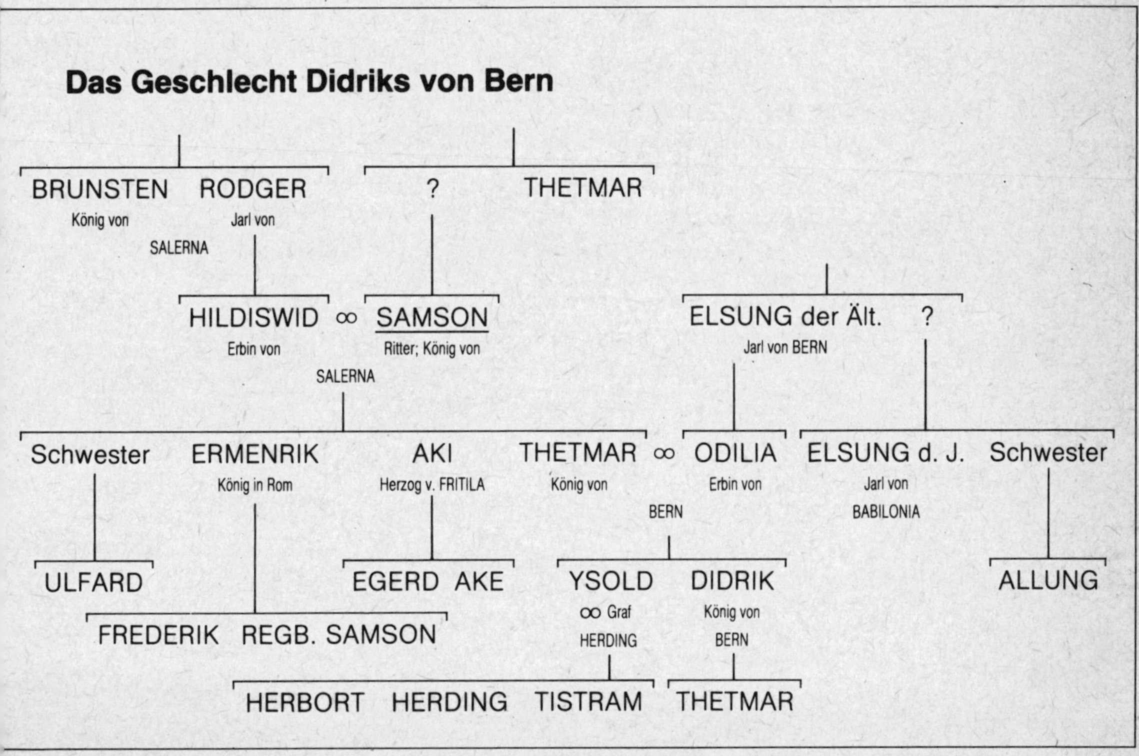

1 *Das Geschlecht Didriks von Bern*

Sv	A
Eines Tages stand er vor dem Tisch des Jarls.	Nun ist es eines Tages, daß der Jarl am Speisetisch sitzt, und vor ihm ist Samson-Ritter.
Der Jarl gab ihm eine Schüssel mit Essen und hicß ihn die seiner Tochter bringen. Samson nahm die Schüssel und ging zu dem Turm, wo die Jungfrau war. Und während er in den Turm hinaufging, befahl er seinem Knappen, sein Roß zu rüsten und seine Waffen und was er hatte.	Nun schickt der Jarl von seinem Tisch die besten Bissen in zwei vergoldeten Silberschalen zu Hildiswid, seiner Tochter. Nun nimmt Samson diese Schalen, setzt sich auf jede seiner Hände eine und trägt sie hoch. Er geht nun zu Hildiswid, und sein Knappe mit ihm. Er spricht zum Knappen: »Geh und nimm mein Roß und all meine Waffen und all meine besten Kostbarkeiten und halte das bereit, wenn ich hinausgehe aus diesem Hof.« Nun geht Samson in den Gutshof und läßt das Kastell auftun, und der Wächter, der die Tür bewacht, schließt auf.
Er ging hinauf in den Turm,	Nun geht Samson-Ritter hinauf in den höchsten Turm; dort saß die Jarlstochter mit wenigen Frauen bei Tische. Nun ging Samson Ritter zu ihr, neigte sich ihr und sprach: »Heil dir, Frau,
setzte die Schüssel vor die Jungfrau und stand und aß mit ihr. Er sprach mit der Jungfrau und bat sie, ihm zu folgen. Sie sagte: Ja, das wollte sie gerne tun. Als sie satt waren, nahm die Jungfrau ihre Kleider und ihr Gold und Silber und machte sich fertig. Sie sagte ihren Jungfern: »Ritter Samson will mich mit sich fortnehmen, ob ich will oder nicht. Ich wage nicht, ihm nein zu sagen.	und euch allen!« – Sie empfingen ihn wohl und hießen ihn mit ihnen essen und trinken. Er tat dies und trug ihr seine Werbung vor. Und ein wenig später, als die Tische hinaus waren, nahm sie ihre Kostbarkeiten und sprach nun zu den Frauen ihres Gefolges mit Weinen: »Hier ist nun Ritter Samson gekommen und will mich entführen ohne den Willen meines Vaters und meiner Ver-

	wandten; doch wie können wir ihm wehren bei dem, was er getan haben will?
Wären hier 100 Gewappnete, er nähme mich gleichwohl fort, wenn er wollte; und ich werde ihm folgen, obwohl ich Schande davon habe, daß ich so alleine fahre ohne meines Vaters Willen!« –	Auch wenn hier 100 Ritter wären, würde er doch, er allein, genau das hinwegführen, was er will. Und deshalb nehme ich meine Kostbarkeiten und alle besten Kleider, obwohl es meine völlige Schande ist, mit einem einzelnen Manne zu fahren und mich so von meinem Vater und Verwandten zu trennen, auch von edlen Männern, aller Ehre und dem Reich.«

Die beiden Fassungen dieses Erzählberichtes sind sehr verschieden. Immer ist die Svava kürzer, immer sind die isländischen Handschriften länger, üppiger, ausgeschmückter. Ihnen genügt es nicht, daß Samson der Jarlstochter »eine Schüssel mit Essen« bringt; denn das wäre ja nur ein einziges Gericht, gleichsam ein Eintopf, viel zu ärmlich für einen reichen Jarl! Wenigstens müssen es zwei Schüsseln sein, und nicht gewöhnliche, sondern »zwei vergoldete Silberschalen«.

Solche Ausschmückungen und Zutaten ändern an der eigentlichen Handlung zunächst nicht viel; aber gelegentlich gehen sie weiter, so in den Angaben über das Verhältnis zwischen Samson und Hildiswid. In der Svava sagt die Jungfrau deutlich ihr »Ja!« zur Entführung, »das wollte sie gerne tun!« Vor ihren Jungfern gesteht sie das zwar nicht ein, sondern erklärt: »Ich wage nicht Nein zu sagen, ... ich werde ihm folgen, obwohl ich Schande davon habe, daß ich so allein fahre ohne meines Vaters Willen!« – Aber das ist nur eine Schande in den Augen ihrer Umwelt, mit denen auch ihre Dienerinnen sehen, nicht aber in ihren eigenen. Für sie erfüllt sich der Traum vieler Mädchen, entführt zu werden. In der Handschrift A aber ist es eine gewaltsame Entführung ohne Einverständnis. Hildiswid fügte sich da in das Unabänderliche, aber sie weint. Das ist eine *wesentliche* Änderung, und keine Verbesserung oder Berichtigung; denn wir dürfen annehmen, daß die Jarlstochter

diesen stattlichen Mann ebenso liebte, wie er sie, was ausdrücklich gesagt wird: »Sehr liebte er die Tochter des Jarls.«
Man hat vielfach gemeint, die altschwedische Handschrift, welche wir hier »Svava« nennen, sei eine verkürzende Übersetzung aus der altnorwegischen Membran-Handschrift gewesen. Aber das ist nicht möglich; denn eine solche Verkürzung würde einen hohen Grad von Konzentration verlangen, Umsicht und Formvermögen, was alles die Svava gar nicht hat. Sie ist eben ursprünglicher, gradliniger, unverbildeter, und ihre einfachen »Da ... da ... da«-Sätze und ihr immer wiederholtes »und ... und ... und«, das ich in der Übersetzung oft noch etwas eingeschränkt habe, deutet auf einen frühen Zustand hin.
So werden wir im allgemeinen die altschwedische Handschrift als Grundlage nehmen. Aber die anderen Texte sind deshalb nicht entbehrlich. Sie enthalten von Zeit zu Zeit wichtige Ergänzungen, Abwandlungen, Namens- und Ortsangaben, welche die Svava uns nicht überliefert. Und wir dürfen uns glücklich schätzen, daß wir in ihnen einen breiten Strom der Überlieferung besitzen – falls nicht eines Tages noch eine der verloren geglaubten deutschen Handschriften irgendwo wieder auftaucht. Die Ergänzungen und Abweichungen der anderen Handschriften führen wir an Ort und Stelle an.

Ritter Samsons Heimat

Die Erzählung von Didriks Großvater Samson beginnt gleich in ihrer ersten Zeile mit einem Rätsel. Sie scheint uns nach Italien entführen zu wollen, nach Salerno und Apulien. Und wenn das auch nicht gerade *der* Teil Italiens war, in dem Theoderich der Große vorzüglich wirkte, und wenn Theoderichs Vorfahren auch aus Österreich und Ungarn stammten und nicht aus Italien, so hat man diesen Anfang doch stets als ein Zeichen dafür aufgefaßt, daß letzten Endes mit dieser Geschichte Theoderich der Große gemeint sei. Ja man hat dies italienische Salerno in der Thidrekssaga nachdrücklich zu verteidigen versucht.[16]
Aber lassen wir uns nicht irreführen! Anfänge und Schlüsse von Geschichten sind besonders anfällig für spätere Änderungen und Zusätze. So könnte es auch hier sein. Es stimmt schon nicht mit Salerno und Apulien; denn Salerno liegt in Kampanien, Apulien aber liegt an der Ferse des italienischen Stiefels. Salerno liegt südlich von Neapel, unmit-

telbar am Meer, in einer Gegend der Weinberge, der Gärten fruchtbaren Äcker, mit dem Vesuv als Hintergrund.
Aber Weinberge, das Meer, die Gartenlandschaft vor dem rauchen Berg kommen in der Erzählung von Samson nicht vor. Es besteht keine Versuchung, die Braut zu Schiff über das Meer zu entführen. Dagegen dehnt sich in unmittelbarer Nähe unseres »Salerna« oder »Salerne« ein ungeheurer Wald, wie es ihn nie am Vesuv gegeben hat, so groß, daß man einen halben oder gar ganzen Tag braucht, um aus seiner Mitte herauszukommen.[17] Die italienisch klingenden Namen können uns also zunächst keinen Hinweis auf die Herkunft von Didriks Großvater Samson geben. Versuchen wir es auf andere Weise!
Als Samson König geworden ist über ganz Salerne und über das ganze Reich, welches vorher König Brunstein hatte, da »vermehrte er sein Reich allezeit und unterwarf sich manche Königreiche, sowohl Yspania wie anderwärts.« Als dann sein Sohn mannbar wird, gibt er ihm »das Königtum in Yspania und 13 gemauerte Schlösser«. Diese unterworfenen »Könige« werden recht kleine Herrscher gewesen sein, wie ja auch sein »Salerna« ursprünglich nur ein kleines Herzogtum war. Wenn mit dem eroberten »Yspania« Spanien gemeint wäre, so hätte der kleine Salerna-König sich ein ungeheures Reich erobert, von dem gar nicht zu fassen wäre, wie er es hätte beherrschen wollen, das aber außerdem in ganz anderen Händen war. Es kann sich also nicht um das Land Spanien handeln, sondern nur um Hesbanien, um den westlich der Maas liegenden *Haspengau*. Das wird dadurch bestätigt, daß Samson, um auch seinem zweiten Sohn Thetmar ein Reich zu verschaffen, einen Krieg gegen Jarl Elsung von Bern vom Zaune bricht und dessen Reich dann auch erobert. Und diese »Burg Bern« können wir geographisch bestimmen, sowohl vielfach aus der Thidrekssaga wie auch historisch. Und von hier aus können wir, Samsons Zug rückverfolgend, sein »Yspania« finden und endlich auch sein »Salerna«.
In der Thidrekssaga ist »Bern« der Königssitz Didriks von Bern, und es wird deutlich gesagt, daß es am Rhein liegt. Grimhild sagt zu Didrik, als sie ihn für ihre Rache gewinnen will (Mb 376):

> Und hiermit will ich dir Hilfe leisten,
> wenn du über den Rhein reiten
> und dich rächen willst.
> ...
> wenn du dein ganzes eigenes Land
> wiedergewinnen willst.

Und der alte Jarl Elsung in Bern hatte einen Nachfolger, Jarl Elsung den Jungen, der in seiner Burg »Babilonia« auf der linken Seite des Rheins herrschte,[18] von der aus südlich Didriks Burg »Bern« lag, und das kann nur Bonn meinen.
Aber auch auch aus dokumentarischen Quellen wissen wir, daß Bonn in frühen Zeiten zusätzlich zu seinem Alltagsnamen auch den Namen »Verona« oder »Bern« führte, so auch auf seinem ältesten Stadtsiegel, auf Münzen, Stichen und in Chroniken von der Wende des 9./10. Jahrhunderts bis ins 16. Jahrhundert hinein.[19] Dieser Zweitname ist bisher zwar nicht sinnvoll erklärt, aber an der Tatsache, daß Bonn zeitweise so genannt wurde, gibt es keinen Zweifel.
Verfolgen wir nun von Bern/Bonn aus König Samsons Weg rückwärts auf der alten, schon römerzeitlichen Fernstraße von Köln nach Westen durch das von ihm eroberte Hesbanien, so kommen wir in das Gebiet, wo zur Frankenzeit jener riesige »Kohlenwald« oder »Köhlerwald« lag, die »silva carbonaria«, welche Gregor von Tours 2,9 erwähnt,[20] ein mächtiges Waldgebiet – heute nur noch in Resten vorhanden –, das lange Zeit hindurch ein fast unüberwindliches Hindernis zwischen Westfranken und Ostfranken gebildet zu haben scheint.
Dieser große, unbewohnte Wald dürfte es gewesen sein, in welchen Samson sich mit der geraubten Braut zurückzog, in dem er sich ein Haus baute, und von dem aus man einen halben (oder nach B ganzen) Tag brauchte, um aus seiner Mitte wieder herauszukommen. Und wenn er es war, dann mußte an seinem östlichen Rande »Salerna« liegen.

»Salerna«

Und dort lag nun und liegt noch jetzt unmittelbar unterhalb der auf der Römerstraße entlangführenden Wasserscheide der einzige Ort weit und breit, der einen ähnlichen Namen trägt wie Salerna: SALVENERIAS, das heutige Sauvenière.
»Salvenerias villa« – so in nachkopierter Urkunde Otto I. vom 20. 9. 946, heute Sauvenière im Arrondissement Namur, Canton Gembloux,[21] hat als ältesten Punkt eine römische Villa aus dem 2. Jahrhundert, einen heute burgähnlich geschlossenen Gutshof, der unmittelbar auf der Wasserscheide liegt an der höchsten Quelle des Flusses Orneau. Es ist eine Quellmuldensiedlung, wie wir sie mehrfach in der Thidrekssaga finden. Sie liegt südöstlich an dem Fernweg Bavai-Köln, jener »rue

de Brunehaut«, die auf der Wasserscheide hin noch heute dort durch die Felder läuft und mit römischen Ziegelresten übersät ist, an manchen Stellen auch in ihrem Unterbau studiert werden kann. Etwas weiter östlich an dieser Straße liegen mehrere Tumuli.
Das heutige Sauvenière liegt wenig tiefer und etwas abseits um seine Kirche herum. Der nächste wichtige Ort ist das 3–4 km entfernte, altummauerte Gembloux an dem hier schon kräftigeren kleinen Orneau. Sein Mittelpunkt ist das Kloster, das von Wigbert aus der Familie der Pippiniden begründet wurde, bekannt auch durch den Chronisten Sigebert von Gembloux (1030–1112). Gembloux wurde erst lange nach den in der Thidrekssaga berichteten Ereignissen gegründet; aber wir werden hier wie auch später auf die örtlichen Beziehungen zur Familie der Pippiniden zu achten haben.
Über Salveneria gibt es eine alte Beschreibung von Grammaye in Guide fidèle ... du Brabant 1610, die folgendes meldet:

»Saulvenier oder Sauveniers ist ein großer Ort, eine kleine halbe Stunde von Gembloux entfernt ... Obwohl Ernage, Courtil und Sauvenier von dem Pfarramt Gembloux abhängen, haben sie doch ihre eigenen Geistlichen. Der letztere Ort (Sauvenier) ist von Auflagen und Steuern befreit. Ich habe die Ursache dieses Vorrechtes erforscht und gefunden, daß dies deshalb bestand, weil die Einwohner von Sauvenier vor dem Herzog Wenceslaus mit Trommlern und großem Aufwand einherzogen, als er seinen Einzug in Brabant hielt, und daß er ihnen dieses Vorrecht gab, um ihnen zu danken.«

Schon aus früherer Zeit wird berichtet, daß um 1540 Karl V. auf dem langen Marsch in seine Staaten sich an der »Posterie« (Zwischenposten auf der alten Fernstraße) auf der Grenze von Gembloux und Sauvenière aufhielt.

»Die Einwohner von Sauvenière begaben sich dorthin und gaben ihm ein Konzert, der Kaiser fand sich dadurch geschmeichelt, und um ihnen zu danken, gewährte er ihnen das Recht, Pelztiere für Felle und Federtiere für Federn zu jagen, wobei Sattler und Kürschner ausgenommen wurden. Die Einwohner von Sauvenière jagten daher kostenfrei auf ihrem Gebiet«

zum großen Ärger ihrer Nachbarn, die solches Vorrecht nicht bekommen hatten.
Die Leute von Salvenerias scheinen Übung darin gehabt zu haben, hohe Herren günstig zu stimmen, und zwar sie allein in ihrer Gegend, denn sie allein genossen diese Vorzüge. Das entspricht aber genau dem, was die

Thidrekssaga erzählt. Dort heißt es, etwas einfacher in der Svava, etwas ausführlicher in den isländischen Handschriften:

Sv

Sie trauten sich nicht, gegen ihn zu streiten; doch legten sie ihre Rüstungen an und ritten hinaus aus dem Ort mit manchen Bannern und vielem Volk, mit Pfeifern und Bläsern, bis sie zu Samson kamen. Da stiegen sie von ihren Rossen, fielen auf ihre Knie und gaben sich und den Ort in seine Gewalt. Samson dankte ihnen sehr.

A+B

Nun vernehmen die Burgmannen, daß der Herzog nahe bei der Burg ist. Da reitet aus der Burg heraus das ganze Volk in Waffen, und heraus haben sie alle ihre Banner und all ihr bestes Gewand, mit aller Art Spielen, Harfen, Fiedeln, Geigen, Bumbum und allerlei Ergötzlichkeit. Doch als sie den Herzog treffen und sein Heer, steigen sie von ihren Rossen, die zuerst, welche die Vornehmsten waren, darauf alle Ritter, und erklären damit, daß sie den Ort und sich selbst in seine Gewalt übergeben wollen. Der Herzog dankt ihnen für ihre Willfährigkeit.

Sauvenière/Salvenerias ist älter als Gembloux. Die »römische Villa« liegt auf dem sogenannten »Plateau d'Arlansart«. Über diese Villa, ihre Ausgrabung und ihre Einrichtung gibt es einen Bericht, der auch den Grundriß des Gebäudes enthält. Aber die Villa stammt aus römischer Zeit, und es ist nicht gesagt, daß sie einem Herrenhof germanischer Zeit gleich oder ähnlich gewesen wäre. Es dürfte aber doch ein im Viereck geschlossener Hof gewesen sein, wie es auch der Hof ist, der heute an dieser Stelle steht.[22]

Wenn von diesem »Salerna« am Rande des damals noch mächtigen Kohlenwaldes aus König Samson auf der brückenlosen römischen Fernstraße durch den Haspengau hindurch über das heutige Tongern und Maastricht in Richtung Köln gezogen war, so handelt es sich hier möglicherweise um die Darstellung des Einbruchs der frühen östlichen Franken in das Rheingebiet.

Es scheint dann aber ein Rätsel, warum König Samson so vollständig aus seinem bisherigen Reiche herauszieht, mit seinen beiden Söhnen, mit

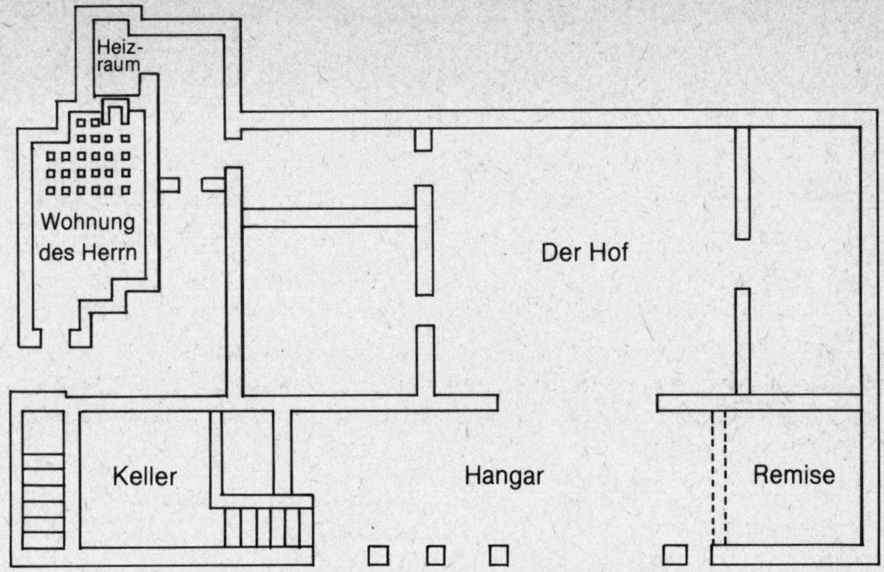

2 *Salvenerias, Grundriß der römischen Villa aus dem 2. Jahrhundert*

ihm drei Könige, dazu Herzöge und Grafen und viele Ritter und Knappen. Das möchte ja noch mit seinem Kriegszug zusammenhängen. Aber warum zieht Samson, als er Bern/Bonn erobert hat, nun nicht wieder zurück nach Salerna oder wenigstens in die Hesbaye, sondern versucht noch, »Rom« zu erobern? Und nach Samsons Tod macht auch sein Sohn Ermenrik, der doch Samsons Reich erbt, nicht den geringsten Versuch, zurückzukehren?

Sollte hier eine ganz andere Lage gegeben sein? Sollte das mächtig sich ausdehnende Frankenreich im Westen, das inzwischen Soissons besetzt hatte und von hier aus weiterdrängte, seinen Druck auch gegen seinen östlichen Nachbarn gerichtet haben, und Samson wäre diesem Druck gewichen, hätte seine Reiche westlich der Maas aufgegeben und sich neue Lande erobert? Vielleicht läßt sich die Überlieferung der Thidrekssaga und ihre Königsgeschichte doch irgendwie in die bisher bekannte, teils aber auch unbekannte Historie der Zeit zwischen 470 und 530 einordnen?[23]

3 *Das große Stadtsiegel von Bonn. Aus der zweiten Hälfte des 13. Jahrhunderts*

Bonn hatte in früher Zeit neben seinem Hauptnamen (Bonna-Bunna) auch den Namen VERONA (»cisalpina«), zu deutsch: BERN (»diesseits der Alpen«). So steht es in Chroniken, auf Siegeln und Münzen. Auf diesen Inschriften wird Verona-Bern als jeweils älterer Name angesehen. Dies ist die Heimat des Königs DIDRIK VON BERN.

»Bunna dat heisz man do Berne«

So heißt es im 13. Jahrhundert. »dô« bedeutet »da, damals, einstmals«: »Bonn, das nannte man einstmals Bern«. Wann war dieses »einstmals«? Man weiß es nicht und geht nicht gerne hinter die früheste Erwähnung dieses »Bern« zurück, die als »Verona« in der Wende des 9./10. Jahrhunderts auftaucht.[24] Jedenfalls meint dieses »dô«, daß es in verhältnismäßig frühen Zeiten diese ungewöhnliche Benennung gab. Man kann den Namen »Bern« nicht erklären, und man nimmt allgemein an, daß es die Verdeutschung des Namens »Verona« wäre, welchen Bonn auf seinem frühesten Siegel führte. Bei dieser Auffassung ist aber die Thidrekssaga nicht berücksichtigt.

Doch die Thidrekssaga ist vorhanden, und die Einsicht wird sich Bahn brechen, daß ihre Überlieferung aus alter Zeit stammt, daß sie Ereignisse des 5./6. Jahrhunderts nicht nur meint, sondern auch darzustellen unternimmt, daß sie sich nach ihren Namensformen, nach ihrer heidnischen Grundhaltung, nach ihrem geotopographischen Umfeld selbst als ein Werk der Völkerwanderungszeit darstellt. Und in der Thidrekssaga kommt der Name »BERN« für Bonn nicht nur hundertfach im Text vor, sondern er prägt auch den Titel: Und dieser frühe Name heißt hier nicht Verona, sondern BERN. Er ist also nicht erst aus dem Lateinischen ins Deutsche übersetzt, sondern er tritt zuerst in deutscher Form auf und wird aus dieser erst ins Lateinische übertragen.

Damit besteht eine ganz neue Grundlage für das Verständnis dieser Namen. Und wir müssen fragen: Was meint der Name »Bern« im besonderen im Bereiche von Bonn? Ist es der Name Bonns zu einer bestimmten Zeit? Oder ist es der Name eines engeren Bereichs in diesem Raume? Oder beides? Bonn ist hauptsächlich aus zwei Zentren hervorgegangen: Einmal aus dem römischen Legionslager über dem nördlichen Ufer der Stadt, zum andern aus dem kirchlichen Bezirk, der sich um das heutige Münster gruppiert. Das Legionslager entstand um die Zeitenwende, der kirchliche Bereich in kleinen Anfängen etwa im 4. Jahrhundert und dehnte sich dann weiter und prächtiger aus.

Als die Römer sich vom Rhein absetzten und die Germanen diese Gegenden eroberten, sich hier beheimateten und ihrer Burg den Namen »Bern« gaben, konnte das nicht im kirchlichen Bereich geschehen; denn das Christentum spielte damals für sie noch keine Rolle. Sie mußten und konnten sich für ihren Sitz in Bonn den günstigsten Punkt suchen. Er mußte beherrschend sein, mußte Furt und Fähre und die Fernstraßen

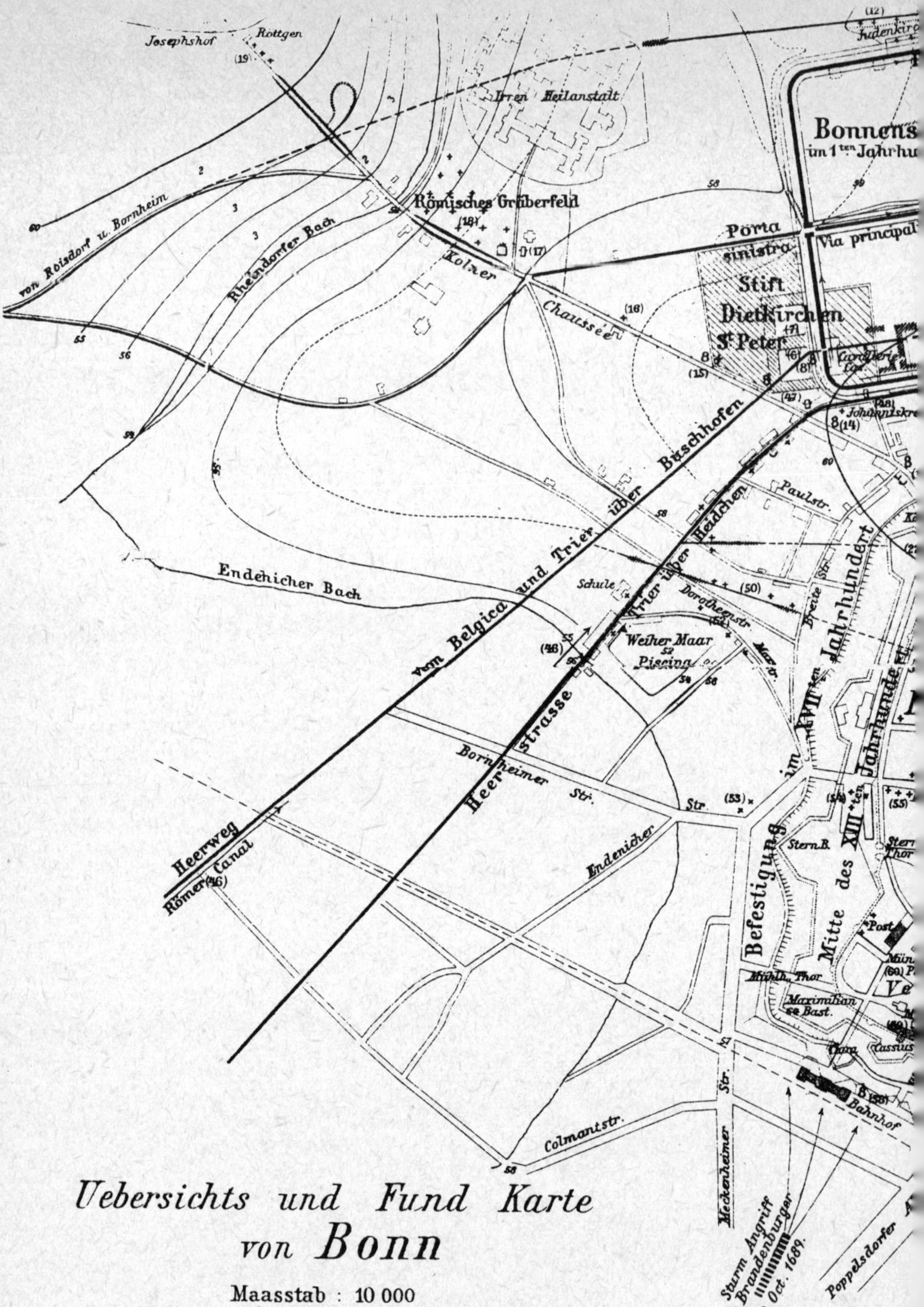

4 Bonn zur Römerzeit

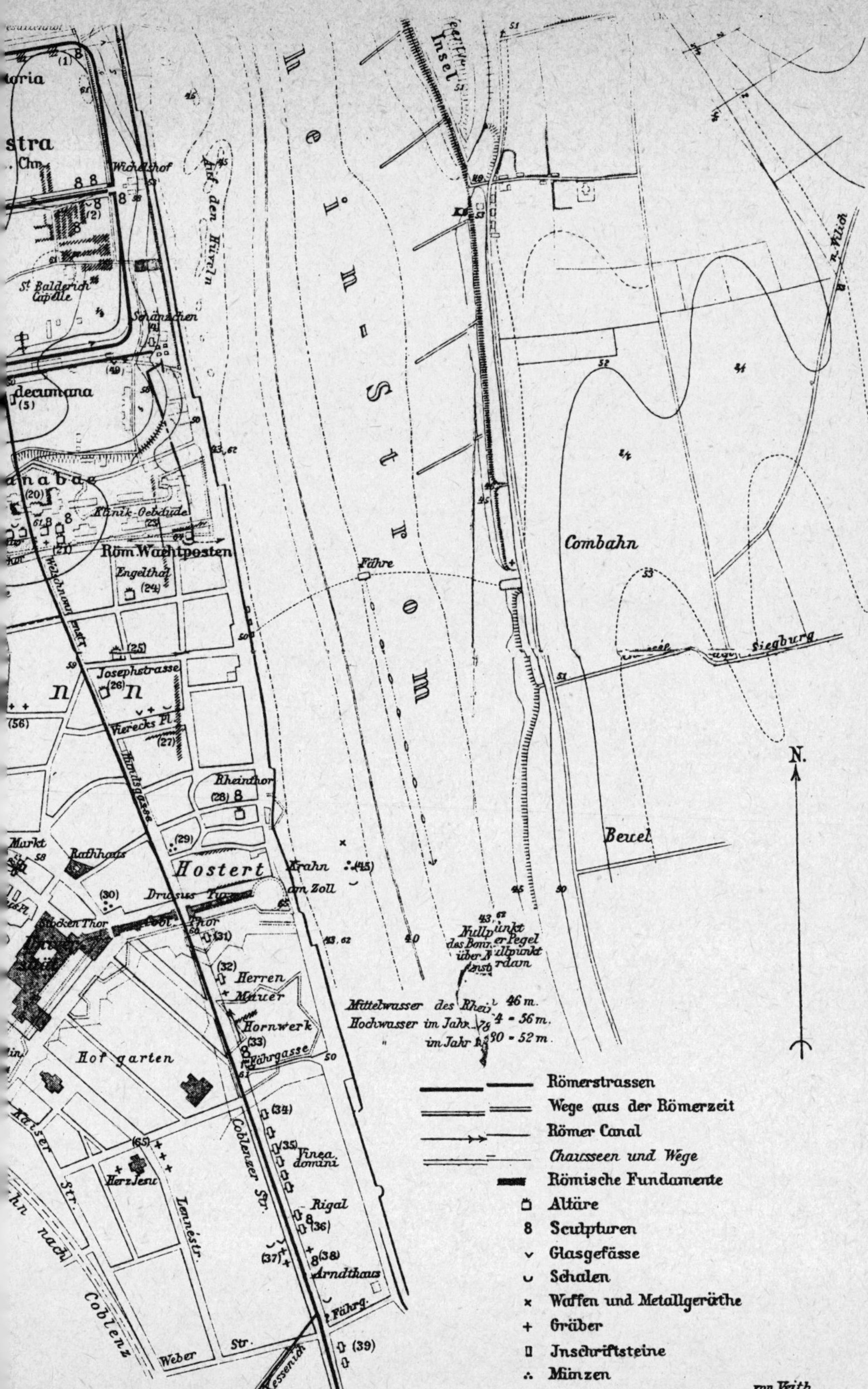

toria
stra
Wichelshof
auf den Hirzeln
St Balderich Capelle
Schänzchen
decumana
(5)
anabae
(20)
Klinik-Gebäude
(23)
(21)
Röm. Wachtposten
Engelthal
(24)
(25)
Josephstrasse
(26)
(56)
Vierecks Pl.
(27)
Rheinthor
(28)
(29)
Markt
Rathhaus
Hostert
(30)
Drusus Thor
Sterntor
(31)
(32)
Herren
Mauer
Hornwerk
(33)
Fährgasse
Hof garten
Kaiser
(65)
Herz Jesu
Lennéstr.
Coblenzer Str.
(34)
(35)
Vinea domini
Rigal
(36)
(37)
(38)
Arndthaus
Fährg.
Weber
Str.
(39)
v. Kessenich
nach Coblenz
Insel
Rheinstrom
Fähre
Krahn
(45)
am Zoll
Nullpunkt des Bonner Pegel
Mittelwasser des Rheins 46 m.
Hochwasser im Jahr 1784 56 m.
im Jahr 1880 52 m.
Combahn
n. Villich
Siegburg
Beuel
N.
Römerstrassen
Wege aus der Römerzeit
Römer Canal
Chausseen und Wege
Römische Fundamente
Altäre
Sculpturen
Glasgefässe
Schalen
Waffen und Metallgeräthe
Gräber
Inschriftsteine
Münzen
von Veith,
Generalmajor z.D.

unter Bewachung halten, mußte gutes Wasser haben und Versorgungshöfe in möglichster Nähe. Das alles aber war im Legionslager bereits vorgegeben. Hier nahbei kreuzten sich die Fernstraßen von Nord nach Süd und von Ost nach West, hier lagen nahe Furt und Fähre bei Graurheindorf, hier war beherrschender Überblick, und der Wichelshof auf fast gleicher Höhe über dem Rhein lag unmittelbar vor der Ostseite des Lagers, andere Höfe nördlich und westlich.

Dies kann das »Bern« der Thidrekssaga gewesen sein, das »Bern« des frühen Bonn. Ob man im späteren Mittelalter, als man Sinn und Ursprung des Namens »Bern« nicht mehr verstand, in »Bern« nur einen anderen Namen für Bonn sah, oder ob man darunter im besonderen die »Villa basilica« verstand, das ist eine andere Sache.

Man muß auch die andere Möglichkeit der Ortung von »Bern« im Bonner Raum im Auge behalten. Die Germanen liebten die Freiheit, sie wählten gerne weniger gebundene Plätze, und man könnte sich einen solchen etwa bei Bornheim und Brenig am Vorgebirge denken, wo die Bedingungen dafür günstig lagen. Aber die Lage Bonns selbst und besonders des Legionslagers war doch so hervorragend, zumal mit Kontrolle der beiden Hauptstraßen und des Flußüberganges, daß man eine andere Wahl kaum nachvollziehen kann.

Zu den Mitteilungen der Thidrekssaga würde am besten eine feste Burg in oder bei Bonn selbst stimmen. Nach ihr war ja nicht Samson der erste germanische Eroberer, sondern Jarl Elsung, der auch einen deutschen Namen hat, und von ihm heißt es, daß er auf die Forderungen Samsons hin seine Burg aus»bauen« ließ so fest er nur konnte (»sidan lot han byggia sin slot thz fastaste han kunde«). Elsung scheint also auf einer wirklichen Burg gesessen zu haben. Und wir finden in der Thidrekssaga immer wieder, daß die neuen Herrscher nach Besiegung der früheren sich in deren Fürstenstuhl setzen, hier deren Gewalt übernehmen und vom gleichen Punkt aus weiter herrschen. So müßten Samson und Thetmar diese Burg übernommen haben.

Ich werde darauf hingewiesen, daß es noch eine weitere Möglichkeit gibt. Der »Bonner Berg« nördlich vom Legionslager liegt noch etliche Meter höher als der Wichelshof und auch als das Legionslager. Unmittelbar daran vorbei floß der Rheindorfer Bach, nahe waren Furt und Fähre und die Kreuzung der Fernwege; außerdem aber lag diese Burg im freien Land und konnte von dorther versorgt werden. Ich kann diesen Punkt nicht mehr überprüfen, weise aber auf die Möglichkeit hin.

Samsons Söhne:

Didriks Vater Thetmar

Soviel die Thidrekssaga über Samson berichtet, so wenig erfahren wir über Didriks Vater Thetmar. Von ihm heißt es (A 9):

> Noch gewinnt Samson König einen zweiten Sohn, der hieß Thetmar nach seinem Vaterbruder. Als dieser Königssohn aufwuchs, war er groß, stark und heldenhaft wie sein Vater, hart, verständig, guter Kämpfer und seinem Vater gleich an Sinnesart.

Daß auch in Thetmar Herrscherblut floß, zeigt sich in der Art, wie er seinen Herrschaftsanspruch geltend macht. In allen Handschriften wird dies ziemlich gleichlautend berichtet:

> Als Samson ein alter Mann wurde, war Ermenrik zu seinen Jahren gekommen, und Thetmar war 12 (B: 15) Jahre alt.
> Eines Tages saß Samson in seinem Herrensitz, und Ermenrik stand vor ihm (B+: und diente). Der König sprach zu ihm: »Du sollst nicht länger dienen, mir nicht und keinem andern! Ich will dir Königtum in Hesbanien geben und 13 gemauerte Schlösser (AB: der stärksten Burgen), die ich gewann mit meinem Schwert. Mehr gewinne dir selbst! Ich erbte kein Land von Vater und Mutter und habe gleichwohl genug!« – Darauf setzte er Ermenrik zu sich und ließ Speisen vorlegen und einschenken für ihn wie für sich selbst.
> Da ließ sich der junge Bruder, Thetmar, vernehmen: »Mich dünkt, ihr habt ungleich zwischen uns Brüdern geteilt! Was wollt ihr nun mir geben, wenn er so viel bekommen soll?« – Der König saß und hörte zu, und er sah zornig auf Thetmar, weil der so keck redete. Da ging Thetmar hinaus; denn er bekam keine Antwort von seinem Vater. (AB. 9)

Hier erscheint Thetmar immerhin kühn und selbstbewußt. Auch daß er den Raum verläßt, als er keine Antwort bekommt, zeigt das. Auf König Samson macht dies gleichfalls Eindruck; denn um den Anspruch auch dieses Sohnes zu befriedigen, bricht er bald darnach den Krieg gegen Jarl Elsung von Bern-Bonn vom Zaun. Er reitet mit einem starken Heer[25] aus und erkämpft sich in großer Feldschlacht den Sieg und das Berner Reich. Ermenrik und Thetmar begleiten ihren Vater bei diesem Zug und in

dieser Schlacht. Aber dabei ist nur von Samsons gewaltigen Kampftaten die Rede, von seinen Söhnen wird nichts Herausragendes berichtet. Sie waren noch jung und unerfahren, und für Thetmar war es ein erster Kampf.
Dann reitet Samson in die Stadt Bern ein, alles Volk huldigt ihm und übergibt ihm die Schätze des Jarls.

> Da vermählte Samson seinen Sohn Thetmar. Er gab ihm des Jarls Tochter (Odilia) und alles Reich, das ihr Vater besessen hatte, und machte ihn zum König darüber. (Sv 10).

Mit einem prächtigen Gastmahl wird die Hochzeit gefeiert.

> Thetmar König herrscht nun über Bern. Er ist ein großer Mann und ruhmreich, klug, stark im Herrschen, großer Kriegsmann, fröhlich und leutselig, mildherzig und großmütig und beliebt bei seinen Mannen. Seine Gemahlin Odilia war auch schön und liebreich (Sv: schön und fromm) und höchst geschickt vor allen Frauen in allen Dingen (A 14).

Das ist alles, was wir über Didriks Vater und Mutter erfahren. Von dem angeblich so großen Kriegsmann Thetmar hören wir nicht eine einzige Waffentat. Neben der starken Persönlichkeit seines Bruders Ermenrik und vor dem Hintergrund seines Vaters Samson verblaßt Thetmars Bild sehr. Wir müssen also annehmen, daß er kein bedeutender Herrscher war, sondern sich mit einem ruhigen, tatenlosen Leben begnügte. Er stirbt auch früh, mit kaum 40 Jahren. Sein Bruder Ermenrik überlebt ihn mehr als 30 Jahre.

Didriks Oheim Herzog Ake

Ermenrik und Thetmar galten als Samsons echte Söhne. Aber Samson hatte noch einen dritten Sohn, der Ake hieß. »Sein mütterliches Geschlecht war nicht von hoher Abkunft« sagen die isländischen Handschriften A + B. Samson machte ihn später zum Herzog und gab ihm die Burg Fritila. Er war ein selbstbewußter Mann, führte ein großes und gastfreies Haus, war tapfer und rasch-handelnd. Aber er stellte niemals Herrschaftsansprüche. Als seine Gattin wird Bolfriana von Drekanfils genannt. Ake starb, als Didrik etwa 25 Jahre alt war.

Man sieht in Ake meist einen Sohn aus einer nichtehelichen Verbindung. Aber das ist nicht gesagt und ist auch nicht wahrscheinlich. Wenn es heißt, daß seine Mutter von geringer Herkunft war, so ist das Wahrscheinlichere, daß sie Samsons *erste Frau* war zu der Zeit, da Samson, noch ein einfacher Ritter, dem Herzog diente. Als er aber nach Höherem strebte, verließ er sie, raubte die Herzogstochter und trat damit in einen höheren Stand ein, in dem er sich auch behauptete. Hier waren ihm seine erste Frau und sein im geringeren Stande geborener Sohn nicht mehr förderlich.

Bei Samsons Charakter und seiner eisernen Folgerichtigkeit ist es unwahrscheinlich, daß er sich als Herzog und König noch mit einer Frau geringeren Standes abgegeben hätte. Diesen Überlegungen nach wäre Ake demnach Samsons *erster* Sohn gewesen, nicht unehelich, aber nicht standesgemäß. Durch seine Erhebung zum Herzog wurde das zwar ausgeglichen, doch konnte Ake keine höheren Ansprüche stellen. Seine Schicksale laufen in der Thidrekssaga gleichsam nebenher.

Außer seinen drei Söhnen hatte Samson noch zwei Töchter, deren Namen uns nicht genannt werden. Der Sohn der einen war *Walter* von Waskastein; der Sohn der andern der gute Ritter *Wolfhart (Ulfard)*.[26] Beide kommen mit Abenteuern und Heldentaten mehrfach in der Thidrekssaga vor.

Didriks Oheim Ermenrik

Die bedeutendste Persönlichkeit unter den Söhnen Samsons ist Ermenrik, sein älterer Sohn aus der Ehe mit der Herzogstochter Hildiswid. Ermenrik spielt in Didriks Leben eine ganz wichtige Rolle, von dessen Jünglingsjahren an bis in sein spätes Alter. Etwa 25 Jahre älter als Didrik, ist Ermenrik diesem zunächst Vorbild, später Gegenspieler. Daher erfahren wir aus fast allen Jahrzehnten Entscheidendes über ihn, über seinen Charakter und seine Taten. Wir werden ihm noch vielfach begegnen.

Von Ermenrik heißt es (A 9): »Als er aufwächst, ist er beides, schön und stark. Der König liebt seinen Sohn.« Als Ermenrik dann mannbar geworden ist, 18–21 Jahre alt, begabt sein Vater ihn mit 12 (13) der stärksten Burgen im Haspengau und gibt ihm den Königsnamen. Er setzt auf seinen Sohn großes Vertrauen. Mit seinen beiden Söhnen zusammen zieht König Samson dann aus, Bern zu erobern.

Unmittelbar nach der Einnahme dieser Burg und nach der Hochzeit

Thetmars mit der Jarlstochter Odilia setzt dann der alte Samson, unersättlich nach Taten, zusammen mit Ermenrik seinen Eroberungszug fort und wendet sich gegen die »Römer«. Aber seine Tage sind gezählt, und er stirbt, noch bevor er »Rom« gesehen hat.

> Aber Ermenrik König, sein Sohn, übernahm dieses ganze Reich, das sein Vater gehabt hatte, und zieht nun nach »Romaborg« und hat dort große Kämpfe mit den Römern und eignet sich den besten Teil Romaburgs an, und viele Großburgen gewann er draußen in PULI (AB 4). Auch zog er nach GREKIN und gewann den größten Teil des Landes und weithin andere Orte und wurde gleich ein mächtiger König (Sv 10).

Hier sind uns einige Rätsel aufgegeben, deren Lösung in meinem Nibelungenbuch bereits angeführt ist, die aber so grundlegend wichtig sind, daß sie hier nochmals dargelegt werden müssen.

»Rom«

»Rom«, »Romburg«, »Romaburg« wird als einer der Hauptorte in der Thidrekssaga immer wieder genannt, neben Susat-Soest und Bern-Bonn. Erst wenn es gelingt, klar zu verstehen, was die Thidrekssaga mit diesem »Rom« meint, läßt sich ihre geographische Vorstellung erkennen und der ganze Zusammenhang verstehen.
Bis zum Jahre 1978 hat niemals jemand daran gezweifelt, daß mit diesem »Rom« die Hauptstadt Italiens am Tiber gemeint sei, zumal auch andere Orte der Thidrekssaga wie Salerna, Bern-Verona, Venedi als Orte in Italien verstanden wurden. In dieser Vorstellung waren eher Soest und die anderen deutschen Ortsangaben störend.
Wenn aber mit »Hesbanien« der Haspengau gemeint war, mit dem riesigen Wald bei »Salerna« der Kohlenwald, wenn Didriks »Bern« in Bonn am Rhein lag: dann war es sehr unwahrscheinlich, daß König Samson von hier aus sich aufgemacht haben sollte, um die Alpen zu überschreiten und das italienische Rom zu gewinnen, das damals in ganz anderen Händen war. Es wird auch weder von dem gefährlichen Alpen-Übergang berichtet noch von solch riesenhaften Entfernungen, sondern es scheint, daß die Thidrekssaga sehr viel kürzere Entfernungen im Auge hat, daß Ritte von »Bern« nach »Rom« und zurück sich in ganz wenigen Tagen vollziehen.

Es stellte sich daher die Frage, ob mit dem »Rom« der Thidrekssaga nicht ein ganz anderer Ort gemeint sei, näher beim Rhein und bei »Bern«. Aber auch Simrock,[27] der schon früh unter »Bern« das rheinische Bonn verstand, hatte nie den Gedanken gefaßt, im »Rom« der Ths einen niederdeutschen Ort zu sehen.

Auch mir erschien die Vorstellung, »Rom« im deutschen Bereich zu suchen, ungewöhnlich verwegen und ketzerisch, und ich wagte meine ersten Überlegungen dazu nur im engsten Kreise mitzuteilen. Aber, einmal gefaßt, wurde der Gedanke immer unabweisbarer, und er zeigte sich bei der weiteren Verfolgung und Überprüfung mehr und mehr als unumgänglich und richtig.

Wo aber sollte dieses »Rom« zu suchen sein? Niemand hatte Vermutungen darüber geäußert. Bei der völligen Ungewißheit und dem Fehlen fester Punkte in der Thidrekssaga außer Soest, Bonn und der Dhün-Mündung hieß es weit umherschauen. Von Fulda über Mainz, Trier, Metz, Aachen, Tours, St. Denis (Paris), Soissons wurde alles überprüft. Dann schieden die entfernteren aus, und es blieben als mögliche Punkte Aachen, Mainz und Trier.

Aachen wurde zu Karls des Großen Zeit gelegentlich »Roma secunda« genannt, auch als »aurea Roma renovata« gepriesen und forderte entsprechende Anerkennung. Aber das geschah erst Jahrhunderte nach der in der Thidrekssaga gemeinten Zeit und nahm Rom als ein ideelles Vorbild. Doch ließ Aachen sich weder der Lage noch der Richtung nach in das Raumbild der Thidrekssaga einordnen.

Mainz, wo solche Einordnung eher möglich war, trug auf seinem ältesten Stadtsiegel aus der Mitte des 12. Jahrhunderts die Umschrift: »AUREA MAGUNCIA ROMANE ECCLESIE SPECIALIS FILIA«. »Das goldene Mainz, der römischen Kirche bevorzugte Tochter«, wurde auch im 11. und 12. Jahrhundert in überschwenglichen Ausdrücken gefeiert als »Metropole Germaniens«, »Diadem des Reiches«, »Das goldene Haupt« und »Das andere Rom«. Aber alle diese Lobpreisungen stammten aus dem hohen Mittelalter, meinten die bedeutende Stadt des damaligen Deutschen Reiches und waren im besonderen Sinne kirchlich gemeint: Mainz als die bevorzugte Tochter der Kirche Roms.[28]

Trier aber war schon (und noch) im 4. Jahrhundert n. Chr. die mächtigste Hauptstadt des Römischen Reiches nördlich der Alpen. Es war damals der Verwaltungsmittelpunkt für die germanischen, gallischen, britannischen Provinzen und selbst für Spanien. Und es war Kaisersitz! Trier war wahrhaftig ein zweites Rom, der Inbegriff der römischen

Macht. Und so wird es in mittelalterlichen Quellen in der Regel »ROMA SECUNDA« genannt, »Das zweite Rom«, auch »altera, nova, minor« und gelegentlich »Belgica Roma«. Diese Bezeichnung geht in besonderer Weise auf die Römer selbst zurück, da sich in einer Gedenkstein-Inschrift, an deren richtiger Überlieferung nicht gezweifelt wird, die Stellen finden: »BELGICA ROMA ... EI PAR NISI ROMA NIHIL« (... ihm gleich außer Rom nichts).[29]

Wenn es nun in den Handschriften A + B 13 heißt, daß Ermenrik, erst zusammen mit seinem Vater, dann allein, von Bern/Bonn aus »südwärts« gegen »Romaburg« zieht, hier mit den »Römern« kämpft, erst Teile »Roms«, später »Rom« selbst erobert; wenn Didrik gegen Ende seines Lebens seinerseits dieses »Rom« erobert und dort wiederholt als »im Bad« genannt wird, so ist hiermit der Kampf der Germanen gegen die Reste der römischen Herrschaft in Gallien im 5. Jh. beschrieben, und

5 *Samson zieht gegen »Bern« und »Rom«*

dieses »Rom« kann nur Trier meinen mit seinen Palastgebäuden und den Thermen.
Für die Zeit um 470 wird die endgültige Eroberung Triers durch die Germanen (Franken) angenommen. Das würde dann bedeuten, daß die Thidrekssaga hier von den Endkämpfen mit den Römern in dieser Gegend spricht. Die Gleichsetzung von »Rom« mit Trier ist der Schlüssel zur Geographie der Thidrekssaga. Jetzt erst wird deren Raumvorstellung klar. Wir werden im weiteren sehen, wie vollständig dieses »Rom«-Trier zu allen Angaben der Thidrekssaga paßt.

»Puli« und »Greken«

Zusammen mit »Rom« und den Römern werden »Puli« und »Greken« genannt. Damit müssen Orte im Trierer Raum gemeint sein. Puli kommt zweimal in der Thidrekssaga vor,[30] beide Male in dem Sinne, daß König Ermenrik dort seinen Herrschersitz aufgeschlagen habe, ehe es ihm gelang, Rom-Trier endgültig zu erobern. Dafür kommen zwei Orte in Betracht:

1. *Pölich,* 10 km Luftlinie von Trier entfernt in einer Moselschleife; und
2. *Polch* bei Mayen am Römerweg Koblenz-Trier.

Beide Orte sind alt, schon im 9. Jahrhundert genannt, und ihre Frühnamen sind fast gleich: Pölich 802 »Polih«, und Polch 895 »Poliche«. Den Namensformen nach sind beide Orte möglich.
Man möchte zunächst denken, *Pölich,* das so nahe bei Trier liegt, müsse das rechte sein. Aber es liegt abseits im engen Moseltal, ohne Raum, ohne Übersicht, ohne Sicherheit, ohne gute Verbindungen, für einen Herrschersitz ganz ungeeignet. *Polch* dagegen, im offenen Hochtal auf den Höhen über dem Moseltal an bedeutsamer Stätte, mit freiem Weitblick, an der wichtigen Heerstraße von Andernach-Koblenz nach Trier beherrschend gelegen, ist dafür bestens geeignet. König Ermenriks vorläufiger Herrschersitz kann nur Polch gewesen sein.[31]
Wenn es heißt, daß Ermenrik sich den besten Teil Romburgs bzw. »des Landes« aneignete »und viele andere Großburgen gewann«, worunter Gutshöfe, Herrensitze, Großgüter zu verstehen sind, keine steinernen Trutzburgen, und wenn bei dieser Gelegenheit Grekin oder Greken genannt wird, das an späteren Stellen der Thidrekssaga auch als »Gregen(borg), Graechen(borg)« erscheint, so kann es sich nur um Graach handeln, einen der ganz alten Orte dieser Gegend und berühmt und

bedeutend durch seine vorzügliche Weinlage, deren Spitzenerzeugnisse Jahr für Jahr (wie mir dort versichert wurde) von der englischen Krone aufgekauft werden, ein altberühmter Ort, dessen Namen nach einhelliger Meinung in die keltisch-römische Zeit zurückgeht, der also zur Zeit der Thidrekssaga-Geschehnisse schon bestand und in dieser Überlieferung als einer der bedeutenden Punkte dieser Gegend genannt wird. (Die ältesten Namensformen wechseln zwischen Graca und Gracha, später auch Graich und Graech.[32])

Als die Stätte, die mit »Greken« gemeint sein kann, kommt vor allem der älteste Hof in Graach in Betracht, der unter dem Namen »Josephshof« noch heute besteht. Zur Zeit der ersten urkundlichen Erwähnung 975 gehörte der Hof zu der Benediktinerabtei Sankt Martin in Trier und wurde daher von den Anwohnern immer noch der »Merteshof« genannt. Graach wird also in der Thidrekssaga unter den Herrensitzen oder Großgütern des Trierer Landes als einziges mit Namen genannt. Das ist wohl so zu deuten, daß Graach zur Zeit der gemeinten Begebnisse gegen Ende des 5. Jahrhunderts n. Chr. unter allen Orten der bedeutendste Punkt dieser Gegend war.

Dem gemeinsamen Grundtext aller Handschriften fügen nun die isländischen (A B D E, während Mb hier noch seine Lücke hat) einen *Zusatz* ein, der von ganz anderen Vorstellungen ausgeht. Sie lassen König Ermenriks Reich sich ausdehnen über Italien bis ans griechische Meer und zu den griechischen Inseln und »bis nordwärts übers Gebirge«.

Mit diesem »Gebirge« können nur die Alpen gemeint sein; und mit dem »Reich« meint jener Abschreiber, aus dessen Nachfolge die vier Handschriften stammen, offensichtlich Italien oder gar griechische Gebiete. Er hat – in diesem Zusatz – offensichtlich an ein Reich der frühen Ostgotenkönige gedacht, und er sieht in Didrik offenbar Theoderich den Großen. Dagegen bewahrt uns die Svava, wie so oft, den ursprünglichen Text.

An dieser Verwirrung ist anscheinend die Angabe der Svava »Grekin« schuld. In dieser Angabe, die den vier Handschriften fehlt, hat der gotengläubige Abschreiber einen Hinweis auf Griechenland gesehen, den er aber nicht recht unterbringen konnte.

Der ursprüngliche Text der Thidrekssaga, wie ihn die Svava bewahrt, sagt hier aus, daß König Ermenrik von Bern-Bonn aus südwärts nach Trier zieht, die stark befestigte Stadt zunächst nicht einnehmen kann, dafür aber den größten und besten Teil dieses »Rom«-Reiches mit

Graach als bevorzugtem Platz gewinnt und seinen Herrschersitz bis zur endgültigen Eroberung Rom-Triers nach Polch verlegt.

Sv 10	**A + E + B + D (Mb hat Lücke)**
Ermenrik zog vor Rom	Und zieht nun nach Romburg
und kämpfte	und hat viele Kämpfe
mit Römern	(B + D: mit Romkriegern)
und gewann großen Ruhm	
und gewann den größten Teil	und eignete sich den besten Teil
von Rom	Romburgs an (E dafür: des Landes)
Auch zog er nach Grekin	und viele andere Großburgen
und gewann den größten Teil	gewann er außen von Puli
des Landes	und eignete sich den größten Teil
und weite andere Orte	des Reiches an
	außen von Griechenlands Meer
	bis nordwärts übers Gebirge
	und einen großen Teil
	von Griechenlands Inseln,
und wurde gleich	und er wird
ein mächtiger König.	aller Könige größter und mächtigster.

In beiden Handschrift-Gruppen zieht Ermenrik vor »Rom« und kämpft mit den Römern, gewinnt den größten Teil des Landes (Reiches) und weitere wichtige Orte, doch gelingt es ihm noch nicht, »Rom« selbst zu erorbern. Er wird mächtiger König über dies ganze Reich.

Daß es nicht gelingen konnte, im ersten Ansturm das hochbefestigte Trier zu nehmen, ist sehr wahrscheinlich. Und wenn es heißt, »er gewann den größten Teil von Rom«, so wird sich das mehr auf den weiteren Umkreis beziehen und nicht auf die eigentliche ummauerte Stadt.

Didrik und seine Kämpen

Sv 11
König Thetmar herrscht über Bern (Bonn).
Er war ein großer Kriegsmann und freundlich und freigebig.
Seine Ehefrau war beides, schön und fromm.
Sie bekamen einen Sohn, der Didrik hieß. Er wuchs auf groß und stark. Er hatte scharfe Augen. Sein Haar war wie das Gold und schön gelockt, und er bekam niemals einen Bart, so lange er lebte. Seine Schultern waren zwei Ellen breit. Seine Arme waren hart wie sonst Stämme. Er war so stark, daß sich wenige seinesgleichen fanden. Doch war er schmal an seinem Leib, und schmucke Beine hatte er und starke.
Er war fröhlich und freundlich und mildtätig, weder sparte er Gold noch Silber. Das sagten alle Menschen.
Zu jener Zeit ward nie ein solcher Mann geboren, sowohl an Sinnesart wie an Fähigkeiten, außer seinem Vatersvater Samson. Und alle mochten ihn gern.
Als er 11 Jahre alt war, schlug sein Vater ihn zum Ritter und machte ihn zum Hauptmann über all sein Hofgesinde.

Aus der Erzählung von Didriks Jugendzeit erfahren wir vor allem, welche Kampfgefährten, angezogen von seinem jungen Ruhm, sich in rascher Folge bei ihm einfinden, und welche Abenteuer er mit ihnen zusammen besteht. Insgesamt gewinnt Didrik zwölf »wackere Dränger« (wie sie gern genannt werden), als ersten und beständigsten seinen 24 Jahre älteren Erzieher Meister Hillebrand, dann den zwiespältigen Heim, den klugen Hornboge, den starken Wideke mit dem Meisterschwert Mimung (oder Mymming), den stolzen Fasold, den schelmischen Sintram, den beflissenen Wildefer, Detzlef, den prahlerischen Dänen, und hinzukommen dann als neunter und zehnter der ehrgeizige Amlung, Hornboges Sohn, und der weitgereiste »Herr Brand«, und zu guter Letzt die Nibelungen König Gunter und Hagen. Damit ist der Kreis der Zwölf mit Didrik als dem Dreizehnten zunächst geschlossen, und in dieser Zahl treten sie dann den großen Wettkampf an gegen König Isung, seine elf Söhne und den starken Sigfrid.

Hillebrand

Als Didrik 6 Jahre alt ist, kommt an den Königshof zu Bern der Mann, der nun sein »Ziehmeister« wird, der an allen seinen Unternehmungen teilnimmt, der ihn zuerst leitet und später sein treuester Gefolgsmann ist: Hillebrand (HILDIBRAND), der dann fast stets »Meister Hildebrand« genannt wird. Wir nennen ihn künftig mit seinem niederdeutschen Namen: Hillebrand. Er ist 30 Jahre alt, als er nach Bern/Bonn kommt. Was für ein Mann ist das, und wo kommt er her?

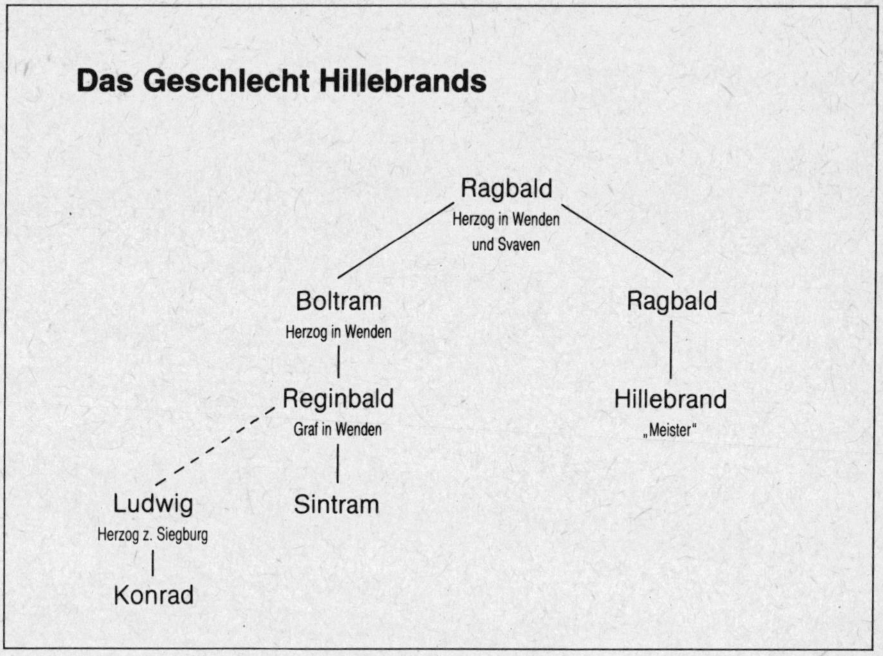

6 *Das Geschlecht Hillebrands*

Sv 12

Ein Ort lag ostwärts von Bern, der nennt sich Venedi. Dort war ein Herzog, der Ragbald hieß. Er war reich und untadelig. Er hatte zwei Söhne, der eine hieß Boltram und der andere Ragbald.[33] Er (Boltram) ward vermählt und bekam einen Sohn, der Sintram hieß, Der erste (war) Herzog Ragbald. Er hatte einen Sohn, der Hillebrand hieß. Er war Hauptmann über sein Hofgesinde. Als er 12 Jahre alt war, gab sein Vater ihm Hengst und Harnisch.

Er war ein schöner Mann, weiß und rot von Angesicht, goldenes Haar und gelockt, und so war auch sein Bart. Er war stark gewachsen, so daß alle sich über ihn wunderten, und nicht fand sich seinesgleichen in Venedi. Er war sanftmütig und bedachtsam und der weiseste Mann, von dem man zu sagen wußte. Er war auch freigebig, so daß alle ihn lobten. Er hatte ein mutiges Herz, so daß man niemals hörte, daß er irgendwie bange war.

Ein Ort ostwärts von Bern nennt sich Venedi? Nie (vor 1978) ist etwas anderes ausgesprochen worden, als daß mit diesem »Venedi« natürlich Venedig gemeint sei, das östlich vom italienischen Verona liegt, welches gewöhnlich mit »Bern« gleichgesetzt wurde. Wenn nun aber die Ths mit Bern durchgängig den Ort am Rhein benennt, der sonst Bonn heißt: Wie verträgt sich das mit diesem Venedig?
Oder sollte etwa, »ostwärts von Bern«, nämlich ostwärts von Bonn, noch ein anderes »Venedi« zu suchen sein, aus dem Hillebrand gekommen wäre?
Es kommt hinzu, daß der Ort in der Lagune an der Adria, der später Venedig wurde, zur Zeit unsrer Sagengeschehnisse noch kaum bestand, da erst kurz vorher die vor Etzel und seinen Hunnen flüchtenden Bewohner dort im Sumpfgebiet eine Zuflucht suchend mit dem Lagunenort einen kümmerlichen Anfang gemacht hatten.
Wo müßte ein solches anderes, nicht italienisches »Venedi« zu suchen sein? Östlich von Bern-Bonn gewiß; aber in welcher Entfernung? Wenn es so weit entfernt läge wie Marburg, würde man seine Lage nicht mehr von Bonn am Rhein aus orten. Wenn es so nahe wäre wie Siegburg, würde man sich wundern, daß der Herzogssohn aus Venedi nicht längst schon bei seinem Nahnachbarn König Thetmar aufgekreuzt wäre. Venedi wäre also in einer mittleren Entfernung etwa 60–100 km östlich von Bonn zu suchen.
Ich stellte diese Frage 1978, zunächst noch zaghaft und zweifelnd, suchte und fand: Wenden bei Olpe, 65 km Luftlinie genau östlich von Bonn, in der richtigen Entfernung also und in der richtigen Lage. Konnte dieses Wenden die Heimat Hillebrands sein? Es stellten sich folgende Fragen:

1. War Wenden ein entsprechend alter Ort?
2. War es Mittelpunkt eines größeren, geschlossenen Bereichs, wie man ihn für einen Herzog annehmen mußte?
3. Hatte dieses Gebiet natürliche Grenzen?

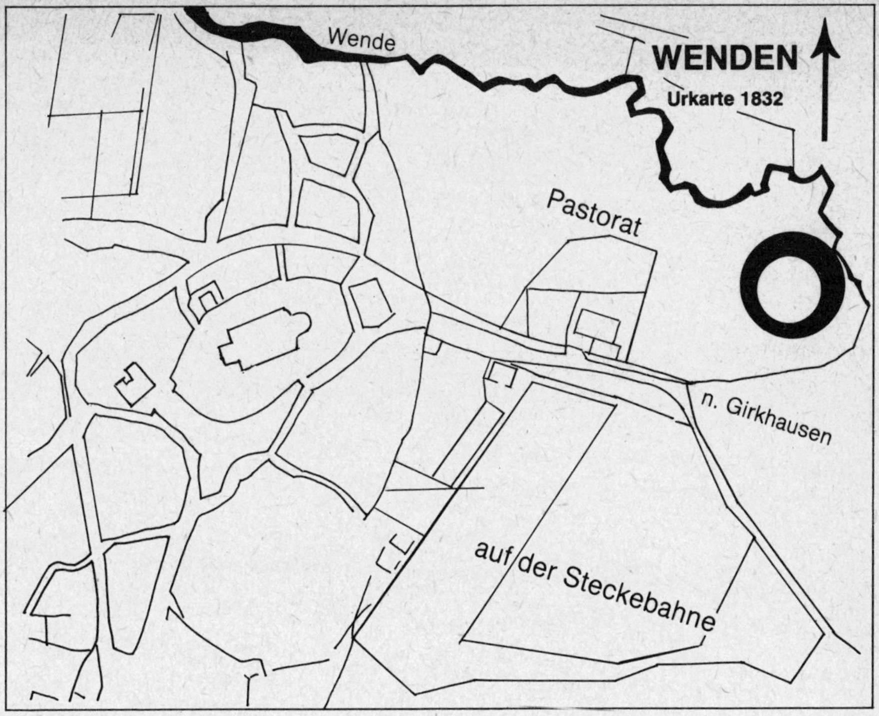

7 a *Wenden. Urkarte 1832* 7 b *Kirchspiel Wenden 1594*

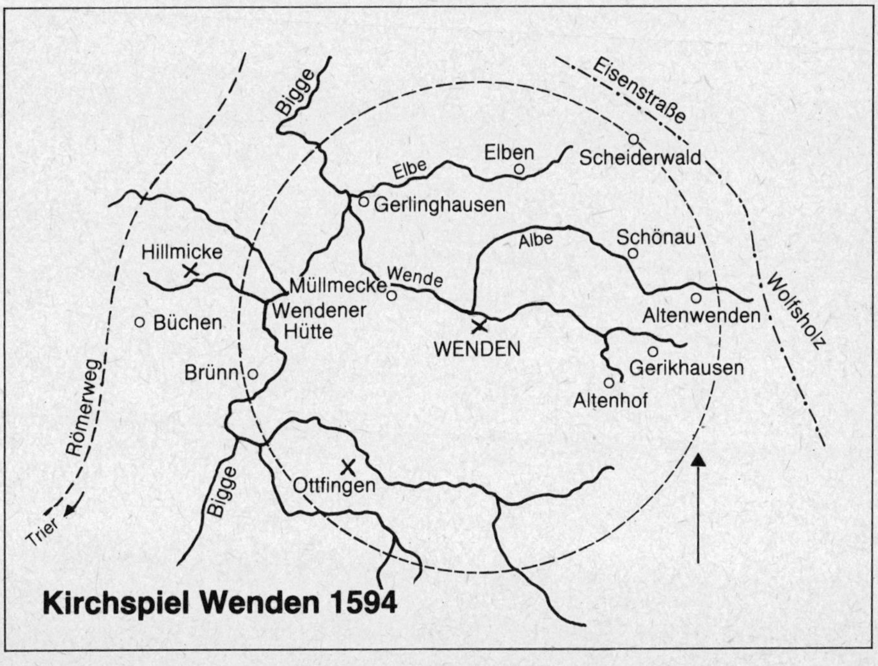

4. Führten frühgeschichtliche Wege an seinen Grenzen entlang?
5. Gab es dort eine alte Burgstätte?
6. Wie lauteten seine frühesten Namen?

Und dies ergab sich:
WENDEN, ab 1151 genannt als Vinnethen, Wenethen, Wenden, Wenede[34], ist Mittelpunktsort eines natürlich begrenzten Gebietes, das im Osten und Süden steil zum Flußgebiet der Sieg abfällt, während seine eigenen Bäche, Elbe, Albe, Wende und Bigge nach Norden zur Lenne und damit zur Ruhr abfließen. Dieses Gebiet, fast ein Kreis von etwa 10 km Durchmesser, eine hügelig-bergige Fläche, liegt ca. 400 m hoch. Seine Grenzen sind die Wasserscheiden, an denen uralte Wege entlangführen: Der »Römerweg« nach Trier, der »sagenumwobene Kriegerweg«, die Eisenstraße.[35]
Wenden ist der einzige größere Ort dieses Gebietes, im Mittelalter kirchlicher Mittelpunkt von 12 Kleinorten, die es im Kreis umgeben[36]. Es war ein Freistuhl, wohl aus germanischer Zeit. Wendens alte Mitte ist ein ovaler, einst umbauter Schräghügel, auf dem die Kirche steht. Ihre Achse weicht um 20° von der West-Ost-Lage nach Norden ab.[37] Reste einer Burg sind in der kreisrunden »Insel« erhalten (Durchmesser 30–35 m), die von einem 6–14 m breiten Wassergraben (»Teich«, »Diek«) rings umschlossen ist. Auf ihr soll man überall auf alte Mauerreste stoßen. Sie liegt innerhalb des Pfarrgeländes, also an zentraler, öffentlicher Stelle und hat eine Fläche von 1000 qm. Auf der gegenüberliegenden Seite der Straße liegt der neuere Kirchhof, an dem sich die Bezeichnung »Auf der Steckebahne« (= Turnierplatz) erhalten hat. Wenden liegt von Bern-Bonn aus weit genug entfernt, um eine Begegnung zwischen Hillebrand und dem Königshof am Rhein nicht selbstverständlich zu machen, aber nah genug, um seine Lage noch von hier aus zu bezeichnen.
Mit diesen Daten gewann nun die Angabe der Svava: »En stad lag østan for Bern som kalles venedi« ein ganz anderes Gesicht. Gemeint waren nicht die sumpfigen Inseln an der Po-Mündung; gemeint war ein Herzogtum im norddeutschen Raum, im Sauerland, Bern-Bonn benachbart. Und was zunächst nur als eine Möglichkeit erschien, das erhärtete sich in den weiteren Zusammenhängen von Angabe zu Angabe, bis alle Zweifel ausschieden.

Als Hillebrand 30 Jahre alt wurde, bat er seinen Vater um Erlaubnis, nach Bern zu fahren. Der Vater fragte, was er dort tun wolle. Er sagte, er wolle König Thetmar dienen. Der Vater hieß ihn fahren, wenn ihm das richtig schiene. Da ritt er aus von Wenden selb-dreizehnt und zu König Thetmar. Er war ihm willkommen, und er blieb da bei ihm. Didrik, Thetmars Sohn, war damals 6 Jahre alt, als Hillebrand dorthin kam. Hillebrand liebte ihn sehr, setzte ihn immer neben sich und lehrte ihn gute Sitte. Didrik nannte ihn seinen Ziehvater.[38]

Einer der Schreiber in der Reihe der Vorfahren der AB-Handschriften hat Didriks und Hillebrands Zuneigung zueinander mit der zwischen David und Jonathan verglichen, von welcher im Alten Testament erzählt wird. Dies ist eine der Stellen, an denen sich eine Zufügung christlicher Schreiber aus späterer Zeit deutlich erkennen läßt. Die Svava hat diese Zufügung nicht und erweist auch damit ihren Text an dieser Stelle als ursprünglicher.

Sv 12	**AB 15**
Hillebrand liebte ihn sehr, setzte ihn immer neben sich und lehrte ihn gute Sitte. Didrik nannte ihn seinen Ziehvater.	Hildibrand setzt Didrik neben sich und sorgt für ihn ...
	Aber so sehr liebt jeder den andern, daß sich keine Jünglinge mehr geliebt haben seit David-König und Jonathan.

In der Fassung der isländischen Handschriften (AB), die in allem ausführlicher sind, wird noch eine Angabe gemacht, die sich in der altschwedischen Handschrift erst später findet: daß die Herzöge von Wenden zugleich in Swawen herrschten. Mit »Swawen« ist hier weder das heutige süddeutsche Schwaben gemeint noch das Gebiet der frühen Elbschwaben. Die Thidrekssaga scheint damit einen langgezogenen Streifen zu bezeichnen, der sich nördlich der Gebirge Sauerland und Harz hinzieht. Wir werden uns damit noch genauer beschäftigen.

Didriks Jugendabenteuer mit Hillebrand

Vom Leben Didriks erfahren wir Weiteres, als er 12 Jahre alt und zum Ritter geschlagen ist. Immer von Hillebrand begleitet, wird er sich in Ritterspielen geübt haben. Vor allem aber jagen die beiden, »mit Hauk und Hund«, d.h. sie machen Tierjagd mit Falken und Hunden.

> Sie pflegten auch niemals auszureiten, ohne daß sie ihre Rüstung anhatten. Sie erblickten einen Hirsch und schlugen ihre Hunde los. Didrik jagte lange dem Hirschen nach. Da erblickte er einen Zwerg. Didrik sprengte hinter ihm her, griff den Zwerg beim Kragen, ruckte ihn auf in den Sattel und führte ihn vor sich her. Der Zwerg hieß Alfrik. Er war der beste Schmied, von dem man zu sagen wußte.

Der Zwerg will sich freikaufen und verspricht Didrik Gold und Silber die Menge. Aber was er ihm anbietet, sind nicht seine eigenen Schätze. Sie liegen in einem Berge nahebei. Der Zwerg sagt:

> »Dort wohnt ein großer Mann, der heißt Grim. Er hat eine Frau, die heißt Hilde. Sie ist noch größer als er. Sie haben ein Schwert, das Nagelring heißt. Dieses Schwert machte ich. Das ist so scharf, daß es ein Wunder ist. Bekommst du nicht dieses Schwert von ihm, so gewinnst du keinen Sieg über ihn.« –

Didrik geht hierauf sogleich ein: »Es soll dich dein Leben kosten, außer du kannst mir das Schwert stehlen!« – Der Zwerg schwört Didrik einen Eid, und Didrik läßt ihn laufen. Nun jagen sie weiter dem Hirschen nach und kommen vor einen großen Berg.

> Dort kam der Zwerg wieder zu ihnen. Er hatte das Schwert bei sich, gab es Didrik und zeigte ihm, wo er in den Berghang hineingehen sollte. Der Zwerg sagte: »Könnt ihr den starken Grim zur Hel schlagen und sein Gold und Silber kriegen, dann gewinnt ihr großen Ruhm, denn er hat Zwölfmännerstärke. Mich aber bekommt ihr niemals mehr wieder!« – Darnach wußten sie nicht, wo der Zwerg blieb.
>
> Sie stiegen von ihren Pferden und gingen zum Berg. Didrik zog das Schwert Nagelring heraus, und ihm schien, ein besseres Schwert hätte er nie gesehen. Sie gingen in den Berg hinein und banden ihre Helme fest. Didrik ging voran.

Als Grim sah, daß sie kamen, lief er zu seiner Waffenkiste und suchte sein Schwert. Er fand es nicht und wußte nun wohl, daß der Zwerg es gestohlen hatte. Er griff einen lohenden Brand vom Feuer und ging auf Didrik los. Er schlug sich lange mit ihm. Die Frau sprang zu und packte Hillebrand um die Schultern; sie schlug ihn nieder zu Boden und wollte ihn binden. Sie hielt ihn so fest, daß das Blut heraussprang an jedem Nagel, und schlug ihm gegen die Brust mit der Faust, daß ihm die Sinne fast schwanden.

Er rief nach Didrik und bat ihn um Hilfe: »Ich kam noch niemals in solche Not!« – Didrik antwortete: »Ich werde gewiß dir helfen!« – Nun lief er erst wütig auf Grim los und hieb ihm manche Wunde. Ein Hieb traf Grims Hals, daß das Haupt abging. Dann lief er zu Hillebrand und zerhieb die Frau in der Mitte des Leibes. Sie war ein solches Zauberweib, daß die Stücke zusammenruckten und sie gleich heil war. Didrik zerhieb sie noch einmal in zwei Stücke, da ging es nochmals wie zuvor. Da sagte Hillebrand: »Wenn sie zerhauen ist, solltet ihr euren Fuß stoßen zwischen beide Stücke, dann kommen die nie mehr zusammen. Da hieb Didrik nach ihr, genau auf die Lenden, hieb sie in zwei Stücke und stieß einen Fuß dazwischen. Da fielen beide Stücke von Hillebrand ab, und da starb sie.

Hillebrand stand auf und sagte zu Didrik: »Hätte Grim dich so überwunden, wie die Frau mich überwand, dann wären wir niemals von hinnen gekommen! Aber Gott lohne dir, daß du mir halfst wie ein edler Herr!«[39] – Darauf nahmen sie Gold und Silber, soviel sie haben wollten. Da fand Didrik einen Helm im Berg, den besten, den es geben konnte. Grim hatte die Hälfte zu seinem Namen gegeben und die Frau die Hälfte; darum hieß der Helm *Hillegrim*. Didrik hatte den Helm in manchen Kämpfen seither, und niemals ward er durchhauen.

Dies ist Didriks großes Jugend-Abenteuer, und dazu ist nun einiges zu sagen. Zunächst müssen wir uns darüber klar werden, daß hier mit »Zwergen« und mit »Riesen« keine außermenschlichen Wesen gemeint sind, sondern nur besonders kleine und besonders große Menschen. Wir kennen als menschliche Zwerge heute nur noch die Liliputaner und die Pygmäen; aber wir wissen aus vielen Überlieferungen, daß noch bis ins späte Mittelalter, ja bis in die neuere Zeit herein, Gruppen kleingewachsener Menschen abgesondert unter uns lebten, und daß sie Höhlen und Erdhütten als ihre Wohnungen bevorzugten.[40]

In der Thidrekssaga kommen Zwerge mehrfach vor, meist als Schmiede, die in Höhlen und Bergen wohnen; so die Zwerge in der Höhle von Balve, bei denen Weland das Schmieden lernte. Ein solcher Schmiedezwerg ist auch Alfrik (Alfrigg, Alpris). Er hat das Schwert Nagelring gemacht, das Didrik dann lange führt, bis er den Ekkisax gewinnt. In Mb. 98 = Sv 98 wird dieses treffliche Schwert und wird zum Teil seine Herstellung genau beschrieben. Aber auch den Ekkisax hat dieser Meisterzwerg geschmiedet. Es wird gesagt, daß Zwerg Alfriks Vater einen Berg besaß, in dem er schmiedete; und so scheint es sich um eine Zwergensippe zu handeln, in welcher sich die Schmiedekunst forterbte.

Wie der »Zwerg« Alfrik ein Mensch ist und keine Märchengestalt, so ist auch der »Riese« Grim ein Mensch und kein Mythenwesen; nur ist er besonders groß und stark. Zwerg und Riese begegnen Didrik und seinem Freund und Meister Hillebrand in diesem Abenteuer.

Didrik und Hillebrand sind ein unterschiedliches, aber eng vertrautes Paar. Hillebrand ist 24 Jahre älter, ist klüger und erfahrener, Didrik aber steht höher im Rang. Hillebrand kann ihn nicht einfach nach seinem Willen lenken, er muß sich ihm, seinen Wünschen und Gelüsten, anpassen. Man wird an Goethe erinnert, der den jungen Herzog Karl August von Sachsen-Weimar zu erziehen hatte und ebenfalls all dessen Torheiten und Tollheiten mitmachte, sonst hätte er dessen Zutrauen verloren. Sie machten mit ihren Streichen ihr kleines Land unsicher. Aber Goethe gewann die volle Zuneigung seines Zöglings, und so konnte er ihn dann auch für höhere Interessen gewinnen.

So auch Hillebrand und Didrik. Der königliche Knabe ist voller Abenteuerlust, voll Verlangen, sich zu bewähren. Die Jagd »mit Hauk und Hund« ist schon fast ein alltägliches Abenteuer; aber jedes andere wird ebenso ergriffen. Überall im Lande kennt man Didrik und Hillebrand.

Rücksichten gegenüber anderen glaubt Didrik nicht nehmen zu müssen, und niemand erwartet das wohl auch von ihm. Wir kennen noch aus dem ausgehenden Mittelalter die unbekümmerte Rücksichtslosigkeit vieler Adligen und Fürsten, wie sie beim Jagen die Felder der Bauern verwüsteten, sorglos mit Gesundheit und Leben ihrer Untertanen spielten; und das wurde in gewissen Grenzen als gottgegeben hingenommen.

Didrik fängt den Zwerg, der ihm über den Weg läuft. Der kann sich bei keinem Richter über den hochgestellten Königssohn beschweren. Er muß versuchen, sich selbst zu lösen, mit Kostbarkeiten oder mit Geheimnissen. Der Zwerg versucht es, indem er Didrik zu einem Abenteuer reizt, das Gewinn und Ruhm verspricht. Er weist ihn hin auf das Riesen-Paar Grim und Hilde, auf deren Stärke und auf deren Schatz.

Didrik nimmt an, verlangt aber von dem Zwerg einen eigenen Einsatz. Dieser muß das Schwert des Riesen stehlen, diesen also entwaffnen, Didriks Kampfkraft verbessern. Er schwört einen Eid und wird losgelassen.

Und er hält seinen Eid, obwohl er nun frei ist! Das ist bemerkenswert! Didrik zweifelt nicht daran, daß er worthalten wird, und der Zwerg, den AB »großer Stehler« nennt, denkt nicht daran, seinen Eid zu brechen. Welchem höheren Gericht wissen sie sich verpflichtet? Oder fürchtet sich der Zwerg, doch irgendwann gefaßt zu werden? –

Didrik und Hillebrand nun, mit dem trefflichen Schwert Nagelring bewaffnet, in Kenntnis der Kraft des Riesen und der Riesin, aber auch mit dem Wissen um die Schwertlosigkeit des Riesen, dringen keck in das Erdhaus oder die Berghöhle ein.

Sie überfallen zwei Ahnungslose, die auf nichts gefaßt sind, einen Mann, der nicht einmal weiß, daß seine Hauptwaffe, das Schwert, gestohlen ist, der sich keinen Helm mehr aufsetzen und keine Brünne mehr anlegen kann, eine Frau, die überhaupt ganz ungeschützt und unbewaffnet ist. Nur ihre Stärke gibt ihnen eine Chance. Aber sie hilft ihnen nichts. Sie werden schließlich erschlagen, und ihre Schätze fallen den Siegern zu.

Ist dies eigentlich ein Sieg? Oder ist es nur ein gelungener Raubüberfall? Didrik und Hillebrand heimsen unbekümmert das Eigentum der Erschlagenen an Gold und Silber und Kostbarkeiten ein, als hätten sie es mit dem Recht des Siegers gewonnen. Niemand wird sie zur Rechenschaft ziehen, niemand auch war Zeuge. Nur sie selbst können darüber berichtet haben, und der Bericht ist so, daß es aussieht wie ein schwerer Kampf, der nur mit höchster Mühe gewonnen werden konnte. Und Zauberei soll auch dabei gewesen sein.

So wird dieses Abenteuer zu einer Heldentat; und der Ruhm dieser »Großtat« Didriks geht nun durch alle Lande, und zwar schnell, wie die Übermittlung von Nachrichten bei allen in der Thidrekssaga berichteten Geschehnissen sich innerhalb von wenigen Tagen vollzieht.

Man kann natürlich fragen, wie denn der Riese an seine Schätze gekommen sei, und man kann zweifeln, daß er sie sehr redlich erworben habe. So gibt uns diese Erzählung einen schmalen Einblick in die Zeit vom

Ende der Völkerwanderungszeit (wenn sie so weit zurückgeht), einer Zeit, in der die führende Schicht allmächtig war, die Starken viel vermochten, die Niederen abhängig waren vom guten Willen und vom Schutze ihres Herrn. Ist es – wenn auch in ganz anderem Gewand – grundlegend anders in unserer Zeit?
Anzumerken ist der Unterschied der verschiedenen Fassungen. In der altschwedischen Handschrift sagt Hillebrand: »Hätte Grim dich überwunden, wie die Frau mich überwand, dann wären wir nimmer von hinnen gekommen!« – Vielleicht ist das eine vorsichtige Warnung des Gereifteren an den unbändigen Jungen. Aber die anderen Handschriften machen daraus nun ein halbes Wunder, wenn sie schreiben:

> Und nun beim dritten Mal haut Didrik sie in zwei Teile und tritt nun mit seinem Fuß zwischen die Teile; und da ist das untere Teil tot, doch das Oberteil sprach: »Hätte Grim so den Didrik überwunden wie ich Hildibrand, so gewannen wir den Sieg!« – Und nun fällt jedes Stück dahin.

Dabei muß das mehrmalige Zerhauen und doch noch am Leben Bleiben kein Wunder sein, da die Riesin am Boden mit Hillebrand rang, und Didrik sie gar nicht voll durchhauen konnte, ohne den Freund zu gefährden. Aber das angebliche Wunder und die »Zauberei« dienen dazu, die Tat besser zu rechtfertigen und die überwundene Gefahr zu erhöhen.

> Sv 13 schließt:
> Sie hatten so viel Gold und Silber, daß ihre Rosse mehr nicht zu tragen vermochten (AB+: und bergen sorgfältig, was noch übrig war). Darnach ritten sie heim nach Bern-Bonn. Und für diese Tat wurden sie sehr gepriesen.

Heim

Bald nach diesen Ereignissen kommt an den Königshof zu Bern ein junger Kämpe, der Heim genannt wird. Er will sich mit Didrik im Zweikampf messen und wird dann Didriks zweiter Geselle. Heim kommt nicht aus der Nähe, sondern aus einer ziemlichen Ferne. Über seine Herkunft und sein Wesen wird folgendes berichtet:

Sv 14
Vor dem Nordgebirge (A: Nördlich des Gebirges in Swawen) liegt ein Schloß (Herrschaftssitz), das Saegard heißt. Das besaß die reiche Brünhild, die schöne und die kluge. Viele Heldentaten wurden in der Welt vollbracht um ihretwillen. Sie war eine mächtige Jungfrau. Ihr Vater und Mutter waren tot.
In einem Wald ganz nahe dabei besaß sie ein großes Gehöft, darauf wirtschaftete ein Mann, der Studder hieß. Sie hatte dort ihr Gestüt in demselben Wald, und die (Rosse) waren alle grau und schwarz. Dort zog man die besten Hengste auf, die es gab, Schimmlinge und Falken und manche mehr.
Studder hatte einen Sohn, der hieß auch Studder. Sein Gesicht war breit und nicht lang. Er war groß- und schnelläugig, gülden Haar hatte er und braunen Bart, großen Kopf und breite Schultern. Er hatte lange (A: kurze) Arme und vier Ellenbogen, dicke Hände und schöne Finger. Er war ein kleiner Mann, recht vierschrötig.
Es war seine größte Lust, zum Zweikampf zu reiten und fechten zu lernen. Er konnte wohl mit der Armbrust schießen.(2) Er war der rascheste Ritter (= Reiter), den es geben konnte. Die Freunde, die er hatte, liebte er von Herzen. /(1) Er war grimm und hochmütig, so daß keiner begehrte, Umgang mit ihm zu haben. / Sie änderten seinen Namen und nannten ihn Heym; denn ein Wurm heißt Heym, der ist voller Gift, alle Würmer fürchten sich vor ihm. So tat auch das Volk vor Heim, daß alle vor ihm bange waren. Er handelte öfter schlimm als gut.

Die Handschrift A sagt noch etwas genauer (18):

Ein sehr zänkischer und ehrgeiziger Mann, so daß er keinem dienen will, doch die meisten haßt.

Sv 175
Heim der Hochmütige hatte einen blauen Schild, darin stand ein weißes Roß. So hatte er es auf all seiner Rüstung. Blau bedeutet kalte Brust und grimmes Herz; denn er war der beste Ritter, den es geben konnte.

Mb 174
Doch das Roß bedeutet den Beruf seiner Sippe und auch, daß er ein trefflicher Reiter ist.

Das also war Heim. Als er 17 Jahre alt ist, wappnet er sich eines Tages, bindet sein scharfes Schwert Blutgang zur Seite, nimmt seinen pechgrauen Hengst Rispa, den ihm sein Vater aus dem Gestüt gegeben hatte, und erklärt, er wolle südwärts übers Gebirge nach Bern reiten und sich mit einem jungen Herrn, Didrik, König Thetmars Sohn, schlagen. Der Vater rät ihm ab, aber Heim sagt:

> »Ich bin nicht so bange wie du! Ich werde entweder Sieg gewinnen oder drum sterben! Man hat mir gesagt, daß Didrik nicht mehr als 12 Jahre alt ist, und ich bin nun 17! Sollte er Sieg über mich gewinnen, dann wäre das ein Wunder!« –
> Er nahm seine Glaffe, sprang auf sein Roß und ritt durch manche großen Wälder, Länder und Orte, bis er nach Bern kam, (A+: und reitet zur Burg zum Königshof; B: und reitet in die Burg zum Königshof). Als er dahin kam, stieg er von seinem Hengst, ging hinein in die Stube[41] (Herdhalle) (A+: und vor des Königs Hochsitz) und grüßte König Thetmar. Dann wandte er sich zu Didrik, grüßte ihn und sagte: »Ich bin geritten langen Weg um deinetwillen, und viel ist mir von dir gesagt. Stelle dich mir hier draußen vor dem Schloß und schlage dich mit mir! Wer dort gewinnt, der soll des anderen Waffen zu eigen haben!« – Didrik antwortete und sah zornig auf ihn, weil er hastig auf ihn einsprach: »Mir hat keiner bisher solche Botschaft geboten, wie du es tust!« –
> Dann sprang er vom Tisch auf und ging hinaus, und Hillebrand und viele andere Ritter gingen mit ihm. Er ließ sich seine Rüstung bringen, legte sie an und machte sich fertig, band seinen Helm Hildegrim auf und Nagelring an seine Seite. Hillebrand hielt ihm den Stegreif, während er aufs Roß stieg.« –

Es ist Didriks erster ritterlicher Zweikampf. Hier muß er zeigen, was er gelernt hat.

> Sie schlugen ihre Rosse mit den Sporen, und jeder stach in des anderen Schild. Doch keiner von ihnen ging vom Pferd. Sie rannten zum zweiten Mal zusammen, und es ging etwa ebenso. Sie rannten zum dritten Mal gegeneinander, da stach Heim durch Didriks Schild und zerriß ihm die Brünne, doch der wurde nicht wund. Didrik stach ihm durch den Schild und die zwiefache Brünne, doch auch Heim wurde nicht wund. Herrn Didriks Roß fiel zur Erde, (A+: so daß Didriks

Füße den Boden berühren), aber er blieb im Sattel. Entzwei gingen die Glaffen.
Sie sprangen beide von den Rossen, zogen ihre Schwerter und traten gegeneinander an. Sie schlugen sich so wacker: keiner wollte dem andern weichen, nicht so weit, wie ein Fuß breit war. Da hieb Heim mit aller Kraft auf Didriks Helm Hillegrim. Der Helm war härter; deshalb brach das Schwert am Heft entzwei. Als Heim nun sah, daß er keine Waffe mehr hatte, sagte er zu Didrik: »Laß mich leben, ich will dir wohl dienen!« – Didrik antwortete: »Dann sage mir deinen Treudienst an!« – »Gerne!« sagte Heim. Damit blieben sie verglichen. So ritten sie wieder zum Schloß hinauf und waren gute Freunde.

Das ist ein typischer Zweikampf der Thidrekssaga: Der dreifache Lanzenritt, darnach der Fußkampf mit dem Schwert. Sie »treten gegeneinander an«, das heißt: Sie nehmen den richtigen Abstand, erklären sich bereit und schlagen dann aufeinander los. Von besonderen Arten der Hiebe ist hier fast nie die Rede. In späteren Zweikämpfen wird erwähnt, daß sie Pausen machen, wenn sie müde sind. Der Verlust der Waffe, hier des Schwertes, macht dem Kampf nicht zwingend ein Ende. Heims Leben steht jetzt in Didriks Hand. Heim erbittet das Leben, wird aber dafür Didriks Dienstmann. Didrik nimmt ihn an, doch muß Heim ihm ausdrücklich den Treudienst ansagen. Ihr Verhältnis zueinander bleibt von nun an ein kameradschaftliches; aber der Abstand zwischen Herr zu Dienstmann tritt doch an vielen Stellen hervor.

Da sprach Heim zu Didrik: »Das wundert mich, Herr, daß ihr nicht ein gutes Roß haben solltet, ein so vollkommener Mann, wie ihr seid! Ich will heimreiten und sehn, ob ich euch ein gutes Roß verschaffen kann, das einen Stoß aushält! In dem Wald, welcher Brünhild gehört, sind vier Hengste. Einer heißt Grane, der zweite Schimmling, der dritte heißt Falke, und der vierte heißt Rispa, mein eigenes Roß. Bekommst du einen von diesen Hengsten, dann, glaube ich, kannst du reiten in welchen Kampf du auch willst.«
Didrik dankte ihm und hieß ihn reiten. Er ritt heim und holte einen Hengst, der Falke hieß. Er kam mit ihm zurück und gab ihn Didrik. Der dankte ihm sehr.

Hier handelt es sich nicht um einzelne Pferde, sondern um Hengststämme, Züchtungen in schimmelgrau, falkengrau, (esels-)grau (Grane) und pechgrau = schwarzgrau (Rispa). Das anzunehmen ist notwendig, weil sonst der Rossezüchter Studder nach Weggabe seiner 4 Hengste ohne Pferde gewesen wäre. Von Stuten als Kampf- und Reitpferden ist nie die Rede. Es wird immer nur von Hengsten gesprochen.

Woher kam nun Heim, als er zu Didrik zog? Er »ritt durch manche großen Wälder, Länder und Orte«. »Ich bin geritten langen Weg um deinetwillen«, sagte er zu Didrik. Weit entfernt ist also Heims Heimat von Bern/Bonn.

Wir erfahren in einem der nächsten Kapitel, daß diese Heimat östlich des Teutoburger Waldes, des »*Osning*«, liegt, daß sie dem »*Bertanga-land*« (dem Bardengau-land) benachbart ist. Und aus der Sigfrid-Erzählung wissen wir, daß die Schicksale des jungen Sigfrid, Mimes, Brünhilds und Heimes alle in derselben Gegend spielen. Das Reich von Sigfrids Vater König Sigmund war das TARLUNGA-LAND. Wir haben es gleichgesetzt mit dem »Darlingau« nördlich des Harzes, nur war es noch größer. Dazu stimmt, daß dieses Land nach der Erzählung der Thidrekssaga an ein riesiges Waldgebirge grenzte, das SVAVA-WALD genannt wird, von dem es heißt, daß keine Wege ihn durchziehen, und daß ihn in zehn Jahren keines Menschen Fuß betreten hat. Dieses große Waldgebirge kann nur der Harz sein. Ihm nördlich vorgelagert ist Brünhilds Burg SAEGARD, und hier findet sich auch in vorkarolingischer Zeit der Gau SUEVON, der sich vor 575 noch viel weiter nach Westen hin erstreckte. Im Besonderen werden wir für die Ereignisse der Thidrekssaga die Gegend zwischen Thale und Wernigerode ins Auge zu fassen haben, vor allem die Umgebung der dem Harz nördlich vorgelagerten Burg HEIMBURG.

Wir kommen auf die Frage dieser Ortsbestimmung später noch mehrmals genauer zurück.

Widekes Zug nach Bern/Bonn

Wideke, der Sohn des berühmten Schmiedes Wieland-Weland und der Königstochter von Jütland, großgewachsen, schmuck und stark, will, 12 Jahre alt, aus seiner Heimat Seeland in Dänemark südwärts nach Bern/Bonn ziehen, um sich mit dem gleichaltrigen Königssohn' Didrik im Zweikampf zu messen. Die Thidrekssaga bringt diese Überlieferung in einem großen, geschlossenen, meisterhaft erzählten Bericht.

Wideke ist nächst Hillebrand der wichtigste von Didriks Gesellen. Er hat für Didriks Leben eine schicksalhafte Bedeutung. Er ist der einzige, den Didrik nicht besiegen kann, und er läßt dadurch in Didrik einen dauernden Stachel zurück. Wideke ist lange Zeit Didriks treuer Begleiter, er warnt ihn in der gefährlichsten Stunde mit eigener Gefahr, er fügt ihm später, obwohl wider Willen, den empfindlichsten Schmerz zu, indem er seinen Bruder erschlägt. Dies zu rächen besteht Didrik gegen ihn seinen lange aufgesparten, letzten Kampf.

Wideke führt das unvergleichliche Schwert Mimung (Sv: Mymming), welches sein Vater Weland schmiedete. Dieses Schwert spielt durch die ganze Thidrekssaga hindurch eine wichtige Rolle. Wideke reitet auch den Hengst Schemming (Sv: Schimmling), den ersten aus Brünhilds berühmtem Gestüt, dem auch Sigfrids Roß Grane, Heimes Rispa und Didriks Falke entstammen.

Für den Weg zu Didrik gibt Weland dem Sohn genaue Weisung. Weland kannte die Wege, er hatte sie selbst zurückgelegt, er war bei den »Zwergen« im Berge Balve gewesen und war weit herumgekommen. Die Erzählung von Widekes Zug nach Bern enthält eine Fülle von Ortsangaben. Aber sie waren bisher kaum verständlich und schwer zu deuten. Wir werden jede Angabe eingehend prüfen, jede mit der andern vergleichen und die Meinung der Thidrekssaga herauszufinden suchen.

Vorher aber bringen wir die Erzählung selbst, so wie die Svava sie berichtet. Wichtige Angaben der anderen Handschriften werden darnach an der geeigneten Stelle eingeführt.

Sv 76

Welands Sohn Wideke wächst auf.

Als er 12 Jahre alt war, da war er stark, hübsch und freundlich und gar nicht hochmütig. Weland fragte seinen Sohn Wideke, ob er so große Kunst erlernen wolle, wie sein Vater sie vor ihm verstand, insonderheit, daß er einer der besten drei Schmiede war, die es in aller Welt gab. Wideke antwortete: »Niemals soll mein mütterlich Geschlecht die Schande erfahren, daß ich schmiede mit Hammer und Zange!« – Weland fragte: »Was willst du dann lernen, dich zu kleiden und zu nähren ohne Schande?« – Wideke antwortete: »Ich will am liebsten guten Hengst und scharfen Spießschaft, gutes Schwert und neuen Schild, harten Helm und blanke Brünne, will einem mächtigen Fürsten dienen und mit ihm reiten, solange ich lebe!« –
(Weland:) »Wenn ich dir gebe, was du erbittest, wohin willst du dann fahren?« – Wideke antwortete: »Mir ist gesagt von einem Herren im Humlunga-Land, Er heißt Didrik, Thetmar-Königs Sohn, der über ›Bern‹ herrscht. Er ist der kühnste Kämpe jetzt, von dem alle Welt zu sagen weiß. Er ist gleich-alt mit mir. Ihn will ich aufsuchen, in einem Kampf will ich ihn bestehn! Falle ich von seiner Hand, dann habe ich erfahren, daß er solch guter Held ist. Er läßt mir wohl mein Leben, und dann werde ich sein Mann. Es kann aber glücken, daß es besser ausgeht!« –

Sv 77

Weland antwortete: »Das ist mein Rat nicht, daß du eben diesen Didrik aufsuchst. Kommt ihr zusammen im Kampf, du stehst ihm nicht einen Tag! Ich weiß einen Riesen in einem Wald, der ist groß und stark und tut manchem Mann Schaden. Dazu will ich lieber helfen, daß du den überwindest. Kannst du deine Mannheit bewähren, dann wird der König von (Groß-)Schweden dir das gut lohnen und gibt dir seine Tochter zur Frau und damit sein halbes Reich; denn der Riese hat großen Schaden getan ihm und seinen Mannen.« –
Wideke antwortete: »Das werde ich keineswegs tun! Schlüge der Riese mich zur Hel, dann sagten alle, ich hätte mein Leben verloren um eines Weibes willen! Ich will jetzt südwärts[42] fahren und mich erproben mit Didrik-König!« – Da antwortete Weland: »Nachdem ich deinen Sinn nicht wenden kann, so gebe ich dir, was du begehrst.« –

Sv 78

Da gab Weland ihm Brünne und Brünnenhosen, das schlug er sich über, es war hart wie Stahl und gut und weit, wie es ihm recht schien. Dann nahm Weland das Schwert und sagte: »Mein Sohn: Dieses Schwert heißt Mymming. Halte und nutze es wohl! Dieses Schwert machte ich dir zu Handen; und vertraue darauf, daß es gut beißt, wenn deine Hände tüchtig sind!« – Nun setzte er den Helm auf sein Haupt, der war gemacht vom härtesten Stahl, darauf eingelegt war ein Wurm aus Gold, der »Schlange« heißt. Der Wurm war mit Goldfarbe überzogen: das bedeutet seine Ritterschaft; der Wurm ist voller Gift: das bedeutet seine Grimmheit.

Dann hängte er einen Schild auf seinen Hals, der war weiß, und darauf gemalt mit roter Farbe ein Hammer und eine Zange, weil sein Vater Schmied war. Darin standen auch 3 Karfunkelsteine: das bedeutet sein Mutterteil; denn das war Königsgeschlecht. Dann gab er ihm einen Hengst, der war Schimmling geheißen, der war stark und schnell. Sein Sattel war aus Elfenbein.

Darauf ging Wideke zu seiner Mutter und bot ihr Gute Nacht. Sie gab ihm 3 Mark (Pfund) Gold und einen Goldring, nahm ihn in die Arme und küßte ihn. Dann bot er seinem Vater Gute Nacht. Darauf nahm er seine Glaffe (Lanze) und sprang auf sein Roß ohne Steigreif. Da lachte Weland. Der Vater ging und wies ihm den Weg, und dann trennten sie sich.

Wideke hatte weißes Haar wie eine Lilie, dicht und hübsch gelockt, und ein weißes Antlitz. Sein Leib war weiß wie Schnee. Seine Augen waren scharf und grimm anzusehen, wenn er zornig war. Dann war sein Antlitz rot wie Blut. Er war stark und breit, in der Mitte schlank, wohlgewachsen an all seinen Gliedern. Er war so groß: Wenige reichten ihm höher hinauf als bis an die Achsel. Jedermann sagte, er wäre schön gewachsen. (Sv 165)

Begegnung am Eydiss-Fluß

Sv 79

Wideke reitet nun seinen Weg durch öde Marken und große Wälder. Er kam an einen großen Fluß, der heißt Eydiss-Fluß. Er fand dort nicht die Furt hinüber, von der sein Vater ihm gesagt hatte. Er band den Hengst an einen Baum und vergrub seine Rüstung im Sand. Dann watete er hinein in den Fluß ganz bis unter das Kinn und suchte nach der Furt.

Da erblickte er 3 Ritter. Der eine hieß Hillebrand, der zweite Heim, der dritte Hornboge-Jarl. Nun sprach Hillebrand zu ihnen: »Ich sehe einen Zwerg im Fluß! Ich meine, das ist Alfrik-Zwerg, den Herr Didrik und ich einmal griffen, und wir bekamen dadurch das gute Schwert Nagelring. Können wir ihn kriegen, dann soll er uns viel Gold geben!« –

Sv 80

Nun stiegen sie von ihren Rossen und gingen zum Fluß. Wideke hörte deutlich, was sie sagten. Er bat sie, ihm zu erlauben, ans Land zu gehen. »Da mögt ihr sehen, ob ich ein Zwerg bin oder ein Mann!« –

Sie hießen ihn heraufkommen. Daraufhin sprang er aus dem Fluß, 9 Fuß (fast 3 m) in *einem* Sprung. Hillebrand fragte: »Was für ein Mann bist du? Oder woher kommst du?« – Wideke antwortete: »Ich meine, du bist ein Edelmann. Mich wundert, daß du einen nackenden Mann um Auskunft fragen willst. Laß mich in meine Kleider fahren, dann frage mich, was du möchtest!« – Hillebrand sagte: »Fahr in deine Kleider!« – Da fuhr er in seine Kleider, legte seine Rüstung an, stieg auf sein Roß und ritt zu ihnen hin.

»Ihr drei guten Ritter, Gott helfe euch! Ich nennte euch gern (mit Namen), wenn ich wüßte, wie ihr heißt.« Hillebrand antwortete: »Was ist dein Name? Oder wo bist du geboren? Warum reitest du so allein in fremdem Land?« –

Wideke antwortete: »Ich bin geboren in Dänemark. Mein Vater heißt Weland, meine Mutter ist König Nidungs Tochter aus Jütland, und ich heiße Wideke. Ich will reiten zu Didrik, König Thetmars Sohn von Bern; und bevor wir uns scheiden, da wolln wir erproben, wer härteren Helm hat oder schärferes Schwert; denn er ist jetzt der beste Kämpe, von dem ich habe sagen hören.«

Hillebrand sah, daß der Mann kühn war und groß und kraftvoll gewachsen und hatte eine gute Rüstung; und er dachte so in seinem Sinn, es möchte sein Herr in große Gefahr kommen.

Sv 81

Da sprach Hillebrand zu Wideke: »Gott sei gelobt, ich fand den Mann, der seinen Speer wagt zu heben gegen Didrik von Bern und ihm zu dämpfen den großen Hochmut! Wolln wir einander begleiten nach Bern, dann laßt uns den Eid schwören einer dem andern, daß wir uns nicht trennen, welche Not uns auch ankommt!« –

Sv 82

Wideke fragte, was ihre Namen wären. Hillebrand antwortete: »Ich heiße Boltram, Sohn des Jarls von Wenden. Der zweite heißt Sintram, Hillebrands Sohn. Der dritte heißt Hornboge-Jarl, er soll nun Didriks Mann werden.« – Darauf nahmen sie sich bei Händen, Wideke und Hillebrand, und gelobten einander Bruderschaft. Dann ritt Hillebrand vorauf in den Fluß. Er wußte, wo die Furt war.

Sv 166

Hornboge Jarl hatte weißes Antlitz. Er war ein schöner Mann, wohlgewachsen und stark, (Mb: schnell und feurig im ganzen Wesen, krausköpfig, mittelgroß). Er wurde ein Mittelmann genannt; denn er war immer zwischen großen Männern. Er konnte gut spielen mit Schild, Schwert und Spieß. Er war ein guter Bogenschütze, er war ein rascher Reiter. Er schied sich niemals mit Unehren von seinem Roß. Er hatte den schnellsten Verstand. (Mb: Er war schweigsam und allermeist ernst.) Auf Thingversammlungen konnte er gut reden, so daß alle ihn rühmten. Kühn in allen Spielen. Sein Schild war braun, darin stand ein goldener Falke, und zwei Vögel fliegen vor ihm; das bedeutet seine Ritterschaft. Er war so scharf hinter seinen Feinden her wie der Falke hinter anderen Vögeln. Braune Farbe ist auf seinem Wappen. Er war weise und reich, und viele Sagen gingen über ihn um; denn er hatte ein weites Reich und große Burgen. Deshalb sandte Didrik seinen guten Freund Hillebrand nach ihm aus und Heime den Kleinen.

Das Kastell auf der Lippe

Als sie über den Fluß kamen, schieden sich dort zwei Wege. Da sagte Hillebrand: »Diese Wege liegen beide nach Bern. Der eine ist lang und schlecht, der andre ist kurz und gut. Auf dem kürzeren aber ist schlecht vorankommen. Wir müssen dort über eine Steinbrücke, und da steht ein Schloß mitten auf der Brücke, darauf liegen 12 Kämpen. Dort werden wir zollen müssen Waffen und Rosse und danken Gott, daß wir behalten Leib und Leben. Didrik von Bern war auch dort, und er konnte da keinen Sieg gewinnen. Deshalb traue ich nicht, daß wir dort vorankommen. Könnte einer das Schloß gewinnen, der darf sich nicht fürchten vor Didrik von Bern. Mein Rat ist, wir reiten den längeren Weg!« –

Sv 83
Da antwortete Wideke: »Wir reiten den kürzeren Weg! Die lassen wohl ausländische Männer fahren, wohin sie wollen!« – Sie ritten nun den kürzeren Weg, wie Wideke wünschte, durch einen Wald, der Lyrawald heißt. Da erblickten sie das bewußte Schloß. Da sagte Wideke: »Erwartet mich hier! Ich will vorausreiten und uns Erlaubnis erbitten, daß wir durchreiten können ohne Zoll. Wollen die nicht, dann komme ich schnell zu euch zurück.« – Sie sagten, das würde gut sein.

Wideke reitet zur Brücke, wo die zwölf sitzen. Diese sehen den Mann anreiten und verteilen untereinander schon im voraus seine Waffen, sein Roß und seine Kleider. Dann sagt ihr Hauptmann:

»Reiten nun dreie zu ihm und nehmen ihm Rüstung und Kleider und hauen ihm ab rechte Hand und linken Fuß!«
Da ritten die drei zu ihm. Wideke sagte: »Willkommen, Edelherrn!«. Sie antworteten: »Nicht sollst du willkommen sein; denn du sollst hier zollen Roß und Rüstung, rechte Hand und linken Fuß und Gott danken, daß du mit dem Leben entkommst!« – Wideke antwortete: »Ungleich wollt ihr teilen mit mir! Ruft mir euren Hausherrn, ich will sein Urteil hören! Vorher bekommt ihr meine Wehre nicht!«

Sie reiten heim und melden das dem Hauptmann. Nun kommen alle Zwölfe zu Wideke hergeritten und verlangen zuerst seinen Schild und sein Schwert. Wideke antwortet:

»Was soll ich meinem Vater antworten, wenn er fragt, wer meinen Schild nahm? ... Ich weiß nicht, ob mein Schwert gut oder schlecht ist, und ungern wollt' ichs erproben an euch, wenn ich reiten darf. Wenn ihr mein Schwert nehmt, womit soll ich mich dann wehren, wenn ich Didrik von Bern treffe? Ihn werde ich ja treffen. Deshalb kann ich meine Wehre nicht missen! – Laßt mich meines Weges reiten! Ich will euch nicht zollen, nicht einen Pfenning!«Da antwortete Studfuß:
»Ich denke, wir sind verrückte Leute! Wir sind 12 und er ist einer! Zieht eure Schwerter und teilt ihn samt Roß und Rüstung, und Leben mit!« –

Sv 86
Da zog Studfuß sein Schwert und hieb auf Widekes Helm. Der Helm war so hart, daß es nicht einbiß. Da zog Wideke sein gutes Schwert Mymming in großem Zorn und hohem Mut und hieb nach Studfuß auf dessen linke Schulter, und Brünne und Brust durch und wieder hinaus auf der rechten Seite. Er zerteilte ihn in zwei Stücke, und der fiel tot zur Erde. Da wurden seine Stallbrüder ganz verstört und wollten manche lieber daheim sein; doch zogen sie alle ihre Schwerter und griffen ihn an. Gramliff hieb auf Widekes Helm, doch das biß nicht. Da hieb Wideke auf Gramliff. Er zerklaffte ihm Kopf und Brust, daß es im Gürtel stand, und der fiel tot zur Erde.

Sv 87
Da sprach Hillebrand zu seinen Stallbrüdern: »Ich sehe, sie sind nun aneinandergeraten. Reiten wir besser vor! Bekommt Wideke Sieg über diese Männer, dann sieht er, wir haben ihn getäuscht. Wenn wir ihm nicht helfen, dann sind wir ihm eidbrüchig, und könnte das unser Leben kosten, wenn Wideke uns trifft!« – Nun antwortete Heim: »Gewinnt er den Sieg, dann wollen wir ihm helfen; wird er erschlagen, dann wollen wir weichen und machen uns keine Sorge (wonda) um einen fremden Mann!« – (Hillebrand) sagte: »Dann trennen wir uns übel von ihm!« – Da sagte Hornboge Jarl: »Nachdem wir ihm Treue gelobt haben, halten wir die!« – Das sagte auch Hillebrand. Darauf ritten sie vor zu Wideke. Da hatte er große Hiebe verteilt, und 7 lagen tot bei ihm, und 5 flohen.

Sv 88

Wideke war froh über ihr Kommen. Darauf ritten sie hinein auf das Schloß, nahmen dort Gold und Silber und lagen da zur Nacht. Um Mitternachtszeit, während Wideke schlief, stand Hillebrand auf und tauschte das Schwert mit Wideke. Er steckte sein Schwert in dessen Scheide und Widekes in seine. Er fürchtete für seinen Herrn Schaden; denn er sah, daß Widekes Schwert äußerst scharf war.

Als es tagte, standen sie auf. Wideke fragte: »Was machen wir mit diesem Schloß?« – (Hillebrand sagte:) »Was dir gut scheint. Ich will nicht länger meinen Namen verleugnen. Ich heiße Hillebrand, ich bin Didriks Mann von Bern, und meine Stallbrüder auch. Ich will alle die Treue halten, die ich dir gelobte. Lassen wir hier zwei zurück, die das Schloß verwahren, und wir wollen reiten zu Didrik von Bern. Dieses Schloß mögt ihr beide behalten, wenn ihr euch als Freunde trennt!« – Da antwortete Wideke: »Dieses Schloß hat viel Unheil gemacht für Inländische und Ausländische. Mag ich raten, dann soll hier entlangfahren, wen es gelüstet, und soll kein Zoll länger sein!« – Da antwortete Hornboge« »Wer das Schloß gewann mit seiner eigenen Hand, der darf bestimmen, wie man damit verfährt.« – Daraufhin setzte Wideke Feuer ins Schloß und brannte alles zusammen auf und wollte nicht von dannen fahren, bevor das alles zu Kohle verbrannt war, und die Wände niedergebrannt.

Dann ritten sie davon und kamen an einen Fluß, der WISAR hieß. Dort war die Brücke abgeworfen. Das hatten die 5 gemacht, die vor Wideke flohen. Wideke hieb den Hengst mit den Sporen, und der Hengst sprang über den Fluß mit ihm. Hillebrand ließ (seinen Hengst) hinter ihm herspringen und kam mitten in die Strömung; denn es langte nicht hinüber. Da ließ Hornboge sein Pferd springen, und es erging ihm ganz wie Hillebrand, und nun kamen sie beide naß ans Land. Da sprengte Heim zum Fluß; sein Hengst war Schimmlings Bruder, daher sprang er glatt hinüber, wie Schimmling tat.

Sv 89

Als Wideke hinübergekommen war, sah er, wo die 5 standen, die vor ihm geflohen waren. Er sprengte stracks auf sie los. Sie wandten sich gegen ihn und griffen zur Wehre. Wideke schlug sich lange mit ihnen. Heim verhielt und sah zu und wollte nicht helfen. Da sprengte Hornboge Jarl zu Wideke und half ihm wacker. Da wurden die 5 erschlagen. Da wußte Wideke noch nicht, daß sein Schwert weg war.

Zu Widekes Zug von Dänemark nach Bern-Bonn ist vieles zu sagen. Wir unterbrechen aber den Gang der Handlung hier nicht, sondern bringen die Gedanken und Erläuterungen erst am Schluß dieser Erzählung, welche jetzt die Begegnung zwischen Wideke und Didrik noch ausführlich darstellt.

In Bern/Bonn

Den andern Tag kamen sie nach Bern, als der König über Tische saß. Didrik ging hinaus zu ihnen und gab ihnen allen die Hand, nur nicht Wideke, denn er kannte ihn nicht; und er sprach nicht zu ihm. Wideke zog seinen Handschuh ab und gab ihn Didrik in die Hand. »Was bedeutet das?« fragte Didrik. Wideke antwortete: »Hiermit fordere ich dich heraus zum Zweikampf mit mir. Ich habe viel von dir sagen hören, und weit bin ich geritten um deinetwillen. Wir sind beide gleichalt. Und nun bin ich bereit, mich mit dir zu schlagen.« –
Didrik antwortete: »Ich werde solchen Frieden setzen in meines Vaters Land und meinem, daß nicht soll jeder Schalk (= Knecht) oder Schelm (Spitzbube) mich zum Kampf fordern!« – Da entgegnete Meister Hillebrand: »Halt Herr! Rede nicht so! Du weißt nicht, mit wem du redest! Und nicht weißt du, wer von euch den Sieg bekommt, ehe ihr euch scheidet! Mir scheint wahrscheinlich, daß du den Teil bekommst, der Unsieg heißt, wenn du nicht einen anderen Mann dafür stellst als dich selber!« –
Da antwortete einer von Didriks Mannen, der Renald heißt: »Das ist doch große Schande, daß jeder Knecht sich erkühnen kann, meinen Herrn zum Kampf zu fordern in seinem eigenen Land!« – Hillebrand hob seine Faust auf und schlug Renald so an sein Auge, daß er bewußtlos lag: »Du sollst mir nicht meinen Stallbruder schelten, der mich hierher begleitet hat!« – Da sprach Didrik zu Hillebrand: »Ich sehe, du bist ganz verliebt in diesen Mann! Und das soll er dir recht genießen! Noch heute soll er hängen hier vor Bern!« –
Da antwortete Meister Hillebrand: »Habt ihr ihn überwunden mit Schwertes Schlag, dann schaltet darüber, wie es euch gut scheint! Er wird sich damit zufrieden geben; doch denkt er, viel besser dabei zu fahren, und ich hoffe, er bleibt unbezwungen an diesem Tag!« –

Der Kampf mit Didrik

Sv 91

Da ließ Didrik seine Rüstung holen. Dann wappnete er sich, so gut er nur konnte, [– sein Schild war weiß, darauf gemalt ein Löwe aus Gold –] und band sein Schwert an seine Seite, das Nagelring hieß, und sprang auf seinen Hengst, der Falke hieß, der war Schimmlings Bruder. Dann ritt er aus Bern hinaus. Sein Vater begleitete ihn, und viele Ritter und Knappen. Wideke hatte keinen, der ihn begleitete, außer Meister Hillebrand. Wideke saß auf seinem Hengst Schimmling, und war bereit.

Sv 92

Da nahm Heim eine Goldschale, gefüllt mit Wein, trug sie zu Didrik und sagte zu ihm: »Trink Herr, Gott gebe dir Sieg den Tag!« – Didrik nahm die Schale und trank. Da nahm Meister Hillebrand eine Silberschale, trug sie zu Wideke und bot ihm zu trinken.[43] Wideke erwiderte: »Gib Didrik zu trinken zuerst!« Da bot Hillebrand Didrik die Schale. Der war so wütig: er wollte nicht trinken. Hillebrand antwortete: »Du darfst nicht zürnen, Herr! Jetzt findest du einen *Mann* vor dir, und niemals vorher!« – Dann trug er die Schale zu Wideke. Der nahm die Schale und trank. Hillebrand sagte zu ihm: »Wehre dich nun wacker, und helfe dir Gott! Ich kann dir nun nicht mehr helfen.« – Wideke nahm einen Goldring, gab (ihn) Hillebrand und dankte ihm für seine guten Dienste.

Sv 93

Da sprach Wideke zu Didrik und fragte ihn, ob er bereit wäre. Didrik sagte Ja. Darauf stießen sie die Rosse mit Sporen und preschten los, einer gegen den andern so schnell, wie ein hungriger Falke auf Beute stößt. Wideke traf in Didriks Schild, daß die Glaffe zersprang. Didriks Glaffe blieb heil, denn sie glitt ab von Widekes Schild.

Wideke sagte zu Didrik: »Da deine Glaffe heil ist und meine entzwei, so renne wacker auf mich los! Ich will dich erwarten.« – Damit zog Wideke sein Schwert. Didrik sprengte scharf auf ihn los und meinte, ihn durch und durch zu stechen und traf mitten auf seinen Schild. Da hieb Wideke die Glaffe entzwei und ein Stück von seinem eigenen Schild.

Darauf sprangen sie von den Rossen und schlugen sich wacker, so daß einer dem andern große Hiebe gab. Wideke schwang sein Schwert auf und hieb mit aller Kraft auf Didriks Helm Hillegrim; aber der war so hart, daß das Schwert am Heft zerbrach.

Sv 94

Da sagte Wideke: »Weland-Vater, hab Gottes Zorn dafür, daß du schufst solch schlechtes Schwert, so gut wie du doch schmieden konntest! Ich hätte mich wohl gewehrt, hätt' ich ein gutes Schwert gehabt! Dies ist nun beides, Schande und Schaden, auch für dich, der das Schwert machte!« – Herr Didrik nahm sein Schwert mit beiden Händen und wollte Widekes Haupt abhauen. Hillebrand sprang dazwischen mit seinem Schild und sagte: »Herr Didrik, schenkt ihm das Leben und macht ihn zu eurem Mann! Du bekommst niemals einen tüchtigeren Gefolgsmann! Er gewann ganz allein das Schloß von 12 Kämpen, das früher du nicht gewinnen konntest mit all deinen Mannen. Und du hast große Ehre davon, daß solch ein Mann dir dient!« – Da antwortete Herr Didrik: »Es soll gehn, wie ich vorher gesagt habe: Heute soll er gehängt werden!« – Hillebrand antwortete: »Das könnt ihr nicht tun! Er ist geboren aus Königsgeschlecht, beides, von Vaters- und Mutterseite! Handelt edel an ihm, ihr habt Ehre davon!« – Da antwortete Didrik: »Ich werde nun wirken den Frieden in meines Vaters Land, daß nicht jeder Knecht, der da kommt, mir Kampf bieten soll! Wenn ich diesen erst hänge, bin ich frei von dem Ärger, und soll dir nicht viel nützen! Geh schnell von mir fort, mir ist jetzt nicht um deine Dienste zu tun, sonst haue ich erst dein Haupt ab und dann auch seins!« –

Sv 95

Als Hillebrand hörte, daß seine Bitte nicht gewährt war, und Didrik ihn nicht verschonen wollte, da antwortete er: »Weil ihr das nicht einsehen könnt, daß ich euch rate guten Rat, so soll das Kind haben, was es verlangt!« und zog das Schwert aus seiner Scheide, gab es Wideke und sagte: »Gott verhüte, daß ich jemandem sollte untreu sein! Hier hast du dein Schwert! Wehre dich nun wacker!« –
Wideke ward froh wie der Vogel im Frühlicht, er küßte beides, Klinge und Knauf, und bat Gott um Vergebung, daß er seinen Vater gescholten. Wideke sagte zu Didrik: »Siehst du dies Schwert wohl? Das heißt Mymming! Nun will ich gerne mich mit dir schlagen, wie ein durstiger Mann nach Trank begehrt und ein hungriger Mann nach Speise!«
Damit hieb er auf Herrn Didrik ein, so häufig wie hart, und mit jedem

Hieb nahm er ein Stück von Didriks Helm, Schild oder Brünne weg. Wideke hieb so schnell: Herr Didrik konnte nichts anderes tun als sich schützen mit seinem Schild, und konnte nicht einen Schlag dagegen tun. So bekam Herr Didrik 5 Wunden.

Als Didriks Vater das sah, bat er Hillebrand, sie zu trennen. Hillebrand antwortete: »Als *ich* sie getrennt haben wollte, da wollte *er* es nicht und hätte doch Ruhm davon gehabt über alle Lande. Laßt sie's nun ausfechten! Als ich sagte, Wideke wäre ein tüchtiger Mann, da sagte er, ich löge!« –

Da sprach Hillebrand zu Herrn Didrik: »Mir scheint, dein Helm ist arg verhauen, dein Schild zerpellt, deine Brünne zerrissen, und selber hast du große Wunden! Nun wirst du dies mit Schande beenden, wo du es vorher mit Ruhm tun konntest! Nun mag Wideke richten und das gleiche Urteil dir sprechen, wie du es ihm zudachtest – außer er will es besser machen mit dir!« –

Als König Thetmar dies sah, da nahm er einen (Mb: roten) Schild und ging zu Wideke. Wideke fragte, was er wollte. »Willst du, König Thetmar, mir unrecht tun und mich hier töten, indem du in deinem Eigenreich bist und hast mehr Macht als ich? Ich habe einen Mutterbruder als König in Jütland, der ist reicher als du, der wird das wohl an dir rächen!« –

Da antwortete Thetmar-König: »Ich will dir nichts tun als Gutes. Ich will dich bitten, daß du meinem Sohn diesen Kampf erläßt. Ich sehe, daß er bald überwunden ist. Dann gebe ich dir ein gutes Schloß, eine reiche Jungfrau und mache dich zu einem Grafen!« – Wideke antwortete: »Ich will das nicht tun! Er soll das gleiche Urteil haben, das er mir zugedacht, oder ich werde von ihm erschlagen mit großer Macht!« – Da ging König Thetmar hinweg, nachdem sein Wort nicht erhört worden war. Nun begannen sie, sich aufs neue zu schlagen. Herr Didrik wehrte sich wacker. Wideke drang hart auf ihn ein, er hieb von seinem Helm wohl ein Drittel weg, und da folgte ein Teil des Haares mit. Das sah Hillebrand, daß Herrn Didriks Helm zerhauen war. Er sprang zwischen sie und bat Wideke, Herrn Didrik Friede zu geben, und beide Stallbrüder zu werden. »Bleibt ihr beide beisammen, dann besteht euch kein Kämpe!« – Wideke antwortete: »Um seinetwillen will ich's *nicht* tun! Eurer Bitte zuliebe will ich ihm gerne das Leben geben!« – Hillebrand legte ihre Hände zusammen und machte sie zu guten Freunden. Hierauf geleiteten sie sich, hinein in die Stadt Bern, und blieben Stallbrüder lange seitdem.

Geographischer Rückblick

Versuchen wir nun, uns ein Bild davon zu machen, welche Wege Wideke ritt! Wir dürfen annehmen, daß er den *frühgeschichtlichen Heerweg* benutzte, der von Jütlands Spitze und von den dänischen Inseln her als »Ochsenweg« nach Süden zog, einerseits nach Hamburg, andrerseits nach Itzehoe. Von Itzehoe aus ging es zu Schiff oder Fährboot durch die Unterelbe nach Stade, und von hier aus lief der Weg grade weiter nach Verden und Minden. Der Weg wird durch den allerdings späteren (1150) Bericht des isländischen Abtes Nicolaus von Thvera ungefähr beschrieben.[44]

In unserer Erzählung, welche Ereignisse und Zustände des 5./6. Jahrhunderts berichtet, sind die Verhältnisse noch weit einfacher und ursprünglicher vorzustellen als zu Abt Nicolaus' Zeiten. Das Land ist dünn besiedelt, mit Einzelhöfen überstreut; Städte wie Itzehoe, Stade, Verden, selbst Minden gibt es noch nicht. An diesen Stellen waren vielleicht größere Höfe, Fährhöfe, Rasthöfe; aber für einen einzelnen Reiter mochte jeder Hof eine Raststätte werden, wo der Gast mit seinen Nachrichten willkommen war, Unterkunft und Futter für sein Pferd fand.

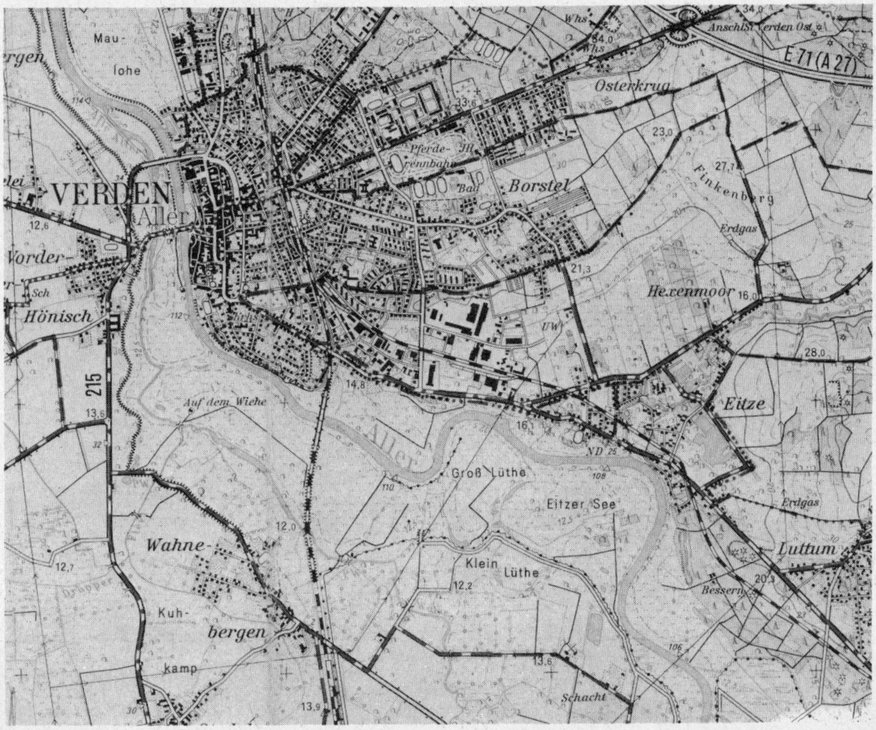

8 *Verden mit Allermündung und Eitzer See*

Die erste genaue Angabe der Thidrekssaga ist DIE FURT AM EYDISS-FLUSS, welche Wideke überschreiten will. Auf seinem Weg nach Süden findet sich nun wirklich ein Ort, dessen Name »Furt« bedeutet, und das ist VERDEN. Hier wäre nun auch der Eydiss-Fluss zu suchen; aber die früheren Erklärer der Thidrekssaga haben ihn nicht gefunden.
Vielleicht haben sie nicht eingehend genug gesucht. Sie liebäugelten außerdem von vorneherein mit der *Eider*, aber die liegt weit im Norden, und ihr früher Name »Egidora« läßt sich mit dem »Eydiss«-Fluß nicht zusammenfügen.
Bei Verden mündet die Aller in die Weser. Ihre Mündungsstelle hat sich im Laufe der Zeit stark verschoben. Der alte Heerweg überschreitet bei Verden nicht die Weser, sondern die Aller. Etwas oberhalb der heutigen Aller-Mündung wäre der Name »Eydiss« zu suchen. Und hier findet sich nun tatsächlich, wenn nicht Eydiss-en, so doch EITZE, und dabei am südwestlichen Ufer der Aller das EITZER MEER, hier auch die »Eitzer Fähre«. Eitze wird schon im 9. Jahrhundert genannt.[45]
Es kommt noch ein anderer Hinweis hinzu. Die drei Reiter, denen Wideke dort begegnet, kommen von Wendland, woher Jarl Hornboge stammt. Die Membrane, A und B sagen Kap. 82:

> »Diese zwei Häuptlinge (B: Hildibrand und Heime) hat Didrik ausgesandt nach dem Jarl in Vinnland, weil er weiß, daß Hornboge ein so guter Held war, daß er niemals einen besseren bekommen würde, an Ritterschaft sowohl wie an allem anderen, was einem guten Helden zukommen sollte. Deshalb wollte Didrik ihn zu seinem Genossen und Gesellen nehmen.«

Mit diesem VINNLAND, an anderen Stellen der Ths auch VINDLAND, ist das Land östlich der Elbe und im Elbbogen gemeint.[46] Die Reiter kommen also von Osten. So sind wir durch die Angaben: FURT (Verden) – EYDISS (Eitze), VINNLAND auf den Übergang über die Aller südlich des heutigen Verden gewiesen.
Das »Eitzer Meer« ist heute ein feuchtes Wiesengelände zwischen dem Endlauf der Aller und dem Lauf der Weser. Wir dürfen die »Furt« am »Eydiss«-Fluß also als einen festen Punkt in der Vorstellung der Thidrekssaga annehmen, und wir dürfen vermuten, daß VERDEN seinen Namen davon erhalten hat, daß hier die ursprüngliche *Furt* über die Aller führte, welche den Weiterweg auf der rechten Weserseite nach Süden ermöglichte.[47] Beim heutigen Minden, das damals noch nicht

bestand, erlaubte dann die große Weser-Insel den Übergang über diesen Hauptfluß.
Bei allem, was sich auf die frühe Zeit bezieht, ist daran zu denken, daß mindestens Norddeutschland damals viel mehr von Wasser durchtränkt war, als wir uns das heute vorstellen können. Die Flußspiegel lagen höher und waren breiter, die ausgedehnten Flußauen versumpft, Moore waren weit ausgedehnt, die begehbaren Stellen eingeschränkter. Das Netz der frühen Bohlenwege, von deren Dasein wir wissen, kennen wir nur ahnungsweise.
Als die Reiter den Fluß überquert hatten, schieden sich bei ihrem Weiterritt zwei Wege. Nach dem Text der Svava könnte man meinen, diese Weg-Scheide hätte sich gleich hinter der Verdener Furt befunden. Das kann aber nicht sein. In jedem Fall mußten die Reiter durch die »Westfälische Pforte« und also über Minden. Ein Übergang über die Weser bei Verden hätte sie zwar auf die linke Flußseite geführt, aber ebenfalls nach Minden. Die nicht-schwedischen Handschriften sagen denn auch einhellig:

Mb 82
»Nun reiten sie ihre Straße dahin, bis die Wege sich scheiden. Da sagte Hildibrand: »Diese beiden Wege gehen nach Bern. Es ist der eine ein langer Weg und beschwerlich, der andere viel kürzer und besser. Doch an diesem kürzeren ist ein Hindernis; denn da ist ein Fluss, (AB: der Lippa heißt,) über den kann man nicht kommen außer auf einer Steinbogenbrücke. Bei dieser Steinbrücke ist ein Kastell, das Brictan heißt ... Auf dieser Steinbrücke liegt ein Zoll ...

Der so beschriebene Weg ist die eine von den zwei Möglichkeiten. Er führt ganz grade als uralte Völkerstraße von Minden aus erst durch die »Porta Westfalica« und dann durch den fast ebenerdigen »Bielefelder Paß«, zwei natürliche Gebirgs-Durchlässe, zum Lippe-Übergang bei Lünen. Auch hier ist das Gelände in früher Zeit weithin als versumpft vorzustellen, und nur die flache Kuppe von Brechten hob sich trocken heraus. Brictan ist der altniederdeutsche oder altsächsische Name von Brechten, dem ursprünglichen Haupt- und Kirchort dieser Gegend.[48]
Die Bedeutung dieses Lippe-Überganges bei Lünen-Brechten wird durch das dort gelegene einstige *Römerlager Oberaden* bestätigt, und die Stein-(Bogen)-Brücke, welche sich dort befunden haben soll, könnte noch ein Überrest aus der Römerzeit gewesen sein – denn wer als die

Römer könnte hier eine Steinbrücke gebaut haben? – und wäre vielleicht in ihren Resten noch aufzufinden.[49]
Von diesem »kürzeren und besseren« Weg sagt die Membrane später (Kap. 88):

> »Dies ist EIN GROSSER VOLKWEG MANCHES MANNES«.

Von Lünen-Brechten aus lief dieser Weg an Burg Thorta (Dortmund) vorbei durch einen natürlichen Paß auf das spätere Hagen zu, von hier aus auf altem Höhenweg hinauf zu dem heutigen Meinerzhagen (›Frankfurter Weg‹). Hier zweigte der Weg nach Bern/Bonn ab, während der Hauptweg nach Süden auf Mainz zu weiterlief.
Wenn dies der »kürzere und bessere« Weg war, welches war dann der »längere und beschwerliche«? Abt Nicolaus von Thvera gibt einige Orte seiner Reise an mit den Entfernungen: Von Stöduborg (Stade) sind es 2 Tagereisen bis Ferduborg (Verden), von dort ist es nicht weit bis Nyioborg (Nienburg), dann kommt Mundioborg (Minden), dann 2 Tagereisen bis Pöddubrunna (Paderborn) und weiter 4 Tagesreisen bis Meginzoborg (Mainz). [Die Abzweigung erfolgt also hinter der Porta Westfalica und vor dem Bielefelder Paß, der Weg läuft wahrscheinlich durch die Dörenschlucht des Teutoburger Waldes nach Paderborn und weiter durchs Sauerland, ist also gebirgig und beschwerlich.]
Der lange Weg zweigte hinter der Porta bei Rehme (Rimi) ab, lief an Schötmar vorbei durch den Osningpaß bei Detmold nach Paderborn und weiter über Rüthen und Meschede auf Siegen zu über die Höhen des Sauerlandes. Er ist etwa 40 km länger und mit seinem Auf und Ab weit beschwerlicher als der Weg über die Lippe.
Interessanterweise kann der Helweg über Soest nicht der längere Weg sein, denn dieser ist nicht besonders lang und vor allem nicht beschwerlich. Er scheint zur Zeit der Geschehnisse der Thidrekssaga kein allgemeiner Durchgangsweg gewesen zu sein; denn er führte durch besiedeltes Land.
Ehe die Reiter an das Kastell Brictan herankommen, reiten sie »durch einen Wald, der LYRAWALD heißt, wie die Svava sagt. Mb sagt (84):

> »Sie reiten auf einen Wald zu, der LYRWALD heißt, und vor dem Walde war das Kastell.«

Der Lyrawald, Lyrwald, Lurwald meint das große Gebirge Sauerland. Der Name wird in der Thidrekssaga dreimal genannt: einmal hier, einmal bei Soest, einmal am Abhang zum Rheintal bei Köln. Nach unserm Bericht reichte er zu jener Zeit bis an die Lippe heran. Das ist heute längst nicht mehr der Fall, aber es war früher so. Das spricht u. a. Albert K. Hömberg[50] aus, wenn er sagt:

> »Der große Getreidebedarf, der durch die Versorgung des Sauerlandes« (mit Getreide) »in der Hellwegzone entstand, führte hier zu einer immer weiteren Ausdehnung der Ackerfelder, bis zuletzt ein einziger ununterbrochener Ackerstreifen den Hellweg in seinem ganzen Lauf von Dortmund bis Paderborn begleitete.«

Die Thidrekssaga, welche schon die alte Form »Brictan« für Brechten bringt, schildert hier mit dem bis an die Lippe heranreichenden Sauerlandwald wieder einen sehr frühen Zustand.

Nach dem Übergang über die Lippe kommen die vier Reiter auf ihrem Ritt südwärts nun an einen weiteren Fluß, der in allen Handschriften WISAR genannt wird; aber es ist klar, daß dies nicht jene Weser meinen kann, welche aus Werra und Fulda entsteht und an der Porta Westfalica das Gebirge durchbricht. Was soll der Name also bedeuten, und welcher Fluß soll gemeint sein? Oder war es wirklich wieder eine jener geographischen Unsinnigkeiten, die man der Thidrekssaga zum Vorwurf machte?

Bei einem Fluß südlich der Lippe denkt man zunächst an die Ruhr. Ich fragte beim Wasserwirtschaftsamt in Duisburg an, ob es irgendwo an der Ruhr eine Stelle gebe, an der Steilufer auf beiden Seiten so nahe beieinander ständen, daß eine Balkenbrücke da hinübergelegt werden, oder ein sehr gutes Pferd hinüberspringen könne. Ich bekam die Antwort: Eine solche Stelle gebe es an der Ruhr nicht; denn diese sei überall auf beiden Seiten von breiten Talauen begleitet.

Ich hatte das auch selbst in Augenschein genommen. Nirgends war eine solche Stelle zu finden. Höchstens die Lenne wies kurz vor ihrem Einfluß in die Ruhr eine Brücke auf, die den Angaben der Thidrekssaga in etwa entsprechen konnte. Aber das war zu weit östlich.

Wie breit sollte dieser Fluß »Wisar« überhaupt sein? »Da war die Brücke abgeworfen« sagt Sv. Balken, von Steilufer zu Steilufer gelegt, konnten kaum länger sein als 10 Meter. Und wie weit sprang ein gutes Pferd? Die Frage schien ganz einfach, jeder Reiter mußte sie beantworten können. Aber es stellte sich heraus, daß niemand das wußte. Wie hoch ein Pferd

sprang, das war wohl bekannt, aber nicht, wie weit. Auch in der Literatur war nichts zu finden.
Aus der Reiterstadt Verden kam endlich ein brauchbarer Bescheid. In »Kavalkade« Bd. VIII S. 56 (Verden 1960) berichtet Richard Keller über einen besonders weiten, nachgemessenen Pferdesprung. Da heißt es:

> Bei einer Steeple-Chase zu Pardubitz mußte Graf Sándor nicht weit vom Ziel mit der Stute Redrose einen durch Regengüsse ausgetretenen Kanal überspringen. Als der Graf sah, daß das Pferd nur mit Zusammennehmung aller Kräfte das andere Ufer erreichen würde, gab er ihm noch im Sprung Peitsche und Sporen. Er fühlte einen enormen Druck, erreichte wirklich das Ufer, stürzte aber, da das Pferd in die Zügel gegangen war und sich selbst niedergerissen hatte. Es war dies mit 31 Fuß 3 Zoll der größte Sprung, den der Graf jemals gemacht hat.

Der Wiener Fuß hat 316 mm; der Sprung war also 9,87 m weit. Die Situation war fast genau dieselbe wie die in der Thidrekssaga berichtete. Die »Wisar« der Ths konnte keine 10 Meter breit sein. Wo war sie zu finden?
Tatsächlich gibt es zwischen der Lippe und Ruhr noch einen weiteren Fluß, den die nach Süden Reitenden überqueren mußten; das ist die EMSCHER. Der alte Übergang liegt 3 km von Dortmunds Mitte, 10 km von Brechten, 15 km vom Lippe-Übergang entfernt. Die Emscher erscheint heute nur als ein kleiner Fluß, sie hat sich aber ein bedeutendes Tal geschaffen und weist ein so starkes Gefälle auf, daß sie hier auf 16 km Länge 40 Meter an Höhe verliert, mehr als in weiteren 80 Kilometern ihres Laufs.
Es war nicht leicht, die Emscher zu finden. Die Schnellstraße von Dortmund nach Süden hat keinen Zugang zu dem tief unter ihr liegenden Tal, und ist man hinüber, kann man lange nicht umkehren. Hätte ich damals schon meine Dortmunder Freunde gehabt, sie hätten mich an jeden gewünschten Punkt geführt. So kam ich nur auf Umwegen hinunter. Eine Brücke führte hinüber, ich schritt sie ab von Steilufer zu Steilufer. Die Emscher ist heute kanalisiert, in Beton gefaßt, die Breite beträgt fast 10 Meter. Die Uferböschungen bestehen aus schwerem Tonboden, »Kleiboden«, der, wenn er trocknet, so hart wird, daß er dem Pflug widersteht. An manchen Stellen steht harter Sandstein an. Dies ist wichtig zu wissen, um beurteilen zu können, was die Handschriften Mb und B an dieser Stelle schreiben. Da heißt es nämlich:

Mb 89

»Dort war eine Brücke zwischen zwei Steilhängen ... Nun sieht Widga, daß die Brücke ab ist. Da schlägt er seinen Hengst mit Sporen, den Schimmling, und reitet blitzschnell zum Fluß. Nun flitzt er von dem Berg, auf dem die Brücke gelegen, und auch über den Fluß auf den (anderen) Berg, als ob man einen Pfeil schösse. Und noch heutzutage kann man die Stelle sehen im Berg, Hufe und Nägel beide, dort wo er absprang und auch dort, wo er niederkam.«

»Noch heutzutage«. Wie lange lag das Ereignis zurück, als dieser Satz geprägt wurde? Das kommt darauf an, in welche Zeit wir das »noch heute« setzen. Wenn wir meinen, es hätten die angeblichen Soester Kaufleute dem angeblichen »Sagamann« um 1260 in Bergen mitgeteilt, daß zu dieser Zeit die Abdrücke noch zu sehen seien, so ist das allerdings unglaubwürdig. Wenn aber in der Königshalle zu Bern-Bonn vor Didrik und seinen Gesellen diese Begebenheit zum wiederholten Male erzählt oder gesungen wurde, dann mochte es damals noch seine Richtigkeit haben. Wenn wir auch nicht erhärten können, daß das »noch heute kann man sehen« von Anfang an zu dieser Erzählung gehörte, so können wir es doch auch nicht ausschließen. Nach der Beschaffenheit des Bodens an der Emscher war es möglich.
Der alte Name der Emscher oder Embscher war 947 EMBISCARA«. Sollten hierin die Flußnamen Emme und Weser verbunden worden sein? [Dann wäre der Name »Wisar-a« nicht so abwegig.]
Die Emscher entspricht nach Lage und Beschaffenheit vollkommen den Angaben der Thidrekssaga, vielleicht auch der Name. Es zeigt sich erneut, daß die Thidrekssaga nicht Unsinniges berichtet und nicht verwirrte Vorstellungen hat, sondern daß sie im Gegenteil ganz genaue Kenntnisse auch dieser Gegenden besitzt bis in die Einzelheiten von Flußbreiten und Bodenbeschaffenheit. Es ist dasselbe Ergebnis wie beim Zusammenfluß von Duna und Rhein: *Die Thidrekssaga hat eine weiträumige, genaue Ortskenntnis sehr früher, vorkarolingischer Zeit.*

Der Hof Her

Den letzten Abschnitt der Fahrt schildern die nichtschwedischen Handschriften etwas ausführlicher als die Svava und tragen Wichtiges bei. Da alle etwas verschieden berichten, setze ich alle ihre Texte hierher.

> »Reiten sie nun ihren Weg und kommen am Abend dahin, wo es HER (HÄR) heißt. Diesen Hof besaß Thetmar König, Vater Didriks. Ihm steht vor die Frau Hildibrands. Dort sind sie diese Nacht über.« (Mb 90)
> »Nun reiten sie bis zu dem Gehöft, welches Hildibrand besaß, und dem steht vor seine Frau Oda, und sie waren dort zur Nacht.« (A 54)
> »Nun reiten sie ihren Weg und kommen am Abend zu einem Gehöft, welches Hildibrand besaß, und sie waren dort die Nacht.« (B = D Kap. XXXII)

Nur die Membran-Handschrift nennt den Namen des Hofes, in dem die vier Reiter die letzte Nacht rasten, so wie nur die AB-Handschriften den Namen »Lippa« bringen. Das zeigt uns an, daß wir auf keine der Handschriften verzichten können, weil jede von ihnen Ergänzendes und Richtiges enthalten kann. Die Handschrift Mb schreibt den Namen als »hęr« mit einem Haken unter dem e, so daß er als »Här« zu lesen wäre. Wenn wir die Lage des Hofes finden können, läßt sich zugleich die Länge des Rittes an diesem Tage berechnen.

Der Hof Hęr muß zwischen Brechten und Bern-Bonn liegen, und zwar näher an Bonn als an Brechten; denn in Bonn kommen die Reiter zu Mittag an, »als der König über Tisch saß«. Der Hof muß aber wieder so weit von Bonn entfernt liegen, daß es nicht möglich war, Bonn durch eine zusätzliche Anstrengung noch am Abend zu erreichen. Die Entfernung in Luftlinie beträgt zwischen Brechten und Bonn 80 km. Da die Reiter aber das Sauerland queren, in dem sie nicht beliebig geradeaus reiten können, wird die wirkliche Entfernung etwa 100 km sein. Der Hof Hęr möchte also etwa 60 km von Brechten und 40 km von Bonn entfernt zu suchen sein.

Husz,[51] immerhin auch auf der Suche in dieser Gegend, hat *Herdorf* westlich Siegen vorgeschlagen, etwa 50 km Luftlinie genau östlich von Bonn, aber 100 km Luftlinie von Brechten entfernt. Es kommt wegen dieser entfernten Lage nicht in Frage und wäre ein riesiger Umweg gewesen.

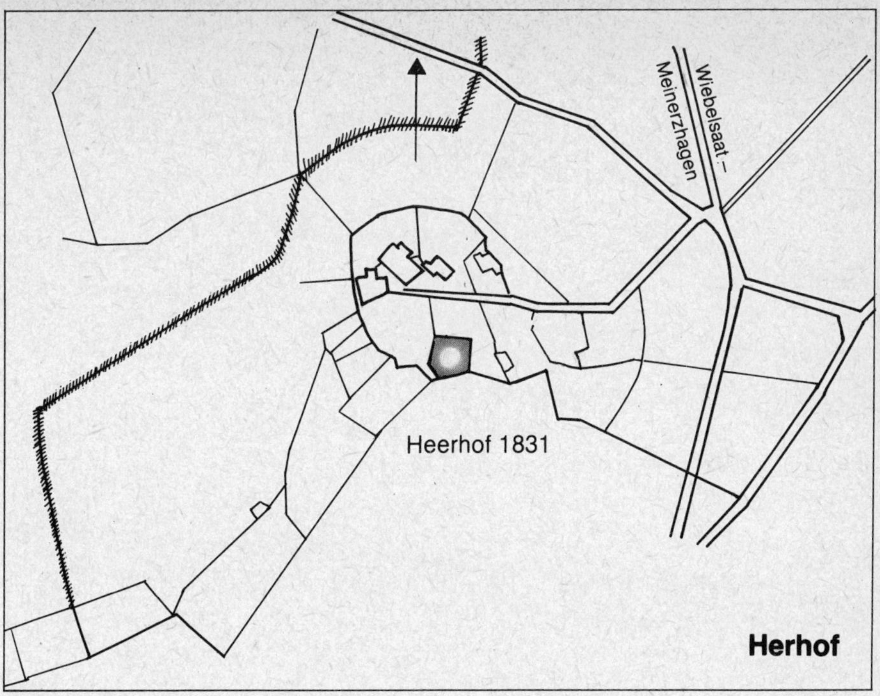

9 a und b *Der Herhof bei Meinerzhagen. Nach der Urkarte um 1830*
a) Gesamt-Übersicht b) Ausschnitt

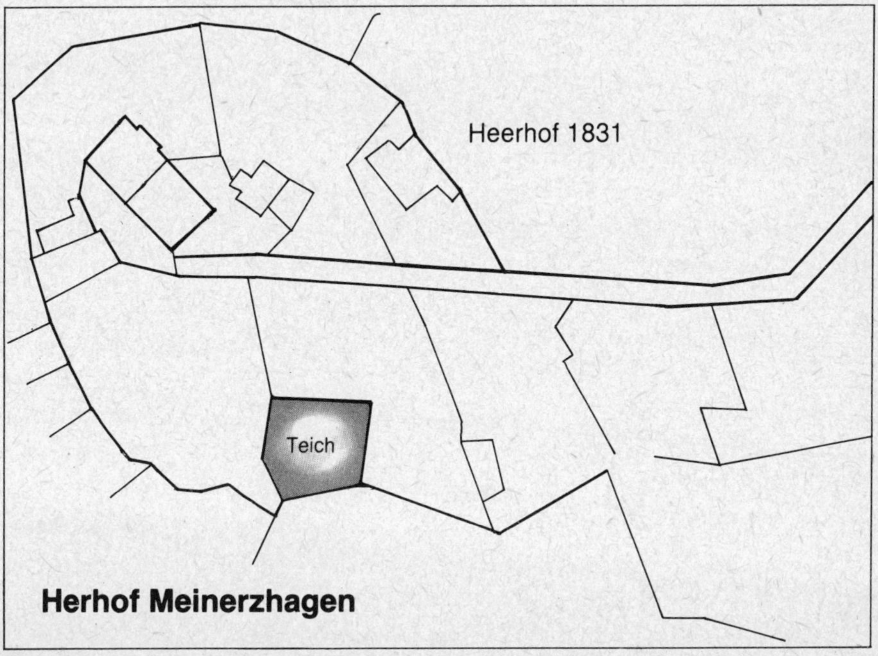

Es handelt sich in der Vorstellung der Thidrekssaga um einen alleinliegenden Hof, der von Bern-Bonn aus oder von Hillebrands Heimat Wenden aus bewirtschaftet wird, der an einem oder mehreren Fernwegen liegt und als Rasthof benutzt werden kann. Dieser Hof hat sich wirklich gefunden, und zwar an einer sehr sinnvollen und merkbaren Stelle, nämlich oben im Sauerland auf der Wasserscheide, am Ursprung mehrerer Flüsse, die von hier aus in die verschiedenen Richtungen laufen: der Wupper, der Agger, der nordwärts nach Hagen fließenden Volme. Der Hof liegt 400 m hoch, am Fuße des 600 m hohen Rothenstein, der anschließend in die 660 m hohe Nordhelle, die höchste Erhebung des Ebbegebirges, übergeht.

Hier kreuzen uralte Fernstraßen: die *Heidenstraße*, die von Köln über Bensberg kommend nach Paderborn einerseits und nach Kassel andererseits führt und hier oben wie auch an anderen Stellen noch den Namen »Herweg« (Heerweg) trägt; und der *Frankfurter-Weg*, der von Norden kommt und nach Süden über Siegen nach Frankfurt und Mainz läuft. Er war die erste chaussierte Fernstraße Westfalens. Hier liegt, beim heutigen Meinerzhagen und jetzt zu ihm gehörig, der HERHOF.

Der Herhof ist eine Quellteich-Siedlung, d. h. er liegt an einer Quellmulde, deren es hier bei meinem ersten Besuch 1959 noch mehrere gab, bei denen sich das Wasser der Quelle in einem kleinen Teich sammelt. Der Hof hatte im vorigen Jahrhundert noch eine Größe von 63 Morgen, davon ein Drittel »Holz«. Die Schreibung des Namens wechselt zwischen »Heerhof, Heherhof, Heierhof u. a.«, die älteste Nennung 1502 »Heyrhof«. Im Volksmund wird der Name als »Härhof« ausgesprochen; das erklärt die besondere Schreibung in der Membrane: »hęr«. Von 1677–1863 wird der Herhof als »Kirchengut« bezeichnet.[52]

Den Herhof gibt es also, und alle Bedingungen treffen auf ihn zu: Er ist alt, er liegt an einer entscheidenden Wegekreuzung zweier Höhenwege auf der Wasserscheide, und er liegt genau an der Stelle, wo er nach der Erzählung der Thidrekssaga zu erwarten ist: 55 km Luftlinie von Brechten aus, aber auch 55 km Luftlinie nach Bonn. Daß die Reiter für die erste Strecke einen ganzen, für die zweite nur einen halben Tag gebraucht haben, wäre so zu erklären, daß sie am Vortag sehr spät losritten (denn sie verbrannten erst noch das Kastell, und Wideke »wollte nicht von dannen fahren, bevor das alles zu Kohle verbrannt war«), daß sie an der Emscher noch aufgehalten wurden und nachher lange bergauf reiten mußten; daß sie am folgenden Tag aber sehr früh losritten, um zu Mittag in Bern/Bonn zu sein.

Von der Lippebrücke bis zum Herhof sind es im Gelände gut 75 km, vom Herhof bis Bern-Bonn gut 65 km. Ihre Tagesleistung war demnach etwa 80 km. Dies entspräche einer mittleren Geschwindigkeit von 10 km die Stunde. Das ist nicht wenig und mehr als die übliche Tagesleistung von 50 km; da die Reiter aber ausgesuchte Pferde haben und unermüdlich sind, ist es auch keine Überforderung. Für die ca. 235 km von Verden bis zum Lippe-Übergang hätten die Reiter also 3 (– 4) Tage gebraucht.

Seit wann das Bergische und das anschließende Sauerland besiedelt worden sind, ist nicht sicher geklärt. Heinrich Dittmaier[53] hat auf Grund von Ortsnamenforschungen und Funden festgestellt, daß das Bergische Land bis zum Ende der römischen Kaiserzeit besiedelt war, daß aber mit dem 3. Jahrhundert n. Chr. die Funde abbrechen. »Dies scheint auf eine fast vollständige Vakuation des bisherigen Siedlungsgebietes hinzudeuten.« Die Neubesiedelung erfolgte erst im 6. Jahrhundert und zwar zunächst »in der Hauptsache längs des Rheinstroms im Gebiet des Auenlehms. Der Heidesandstreifen, also das Zentrum der vor- und frühgeschichtlichen Besiedelung, bleibt nahezu unberührt.« Im 7. und 8. Jahrhundert erfolgte »ein verhältnismäßig tiefes Eindringen in den bis dahin noch fast unberührten Wald.« Erst im 9.–13. Jahrhundert werden weitere große Waldgebiete in Kultur genommen, besonders zunächst nördlich der Wupper. (S. 294–296)

Nun handelt es sich bei dem »Hof Hęr« nicht um die Besiedelung einer Landschaft, sondern um einen Rasthof an einer wichtigen Fernweg-Kreuzung. Selbst wenn diese Gegend im 5./6. Jahrhundert nicht besiedelt war, kann das Vorhandensein eines solchen Einzelhofes nicht ausgeschlossen werden. Es wäre wichtig, dies nachzuprüfen, und es wäre *möglich*; denn der Quellteich des Herhofes muß alle Spuren früherer Jahrhunderte bewahrt haben. Allerdings ist es auch hohe Zeit für eine solche Nachprüfung; denn der Hof und der Quellteich liegen unmittelbar am Rande des Baugebietes, sie könnten also leicht durch Überbauung verloren gehen. Das Landesmuseum in Münster ist seit langem darauf hingewiesen.

Die genaue Ortskenntnis der Thidrekssaga, welche wir an der Aller, der Lippe, der Emscher und am Heerhof fanden wie früher schon an der Dhün und um Soest, erstreckt sich auf das ganze Westfalen und auf Niedersachsen. Die Thidrekssaga weiß von Orten und Umständen, die sie aus schriftlicher Überlieferung nicht erfahren konnte. Widekes Zug von Seeland nach Bern-Bonn ist mit großer Sachlichkeit und Kenntnis

geschildert und nennt eine Kette von Orten und Umständen, die genau zu einander passen:
Die *Eidis-a* am Eitzer Meer bei Verden;
Die *Weg-gabelung*, an der zwei Fernwege abzweigen;
Der große allgemeine *Volkweg*;
Der *Lyrawald* Sauerland;
Der *Lippe-Fluß*;
Die *Steinbogen-Brücke* mit dem *Kastell*;
Der alte Ort *Brictan-Brechten* dicht beim Lippe-Übergang;
Die Embscher-Embiscara-*Wisar-a* mit richtiger Flußbreite und harten Steilufern;
Der *Herhof* an der Kreuzung zweier alter Fernwege
und die richtigen Entfernungen zwischen ihnen und Bern-Bonn. All dies zeigt an, daß der oder die Verfasser dieser Erzählung der Thidrekssaga ein umfassendes Wissen und ein klares Bild von der Geographie und den Zuständen Niederdeutschlands in einer sehr frühen, vorkarolingischen Zeit hatten. Sie erlauben uns, diese Schilderung als einen BERICHT anzusehen und nicht als eine nur aus Phantasie gestaltete Dichtung.

Die Zweikampfregeln

In der Erzählung vom Kampf Widekes mit Didrik gibt uns die Thidrekssaga eine noch genauere Schilderung der Kampfsitte ihrer Zeit. Wir können sie zum Teil vergleichen mit den studentischen Sitten, welche bei uns bis in die Gegenwart herein im Schwange waren. Diese gehen wiederum zurück auf die Bräuche, welche in den Kreisen des Adels herrschten, und bei diesem wurde die »Tradition« mit besonderer Zähigkeit über Jahrhunderte gepflegt. Wir können vermuten, daß mancher von diesen »Bräuchen« bis auf die germanische Zeit zurückgeht.
Die Auseinandersetzung beginnt mit der FORDERUNG. In unserm Fall zieht Wideke seinen Handschuh aus und gibt ihn Didrik. Die Forderung wird angenommen, wenn auch mit Zorn. Als BEDINGUNG wird genannt, daß der Sieger über das Leben des Besiegten zu bestimmen habe. Vor dem Kampf aber hat der Geforderte keine Handhabe gegen den Forderer. Nun machen die Kämpfer sich bereit. Es folgt Siegeswunsch und Trunk, dann wird die BEREITSCHAFT erklärt.
Der Kampf beginnt mit dem LANZENRITT. Die Kämpfer reiten im Galopp gegeneinander, jeder versucht den Gegner zu treffen oder aus dem Sattel

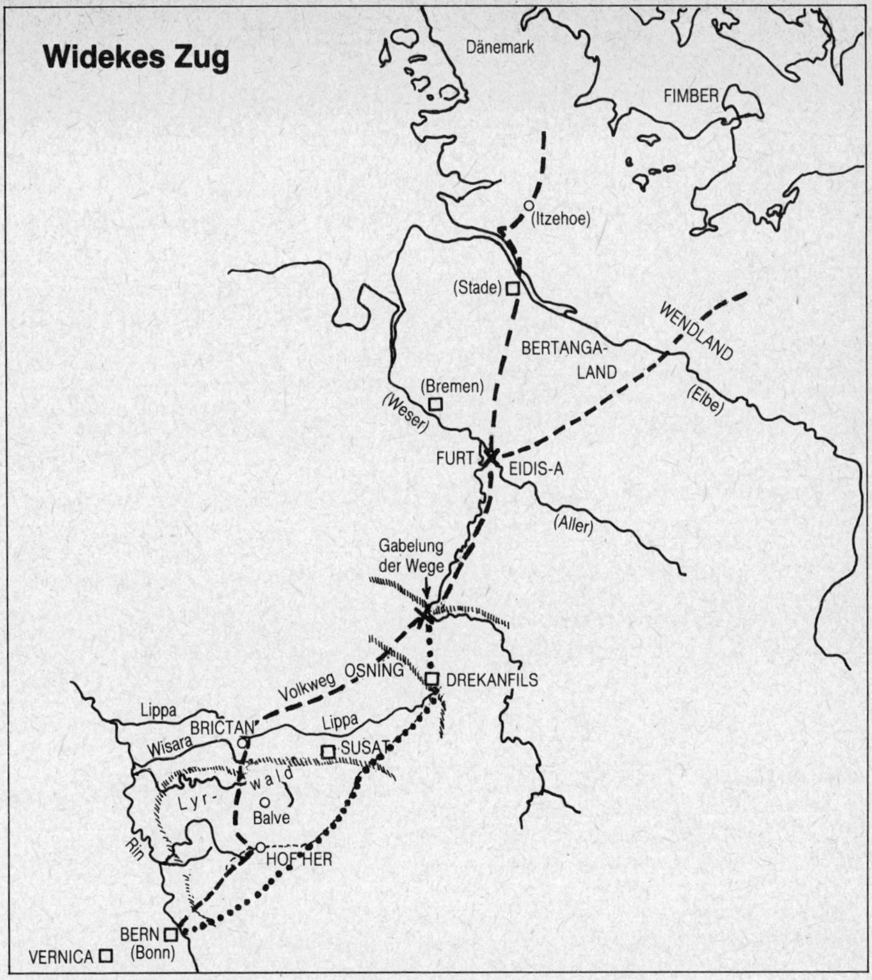

10 *Widekes Zug nach Bern/Bonn*

zu werfen. Widekes Lanze (Glaffe) zerspringt. Daß er nun Didrik erlaubt, gegen ihn anzureiten, und daß er sich dagegen mit dem Schwerte wehrt, ist etwas Besonderes und nicht die Regel.
Nach dem Lanzenritt folgt der Schwertkampf. Auch er hat seine Regeln. Was hier nicht genannt, bei anderen Zweikämpfen aber berichtet wird, ist das gegeneinander Antreten. »Sie kamen zusammen« heißt der Ausdruck dafür. Damit ist wohl vor allem das Fassen des rechten Abstandes gemeint. Jetzt folgen die Gänge. Beide Kämpfer schlagen gewaltig aufeinander los und machen dazwischen Pausen. Länge und Zahl der Gänge scheint noch nicht festgelegt zu sein. Die Gänge können beendet werden durch Ermüdung eines oder beider Kämpfer, oder durch den Sekundanten.
Jeder der Kämpfer hat einen Sekundanten. Widekes Sekundant ist Hillebrand. Dieser springt im entscheidenden Augenblick mit einem Schild dazwischen, seinen »Paukanten« vor Übergriffen des Gegners zu schützen. Auf Seiten Didriks tritt etwas später König Thetmar mit einem roten Schild (Mb) zwischen die Kämpfer. Der rote Schild mag auch das Signal des Unparteiischen sein, den Kampf unbedingt zu unterbrechen. Aber der Ehrbegriff erlaubt nicht, den Kämpfer vor Todesgefahr zu schützen. Beenden kann den Kampf jeder der Kämpfer mit Einwilligung des andern.
Am Schluß, wenn der Kampf auf keiner Seite tödlich ausging, kann der Sieger zwar mit dem Besiegten nach Gutdünken verfahren; im allgemeinen aber erfolgt die Versöhnung oder Unterwerfung, und es darf kein Groll zurück bleiben. Sie geben sich den Handschlag.
Die Ehrengesetze und Zweikampfregeln sind ungeschriebenes, aber bindendes Gesetz. »Wenn du das Gesetz an mir brichst...« sagt Wideke in Handschrift A und droht dem einschreitenden König mit Ehrlosigkeit und Vergeltung. Denn auf Bruch der Ehrengesetze steht der Verruf. Er wird an anderen Stellen der Thidrekssaga mehrfach genannt. »fortalet« heißt der schwedische Ausdruck für »verrufen«:

> »Bist du ein so guter Kämpe, wie gesagt wird, dann fliehe nicht vor einem einzelnen Manne! Willst du mir nicht stehen, dann wirst du *verrufen*, wohin du auch kommst!« (Sv 104)
> »Reitest du so von hier fort, dann sollst du von allen verachtet sein und ein Neidung genannt von jeglichem Mann und niemals heißen ein *Ehrenmann*, darum daß du fliehst vor einem einzelnen Manne!« (Sv 258)

Alles ist verzeihlich, nur nicht die Feigheit.
So berichtet uns die Thidrekssaga von einem *Ehrengesetz der führenden Schicht in der Völkerwanderungszeit*, das in der Form noch ungebunden ist, aber bindend für jeden Adligen gilt. Dieses Ehrengesetz hat – mit Abwandlungen – anderthalb Jahrtausende überdauert.

Didriks Ritt zum Osning

Die nun folgende Erzählung von Didriks Ritt zum Osning ist zwar nicht ganz so meisterhaft erzählt wie die vorige von Widekes Zug nach Bern, aber sie enthält eine ebensolche Fülle von Angaben und ist daher fast in jedem Satz so wichtig, daß wir ihren vollständigen Text benötigen und darüber hinaus noch die abweichenden Angaben der anderen Handschriften. Dafür werden wir dann auch tiefe Einblicke tun können in eine für uns bisher nicht erreichbare Frühzeit. Wir bringen also wieder zunächst den geschlossenen Text und versuchen anschließend, die einzelnen Angaben zu klären und zu verstehen.

Ritt zum Osning

Sv 96
König Thetmar war in Bern und Didrik mit ihm und ließ seine Wunde verheilen. Ihm dienten da vier Ritter, nämlich Hillebrand, Wideke Welandssohn, Hornboge-Jarl und Heim der Kleine. – Als Didriks Wunden geheilt waren, ritt er so aus Bern fort, daß keiner es wußte außer Wideke. Ihm sagte er, wohin er wollte, und er sagte so: »Ich will nie wieder nach Bern kommen, ehe ich wieder so großen Ruhm gewonnen habe, wie ich jetzt Schande erlitt!« –
Er ritt sowohl des Tags wie des Nachts, keiner begleitete ihn, durch große Wälder und Heiden. Den 7. Tag kam er an einen Bergwald, der OSSYEN (SvB: OSNEM; Mb: OSNING) heißt. Dort lag ein Schloß nahbei, welches DREKAFILS (SvB: DRAKASUS) hieß. Das Schloß gehörte einem König, der DROCIAN (SvB: DROSIAS) hieß. Der war nun tot. Die Königin überlebte ihn mit 9 Töchtern. Damals hatte ein Kämpe sich mit der Königin verlobt, der EKKE hieß. Er hatte einen Bruder, der FASOLD (FASHOLT) hieß, »der Stolze«. Die Brüder waren so rasche Ritter, wie es

sie nur geben konnte, und beide waren sie hübsch (schmuck). Herr Fasold war so tollkühn, er wollte auf keinen Kämpen mehr schlagen als *einen* Hieb; und keinen fand er, der nicht vor ihm fiel auf den ersten Hieb. Es war auch Herrn Ekkes Brauch, zu Wald zu reiten und Tiere zu jagen; doch hatte er stets seine Rüstung an, falls er einen finden könnte, der mit ihm kämpfen wollte.
Nun wußte Didrik nicht, wie er durch den Wald kommen sollte wegen Herrn Ekke; denn er wollte ihm nicht begegnen, bevor er sich nicht versucht hatte mit anderen Kämpen. Die Wunden taten auch noch weh, die er von Wideke empfangen hatte. Didrik ritt zum Wald hinauf um Mitternacht, damit Ekke ihn nicht gewahr werden sollte, und er verirrte sich im Wald. Indem kam Herr Ekke und sprach zu Didrik, und fragte, wer der wäre, der da so stattlich einherritt.

Der Kampf mit Ekke

Sv 97
Didrik antwortete: »Hier reitet der Mann, welcher Heim heißt, Studders Sohn, mit Didrik-Königs Botschaft nach Britania in seines Vaters Land. Ich habe nichts mit dir zu tun und will dich nicht angreifen.« – Da antwortete Ekke: »Wohl magst du Heim sein, doch deine Stimme gleicht eher Didrik, König Thetmars Sohn. Bist du der Mann, von dem man spricht, dann verleugne deinen Namen nicht vor einem einzelnen Mann!« –
Didrik antwortete: »Da du so eifrig meinen Namen erfragst, so verberge ich es nicht: Ich bin Didrik, Thetmar-Königs Sohn von Bern, doch habe ich keinerlei Anliegen an dich, sondern will meinen Weg reiten.« – Ekke antwortete: »Man hat mir gesagt, daß du üblen Unsieg empfingest durch einen dänischen Mann. Nun kannst du hier so großen Sieg gewinnen, wie du dort vertatest! Deine Waffen wurden sehr beschädigt in eurem Kampf, nun kannst du wieder unbeschädigte Waffen gewinnen, wenn du mich bezwingst!« –
Didrik antwortete: »Ich bin nicht bereit, mit dir zu kämpfen – und wie sollten wir jetzt kämpfen, da keiner den anderen sehen kann? Wäre lichter Tag, dann könnte ich schwerlich dir Kampf versagen, obwohl ich nun nicht gleichgut gerüstet bin wie du. Ich bin immer unzag zum Kampf gewesen, wenn ich dazu gefordert ward, wie manchem bekannt ist in meinem Land, wenn das hier auch wenig erzählt wird;

doch will ich mich nicht schlagen so gerüstet!« – Herr Ekke sagte: »9 Königstöchter und deren Mutter, die meine Braut ist, die gaben mir diese Waffen, deshalb will ich kämpfen um ihretwillen! –

Sv 98

Mein Helm ist ganz vergoldet, auch meine Brünne ist goldgeschmückt. Auf einen Schild kamen nie mehr Gold und kostbare Steine, als auf meinem sind. Ich habe kein Roß, und du reitest; darum kannst du fliehen, wenn du willst. Es wäre jedoch mannhafter, einen einzelnen Mann zu bestehen. Leider ließ ich den Hengst zu Haus. Wäre er hier, dann müßtest du dich mit mir schlagen, ob du gern wolltest oder nicht!« –

Weiter sagte Herr Ekke: »Stelle dich mir, Didrik, du bist ein Edelmann! Ich habe hier ein Schwert, von dem ich dir vieles sagen kann. Das schlug derselbe Alfrid-Zwerg, der dein Schwert Nagelring schmiedete. Er machte es lange Zeit unter der Erde, bevor es vollendet war. Er suchte in 9 Königreichen und konnte das Wasser nicht finden, in dem er das Schwert härten wollte, bis er an einen Fluß kam, der TROYE (B:REYA) heißt; darin härtete er das Schwert.

Griff und Knauf und Handfang sind aus rotem Gold geschlagen, und die ganze Scheide ist überzogen mit Rotgold. Schwertgurt und Schließe sind auch von Gold. Das (Schwert-)Blatt ist schön geblankt und mehrfach mit Gold gemustert. Senkst du die Spitze abwärts zur Erde, so sieht es so aus, als liefe das Schwertblatt hinauf eine Schlange aus Rotgold. Hebst du die Spitze hoch, dann läuft die Schlange vom Griff zur Spitze. Es ist so scharf, daß nichts vor ihm schützen wird. Das Schwert heißt Ekkisax.[54] Deshalb heißt es so, weil *kein Schwert* (ekki sax), das ihm gleich ist, aus der Flamme gezogen ward, suchte man auch durch die ganze Welt.

Diese Beschreibung des Schwertes Ekkisax ist einzigartig in der Ths. Nirgends sonst findet sich eine derart ausführliche Schilderung eines Schwertes.

Das Schwert war gestohlen und lange verborgen. Das tat der große Schalk Alfrik-Zwerg. Er stahl es von seinem eigenen Vater und gab es einem König, der Roseleff hieß; der hatte es lange. Dann bekam es der junge Roseleff und schlug damit manchen Mann zur Hel und manchen Königssohn. Wenn du das Schwert von mir bekommst ohne Wunde, dann lasse Gott dich das wohl genießen. Ich will lieber sterben als es sparen, wenn ich bedrängt bin.« –

Herr Didrik antwortete: »Wie kann ich mich mit dir schlagen, während ich dich nicht sehen kann? Und nicht weiß ich mehr von dir, als was ich dich reden höre. Ich habe nun beides: verlorenen Weg und noch den, der mir nachläuft, und ich bin ganz verärgert darüber. Sobald der Tag kommt, sollst du nicht länger zum Kampf mich fordern, und dann soll es dein Leben kosten, weil du so groß redest!« –

Sv 99
Herr Ekke sagte: »Fahr nun heil und glücklich! Noch will ich dir etwas von meinem Geldgurt sagen. Darin sind 12 Pfund (pund) roten Goldes. Schlägst du mich zur Hel, dann ist das dein, dann hast du großen Ruhm gewonnen. Mein Herz brennt so heftig in meiner Brust, weil ich mich nicht mit dir schlagen kann. Willst du dich nicht mit mir schlagen um Gold und Edelstein, dann schlag dich mit mir um der 9 Königstöchter und ihrer Mutter willen!« – Herr Didrik antwortete: »Das weiß Gott: weder um Gold noch um Silber will ich mich schlagen mit dir, doch um der 9 Königstöchter und ihrer Mutter Anmut und Ehre, da will ich mich gerne schlagen mit dir!« –

Sv 100
Damit sprang er von seinem Roß. Herr Didrik sagte: »Hier ist es so dunkel – ich kann dich nicht sehen!« – Darauf zog er sein Schwert Nagelring und hieb in einen Stein, daß das Feuer vom Stein flog. Da erblickte er einen Ölbaum, daran band er seinen Hengst. Zugleich ward Didrik grimmig im ganzen Herzen. Nun ist nicht gut vor ihm stehen. Er stampfte so stark, daß die Steine stoben vor seinen Füßen, wohin er voranstieg.
Als Herr Ekke sah, Didrik wollte sich schlagen, ward er ganz vergnügt und zog sein Schwert und hieb in den Stein, daß Feuer vom Stein flog. Sie hatten kein anderes Licht, als das Feuer, das aus den Steinen ging. Sie traten gegeneinander an und schlugen sich so wacker, daß keiner seitdem von zwei Männern erfuhr, die so mannhaft kämpften. Und das war dort so anzusehen, wo sie hieben, einer auf die Waffen des andern, als wäre ein funkelnd Feuer gewesen. Und derart knallte es im Walde

von ihren Schlägen, als wenn der Thorsdonner kracht. Sie hieben den Harnisch einer vom andern – da war noch keiner von ihnen wund. Herr Ekke hieb auf Hillegrim so, daß Didrik zu Boden fiel und die Sinne ihm schwanden. Herr Ekke warf sich gleich über ihn, griff ihm um seine beiden Arme, hielt ihn hart und sagte: »Ich werde entweder dich binden, oder du sollst nicht länger leben! Gib rasch deine Waffen auf! Ich werde dich mit mir nach Hause führen und lasse die Königskinder dich sehn, die heute mich rüsteten!« –
Herr Didrik antwortete: »Ich will jetzt lieber hier sterben, als daß die 9 Königstöchter und deren Mutter mich sollen gebunden sehn, und ich würde dann verspottet von allen Frauen und Mädchen, solange ich lebe!« – Nun wurden Didriks Hände frei, er griff Herrn Ekke um den Hals, und so rangen sie lange Zeit.

Sv 101
Das sah Herrn Didriks Hengst Falke, daß sein Herr in großer Not war. Er zerriß den Zaum, lief hin zu Herrn Ekke, hob auf seine beiden Vorderläufe und schlug mit aller Kraft auf Herrn Ekkes Rücken, daß der beinah zerbrach. Da kam Didrik auf und hieb gleich auf Herrn Ekkes Hals, daß das Haupt abging. Dann legte er seine Rüstung ab, waffnete sich mit Herrn Ekkes Rüstung und band sich dessen Schwert Ekkisax an die Seite.

Burg Drekanfils

Sv 102
Er stieg auf sein Roß und ritt aus dem Wald, da war lichter Tag. Dann ritt er zum Schloß, und es sah so aus, als wäre er Herr Ekke gewesen.
Die Königin stand in einem Turm, sie sah Herrn Didrik reiten und meinte, es wäre Herr Ekke gewesen. Sie ward ganz vergnügt, ging zu ihren Töchtern und sagte zu ihnen: »Ich bringe gute Nachricht! Herr Ekke ging gestern am Abend hier fort; nun kommt er zurück und reitet ein schönes Roß! Also hat er nun Sieg über einen Kämpen gewonnen!« – Dann kleideten sie sich in Gold und Seide und gingen hinaus ihm zu. Da sahen sie wohl, das war nicht Herr Ekke. Als die Königin Herrn Ekkes Waffen sah, wußte sie, daß er tot war; denn er pflegte sie keinem zu leihen.

Sv 103

Da weinte sie bitterlich, daß sie beinah in Ohnmacht sank. Dann gingen sie wieder hinein. – Als Herrn Ekkes Dienstmannen gewahrten, daß ihr Herr tot war, legten sie ihre Rüstungen an und wollten gerne ihn rächen. Herr Didrik ritt davon, so schnell er nur konnte, so viel Volk jagte dort hinter ihm her, bis er in den Wald kam. Daraufhin kehrten sie alle wieder zurück. – Er ritt lange im Bergwald und war besorgt; denn er war da in fremdem Land und hatte ihren Herren zur Hel geschlagen.

Die Begegnung mit Fasold

Er ritt heraus aus dem Wald. Dort traf er einen Mann, der war wohl gewaffnet. Das war Herr Fasold der Stolze. Fasold wünschte Herrn Didrik Heil; er meinte, es wäre Herr Ekke, sein Bruder, denn er kannte sein Wappen. Herr Didrik antwortete: »Ich heiße nicht Ekke.« – Da antwortete Fasold: »Du übler Hund und Mörder! Du hast dich an meinen schlafenden Bruder herangestohlen, als du ihn erschlugst! Wäre er wach gewesen, dann hättest du das schlechtere Los gezogen; denn er war von allen Kämpen der beste!« –

Herr Didrik antwortete: »Du redest nicht recht! Er war wach, als ich mich mit ihm schlug, und er nötigte mich dazu, ihn zu töten. Er forderte mich heraus um Gold und Silber, und um der 9 Königstöchter und ihrer Mutter willen, und nach aller Ritterschaft, wie es sich gehörte. Deshalb stieg ich von meinem Hengst und schlug ihn zur Hel. Hätte ich das gewußt, daß er solch mannhafter Mann war, dann hätte ich mir nicht zugetraut, mich mit ihm zu schlagen! Und das magst du fürwahr wissen: Ich nahm nicht seine Waffen, bevor er tot war.« –

Sv 104

Herr Fasold zog sein Schwert und hieb so auf Didriks Helm, daß der vom Roß stürzte und beinah betäubt war von dem heftigen Hieb. Herr Fasold pflegte nicht mehr zu schlagen als einen einzigen Schlag auf den, der vor ihm fiel, und keinem pflegte er die Rüstung abzunehmen. Deshalb ritt er rasch seines Wegs.

Als Herr Didrik sich wieder besann, stand er eilig auf und stieg auf sein Roß, jagte hinter Herrn Fasold her, rief und bat, sich ihm zu stellen: »Bist du ein Kämpe so gut wie man sagt, dann weiche nicht vor einem einzelnen Mann! Willst du dich mir nicht stellen, dann wirst du verrufen, wohin du auch kommst, darum daß du nicht wagtest, deinen Bruder zu rächen!« – Herr Fasold wandte sein Roß herum. Er wollte nun lieber sich schlagen als in Verruf geraten.

Sie stiegen beide von ihren Rossen, traten gegeneinander an und schlugen sich. Jeder gab dem anderen große Hiebe. Da bekam Herr Didrik drei Wunden. Herr Fasold hatte fünf, und alle schwer, und er blutete heftig. Nun sorgte er sehr um sein Leben, drum gab er sich in Herrn Didriks Gewalt und bot ihm seinen Dienst an, obwohl er ein untadeliger Kämpe war. Herr Didrik antwortete: »Du bist ein vortrefflicher Mann und ein höfischer Ritter. Dein Leben will ich dir gerne geben. Deinen Dienst will ich nicht haben; denn ich traue dir nicht wohl, bis ich dir den Tod deines Bruders gebüßt. Wenn du die Buße haben willst, dann will ich dir die Ehre antun, daß ich dir einen Eid schwöre und du einen mir wieder, daß wir einer dem andern helfen, in was für Not wir auch kommen mögen, als wären wir zwei geborene Brüder, und soll einer des andern Geselle heißen.« – Damit begnügte sich Fasold gern. Darauf schwuren sie einer dem andern Eid, wie gesagt war. Dann stiegen sie auf ihre Rosse und ritten, was sie konnten.

Die Riesentiere im Rimslowald

Da wollte Herr Didrik zurück nach Bern reiten, denn er hatte großen Ruhm gewonnen.

Am Abend kamen sie an einen Ort, der ADINSELA (SvB: ALDINSELLE) hieß. Dort lagen sie zur Nacht. Am Morgen ritten sie früh davon durch einen Wald, der RIMSLO (SvA: RWNSLO; SvB: RUMSLO) heißt. Dort begegnete ihnen ein Tier, das heißt Elefant (fil), das war groß und grimm. Herr Didrik sagte zu Fasold: »Ich will mit diesem Tiere kämpfen, wenn du mir hilfst, und das wäre ein großer Ruhm, wenn wir es überwänden!« – Fasold: »Ich habe so große Wunden, jene eben, die ich von dir empfing, und Blut ist mir viel ausgelaufen; deshalb traue ich mir nicht zu, dir groß zu helfen. Kämpfst du indes mit diesem Tier, dann kamst du, so meine ich, nie in größere Not!« –

Sv 106

Didrik antwortete: »Bekomme ich keine Hilfe von dir, dann helfe mir der, auf den ich traue![55a] Ich will dieses Tier erlegen, wie es mir auch ausgeht, wohl oder übel!« – Didrik band sein Roß an einen Ölbaum,[55b] (AB: Lindenbaum) ging gleich zu dem Tier und hieb darauf mit seinem Schwert, und das biß gar nicht ein. Auch schlug das Tier ihn zu Boden mit seinem Vorderfuß.

Als Fasold Didrik in solcher Not sah, sprang er rasch von seinem Roß und lief zu ihm hin, er wollte Didrik helfen und fand nicht die Stelle, an der er sich traute, das Tier wund zu machen. Da sagte er zu Didrik: »Du kannst dem Tier nirgends eine Wunde machen, außer du könntest es in den Nabel stechen, während du so darunter liegst!« –

Falke, der gute Hengst, sah Herrn Didrik in großer Not, riß sich los, lief hin zu dem Tier und schlug es so wild in die Weichen, daß es fast umfiel. Indem stach Herr Didrik dem Tier das Schwert in den Nabel hinein, hinauf bis ans Heft, und lief gleich unter dem Tiere weg, und das Tier fiel tot zur Erde. Fasold hatte dem Tier manchen Hieb gegeben, um Herrn Didrik zu helfen, doch das [Schwert] biß nicht darauf. Dann ritten sie davon.

Sv 107

Als sie durch den Wald kamen, sahen sie einen Flugdrachen, der war ganz grimm und wunderlich. Er hatte großen Körper, große Beine, lange scharfe Klauen und große Augen und er flog dicht über der Erde. Und wo er in die Erde griff mit seinen Klauen, da war es, als wäre mit dem Pflugeisen geschnitten. Er hatte im Rachen einen gewappneten Mann, die Füße drinnen bis an die Schultern, die Hände waren innen in den Unterkiefern. Und der Mann lebte. Er sah die zwei reiten und sagte zu ihnen: »Gute Burschen, helft mir! Das grimme Tier griff mich, da ich schlief auf meinem Schild. Wäre ich wach in Waffen gewesen, es hätte mir nicht geschadet!« –

Sv 108

Didrik und Fasold sprangen von ihren Rossen, liefen zu dem Drachen und hieben auf ihn, was sie konnten. Didriks Schwert biß etwas, doch Fasolds gar nicht. Der Drache war stark und stur, doch hatte er nicht die Kraft zu fliegen, und kam auch nicht dazu, sich zu wehren wegen dessen, den er verschlungen hatte.

Sv 109

Da sah der Mann, den der Drachen verschlungen hatte, daß Fasolds Schwert nicht auf ihn biß, und sagte zu Fasold: »Nimm mein Schwert aus des Drachen Kiefern! Das beißt alles, was ihm an die Schneide kommt, wenn der Held taugt, der es führt!« – Fasold sprang vor mit großer Kraft und faßte das Schwert zwischen des Drachen Kiefern. Da sagte der Mann, der im Drachen war: »Meine Beine sind tief unten in des Drachen Schlund. Also haue behutsam, sonst werde ich wund von meinem eigenen Schwert. Und nun brav, gute Burschen, denn der Drache drückt mich so fest mit seinen Kiefern, daß mir Blut ausbricht aus Nase und Mund!« – Darauf hieben sie auf den Drachen, bis er tot war. Sintrams Schwert biß auf ihn, wie ein haarscharf Messer beißt in einen Bart. So wurde der Mann befreit aus des Drachen Maul.

Sv 110

Und er sagte zu ihnen: »Nun müßte ich euch sehr lohnen, denn ihr erlöstet mein Leben von diesem üblen Troll. Eine Bitte nun bitte ich euch: Gebt mir mein Schwert wieder!« – Da sagte Didrik zu ihm: »Guter Held, was für ein Mann bist du, und aus welchem Geschlecht? Und wohin willst du fahren?« – Er antwortete: »Ich heiße Sintram-Jarl, mein Vater heißt Reynebald und ist Jarl in Wenden. Dort bin ich geboren. Ich zog aus, meinen Ohm Hillebrand zu suchen und seinen Herrn Didrik. Ich bin nun geritten 11 Tage lang, ich und mein Roß waren beide müde, und ich legte mich also, um auszuruhen. Da kam der Drache und nahm mich mit, wie ihr saht.« –

Sv 111

Didrik antwortete: »Guter Bursche, wir wollen dein Schwert dir wiedergeben und alles das, was du hattest. Du hasts gut getroffen, denn du hast nun gefunden mich, Didrik, hier vor dir! Folg mir nach Bern heim, dort wird dir ein guter Empfang zuteil!« – Dann suchten sie im Wald und fanden seinen Schild. Als sie zwei Tage nach dem Pferd gesucht und es nicht gefunden, trennten sie sich, jeder seinen Weg zu suchen.

Didrik kam zu einer Burg, die ALDINFILS heißt. Dort stand das Roß mit Sattel und Zaum. Die Männer des Grafen hattens im Walde gefunden. Didrik bat, ihm das Roß zu geben, und sagte, wem es gehörte. Der Graf sagte Nein. Didrik bat, ihm das Roß im Guten zu geben, »oder es kostet dich 10 Rosse und mehr, dazu Land und Reich!« –

Als der Graf hörte, wie kühn der Mann sprach und hatte kostbare Waffen, da fand er, es wäre ein adliger Kämpe, und sagte zu ihm: »Ich will dir aus Freundschaft das Roß wiedergeben. Ich sehe, du bist ein Edelmann und kühn an unbekannter Statt. Hier hast du auch einen Goldring, den will ich dir geben. Bist du Didrik von Bern? Dann sage mir das!« –
Er antwortete: »Meinen Namen will ich nicht verbergen. Ich bin Didrik, König Thetmars Sohn von Bern. Lebe hell und sell (heil und gesund) und hab Dank für deine Gaben!« – Der Jarl wünschte ihm gute Fahrt. Herr Didrik führte das Pferd zu Sintram. Da fanden sie sich alle drei und ritten alsdann wieder heim nach Bern.

Geographischer Rückblick

Didrik reitet, anscheinend ziellos, ohne auf Nacht oder Tag zu achten, durch große Bergwälder, über öde Heiden. Die andern Handschriften sind noch ausführlicher. Die Membrane sagt:

»Nun reitet er Nächte und Tage, Abende und Morgen, so sehr er kann in 7 Nächten. Er reitet weite bebaute und unbebaute und unbekannte Pfade, bis er an einen Bergwald kommt, welcher OSNING (A: Efuing; B: Esning) heißt, und nahm dort Herberge des Abends am Walde. Dort erfährt er die Kunde, daß auf der anderen Seite des Bergwalds eine Burg steht, welche DREKANFLIS (AB: Drekanfil) heißt. Die Burg besaß der König, der DRUSIAN (A: Dinsian; B: Drasian) hieß; doch der war damals tot ...«

Die andern Handschriften fügen dem Svava-Text also noch etwas Neues hinzu. Sie nennen uns eine »HERBERGE« unmittelbar am Waldrand. Es ist an einen Hof zu denken, der an einem entscheidenden Punkt des Fernweges liegt, wo der Durchziehende Nachtlager, Verpflegung und Wartung für sein Pferd finden konnte, ganz ähnlich wie im Hofe Her. Wir entnehmen daraus, daß für die frühe Zeit, aus welcher die Thidrekssaga berichtet, solche Rasthöfe nicht etwas völlig Vereinzeltes waren; und das ist bei diesen weithin laufenden »Volkwegen« auch anzunehmen.[56]
In der Herberge erfährt der junge Königssohn alles Wissenswerte aus dieser Gegend: über den Königssitz, die Königsfamilie und ihre besonderen Verhältnisse.

In welcher Gegend befinden wir uns hier mit unserer Erzählung? Namen wie »Osning« und »Drekanfils« sind nicht einmalig. Heinrich Hempel[57] dachte bei Letzterem an »die bekannte Burg Drachenfels am Rhein«, und auf den Namen »Osning« machte einst auch der große Jagdwald in der Voreifel Anspruch. Dagegen ist der Rimslowald eine eindeutige Ortsangabe.

Der Rimslowald ist noch heute ein großes, geschlossenes Waldgebiet nördlich vom Dorfe Riemsloh, das 4 km östlich von Melle liegt zwischen dem »Osning« und dem Wiehengebirge (unweit Osnabrück). Hohe Wälle begrenzen und durchziehen den Wald. In ihm lag eine »Hünenburg«, in der man die Reste einer fränkischen Curtis zu erkennen glaubt. War sie noch älter?[58]

Der Rimslowald ist vom Osning etwa 12 km entfernt. Bei solcher Nähe kann es nicht zweifelhaft sein, daß die Thidrekssaga mit dem »Osning« nicht etwa den Eifelwald meint, sondern den Teutoburger Wald, der früher in ganzer Länge den Namen »Osning« trug. Es kommt hinzu, daß die Erzählung diesen Bergwald richtig als ein Kettengebirge kennzeichnet, auf dessen anderer Seite eine Burg liegt. Es ist also nicht ein Flächengebirge wie das Sauerland, der Hunsrück und auch die Eifel, sondern ein schmales langgestrecktes, wie eben der Teutoburger Wald.

Was mit der »Burg Drekanfils« genau gemeint ist, ist nicht sicher zu sagen. Auch der Name »Drekanfils« ist nicht so einfach zu erklären wie etwa der Drachenfels am Rhein; denn in diesen Gegenden heißen herausstehende Felsen »Steine«, so der Hohenstein, die Externsteine, die Bruchhäuser Steine. Das »-fils« bedeutet vielmehr ein verfilztes Dikkicht, einen wüsten Sumpf, wie wir es später beim »Aldenfils« nochmals finden werden.[59] Es scheint sich also um einen Herrenhof oder eine kleine Burg auf der andern Seite des Teutoburger Waldes zu handeln, in der Nähe eines Dickichts, um das sich Drachensagen ranken. Vielleicht gelingt es, die Meinung der Thidrekssaga noch genauer festzulegen.

Dagegen ist allerdings eine »Herberge« am Teutoburger Wald besonders und seit alten Zeiten bekannt und deutet wohl auch mit ihrem Namen etwas besonderes an: das ist der »Kreuzkrug«, der am Eingang der Dörenschlucht liegt, des bekanntesten Durchweges durch den Teutoburger Wald. Ob dessen Lage mit der »Herberge vor dem Wald« in der Thidrekssaga übereinstimmt, ist einer echten Überlegung wert. Daß in dieser Gegend »auf der andern Seite des Gebirges« die *Externsteine* liegen, macht diese Fragen noch besonders wichtig.

Als Didrik in der Nacht durch den Wald reitet, dort Herrn Ekke begegnet, mit ihm aber zunächst nicht kämpfen will, gibt er sich für seinen Gesellen Heim aus. Hierbei macht er eine Bemerkung über dessen Heimat. Er sagt: Heim reitet »nach Britania in seines Vaters Land«. Die anderen Handschriften sagen: »ins Bertanga-Land«. Wir werden dem »Bertanga-Land« später noch eingehender begegnen. Es ist mit dem Bardengau gleichzusetzen, welcher links der unteren Elbe liegt, aber in der Thidrekssaga sich weit nach dem Süden bis zum Harz hinzieht, wie überhaupt die Länder mit den Gaunamen in der Thidrekssaga noch als viel umfangreicher erscheinen als zu Karls des Großen Zeit. Jedenfalls liegt Heims Heimat, welche zugleich die Brünhilds ist und nicht weit von Sigfrids und Mimes Heimat, weit östlich vom Teutoburger Wald.[60]

Die Ths lehrt uns immer neue Dinge. Wir erfahren wieder, daß die Nachrichten auch in jener frühen Zeit schnell hin und her gehen. Ekke weiß schon recht genau Bescheid über den Kampf, den Didrik erst vor kurzem mit einem dänischen Mann geführt und verloren hat. Wenn diese Nachrichten auch nicht schneller laufen konnten als ein Pferd läuft, so genügte das doch vollauf, um den Hunger nach Neuigkeiten, »tidinge« (= Zeitung) zu befriedigen; und die Fürsten werden gewiß die Überbringer besonderer Nachrichten gut belohnt haben.

Für die Ereignisse dieser Nacht und den Kampf zwischen Didrik und Ekke gibt es keine Zeugen. Ekke überlebt den Kampf nicht. Didrik allein konnte darüber berichten. Aber seine Darstellung wird schließlich auch von Ekkes Bruder Fasold als glaubwürdig anerkannt. Didrik übernimmt Ekkes Rüstung, und das Schwert Ekkisax wird künftig seine Waffe. In dieser Rüstung wird er zuerst bei Burg Drekanfils und dann auch von Fasold für Ekke gehalten.

Die Begegnung bei Burg Drekanfils ist nicht ohne Humor geschildert, mehr noch in den anderen Handschriften als in der Svava. Dort heißt es, nachdem die Königin Ekke glaubt erkannt zu haben und ihren Töchtern davon berichtet hat:

> »Dann gehen sie zu ihren Schmucksachen und schmücken sich ausnehmend schön und gehen nun hinaus ihm entgegen. Doch als Didrik nicht mehr fern von ihnen war, da erkannten sie, daß das nicht ihr Herr Ekke war, und dies ist ein anderer Mann.«

Als sie sich von erstem Schrecken und Ohnmacht erholt haben,

> »da gehen sie heim und sagens den Burgmannen, und sie fahren nun in ihre Trauerkleider und werfen nun ihren fürstlichen Schmuck von sich. Doch als die Burgmannen dessen gewiß werden, daß Ekke erschlagen ist, da laufen sie alle zu ihren Waffen und wollen ihn nun gewiß rächen.«

Dasselbe Ereignis löst so verschiedene Formen einerseits weiblicher, andrerseits männlicher Betriebsamkeit aus!

Der Vertrag mit Fasold

Nachdem Didrik sich der Verfolgung durch die Burgmannen entzogen hat – vor vielen zu fliehen ist keine Schande –, reitet er eine Zeitlang im Walde hin und dann aus ihm heraus. Wenn wir vermuten, daß er in der Gegend von Detmold und den Externsteinen den »Osning« überquerte, reitet er jetzt, da es auf den Rimslowald zugeht, in nordöstlicher Richtung und kommt in die Landschaft, die später Wittekinds besondere Heimat war, mit den Mittelpunkten Herford und Enger. Hier irgendwo begegnet er Fasold, dem Herrn dieser Gegend.
Fasold begrüßt den Heranreitenden zunächst gleichfalls als seinen Bruder. Sobald er aber seinen Irrtum erkennt, verwünscht er den Fremden als Mörder Ekkes, der seinen Bruder heimtückisch im Schlaf ermordet habe, und nimmt keine Rechtfertigung an. Seinem Grundsatz getreu streckt er Didrik mit einem einzigen Schwertschlag zu Boden und reitet dann eilig »seines Weges« (Sv), »weg« (AB). Nur Mb sagt an dieser Stelle: »zurück zur Burg«; aber sie sagt nicht, zu welcher. Wir müssen annehmen, daß Fasolds Burg gemeint ist, die in dieser Gegend liegen muß.
Didrik erholt sich von dem Schlag, reitet Fasold nach, fordert ihn zu regelrechtem Zweikampf nach den Ehrengesetzen und Zweikampfregeln des ritterlichen Standes und erklärt ihn für einen Feigling und ehrlos, wenn er den Kampf einem einzelnen Manne verweigere. Fasold nimmt die Herausforderung an.
Der nun folgende Kampf ist zugleich Rechtfertigung und Schiedsurteil im Sinne eines frühmittelalterlichen Gottesurteils. Didrik reinigt sich durch Zweikampf von dem Vorwurf, Ekke im Schlaf überfallen und

seiner Waffen beraubt zu haben. Er bleibt Sieger. Er macht durch diesen Sieg gleichzeitig glaubhaft, daß er auch Ekke zu besiegen imstande war. Ekkes Waffen sind seine, des Siegers, rechtmäßige Beute. Fasold erkennt Didriks Überlegenheit an und gibt sich in seine Gewalt, er wird damit sein Kampfgefährte.

Von Fasold wird später berichtet:

Sv 169
Fasold war Herrn Ekke, seinem Bruder, so gleich, daß keiner den einen vom andern unterscheiden konnte, solange Herr Ekke lebte. Fasold hatte weiß (blond)es Haar und nicht gelockt, breites Gesicht und roten Bart. Schöne Augen, kurzen Hals und dicken, schön breit in seinen Schultern, schöne Hände und Füße. Er konnte gut mit Schild und Schwert umgehen. Er war hochmütig und schroff und prahlte gerne mit Waffen und Kleidern; wortkarg, streitlustig und nachtragend, ehrgeizig und tapfer, vorzüglich in allen Spielen.
Sein Schild war golden, darin stand ein roter Löwe und keine Krone. (Mb 179:) wie bei Didrik König, nur daß dieser Löwe sich quer durch den Schild wendet, das bedeutete: er wollte lieber sterben als fliehen.
Mb 179
Doch die rote Farbe bezeichnet Kampflust und Unfried.

Was nun folgt, ist ein *Rechtsvertrag*. Wir treten damit plötzlich aus der Sagen-Erzählung heraus und stehen in den Rechtsverhältnissen einer bestimmten Zeit.
Die Ausgangslage ist diese: Didrik hat Ekke erschlagen. Fasold als Ekkes Bruder darf und muß hierfür Rache nehmen oder Buße fordern. Didrik ist bereit, Buße zu leisten. Er hat sich durch Zweikampf von dem Verdacht hinterhältigen Mordes befreit, nicht aber von der Pflicht zur Buße für den begangenen Totschlag.
Fasold andrerseits ist durch seine Niederlage aus einem freien Fürsten zu einem Gefolgsmann Didriks geworden; er ist zur Leistung dieser Gefolgschaft auch bereit. Didrik aber schlägt nun vor, Buße einerseits und Gefolgschaftsdienst andrerseits gegeneinander auszugleichen und aufzuheben. Das ist aber nicht alles. Er will darüber hinaus mit Fasold einen

Freundschaftsbund schließen für alle Zeit und für jede Gefahr. Die Membrane spricht das so aus:

> »Willst du diese Buße annehmen, dann wollen wir nun unsre Hände zusammenlegen, und ich werde dir so große Ehre antun, daß ich dir den Eid der Brüderschaft leiste, doch du auch mir, daß jeder dem andern soll beistehn in allen Nöten, so als wenn wir miteinander geborene Brüder wären, und soll sich nennen einer des andern Jamning.«

Das Wort übersetzt Raszmann mit: »jeder des anderen *Ich*«; Fine Erichson: »Und einer soll dem andern als ebenbürtig gelten«; und von der Hagen: »soll man uns fortan Genossen heißen«. Die Romantiker hätten übersetzt: »einer des anderen Herz(bruder)«; und das scheint mir das hier Gemeinte am besten auszudrücken: jamn heißt »eben, gleich«.

Diesen Eid schlägt Didrik vor, diesen Eid nimmt Fasold an, und diesen Eid schwören sie sich an Ort und Stelle. Dann schwingen sie sich auf die Pferde und »ritten, was sie konnten« trotz Ermüdung und Blutverlust. »Am Abend kamen sie an eine Stätte, die A(L)DINSAELA heißt« (Sv); »... und waren dort die Nacht über« ergänzt die Membrane; und A und B noch genauer: »... und nahmen dort Herberge, wo es Alldinsæla heißt«. (Hier treffen wir die dritte Herberge neben Hof Her und der Herberge vor dem Osning und sehen, daß es *so* einsam und unkultiviert damals auch nicht war.) »Doch am Morgen reiten sie fort.«

Was wollen sie in Aldinsæla, wohin sie so eilig und eifrig reiten und wo sie doch nur bis zum Morgen bleiben? Was ist das für ein Ort?

Aldinsæla

Die Thidrekssaga gibt uns auf diese Fragen keine Antwort, sie begründet diesen Ritt nicht. Aber eben daß sie das nicht tut, zeigt an, daß dies ein sehr altes Stück der Sage sein muß. Zur Zeit ihrer Entstehung muß dieser Ritt ohne Erklärung verstanden worden sein. Uns scheint er zunächst unverständlich. Wir müssen versuchen, seinen Sinn zu erschließen.

Die beiden jungen Fürsten haben einen Vertrag geschlossen, durch welchen der Sieger auf den Dienst des Besiegten verzichtet, der Besiegte auf die Sühne oder Rache für die Erschlagung seines Bruders. Darüber hinaus haben sie sich Freundschaft zugeschworen, Herzensbruderschaft. Dadurch beenden sie das Mißtrauen, das sie erst gegeneinander hatten: Fasold, der in Didrik den Mörder seines Bruders vermutete, Didrik, der Fasold nicht traute, solange der Tod seines Bruders nicht gebüßt war. Das soll nun ausgeglichen sein.

Aber ihr Vertrag ist noch nicht vollkommen, sein Schutz nicht unbedingt. Noch könnte einer den andern heimlich erschlagen, und niemand wüßte um ihren Vertrag. Sie müssen ihn erst bekannt geben, ihn durch einen DRITTEN beglaubigen lassen, der Vollmacht dazu hat, durch einen Unparteiischen, an neutraler Stätte, die außerhalb des Machtbereichs der Vertragschließenden liegt. Zu solcher Stätte müssen sie reiten, noch vor der Nacht, zu ihrem eigenen Schutz; dann erst ist ihr Vertrag rechtsgültig. Eine solche RECHTSSTÄTTE muß Aldinsæla sein.

Darauf deutet wohl auch der Name. *aldin* wird mit »alt, der alte« übersetzt, *saela* mit »Saal«.[61] Aber es kann nicht gut »Alter Saal« heißen; denn das würde einen »Neuen Saal« voraussetzen, und man sähe nicht ein, warum sie nicht zu diesem ritten. Vom Namen her ist aber auch eine andere, im Ergebnis ähnliche Bedeutung möglich:

»SAL« war im frühen Mittelalter auch ein Rechtsbegriff, im Besonderen bei der Übergabe von Eigentum. Die Tradition hieß althochdeutsch *sala*, die Mittler hießen *salaman* (Salmänner), das Land, die Urteilsstätte *salilant*, *selilant*. Auch Dingstätten wurden *Saalen* genannt. In solchem Zusammenhang würde Aldinsæla bedeuten: »Alte Rechtsstätte, alte Mittlerstätte«, wobei »alt« im Sinne von »ehrwürdig, altüberliefert« zu verstehen wäre. Eine solche Deutung würde auch erklären, warum der Thidrekssaga die bloße Erwähnung des Namens genügt. Auch wir würden nicht fragen, warum ein Brautpaar nach Gretna-Green fährt, weil wir wissen, daß der dortige Schmied nach sehr altem Recht mit seinem Hammer die Ehen weihte, auch ohne Willen der Eltern.

Mit den ALDEN-Namen hat es auch sonst seine besondere Bewandtnis. »Alden-Olden-, O(h)len-dörfer« finden sich in auffallend großer Zahl und mit einer gewissen Regelmäßigkeit verstreut grade auch im niedersächsisch-westfälischen Raum, und es scheint sich hier um eine besondere Form alter Rechtsmittelpunkte zu handeln.[62] Wir müssen also damit rechnen, daß auch zur Thidrekssaga-Zeit überregionales Recht und überregionaler Brauch bestand, welche nicht unter die Willkür der Fürsten fielen, und wir werden solchem auch vom König geachteten Recht auch noch später begegnen.

Wo lag Aldinsæla?

»In Oldenzaal in Holland«, sagt Ferdinand Holthausen 1884, und die meisten Forscher haben es ihm nachgesagt. Die Schwierigkeit dieser Forschung und die Ahnungslosigkeit über die Lage der Thidrekssaga-Orte wird in Holthausens »Studien zur Thidrekssaga«[63] beispielhaft sichtbar. Holthausen versteht unter »Bern«, wie fast alle anderen auch, das italienische Verona; und da er dies als festen Ausgangspunkt nimmt, kann er nur mit Kopfschütteln den ungeheuren Zickzackwegen seines Helden folgen. Holthausen ahnt zwar einen westfälisch niederdeutschen Kern in der Sage, aber er kann ihn nicht fassen. Nach seiner Vorstellung zieht Didrik von Verona über die Alpen zum *Osning*. »Dies ist der Osning oder Teutoburger Wald in Westfalen, unweit Bielefeld«, sagt er. Daß die Thidrekssaga weiter angibt, auf der andern Seite des Osning liege die Burg Drekanfils, hält Holthausen schon für eine völlig falsche Angabe des »Sagamannes«. Er sagt zum Drekanfils: »Diese Burg wird das Schloß *Drachenfels* im Siebengebirge am Rhein sein, das 1117 vom Erzbischof Friedrich I. von Köln erbaut wurde.« Und zu Aldinsæla sagt er: »Hierunter verstehe ich die holländische Stadt Oldenzaal in der Provinz Over-Yssel, vom Drachenfels aus eine bedeutende Strecke nördlich ... Jedenfalls ein wunderlicher Weg, wenn Thidrek, um vom Drachenfels nach Bern (Verona) zu reiten, Oldenzaal berührt! Natürlich hat der Sagaschreiber von der Lage der Orte keine Idee.«
Den Rimslowald und den Aldenfils setzt Holthausen richtig an – es gibt auch keine anderen Möglichkeiten – und faßt dann zusammen (er schreibt alles klein):

> »Thidreks weg ist somit: der Osning – Drachenfels – Oldenzaal – Riemsloh – Aldenfels – Verona, ein weg, den gar wol ein abenteuernder held nehmen konnte. Nur sind die entfernungen und lagen verkehrt angegeben.«

Hier werden also aufgrund von zufällig gefundenen Namensanklängen Orte festgelegt und zu einem Wege verbunden, den Didrik geritten sein soll. Da diese Gleichsetzungen aber nicht stimmen, kommt ein ganz unsinniger und unmöglicher Zug heraus. Diese Unsinnigkeit wird nun aber nicht eigenem Unvermögen und falscher Deutung zugeschrieben, sondern wieder der angeblichen Unkenntnis des »Sagamannes«; und dann wird auch noch gesagt, daß ein abenteuernder Held solche unsinnigen Wege »gar wol nehmen konnte«.

Die Verwirrung entsteht dadurch, daß Holthausen wie (fast) alle anderen unter Didrik von Bern Theoderich den Großen verstand, unter »Bern« das italienische Verona, unter »Rom« das Rom am Tiber, und daß von hier aus gesehen ein Zug Didriks durch den norddeutschen Raum von vorne herein als unsinnig erscheinen mußte. Wird aber die Frage der Gleichsetzung von Didrik und Theoderich zunächst offen gelassen, wird unter »Bern« nicht das italienische Verona verstanden, sondern das deutsche Bern-Bonn, so ergibt sich, mit einem Schlage, von diesem Ausgangspunkt her eine sinnvolle Geographie und zeigt sich eine genaue Kenntnis des niederdeutschen Raumes. Allerdings müssen wir es nun auch fertig bringen, alle angegebenen Orte in vernünftiger Beziehung zu einander glaubhaft aufzufinden.
Wo lag also ALDINSÆLA?

Schon aus der Deutung des Namens ließ sich vermuten, daß solch ein Name nicht einmalig sein konnte. Wenn es eine unabhängige Rechtsstätte war, wie wir annahmen, dann mußte sie vielfach vorhanden sein, auch in Oldenzaal, aber eben auch in der Gegend, in der sich Didrik und Fasold jetzt befinden, nämlich zwischen Osning und Wiehengebirge.
Rund 50 km vom Rimslowald entfernt liegt das frühere ALDENSELE, so erwähnt in einer Urkunde des Bischofs von Minden aus dem Jahre 1244. Es ist der heutige Hof Ohlensehlen bei Woltringhausen in der Nähe von Uchte, links der Weser zwischen Minden und Nienburg. Die beiden Höfe lagen nachbarlich einsam auf einer völlig vom Moor umschlossenen Landkuppe der Börde. Wo ich den Hinweis darauf fand, ist mir nicht mehr erinnerlich; aber ich ging ihm sofort nach. Es lag zunächst nahe, hier das Aldinsæla der Ths zu suchen.
Dieser Platz war für ein schiedsrichterliches Amt vorzüglich geeignet. Er war durch seine Lage auf einer Moorinsel abgesondert und gleichsam exterritorial. Das Besondere der Örtlichkeit scheint schon in ganz alten Zeiten zu gründen. Der Berg dieser Insel, der heutige Knickberg, hieß früher »Tempelberg«. Überall finden sich hier in geringem Abstand gehäufte Hünengräber, von einem »Steinkeller im Acker seines Vaters« wußte ein Bauernsohn dem fragenden Lehrer zu berichten, Flachgräberfelder, früheisenzeitliche Siedlungen; und aus dem Moor haben die Bauern mit ihren Treckern die Bohlen wohlgefugter Wege gerissen.

In dem Vertrag vom Jahre 1244 entsagen der Ritter Erpo, genannt Santreiger, und seine Söhne Thetbold, Jordanis und Thideric samt ihren Erben allen Ansprüchen, die sie in den Häusern Aldensele und Walderigehusen angeblich hatten, und überlassen sie samt all ihren Rechten dem Kloster Cinna. Der Bischof Johannes von Minden fügt dieser Verzichterklärung und Rechtsübertragung den Satz hinzu: »Und wir verbieten strengstens bei Strafe der Excommunication, daß irgend jemand besagtes Kloster in den erwähnten Häusern irgendwie zu belästigen wage (audeat molestare)!« –
In Aldensele-Ohlensehlen bin ich immer wieder gewesen. Die ganze Gegend übt eine ungewöhnliche Anziehung aus. Hier glaubte ich nun zunächst das »Aldinsæla« der Thidrekssaga gefunden zu haben, und die Stationen der Fahrt schienen geklärt: Osning – Aldensele – Rimslowald – Aldenfils – Bern-Bonn. Von Aldinsæla aus waren wohl die beiden jungen Fürsten zum Rimslowald geritten. Aber zwischen Aldensele und dem Rimslowald lag das Wiehengebirge. Auf welchem Wege konnten sie von Aldensele zum Wiehengebirge gekommen sein und wo es überschritten haben?
Während ich mit diesen Fragen beschäftigt war, suchte und fand ich die zu dieser Gegend gehörenden Sagen. Dabei gelang mir noch ein unerwarteter Fund. Bei Gustav Engel »Die Ravensbergischen Landesburgen«[64] wird über die Sagen um die (verfallene) Burg Limberg (früher Lyntberg) berichtet. Engel sagt da mit etwas ärgerlichem Zweifel:

> »Farbloser sind die Gründungssagen der Burg. Dietrich von Bern, so sagt die eine, habe dort einen Lindwurm erschlagen. Die andere knüpft an Wittekind an, der sich hier an einer nahen Quelle gelabt haben soll.«

Was Engel, der an Theoderich den Großen dachte, als etwas ganz Unsinniges erscheinen mußte, war für die mich bewegenden Fragen eine *höchst* willkommene Ergänzung. Hier erschien eine Überlieferung, die von der Thidrekssaga ganz oder doch seit langen Jahrhunderten unabhängig war, gebunden an einen Ort und den Lintwurmnamen und zwar in *dem* Bereich, wo Didrik den Drachen erschlagen haben sollte, und eben dort, wo ein Durchbruch durch das Wiehengebirge vorhanden war, wie ich ihn suchte. Wenn die beiden Reiter hier das Gebirge durchquerten, dann war dies allerdings die kürzeste Verbindung zwischen Aldensele und dem Rimslowald.

Die Saurierspuren

Wie immer, wenn ich glaubte, einer neuen Einsicht auf der Spur zu sein, machte ich mich (mit meinem Volkswagen-Käfer) auf, um den Limberg zu sehen. Ich nahm meine Tochter mit, die damals 16 Jahre alt war.

Ich habe dieses »Erkunden vor Ort«, dieses Erspüren der Besonderheit einer Landschaft und ihrer Geschichte, als ein Erkenntnismittel erfahren, das durch kein Buchstudium ersetzt werden kann, als ein »heuristisches Prinzip« (eine Finde-Kraft) gleichsam, mit dem Verstand kaum zu erklären, das wie mit der Wünschelrute zu neuen, entscheidenden Begegnungen und Einsichten führt. Die plötzliche Verwandlung der Umwelt, das Merken auf jede Einzelheit, Erzählen und Befragen von Unbekannten, das Erwachen neuer Bewußtseins-Inhalte bei uns und bei ihnen, das Überspringen zündender Funken, endlich das Aufsteigen des geschlossenen Nachbildes in der Rückschau – all dies tut Möglichkeiten auf, denen wir sonst nicht begegnen, klärt Fragen, löst Rätsel. Nicht immer das Gesuchte, eher das Unerwartete aus dessen Umkreis ergibt sich uns.

In dem kleinen Ort Buer nahe dem Wiehengebirge standen vor dem Kirchhof ein paar schwarz gekleidete Herren. Ich trat an sie heran, fragte sie nach dem Limberg und trug ihnen mein Anliegen vor. »Da müssen Sie zu dem Hauptlehrer Schäfer gehen«, sagten sie, »der kennt sich hier in der Landschaft und ihrer Geschichte aus!« –

Wir traten beim Hauptlehrer Schäfer ein. Er hatte die Grippe und war vorerst nicht zum Mitkommen zu bewegen; aber er gab uns bereitwillig Auskunft. Ich erzählte ihm von Dietrich von Berns Zug zu Osning und Rimslowald und seinen Kämpfen mit den Riesentieren. Da wurde er aufmerksam. »Kennen Sie die Saurierspuren?« fragte er. »Saurierspuren?« sagte ich. »Lieber Herr Schäfer, kommen Sie mit und zeigen Sie uns die! Wir packen Sie warm ein und bringen Sie sicher zurück!« –

Es ging das Tal der Hunte hinunter, die, etwas nördlicher, das Wiehengebirge durchbricht. An einer Holzbrücke ließ er halten, wir gingen hinüber, stiegen eine Schlucht hinauf und standen in einem engen Steinbruch, dessen linke Seite eine leichtgewellte, etwa 8 Meter hohe Schrägwand bildete. Und auf dieser Fläche waren Spuren eingedrückt, riesige Tapfen vorsintflutlicher Tiere, von zweierlei Form: Trittsiegel wie von riesigen Elefanten, wie frisch in den nassen Schlick gestempelt;

und rechts daneben, eins – zwei – drei – ja vier, scharf und gefährlich, wie mit Eisen gemeißelt: die Eindrücke mächtiger, dreizehiger Klauen, jede einen halben Meter im Durchmesser: »Und wo seine Klauen den Boden berührten, da war es, als wäre mit schärfstem Eisen gemeißelt worden.« Der Schrägwand gegenüber war eine Tafel aufgestellt, die über Auffindung und Bedeutung der Spuren Auskunft gab.[65]

Jägerlatein

Ich hatte gefunden, was ich zuvor nicht vermuten konnte: Eine Wirklichkeit, die mit der Erzählung der Thidrekssaga unmittelbar zusammenhing, wenn auch auf eine ganz andere Weise, als ich mir vorgestellt hatte. Ob der wunde Didrik und der noch wundere Fasold im Rimslowald wirklich gejagt hatten, das mochte man bezweifeln. Daß aber der »Flugdrache«, wie die Sage ihn nennt, hier seine eisenscharfen Klauen eingeschlagen, daß der »Elefant« hier seine Stapfen hinterlassen hatte, daran war kein Zweifel möglich. In diesem Sinne hatte die Thidrekssaga richtig und genau berichtet. Nur hatte seit jenen Urtier-Zeiten der Schlick des Jurameeres sich versteint, der Boden sich verschoben und gehoben, waren undenkliche Zeiten über die Landschaft hingegangen. Auch war es fraglich, ob die beiden Jungfürsten grade diese Spuren zu Gesicht bekommen hatten. *Daß* sie aber Spuren solcher Art und dieser beiden Typen gesehen hatten, und zwar in der deutlich bezeichneten Gegend zwischen Rimslowald und Limberg, davon gab die Schilderung der Thidrekssaga offenbares Zeugnis.
Wie war solcher Zusammenhang zu deuten? Fasold war der Fürst dieser Gegend und hatte hier Vollmacht. Er nahm den neugewonnenen Blutsbruder mit und zeigte ihm die Besonderheiten seines Bereichs. Irgendwo und irgendwann waren in seinem Revier die Spuren der beiden Saurierarten zutage getreten und bekannt. Und die beiden Jungfürsten, leidenschaftliche Jäger und gewohnt, in Spuren zu lesen, malten sich aus, welche Gestalt die Tiere haben konnten, die hier geschritten waren, deren Dasein noch zu ihren Zeiten sie vielleicht nicht für unmöglich hielten; stellten sich vor, wie sie sich ihnen gegenüber verhalten müßten und was sie mit ihren Waffen gegen sie ausrichten könnten. So mochte, aus Beobachtung, Frage, Phantasie und Übermut, zugleich in der Begegnung mit Hillebrands einfallsreichem Neffen, jene Fabel zustande

gekommen sein, welche die Drei dann bei ihrer Rückkehr den staunenden Daheimgebliebenen aufbanden.
Nun erscheinen auch manche Angaben der Thidrekssaga-Erzählungen in einem ganz anderen Licht: Die unbestimmte Darstellung des »Elefanten«, das Fehlen jeder Erwähnung von Rüssel und Stoßzähnen, die Behauptung, daß ein Schwert seine Haut nicht durchdringe als nur beim Nabel. All dies erklärt sich nun einfach dadurch, daß es sich gar nicht um einen Elefanten handelte, sondern um ein fremdes, noch größeres, ganz unbekanntes Tier, dessen Eigenschaften die beiden Jäger nur aus seinen Spuren erschlossen.
Auch die Angaben über den Flugdrachen, von dem vor allem die scharfen Krallen bevorzugt erwähnt werden, lassen sich aus der Betrachtung der Spuren erklären. Nicht nur die Thidrekssaga, auch noch die Forschung des vorigen Jahrhunderts hat die dreizehigen Trittsiegel für die Fährte eines Riesenvogels, also eines Flugdrachen gehalten, zumal keine Schwanzspur zu sehen war. Es wollte erklärt sein, weshalb dieser Drache, anstatt zu fliegen, seine Klauen so stark in den Boden schlug. Er war zu schwer, meinten die beiden Jäger, schwerer als gewöhnlich. Warum wohl? Er trug Beute, vielleicht sogar einen Menschen; mehr noch: er trug einen gewappneten Mann im Maul, *deshalb* konnte er nur so dicht über der Erde fliegen. Die Begegnung mit dem plötzlich auftauchenden Sintram kam ihnen hier grade recht.
Die Vermutung solcher Entstehung wird bestätigt durch die seltsame Starrheit der Szenerie. Wundern wir uns schon beim »Elefanten«, daß er beinahe am Platz verharrt, nicht flieht, kaum angreift, den beiden Zeit läßt, Gespräche zu führen, ihr Pferd anzubinden, die Schwerter zu tauschen, so ist es bei dem Drachen nicht anders. Während des ganzen langen Kampfvorganges, während er angeblich doch fliegt, scheint er kaum von der Stelle zu kommen. Beide Tiere harren gleichsam geduldig aus, bis sie erschlagen sind.
Wir erleben hier das Entstehen eines ungewöhnlichen Jägerlateins. Im Anblick von Riesenspuren wird ein Abenteuer aufgebaut. So wird es später daheim den Gesellen erzählt, und so geht es in die Überlieferung ein. Didrik von Bern, kaum erwachsen, erweist sich als ein Münchhausen der Völkerwanderungszeit!
Sintram mußte an der Ausschmückung der Fabel seinen Mitanteil haben. Bei seiner Schilderung heißt es später:

Sv 168
Sintram von Wenden hatte ein schönes Gesicht, hübsche Augen, weißes (= weißblondes) Haar gelockt, langen Hals. Sein ganzer Körper war weiß. Er war lang und schmal. Er hatte schöne Füße und Hände

(Mb 178:) so daß kein Mensch einen Mann sah mit vollkommeneren Gliedmaßen; eifrig, besaß größte Geschicklichkeit.

Er war schnell und stark und ein großer Kämpe. Er war lustig und trank gerne.

(Mb 178:) Er ist ein großer Spieler und Spaßmacher, redegewandt, rasch in Worten und Taten, überaus kühn im Kampf, freigebig und betriebsam.

Sein Schild war grün wie Gras. Darin stand ein brauner Drache mit roten Füßen. Das deutet darauf, daß er im Maul des Drachen lag, und viel hatte er das Herrn Didrik von Bern zu danken, der ihn daraus erlöste. Er hatte ein Schwert, das war grün anzusehn. Kein Schwert war schärfer. Banner und Rüstung waren ganz und gar grün.

Diese Eigenschaften passen gut zu der Erfindung und Ausschmückung der Fabel. Auch führte er seitdem in seinem Wappen den Drachen, in dessen Schlund er angeblich gesteckt hatte. Sintram ist der sechste Gefährte Didriks von Bern.

»Die Saurierspuren von Barkhausen am Wiehengebirge«, wie die genaue Bezeichnung lautet; sind zwar konserviert, sie sind aber trotzdem, da sie frei liegen, sehr gefährdet. Dafür hat das Landesmuseum in Hannover sie in seinen Räumen auf das Genaueste nachgebildet und zugleich die Tiere selbst in Lebensgröße dargestellt, so wie sich ihr Erscheinungsbild aus Spuren und Skelettfunden (anderwärts) ergibt.

Ich befragte den Leiter des Museums, Dr. Heinrich Friese, der selbst einen Bericht über die Saurierspuren veröffentlicht hat, nach den Fährten und ihrer Verbreitung. Er versicherte mir verbindlich, daß diese Fährten (bis 1978) die einzigen in Europa bekannten seien. Sonst gebe es sie nur noch in Amerika, wo sich auch die zugehörigen Skelette gefunden hätten.[66]

Diese Angabe ist von entscheidender Wichtigkeit für die Thidrekssaga. Sie beweist nämlich, daß diese Sagen-Überlieferung *im niederdeutschen Raume entstanden* sein muß. Man kann also nicht mehr davon ausgehen, daß hier vermeintliche Jagdabenteuer Theoderichs des Großen aus dem Alpenraum nach Norddeutschland übertragen worden seien. Denkbar ist nur das Umgekehrte: daß die Abenteuer des niederdeutschen Didrik in den Sog des großen Gotenkönigs gerieten und durch Verwechslung mit diesem in den Süden gelangten, wo sie noch Landschaftseigentümliches aufnahmen. Die Erzählung von Didriks und Fasolds Jagdabenteuern ist *eine ursprünglich niederdeutsche Überlieferung* und hat mit Theoderich dem Großen nichts zu tun.

Noch ein Nebenumstand der Erzählung ist bemerkenswert. Didrik hatte im Kampf gegen Ekke ein besonders vorzügliches Schwert gewonnen, dessen Vorzüge eingehend geschildert werden. Dieses Schwert Ekkisax war ein Meisterstück des Zwergschmiedes Alfrid. Als Didrik es aber bei dem (angeblichen) Drachenkampf verwenden will, »beißt« es nicht. Sintrams Schwert dagegen beißt. Sintram stammt aus dem Wendener Land, und dort gab es wie im benachbarten Siegerland althergebrachte Schmiedekunst. Sintrams Schwert war den Schwertern der »Zwerge« an Schneidkraft überlegen. Und dabei hatte es noch nicht einmal einen Namen, war also ein übliches und kein einmaliges Werkstück.

Zur Zeit der Thidrekssaga wäre also im Wendener oder im Siegerland (oder in beiden) eine blühende Schmiedekunst anzunehmen mit hochwertigen Erzeugnissen. Einzig Weland hatte aufgrund eigener Überlegungen mit hoher Kunstfertigkeit ein Ganzstahlschwert geschaffen, das allen Schwertern seiner Zeit überlegen war.

Die Thidrekssaga berichtet nichts von einem Aufenthalt Welands im Siegerland; aber es gibt eine sehr hartnäckige Überlieferung, daß Weland dort gewirkt habe. Die Ths läßt dafür eine kurze Spanne. Als Weland beim König in Ungnade gefallen war, wurde er »friedlos«, mußte also außer Landes gehen. »Und es verging so einige Zeit, daß niemand wußte, wohin Welent gekommen war« (Mb 71). War er damals im Siegerland, schmiedete er dort und lernte Gesellen an?[67]

Wir sahen an diesem Nachmittag noch die Ruine Limberg im Wiehengebirge, die nach der Ortssage der Schauplatz des Drachenkampfes gewesen sein soll,[68] dankten unserm ortskundigen Führer und brachten ihn wohlbehalten zu seiner Frau zurück.

Nochmals Aldinsæla

Jetzt schien alles gefunden und der Verlauf des Zuges klar festgelegt:
Osning – Drekanfils – Aldensele – Limberg – Rimslowald
mit dem Durchgang durch das Wiehengebirge. Aber etwas stimmte daran nicht. In der Thidrekssaga kam nach Aldinsæla gleich der Rimslowald, dann erst folgte der Drachenkampf. Es konnte also nicht völlig richtig sein, wenn von Aldensele aus zuerst der Limberg erreicht wurde, der Ort des Drachenkampfes, und dann erst der Rimslowald.

Und noch etwas war unbefriedigend: die Entfernungen waren zu groß. Aldensele war von Didriks und Fasolds Kampfort aus, wo auch am Osning man ihn ansetzte, mindestens 50 km entfernt. Das war viel, *zu* viel für die kampfmüden und teilweise ausgebluteten Recken. Und vom Überschreiten eines Gebirges wie des Wiehengebirges war in der Thidrekssaga nichts gesagt. Es stimmte mit Aldensele nicht.

Ganz gewiß, davon blieb ich überzeugt, war Aldensele eine Gerichtsstätte wie die gesuchte, aber es war nicht die hier gemeinte. Diese mußte vielmehr dicht am Rimslowald liegen, und zwar, da nördlich der Limberg lag, südlich vor dem Rimslowald, also bei Melle. Ich mußte mich nochmals auf die Suche machen.

Erinnern wir uns an die Feststellung, daß es SEL- oder SAL-Orte mehrfach gegeben hat, ALDEN-Orte massenhaft, daß auch ALDENSEL- oder OLDENSAL-Orte öfter vorkamen. Solch ein SEL-Ort war nun in der Gegend von Melle zu suchen. Ich alarmierte meine Freunde in der Meller Gegend, studierte Karten und Urkunden, fuhr hin und fand endlich folgendes:

Der alte Mittelpunkt dieser Gegend war ALTENMELLE. Das »Alten-« dürfte auch hier wie bei den meisten »Alten«-Orten nicht den Gegensatz zum Neuen bezeichnen, sondern die alte Gerichtsfunktion. Und es *war* ein Gerichtsort. Die zwei mächtigen Gerichtslinden stehen noch heute, nahe dem Punkt, wo drei alte »Marken« zusammenstießen. In der »Geschichte des Amtes Grönenberg«[69] heißt es hierzu:

> »Der Weg aus der Burg heißt bis auf diese Stunde die ›Armesünderstraße‹, indem über diese die Verbrecher geführt wurden zur Richtstätte. Diese lag die Höhe hinauf, die südlich vom Grönenberg sich sanft emporhebt, auf der Grenze der drei großen Marken von Riemsloh, Nüven und Neuenkrichen, hart am Weißen Stein: DIE SEELHOFE. Wahrscheinlich hat sie ursprünglich den Namen Saalhof gehabt, da ›Saal‹ im alten Deutsch ›Gerichtsstätte‹ heißt.«[70]

Nehmen wir diese SEEL-Hofe bei ALTEN-Melle, gelegen an einem neutralen Punkt an der Grenze dreier Marken, als das ALDINSÆLA der Thidrekssaga an, so ordnet sich nun alles ganz so, wie es dort beschrieben ist: Dicht bei Aldinsæla liegt der Rimslowald, in den sie gleich am Morgen reiten, dann kommen die Saurierspuren und dann der Limberg, wo »Didrik von Bern einen Drachen erschlagen haben« soll, und die Reihenfolge heißt jetzt richtig:

OSNING – ALDINSÆLA – RIMSLOWALD – LIMBERG.

Aldensele-Ohlensehlen mag trotzdem als ein gutes Beispiel solcher Rechtsstätte gelten, und erst seine Überprüfung und die Suche nach dem Weg von dort zum Rimslowald führte zum Limberg, die Suche nach dem Limberg zu den Saurierspuren, die nochmalige Überprüfung nach ALTEN-Melle-SEEL-Hof. Die Saurierspuren aber wurden zum Schlüssel für diese Saga.

Fügen wir hier noch eine Zwischenbetrachtung ein!

Zwischen dem Satz: »Sie stiegen auf die Pferde und ritten, was sie konnten« und dem anschließenden Satz: »Am Abend kamen sie an einen Ort, der Aldinsæla heißt«, steht ein Zwischensatz. Er lautet:

> »Da wollte Herr Didrik nach Bern zurückreiten, denn er hatte großen Ruhm gewonnen.«

In der Membrane steht dieser Satz noch etwas ausführlicher:

> »Hierzu ist nun zu sagen, daß Didrik nun heimfahren will zurück nach Bern, und denkt sich nun, sein Vorhaben ausgeführt zu haben, und weiß nun, wenn er heimkäme, daß er berühmter sein werde, als er vorher war.«

Der Satz ist offensichtlich eine alte Überschrift, die eigentlich über das Kapitel »Aldinsæla« gehört. Aber die Handschriften haben ihn in den Text hereingenommen und nicht bemerkt, daß er an dieser Stelle den Zusammenhang stört. Und zwar haben *alle* Handschriften diesen Satz in etwas abgewandelter Form.[71]

Hieraus läßt sich schließen, daß *vor allen diesen Handschriften eine* Handschrift stand, die das zum ersten Mal gemacht hat, von der dann alle anderen Handschriften abstammen. *Vor dieser* aber muß nochmals eine Handschrift gewesen sein, die diesen Satz nachträglich als Überschrift in den Text einfügte, wahrscheinlich an den Rand, so daß er dann von der nächsten in den Text selbst hereingenommen wurde. Vor dieser letzten aber stand nochmals eine frühere, welche diese Überschrift überhaupt noch nicht hatte. Wir sehen hier gleichsam eine Treppe in die Vergangenheit hinein mit vielen Stufen, von denen wir 3–4 noch fast deutlich erkennen.

Rückweg über den Aldenfils

Vom Wiehengebirge aus machen sich nun die drei Jagdgefährten auf die Heimfahrt nach Bern-Bonn. Sintrams Schild finden sie »über Erwarten schnell«, nach seinem Roß suchen sie zwei Tage vergeblich. Dann trennen sie sich, und jeder sucht auf eigene Faust. Didrik findet am dritten Tag das Pferd auf dem Aldenfils, erreicht nach keckem Wortwechsel mit dem Burggrafen die Freigabe des Tieres und bringt es dem Besitzer zurück.

Die Ruine der Burg Aldenfils steht auf einem Zwillingsberg bei Rösenbeck an der sehr alten und früher hier einzigen Straße von Brilon nach Bredelar – Marsberg – Scherfede. Sie liegt hoch über dem Tal der Hoppecke. Erst die Neuzeit hat unten durch das Tal eine Straße gelegt, und an den Grundfelsen der Burg knabbert nun eifrig die Industrie. Früher muß der oben an der Burg vorbeiführende Weg unausweichlich gewesen sein, und er trug seinen Namen »Duivelspad« sicher nicht umsonst. »Wir Kinder«, berichtete eine alte Frau aus Madfeld, »wurden von der Mutter oftmals ermahnt, beim Abendgebet ein Vaterunser für die gefährdeten Fuhrleute, die am Aldenfels vorbei müßten, nicht zu vergessen.«[72]

Wie schon beim Drekanfils gesagt, darf der Name »Aldinfils« nicht dazu verleiten, ihn mit »Altenfels« zu übersetzen. Der Ausdruck »Fels« für herausstehende nackte Bergkuppen ist in diesen Gegenden unbekannt. Die Namen berühmter Felsen werden hier mit »Stein« zusammengesetzt, die flacheren mit »Klippe« (»Luhdener Klippen«). Der Name findet sich noch heute in der Flurbezeichnung »Im alten Fils«, das bedeutet: »im alten Dickicht, im verfilzten, sumpfigen Grund«;[73] und daher dürfte die Burg ihn übernommen haben.

Das Alter der Burg ist unbekannt. Zuerst erwähnt wird sie 1144 als »castrum Aldenviles, curia Hanecrait«.[74] Man hat dort »auf dem Burgstalle« eine römische Dolchscheide gefunden, Eisen mit Silber tauschiert,

datiert in das 1. Jahrhundert n. Chr. Sie wird im Germanischen Museum in Nürnberg verwahrt.
Wie konnten eigentlich die drei Gesellen in einem so riesigen Gebiet ein verlorenes Pferd zu finden hoffen? War die Gegend so unbelebt, waren die Wege so sparsam? Es scheint, daß dieser Fernweg ein Einweg war, der unausweichlich am Aldenfils vorbeiführen mußte. Das alleingebliebene Pferd, das seinen Herrn nicht mehr erschnuppern konnte, mußte den Rückweg suchen, und das konnte ihm vielleicht auch gelingen, wenn der Weg nicht zu weit war.
Sintrams Heimat war Wenden im südlichen Sauerland, von dorther war er zum Osning gekommen. Der Fernweg von Bern-Bonn zum Aldenfils und weiter in das Gebiet zwischen Osning und Wiehengebirge führte, beim heutigen Olpe, dicht an Wenden vorbei, das nur 8 km entfernt lag. Wenn das Pferd auf dem Fernweg war oder ihn fand, konnte es ohne zu große Möglichkeit des Abirrens den Weg nach Wenden finden, der am Aldenfils vorbei über die Briloner Höhen zum Bigge-Übergang führte, bei dem Wenden lag. Am Aldenfils aber fing man es ab; denn diese Burg war durch ihre Lage ein »Schloß« in dem Sinne, daß es den Fernweg »verschließen« konnte. Kein Wunder, daß sie sich später im Besitze Heinrichs des Löwen befand.
Der Treffpunkt für die Drei mußte die Briloner Hochfläche sein, wo, weithin kenntlich, die alten Wege zusammenliefen. Sie ist 12 km vom Aldenfils entfernt. Von hier aus führte der Weg unmittelbar nach Bern-Bonn zurück, wie ihn Albert K. Hömberg als den »Römerweg« beschreibt.[75]
Wie aber kam Sintram von Wenden eigentlich dazu, den weiten Ritt zu Osning und Wiehengebirge zu machen? Hillebrand, Didriks Ziehvater, »Meister«, Freund und Geselle, mußte besorgt sein, daß sein junger Schützling, von seinen Wunden noch kaum geheilt, allein ins Ungewisse auf Abenteuer ausritt. Von Wideke, seinem Blutsbruder, dem Didrik sich anvertraut hatte, konnte er erfahren, wohin Didrik ritt. So mochte er seinen Neffen, dessen Munterkeit er kannte, veranlaßt haben, Didrik nachzureiten und sich für mögliche Hilfe bereit zu halten. Vielleicht ritt der geradeswegs zu Fasolds »Burg«, die wir in der Gegend von Enger vermuten. Und er verstand es, sich von Didrik auf eine scherzhafte Weise finden zu lassen.
So kommt Didrik mit zwei neuen Gesellen von seinem Ausritt zum Osning nach Bern-Bonn zurück. Das Ziel seiner Fahrt ist erreicht. Er hat Ruhm gewonnen, seinen Ruf wiederhergestellt, wirkliche und angebli-

che Abenteuer bestanden; und »mit einem großen, lustigen Ältrinken«[76] (A) in der Königshalle zu »Bern« werden nun die Taten und Abenteuer der Fahrt umständlich erzählt.

Die ganze Fahrt erscheint bei genauer Prüfung jeder Einzelheit als ein geschlossener Bericht, der sich Punkt für Punkt nachvollziehen läßt. Die darin genannten Orte bilden eine zusammenhängende Kette. Wenn wir den Limberg der Ortssage einbeziehen, und wenn wir als vermutlichen Ort des Kampfes mit Fasold und als dessen Sitz Enger annehmen, so ergibt sich folgende Reihe:

Herberge	Osning (Ekke)	Drekanfils	Kampfplatz (Enger?)
Aldinsæla (Seelhof)	Rimslowald (»Elefant«)	Limberg (»Drache«)	Aldenfils

Es ist ein Zug im rein niederdeutschen Gebiet. Wie will man mit ihm Theoderich den Großen in Verbindung bringen? Nie ist er in diese Gegenden gekommen. Im gleichen Alter lebte er als vornehme Geisel am Kaiserhofe in Konstantinopel, von Pracht, Kultur und Förmlichkeit umgeben. Was davon wieder ist bei Didrik von Bern zu finden?

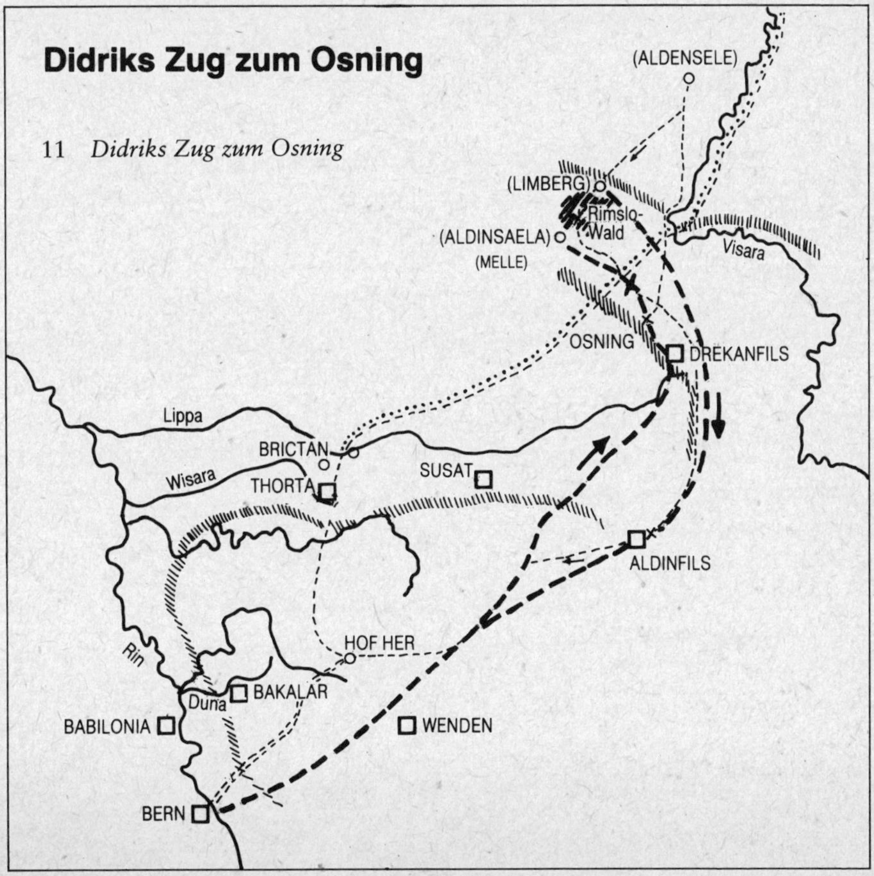

11 *Didriks Zug zum Osning*

Widekes und Heims Feindschaft

Sv 112

Eines Tages saß Herr Didrik bei Tisch neben seinem Vater, und manche Edelleute mehr. Heim der Kleine schenkte vor ihm ein und hatte eine Goldschale auf seiner Hand. Didrik nahm sein Schwert Nagelring, gab es Heim und hieß es ihn behalten für seine Dienste: »Ich gönne das Schwert keinem besser als dir. Es war in schwerer Prüfung, als ich jetzt jüngst von Bern fortritt.« – Heim dankte seinem Herren sehr, auch alle die Edelleute, welche dabei saßen. Nicht aber Wideke Welandssohn. Er sagte:

»Nun ist Nagelring schlecht angekommen! Es hätte einem untadligen Mann gebührt!« – Und er sagte zu Heim: »Ich hätte ebenso gern ein Weib als Hilfe wie dich; denn du handelst übel gegen mich! Wir schlugen uns, zwei gegen fünf; du verhieltest und sahst zu und wolltest uns nicht helfen. Wenn ich dazu komme, dir das zu vergelten, dann soll das nicht versäumt werden!« –

Didrik antwortete: »Das wäre große Schande, daß du deinem Stallbruder nicht helfen wolltest, während er in Not stand! Du wärest wert, daß ich dich hängte draußen vor Bern! Geh aus meinen Augen und laß mich nie mehr dich sehen!« – Da ergrimmte Heim, ging seines Wegs zur Tür, nahm sein Roß und Waffen und ritt seines Weges bis an einen Wald, welcher FALSTER heißt. Dort war ein Waldräuber, der Ingram hieß, bei dem blieb er lange. Dieser Wald lag zwischen Dänemark und Sassen.

Das Verhältnis zwischen Heim und Wideke war von Anfang an gespannt. Heim hatte Wideke auf ihrer Fahrt nicht beigestanden; er hatte bei Widekes Kampf gegen Didrik diesem recht sichtbar eine Goldschale mit Wein gereicht; er neidete Wideke das Meisterschwert Mimung und eignete es sich bei der nächsten Gelegenheit an; und selbst sein gutes Roß Rispa war Widekes Schimmling nicht überlegen. Die beiden waren ganz verschieden an Körperbau und Sinnesart: Wideke war groß, Heim klein, Wideke offen, Heim versteckt.

Bei diesem Streit sticht nun Wideke den ungeliebten Gesellen aus, und Heim muß eine Zeitlang von Bern fort und wird ein Kumpan von Straßenräubern, kehrt aber bald zurück. Trotz aller Feindschaft im einzelnen bleibt zwischen beiden eine gewisse Gemeinsamkeit, und Didriks starke Persönlichkeit bindet sie letztlich doch aneinander.

Detzlef der Däne

Als siebenter Waffengefährte Didriks erscheint der Däne Detzlef oder Thetleif. Er wird bevorzugt behandelt, und ihm wird viel Platz eingeräumt. Aber die Schilderungen seiner Abenteuer sind derb, oft plump und prahlerisch nach Art späterer Spielmannsdichtung und stehen zum Leben Didriks von Bern nur in höchst losem Zusammenhang. Diese Stücke dürften zum guten Teil spätere Zutaten sein, und wir mögen sie ohne Sorge beiseite lassen. An einzelnen Stellen werden wir ihre Unstimmigkeit noch genauer kennen lernen.
Auch hier zeigt sich wieder deutlich, wie die Membrane und auch die isländischen Handschriften A und B den Text ausweiten und aufschwellen; und so ist es sinnvoll und notwendig, einmal die Texte aller drei Handschriftgruppen, Sv, Mb und AB, zum Vergleich nebeneinander zu stellen, um ihre Verschiedenheit aufzuzeigen.
Das Wichtige und Wissenswerte über Detzlef fassen wir, zunächst nach dem Bericht der Svava 114 ff, hier kurz zusammen.

Detzlefs Jugend

Sv 114
Ein Ort liegt in Schonen, der Thummatorp heißt. Dort wohnte ein Mann, der Biterulf hieß. Seine Ehefrau hieß Oda. Sie war Tochter des Jarls von Sassen. Sie hatten einen Sohn, der Detzlef hieß.

Sv 115
Biterulf war der beste Kämpe, den es in Dänemark gab. Sein Sohn wuchs auf, männlich und stark. Er liebte Ritterschaft nicht sehr, allezeit war er im Kochhaus. Ungern wollte er mit seinem Vater reiten, und keinem Herren wollte er dienen. Deshalb liebten Vater und Mutter ihn wenig und nannten ihn einen Toren und Wechselbalg. Oft genug sah er Ritterspiele – er gab nicht darauf acht. Niemals wollte er seinen Kopf waschen oder kämmen, sondern er lag in der Asche.

So wächst Detzlef auf als ein rechter »Aschenpuster«, von seinen Eltern verachtet; bis er sich eines Tages anders besinnt, Ritterrüstung begehrt, zum Fest mitreiten will und sich nun, gewaschen und schmuck gekleidet, als ein schöner starker Jüngling entpuppt. Später beschreibt ihn die Saga so:

> **Sv 170**
> Detzlef der Däne hatte braunes Haar,
> (Mb 180:) dunkel, schlicht und sehr dicht,
> großes Gesicht, große und dünne Nase
> (Mb 180:) sein Gesicht ganz ebenmäßig, nicht schmal und doch lang,
> auch scharfe Augen und war schön anzusehn. Nicht weiß; aber wenn er zornig war, da war er bleich wie Asche. Er war lang und dick und stark. Er war jederzeit vergnügt und zutraulich mit jedem Menschenkind, und lustig.
> Er ist kühner Sprecher vor Herren und Fürsten und kühn in allen Spielen, so daß sich kaum seinesgleichen findet. Hart und grimm gegen seine Feinde in Schlacht und Zweikampf.
> Sein Schild war blau; darin stand ein goldener Elefant. Deshalb führte er dieses Wappen, weil Sigurd den Elefanten zu reiten pflegte, (der Alte,) mit dem Detzlef kämpfte und den er überwand, als er erstmals ausritt.

Einmal kommt Detzlef mit seinem Vater von einem Gastmahl zurück. Sie reiten durch den großen Falsterwald, der zwischen Sassen und Dänemark liegt. Dort werden sie von 12 Räubern angegriffen. Das sind eben jene Räuber, mit denen Heim sich zusammengetan hat. Diese hatten erst kürzlich einen Kaufmannszug überfallen, der von Saxland nach Dänemark reiche Ware führte und von 60 gewappneten Männern beschützt war. Die Räuber waren gegen die fünffache Übermacht Sieger geblieben, hatten die Gegner erschlagen und das Gut gewonnen. Nun meinen sie, mit diesen beiden leicht fertig werden zu können.
Da zeigt sich nun Detzlef als ein gewaltiger Kämpe, er und der Vater erschlagen elf der Räuber, und übrig bleibt nur Heim, der von Detzlef einen so gewaltigen Schlag auf den Helm bekommt, daß er in die Kniee geht. Darauf springt er auf sein Roß und flieht.

Sv 117
Alsbald sprang Heim auf sein Roß und floh, was er nur konnte, einen ganzen Tag über und sagte:
»Kein Eisen war seinem Herrn so hold wie der Sporn«; denn der rettete sein Leben diesen Tag. An welchen Fluß Heim auch kam, da war sein Hengst Rispa so schnell hinüber wie der Pfeil im Schuß. Und wagte nicht zu warten, bevor er nach Bern kam, und setzte sich dann zu Didrik, so daß er bei ihm blieb.

Detzlefs Fahrt nach Bern/Bonn

Detzlef wird seitdem von seiner Umwelt und seinen Eltern geachtet und geschätzt. Ihn verlangt es nun, andere Länder zu sehen, andere Sitten kennen zu lernen, seine Verwandten zu besuchen und zu Didrik von Bern zu reiten. Die Eltern rüsten ihn gut aus und geben ihm vielerlei Ratschläge mit auf den Weg.
Deztlef besucht zuerst Sigurd den Alten, der auf einem Elefanten geritten kommt, und besiegt ihn in mehrtägigen Kämpfen. Mit Sigurds Tochter hat er allerlei Händel und verlobt sich mit ihr, hält diese Verlobung später aber nicht ein. Dann macht er sich wieder auf den Weg und zieht nach Süden. Das Folgende will genau gelesen und in den Handschriften verglichen sein.

Sv 122
Damit ritt Detzlef seines Weges.
Als er nach Sassen kam, traf er einen Mann,
der aus Bern geritten kam.
Detzlef fragte:
»Kennst du Didrik von Bern? Und ist er daheim?«

Mb 122
Zieht nun Thetleif seinen Weg u. reitet dahin, wie er vorgehabt, lange Pfade, bebaut und unbebaut. Nun als er südwärts nach Saxland kam, da trifft er einen Mann auf seinem Weg. Er begrüßt diesen Mann, u. fragt einer den andern nach Neuigkeiten oder wohin er fahren wolle. Der Mann aber sagte, er käme von Süden aus Amlunga-Land und werde nordwärts ins Hunaland fahren. Da sprach Thetleif: »Hast du nennen gehört den Mann, welcher Didrik heißt, Sohn Thetmar-Königs von Bern? Oder weißt du etwa genau, was für ein Mann er ist und ob er jetzt zu Haus in Bern ist oder nicht?«

A
Nun reitet er so sehr er kann durch Bebautes und Unbebautes, u. er kommt nach Saxland u. trifft dort einen Mann, der heißt Gottsfreund
u. fragt einer den andern, wohin er will und woher er kommt. Gottsfreund antwortet: er sei von Süden aus Aumlungaland gekommen u. werde nordwärts ins Hunaland fahren. Da antwortet Thetleif: »Kennst du irgend den Mann, welcher Didrik von Bern heißt? Oder weißt du,
was für ein Mann er ist und ob er daheim ist in Bern?« –

»Ich kenne ihn gewiß«, sagte er. »Er ist König Thetmars Sohn und ist der Oberste aller Kämpen an Tapferkeit, Mildheit und Freundlichkeit. Er ist auch grimm gegen seine Feinde. Didrik ist nicht daheim, er ritt nach ›Rom‹, wie sein Ohm ihn eingeladen hatte, König Ermenrik.«	Der Mann antwortet ihm: »Kenne ich Didrik, Königssohn von Bern, u. alle Menschen werden ihn haben nennen hören; und weiß ich, daß er allen Männern überlegen ist an Kühnheit u. an Heldentum u. an Mildheit u. Freundlichkeit, u. doch grimmig seinen Feinden. Er wird jetzt nicht daheim sein; er ist zum Fest in Romburg geritten zu Ermenrik-König, seinem Ohm.« –	Nun antwortet Gottsfreund: »Kenne ich Didrik von Bern, den jeder Mensch auf der Welt hat nennen hören. Und er ist Oberster aller Männer an Kühnheit und Heldentum, und doch ist er grimmig seinen Feinden. Er ist nach Romburg geritten zu Ermenrik-König.«
Detzlef fragte nach dem Weg dahin. Der Mann antwortete: »Didrik ritt nach Wenden und darauf nach ›Rom‹«.	Da sprach Thetleif: »Kannst du mir einen Weg sagen, der so kurz wäre, daß ich früher zu Thidrek-Königssohn käme als er nach Romburg kommt?« – »Es ist dieser Weg, welcher der kürzere ist; denn Didrik fährt kaum den gradesten Weg südwärts nach Romburg. Mir war so gesagt, daß er einen Abstecher machen würde ostwärts zum Meer nach Venedig u. dort so einige Tage bleiben, bevor er südwärts ritt. Doch wenn du südwärts ins Trident Tal kommst halbwegs nach Trient selbst, so weiche du ab von dem Weg, der nach Verona selbst geht, u. reite ostwärts durch die Schlucht, die du wirst vor dir geöffnet sehen. Und frage vorher eifrig nach dem Wege auf Trent; und wenn du dann ostwärts ans Meer kommst, da wird dir jedes Kind sagen können, wo Didrik ist. Nun kann ich dir nichts Genaueres über ihn sagen.«	Da antwortet Thetleif: Kennst du einen Weg, daß ich könnte früher zu Didrik kommen als er nach Romburg käme?« Gottsfreund antwortet: »Dieser Weg ist viel kürzer, und der geht nach Trident-Tal.«

Die Erzählung der Membrane widerspricht allem bisher Dargelegten. In ihr wird »Rom« in Italien gedacht, »Venedi« als Venedig an der Adria gedeutet, »Bern« als Verona in der Po-Ebene verstanden, und der Schreiber, vielleicht schon der Vor-Membrane, zeigt seine guten Kenntnisse des Weges nach Italien mit manchen Einzelheiten.
Auch die isländischen Handschriften A und B sprechen von »Trentudal« und meinen also auch, die Geschichte nach Italien verlegen zu müssen. Nicht aber die Svava. Sie gibt den ursprünglichen Text ohne Ausdeu-

tung, sie sieht »Bern« am Rhein, »Rom« an der Mosel. Welch ein Segen, daß uns die Svava erhalten ist!

Detzlef gab ihm einen Goldring, bevor sie sich trennten.

Sv 123
Detzlef wollte nicht zu seinem Muttervater reiten.
Er nahm den gradesten Weg, der nach »Rom« lag.
Er kam zu einem Schloß, das FRITILA heißt, das besaß Herzog Ake, König Ermenriks und König Thetmars Bruder. Dort fand er Didrik von Bern vor sich.

Detzlef wird Didriks Mann

Didrik fragte, welches sein Name wäre. Er sagte, er heiße Wildenrik, Söres Sohn von der Wellands-Harde in Dänemark. Didrik fragte: »Wohin willst du fahren, da(ß) du hierher kommst?«
Detzlef antwortete: »Ich will einem mächtigen Fürsten dienen, das ist mein Anliegen, und sein Stallbursch sein und seine Rüstung pflegen. Könnte ich Didrik von Bern finden, ihm wollte ich dienen am allerliebsten.« – Wideke und Heim waren bei Didrik.
Detzlef fragte, was ihre Namen wären und wer ihr Anführer. »Nehmt es nicht übel, daß ich so unbedarft frage; denn ich bin erst kürzlich von Hause geritten und habe wenig gute Sitten gesehen ...«
Wideke antwortete: »Du hast nicht übel geredet. Hier kannst du nun sehen Didrik von Bern und einen mit ihm, der Heim heißt, und weitere Edelleute. Willst du ihm dienen, dann bist du willkommen!« –

Sv 124
Detzlef ging zu Didrik, brachte ihm den Heilgruß und sagte: »Das ist gut, daß ich nicht länger nach dir suchen muß, und ich biete dir meine Dienste an.« –
Didrik nahm sie an und befahl ihm, über seine Rosse und Rüstungen zu wachen.
Am zweiten Tag darnach ritt Didrik nach »Rom«, und Herzog Ake und 20 Ritter mit ihnen. Dort waren vor ihnen viele Häuptlinge. Didrik und der Herzog gingen aufs Schloß, Detzlef blieb im Gutshof mit ihren Rossen und Rüstungen.

Am Königshof in »Rom«

Die Erzählung von diesem Fest in »Rom« beschäftigt sich weiterhin fast nur noch mit Detzlef. Dieser hatte keine Lust, sich täglich im Kochhaus Speisen zu holen, sondern er kaufte selbst auf dem Markt ein, und das sehr verschwenderisch; er tat dies zunächst von dem nicht kleinen Vermögen, das er von seinen Eltern hatte, dann, als dies vertan war, von geliehenem Geld, wofür er die Waffen und Pferde zuerst Heims, dann Widekes, zuletzt Didriks verpfändete. Er hielt so mit allen Knappen und Dienstleuten aufwendige Tafel mit allen Leckerbissen, Wein und Met. Dies alles wird in höchst prahlerischer und übertreibender (angeberischer) Weise erzählt.
Da heißt es etwa Mb 125 = Sv 124:

Sv 124
Er lud zu sich ein Pfeifer u. Bläser u. jeden, der dort essen und trinken wollte, so daß sie dreitausend Leute waren.
Er gab dem besten Spielmann, der Isung hieß, den Goldring, den seine Mutter ihm gab, dem andern gab er Herrn Didriks Purpurrock
u. gab den andern Penninge u. Kleider, so daß sie ihm dankten.

Mb 125
und nun lädt er dazu ein Knappen u. Dienstmannen, Spielleute u. Sänger, jeden, der es annehmen will, u. nicht weniger sind nun in der Halle seiner Gäste als 30 hundert Männer, u. halten Trinkgelage die Zeit über, die das Fest währt. Den Tag nun, an dem das Fest endet, gibt Thetleif einem Hauptspielmann, welcher Isung heißt, seinen Goldring, den seine Mutter ihm gab. Dieser Spielmann übertraf die anderen Spieler und Sänger u. war berühmter als jeder der andern. Und dazu gab er ihm ganz neue Kleider, goldgesäumt u. geschnitten aus Purpur, das waren Staatskleider Didriks-Königssohns, u. lohnte Isung so seine Kurzweil – u. jedem anderen Spielmann gibt er 1 Mark oder zwei.

A 90
Und nun lädt er zu sich ein Knappen u. Dienstmannen, Spielleute u. Sänger, jeden, der es annehmen will. Und sind nun 300 in seiner Halle
u. halten nun Trinkgelage den Rest des Festes über. (A 91:) Den Tag, da das Fest endete, gab Thetleif Isung, dem Hauptspielmann, seinen Goldring, den seine Mutter ihm gab,
und lohnte ihm so seine Kurzweil; u. dazu gab er ihm ganze Kleider, geschnitten aus Purpur, welche Didrik von Bern gehörten u. seine Staatskleider waren ...

Detzlefs Schulden

Als Didrik sich zur Abfahrt rüsten will, stellt sich heraus, daß seine, Widekes und Heimes Waffen und Rosse durch Detzlef für eine riesige Summe verpfändet sind. Außerdem hat Detzlef noch ein paar Knappen und Köche aus nichtigem Anlaß erschlagen, wofür Buße geleistet werden muß. Auf alles Befragen antwortet Detzlef selbstbewußt, frech und flegelhaft. König Didrik sieht sich in der peinlichen Lage, all diese Schulden seinem Oheim bekennen und um deren Begleichung bitten zu müssen. Über Detzlefs Verhalten empört sich Ermenriks Neffe Walter von Waskastein so, daß er Detzlef zum Wettkampf herausfordert. Wer gewinnt, kann über des anderen Haupt verfügen. In diesem Wettkampf siegt aber Detzlef bei Steinwurf und Speerschuß überlegen, und König Ermenrik muß zu allem übrigen hinzu auch noch das Leben Walters erbitten und diesen auslösen.

Wenn an diesen Erzählungen auch nur einiges stimmt, dann mußte das Benehmen dieses Gefolgsmannes Didriks den König Ermenrik allerdings schwer kränken, wenn er auch gute Miene zum bösen Spiel machte. Ermenrik hatte einen großzügigen Hoftag gehalten, ein neuntägiges Fest mit großem Aufwand für Hunderte von Gästen. Nun kamen noch einmal riesige Unkosten hinzu, die er nicht vorhersehen konnte. Es kann daher nicht Wunder nehmen, daß das Verhältnis zwischen Ermenrik und Didrik künftig kühler wurde und, wenn noch andere Einflüsse hinzukamen, endlich zur offenen Feindschaft wurde.

Vielleicht erklären die hier aufgelaufenen Schulden auch, daß König Ermenrik, um aus ihnen herauszukommen, beginnt, sehr viel härtere Methoden der Eintreibung anzuwenden, fremde Fürsten sich zinspflichtig zu machen, und daß er hierzu auch Didrik als Helfer heranholt; denn sehr bald kommt die Aufforderung Ermenrik Königs, ihm bei dem Zug gegen Jarl Rimstein zu helfen. Äußerlich aber endet dieser Hoftag noch mit einer allgemeinen Versöhnung:

> Didrik dankte Ermenrik König und ritt dann heim nach Bern-Bonn. Detzlef begleitete ihn samt manchen guten Helden.

Weitere Gesellen Didriks

Amlung kommt:

> **Sv 130**
> Wenige Tage (darnach) kam dorthin ein junger Mann geritten, der hieß Amlung.[77] Sein Vater, der Hornboge hieß, war bei Didrik. Amlung war Herrn Didrik willkommen. Und es sind nun neun gleichgestellte Herzens-Gesellen (jampninge) in Bern/Bonn.

Amlung war seinem Vater ähnlich. Dieser war ein schöner Mann, mittelgroß, wohlgewachsen und stark, helles weißes Antlitz, krausköpfig. Sein Schild war braun.

Sv 167
Amlungs Schild war von der gleichen Farbe, darin stand ein Falke, und zwei Vögel fliegen vor ihm. Amlung war unbesonnen, wenn er kämpfen sollte, er wollte entweder schnellen Sieg haben oder den Tod. Er wollte gern gelobt werden. Er war freundlich und freigebig gegen jedermann.

Wildefer kommt:

Sv 131
Eines Tages, als König Didrik über Tische saß, kam ein Mann hereingegangen, der war groß und stark. Nicht war er gut ausgestattet mit Waffen oder Kleidung. Er wünschte dem König höflich Heil. Der König hieß ihn willkommen. Der König fragte: »Was für ein Mann bist du?« – Er antwortete: »Ich heiße WILDEFER. Ich bin geboren im Humlinge-Land. Ich will gerne euch dienen, wenn es euch gut scheint.«
Der König antwortete: »Willst du gut dienen, dann will ich deine Dienste haben, wenn es auch mehrere meiner Edelleute wollen.« – Wideke antwortete: »Nehmt ihn zu euch, er kann ein guter Held werden!« – Da sagte er dem König seine Dienste an.
Der König hieß ihn zu Tische sitzen. Er streifte seine Ärmel auf und wollte seine Hände waschen. Da wurden sie an seinem Arm einen großen Goldring gewahr. Wideke sagte: »Dieser Mann kann aus gutem Geschlecht sein; aber er ist nicht gut gekleidet!« – Der König gab ihm gute Kleider, Roß und Waffen, und nun schien er ein schmucker Mann. Er diente dem König gut, und Wideke liebte ihn mehr als jeden andern von des Königs Gefolgsleuten.

Sv 171
Wildefer der Hochgemute.
Sein Gesicht war bleich und lang, wohlgestaltet, hakennasig. Er war groß und breitschultrig, wohlgewachsen. Weiße schöne Hände hatte er und dicke starke Arme. Er war der schnellste aller Männer und vollkommen in allen (Kampf-)Spielen, von gutem Verstand, weise und freundlich, kühn, klug, höflich und überlegt, hart im Kampf und siegreich. In seinem Schild stand ein Eber und ein Bär in roter Farbe, und der Schild war golden (gelb). So war seine ganze Rüstung. Damals führte er deshalb einen Willegalt, das heißt Wildeber, weil er so genannt wurde. Er war niemals bei seinen Verwandten oder in seinem väterlichen Land, sondern er war bei ausländischen Fürsten. Den Bären führte er deshalb in seinem Schild, weil eine Bärenhaut ihm dazu half, Wideke aus dem Turm zu befreien.

Herr Brand wird berufen:

Sv 132
König Didrik sandte nach einem Mann, welcher Herr Brand heißt, den manche »Widferning« nannten, den Weitgefahrenen. Er war bei vielen Fürsten gewesen, am Nordmeer und in Griechenland. Er kann allerhand Sprachen. Und dazu ist er ein mächtiger Kämpe. Er kam zu Didrik und wurde sein Gefolgsmann und Rat. Er führte von da an lange des Königs Banner.

Sv 172
Brand der Weitgereiste
hatte ein braunes Gesicht, blaß und mager, einen braunen Kinnbart, zweigeteilt, langes Gesicht, schnelle Augen. Er war nicht sehr schön. Sein Antlitz war grimmig anzusehn. Er war groß und stark und wohlgewachsen. Er konnte gut zu Pferde sitzen. Er war verständig, redete gern kühn und war vollkommen in allen (Kampf-)Spielen. Sein Schild war rot, darauf gemalt eine leuchtende Flamme. Er war beides, rasch und rüstig.

Nun sind, bis auf Gunter und Hagen, alle Waffengefährten Didriks in Bern/Bonn versammelt. Sie haben ihre Tüchtigkeit in manchen Proben erwiesen. Jetzt wendet sich die Erzählung einem anderen Schauplatz zu.

König Thetmars Tod

Um diese Zeit stirbt König Thetmar, Didriks Vater, und Didrik wird nun selbst König über Bern/Bonn und das ganze Reich. Das Bewußtsein seines Königtums hebt ihn nun doch etwas über seine Gefährten hinaus, wie wir sehen werden, und er kennzeichnet sich nun auch als König. Die Svava 163 sagt das so:

> Didrik-Königs Schild war mit roter Farbe gemalt, und darauf war ein goldener Löwe gezeichnet. Seit er König über Bern wurde, führte er eine goldene Krone auf des Löwen Haupt, das Zeichen führte er auf all seinen Bannern und auf all seinen Waffen. Daran war er kenntlich, wo er ritt. Das bedeutet: So viel wie der Löwe grimmiger ist als alle Tiere, so war er grimmiger als alle Menschen, und alle fürchteten sich vor ihm und seinem Wappen. Es war damals Sitte: Wer den Löwen führen wollte, der durfte niemals fliehen.

Die Membrane 172 ergänzt hier noch, was vielleicht nicht ganz unwichtig ist:

> »... ein Löwe gezeichnet, dessen Haupt längs dem Schilde emporragte und dessen Füße den untersten Rand berührten.«

Die Ostkönige

Hat sich die Thidrekssaga zunächst mit den Taten und Schicksalen der westlichen Könige beschäftigt, so schwenkt sie zwischendurch über zu den östlichen. Auch dies geschieht im Zusammenhang mit dem Leben Didriks von Bern, welches in den nächsten Jahrzehnten weit nach dem Osten hinüberspielen wird.

Wenn wir als Bezeichnung der Ostvölker Namen hören wie »Russialand, Wilcinaland, Pullinaland«, so werden uns zunächst Zweifel kommen, ob das Überlieferungen aus dem 6. Jahrhundert sein können, da wir diese Namen als Gebilde späterer Zeit kennen und sie später entstanden glauben. Aber das sollte unsre Empfänglichkeit für die Inhalte dieser Überlieferungen nicht stören. Vielleicht sind die Angaben der Ths doch richtiger als wir glauben? Da die Thidrekssaga von

Abschrift zu Abschrift weitergegeben worden ist und erst um 1260 mit der Handschrift *eines* Überlieferungsstranges aus dem Dunkel der Vorzeit auftaucht, so ist es immer möglich, daß ein Abschreiber innerhalb dieser Reihe versucht hat, seinen Lesern die unbekannt gewordenen Namen früherer Zeit durch die neueren und bekannteren seiner eigenen Zeit zu ersetzen, ohne daß er doch an den Inhalten selbst Veränderungen vorgenommen hätte.
Den Namen der Wilkinen oder Wilcinen erklärt uns die Thidrekssaga selbst als herrührend von einem König Wilkinus, welcher ein Reich beherrschte, das in der Ths zwar »Schweden« (swerige) genannt wird, aber außer Götaland, Skane und Sialand (Südschweden und Dänische Inseln) auch nach der anderen Seite der Ostsee hinübergreift und die Länder von der Oder an (oder mit »Winland« gar von der Elbe an) bis hinauf ins Baltikum einbezieht. Wir hätten also hier den Namen des Volkes von dem Namen des Königs abzuleiten, so wie der Name der Russen von dem Namen ihres sagenhaften Königs Rus abgeleitet wird. Dieser, der Wikingerzeit angehörend, kommt in diesen Überlieferungen aber nicht vor.

Die Ostreiche

Die Thidrekssaga kennt zunächst drei große Ostreiche:
1. Das *Hünenland*, welches der alte König Melias beherrscht. Es ist etwa gleichzusetzen mit Niedersachsen-Westfalen;
2. Das *Wilzenland*, zeitweise auch (Groß-)Schweden genannt, zu dem etwa Mecklenburg-Pommern, Südschweden und die Dänischen Inseln gehören. Dort herrscht der alte König Wilkinus, der dem Land den Namen gab;
3. Das *Rytzeland* mit der Hauptstadt Nogard (Nowgorod), welches der König Hertnit beherrscht.

Die Herrschaftsverhältnisse dieser Reiche wechseln. König Wilkinus unterwirft sich das Rytzeland und macht es tributpflichtig. Aber nach Wilkinus' Tode schüttelt König Hertnit das Joch ab und unterwirft seinerseits das Wilzenland, dessen König Nordian, Wilkinus' Sohn, nur Seeland behält.

Außer diesen drei Großreichen des Ostens, dessen zweites inzwischen sehr verkleinert ist, gibt es noch weitere Königreiche, die mehr oder weniger selbständig sind. Das ist in Jütland-Dänemark das Reich König Nidungs, südlicher *Holsten*, noch südlicher *Sassen*, dann das *Bertangaland* = das Bardengauland, und im Nordwesten *Friesland*. Hier herrscht König Osid, welcher zwei Söhne hat, Herding und Atilius (Sv), Attila (Mb), Attala (B). Dieser zieht aus und erobert sich das Hünenland. Er schafft sich hier ein gewaltiges Reich, das im Westen fast bis zum Rhein, im Osten bis Brandenburg reicht, und baut sich seinen Hauptsitz Soest mit Steinbauten prächtig aus.

König Hertnit von Rytzeland-Wilzenland teilt sein Reich unter seine Söhne Waldemar und Osantrix auf. Waldemar bekommt Rytzeland, Osantrix Wilzenland. Noch zu der Zeit, als Melias König von Hünenland ist, holt Osantrix sich mit List und Gewalt dessen Tochter Oda und macht sie zu seiner Gemahlin. Sie wäre eigentlich die rechtmäßige Erbin des Hünenlandes. Deshalb wirbt König Attala, der Eroberer dieses Hünenlandes, unermüdlich um die Tochter von Osantrix und Oda, *Ercha*. Er wird zwar abgewiesen, aber seinen Jungfürsten Osid (dem Sohn seines Bruders) und Rod(in)ger von Bakalar gelingt mit Geduld, Klugheit und Überredung die Entführung Erchas. Ercha wird die vielgeliebte Königin im Hünenlande Attalas.

Jetzt bestehen wieder die drei großen Ostreiche:

1. Das *Hünenland* mit König Attala und Königin Ercha;
2. Das *Wilzenland* mit König Osantrix und Königin Oda;
3. Das *Rytzeland* mit König Waldemar.

Ein dritter Sohn König Hertnits, Ilias, von einer Nebenfrau, wird »Jarl von Greken«. Aber nirgends wird deutlich gesagt, was mit dieser Bezeichnung gemeint sein soll.

Noch eine Anzahl kleiner Königreiche liegt dazwischen oder am Rande. Man möchte annehmen, daß sie sich meist mit den »Großen« geeinigt haben, indem sie diesen einen Anerkennungstribut zahlten. Man darf sich diese Reiche aber nicht so denken, als ob sie eng aneinanderstießen. Die Länder waren »Wohninseln«, zwischen denen Gebirge, Wälder, Heiden und Moore als »unbebautes Land« lagen. Im Bewußtsein der Thidrekssaga war z. B. das ganze Mittelgebirge vom Harz bis zum Rande des Sauerlandes an der Niederrheinischen Tieflandsbucht (»Mundia») unbewohntes Land, nur höchstens mit einzelnen Rasthöfen dazwischen; und auf den darin verlaufenden Höhen-Fernwegen konnten Einzelne, Trupps, ganze Heer- und Völkerzüge entlangziehen, ohne die bewohnten »Reiche« zu stören.

König Wilkinus hatte außer seinem Sohn Nordian, der ihm als König folgte und selbst wieder vier »Riesen« als Söhne hatte, noch einen zweiten Sohn mit einem russischen Fischerweib, der hieß Wade. Er wurde »Wade-Riese« genannt, weil er auch sehr groß war. Er war aber kein Kriegsmann, und so gab ihm sein Vater 12 Höfe auf Seeland. Dort lebte er.

Wade hatte einen Sohn, der Weland hieß, der spätere »Wieland der Schmied«. Dessen ganze Lebensgeschichte erzählt die Thidrekssaga sehr eingehend und anschaulich: wie er zuerst bei dem berühmten Schmied Mime im Hünenland in die Lehre kam, dann zu zwei »Zwergen« im Berge Ballova; wie er in einem verschlossenen Baumboot sich die Weser hinab nach Dänemark treiben ließ, dort das berühmte Schwert Mimung schmiedete, gelähmt und festgehalten wurde, sich rächte, wie er sich Flügel zur Flucht fertigte und schließlich doch die Königstochter zur Frau bekam.

Ihrer beider Sohn war Wideke. Wideke war königlichen Geblüts vom Großvater und von der Mutter her. Er bekam, wie wir gelesen haben, vom Vater das Schwert Mimung, zog nach Bern-Bonn und wurde Didriks Geselle, er spielte in Didriks Leben eine entscheidende Rolle, teils glückhaft, teils verhängnisvoll, und so gehört er zum Lebenslauf Didriks notwendig dazu.

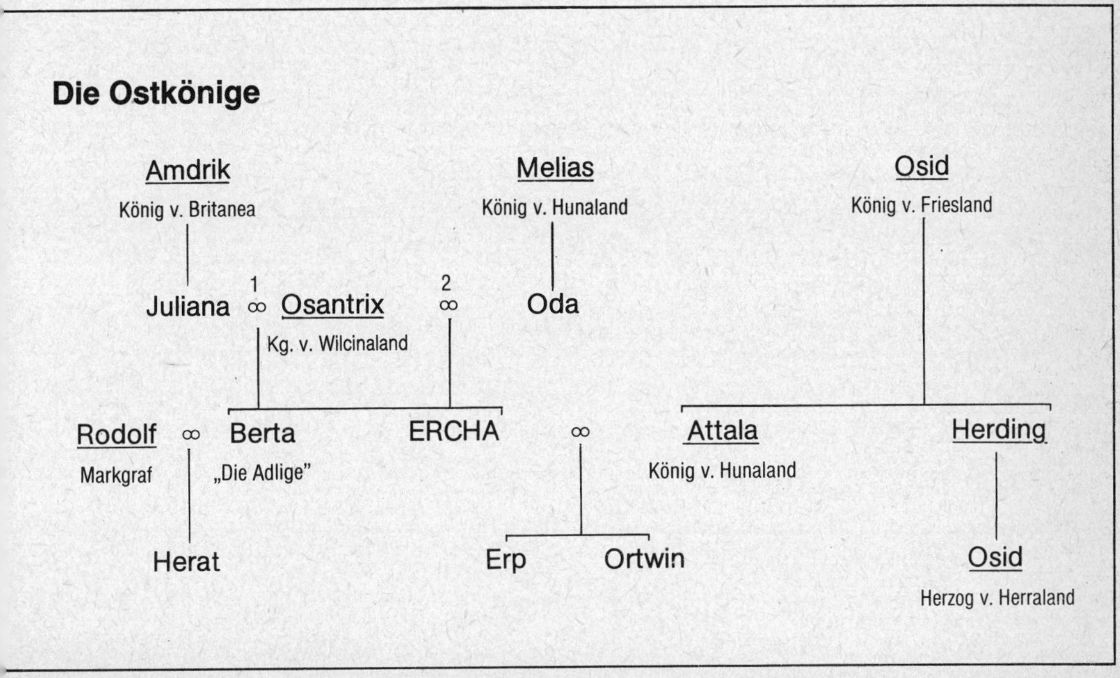

12 *Die Ostkönige*

Attalas Aufstieg

Unter den Königen östlich des Rheins, welche hier, von Bern/Bonn aus gesehen, zusammenfassend »Ostkönige« genannt werden, ist für das Leben Didriks von Bern weitaus der wichtigste König Attala (Attila, Atilius, Aktilius) von Soest, Herrscher über das Hünenland Westfalen-Niedersachsen. Er hat nichts zu tun mit dem Hunnenkönig Etzel (+ 453), den das Entsetzen seiner Zeit »die Gottesgeißel« nannte. Das Nibelungenlied allerdings und die mittelhochdeutschen Dichtungen werfen beide immerfort zusammen, und selbst ein großer Teil der Historiker hat die milderen Züge unseres Attala auf den gefährlichen Hunnen übertragen. König Attala von Soest ist vielmehr ursprünglich ein Friesenprinz, stammt also aus dem nördlichen Germanien. Sein Aufstieg zum König wird Sv 33 auf folgende Weise berichtet:

> In *Friesland* war ein König, der hieß Osid. Er hatte zwei Söhne. Der eine hieß Herding (Mb Ortnid), der andere Aktilia (Attila, Attala, Atilius). Dessen Sinn war so: Er wollte allezeit kriegen und gewann manches Land und viel Sieg. So kriegte er gegen Melias König. Als Attala eindrang in Melias' Land, da sagte er so: »Ich werde niemals von hinnen fahren, bevor ich dies Land gewonnen habe!« –
> Er gewann viele Kämpfe gegen Melias König. Melias zog sich zurück zu einer Statt, die *Wilcina* hieß. Attala gewann ihm all sein Land ab und unterwarf es sich und setzte sich an eine Statt, die *Susa* (Soest) heißt, und ließ sie kostbar mauern. Da wurde dem Attala gehuldigt als einem König über ganz Hünenland, wie es zuvor Melias besaß.
> Das erfuhr Osantrix König, und es schien ihm schlimm, daß der Vater seiner Frau so vertrieben war. Es begann nun großer Krieg zwischen Osantrix und Attala König, und sie hatten manchen Kampf miteinander. Doch alles verblieb dem Attala König mit dem Reiche, das er gewonnen hatte. Er sagte, es solle keiner von ihm bekommen, solange er lebte. »Mein Bruder Herding soll Friesland haben nach unsres Vaters Tod!« –
> Da starb Osid, König in Friesland, und Herding übernahm das Reich. Er bekam einen Sohn, der Osid hieß, aus dem wurde ein starker Mann. Als er erwachsen war, ritt er zu seinem Vatersbruder Attala-König und war allezeit Hauptmann über sein Volk, wenn es kämpfen sollte.

Die Membrane führt hier vieles noch im einzelnen aus. So sagt sie:

> **Mb 41**
> Nun wird Attala zum Heerkönig genommen, und es gibt ihm sein Gefolge den Königsnamen: doch er schwört ihnen seinerseits Recht und Gesetz.

Und von Soest im besonderen meldet sie:

> Als sich aber Attala König all sein Reich unterwarf, da setzte er seine Hauptstadt nach *Susat-Soest*, und dessen hat sie seitdem lange genossen; denn er besaß und erbaute die Stätte zum ersten Mal, und so ist sie noch heute sehr berühmt und reich.

Walter und Hildegund

An den Aufstieg Attalas schließt sich die Erzählung von Walter und Hildegund an.[78] Obwohl sie nicht unmittelbar mit dem Leben Didriks von Bern zusammenhängt, füge ich sie hier ein, weil sie eine Anzahl wichtiger Angaben enthält, und weil sich an ihr besonders gut zeigen läßt, wie die einfache Darstellung der Thidrekssaga in späteren Dichtungen auf das Übermäßigste ausgemalt wird.

Walter von Waskastein – oder, wie es in der Svava auch heißt, Walter von Waldsken – ist König Ermenriks Neffe, Sohn seiner Schwester und so zugleich Didriks Vetter. Von ihm und Hildegund berichtet die Thidrekssaga Kap. 223–225 auf folgende Weise:

> **Sv 222**
> König Attala war ein reicher König. Er hatte große Freundschaft mit Ermenrik König, (Mb 241 +: der damals in *Puli* herrschte). Er gab zu Ermenrik König seinen Neffen, welcher Osid hieß, mit 12 Rittern. König Ermenrik gab ihm dafür seinen Neffen, der Walter hieß von *Waldsken* (Mb: *Waskastein*). Dieser war damals nicht sehr (Mb: 12 Winter) alt. (AB +: Dort weilt er 7 Winter; Mb: . . . 4 . . .).
> Eine Jungfrau war bei Attala König, sie hieß Hildegulla (Hildegund), des Jarls von Greken Tochter. Sie war dahin gegeben als Geisel. Walter hatte sie sehr lieb.

Sv 223

Einmal hatte Attala König viele Gäste und viel Kurzweil mit Tanz und allerlei Spiel. Walter hielt die Jungfrau bei der Hand, Hildegund, und sagte zu ihr: »Was willst du lieber: Mir folgen oder König Attalas Frilla sein?« – Sie antwortete: »Wäre das euer Ernst, so will ich keinen lieber haben als euch!« – Er antwortete: »Gott werde mir so hold, wie ich euch hold sein werde!« –

Die Jungfrau sagte ihm, sie wolle gerne seinen Willen tun. Er sagte: »Komm am Morgen, sowie es tagt, außen vor die heimliche Pforte und habe mit dir Gold und Silber und deine Kleider!« – Sie sagte, das wolle sie tun. Nicht erfuhr es der König, ehe sie beide draußen waren.

Da kam der Torhüter und sagte ihm das.

Sv 224

Hagen war damals bei Attala König und war damals ganz jung. Der König sagte zu ihm: »Reite der Jungfrau nach und Walter!« – Er gab ihm 11 Ritter mit. Sie ritten eilends hinter Walter her. Als Walter ihrer ansichtig wurde, stieg er von seinem Roß und nahm die Jungfrau herab. Dann sprang er wieder auf sein Roß und band sich den Helm fest aufs Haupt. Die Jungfrau sagte: »Das ist sehr leid, daß du allein sollst mit Zwölfen kämpfen! Flieh lieber davon und rette dein Leben!« – Walter antwortete: »Weine nicht, Jungfrau! Ich sah schon früher Helme, Brünnen und Schilde spalten und manch einen hauptlos vom Hengste stürzen. Oftmals bin ich dabei gewesen; deshalb graust es mir nicht vor diesen Zwölfen!« – Dann ritt er hart gegen sie an, und sie schlugen sich sehr lange.

Walter schlug die elf zur Hel, und Hagen entfloh in einen Wald, der nahbei lag.

Sv 225

Walter kam in denselben Wald, und die Jungfrau mit ihm. Er machte Feuer und bereitete Essen. Als Walter saß und aß von einer Wildeberkeule, da kam Hagen mit dem gezogenen Schwert und lief auf Walter los. Die Jungfrau rief: »Wahre dich, Herr! Hier kommt einer von deinen Feinden!« – Walter sprang auf und nahm die Keule und schlug Hagen so gegen sein Auge, daß das eine Auge ausging, und er umfiel. Hagen sprang schnell auf und stieg auf sein Roß und ritt heim zu Attala König und sagte ihm das Neueste und hatte da sein eines Auge verloren. Walter ritt zu Ermenrik König und war ihm willkommen und blieb dort für lange Zeit.

Der Schluß der Erzählung lautet bei Mb:

> **Mb 244**
> Walter steigt nun zu Roß, und sie reiten südwärts über das Gebirge zu Ermenrik König, und er sagt ihm nun alles von seinen Fahrten. Und doch können sie Attala-Königs Gunst behalten durch Geldgaben, welche Ermenrik König an Attala König gab.

Mit der Erzählung von Walter und Hildegund fassen wir eine der Quellgeschichten der deutschen Literatur. Sie wird weitergebildet in einem altenglischen Heldengedicht des 8.–9. Jahrhunderts, das in zwei Bruchstücken erhalten ist, vor allem aber im »Waltharius« des Sankt Galler Mönches Ekkehard I. (um 930), einem großen epischen Gedicht, das in lateinischen Versen geschrieben ist. Im »Waltharius« ist aber Attila bereits der Hunnenkönig Etzel, sitzen die Nibelungen bereits als »Franci nebulones« in Worms (wenn auch noch nicht als Burgunden), wird Walters Burg auf dem Wasichenstein im Elsaß vermutet. Die ganze Handlung, in der Thidrekssaga noch einfach, kurz und sparsam, wird hier ins Riesenhafte vergrößert, die Kämpfe gewaltig ausgesponnen, die Schätze ins Unglaubliche vermehrt, die Zeit um Wochen gedehnt. Hagen ist nicht mehr jugendliche Geisel am Hofe Attilas, sondern ist schon in die Heimat entlassen und lebt mit Gunter am Hof in Worms. Goldgier der Nibelungen ist der Antrieb zu den schweren Kämpfen, bei denen man Walter die geraubten Schätze abjagen will. Walter, Gunter und Hagen bleiben zwar am Leben, aber jeder büßt den Kampf mit einer schweren Verwundung: Walter verliert eine Hand, Gunter ein Stück Bein und Hagen ein Auge.

Es ist kaum zu glauben, aber es ist eine Tatsache, daß bis heute die einfache Erzählung der Thidrekssaga nicht als der Ursprung dieser Überlieferung gilt, sondern als abgeleitet aus dem Walthari-Lied. Das Einfache wird aus dem Komplizierten, das Sparsame aus dem Üppigen erklärt.[79]

Aber die Steigerung vom Einfachen zum Erweiterten findet sich bereits in der Thidrekssaga selbst. Die Svava gibt uns die hier wiedergegebene ganz knappe Darstellung: Ein kurzes Gespräch zwischen den beiden jungen Menschen, Einverständnis und schneller Plan, Mitnahme des Nötigsten, Waffen, Schmuck, Kleider, Proviant, das Entweichen durch die heimliche Pforte. Als die Verfolger die Fliehenden einholen, entsteht ein kurzer Kampf, bei dem 11 der Verfolger fallen, Walter aber auf der einen und Hagen auf der anderen Seite unverwundet bleiben. Walter macht Feuer, bereitet das Essen, sie verzehren die (mitgebrachte) Wildeberkeule, und als Hagen einen neuen plötzlichen Angriff versucht, verliert er durch den Schlag mit dem Eberknochen ein Auge.

Aber in den nichtschwedischen Handschriften steht bereits viel mehr, und selbst der moralische Charakter der Liebenden wird angetastet. Hier soll Hildegund der Königin Ercha so viel Gold aus ihren Schatztruhen rauben, wie sie in beiden Händen zumeist tragen kann. Das wäre nicht ganz wenig. Diese unedle Handlungsweise haben die erweiterten Handschriften sich wohl herausgedeutet aus der ursprünglichen Aufforderung: »habe mit dir Gold und Silber und deine Kleider!« – Aber damit war nicht geraubtes Gold und Silber gemeint, sondern der eigene Schmuck wie die eigenen Kleider. Entsprechend müssen die erweiterten Handschriften dann auch die Wiederbringung des Raubes fordern und als Strafe Walters Haupt. Bei ihnen wird auch Walter im Kampfe »sehr wund«, und Hagen wird außer dem Auge-Verlust noch fürchterlich zugerichtet.

Trotz diesen Aufschwellungen, welche den Wert der Erzählung mindern, gibt uns die erweiterte Fassung doch auch einige wertvolle Hinweise, so wenn sie von Ermenrik sagt, daß er damals noch in »Puli« herrschte.

Einen anderen Zusammenhang aber haben die nichtschwedischen Handschriften offensichtlich völlig mißverstanden und verdorben und dadurch zusätzlichen Wirrwarr in die Geographie der Thidrekssaga hereingebracht. In der Svava heißt es, daß Hildegund die Tochter des Jarl von Greken gewesen sei, und *Greken* ist, wie schon erwähnt, Graach an der Mosel. Und wenn Attala von König Ermenrik, der in Puli nördlich der Mosel herrschte, eine Freundschaftsgeisel bekam, so ist durchaus glaublich, daß dies auch in Graach geschah. Walter und Hildegund waren also in der gleichen Gegend beheimatet, sprachen die gleiche Sprache und verstanden sich schon deshalb gut.

Nun kommt aber in der Thidrekssaga an anderer Stelle noch jener »Jarl Ilias von Greca« vor, der ein Bruder der Ostkönige Waldemar von Rytzeland und Osantrix von Wilzenland war, Oheim also der Königin Ercha, Osantrix' Tochter. Die nichtschwedischen Handschriften haben nun den Jarl von Graach mit jenem nicht lokalisierbaren Jarl Ilias gleichgesetzt und damit Hildegund zur Base (Kusine) der Königin Ercha gemacht. Hildegund käme darnach ganz aus dem Osten, Walter ganz aus dem Westen, und das kann nicht gemeint sein.

So verändern Handschriften ihre Vorlagen, indem sie Dinge hereinbringen, die sie aus anderem Zusammenhang herausgesucht haben und hierher gehörig glauben. Wahrscheinlich sind solche »Ergänzungen« oder »Berichtigungen« zunächst auf den Rand der Handschrift geschrieben worden, vom nächsten Abschreiber aber in den Text mit einbezogen.

Woher stammt nun Walter? – Es gilt allgemein als ausgemacht, daß mit dem »Vaskasten« oder »Vaska-stein« der *Wasichenstein* im grenznahen Elsaß gemeint sei. Die Burg ist romantisch gelegen, und man hat sich dort den Kampf Walters in einer Felsenenge lebhaft ausgemalt. Diese Zuordnung ist nach der Thidrekssaga nicht möglich, aber auch schon nicht nach dem Walthari-Lied. Der Raum westlich Trier kommt in der Thidrekssaga nicht vor; und da zur Zeit dieser Ereignisse König Ermenrik die Eroberung von Rom-Trier noch nicht vollendet hat, sondern in Puli-Polch herrscht, muß die Heimat Walters, den er als Freundschaftsgeisel zur König Attala gibt, in der Nähe von Polch gesucht werden.

Hier ist ein solcher Ortsname nun tatsächlich vorhanden, und diese Erklärung scheint die wahrscheinlichste zu sein. Einen Ort VOSCA hat es in dieser Gegend gegeben. Der Wechsel von o und a bedeutet keine Schwierigkeit. Ebenso verhält sich Mosa zu Maas, Moguntiacum zu Maginza (Mainz), Worommes zu Waremme. In zwei päpstlichen Urkunden aus den Jahren 1178 und 1186 wird Vosca, heute Forst, als Mittelpunkt von neun Höfen genannt, welche zu dem Stift Karden an der Mosel gehörten (später »Nasser Kirchspiel«). Forst war damals Sitz eines Pfalzgerichts »de novem villis circa locum qui vocatur *Vosca* sitis« (von neun Höfen, die um den Ort gelegen sind, der Vosca genannt wird).[80] Vosca = Forst liegt in Luftlinie etwa 10 km von Polch entfernt in Richtung auf die Mosel zu. Die besondere Bezeichnung »Vosca-Stein« habe ich bisher nicht gefunden; aber vielleicht glückt auch das noch.

Didrik hilft Attala

Didrik ist nun König von Bern/Bonn geworden, aber seine Lebensweise und seine Betätigungen bleiben die gleichen. Wir erfahren nichts von Regierungsgeschäften, nichts von Verwaltung oder Beratung, nichts von Gesetzgebung und Rechtsprechung, von Neuordnung oder Organisation. Wir hören nur weiterhin von Kämpfen, Kriegen und Wettstreit, ganz so, wie es Einhard von der Sammlung Karls des Großen berichtet,

die wir für eine Vorstufe der Thidrekssaga halten, daß sie von den »Taten und Kriegen der frühen Könige« erzähle.
Didriks und seiner Gesellen Ruf ist inzwischen groß, ihre Kraft wird hoch eingeschätzt, und man erbittet ihren Beistand. König Attala von Hünenland liegt in stetem Streit mit König Osantrix von Wilzenland, dessen Tochter Ercha, die er hat entführen lassen, nun seine Gemahlin und Königin im Hünenland ist. Attala bot Osantrix »Freundschaft und Liebe« an; aber er erhielt den Bescheid, Osantrix wolle nicht sein Freund sein. Attala fühlt sich Osantrix' Macht nicht voll gewachsen, weil dieser in seiner Gefolgschaft zwei »Riesen« hat mit gewaltigen Kräften, die großen Schaden anrichten können. So wendet er sich um Hilfe für einen Kriegszug an König Didrik von Bern, und dieser sagt seinen Beistand gerne zu. Er rüstet sich und reitet nach Soest mit all seinen Kämpen und 500 Rittern; und nun ziehen die beiden Könige mit ihrem Heer in das feindliche Land. Dort kommt es sehr bald zu einer großen Schlacht.

Sv 134

Herbrand reitet voraus mit Herrn Didriks Banner und haut zu beiden Handen. Herr Didrik reitet hinter ihm mit seinen Kämpen. Sie streiten mit großem Sturm und erproben ihre Schwerter an harten Helmen und starken Brünnen. ... Keine Schar hält stand vor ihnen. ...

Sv 135

Da kam ihnen entgegen der starke Riese Widulf-mit-der-Stange. Wideke war da der vorderste von Didriks Mannen. Der Riese schlug auf ihn mit seiner Eisenstange, daß er von seinem Roß zur Erde stürzte. Das sah Heim der Kleine, er griff gleich Widekes Schwert Mimung und kümmerte sich um Wideke nicht mehr ...
Herr Didrik trieb seine Mannen voran und hieß sie einhauen mit höchstem Mut. »Lehrt die Wilzenmannen unsere großen Hiebe kennen!« – Da wurden seine Mannen noch wütiger als zuvor und sprengten jeden Trupp, auf den sie trafen. Jetzt floh Osantrix König, und es blieben dort von den Seinen 500 Tote zurück. Von König Attalas Mannen waren 300 tot.
Da kam Herding, Osantrix' Brudersohn, dahin, wo Wideke lag. Er erkannte Widekes Schild, deshalb ließ er ihn binden und führte ihn mit sich fort und flüchtete, was er konnte. So gewann Osantrix König Unsieg, und jeder fuhr heim in sein Reich. Osantrix König ließ Wideke in den Turm werfen.

Didrik begleitete Attala König nach Soest und blieb dort die N
über. Am Morgen ritt er davon und nach Bern-Bonn. Damals hat
60 Mann verloren.

Wildefer befreit Wildeke

Wildefer hatte sich von König Didrik Erlaubnis erbeten, noch in Soest zu bleiben. Er wollte erfahren, ob sein Freund Wideke noch lebte. Das gelang ihm auch. Es wird ausführlich erzählt, wie Wildefer sich ein Bärenfell verschafft und dann mit Hilfe Isungs, des guten Spielmanns von Bern, Widekes Befreiung versucht. Sie ziehen ins Wilzenland, Wildefer läßt sich das Bärenfell über die Rüstung nähen, und Isung führt den Bären dem König Osantrix vor und läßt ihn zum Saitenspiel tanzen. Der König ist entzückt und will den Bären am nächsten Tag seine Kunststücke vor allem Volke zeigen lassen, aber auch seine Hunde auf ihn hetzen.
Bei dem Fest gibt es ungeheuren Tumult, als der Bär die besten Hunde erschlägt, und der König ihm voller Wut mit dem Schwert über den Rücken haut. Wildefer, unverwundet, da die Brünne ihn schützt, entreißt dem König das Schwert und schlägt ihn nieder, Furcht und Schrecken entsteht vor dem rasenden Bären, und in dieser Verwirrung wird Wideke befreit, der auf die Kunde von Isungs Kommen seine Fesseln zerrieben hat. Sein Roß Schemming wird gefunden, und die drei entfliehen, ohne von den verdutzten Burgmannen gehindert werden zu können. Sie entkommen ins Hünenland zu König Attala. Dieser läßt sich alles berichten und sagt dann:

Sv 142
»Das ist wahr: König Didrik ist ein vorzüglicher Mann, und werte Gesellen hat er und treffliche Kämpen! Die darf man wohl gute Stallbrüder nennen, die so einander aus Not helfen, wie nun geholfen ward unserem guten Freund Wideke!« –

In dieser Erzählung kommt abermals der Lyrwald in der Nähe von Soest vor, in welchem König Attala jagt, der Name der Thidrekssaga für das ganze Sauerland.

Sv 143
Wideke, Wildefer und Isung nahmen Urlaub und ritten darauf nach Bern-Bonn zu Didrik-König. Der König war froh über Widekes Kommen und fragte ihn, wie er davonkam. Der sagte ihm, wie es gefahren war. Didrik König dankte Wildefer, und der wurde gepriesen über alle Lande.
Einmal fragte der König Wideke, warum er so unfroh sei. Wideke sagte, er würde niemals froh werden, bevor er erfährt, wo Mimung geblieben ist. »Finde ich den Mann, der es trägt, dann werde ich entweder mein Leben lassen oder es wieder kriegen!« – König Didrik antwortete: »Mimung ist hier in meinem Hof, das hat Heim der Kleine. Er nahm es, als du gefallen warst.« –

Der Zug gegen Jarl Rimstein

Kaum ist Didrik samt seinen Gesellen von dem Kriegszug gegen Osantrix zurückgekehrt, so kommt eine neue Anforderung um Hilfe, diesmal von König Ermenrik aus Rom/Trier, Didriks Oheim. Er ruft auf zu einem Kampf gegen Jarl Rimstein (Mb) oder Runsten (Sv). Dieser Jarl, von dem wir sonst nichts erfahren, ist offenbar ein selbständiger Fürst außerhalb des Reiches von König Ermenrik, den dieser sich zinspflichtig machen möchte. Jarl Rimstein hat einen Herrensitz, dessen Name mit verschiedenen Formen angegeben wird. SvA sagt GERIMSHEIM, ebenso Mb, SvB: GREMINSTEN, A: GERINGSHEIM und B BERINGSHEIM.[81]
Wir sind zunächst völlig im Ungewissen, wo wir diesen Herrensitz zu suchen haben. Die Form »Beringsheim« könnte später zugebracht sein mit Hinblick auf »Castrum Berinstein« (Ann. Col. Max. vom Jahre 1198) vor den Toren Aachens; aber dies liegt fernab von der Mosel, ebenso wie Gerresheim bei Düsseldorf. Wenn Bernkastel bei Kues an der Mosel eine entsprechende frühe Namensform hätte, würde das gut zu Ermenriks Reich passen; aber das bleibt sehr ungewiß.
Noch käme Gernsheim in Betracht, das schon 773 erwähnt wird und in seinen alten Nennungen (773 Gernesheim, 852 Gerunesheim, 862 Gerinesheim, 1215 Gerinsheim) den Namensformen der Thidrekssaga sehr nahe kommt. Gernsheim hatte einen Königshof, der Ende des 9. Jhs. dem Kloster Lorsch überlassen wurde. Gernsheim liegt in der Mitte zwischen Darmstadt und Worms unmittelbar rechts des Rheins an einem klei-

nen Rheinknie. Es könnte in früher Zeit die Rheinseite gewechselt haben.
Wäre mit der Thidrekssaga-Stelle Gernsheim gemeint, so wäre dies das erste Hinübergreifen der Rhein- und Moselfranken in das alemannische Gebiet und könnte den Beginn jener großen Auseinandersetzung bedeuten, die im frühen 6. Jahrhundert zu der fürchterlichen Schlacht führte, die in der Gegend von Zülpich geschlagen worden sein soll. Immerhin handelt es sich hier wie bei vielen »Eroberungen« in der Thidrekssaga zunächst nur um Tributpflichtigkeit und die Anerkennung des Stärkeren, nicht um eigentliche Besitzergreifung.
Ich bin mir aber keineswegs sicher, daß die Thidrekssaga diesen weitab gelegenen Ort wirklich meint. Es ist übrigens der einzige -heim-Name in der Ths. Vielleicht findet sich für »Gerimsheim-Gerinstein« noch eine viel näherliegende Lösung.
Sv 144 ff erzählt:

Sv 144

Da kam König Ermenriks Botschaft zu König Didrik von Bern, er sollte nach »Rom« kommen mit all der Macht, mit der er auf der Stelle kommen könnte. König Didrik machte sich bereit mit 5 Hundert gewappneten Mannen außer seinen eigenen Kämpen.
Da sprach Wideke zu Heim: »Gib mir mein Schwert Mimung wieder!« – Heim antwortete: »Leihe es mir für diese Fahrt! Wenn wir heimkommen, soll es deins sein!« – Wideke war damit wohl zufrieden.
König Didrik ritt nach »Rom«. König Ermenrik traf ihn mit 6 Tausend raschen Mannen. Nun ritten diese zwei Könige ein in das Land eines Jarls, der *Runsten* hieß. Der lehnte es ab, König Ermenrik Schatzung zu geben. Sie verbrannten und verheerten sein Land und erschlugen dort manchen Mann. Sie kamen vor ein Schloß, welches GERIMSHEIM (B: GREMINSTEN) genannt wird, verbrannten alle Gebäude dort rings herum und schlugen ihre Zelte vor dem Schlosse auf, König Didrik auf der einen Seite, König Ermenrik auf der andern. Sie lagen dort zwei Monate lang davor und konnten das Schloß nicht gewinnen.

Sv 145

Eines Tages ritt der Jarl aus dem Schloß selbsechst und wollte sehn, ob ihre Wächter schliefen oder wachten. Er hatte dazu erst innen hinter

dem Tor seine Mannschaft gewappnet und wollte sich heimlich über sie hermachen, wenn er seine Gelegenheit ersehen hätte.
Als er voraus kam, begegnete ihm einer von König Didriks Wächtern, das war der starke Wideke. Als der Jarl seinen Feind sah, sprengte er sofort auf ihn los, dann zogen sie ihre Schwerter und hieben auf Wideke ein. Sie waren 6 und er war einer. Wideke wehrte sich mannhaft und hieb mit seiner Kraft auf des Jarls Helm und spaltete ihm Haupt und Brust, so daß (das Schwert) im Gürtel stand. Da fiel der tot zu Boden. Seine Diener flohen zum Schloß mit übler Zeitung.

Sv 146

Wideke ritt zu Herrn Didriks Zelt. König Didrik und alle seine Mannen standen draußen vor dem Zelt. Ihnen schien, Wideke hätte irgend eine Heldentat vollbracht; denn er ritt so übermütig. Sie hießen ihn willkommen und fragten ihn nach Neuigkeiten. Er antwortete: »Der Jarl ist nun tot, und wir brauchen nicht länger hier zu liegen!« –
Sie fragten, wer ihn erschlug. Wideke antwortete: »Ich bin eben der, der ihn fällte tot zur Erde!« – Heim antwortete: »Nicht brauchst du dich dessen so zu rühmen! Er war so ein alter Mann, daß ein Weib ihn wohl hätte zur Hel schlagen mögen, wenn es mit dem Schwert hätte umgehen können!« –

Sv 147

Da ergrimmte Wideke, sprang zu Heim, ergriff Mimungs Handfang und entriß Heim das Schwert; Nagelring warf er ihm vor seine Füße und forderte ihn auf der Stelle zum Kampf. Heim zog Nagelring heraus und sagte: »Ich bin bereit, mit dir zu kämpfen!« – König Didrik sprang dazwischen und mehrere Edelleute und wollten das nicht zulassen.
Wideke sagte: »Niemals soll Mimung in seine Scheide kommen, ehe er ihm den Kopf vom Rumpf getrennt hat! Deshalb, weil er mich oftmals feindselig behandelt hat, wie er auch tat, als ich lag zu Boden geschlagen im Wilcinaland. Damals konnte er mir wohl geholfen haben, so daß ich nicht ergriffen worden wäre! Er tat, wie wenn er mein Feind wäre und raubte mir mein Schwert weg! Deshalb will ich, daß er seinen Lohn bekommt! Dafür ist es so gut jetzt wie ein andermal!«

Abb. 1 Löwen und zum Kampf antretende Ritter. Reliefs an der Westwand der Abteikirche zu Andlau im Elsaß – um 1130.

Abb. 2 Didrik von Bern verfolgt Wideke in der »Rabenschlacht«. Elfenbeinschnitzerei. Germanisches Nationalmuseum in Nürnberg.

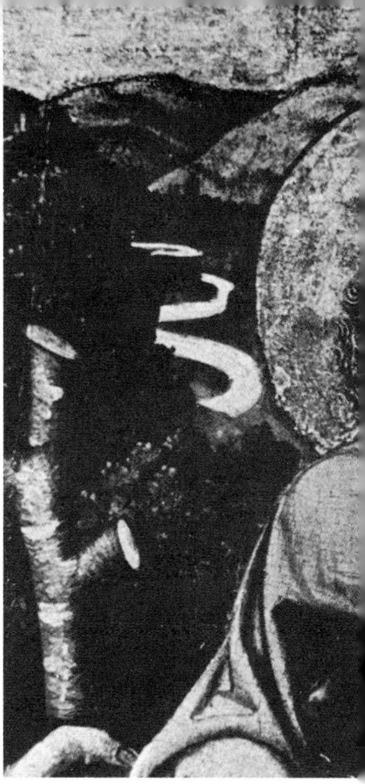

Abb. 4 Trier. Merianstich von 1646. ▷

Abb. 3 Älteste Darstellung des Bonn-Godesberger Raumes auf einem Gemälde von 1460/80. Meister der Verherrlichung Mariae.

Abb. 5 »Rom«-Trier. Die Porta Nigra, mächtiges Bauwerk aus der Römerzeit.

nächste Seite oben ▷

Abb. 6 Trierer Moselbrücke auf römischen Fundamenten. *nächste Seite unten* ▷

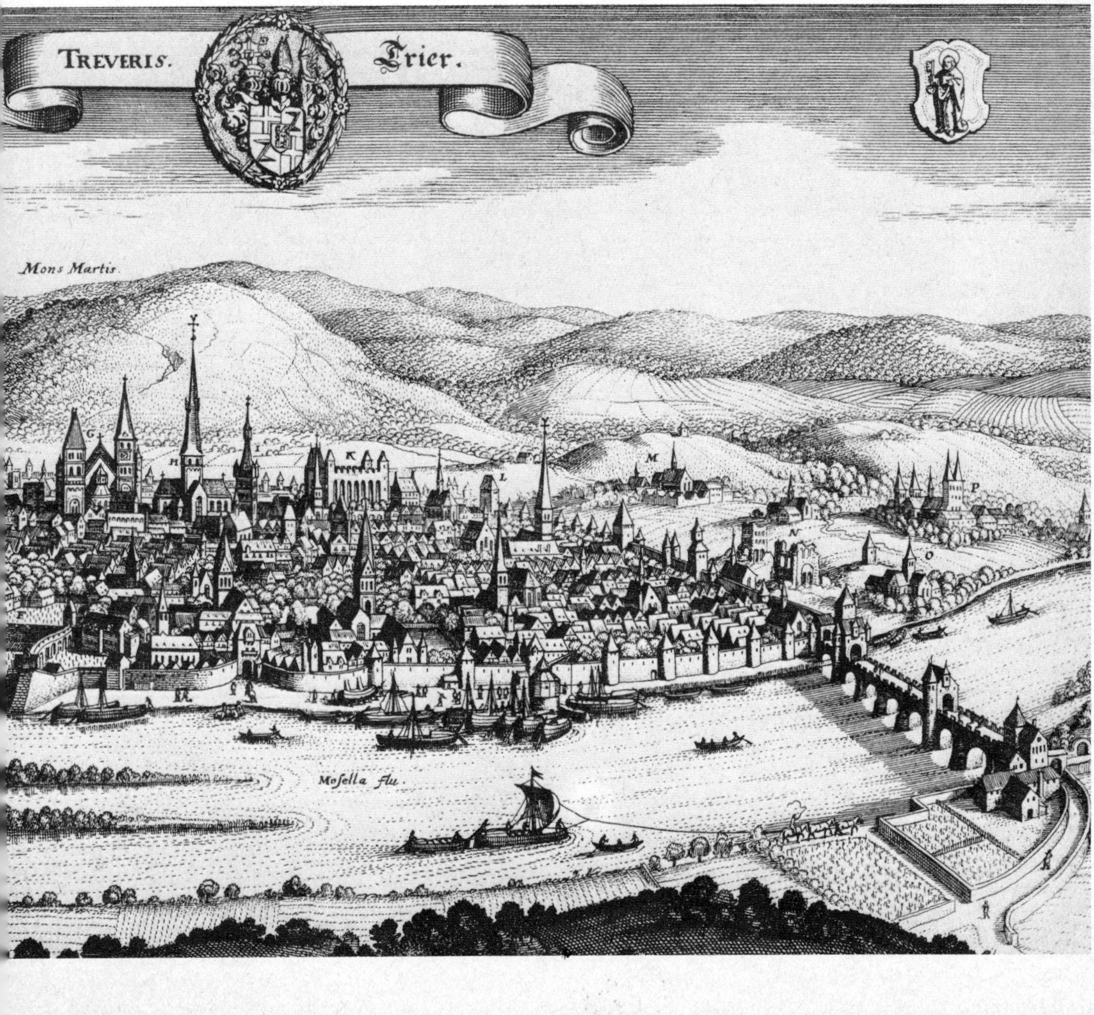

Abb. 7 Elefant und Greif. Reliefs an der Abteikirche zu Andlau

Abb. 8 Graach an der Mosel, Blick nach Süden. Ganz vorn links der Josefshof.

Abb. 9 Blick über Graach nach Nordwesten. Ganz rechts der älteste Hof (Josefshof oder Merteshof). Jenseits der Mosel in Bildmitte die Ebene von Platten. Graach ist das »Greken« und »Grächenborg« der Thidrekssaga.

Abb. 10 Das Wendener Land, die Heimat Hillebrands, das »Venedi« der Thidrekssaga.

Abb. 11 Wenden, die »Insel«, einstige Burganlage des Ritters Bernhard uf dem Dieke im Pfarrgelände.

Abb. 12 Didrik von Bern im Zweikampf mit Wideke Welandssohn. Hillebrand hält dem jungen Didrik den Arm fest, damit er Wideke, dessen Schwert zerbrochen ist, nicht erschlagen kann. Relief an einem Pfeiler im Großmünster zu Zürich, vor 1200. (Das tanzende Paar rechts gehört nicht dazu.)

Herr Didrik sprach mit Heim, strafte ihn dafür und hieß ihn Wideke Abbitte tun. Darauf schwur Heim einen Eid, daß das Scherz und Schnack von ihm war, was er zu Wideke geredet, und nicht Hohn oder Haß – und damit blieben sie verglichen.

König Didrik fragte Wideke: »Wolltest du den Tod des Jarls?« – »Ja!« sagte Wideke, »er kam auf mich selbsechst, und als er erschlagen war, flohen die fünf.« – König Didrik sagte: »Du sollst dafür großen Lohn haben und meine Liebe. Du bist ein tüchtiger Mann und ein vorzüglicher Kämpe!« –

König Didrik sandte eine Botschaft zu Ermenrik-König und ließ ihm sagen, daß der Jarl tot war. Als der das erfuhr, ließ er in alle seine Ludren blasen, waffnete all sein Volk und stürmte stracks zum Schloß so lange, bis die Mannen des Jarls das Schloß übergaben, indem sie abzogen mit Harnisch und Habe. König Ermenrik übernahm das Schloß und setzte dazu als Hauptmann Walter von Waskensten, seinen Schwestersohn. Darauf ritten beide Könige heim in ihr eigenes Land.

Von Sigfrid und den Niflungen

Nach dem Bericht über diesen Zug hat die Thidrekssaga die Nachrichten über Jung-Sigfrid eingefügt, der in den kommenden Ereignissen eine wichtige Rolle spielt. Wir erfahren seine Herkunft, die Taten und Schicksale seiner Eltern, seine Aussetzung im Walde, sein Aufwachsen bei dem berühmten Schmied Mime, die Erschlagung des »Drachen« und die erste Begegnung mit der jungen Königin Brünhild.

Auch die Niflungen werden nun einbezogen. Wir hören von König Aldrian, von Hagens ungewöhnlicher Zeugung und Geburt und von dem frühen Zusammenhang zwischen ihnen und ihrem Nachbarn Didrik von Bern. Dies alles ist in dem Buch »Die Nibelungen zogen nordwärts« eingehend dargelegt. In der folgenden Erzählung werden die jungen Niflungen, König Gunter und sein Nennbruder Hagen, in den Kreis der Gesellen Didriks aufgenommen, deren Zahl sich damit auf 12 abrundet.

Die dramatische Darstellung wird in der jetzigen Form der Thidrekssaga durch die langatmige Aufzählung und Beschreibung der einzelnen Helden unterbrochen, wodurch die ganze Spannung dieser Einleitung zum

Zug ins Bertangaland zerfällt. Ich habe deshalb diese Einzeldarstellungen hier herausgenommen und sie dort eingefügt, wo sie sinnvoll sind, nämlich beim ersten Auftreten dieser Kämpen. Holen wir das für Gunter und Hagen noch nach!

Sv 173
Gunter König
hatte lockiges Haar, lockigen Bart und weißblond, breite Schultern, war groß und stark gewachsen und der beste Ritter, mannhaft, wenn er zu Rosse saß. Er konnte auch gut umgehn mit Schild und Spieß und Schuß.
Er war hitzigen Sinnes und unbesonnen, grimm gegen seine Freinde, sonst fröhlich und freundlich.
Auf seinem Schild stand ein gekrönter Adler, den hatte er auf all seinem Gewaffen. Denn er war geboren aus Königsgeschlecht, wie der Adler König ist über alle Vögel. Deutlich ist er kenntlich, wo er reitet, an seiner Ritterschaft.

Sv 174
Sein Bruder Hagen
hatte schwarzes Haar, große Nase, tiefhängende Brauen und bleichen Bart. Sein Antlitz war auch bleich und grimmig. Er hatte *ein* schwarzes Auge. Er war groß und kräftig. Wenn er in seiner Rüstung war, war er grimm und schmuck. Er war stark und der beste Ritter, gerne mochte er kämpfen. Er war verständig, klug und wortkarg. Er hatte ein starkes Herz, war ausdauernd und geradezu.
Er hatte gleiches Wappen wie Gunter, sein Bruder. Sein Schild war silbern. Damals war es Brauch, daß niemand einen silbernen Schild trug, der nicht aus Königsgeschlecht geboren war.
Er führte auch einen Adler, doch ohne Krone.

Sv 318
Hagen war daran kenntlich: Er hatte schmalen Leib, breite Brust, langes Antlitz und bleich wie Asche, und nur ein Auge, und das war ganz schwarz.

Der Zug ins Bertangaland

Eine der wichtigsten Begebenheiten im Leben Didriks von Bern ist der Zug ins Bertangaland. Es ist die große Erprobung Didriks und seiner Gesellen gegenüber dem starken Sigfrid und König Isung samt dessen 11 Söhnen im Land um Lüneburg. Sie ist für Didriks Jugendzeit das entscheidende Ereignis, ein Höhepunkt besonderer Art, zugleich Einleitung späterer Entwicklungen. Hier herrscht noch Übermut, Verwegenheit, Erprobung in allen Gefahren. Später wird alles ernster, schwerer, oft schmerzlicher.

Sv 162
König Didrik ließ rüsten ein großes Gastmahl sich und seinen Mannen zur Freude und lud dazu ein alle die Höchsten, die in seinem Reiche waren, Fürsten und andere Edelleute. Da wurde ihm gesagt von einem mächtigen Kämpen, der hieß Gunter, König Aldrians Sohn. Daraufhin bat er ihn zu Gast, und seine Brüder Gernholt und Hagen. Sie kamen dorthin, und sie wurden wohl empfangen.[82]
Da saßen Didrik, Gunter und Hagen, Hillebrand und Hornboge Jarl alle auf einer Bank, und zu seiner linken Hand saßen Wideke, Amlung, Detzlef Danske, Stolzer Fasold, Sintram von Wenden, Wildefer, Herbrand der Weitgereiste und Weise, und Heim der Grimme.

Sv 177
Diese saßen alle bei König Didrik auf einer Bank. König Didrik sah nach beiden Seiten und sagte zu ihnen: »Große Macht ist hier zusammengekommen von diesen teuren Helden! Welcher Mann möchte so kühn sein, daß er es wagte, hiergegen anzugehn? Hier sitzen nun 13 Männer. Wären die in Waffen und säßen auf ihren Rossen, dann möchten sie wohl in Frieden durch alle Welt reisen, so daß sie niemals ihresgleichen fänden, und (ist wohl) keiner so kühn, daß er sich traute, einen Speer gegen sie zu recken! Wäre auch einer so kühn und unklug, daß er nicht bangte vor unsrer großen Macht, scharfen Schwertern und harten Helmen, starken Brünnen und Schilden und raschen Rossen, die grimm sind wie Löwen und wohl es wagen, Leute zu schlagen: dann würde er nicht mehr lange leben!« – Da erwiderte Brand der Weigereiste: »Halt Herr! Rede nicht so! Du weißt nicht, was du sagst! Du bist noch ein Kind und schwätzst mehr aus Hochmut als aus Weisheit! Du läßt keinen gleich sein weder dir noch deinen Mannen!

Sv 178

Ich will dir sagen von einem Lande, das heißt *Bertanga.*[83] Dort herrscht ein König, der *Isung* heißt. Er ist der rüstigste Mann, den es in allen den Landen gibt! Er hat 11 Söhne, und jeder von ihnen ist stark wie sein Vater. Er hat einen Bannermeister, der heißt Jungherr Sigfrid, der ist der größte Kämpe, den man nur findet, in Zweikampf und Heerkampf. Seine Haut ist hart wie Horn. Er ist so stark, er bände uns wohl alle zusammen, wäre er hier. Er hat kein schlechteres Schwert, als du hast, Herr, das heißt Gram. Sein Hengst heißt Grane, er ist Falkes Bruder, Schimmlings und Rispa's. Gram ist ein so gutes Schwert, es kann wohl Helme zerklaffen und Mannsknochen zerscheren!

Sigfrid hat goldgelockt Haar und Bart, breites Anlitz und groß. Seine Augen sind so wild, daß wenige Menschen wagen, hineinzusehn, wenn er zornig ist.[84] Er weiß wohl mit dem Schwert zu schlagen, mit dem Speer zu stoßen und den Bogen zu spannen, und jede Art Kampfspiel versteht er wohl. Er sitzt auch fest in seinem Sattel. Er kennt auch die Vogelsprache. Er redet allezeit kühn. Es war seine Sitte, zum Kampf zu reiten und zu erwerben Gold und Gut (Geld).

Sein Schild hat rote Farbe, darin steht ein Drache, halb braun, halb rot. Dies Zeichen war auf all seiner Rüstung. Er führt deshalb den Drachen, weil er den großen Drachen schlug, Mymmers Bruder. Zählte man alle Kämpen her, man fände doch niemals seinesgleichen! Sein Name wird vielerorts genannt, im Norden wie im Westen, am griechischen Meer, in der ganzen Welt.

Und das glaube mir, Herr« – sagte Herbrand – »kommst du in Kampf mit ihm, dann wirst du selber sehn, daß du niemals in größere Not kamst noch auch die deiner Mannen, die es lüstet, dorthin zu fahren!«

Sv 179

Der König entgegnete mit großem Zorn. »Ist es wie du sagst von diesem mächtigen König und seinen Söhnen und von dem rüstigen Bannermeister, dem du so großen Preis gibst: dann gehe nun stracks und wappne dich und steig auf dein Roß und nimm mein Banner in deine Hand, und ich und meine Kämpen, wir werden dir folgen! Reite voran ins Bertanga-Land! Ich will nicht mehr schlafen in meinem Bette zu Bern, bevor ich erprobe, ob jene stärker sind als wir!« –

Herr Brand waffnete sich sofort und setzte sich auf sein Roß in allem Ritterschmuck. Er ritt vor Didrik-Königs Saal und rief ganz laut: »Du reicher König, Didrik von Bern, willst du nun zum Bertanga-Land reiten? Jetzt bin ich bereit, dir den Weg zu weisen!«

Sv 180

Da ging Didrik zu seinem Roß und sprang in den Sattel ohne Stegreif. So taten auch mehrere seiner Kämpen. Brand, der reitet nun ihnen voraus, und es reitet dahinter König Didrik selb-zwölft.

Wir dürfen auch diesen abenteuerlichen »Zug ins Bertangaland« als durchaus wirklich nehmen, wenn auch nicht in allen Einzelheiten. Es finden sich auch hier eine ganze Reihe von Angaben, welche möglich, wahrscheinlich oder sogar nachprüfbar sind und uns aufschlußreiche Einblicke in eine frühe Zeit tun lassen.

Das BERTANGA-Land hat einen Gau-Namen und meint, wie schon andere vermutet haben, den *Bardengau* um Lüneburg und Bardowick,[85] und dazu stimmen außer dem Namen und der allgemeinen Lage noch verschiedene Angaben der Thidrekssaga. Da heißt es zuerst:

»Sie ritten durch große Wälder und Heiden, wo König Didrik niemals vorher gewesen war. Sie kamen durch einen großen Wald« und: »Wir haben keinen anderen Weg als durch diesen Wald.« Das stimmt mit der Landschaft der Lüneburger Heide zusammen. »Nun ritten sie durch den Wald hindurch. Da sahen sie hoch oben auf dem Berg eine Burg stehen. Dort schlugen sie ihre Zelte auf, draußen, dicht vor dem Schloß.«

Es gibt in der norddeutschen Tiefebene nur sehr wenige »Berge« und nur solche mit geringer Erhebung. Einer der auffallendsten aber und ein verhältnismäßig steil sich heraushebender ist der *Kalkberg* in Lüneburg. Was heute von ihm steht, ist nur noch ein Rest; denn Jahrhunderte haben ihn abgetragen und ausgehöhlt, eben seines Kalkes wegen. Aber immer noch steht ein Teil in der ursprünglichen Höhe. Hier also werden wir die Burg König Isungs am wahrscheinlichsten annehmen dürfen.

Es kommt noch ein anderer Grund hinzu, dies wahrscheinlich zu machen. Es wird nämlich davon gesprochen, daß der König berechtigt sei, einen Zoll zu erheben. Schon diese Äußerung ist ungewöhnlich; denn sie sagt ja aus, daß da noch eine übergeordnete Macht über dem König ist, ein überörtliches Recht, oder daß weithinreichende Vereinbarungen vorhanden sind, welche »den König berechtigen ...«. Der Zoll selbst

könnte ein Salzzoll[86] sein, da ja die Salzquelle die *eine* Grundlage für die Stadt Lüneburg gewesen ist.
In der Erzählung vom Zug ins Bertangaland sind mehrere Teilstücke breit ausgemalt. Sie beziehen sich auf den Kampf Widekes mit dem an der Grenze wachenden Riesen und den Scheinkampf Sigfrids mit seinem Vetter Amlung. Es genügt, wenn wir sie kurz behandeln. Auch die 13 Einzelkämpfe brauchen wir nur in ihren Höhepunkten zu schildern und gewinnen doch ein Bild alles Wesentlichen.

Der Kampf mit dem Riesen

Sv 180
Sie ritten durch große Wälder und Heiden, wo König Didrik niemals vorher gewesen war. Sie kamen zu einem großen Wald, der nennt sich Britanea- (Bertanga-) Wald. Da wandte Brand sein Roß herum und sagte zum König: »In diesem Wald liegt ein großer Riese, der Edger heißt, Bruder Widulfs und Asplians. Er liegt hier zur Landwacht auf *des Königs Weg*, wovon ich euch gesagt habe. Wir haben keinen anderen Weg als durch diesen Wald, wenn du Isung König finden willst. Dieser Riese ist so stark, ich glaube, es gibt seinesgleichen nicht. Reite nun vor, wer da will! Ich will nicht durch den Wald reiten, außer wir reiten alle zusammen!«

Nun erbietet sich Wideke, in den Wald zu dem Riesen zu reiten und mit ihm zu verhandeln. Er sei angeblich mit ihm verwandt. Diesen Vorschlag nehmen die anderen an. Wideke aber hat von Anfang an vor, mit dem Riesen zu kämpfen.
Es wird nun eingehend geschildert, wie Wideke den Riesen unsanft aus dem Schlaf weckt und unter Reden und Gegenreden endlich zu wildem Kampf veranlaßt. Eisenstange und Speer des Riesen verfehlen Wideke und sausen in die Erde, Wideke aber bringt dem Riesen mit dem Schwert Mimung schwere Wunden bei, so daß er stürzt. Draußen die Gesellen hören die fernen Geräusche mit Sorge.
Der Riese will sich mit Schätzen lösen und führt Wideke zu einem großen Stein mit einem Eisenring, den Wideke aber nicht bewegen kann. Der Riese muß ihn heben, darunter ist eine Tür, die in ein Erdhaus führt. Dort sind reiche Schätze verwahrt. Wideke heißt den Riesen vorausgehen und erschlägt ihn dabei. Nun will er seinen Gesellen einen Schreck einjagen.

Sv 182
Wideke beschmierte mit Blut seine Rüstung und sein Roß ... Dann stieg er auf sein Roß und jagte, was er konnte, auf Herrn Didrik zu. Er hielt das gezogene Schwert in der Hand und schrie, als wäre er toll: »Flieht, lieben Freunde! Der Riese hat mir üble Wunden gemacht! So tut er auch euch, wenn ihr wartet!« – Als sie Widekes Ruf hörten, flohen sie alle davon, nur nicht Didrik von Bern. Er wandte sein Roß zu Wideke, zog sein Schwert und sagte zu ihm: »Lieber Wideke, fliehe nicht! Denke daran, was wir gelobt haben, daß keiner von uns von dem anderen fliehen soll! Diesen Riesen wollen wir bestehn, wenn wir beide beisammen sind!« –
Darauf sagte Wideke dem König, wie es damit stand. Da lachte der König über die, welche geflüchtet waren.

Inzwischen wurden die anderen inne,

daß Wideke sie gefoppt hatte, und wendeten ihre Rosse. Wideke sprach mit König Gunter und einigen von ihnen und bat sie, nicht übel zu nehmen, daß er dies getan hatte. »Ich will euch das gerne büßen mit Gold und Silber und Geld, was ihr haben wollt.« – Sie antworteten alle nach einander: »Wir wollen dir gerne zugeben, es war mehr unsere Schuld als die deine. Gott lasse uns nie mehr fliehen!« –

Sv 183
Danach ritten sie alle durch den Wald, schauten, wo der Riese gefallen war und sahen, wo die Stange in die Erde gefaßt hatte.

Dann gehen sie in das Erdhaus hinein, wo der erschlagene Riese lag, und sehen all das Silber und Gold, das König Isung gehörte, und einiges hatte der Riese aus Dänemark mitgebracht.

Didrik sprach zu Wideke: »Mir scheint rätlich, wir lassen dies Gold hier liegen, bis wir zurückkommen. Wir wollen uns mit König Isung schlagen und sehn, was für einen Sieg wir bekommen. Trennen wir uns als gute Freunde, dann will ich nichts haben von seinem Gut und Geld.«

Sv 184
Nun ritten sie durch den Wald hindurch. Da sahen sie hoch oben auf einem Berg eine Burg stehn. Dort (Mb+: in schönem Felde unter dem Berg) schlugen sie ihre Zelte auf, draußen, dicht vor dem Schloß.

Jungherr Sigfrid ersieht von der »Zinne« der Burg her das Kommen der Fremden und meldet die Kunde dem König:

»Hier ist ein Zelt aufgeschlagen draußen vorm Schloß, und ich habe ein solches noch nicht gesehen (Mb+: In der Mitte dieses Landzeltes steht eine Stange heraus:) Dort steht oben darauf ein großer Knopf aus Gold. Und dort (Mb+: vorne vor diesem Zelt) steht ein Vorzelt und das ist rot, da ist auch ein goldener Knopf darauf. Und (Mb+: nach hinten) das dritte Zelt ist grün. Noch stehen dort zwei Zelte, die sind beide weiß, und goldene Knöpfe darauf. Ich glaube, keiner hat kostbarere Zelte gesehen. Außen vor dem ersten Zelt hängen 13 Schilde.« –

Und nun, auf die Frage des Königs, kennzeichnet Sigfrid die 13 Wappen und nennt den Namen jedes einzelnen Helden.[87] Und er bietet sich an, Näheres zu erkunden:

»Laßt mich reiten, Herr, und erfahren, wer sie sind, die so kühn ihre Zelte aufgeschlagen vor eurem Schloß, und so hochmütig sind, ohne eure Zustimmung in unser Land zu kommen!« – Der König sagte: »Ich will ihnen einen geringeren Mann senden und Zoll und Schatzung von ihnen fordern, wie es alter Brauch ist, wenn sie ihr Leben behalten wollen.« – Sigfrid sagte: »Dahin soll keiner reiten als ich!« –

Sv 186
Er nahm sich Waffen, schlechte Kleider und ein geringes Pferd und ritt vom Schloß ohne Sattel, als wäre er ein schlichter Bursche. Als er vor das Zelt kam, stieg er von seinem Pferd, ging hinein vor die Herren und Fürsten und sagte: »Heil sei euch, ihr guten Helden! Ich grüßte euch gerne mit jedem eurer Namen, wenn ich wüßte, wie ihr heißt.« – Sie antworteten und hießen ihn willkommen.

Sigfrid fragte: »Wollt ihr irgend Schatzung entrichten, wie hier ein altes Gewohnheitsrecht ist? Ganz gewiß will ich Königsschatzung von euch haben. Wollt ihr das nicht im Guten geben, so verliert ihr darüber Leben und Gut und alles, was ihr mit euch führt!« –

Mb

Nun spricht Sigfrid: Isung König, mein Herr, sendet mich hierher mit seiner Botschaft, von euch Abgabe zu nehmen, welche zu empfangen das Gesetz hier den König berechtigt. Diese Abgaben werdet ihr entrichten, wenn ihr wollt. Doch wenn der König von euch die Abgabe nicht bekommt, dann sollt ihr nicht daran zweifeln, daß es nur kurze Frist währt, bis ihr all euer Gut verliert und das Leben dazu!« –

König Didrik antwortete: »Wir kommen nicht deshalb hierher, um deinem König Schatzung zu geben. Mein Anliegen ist: ich will mit ihm kämpfen. Sage deinem Herren das wieder! Und bevor wir uns scheiden, soll er sagen: Helden haben ihn heimgesucht.« –
Sigfrid antwortete: »Mit eurer Erlaubnis will ich euch fragen: Was sind eure Namen, und woher seid ihr gekommen? Ihr habt getan, was keiner zuvor zu tun sich traute: meinem Herrn Kampf zu bieten in seinem eigenen Land. Habt ihr nicht gehört, was für ein mächtiger Mann er ist? Da antwortete Wideke Welandssohn: »Unser Anführer ist König Didrik aus Bern. Ihn begleitet ein König von Niflungaland, der heißt Gunter König. Hier sind noch mehr rasche Helden, wenn ich sie auch nicht nenne. Doch was denkst du: Werden Isung König und Jungherr Sigfrid es wagen, mit uns zu kämpfen?« –
Sigfrid antwortete: »Nicht wird Isung König oder Sigfrid vor euch weichen in seinem eigenen Land, wenn ihr auch aus Bern gekommen seid. Aber wie das auch gehen mag, so gebt immer dem König seine Schatzung, die ihr ihm mit Recht pflichtig seid! Ihr mögt das wohl billigerweise tun, das ist euch keine Schande, und ihm ist es eine Ehre.« –
König Didrik antwortete: »Weil du deinen Auftrag so wacker vorträgst, werde ich ihm gewißlich Schatzung senden. Er soll eines unsrer Rosse haben und einen unsrer Schilde. Darum wollen wir mit einem Würfel werfen, wer es hergeben soll!«
Die warfen mit Würfeln. Da traf es Amlung, Hornboges Sohn. Sie

nahmen seinen Hengst und Schild und gaben sie Jungherrn Sigfrid. Er ritt den nächsten Weg zum Schlosse hin.

Sigfrid und Amlung

Nun folgt eine lange Zwischenerzählung. Amlung will sein Roß nicht verlieren, sondern es wiedergewinnen. Er leiht sich Widekes Schimmling aus und verpfändet diesem dafür sein Erbe. Dann reitet er Sigfrid nach und stellt ihn. Sigfrid weiß, daß Amlung sein Verwandter ist, und er ist ihm sehr freundlich gesinnt. Aber zunächst messen sie sich. Wer den andern vom Pferd sticht, soll beide Rosse haben. Sigfrid sitzt unerschütterlich, Amlung dagegen wird weithin abgeworfen. Sigfrid hat nun auch Widekes Schimmling gewonnen. Er will trotzdem seinem jungen Verwandten beide Rosse wiedergeben, wenn dieser ihm Namen und Geschlecht sagt. Aber das tut Amlung nicht, seine Ehrvorstellung erlaubt es nicht. Er sagt:

> »Hätte ich dir meinen Namen gesagt, als ich auf meinem Roß saß mit meiner Wehre, dann hätten meine Blutsfreunde gesagt, ich wäre bange vor dir. Ich kaufe keine Rosse und nicht Geld und Gut damit, daß ich in Verruf komme unter Edelleuten!« –

Es ist die alte Furcht vor dem Urteil der Standes- und Altersgenossen, welche, damals wie heute, bei den Jungen schwerer wiegt, als alles andere. Sigfrid hilft dem Vetter in diesem Zwiespalt, indem er ihm seinen eigenen Namen zuerst nennt, und ihm sagt, daß er auch seinen schon kennt. Aber auch jetzt noch glaubt Amlung sich sichern zu müssen:

> »Nachdem du mir deinen Namen gesagt hast, und trieb dich keine Not dazu, so will ich dir nun meinen Namen sagen, wenn du mir das schwören willst, daß ich davon keine Schande habe.

Sigfrid versichert ihm das, und Amlung nennt seinen Namen. Und nun stellt Sigfrid ein kleines Gaukelspiel an, wodurch es so erscheinen soll, als habe Amlung ihm das Roß durch Kampf wieder abgewonnen. Er läßt sich an einen Baum binden und Amlung mit den beiden Rossen zurückreiten. Amlung scheut sich auch nicht, dieses Spiel mitzumachen und vor

Didrik und dem mißtrauischen Wideke Ereignisse zu schildern, die nicht gewesen sind. Daran hindert ihn seine Ehrauffassung nicht. Wideke, der hinreitet, um zu prüfen, findet wirklich zerbrochene Speere und zerrissene Fesseln, und nun wird Amlung von den andern gelobt.

Die Zweikämpfe

Sigfrid kehrt zu König Isung zurück und meldet ihm die Namen der Gäste und ihr Begehren, ihre Schar mit seiner in 13 Zweikämpfen zu messen. Der König nimmt die Herausforderung an. Und nun werden die Kämpfe eingeleitet, die zeigen sollen, welche Seite die bessere ist, die aber letztlich entscheiden sollen, wer als der stärkste Held seiner Zeit zu gelten hat.

Sv 191
Am Morgen darnach stand Isung König auf und wappnete sich mit seinen 11 Söhnen. Jungherr Sigfrid war der Dreizehnte. Sigfrid nahm des Königs Banner und ritt vor ihn, Isung König folgte dahinter und dann seine Söhne. Sie hatten schöne Schilde, blanke Brünnen und Helme glatt wie Glas. Sie hatten scharfe Schwerter, starke Speere und große wohlgewappnete Rosse. Sie waren auch selber stark, und jeder von ihnen hatte ein mutiges Herz.
Als sie vor das Zelt kamen, sagte Isung König zu König Didrik: »Bist du ein so untadeliger Kämpe, wie man sagt, und hast mich herausgefordert zum Kampf, so wappne dich schnell, komme heraus gegen mich selb-dreizehnt und laß uns erproben, wer die besseren Helden sind!« – König Didrik antwortete: »Zweifle nicht daran! Deshalb bin ich ja solchen langen Weg geritten, weil ich mit dir kämpfen wollte und erproben, ob du schärfere Schwerter hast oder härtere Helme, als wir haben!« –
Isung und seine Söhne stiegen von ihren Rossen. Herr Didrik wappnete sich schnell und ging zu ihm. Sie stellten je zwei und zwei zusammen und gelobten, es sollte keiner dem anderen helfen.

Die Kämpfer werden etwa gleichwertig zusammengestellt; nur für seinen Vetter Amlung sucht Sigfrid den schwächsten der Königssöhne aus. Gegen König Isung soll König Gunter kämpfen, gegen Sigfrid König Didrik selbst. Die Reihenfolge der Kämpfer ist diese:

1. Heim
2. Herr Brand
3. Wildefer
4. Sintram
5. Fasold
6. Amlung
7. Hornboge
8. Hagen
9. Detzlef
10. Hillebrand
11. Gunter
12. Wideke
13. Didrik.

Die ersten fünf Kämpfe gehen für die Berner unglücklich aus. Heim wird ohnmächtig geschlagen, Brand bekommt fünf stark blutende Wunden, Wildefer bekommt sieben schwere Wunden mit großem Blutverlust, Sintram mit seinem guten Schwert aus Siegen-Wendener Stahl schlägt seinem Gegner 3 Wunden, wird aber von diesem mit dem Schild niedergeschlagen und entwaffnet. Fasold wird ohnmächtig geschlagen, darf aber nach kurzer Erholung weiterkämpfen und wird schließlich doch besiegt. Die Unterliegenden werden an Spießschäfte gebunden; und das sind alles Berner Mannen.

Dort standen 5 Spießschäfte in der Erde. Isungs Mannen sind nun froh, denn sie haben viel Sieg gewonnen.

Sv 197

Da sprach Amlung: »Das war eine böse Stunde, als Didrik König hierher kam, wenn er selbst und alle seine Mannen hier sollen gebunden werden! Er wäre besser daheim in Bern geblieben und hätte sein Land verwaltet!« – Amlung sagte zu seinem Vater: »Nimm meinen Helm und binde ihn mir aufs Haupt, und meinen Schild an meinen linken Arm, so fest du nur kannst! Ich schwöre das auf meine Treue, ich werde mich nicht binden lassen, ich würde denn vorher zerhauen wie ein Fisch! Nicht sollen Isungs Mannen ihren Spießschaft an meinen Rücken stecken!« –

Darauf ging er kühn vor. Ihm begegnete der 6. Königssohn. Sie kämpften mit großem Ehrgeiz, hart und lange. Amlung dachte: »Ich muß mein Leben besser einsetzen, wenn hier ein Ruhm daraus werden soll!« – Er nahm sein Schwert in beide Hände und hieb dem Königssohn auf seinen Helm. Es konnte aber nicht beißen auf dem harten Helm, doch fiel der Königssohn nieder, Amlung warf sich auf ihn und hieß ihn sich ergeben, wenn er leben wolle. »Und nun werde ich dich binden! Willst du aber meinen guten Freund Fasold lösen und Brand, den Vielgereisten, dann will ich dich nicht binden!« – Der Königssohn sagte, er wolle das tun. Da wurden sie gelöst, und es ging nun jeder zu seinen Gesellen. Jungherr Sigfrid hatte gegen Amlung den weichherzigsten Königssohn gestellt, weil Amlung sein Vetter war.

Aber der Sieg Amlungs war eine Ausnahme für die Berner. Es folgen die unglücklich ausgehenden Zweikämpfe Hornboges und Hagens. Hornboge wird besiegt, weil er alt war und einen starken Gegner hatte; und Hagen, bei dessen Kampf die Funken flogen, bekommt drei große Wunden. Nun sind schon wieder fünf Berner an die Spießschäfte gebunden.

Jetzt geht Detzlef der Däne vor gegen den 9. Königssohn. Der Kampf wird eingehend geschildert. Nachdem sie sich lange geschlagen haben, fordert Detzlef seinen Gegner auf, sich zu ergeben, wenn er sein Leben behalten wolle. Der aber antwortet: »Noch gebe ich mich nicht gefangen, wenn du auch ein Dänischer bist!« Der Kampf geht unentschieden weiter bis in den späten Abend.

Da begann es zu dunkeln von der Nacht. Didrik König nahm einen Schild und Isung einen andern, und sie trennten sie ... Isung König sagte zu Didrik König: »Die Nacht scheidet uns nun, wir sehen nicht länger, wie sie sich schlagen. Darum wollen wir heimreiten, und deine Mannen sollen hier gebunden liegen, bis ich morgen hier wieder herkomme. Dann wollen wir uns aufs Neue versuchen, und unsere rüstigen Helden auch! Morgen Abend sollst du gebunden liegen am gleichen Platz, wo du jetzt stehst! Dann hast du dein Anliegen in meinem Land wohl ausgeführt!« – Damit trennten sie sich. Isung König ritt heim, und alle seine Mannen waren froh. König Didrik ging in sein Zelt.

Am andern Tag, als es hell war, kamen Isung König und seine Söhne. Didrik König stellte sich ihnen mit seinen Mannen entgegen. Da traten gegeneinander an Detzlef und derselbe Königssohn ...

Detzlef gewinnt den Sieg und läßt dafür auch Hagen lösen.[88]
Mit dem 10. Königssohn kämpft Hillebrand, aber sein Schwert zerbricht, er wird niedergeworfen und gefangen. Nun kämpft König Isung mit König Gunter. Isungs Schwert zerbricht an Gunters Helm; Isung aber greift sich ein Spießschaftstück und schlägt Gunter damit nieder, daß ihm Blut aus Mund und Nase springt. Jetzt sind bis auf Amlung, Detzlef und Didrik alle Berner Kämpen besiegt, und sechs noch gebunden.
Nun tritt der starke Wideke mit seinem Schwert Mimung gegen den elften stärksten Königssohn an.

> Sv 203
> Niemand sah einen männlicheren Kampf. Da wurde es Wideke bewußt, wie gut das Schwert Mimung war und welch großen Trost er an ihm hatte, wenn er kämpfen sollte. Er schwang Mimung mit beiden Händen auf des Königssohns Helm und hieb ein großes Stück ab von dem Helm, da folgte ein Teil des Haares mit.

Mit einem zweiten Hieb bringt Wideke dem Königssohn eine schwere Beinwunde bei, so daß dieser fast um sein Leben fürchtet.

> Wideke sprach zu Isung König: »Du sollst nun alle meine Stallbrüder loslassen – oder soll ich deinen ältesten Sohn töten?« – Der König antwortete: »Ich lasse sie nicht los, ehe mein Sohn überwunden ist ...« – Da rief der Königssohn seinem Vater zu: »Tu seinen Willen, oder es kostet mein Leben! Er hat einen Deubel in seinen Händen! ...« ‹

Der König will nur *einen* Mann für seinen Sohn lösen. Aber Wideke gerät in ein Rasen, wie oft, wenn er Mimung bloß in der Hand hat, und ruft:

> »Lösest du nicht alle meine Stallbrüder, dann werde ich erst deinem Sohn das Haupt abschlagen und dann dir selber! Nicht soll Mimung in seine Scheide kommen, bevor alle unsere Mannen gänzlich los sind!« – Dann lief er hin und zerhieb jeden Spießschaft, den er fand, und löste alle Mannen Herrn Didriks. Darauf lief er zu dem Königssohn, mit dem er gekämpft hatte, und wollte ihn töten. Da liefen Isung König und Jung Sigfrid auf Didriks Bitte zwischen sie, verglichen sie und machten sie zu Freunden.

Nun folgt der entscheidende Kampf zwischen Didrik und Sigfrid, der Kampf, um dessentwillen Didrik das ganze Bertangen-Abenteuer unternommen hat, aus dessen Folgen sich vielerlei weitere Schicksale entwikkeln.

Didrik weiß, daß Sigfrid ein ungewöhnlicher Mann ist, und schon die Kunde von ihm hat ihn in Bern in die hellste Aufregung versetzt. Didrik hat den brennenden Ehrgeiz, der erste und stärkste Held seiner Zeit zu sein, und der beste Kämpe; und noch im Beginn des Gastmahls in Bern war keiner in seinen Gesichtskreis getreten, der ihm diesen Platz streitig gemacht hätte. Mit der Nennung und Beschreibung Sigfrids war dieser Vorrang gefährdet. Er *muß* Sigfrid besiegen, wenn er seinen Anspruch aufrecht erhalten will.

Sigfrid fürchtet sich nicht vor dem Kampf. Er hat nicht solchen Ehrgeiz, der Erste zu sein, aber er traut sich zu, es zu sein. Für ihn ist der Wettkampf eine Freude und eher ein Spiel. Aber er weiß, daß in der Schar der Berner ein unvergleichliches Schwert ist. Gegen dieses Schwert will er nicht kämpfen. Daß seine »Hornhaut« ihn schützte, ist eine Vorstellung der anderen, nicht seine eigene, wenn er auch selbst solch Gerücht fördert.

So verlangt er von Didrik, daß er bei ihrem Kampfe den Mimung nicht führe, und Didrik muß ihm das, als sie zum Wettstreit antreten, beschwören. Das tut Didrik; denn er hofft immerhin, den starken Sigfrid durch seine eigene ungewöhnliche Kraft, deren Grenzen er selbst nicht kennt, zu bezwingen. So beginnt dieser Kampf, von dem vieles abhängt, von dem vieles ausgehen wird.

Didriks Kampf mit Sigfrid

Sv 204

Nun nimmt Didrik sein Schwert Ekkisax (alte Überschrift)

Er ging vor auf den Kampfplatz vor allen seinen Mannen. Jungherr Sigfrid ging gegen ihn und hatte sein Schwert Gram in Händen. Sie begegneten sich kühnlichst und schlugen sich mit großer Kraft, und keiner schonte den andern. Sie schwangen ihre Schwerter einer über des anderen Haupt mit großem Ingrimm. Von ihren Schlägen ging solch ein Getöse aus, daß ihre Freunde um beide bangten. Das war ein ingrimmiger Kampf!

Sie schlugen sich den ganzen Tag. Als es dunkelte, nahm Isung König seinen Schild und Wideke einen andern, gingen dazwischen und trennten sie. Isung ritt heim mit seinen Männern; Didrik König blieb im Zelt mit seinen Mannen, und sie waren den Abend ganz vergnügt.

Sv 205

Am Morgen früh kam Isung zurück. Sie begannen ihren Kampf aufs neue, Herr Didrik und Jungherr Sigfrid. Sie schlugen sich mit höchstem Mut, bis sie beide ermüdet waren. Sie ruhten sich eine kurze Weile aus, dann traten sie an und schlugen sich. Sie hatten so gute Rüstungen, daß keiner von ihnen wund wurde. Sie schlugen sich den ganzen Tag so lange, bis die Nacht sie trennte. Isung ritt zum Schloß, und Didrik blieb im Zelt.

Sv 206

Wideke sprach zu Didrik: »Ich glaube, du hast mit einem untadeligen Mann zu kämpfen; doch kann keiner sehn, wer von euch gewinnen mag, und noch keiner von euch ist wund.« – Didrik antwortete: »Ich weiß nicht, wie das zugeht. Er hat eine so harte Haut, daß mein Schwert nicht darauf einbeißt. Sie ist härter als jede Brünne. Willst du mir dein Schwert Mimung leihen? Ich meine, das beißt in seine Haut, und er fürchtet sich sehr vor diesem Schwert. Ich mußte ihm heute einen Eid schwören, daß Mimung nicht in meiner Hand war.« – Wideke entgegnete: »Darum darfst du mich nicht bitten! Mimung war noch nie von mir fort, außer als Heim es mir wegnahm, und das soll nicht öfter geschehen!« – Der König erwiderte voller Zorn: »Du hältst mich nicht für besser als meinen Stallbursch!? Nun werden wir niemals mehr gute Freunde!« – Wideke antwortete: »Habe ich etwas Übles gesagt, so will ich das damit büßen, daß ich dir das Schwert leihen will, so daß niemand es wisse außer uns Zweien allein; und es werde dir zum Nutzen!« – Darauf legten sie sich nieder zum Schlafen.

Sv 207

Am Morgen früh kam Isung mit seinen Mannen dahin. Didrik stand mit gezogenem Schwert und hieß Sigfrid kommen. Sigfrid antwortete: »Du sollst mir einen Eid schwören, daß du nicht Widekes Schwert Mimung hast. Gegen dieses Schwert will ich nicht kämpfen!« – Da schwur Didrik ihm einen Eid. Er stellte das Schwert gegen seinen

Rücken, hielt es am Heft, stieß die Spitze in die Erde hinein und bat sich so Gott zu Hilfe: daß er Mimung nicht über der Erde wüßte, und nicht seinen Griff in eines Mannes Hand. Das behagte Sigfrid wohl. Darauf traten sie an und schlugen sich.

Herr Didrik hieb beides, häufig und hart. Mit jedem Hieb nahm er immer ein Stück, sei es von Helm, Schild oder Brünne. So bekam Sigfrid 5 Wunden. Nun kam ihm in den Sinn, daß Didrik den Eid in falscher Weise geschworen hatte, und er erkannte Mimungs Schneiden genau. Da sagte er zu Herrn Didrik:

»Ich will meine Waffen dir übergeben, denn du bist ein vorzüglicher Mann. Ich habe keine Schande davon, einem solchen Herren zu dienen, wie du es bist, lieber als daß ich mein Leben lasse!« – So übergab Sigfrid seine Waffen. Didrik machte ihn zu seinem Mann, und es schien ihm, er hätte einen tüchtigen Mann gewonnen.

So hat Didrik seinen Ehrgeiz gestillt, hat den Ruhm gewonnen, der stärkste Held seiner Zeit zu sein. Aber das ist ihm nur durch Trug gelungen und durch die Vorzüglichkeit des Schwertes Mimung. Didrik versucht diesen Trug damit zu entschuldigen, daß Sigfrid seinerseits unerlaubte Vorteile beim Kampfe habe durch seine undurchdringliche Hornhaut, in welche kein Schwert einbeiße. Aber sie kämpfen in Rüstungen, und es ist eben vorher gesagt: »Sie hatten so gute Rüstungen, daß keiner von ihnen wund wurde.« Didriks Begründung ist also nur eine Scheinbehauptung. Und die Folge zeigt, daß Sigfrids »Hornhaut« keineswegs unverletzlich war.

Didriks Handeln und Didriks Eid war ein Trug; aber er hatte dem Wortlaut nach nichts Falsches beschworen. Sigfrid macht den Trug nicht offenkundig. Es würde ihm auch nichts helfen, und er müßte zugeben, daß er sich hat überlisten lassen. So wird er Didriks Mann und damit unfrei. Aber auch Didrik ist bei diesem Verhältnis nicht wohl. Und so versucht er, wie wir sehen werden, es auf eine andere Weise auszugleichen und gutzumachen.

So sind für die Berner die Kämpfe, die so betrüblich begannen, doch noch glücklich ausgegangen. Aber nur durch den doppelten Bruch der Veeinbarungen: daß einmal Wideke in seiner Raserei durch tödliche Bedrohung die Freilassung seiner Gesellen erzwang; und daß zum zweiten Didrik das Schwert Mimung doch benutzte, obwohl dessen Ausschaltung vereinbart war.

Herr Didrik und seine Mannen waren nun höchst vergnügt und rühmten sich sehr ihrer Fahrt. Isung und seine Söhne waren ganz unfroh, weil ihr bester Kämpe Unsieg empfangen hatte, der, an dem sie den meisten Trost hatten.

Sv 208

Didrik König und Isung König schlossen noch Freundschaft untereinander, gaben einer dem andern große Gaben. Jungherr Sigfrid gab Hornboge Jarl große Geschenke. Es war Sigfrid zu danken, daß Isung an Amlung seine Tochter gab, welche Walburg hieß. Sie war sehr schön. Didrik König trank Brautlauf, ehe er fortfuhr, der stand 5 Tage lang mit Pfeifern und Bläsern und allerhand Reigenspiel. Dann ritt Didrik König davon und Jungherr Sigfrid mit ihm. Amlung und seine Gattin folgten auch mit, sie hatte viel Gold und Silber mit sich. Didrik zog wieder desselben Weges. Er kam nach Bern mit allen seinen Mannen und wurde dort wohl empfangen. Sein Ruhm wuchs je mehr und mehr. Sein Lob steht durch die ganze Welt, und er kann nun ruhig in seinem Reiche sitzen, denn keiner wagte, ihm Kampf zu bieten.

Sv 209

König Didrik und seine Mannen haben sich in vielen Kämpfen erprobt, so daß niemand sich traut, seinen Schild gegen sie zu erheben. Nun zieht jeder heim in sein Reich. Hornboge Jarl zog heim nach Wendland, Amlung und seine Ehefrau mit ihm. Sintram zog nach Wenden und wurde dort Herzog. Didrik König und seine noch übrigen Kämpen ritten ins Niflungaland mit Gunter König. Sie gaben dem Jungherrn Sigfrid die Schwester Gunter Königs und Hagens, Crimilla, und halb Niflungaland mit ihr, und tranken Brautlauf 5 Tage mit großem Gepränge.

Herbort und Hilda

König Didrik hatte eine Schwester, welche *Ysall* (Isolde) hieß. Sie hatte einen Grafen namens Harding geheiratet und drei Söhne bekommen: Herbort oder Herbert, Hertagen oder Herdegen und Sistram oder Tistram. Durch ein unglückliches Waffenspiel hatte der junge Tistram seinen Bruder Hertagen getötet, war darauf fortgeritten und lebte lange

Zeit bei Jarl Iron von Brandenburg. Der Vater gab die Schuld an dem Unglück der Unachtsamkeit seines ältesten Sohnes Herbort und verleidete diesem so sein Elternhaus. Herbort begab sich nach Bern-Bonn zu seinem Mutterbruder König Didrik, und dieser nahm ihn ehrenvoll auf. Herbort war ein wackerer Ritter, wie man ihn sich nur wünschen konnte.

König Didrik war damals noch unvermählt. Er konnte kein Mädchen und keine Frau finden, die ihm ganz zusagte. Da hörte er von der Tochter des Königs Artus von Britania, Hilda, daß sie die schönste Jungfrau wäre, von der man wüßte. Er schickte deshalb seinen Boten dorthin, um ihm von ihr zu berichten. Der bekam sie aber gar nicht zu sehen, weil sie zu sorgfältig gehütet wurde. So schickte Didrik nun seinen Neffen dorthin, damit er für ihn um sie würbe.

Herbort begab sich also, prächtig ausgerüstet und in Begleitung von 24 Rittern nach Britania zu König Artus und richtete seine Botschaft aus. Er bekam aber die Antwort, es sei nicht Sitte, daß ausländische Männer sie zu sehen bekämen außer an hohen Festtagen, wenn sie zur Kirche ginge. Da aber der König an Herbort Gefallen fand, forderte er ihn auf, in seinen Dienst zu treten, und das tat Herbort auch.

Es gelang ihm nun wirklich , sie an einem Festtag in der Kirche zu sehen, ihre Aufmerksamkeit zu erregen und zu einem Gespräch mit ihr zu kommen. Sie fragte ihn, welches Anliegen er hätte. Er aber antwortete, das ihr zu erklären brauchte er einen halben Tag oder einen ganzen. Sie bat daraufhin ihren Vater, ihr eine Bitte zu gewähren, und als diese gewährt war, bat sie um den jungen Mann als ihren besonderen Diener. Der König stimmte zu, und so durfte Herbort ihr in ihren Turm folgen. Er sandte nun die 12 Ritter wieder zu König Didrik zurück, um ihm zu sagen, daß die Jungfrau die schönste wäre, die man sich denken könne. Und nun trug er der Königstochter seinen Auftrag vor. Er sagte:

Sv 218

»Mein Mutterbruder Didrik von Bern sandte mich hierher zu euch, er will euch zu seiner Ehefrau haben, wenn ihr das wollt.« – Sie fragte, ob er ein schöner Mann sei. Er antwortete: »Didrik ist der beste Kämpe, den es auf der Welt gibt. Gold und Silber hat er genug.« – Die Jungfrau fragte: »Kannst du sein Gesicht hier auf die Wand malen?« – Herbort antwortete: »Das kann ich wohl!« – Dann nahm er Farbe (Kreide) und malte das Gesicht auf die Wand, groß und grimmig, so häßlich er nur konnte, und sagte: »So ist König Didriks Antlitz beschaffen, und – so helfe mir Gott – es ist eher häßlicher als schöner!« – Die Jungfrau sagte: »Gott lasse mich niemals diesen häßlichen Troll bekommen! Mancher Mann wirbt für einen anderen; er könnte für sich selber werben!« – Herbort antwortete: »Wollt ihr *ihn* nicht haben, dann will ich für mich selber werben! Ich bin geboren aus Königsgeschlecht! Ich fürchte mich vor keinem König, weder vor Didrik noch vor deinem Vater!« – Die Jungfrau antwortete: »Von allen Männern, die ich gesehen habe, will ich keinen andern haben als dich!« – Darauf legten sie ihre Hände zusammen und gelobten eins dem andern ihre Treue.

Nun rüsteten sie alles zur Flucht und ritten davon. Als der König davon erfuhr, schickte er seinen Neffen Hermen mit 30 Rittern und 30 Knappen hinter ihnen her. Als die Verfolger nahten, sagte Herbort: »Ich will nicht schuldlos sterben!« hob die Jungfrau vom Pferd, legte sie nieder und »tat, was ihm gut schien«. Dann trat er den Verfolgern entgegen. Hermen fragte: »Sage mir, bevor du stirbst: Ist die Jungfrau noch Mädchen?« – Er antwortete: »Mädchen war sie, als die Sonne aufging. Jetzt ist sie meine Ehefrau!« –
Nun beginnt der Kampf. Herbort schlug Hermen nieder und weitere andere, der Rest wandte sich zur Flucht. Herbort hatte neun große Wunden, die ihm die Königstochter mit ihren Kleidern verband. Dann ritten sie fort zu einem König, der sie wohl aufnahm und Herbort zu einem Herzog machte, und blieben dort lange.

Dies ist, wie wohl bemerkt worden ist, die Urgeschichte für »Tristan und Isolde«. Die Namen sind dieser Erzählung entnommen, wenn auch etwas verwandelt und falsch zugeteilt. Wir haben hier denselben Vorgang, den wir schon bei den Niflungen fanden und noch bei »Walter und Hildegund«, und den wir bei Hillebrands Kampf mit seinem Sohn wiederfinden werden: daß die mittelalterlichen Epen ihre Stoffe aus der Thidrekssaga entnehmen, aus diesen »Alten Maeren«, daß sie sie aber gewaltig ausweiten und anreichern und jeweils ein ganzes Buch daraus machen. Das Gleiche gilt für den »König Rother«. Dabei wird die Geschichte in ganz andere Gegenden übertragen –
Es kann übrigens durchaus sein, daß in dieser Erzählung ursprünglich tatsächlich England gemeint war; denn dort war ja das Christentum weit früher als auf dem Festland, so daß ein Kirchgang der Jungfrau dort schon in der Völkerwanderungszeit möglich war.

Didriks Heirat

Man darf wohl annehmen, daß Didrik von Bern so häßlich nicht gewesen ist, wie Herbort ihn zeichnete; denn dieser wollte die Jungfrau für sich selber gewinnen. Aber eine Schönheit kann Didrik kaum gewesen sein, und die zahlreichen Narben, die er als Zeichen seiner Kämpfe trug, werden seinen Anblick nicht verbessert haben. Trotzdem muß die Wirkung seiner Persönlichkeit, wenigstens auf Männer, groß gewesen sein. Von eigentlichen Liebesabenteuern wird bei ihm nichts berichtet, obwohl gelegentlich vermerkt wird, daß er auch bei Frauen lag. Aber es verlangte ihn zu dieser Zeit, im Alter von etwa 25 Jahren, doch nach einer Ehefrau. Herborts Werbung allerdings war ihm nicht zugute gekommen.

Sv 221
Als König Didrik das erfuhr, ritt er nordwärts übers Gebirge, Detzlef der Däne und Fasold mit ihm. Er kam zu einem Schloß, das DRAKENSELL hieß. Hier war er willkommen. Dort waren die 9 Königstöchter. Ihre Mutter war gestorben durch den Schmerz, den sie erlitt, als Herr Ekke erschlagen wurde. Didrik warb um die älteste, um die zweite Detzlef der Däne, um die dritte Fasold der Stolze. Sie bekamen gute Antwort und machten ihren Brautlauf, bevor sie davonritten. Fasold und Detzlef behielten das Reich, welches der Vater der Jungfrauen gehabt hatte. Didrik machte sie beide zu Herzögen. Dann ritt er heim nach Bern und nahm seine Gemahlin mit sich.

Didrik reitet wieder, wie vor etwa 12 Jahren, zum Osning und zu jener Burg *Drekanfils*, der er damals mit allerlei Hoffnungen zugeritten war, die er dann aber hatte fliehen müssen. Sie wird hier *Drakensell* (Drachensaal) genannt, in der zweiten altschwedischen Handschrift *Drakasus* (Drakas-hûs = Drachenhaus), sonst *Drekanfils* (Drachendickicht, Drachensumpf), und man kann sich fast nicht denken, daß damit etwas anderes gemeint sei als eine Burg, ein Herrensitz, ein Gutshof vor den Externsteinen. Es würde sich lohnen, dieser Frage genauer nachzugehen. Das Gebiet, in welchem Fasold und Detzlef dann Herzöge wurden, müßte demnach das Lipper Land sein, zwischen Teutoburger Wald und Weserkette, zwischen Osning und Wiehengebirge. Dazu stimmt, daß Fasold und Detzlef später dem König Isung von Bertangaland gegen seine östlichen Feinde helfen, daß sie hier also ungefähre Nachbarn des Lüneburger Gebietes sind.

Jarl Iron

Die altnordisch-isländischen Handschriften haben in ihre Sammlung eine lange Geschichte aufgenommen, die von den Brüdern Iron und Apollonius handelt. Sie umfaßt bei Mb 30 Kapitel. Die Svava faßt 24 dieser Kapitel in einem zusammen mit ein paar kurzen Sätzen, den Rest führt sie in zwei Kapiteln aus.
Die Begrenzung ist berechtigt; denn die Erzählung führt weit ab vom Leben Didriks von Bern; sie ist wieder in jenem burlesken Stil geschrieben wie die von Thetleif und z.T. Wildefer; in ihr spielen wieder Spielleute eine wichtige Rolle und Leute der geringeren Stände, was in den Haupterzählungen kaum der Fall ist. Wir dürfen sie also zu den später hinzugefügten Geschichten rechnen, die aber jeweils einen Kern haben, der zur Didrikssage hinzugehört. Wir beschränken uns hier mit gutem Recht auf den Teil, den auch die Svava bringt. Voran setzen wir, was die Membran-Handschrift Kap. 269 berichtet.

Zu jenem großen Hoffest in »Romburg«, bei dem dann Detzlef seine üppigen Gelage hielt, war auch König Attala von Soest geladen, und er zog dahin mit manchen seiner Fürsten, vielen Rittern und Knappen. Auf ihrer Fahrt kamen sie auf die Burg Herzog Akes, und dieser gab ihnen ein köstliches Gastmahl. Am Abend tranken sie guten Wein, dabei machte Bolfriana, die Frau des Herzogs, die Schenkin. Sie war ausnehmend schön. Sie sah dort bei König Attala einen großen Mann, dessen Haar war lang und schön wie getriebenes Gold. Hellen Bart hatte er und lichtes Antlitz, feurige Augen und weiße Hände, und seinesgleichen an Wohlgestalt war in dieser Versammlung nicht. Das war Jarl Iron von *Brandenborg*, König Attalas Gefolgsmann.
Bolfriana faßte große Zuneigung zu Jarl Iron, und er zu ihr; und als alle anderen Männer trunken waren, sprachen sie zusammen und ratschlagten, wie sie sich nochmals treffen könnten. Er gab ihr ein Fingergold, und sie banden sich durch Zeichen. Am Morgen ritten sie alle nach »Romburg« zu König Ermenriks Fest, und dahin kamen auch König Didrik mit Wideke, Heim und Detzlef dem Dänen.
Als abermals ein Hoffest in »Romburg« angesetzt war, zu dem auch Herzog Ake ziehen wollte, schickte Jarl Iron an Bolfriana einen Brief, daß er kommen würde, wenn der Herzog weggeritten sei. Herzog Ake sah, daß Bolfriana einen Brief bekam. Er trank ihr oftmals zu, bis sie ganz trunken einschlief. Dann las er heimlich den Brief. Am Morgen

ritt er mit elf Begleitern fort, kehrte aber unterwegs um, ritt zurück und wartete in einem Hinterhalt.

Sv 227

Da kam Iron Jarl aus dem Walde geritten. Der Herzog schlug sofort auf ihn ein. Der Jarl wehrte sich, solange er konnte, dann wurde er erschlagen und stürzte tot von seinem Rosse. Seine Leute waren auch von ihm geflohen, darum blieb er alleine dort liegen. Seine Hunde bei ihm heulten, sein Roß und sein Falke taten desgleichen. Der Herzog ritt von ihm fort.

Sv 228

Da kam dahergeritten König Didrik von Bern und Wideke Welandssohn und Heim der Kleine. Sie wunderten sich, wer da tot lag. Sie stiegen von ihren Rossen. Da erkannten sie, daß das Iron Jarl war. Sehr schmerzte sie sein Tod, denn er war ein mächtiger Kämpe.

> (Mb 273:) Da nehmen sie große Bäume auf im Wald und machen dort ein würdiges Grabmal. Sie nehmen nun Jarl Iron und legen ihn in die Grube in all seiner Rüstung. Sie tragen Steine und Holz herbei und machen es rings umher kenntlich,

und hängten daneben seinen Schild und seinen Helm.

Da kam Herzog Ake dahergeritten. Herr Didrik fragte, wer den Jarl erschlagen hätte. Herr Ake antwortete: »Das tat ich!« – Der König fragte, was seine Schuld war. Der Herzog antwortete: »Er wollte in meinem Walde jagen, das Tier, das zwei Füße hatte, wider meinen Willen. Dafür schlug ich ihn zur Hel!« –

Die verhinderte Begegnung der so schönen Frau mit dem so ausnehmend schönen Jarl und sein Tod hat etwas Bewegendes, und der starke Eindruck, den die Begegnung mit dem toten Ritter und den um ihn trauernden Hunden, Falken und dem Roß machte, wird noch einmal in Erinnerung gerufen in einem späteren Gespräch Didriks mit dem Mönch gewordenen Heim.

Da sagt Didrik:

»Das wirst du erinnern: Als wir ritten zum Fest in Romburg, wie wir fanden vor uns auf dem Weg Iron Jarl mit seinen großen Wunden. Und entsinnst du dich an seine Falken, wie sie schrieen über ihm, dem

Toten, und seine Hunde, wie sie heulten, und sein Roß, wie es wimmerte, und wie alle seine Mannen ihn geliebt hatten, ihren Herrn, und keiner von ihnen wollte sich von ihm trennen!« (Mb 434)

Diese zweimalige Schilderung kann keine Erfindung sein, sie ist der Niederschlag eines wirklichen Erlebnisses, gemischt aus Erschrecken und Bewunderung.
Zugleich wird uns hier zum einzigen Mal in der Thidrekssaga die Darstellung eines Fürsten-Begräbnisses gegeben, wenn auch nur eines vorläufigen: wie die Männer aus Baumstämmen und Steinen ein Mal errichten – und zwar die Ritter selbst –, das auf den vornehmen Toten hinweist; und es ist keine Spur christlicher Heiligung oder Feierlichkeit dabei. Sein Tod wird hingenommen als ein Schicksal, das sich erfüllt, und kein moralischer Gedanke trübt ihn. Nur die Veranlassung wird geklärt, und welche »Schuld« (sak) der Töter dem Erschlagenen vorwarf. Das ist nun gesühnt.
In der Svava wird die Erzählung nur kurz und zusammenfassend gebracht; aber alle wesentlichen Dinge sind doch darin enthalten. Man hat den Eindruck, daß die Svava hier, in Kenntnis einer umfassenderen Darstellung, aus dem Gedächtnis das Wichtigste berichtet, wie sie – mit Recht – den größten Teil dieser nicht zum Leben Didriks gehörenden Geschichte ausläßt.

Fritila Borg

Ein großer Teil dieser Erzählung spielt sich auf Burg Fritila ab, dem Herrensitz Herzog Akes. Wir dürfen uns auch hier keine mittelalterliche Burg vorstellen, sondern einen großen Gutshof mit allen zugehörigen Gebäulichkeiten, vielleicht im Viereck geschlossen, aus Holz oder aus Fachwerk, mit einem Wohnturm, wie ihn die frühen Anlagen meist hatten, das Ganze mit Wallzaun und Graben umgeben, mehr der Ordnung wegen als für die Verteidigung.
Wo lag nun Burg Fritila? Der Versuch, es zu orten, ist schwierig, weil die Thidrekssaga nur wenige Angaben darüber macht, und so sind aus Vorurteilen einerseits und aus Namensanklängen andrerseits die wunderlichsten Deutungen entstanden. Die Italianisten setzten Fritila mit Vercelli gleich, einem kleinen Ort in der Po-Ebene unweit von Verona. Diese Gleichsetzung findet sich auch wie selbstverständlich in den

Textausgaben von Bertelsen und Hyltén-Cavallius.[89] Die Befürworter Niederdeutschlands sahen in Fritila Fritzlar, ohne weitere Begründung, wie überhaupt solche Zuweisungen meist nur unverbindliche Einzelvorschläge waren ohne Rücksicht auf den Gesamt-Zusammenhang. Die Thidrekssaga selbst stiftet nochmals Verwirrung, indem sie von Fritila spricht als von der Burg, »welche die Waräger Fridsæla nennen«.

Die Lage von Fritila wird dadurch ungefähr festgelegt, daß der Weg König Attalas auf seinem Ritt von Soest nach Trier hier vorbeiführt. Zugleich muß die Burg so liegen, daß Didrik von Bern bei seinem Zug von Bern-Bonn nach Rom-Trier sie ohne großen Umweg besuchen kann.

Ein weiterer Hinweis auf die Lage des Herzogssitzes wird an späterer Stelle gegeben. Als ein eiliger Bote eine sehr dringende Nachricht nach Fritila zu bringen hat, heißt es:

> Sv 235
> Als er zum Schlosse kam, war da keine Fähre, mit der er übersetzen konnte. Er band sein Pferd im Walde an und schwamm über den Fluß.

Als diesen Fluß nennen andere Handschriften (Mb 282, B) den Rhein. Fritila liegt demnach am Ostufer des Rheins oder eines westlichen Rheinarms, und auf dessen anderer Seite ist Wald.

Wenn wir Soest und Trier durch eine Gerade verbinden, dann trifft diese Luftlinie den Rhein bei Remagen-Sinzig. Hier irgendwo, auch wohl etwas nördlich oder südlich davon, müßte man Fritila suchen. Zugleich muß es an einem Fernweg liegen, der von Osten her kommend den Rhein nach Westen hin quert. Dieser Fernweg wird zugleich von der Burg aus überwacht und beaufsichtigt.

Außerdem findet sich in der Membrane der bemerkenswerte Satz: »Trelinnborg steht am Ufer des Rheins«. A und E haben dafür »ein *trieborg*« (eine *Holzburg*), und B und D »ein *turnborg*« (eine Turmburg). Sowohl Holzburg wie Turmburg dürften hier zutreffen, und auch »trelinn borg« dürfte, dem entsprechend, nicht ein Name sein, sondern eine Bezeichnung, in der wohl auch das Wort tre (Holz) steckt.[90]

Für die Lage von Fritila ergeben sich so folgende Anhaltspunkte: Fritila liegt

1. am Rhein oder an einem linken Rheinarm;
2. an dessen rechter (östlicher) Seite;
3. auf der Linie Soest-Trier;
4. an einem von NO nach SW verlaufenden Fernweg;
5. günstig für einen Besuch auf dem Wege von Bonn nach Trier.

Außerdem wäre nach einem Namen zu suchen, der ähnlich ist wie Fritila, der in den anderen Handschriften auch als Frittila, Fertila, Fritalea, Ffritalia vorkommt.

Wenn wir annehmen, daß König Attala auf seinem Ritt von Soest nach Trier bei Olpe den alten »Römerweg« erreichte, so überquerte er den Rhein wahrscheinlich in der Gegend von Godesberg,[91] wo sich ein Durchbruch durch die sonst geschlossene steile Hanghöhe nach Westen hin öffnet. Heute steht dort die Ruine der Godesburg, welche einst diesen Durchgang sowohl schützen wie sperren konnte. Hier zog ein alter westlicher Rheinarm entlang, unmittelbar vor der Hanghöhe, und an ihm lag das (heute in Bad Godesberg eingemeindete) FRIESDORF, welches 722 mit seinem frühest-bekannten Namen »FRITIGISO VILLA« genannt wird.

Dieser Ort und diese Gegend würden zu allen Angaben der Thidrekssaga passen. Friesdorf liegt

1. am Rhein, an einem alten linken (westlichen) Flußarm;
2. auf dessen rechter (östlicher) Seite;
3. nur 15 km nördlich der Luftlinie Soest-Trier;
4. an einem nach Westen durchs Gebirge brechenden Fernweg nach Trier (SW);
5. günstig für einen Besuch auf dem Wege von Bonn nach Trier.

Hier erscheint zudem ein Name, ähnlich wie Fritila, fast gleich, wenn man ihn zusammenzieht: FRITI(GISOVIL)LA.

Über Friesdorf schreibt das Rheinische Städtebuch unter »Bad Godesberg«: »Auf von Römerstraßen durchzogenem ... Gelände ... Römische Reste ... Fränkische Höfe und Weiler.« Es lag an altem Rheinarm. Im 9. Jahrhundert bestehen dort Villa und Dorf und der adlige Turmhof.[92]

Vielleicht also dürfen wir Friesdorf bei Godesberg als das Fritila der Thidrekssaga ansehen, und sehr viel anders kann es nicht gelegen haben. Möglicherweise lassen sich die Reste der Burg noch finden, das Grab Herzog Akes nahe bei ihr und das Grab Jarl Irons einen kurzen Ritt entfernt. Hinter Friesdorf-Godesberg geht der alte Fernweg hinauf in die »Ville«, an Fritzdorf vorbei, und dicht daneben zur Rechten dehnt sich

auf der Höhe der mächtige »Kottenforst« aus, das Jagdgebiet der Fürsten seit alter Zeit.
Hier also hätte das Liebesspiel von Bolfriana und Jarl Iron begonnen und seinen tragischen Abschluß gefunden, hier hätte Herzog Ake sein kleines Herzogtum gehabt. Hier hätte nach seinem Tode Wideke Welandssohn die schöne Bolfriana zur Frau und den Grafentitel bekommen, hier wären, wie wir noch hören werden, die jungen Söhne Herzog Akes von ihrem gegen sie aufgehetzten Oheim König Ermenrik zu Tode gebracht und der schöne Besitz verbrannt worden.
Das Einzige, was uns an der Lage von Fritilaborg wundern könnte, wäre die Nähe zu Bonn, gut 10 km; und man wundert sich, daß dann zwischen Herzog Ake und seinem Neffen Didrik kein engeres Verhältnis bestand. Aber Herzog Ake war wohl eine wenig zugängliche und schroffe Persönlichkeit. Und die Nähe zwischen Bonn und Bad Godesberg, die uns heute so selbstverständlich erscheint, wurde nicht immer so empfunden. Dies ist eine ganz anders geartete Gegend als das im Flachen gelegene und schon ganz zur »Mundia«, zur niederrheinischen Tieflandsbucht gehörende Bonn, hier ist der Eingang zum mittleren Rheintal, zum Siebengebirge und zur Ville-Landschaft der Voreifel, es muß einst eine paradiesische Landschaft gewesen sein. Hier konnte man wohl sein eigenes und abgeschlossenes Reich haben.
Über den Ort der Erschlagung des Jarls sagen die anderen Handschriften: Sie trafen sich an der Straße und schlugen sich sogleich. Das ist auch der Ort des Begräbnisses.
Beim Aufstieg von Friesdorf zum Vorgebirge, der sogenannten »Ville«, kommt man an Fritzdorf vorbei, einem kleinen Ort, der oft mit Friesdorf verwechselt worden ist. Hier wurde, nahe der alten »Düren-Koblenzer-Fernstraße« im November 1954 von Heinrich Sonntag beim Anlegen einer Rübenmiete auf seinem Acker, etwa 1000 m südwestlich der Kirche«, ein Goldbecher gefunden von fast mykenischer Form, wie er in Deutschland einzigartig ist. Man mag rätseln, wie ein Becher so hohen Wertes in diese verlorene Gegend kam. Es wäre verlockend zu denken, daß er mit unserer Erzählung in Zusammenhang stehen könnte. Das läßt sich natürlich nicht erweisen. Daß der Becher nicht unmittelbar bei der vermuteten Burg Fritila gefunden wurde, müßte dabei kein Hindernis sein, da Jarl Iron in diesen Gegenden unstet umherschweifte und ein kostbares Erb- oder Beutestück zu besonderem Zwecke mit sich geführt haben könnte, auf einer Fahrt, bei der er alles einsetzte – und alles verlor. Vielleicht bringen ergänzende Funde noch Licht in diese Frage.

Herzog Akes Tod

Sv 229

Bald darnach starb Herzog Ake. Er hatte zwei Söhne: der eine hieß Eggerd; der andere Ake. Ihre Mutter hieß Bolfriana.

Das erfuhr Wideke WELANDSSOHN: er bat Herrn Didrik, sein Bote zu sein bei König Ermenrik, damit er diese Frau bekäme, die Herzog Ake gehabt hatte. König Ermenrik antwortete: »Will Wideke mir seinen Dienst ansagen und mir so treu sein, wie er dir gewesen ist, dann will ich gerne tun, was ihm lieb ist.« – Wideke sagte, ja, das wollte er tun, und sagte König Ermenrik seinen Dienst an. Darauf gab der ihm die Herzogin Bolfriana, Land und Schloß, und machte ihn zum Grafen. Als der Brautlauf getrunken war, ritt König Didrik wieder heim.

An diesen Vereinbarungen scheint folgendes bemerkenswert: Ursprünglich war gesagt worden, daß König Samson seine Söhne Ermenrik und Thetmar zu Königen machte, Thetmar über Bern und Ermenrik anscheinend über das Übrige. Seinem dritten Sohn Ake, dessen Geburt nach einigen Handschriften nicht ganz standesgemäß war, gab er den Burgsitz Fritila. Das sieht so aus, als wäre Ake hier selbständiger Herr gewesen. Er war allerdings nur Herzog, nicht König.

Nun, nach Akes Tode, scheint plötzlich König Ermenrik berechtigt, über Akes Burg und Land zu verfügen. Daß er dabei auch über die Frau verfügen kann, war in den Zeiten, als mit der Heirat Besitz und Herrschaftsanspruch verbunden war, wahrscheinlich nicht so abwegig. Hiernach scheint König Ermenriks Macht und Machtanspruch größer zu sein als der Didriks. Andrerseits, wenn Wideke Didriks Dienste aufgibt und Ermenriks Dienste annimmt, stehen Ermenrik und Didrik sich anscheinend gleichberechtigt gegenüber.

Didrik kommt mehrfach oder vielfach zu König Ermenriks Festen und Hoftagen nach Rom-Trier. Sind dies die Besuche eines befreundeten, verwandten, gleichwertigen Fürsten, oder ist es doch eine Art Abhängigkeitsverhältnis? Gelegentlich kommt auch König Attala aus Soest zu einem Fest nach Trier, und dies ist gewiß der Besuch eines selbständigen Königs. Die Frage bleibt zunächst offen, und es ist nicht einmal sicher, ob sie sich überhaupt klären läßt.

Wie oft war Didrik überhaupt bei König Ermenrik in Rom/Trier? Die Iron-Erzählung erwähnt zwei Besuche. Der erste wird gleichgesetzt mit dem Fest, bei dem Thetleif sich so ungebührlich aufführte und dann seine

Wettkämpfe mit Walter von Waskastein machte. Bei diesem Fest war auch König Attala (Mb 269). Beim zweiten Besuch (Mb 271) hat König Ermenrik Didrik von Bern und Herzog Ake zu einem »großen Fest in Romburg« (»veitzlu mickla iromaborg«) eingeladen, und dies könnte ein Jahr später gewesen sein, da Ermenrik wohl nicht zweimal im Jahr so große Feste veranstaltete.
Dann folgt, doch sicher wieder mit einem Jahr Abstand, der Zug gegen Jarl Rimstein, bei dem Didrik dem König Ermenrik mit seinen Mannen Hilfe leistet. Hierbei kommt Didrik allerdings nicht nach Rom selbst. Und dann der Besuch bei Ermenrik, um für Wideke um Bolfriana anzuhalten, wobei Wideke Ermenriks Mann wird. Vier Besuche, wenn ich recht zähle, und etwa 4 Jahre. Noch vor den letzten Besuch fällt der Zug ins Bertangaland, bei dem Wideke noch zu Didriks Gesellen zählt.

Mit diesen Ereignissen endet der erste Großabschnitt in Didriks Leben, seine Jugend und erste Manneszeit. Er ist jetzt in seinen 20er Jahren. Sein Leben war bisher im ganzen sorglos und unbekümmert, und er steht da als der stärkste Kämpe seiner Zeit. Dieser Abschnitt bricht plötzlich ab, indem Didrik durch seinen Oheim Ermenrik unvermittelt aus seinem Berner Reiche vertrieben wird, genau so unvermittelt, wie einst sein Großvater Samson der Herrschaft des Jarls Elsung in Bern ein jähes Ende setzte. Aber Didrik behält sein Leben.
Es hebt nun der zweite Abschnitt an, die Zeit seines Exils in Soest. Sie dauert 32 Jahre. Auch sie ist erfüllt von vielen Kämpfen; aber es sind nicht mehr die Erprobungen jugendlicher Kraft, sondern es sind langdauernde Einsätze an der Seite König Attalas von Hünenland gegen dessen Feinde im Wilzen- und Russenland. Sie werden gnadenlos geführt, und Leben und aller Besitz steht dabei auf dem Spiel. Große, schicksalhafte Kämpfe geben dieser Epoche die dramatischen Höhepunkte, die Schlacht bei Gränsport und der Untergang der Niflungen.

II. Didrik im Exil

Der zweite Großabschnitt der Thidrekssaga, der über Didriks Leben in der Fremde berichtet, beginnt mit Sevekins Hinterlist. Didrik muß aus seiner Heimatstadt Bern/Bonn und aus seinem Reich flüchten, um der Nachstellung seines Oheims König Ermenrik zu entgehen. Er wird für die wichtigsten Jahre seines Lebens, das 26.–58. Lebensjahr, aus dem öffentlichen Leben des Rheinlandes ausgeschaltet und entschwindet so aus dem Bewußtsein der Zeitgeschichte. Diese Vertreibung geht zurück auf die rachsüchtige Bosheit eines einflußreichen Ratgebers am Hofe Ermenriks mit Namen Sevekin oder Sifka, welcher die Ausschaltung der nächsten Verwandten des Königs betreibt und den König selbst an ihrem Untergang mitschuldig macht. Zunächst veranlaßt er den Tod der drei Söhne Ermenriks, dann den Tod zweier Neffen, Söhne Herzog Akes, und schließlich will er auch Dietrich von Bern durch Übermacht überwältigen und hängen lassen. Diesem aber gelingt die Flucht. Anlaß dieser Bosheiten ist angeblich die Verführung von Sevekins Frau durch den König, möglicherweise aber auch der Plan, nach Ermenriks Tod selber König zu werden.

Sevekins Hinterlist

König Ermenrik hatte einen Ratgeber, dem er sehr vertraute. Dieser wurde »Junker Sevekin« genannt. »Junker« oder »Jungherr« bedeutet in der Thidrekssaga gewöhnlich den Thronfolger. Warum Sevekin so genannt wird, erfahren wir aus der Thidrekssaga nicht; aber tatsächlich wird er später nach Ermenriks Tod König, obwohl er nicht zur Königssippe zu gehören scheint.[93]

Sevekin wird nicht in der Svava, wohl aber in der Membrane (186), dort unter dem Namen Sifka, auf diese Weise beschrieben:

Sein Haar ist rot wie Blut oder wie die rote Rose, und gelockt. Sein Gesicht ist hell und rotfleckig. Weißen Leib hat er und ganz fleckig. Roten Bart hat er und ziemlich lang. Schön anzusehn, mittlere Größe. Und doch ist er stark an Kraft und reitet sein Roß ganz wacker. Groß ist seine Geschicklichkeit in vielen Dingen. Er ist ein kluger Mann, ein nachtragender und sehr hinterlistiger Mann, freundlich redend mit schönen Worten, grimmig, bösartig. Untreu und hart war er, und sein Name wurde berüchtigt.

Einmal rief König Ermenrik Sevekin zu sich und gab ihm einen Auftrag, der ihn weit fort von Rom/Trier führte. Er sagte zu ihm:

Sv 230
»Reite zu einer Stätte, die SARKASTEN (Mb-AB: Sarkastein) heißt. Dort treffen dich mehrere meiner Edelleute, und du sollst stehen an meiner Statt!« –
Sevekin tat, wie der König wünschte, und ritt dahin, so schnell er nur konnte, und manche Ritter mit ihm.
Sevekin hatte eine schmucke Ehefrau (Mb: die Odila hieß), und deshalb schickte der König ihn fort. Eines Tages war sie allein in ihrem Haus, und der König kam allein dahin und bat sie, seinen Willen zu tun. Sie sagte: Nein, das könnte nicht sein; doch mußte sie des Königs Willen tun, weil sie andres nicht wagte. Ihre Kleider wurden übel zerrissen. Dann ging der König fort.

Als wenig später Sevekin heimkommt, geht seine Frau ihm entgegen, weint ganz bitterlich und erzählt ihm alles. Er sagt: »Tu, als wenn das niemals geschehen wäre. Ich werde ihm das übel vergelten mit mancherlei Schande!« – Dann geht er zum König, meldet sich zurück und gibt sich vergnügt und ahnungslos.
Hiermit beginnt die nicht abreißende Kette von Bosheiten, welche der »Junker Sevekin« ersinnt, dem König einredet und durch ihn ausführen läßt, wobei er stets selbst dafür sorgt, daß seine Bosheit auch gelingt. Er bringt mehr als dreißig Jahre lang Unglück über die ganze Königssippe, worein auch Didrik entscheidend einbezogen wird.
Dabei ist es nicht einmal sicher, daß die Begründung für diese Bosheit stimmt. Denn wir erfahren bald, daß auch Sevekins Frau auf niederträchtige Weise lügt. Möglicherweise sind auch ihre Anschuldigungen gegen den König nicht wahr.

Abb. 13 Sintram im Schlund des Drachen. Didrik zieht Sintrams scharfes Schwert dem Drachen aus den Kiefern. Rechts wartet Fasold mit den Pferden. Relief an der Abteikirche zu Andlau, um 1130.

◁ Abb. 14 Die Saurierspuren von Barkhausen im Wiehengebirge.

Abb. 15 Die Externsteine bei Horn in Lippe im Jahre 1930. Die ungewöhnliche Felsgruppe war eine frühgeschichtliche Kultstätte, auch wohl in germanischer Zeit. In dieser Gegend ist die Burg Drekanfils zu suchen. ▷

Abb. 16 Der Quellteich des Herhofs bei Meinerzhagen. ▷

Abb. 17 Eine der zwei uralten Gerichtslinden in Altenmelle. Hier war eine frühe Gerichtsstätte, das »Aldinsæla« der Thidrekssaga. ▷ ▷

Sevekin wird als eine hinterhältige Natur geschildert. Da er am Ende Nachfolger König Ermenriks in der Herrschaft wird, erscheint es nicht als unmöglich, daß alles, was er tut, Teil eines Planes ist, der dem Ziel dient, selbst König zu werden. Die Thidrekssaga verrät es uns nicht. Aber auch der seltene Titel »Junker« = Jungherr weist in diese Richtung. Er bezeichnet in der Thidrekssaga den Jungfürsten, der später die Nachfolge des Herrschers antreten soll, den »Kronprinzen«. Folgen wir also aufmerksam den Berichten der Thidrekssaga!

Der Tod der drei Söhne Ermenriks

Eines Tages sitzen der König und Sevekin beisammen und sprechen miteinander. Da sagt Sevekin:

> »Herr, du bist aller Könige reichster, die auf der Welt sind, und von allen Landen bekommst du Schatzung, nur nicht von Großschweden (Mb: Wilcinaland). Deshalb schiene mir rätlich, dorthin euren Sohn Frederik zu senden und Schatzung von ihm zu fordern. Und rüste ihn ehrenvoll aus und laß nicht viele ihm folgen. Das ist Sendbotensitte!« –

Der König handelt nach Sevekins Rat und schickt seinen Sohn an König Osantrix ab. Sevekin gibt Frederik einen Brief mit an einen Jarl in einer »Burg im Hünenland« (Mb: Willcinaborg; A: Wiltinaborg; B: Wilsinaborg), der mit ihm (Sevekin) verwandt ist. In dem Brief steht, Frederik solle gleich umgebracht werden. So geschieht es auch. Er wird samt seinen Rittern erschlagen.
Den zweiten Sohn König Ermenriks, Regbald oder Reginbald, rät Sevekin nach England zu schicken, dort Schatzung zu holen, mit einem Schiff. Sevekin gibt ihm aber ein nicht seetüchtiges Schiff, so daß Regbald mit seinen Leuten untergeht.
Von dem Tod des dritten Sohnes wird folgendes erzählt:

> Sv 233
> Es war einmal, daß König Ermenrik Tiere jagen ritt, und mit ihm sein jüngster Sohn Samson, und Sevekin war ganz bekümmert. Der König fragte, was ihm geschehen sei. Sevekin antwortete: »Mich dünkt es schändlich: Samson, dein Sohn, wollte meiner Tochter Gewalt

antun!« – Da ergrimmte der König, ritt zu Samson hin und griff in sein Haar, daß er vom Pferd fiel, und des Königs Roß trat ihn so, daß er seinen Tod fand. Der König ritt heim. Da erfuhr er, daß Regbald, sein Sohn, ertrunken war.

So hat Sevekin in kurzer Zeit alle drei Söhne König Ermenriks zu Tode gebracht. Aber sein Racheverlangen oder Ehrgeiz und Bosheit sind damit noch nicht gestillt.

Der Tod der Örlungen[94]

Sevekin wendet sich jetzt gegen die zwei jungen Söhne Herzog Akes, Eggerd und Ake, deren Ansprüche er fürchtet. Diesmal ist es seine Frau, welche die Verleumdungen bei der Königin vorbringt:

Sv 234

Sevekins Frau ging zur Königin und sagte zu ihr: »Herzog Akes Söhne, des Königs Neffen, haben gesagt, daß der eine euch beiliegen will. Nehmt euch deshalb in Acht!« – Die Königin erzürnte sich darüber und klagte das vor dem König, daß sein Brudersohn ihr Schande antun wolle. Der König wurde ganz zornig und sagte: »Sollst du nicht Frieden vor denen haben, so sollen sie nicht Frieden vor mir haben! Ich werde sie schnell heimsuchen und sie hängen, alle zwei!« –

Da antwortete einer ihrer Mannen: »Wäre ihr Stiefvater daheim, Wideke, Welands Sohn, dann, meine ich, würde, ehe sie gehängt würden, mancher Helm zerkloben und viel Blut vergossen. Sie entgelten es, daß er nicht daheim ist!« – Der König antwortete: »Sie werden nicht viel Nutzen von dir haben, wenn du auch ihr Mann bist!« – Dieser hieß Fritila.[95] Er stieg sofort auf sein Pferd und wollte sie gerne warnen.

Sv 235

Als er zum Schloß kam, war da keine Fähre, mit der er hinüberkommen konnte. Er band sein Pferd im Wald an und schwamm über den Fluß.

Er warnt die Herzogssöhne vor der drohenden Gefahr, aber Eggerd und Ake wollen nicht fliehen. »Wir vergleichen uns wohl!«, sagen sie, und rüsten sich zur Abwehr.

Sv 236

Da kam König Ermenrik mit einem großen Heer. Er ritt sogleich zum Tor, warf sein Banner über den Graben und stürmte zum Schloß. Eggerd sagte: »Wessen beschuldigst du uns? Warum willst du uns unser Schloß nehmen?« – »Welche Schuld ich euch auch gebe, ihr sollt beide heute hängen!« – Eggerd antwortete: »Dann werden wir Ausgleich für unser Leben schaffen!« –

Der König stürmte das Schloß; sie wehrten sich mannhaft. Da schoß er Feuer zu ihnen hinein. Das Schloß begann zu brennen. Eggerd sagte: »Wir wollen lieber tapfer hinausgehn als hier drinnen verbrennen!« – Sie brachen aus mit 60 Mann und schlugen sich tapfer, so daß der König 400 verlor. Dann wurden sie ergriffen und gleich gehängt. Es ging, wie Sevekin gedacht hatte. Darnach zog König Ermenrik heim.

Sv 237

Wenig später kam Wideke heim. Seine Stiefsöhne waren gehängt, seine Frau in Trauer, seine Burg aufgebrannt, seine Frau war in einem Bauernhof. Er ritt zu Herrn Didrik und klagte ihm seine Not. Didrik begleitete ihn zu Ermenrik König und fragte, was Widekes Schuld wäre. König Ermenrik antwortete: »Wideke hat keine Schuld. Ich werde das wohl mit ihm schlichten.« – Darauf gab er ihm ein besseres Schloß (Mb: welches RANA heißt), und mehr Lehen.

Da ritt König Didrik wieder heim, und ihn bekümmerte das sehr, daß König Ermenrik seine Verwandten so haßte.

Die Erzählung von Sevekins Bosheit an den drei Söhnen König Ermenriks hat etwas seltsam Unwirkliches, fast Märchenhaftes,[96] obwohl in der hinterhältigen Ermordung Frederiks ein echter Kern zu stecken scheint, wie wir später noch sehen werden. Auch die Lügen von Sevekin und seiner Frau mit den beiden einzigen Themen Vergewaltigung und Schatzung-eintreiben haben dies Unwirkliche, daß der König, der selbst Gewalt angetan haben soll, bei anderen schon den Gedanken daran mit dem Tode bestraft. Zudem sind die geographischen Angaben der Erzählung kaum zu fassen. Aber die Darstellung vom Tod der Örlungen mit den vielen genauen Einzelheiten: Fluß, Wald, Schloß, Graben, Wurffeuer, Bauernhof führt in eine wirklichere Welt. Das wird noch deutlicher bei der Vertreibung Didriks von Bern.

Didriks Vertreibung

Eines Tages sprach Sevekin zu König Ermenrik: »Mir scheint, daß du bald auf der Hut sein mußt vor deinem Neffen, König Didrik von Bern. Er ist ein ungetreuer Mann und ein mächtiger Kämpe... Er vergrößert jeden Tag sein Reich, und deines vermindert er. Ich habe erfahren, daß dir zukommt, Schatzung von ihm zu bekommen. Dein Vater gewann dieses Land mit seinem Schwert!« –
Der König antwortete: »Ganz besaß mein Vater dies Land, und entsprechend käme es mir zu, es zu besitzen, wie ihm!« –

Auf Sevekins Rat hin sendet König Ermenrik Ragnall, den verdienten Ritter, zu Didrik, Schatzung von ihm zu fordern. Ragnall reitet ins »Humlunge-Land«, ruft, wo er hinkommt, die Lehnsleute zusammen und fordert Schatzung. Die Lehnsleute wehren sich.

Sv 238
»Wir haben Schatzung an Didrik-König gegeben, wie es sich für uns gehört. Will er König Ermenrik diese Schatzung geben, so mag er darüber entscheiden. Wir wollen nicht zweimal ihnen beiden Schatzung geben!« –

Sie senden nun alle Botschaft an König Didrik, er möge kommen und für sie antworten. Didrik reitet mit 12 Rittern zum Thing und antwortet Ragnall, er möge heimfahren und König Ermenrik melden:

Sv 239
»Er bekommt keine Schatzung von meinem Land! Und sage ihm großen Undank für seine Forderung!« –

Ragnall bringt Ermenrik Didriks Antwort, und Sevekin nutzt sie, um den König heftiger aufzureizen:

»Das habe ich seit langem gesagt, daß Didrik meint, ein größerer Mann zu sein als du! So bleibt er auch, wenn du es nicht beizeiten wendest!« – Ermenrik antwortete: »Weil Didrik glaubt, so große Mannestaten getan zu haben, daß er nun mehr sein will als ich, soll er erfahren, daß ich ihn will hängen lassen!« –
Da antwortete Heim: »Gott gebe Didrik-König Heil! Du entgiltst das

noch einmal, Ermenrik, daß du so deine Sippe haßt! Und dies und andres dergleichen verdankst du alles Sevekin!« – Da sagte Wideke: »Herr, läßt du Didrik hängen, so hast du Schande davon, solange die Welt steht!« –

Sv 240
Wideke lief gleich zu seinem Roß und ritt spornstreichs nach Bern, so schnell er nur konnte. Um Mitternacht trommelte er ans Tor.

Als Wideke und Didrik sich begrüßt haben, bringt Wideke seine wichtige schlimme Botschaft vor:

»Wartest du, bis es Tag wird, so kommt König Ermenrik mit einem großen, unbesiegbaren Heer und umstellt dich so hier drinnen, daß du niemals davonkommst, und auch er nicht, bis er dich tot gesehen hat!« –
Da ließ Didrik seine Ludren blasen und rief alle seine Mannen zusammen und sagte ihnen die Kunde, die er bekommen hatte. Er sprach: »Wir haben nun keine Wahl außer zweien. Das Eine ist, wir warten hier und schlagen uns mit Ermenriks Volk, solange wir leben können, und schlagen noch ebenso viele zur Hel, wie wir sind. Dann gilt es gleichwohl unser Leben; denn seine Macht ist uns allzu groß. Das Andre ist: Wir reiten zu unserer Rettung und lassen diese Burg stehn. Gott mag es fügen, daß wir sie wohl wiederbekommen! Dann behalten wir unser Leben und manchen rüstigen Kämpen dazu!« –
Da antwortete Hillebrand: »Wir werden unser Reich schmählich übergeben. Und wer nun Didrik-König begleiten will, der sei bereit, so schnell er nur kann!«

Nun ist Bern-Bonn voller Weiber- und Kinderjammern, Getöse von Waffen und Rossegewieher. Und als nun Didrik und seine Mannen, abmarschbereit, noch einmal zusammensitzen im größten Saal des Königs, trinken und reden, kommt Heim und meldet, daß König Ermenrik schnell herankäme mit 5000 Rittern und unzähligem anderen Volk. Da nimmt Hillebrand Didriks Banner, alle sitzen auf und reiten hinter ihm her aus Bonn heraus, 700 Ritter und anderes Volk. Sie reiten zuerst am Mundia-Gebirge entlang und in König Ermenriks Reich, heeren und brennen.[97] Dann reiten sie nordwärts ins Mundia-Land zur Burg Bakalar, während Wideke und Heim sich traurig von ihnen trennen.

Sv 242

Heim ging vor den König und sagte mit großem Zorn: »Du Ermenrik König hast viel Böses an deinen Verwandten getan: Frederik und Regbald schicktest du in den Tod, den jungen Samson tötetest du, deine Brudersöhne Eggerd und Ake ließest du hängen. Und nun hast du Didrik König und seinen Bruder Thetmar aus ihrem Reich vertrieben, und Wolfhart, deinen Schwestersohn, und den guten Hillebrand und viele andere teure Ritter, einige getötet und andere verderbt. Und alle diese Übel verursacht der bösratende Sevekin!« –

Sevekin antwortete: »Herr, das sagte ich dir längst, als du Heim zu dir zogst und machtest ihn so stolz: nun schmäht er dich! Darum magst du ihn in den Wald senden, wo sein Vater saß, um dort deine Hengste zu hüten!«

Heim antwortete: »Hätte ich hier mein gutes Schwert Nagelring, das weiß Gott, ich würde dich erschlagen wie einen Hund!« – Und er schlug Sevekin ans Ohr mit seiner Faust, daß er niederfiel vor des Königs Füße und die Besinnung verlor, und fünf Zähne flogen ihm aus dem Mund.

König Ermenrik wollte Heim greifen und hängen lassen, und 70 Ritter sprangen auf hinter ihm her; aber Wideke sprang ins Tor, das Schwert Mimung blank in der Hand. Da wagte sich keiner hindurch, und Heim entwich. Er legte sich in die Wälder um Rom-Trier und tat Schaden, wo er konnte.

Didrik ritt mit seinen Mannen zu der »Burg«, »die Becculär (Mb Bakalar) hieß,[98] nahe am Rhein«. Dort wurde er von Markgraf Rodinger und der Markgräfin Godelinda herzlich aufgenommen und reich beschenkt, auch seine Ritter. Die Markgräfin gab Didrik eine Fahne an seine Lanze von roter und grüner Seide mit einem goldenen Löwen darin. Von hier aus ritten sie alle am andern Tag mit dem Markgrafen zusammen nach Susat-Soest. König Attala empfing Didrik festlich, holte ihn zusammen mit Königin Ercha ein, führte ihn in die Burg und bat ihn, so lange bei ihm zu bleiben, als es ihm behagte.

König Ermenrik

König Ermenrik (Erminrek, Ermentrik) wird uns geschildert als ein leicht erregbarer, leicht beeinflußbarer, herrschgewohnter Mann, der seinen Entschlüssen die Taten unmittelbar folgen läßt. Über die Wünsche und Rechte anderer setzt er sich unbekümmert hinweg. So erpreßt er die Gunst der Frau Sevekins, so vollführt er seine Anschläge gegen seine Verwandten mit blitzartiger Schnelle. Den Gegen-Standpunkt nimmt er erst gar nicht zur Kenntnis. Den Grundsatz: »Enes Mannes Rede – kenes Mannes Rede; man soll sie billig hören beede«, läßt er für sich nicht gelten.

Merkwürdig in der Schilderung seines Wesens ist, daß er die Heimtücke Sevekins und die Lügen von Sevekins Frau nicht durchschaut, daß er Sevekin blind vertraut, daß er die Kette der Verleumdungen und den Plan, der darin liegt, nicht erkennt. Das würde für eine gewisse Engstirnigkeit zeugen. Andrerseits kennen wir ihn nur aus den Schilderungen seiner Feinde, Didriks und Hillebrands, und Heims.

Er ist verheiratet, und hat drei Söhne, die dann alle durch Sevekins Veranlassung umkommen. Von Töchtern ist nicht die Rede; aber das besagt nicht, daß er keine gehabt hätte.

In den Anfangsgeschichten, die offensichtlich aufgeschrieben wurden, als noch keine Feindschaft zwischen Ermenrik und Didrik bestand, ist er noch weit freundlicher, gastlich, großzügig. Die Art, wie er Detzlefs Schulden bezahlt, wie er seinen Neffen Walter von Waskasten auslöst, zeigt ihn fast gewinnend. Er veranstaltet große Feste an seinem Hof und ist freigebig. Hat er sich also erst durch Sevekins Einfluß so verändert?

Es nimmt wunder, daß er Walter von Waskasten nicht verfolgt, der ja gleichfalls sein Schwestersohn ist. Das liegt wohl daran, daß Walter von Anfang an zu seinem Herrschaftsbereich gehört, wie er Walter denn auch schon sehr früh als Freundschaftsgeisel an König Attalas Hof gibt. Walter geschieht nichts, er bleibt Ermenriks Vertrauter und sein Feldhauptmann später in der Schlacht bei Gränsport. Vielleicht war er in der Thronfolgerreihe nicht vorgesehen und wurde also von Sevekin nicht als Hindernis für seinen eigenen Aufstieg angesehen.

Wenn Ermenrik zur Zeit von Didriks Vertreibung etwa 40–50 war, so war er bei Didriks Rückkehr 72–82 und starb damals unter gräßlichen Beschwerden, die durch Sevekins Rat noch vermehrt wurden. Didrik mag etwa 25 Jahre jünger gewesen sein als Ermenrik.

Die Erzählung von »Sifkas Rache« oder »Sevekins Verrat« wird in der altschwedischen Fassung durch den Satz eingeleitet:

> König Ermenrik war ein mächtiger König, so daß viele Könige ihm Schatzung gaben überall südlich des Mundiagebirges.

Das »Mundia-Gebirge« ist das rheinische Schiefergebirge und die Eifel, welche die »Mundia«, die niederrheinische Tieflandsbucht nördlich Godesberg, westlich-südlich einschließen.
Die Handschriften Mb und A bringen nun aber einen ganz anderen Text und mit ihm eine ganz andere Vorstellung herein. Da heißt es:

> **Mb 276**
> Nun sitzt Ermenrik König in seinem Reich. Er ist Überkönig in Rumaborg und über viele andre große Königreiche, und ihm dienen und gehorchen alle Könige und Herrscher südlich des Gebirges (fehlt B) und weithin anderwärts (fehlt AB), und er ist der größte und reichste König in dem Weltteil, der Europa heißt; denn die Kaiser herrschen nun meist draußen über Bulgaraland und über Griechland. Doch das Reich Ermenrik Königs steht ganz hinüber bis zur See, welche Adria-Meer heißt (fehlt B).

Einleitungen größerer Abschnitte sind für Abschreiber und Umschreiber ein verlockender Platz, um eigene Meinungen und Deutungen einzufügen; und dieser Lockung ist einer in der langen Reihe der Abschreiber erlegen.
»Südlich des Gebirges« wird hier mißverstanden als »südlich der Alpen«, und das Reich Ermenriks wird als ein bis an die Adria reichendes Gotenreich in Italien mit der Hauptstadt Rom gesehen. Einen Gotenkönig dieses Namens hat es aber in Italien nicht gegeben. Wie gut, daß uns auch hier die Svava den ursprüngliche(re)n Text bewahrt!
Aufschlußreich ist die Stelle von Widekes Ritt von »Rom« nach »Bern«. Die Svava sagt: »Er ritt spornstreichs nach Bern, so schnell er nur konnte. Um Mitternacht trommelte er in Bern ans Tor.« – Das wagt Mb nicht zu schreiben, da der Schreiber unter »Rom« ganz offensichtlich das italienische Rom versteht, unter »Bern« wahrscheinlich Verona in Norditalien, und weiß, daß ein Ritt von Rom nach Verona – Luftlinie

über 400 km – an einem Tage unmöglich ist. Die Svava dagegen hat das italienische Raumbild nicht, für sie ist es ein Ritt von Trier nach Bonn – Luftlinie 110 km. Ein solcher Tagesritt bei höchster Dringlichkeit und einem vorzüglichen und trainierten Pferd ist durchaus möglich.

Die Ostkämpfe

Didrik, nach seiner Flucht aus Bern/Bonn vom Hünenkönig Attala von Soest auf das Freundschaftlichste aufgenommen, empfindet es als selbstverständliche Ehrenpflicht, seinem Freund und Gastgeber auch seinerseits mit allen Kräften beizustehen. Dazu ergibt sich reichlich Gelegenheit; denn König Attala ist in vielfache Kämpfe mit den Ostkönigen verwickelt, wie Didrik es schon früher erfahren hat.[99]

> Attala-König klagte vor Didrik-König, welch großen Schaden er erlitten durch den König von Wilzenland, der sein Land verbrannt und sein Volk erschlagen hätte. Herr Didrik antwortete: »Das solltet ihr nicht länger leiden! Wollt ihr das rächen, während ich hier bin, so will ich euch gerne begleiten.« –

Auf neue Unglückskunde hin rüstet sich alles, die Ludren werden geblasen, und Didriks Mannen sammeln sich um Didriks Banner:

> *Da reitet Attala-König aus Soest hinaus mit König Didrik und Markgraf Rodger* (alte Überschrift!).
> Alles in allem hatte Attala 10000 Ritter. Als er nach BRANDENBURG kam, traf auf ihn der König von Wilzenland.
>
> **Sv 247**
> Sie ordneten ihre Spitzen (Scharen), schlugen ihre Banner aus und kämpften mannhaft. ... König Didrik und seine Mannen brachen die feindlichen Scharen auf, wo immer es ihnen gut schien, und hießen ihre Mannen hart vorwärts dringen.
> Herr Hillebrand reitet mit König Didriks Banner und haut zu Boden Männer und Rosse. Hinter ihm reitet Didrik König und haut zu

beiden Seiten. Wolfhart, sein Vetter, folgt ihm verwegen ... und seine Mannen folgen hart hinter ihm her und tun großen Schaden. Der Wilzenkönig wandte sich hart gegen sie. Wolfhart ritt gegen ihn. Sie schlugen sich so lange, bis der König von Wilzenland tot von seinem Rosse fiel.

Sie gewinnen den Sieg. Attala hat dabei 500 Ritter verloren, Didrik 60. Die Herrschaft im Wilzenreich übernimmt der Brudersohn des Königs Osantrix, Hernid. Er »wurde da zum König genommen«.
Aber die Friedensruhe ist nur kurz.

Sv 248
Als Attala König eine kurze Weile daheim gewesen war, geschah es eines Tages, daß König Didrik auf dem höchsten Turme stand, der in Soest war, und sah weit hinaus ins Hünenland. Da sah er großen Rauch und breiten Brand über Hünenland. ... Da kam Botschaft, daß das Waldemar, König von Rytzeland, war.

Sie waffnen sich sofort und reiten hinaus.

Da hatte König Waldemar 1000 Dörfer und 15 Kastelle verbrannt, hatte 1000 Leute erschlagen, eine ummauerte Feste gewonnen und den guten Ritter Rodolf gegriffen und gebunden. Als er erfuhr, daß Attala König käme und Didrik König von Bern mit einem großen Heer, flüchtete er außer Landes und wieder heim nach Rytzeland. König Attala zog hinter ihm her hinein nach Rytzeland, brannte und heerte, wo er durchzog.
Da zog Waldemar König ihm entgegen und hatte mehr Volk als Attala. Nun begann dort ein mächtiger Kampf. König Waldemar hatte einen Sohn, der Tydrek hieß, der war ein gewaltiger Kämpe. Didrik von Bern ließ sein Banner gegen ihn tragen und Attala König sein Banner gegen Waldemar König. Dort geschah großer Schaden auf beiden Seiten.

Sv 249
Didrik von Bern ritt mitten in den Kampf und hieb zu beiden Händen. Ihm entgegen kam Tydrek Waldemarssohn. Sie kämpften lange miteinander, gaben einer dem andern große Hiebe und manche Wunde, so daß Didrik von Bern 9 Wunden hatte und Tydrek Walde-

marssohn hatte 5 Wunden. Didrik ritt zornig zu und hieb häufig und hart, bis er Tydrek Waldemarssohn griff und ihn gleich binden ließ. Da riefen seine Mannen ihm zu und forderten, tapfer vorzudringen.

Als der Kampf am härtesten stand, und das Volk fiel auf beiden Seiten, da floh Attala König mit seinem ganzen Volk. Das sah Didrik König. Er rief voller Grimm: »Wer hier von meinen Mannen flieht, der soll an einem Galgen hängen!« – Da wandten sich alle seine Mannen wieder, die zu ihm gehörten, und kämpften tapfer. Herr Didrik sagte: »Ich will nicht fliehen! Mir scheint, es ist nun am besten, dies Kampfspiel durchzuführen, dann können wir noch den Sieg gewinnen. Er hieb zu beiden Händen und spaltete Schilde und Helme.

König Attala ritt heim ins Hünenland und hatte 500 Mann verloren. Didrik von Bern kämpfte den ganzen Tag über tapfer; da hatte er 200 Mann verloren, doch König Waldemar hatte 2000 Ritter verloren.

Im belagerten Kastell

Sv 250

Gegen Abend zog König Didrik zu einem verlassenen Schloß, das dort nahbei lag, mit dem Volk, das er noch hatte. König Waldemar belagerte ihn darin und legte sich rings um das Schloß mit 12000 Rittern. König Didrik schlug sich mit ihnen jeden Tag und erschlug viele von ihrem Volk. Schließlich hatte er nichts mehr zu essen.

Eines Tages stand König Didrik auf den Wehren und sah, daß König Waldemar zu Tische ging. Da ließ er 500 Ritter sich wappnen, ließ die Hälfte mit seinem Banner zum *einen* Tor hinausziehn und die Hälfte durch das andere Tor, und sie kamen auf einen Schlag von zwei Seiten auf Waldemar König. König Didrik ließ zugleich in alle seine Ludren blasen, und sie kamen im Sturm über die Rytzen. König Waldemar meinte, König Attala wäre mit einem großen Heer gekommen; darum floh er eilig davon, und es wurde dort viel von seinem Volk erschlagen.

König Didrik bekam hier Wein und Speise genug. Da vernahm Waldemar König, wie es darum bestellt war; darum wandte er wieder

> um und lagerte sich rings um das Schloß und lag lange davor, bis Herr Didrik keine Nahrung mehr hatte, außer sie aßen ihre eigenen Pferde.

Aber auch das ist nur Hilfe für begrenzte Zeit. Nachdem sie den größten Teil ihrer Pferde schon geschlachtet und verzehrt haben, bleibt alleine noch die Möglichkeit, einen Boten zu König Attala um Hilfe zu schicken. Niemand will den verwegenen Ritt durch die Feinde wagen, auch Wildefer nicht, dem er angetragen wird. Endlich erklärt sich Didriks Vetter Wolfhart dazu bereit, wenn Didrik ihm den Helm Hildegrim, das Schwert Ekkisax und das Roß Falke leiht. Didrik tut das.

> Darauf nahm einer des anderen Waffen und Roß. Wolfhart ritt zur Burg hinaus, als die Nacht stockdunkel war, hin zu einem Feuer. Er nahm einen lodernden Brand und ritt so mitten durchs (feindliche) Heer. Die Heerwächter meinten alle, es wäre einer der ihren, weil er so keck daherritt. Als er in die Mitte des Heeres kam, sah er manches Zelt, darunter eins, das besonders kostbar war. Da hinein warf er den Brand. Darinnen aber lag König Waldemar selbst, und die meisten seiner Fürsten lagerten überall dort rings herum. Da faßte das Feuer flugs in die Seide, und das Zelt begann zu brennen. Da sprang alles im Zelte auf. In diesem Augenblick sprang Wolfhart von seinem Roß, lief hinein ins Zelt und schlug 11 Fürsten zur Hel. Nicht konnte er erkennen, ob er den König auch traf; denn die Nacht war dunkel. Dann sprang Wolfhart zu seinem Roß und jagte davon, so schnell er nur konnte.
> Didrik stand auf der Feste, neben ihm standen Hillebrand und Wildefer. Sie sahen, wie die besten Zelte des Königs brannten. Da freuten sie sich sehr und gingen schlafen. Wolfhart ritt Tag und Nacht, bis er ins Hünenland kam, zu Attala König und Markgraf Rodger.

Diese brechen auf Wolfharts Nachricht hin sofort ihr Zeltlager ab und ziehen mit allem verfügbaren Heer den Belagerten zu Hilfe. Als König Waldemar das Ersatzheer kommen sieht, läßt er eiligste Flucht ansagen. Didrik und die Seinen aber machen einen plötzlichen Ausfall und bringen den fliehenden Feinden noch große Verluste bei. Dann treffen sich die Befreiten und die Befreier und begrüßen sich.

Sv 253
Da sagte Hillebrand: »Ich bin nun 100 Winter alt, doch niemals war ich in solcher Drangsal. Hier sind wir 500 Mann gewesen und aßen 500 Pferde auf, und es leben nur noch 7 von denen, die wir hierher brachten.« –

Nun übergibt Didrik den russischen Tydrek an König Attala und sagt:

»Dies ist König Waldemars Sohn, den fing ich im Kampf. Aus Freundschaft gebe ich ihn dir. Du magst ihn töten oder auslösen lassen oder was du willst.« –
Da antwortete Attala König: »Didrik König, hab vielen Dank! Lieber will ich diese Gabe als ein Schiffspfund rot Gold!« – Darauf zogen Attala König und Didrik König heim ins Hünenland. Didriks Wunden waren groß und schlimm; darum ließ er sich pflegen. Doch Tydrek, König Waldemars Sohn, ward in den Turm gelegt. Er war aber auch übel wund.

Hillebrands Zeitzählung

In diesem Kapitel der Svava gibt es eine sehr merkwürdige Stelle. Sie ist wahrscheinlich viel wichtiger, als wir zunächst ahnten, und zwar in mehrfacher Hinsicht, und sie könnte uns einen Schlüssel zur Datierung geben. Hillebrand sagt da: »Ich bin nun 100 Winter alt«. Das kann natürlich keine 100 Jahre bedeuten; denn Hillebrand ist noch ein sehr rüstiger Kämpe. Auch heißt es in Svava Kap. 12 von ihm »Als er 30 Jahre alt wurde«, ritt er nach Bern und wurde Didriks Erzieher. »Didrik Thetmarssohn war damals 6 Jahre alt.« Das ist aber erst etwa 20 Jahre her. Hillebrand könnte, als er sich »100 Winter alt« nennt, etwa 50 Jahre alt sein, also die Hälfte der angegebenen Zahl. Was soll das bedeuten?
Antwort auf diese Frage kann uns nur die Svava geben. In ihr wird nämlich sonst nicht nach »Wintern« gerechnet wie in der Membrane, sondern nach Jahren. Sie sagt:
»Als er (Hillebrand) 30 Jahre alt war«;
»Didrik Thetmarssohn war damals 6 Jahre alt«;
»Als Didrik 12 Jahre alt war ...«;

»Als Crimilla Atilius König 7 Jahre lang gehabt ...« usw.
Nur als Hillebrand mit etwa 50 Jahren sich »100 Winter alt« nennt, rechnet sie nach Wintern.
Hillebrand war ein nachdenksamer und genauer Mann. Er wird sich an der ungenauen Redegewohnheit gestoßen haben, man sei so und so viele »Winter« alt. Er wird etwa gesagt haben: »Nach eurer Behauptung habe ich jetzt 50 Winter. Warum laßt ihr meine Sommer aus? Ich habe auch 50 Sommer. Da Winter und Sommer gleichlang sind, kann ich für Sommer auch Winter einsetzen. Ich habe also jetzt 100 Winter.«
Die Zahlendoppelung haben wir noch einmal in Sv 357 und wieder in bezug auf Hillebrand. Hier wird sie allerdings nicht mehr verstanden; denn es wird hier nun von Jahren gesprochen. Da heißt es:

> Sv 357
> Er war neunmal 20 Jahre alt, als er starb, und einige sagen, er war 200 Jahre alt.

AB sagen hier Kap. 415 (Mb hat Lücke):

> Deutsche Männer sagen, daß er anderthalb hundert (B: 170) Winter hatte, als er starb; aber deutsche Lieder sagen, daß er 200 Winter hatte.

Bei halbierten Zahlen hieße das, daß Hillebrand, als er starb, 90 (Sv) oder 75 (A) oder 85 (B) Jahre alt war. Den Ausspruch über seine »100 Winter« tut er im ersten (oder höchstens zweiten) Jahr der Vertreibung. Damals ist er demnach 50 Jahre alt. Didrik, der 24 Jahre jünger ist, etwa 26 Jahre alt.
Wir gewinnen so, durch den merkwürdigen Ausspruch Hillebrands, eine Hilfe zur Einteilung von Didriks Leben. Er wäre darnach im Jahr zuvor bei der Vertreibung etwa 25 Jahre alt gewesen. Das stimmt sehr gut zu den in der Thidrekssaga berichteten Ereignissen. Da die Thidrekssaga selbst sagt, daß Didrik 32 Jahre im Exil war, besitzen wir damit bereits die Einteilung in die drei großen Abschnitte seines Lebens:

1. Jugend in Bern	1–25
2. Manneszeit in Soest	25–57
3. Alter in Trier	57–

Aber an der Bemerkung Hillebrands ist noch etwas anderes merkwürdig. Wir finden seine auffallende Zeitrechnung nämlich nochmals an einer ganz anderen Stelle, im sogenannten »Alten Hildebrandslied«; und hier wird sie erklärt. Hildibrant sagt von der Zeit seines Fernseins von der Heimat; jener 32 Jahre des Exils, abrundend:
»Ich wallte der Sommer und Winter sechzig«
Hier legt Hillebrand seine Rechnungsart gleichsam offen: 30 Sommer und 30 Winter war er fern und unstet, also 30 ganze Jahre. Aber später wurde seine Zählung nicht mehr verstanden, und man überlieferte staunend das unglaubliche Alter von 150–200 Jahren seines Lebens.
Wir sehen hier zugleich die Zusammengehörigkeit von Thidrekssaga und »Altem Hildebrandslied«. Aber darauf kommen wir noch eingehend zu sprechen.

Der russische Tydrek

Ein erregendes Zwischenspiel bahnt sich in Soest am Königshof an. Der gefangene russische Tydrek ist ein Vetter der Königin Ercha, Sohn ihres Vaterbruders Waldemar. Sie möchte dem nahen Verwandten seine Gefangenschaft erleichtern und erbittet von König Attala seine Freigabe aus dem Kerkerturm. Zornig und sehr widerwillig erfüllt König Attala diese Bitte; denn er selbst zieht wieder auf Kriegsfahrt aus. Zurück läßt er nur den schwerwunden Didrik, der den Rytzenprinzen nicht würde hindern können, wenn er fliehen wollte – und das befürchtet König Attala, nicht ohne Grund.

Sv 254
Als Attala König nicht lange daheim gewesen war, da machte er sich bereit mit 8000 Rittern und unzähliger anderer Mannschaft, ließ in alle seine Ludren blasen und hieß sein Volk sich wappnen. König Didrik war so wund, daß er ihn nicht begleiten konnte.
Da ging Ercha Königin zu Attala König und sagte: »Um eine Gunst will ich euch bitten, Herr: Laßt mich Tydrek Waldemarssohn, meinen Vetter, pflegen und ihn aus dem Turm nehmen! Ihr könnt euch noch vergleichen, sein Vater und ihr, und dann ist es besser, er lebt, als er ist erschlagen.« – Der König antwortete: »Das kann ich dir nicht gewähren. Wird er heil von seinen Wunden, während ich fort bin, dann kann

er reiten, wohin er will, und dann bekomme ich ihn niemals wieder!« – Sie antwortete: »Ich will mein Haupt zum Pfande setzen! Ist er fort, wenn du heimkommst, dann sollst du mein Haupt abschlagen lassen!« Da erzürnte sich Attala König und sagte: »Willst du aus dem Turm nehmen meinen größten Feind, Tydrek Waldemarssohn, und ihn heilen? Und wenn er von mir reitet und hinein ins Rytzeland, dann habe ich mehr Schaden davon, als wenn ich mein Schloß Soest verloren hätte; denn sein Vater gibt mir Geld für ihn und große Burgen und ein weites Reich, und du bietest dein Haupt für ihn?« –

Er sagte weiter: »Bilde dir nichts ein: Kommt er aus, ehe ich heimkomme, dann werde ich dir dein Haupt abschlagen lassen!«

Sv 255

Dann fuhr Attala König ins Polarna-Land und weiter hinein ins Rytzeland.

Da nahm Ercha Königin Tydrek Waldemarssohn aus dem Turm und pflegte ihn selbst, so gut sie nur konnte, und gab ihm jeden Tag köstliche Speisen. Didrik von Bern gab sie eine Dienstfrau, welche ihn pflegen sollte. Die konnte es nicht so gut, wie die Königin, deshalb wurden seine Wunden schlimm und rochen sehr.

Sobald der russische Tydrek von seinen Wunden geheilt ist, macht er sich zur Flucht fertig, versieht sich mit bester Rüstung und gutem Roß. Kein Bitten und Flehen der Königin rührt ihn. Sie verspricht, ihn mit König Attala auszusöhnen, er geht nicht darauf ein. Sie beschwört ihn, zu bleiben, weil sie ihr Haupt für ihn zum Pfand gesetzt habe; er sagt: »Du bist eine große Königin, König Attala wird dich nicht töten.« Ihr weiteres Jammern beantwortet er nicht mehr. König Didrik läßt er nur am Leben, weil er hilflos in seinen schwärenden Wunden liegt. Dann reitet er unbekümmert fort.

Sv 256

Die Königin weinte ganz bitterlich und zerriß ihre Kleider. Sie ging dahin, wo Didrik von Bern lag, und sagte zu ihm: »Didrik, guter Held, wie ist nun Rat zu schaffen? Ich habe Tydrek Waldemarssohn geheilt und setzte mein Haupt zum Pfande für ihn – nun ritt er davon, nicht als ein Edelmann; und ich fürchte für mein Leben, wenn der König heimkommt, außer ich genieße deine Hilfe dabei.« –

König Didrik antwortete: »Das ist recht, daß er dir so deine guten Werke lohnte! Du legtest großen Wert darauf, ihn zu pflegen. Mir schicktest du eine üble Frau, die konnte mich schlecht pflegen; denn sie lag jede Nacht bei einem Mann! Und meine Wunden sind schlimmer, als sie zuerst waren; sie sind sehr geschwollen und riechen übel. Ich bin nun wund und krank, ich kann weder gehen noch stehen und mit keinem Mann kämpfen. Und niemals, seit ich mich niederlegte, kamst du zu mir als erst jetzt!« –

Die Königin weint und jammert und fürchtet um ihr Leben:

Oft klagte sie dasselbe, zerriß ihre Kleider, raufte ihr Haar und schlug sich vor die Brust.

Sv 257

Da bedauerte Didrik sie. Alsbald stand er auf, fuhr in seine Brünne, nahm Schild und Helm und ließ sein Roß holen. Er stieg auf dessen Rücken und ritt seinen Weg, so rasch er nur konnte. Und während er ritt, rann ihm das Blut durch die Brünne hindurch, so daß sein Roß ganz blutig war. Er kam vor eine Burg, die Wilcina hieß. Dort verlor damals Fredrik sein Leben, König Ermenriks Sohn, den Sevekin ausgesandt.

Dort stand eine Jungfrau auf dem Turm, die hatte Tydrek Waldemarssohn reiten sehen. Als sie Didrik von Bern sah, ging sie hinunter durch die heimliche Pforte. Sie war die Tochter des Jarls, dem das Schloß gehörte. Herr Didrik sprach zu ihr: »Sahst du einen Mann, Jungfrau, mit blanker Rüstung und blankem Schild, auf grauem Roß? Das war mein guter Freund, ich will ihn treffen!« –

Die Jungfrau sagte: »Er ist nicht weit von hier. Er ritt vorhin hier am Schloß vorbei.« – Da schlug Herr Didrik den Falk mit den Sporen und ritt zu, so fest er nur konnte.

Sv 258

Nun kam Herr Didrik dem anderen nach an einen Wald, der heißt Burgwald (Borga-W.), der liegt zwischen Palerna und Hunaland. König Didrik sagte zu Tydrek Waldemarssohn: »Komm zurück! Ich will dir soviel Gold und Silber geben, wie ich habe im Hünenland, und ich bringe dich in Freundschaft mit Attala-König.« –

> Da antwortete Tydrek Waldemarssohn: »Du Deuwel (dieffuill), warum bietest du mir Gold und Silber? Ich will niemals dein Freund mehr sein! Unterließe ich es nicht um der Schande willen, niemals solltest du Königin Ercha mehr sehen! Reite hinweg, ich kann den Gestank deiner Wunden nicht riechen!« –
> Da sagte Didrik König: »Wende um, guter Held! Es ist Schande für dich, so aus Hünenland wegzureiten, daß Ercha Königin ihren Kopf verliert durch deine Schuld! Willst du umkehren, so wollen wir beide dir Attala-Königs Freundschaft verschaffen!« – Tydrek Waldemarssohn antwortete wie vorher.
> Da sagte Didrik von Bern: »Willst du nicht wieder umwenden ins Hünenland für Gold oder Silber und nicht für deiner Base Ercha-Königin Freundschaft und Leben, und nicht um deiner Mannesehre und deiner Blutsfreunde willen, und reitest so weg: dann sollst du von allen verrufen (forsmadder) sein und ein Neiding (niding) genannt von jeglichem Manne und niemals heißen ein Ehrenmann (dandeman) dafür, daß du fliehst vor einem einzelnen Manne! Auch ist mein Hengst so gut: Wenn du auch fliehen willst, so soll dir das nichts helfen! Und erschlage ich dich auf der Flucht, dann bist du niemals wert, daß du genannt wirst unter wackeren Männern!« –
> Als Tydrek Waldemarssohn das hörte, wendete er sein Roß...

Nun schlagen sie sich, bis sie müde sind, besonders Didrik von Bern mit seinen schweren Wunden. Und nochmals fordert Didrik den russischen Tydrek auf, mit zurückzukehren, und sagt:

> »Lieber Freund, wende um, und geleiten wir uns beide ins Hünenland! Ich will dir Attala-Königs Freundschaft verschaffen; und kann ich sie dir nicht vermitteln, dann will ich mit allen meinen Mannen dich wieder heim in dein Reich geleiten.« – Tydrek Waldemarssohn wollte das keinesfalls. Darauf schlugen sie sich in großem Zorn, bis Didrik von Bern Tydrek Waldemarssohn das Haupt abschlug, daß es vom Körper flog.

Hier haben wir nochmals sehr deutlich die Ehrengesetze und Zweikampfregeln jener frühen Zeit: Es ist schimpflich, vor einem einzelnen Manne zu fliehen. (Vor mehreren zu fliehen, wie es Didrik vor Drekanfils getan hatte, war also nicht schimpflich.) Feigheit gilt als das höchst

Verwerfliche. Die Verurteilung einer feigen Tat ist allgemein und gilt für alle, die sich der adligen Schicht zurechnen, unabhängig von der Zugehörigkeit zu einem besonderen Land oder Reich. Wer einer solchen Tat bezichtigt wird und sich nicht reinigen kann, ist überall ausgestoßen, »verrufen«.
Didrik reitet zurück zu der Feste, wo die Jungfrau noch wartet, und ist dankbar, daß sie ihm jetzt die Wunden verbindet. Das Haupt Tydreks läßt er sie nicht sehen. Nun ist dies dieselbe Feste, in welcher Frederik, Ermenriks Sohn und Didriks Vetter, auf Anstiften Sevekins erschlagen worden war, und Didrik weiß das. Als nun der Jarl ihn nach seinem Namen fragt, antwortet er:

»Ich weiß nicht, ob ich dir meinen Namen sagen soll; denn ist es so, wie ich glaube, dann habe ich hier meinen Vetter verloren. Doch will ich nicht meinen Namen verheimlichen: Ich heiße Didrik-König, Thetmars Sohn, von Bern.« –
Als der Jarl das hörte, lud er Didrik ehrerbietig zu sich ein, dort die Nacht zu bleiben. Das nahm Didrik mit Dank an, denn er war sehr übel wund und matt. Nun wurde er dort bedient und wohl aufgenommen, und die Tochter des Jarls lag da bei ihm in dieser Nacht.

Am Morgen berät sich der Jarl mit seinen Mannen, was er König Didrik an Buße für die Erschlagung seines Vetters bieten solle, »so daß sie beide Ehre davon hätten«. Ein Blutsfreund Sevekins rät, Didrik zu erschlagen. Das findet aber keinen Beifall. Sie einigen sich darauf, Didrik kostbar zu beschenken und ihn ehrenvoll heimgeleiten zu lassen.

Herr Didrik blieb dort eine kleine Weile. Der Jarl stattete ihn kostbar aus. Dann ließ er 6 Ritter in purpurne kostbare Tracht kleiden und ging so hinein zu Didrik von Bern. Er sagte: »Diese sechs Ritter will ich dir geben, damit wir desto bessere Freunde werden möchten. Und vergib mir deines Vetters Tod!« – Herr Didrik dankte ihm höchlich und vergab ihm alles, was er verfehlt hatte.

Didrik reitet so in Begleitung der sechs Ritter, die von nun an bei ihm bleiben, zurück. Als er nach Soest kommt, geht ihm Königin Ercha glücklich entgegen und meint, da sie zu mehreren anreiten, ihr Vetter

Tydrek wäre mit zurückgekommen. Diese Vorgänge sind eine harte Probe für die Freundschaft zwischen Didrik und Königin Ercha. Da heißt es:

> **Sv 261**
> Herr Didrik saß ab von seinem Roß, hatte das Haupt Tydreks in seiner Hand und warf es der Königin vor die Füße. Die Königin weinte, und es war ihr so weh, daß Tydrek ihretwegen sterben mußte. König Didrik ging zu seinem Bett und legte sich, wo er vorher lag. Die sechs Ritter dienten ihm, so gut sie nur konnten, mit großer Treue.

Unglückliche Schlacht

König Attala hat inzwischen in Rytzeland geheert, bis König Waldemar »mit einem unüberwindlichen Heer« auf ihn trifft. Es kommt zur großen Feldschlacht. Die Soester kämpfen mit zwei Bannern. König Attala reitet ganz vorn in seinem Heer und hat sein Banner in der Hand. Hillebrand führt König Didriks Banner, und ihm folgen Didriks Mannen und auch Markgraf Rodger mit den Seinen.
Als vor der Übermacht der Rytzen viele Hünen gefallen sind, flüchtet König Attala mit seinem Banner. Hillebrand aber und Markgraf Rodger halten umso fester Stand. Bei diesen Kämpfen wird Hillebrand von einem Jarl der Gegenseite vom Roß gestochen und kommt in große Gefahr.

> Das sah Markgraf Rodger, daß Hillebrand gefallen war. Er trieb seine Mannen hart vorwärts und hieß sie Herrn Hillebrand helfen. Er selbst fing Herrn Hillebrands Hengst ein, führte ihn zu Hillebrand und half diesem auf in den Sattel.

Nun kämpfen sie nochmals mit großem Zorn und Verlust auf beiden Seiten, müssen aber schließlich der Übermacht weichen. Sie flüchten, was sie können, grimmig über Unsieg und Schande, ins Hünenland zurück.

Sv 263
Hillebrand ging dahin, wo Herr Didrik lag, und sagte zu ihm: »Darüber bin ich froh, daß du lebst! Doch ich wäre viel froher, wenn deine Wunden geheilt wären.« – Herr Didrik fragte: »Wie ist es dir gegangen in Rytzeland?« – Hillebrand antwortete: »Uns ist es übel gegangen. Du hast mir oft gesagt, König Attala wäre ein wackerer Mann und kühn in Kampf und Krieg. Mir scheint, er ist kein Kämpe und kein tüchtiger Mann; er scheint mir ein furchtsamer Mann zu sein. Als wir nach Rytzeland kamen, kämpften wir mit Waldemar König, und der Kampf stand ganz hart. Ich erwartete, wir würden den Preis bekommen, da jagte er davon wie ein böser Hund, ließ sein Banner fallen und nahm mit sich das ganze Hünenheer. Da vertraute ich auf deine Mannen, wandte mich dreimal wieder gegen sie und Markgraf Rodger mit mir, und wir schlugen eintausend Rytzen zur Hel.

Dann berichtet er von seinem Fall, seiner Rettung durch Rodger und ihrer schmählichen Flucht.

König Didrik antwortete: »Du Hillebrand, sage mir nicht mehr von deiner Fahrt, denn sie taugt nicht viel. Werde ich heil von meinen Wunden, dann muß ich noch einmal nach Rytzeland hinein und erproben, wer dort früher flieht. Nicht sollen die Rytzen sich lange dessen rühmen, daß sie den Sieg über uns bekommen haben!« –

Didrik greift Hillebrands Kritik an König Attala nicht auf, er übergeht sie; und auch später kommt er nicht darauf zurück. Auch bewertet er König Attala wahrscheinlich doch anders, als Hillebrand es tut.

Als König Didrik von seinen Wunden geheilt war, sprach er mit Attala König: »Erinnerst du noch, wieviel Schande du littest in Rytzeland von Waldemar König? Willst du das niemals mehr rächen?« – Der König antwortete: »Ich wollte es gerne rächen, wenn du mir helfen willst. Ich vertraue sehr auf deine Mannhaftigkeit.«

Sie werden einig, einen neuen Feldzug gegen Waldemar zu beginnen und ihn siegreich durchzuführen.

Zweiter Feldzug gegen Waldemar

Attala König sammelte Volk über all sein Reich, so viel er nur konnte. Da durfte keiner daheim bleiben, der 20 Jahre alt war. Er zog aus Hünenland mit 20000 Rittern außer anderem Volk. Er kam nach Rytzeland hinein, brannte und heerte überall, wo er durchzog. Er belagerte eine Burg, die PALTESKIA heißt. Er stellte sein Heer in drei Säulen rings um das Schloß. Er hatte selbst 10000 unter seinem Banner, 10000 hatte König Didrik unter seinem Banner und 10000 der Markgraf unter seinem Banner.

Sie liegen drei Monate vor der Stadt, dann beraten sie, wie sie vorgehen sollen. König Attala will das Heer nicht teilen und erst Palteskia einnehmen. Didrik drängt vorwärts. Sie einigen sich so, daß Attala und Rodger vor Palteskia bleiben, Didrik aber mit seinem Heerhaufen weiterreitet. Er zieht weiter nach Rytzeland hinein.

Er legte sich vor eine Stadt, die SMAALAND (A: Smaland; B: Sirialand) heißt, und schlug sich dort lange mit den Burgmannen. Da kam Waldemar König dahin mit 60000 Rytzen (A: 40000; B: 60000). König Didrik ließ in alle seine Ludren blasen. Er hieß seine Mannen sich wappnen und Waldemar König entgegenreiten. Er sagte: »König Waldemar soll entweder sterben oder fliehen, oder ich werde sterben und alle meine Mannen!«
Didrik ritt hart vor und alle seine Mannen. Ihm folgten Herr Hillebrand mit seinem Banner und Wolfhart und Wildefer, die guten Helden. Sie ritten mitten ins Rytzenheer und hieben nach beiden Seiten, daß die Rytzen stürzten, einer über den andern. König Didriks Mannen wurden vergnügt und fröhlich und kämpften den ganzen Tag mit höchstem Mut. König Didrik fuhr in ihr Heer wie ein Löwe unter die Tiere fährt, so daß keiner ihm zu begegnen wagte. Alle fürchteten sich vor seinem Schwert. Er ist ganz blutig, so auch sein Roß.
Da traf er König Waldemars Banner. Herr Didrik hieb nach dem Ritter, der das Banner führte, so daß Arm und Banner zu Boden fielen. Dann hieb er auf Waldemar-König, auf dessen Helm, daß das Schwert unten im Sattel stand, und der stürzte tot vom Roß. Da gab es großen Lärm unter Herrn Didriks Volk.

Didrik und seine Mannen gewinnen an diesem und dem folgenden Tag einen vollständigen Sieg. Es fallen so viele Rytzen, »daß es ein Wunder war«.

Diese Schlacht und auch die anderen Schlachten der Thidrekssaga vollziehen sich auf eine ganz andere Weise als die Schlachten anderer Zeiten. Hier treten nicht zwei Heere in Schlachtreihen gegeneinander an, es gibt keine Einteilung in Reiterei und Fußvolk, keinen Schlachtplan, keine Umzingelung; sondern Heerhaufen mit dem jeweils stärksten und tapfersten Anführer und seinem Banner an der Spitze brechen in das feindliche Heer ein wie ein Keil, durchstoßen jede Ordnung und ziehen nun ihre Bahnen, überall Kampf und Schrecken verbreitend. Höhepunkte der Schlacht gibt es dann, wenn zwei Heerkeile mit ihren Anführern Spitze gegen Spitze aufeinandertreffen. Fällt einer der beiden Anführer, dann entscheidet sich dadurch meistens die Schlacht.

König Attala hat inzwischen die belagerte Stadt genommen, Mengen an Gold und Geld gewonnen und zieht nun seinerseits weiter nach Rytzeland hinein König Didrik zu.

> Sie trafen sich vor demselben Schloß, das SMOLENSK heißt. Das Schloß hatte Iron-Jarl, König Waldemars Bruder. Er traute sich nicht, es vor ihnen zu bewahren. Deshalb wurde er eins mit Attala König, daß er barfuß abziehen sollte und alle seine Rüstung ablegen. Alle seine Hauptleute gingen mit ihm, auch alle seine Mannen, waffenlos und barfuß, und gaben sich in Attalas Gewalt.
>
> Attala fragte Herrn Didrik, ob er den Jarl töten solle. König Didrik sagte: »Das wäre geringe Ehre; denn er steht hier als ein Gefangener. Laßt ihn und alle seine Mannen euch Eide schwören, daß er euch ›hold und treu‹ sein wird!« – Das tat der Jarl so. Darauf setzte Attala König ihn neben seine anderen Fürsten, und er sollte sein Gefolgsmann werden.

Als solchem überantwortet König Attala dann dem Jarl das Rytzeland mit der Bestimmung,

> daß er König Attalas Dienstmann sein sollte, wo dieser seiner bedürfte, und ihm Schatzung geben von Rytzeland. Darauf ritten Attala König und Didrik König wieder heim ins Hünenland.

Verträge solcher Art werden vielmals in der Thidrekssaga erwähnt. Es wird zwar die Oberhoheit des Siegers anerkannt, und es wird ein Zins oder eine Schatzung vereinbart, doch mehr als Huldigung und Bestätigung des Vertrages denn als fühlbare Abgabe. Im übrigen bleibt ziemlich alles beim alten und der frühere König oder sein naher Verwandter führt die Herrschaft fort unter der kaum spürbaren Oberhoheit des fernen Siegers. Ähnlich mögen auch die Verhältnisse etwa zwischen den Franken und Thüringern der darauffolgenden Zeit gewesen sein und manche andere.
Die Berichte über die Ostkriege geben vor allem Kunde davon, was Didrik in der Zeit seiner Soester Verbannung beschäftigte und erfüllte, welches Verhältnis er zu König Attala und Königin Ercha sowie zu seinen Freunden und Feinden hatte.

Die Schlacht bei Gränsport

Was für die Niflungen der Kampf in Soest war, das ist für Didrik von Bern die Schlacht bei Gränsport. Sie wird sein Schicksalsereignis. In der Mitte seines Lebens zieht er aus, sein heimisches Reich wieder zu gewinnen. Er unternimmt diesen Zug mit Hilfe König Attalas, dem er seinerseits zwanzig Jahre lang mit allen Kräften beigestanden hat. Mittlerin für diese Hilfe ist ihm Königin Ercha. Sie bekräftigt so ihre Freundschaft und spricht ihren Dank dafür aus, daß Didrik bei der Flucht ihres russischen Vetters sich für sie einsetzte. Sie gibt Didrik sogar ihre beiden Söhne auf diesen Feldzug mit, welche, zusammen mit deren Pflegebruder Thetmar, Didriks besonderer Hut anvertraut werden. Über die drei Fürstensöhne berichtet die Thidrekssaga (Sv 267) folgendes:

Jungherr Thetmar

Als Didrik-König nach Soest kam, und war gewichen vor seinem Vaterbruder König Ermenrik, da hatte er mit sich seinen Bruder Thetmar; der war damals ein Jahr alt, als Herr Didrik aus Bern wich. Er war so lange bei Königin Ercha, bis er zwanzig Jahre alt war. Er war männlich und schmuck und so stark, daß sich wenige seinesgleichen finden. König Attala hatte zwei Söhne, einer hieß Erp und der andere hieß Ortwin. Sie waren gleichalt mit Thetmar, Didriks Bruder, und waren alle drei aufgewachsen bei Königin Ercha. Sie hatten einander so lieb, daß sie sich niemals von einander trennen wollten, wenn es nach ihnen ginge. Ercha-Königin war so lieb zu Jungherr Thetmar wie zu ihren eigenen Söhnen. Die drei jungen Leute wurden sehr gepriesen auf König Attalas Hof und im Hünenland.

Thetmar wird stets Didriks Bruder genannt. An der Richtigkeit dieser Bezeichnung hat bisher auch noch niemand gezweifelt. Doch diese Richtigkeit ist nicht sicher.

Denn König Thetmar stirbt schon mehrere Jahre vor Didriks Vertreibung und sogar schon einige Zeit vor dem Zug ins Bertangaland; und daß er noch kurz vor seinem Tod einen Sohn gezeugt hätte, ist wenig wahrscheinlich. Jung-Thetmar ist also möglicherweise nicht König Thetmars Sohn, sondern sein Enkel. In der Thidrekssaga ist es auch kaum üblich, daß der Sohn den Namen des Vaters trägt, dagegen kommt es vielmals vor, daß der Enkel nach dem Großvater benannt wird. Der junge Thetmar kann also König Didriks *Sohn* sein. Als solcher wird er »Junker Thetmar« genannt = Jungherr = Kronprinz. Zu diesem Verhältnis würde stimmen, daß Didrik eben damals kurz vor der Vertreibung geheiratet hat, ein Sohn also zu erwarten war.

Jetzt erst verstehen wir das nahe Verhältnis zwischen Didrik und dem jungen Thetmar richtig. Auf Thetmar lag Didriks Hoffnung und Zukunft. Wer Thetmar schlug, traf Didrik in seinem innersten Kern.

Hören wir nun, wie die Thidrekssaga in ihrer altschwedischen Handschrift (268 ff) das Vorspiel der Schlacht bei Gränsport schildert!

Didrik und Ercha

Eines Tages ging König Didrik von Bern zu Ercha-Königin, dahin, wo sie mit ihren Frauen und Mädchen saß. Sie stand zu ihm auf und empfing ihn erfreut, gab ihm eine Goldschale mit Wein und bat ihn, sich zu ihr zu setzen; und er tat, wie sie bat.

Sie fragte ihn, was ihm am Herzen läge. Herr Didrik saß lange und schwieg und war ganz bekümmert, so daß ihm Tränen aus beiden Augen liefen. Dann antwortete er:

»Mir kommt nun in den Sinn, wie ich mein Reich verließ und verlor

meine gute Burg Bern und viele andere Schlösser und Stätten. Nun sind es zwanzig Jahre her, seitdem ich hier bin wie ein Almosen-Mann. Früher war ich ein König über Land und Reich! Das bekümmert mich jeden Tag, und das klage ich nun vor Gott und euch.« –
Die Königin antwortete: »Das ist kein großes Wunder, daß ihr Kummer tragt um euren großen Schaden, da ihr so lange euer Reich entbehrt habt und waret hier bei uns und gewannet uns viel Gut zu eigen. Willst du fahren und dein Land wiedergewinnen, dazu will ich helfen, was ich kann. Ich will euch meine beiden Söhne geben, Erp und Ortwin, und zehnhundert Ritter von meinem eigenen Volk. Dazu will ich Attala-König bitten, daß er euch hilft, so sehr er nur kann.« –
König Didrik dankte ihr.

Sv 269

Darauf stand die Königin auf und nahm Didrik bei der Hand, und sie gingen so vor Attala-König. König Attala empfing sie beide wohl, setzte die Königin neben sich und fragte, was ihr Anliegen wäre. Die Königin antwortete:
»Herr Didrik hat vor mir geklagt, wie er verloren hat Land und Reich und ist lange draußen gewesen. Nun will er gerne versuchen, sein Land wieder zu gewinnen, wenn er könnte, und wenn ihr ihm dazu helfen wollt. Ihr wißt wohl selber, welch tapfere Taten er vollbracht, euch zu eigen gewonnen Land und Reich und manchen schlimmen Tag gehabt um euretwillen, in Zweikampf und Heerkampf. Da ziemt es euch, ihm das wohl zu lohnen. Leiht ihm ein Heer von Hünenland, daß er sein Eigen wiedergewinnen mag!« –
König Attala antwortete mit großem Zorn: »Wenn Didrik Hilfe haben will, sein Land wieder zu gewinnen, so mag er selbst zu mir reden! Ist er so hochmütig, daß er meint, ich sollte ihm ein Hünenheer anbieten?« – Die Königin erwiderte: »Er bat mich darum, sein Bote zu sein. Er meinte, ich würde besser gehört werden als er. Er spräche gerne selbst mit euch.« – Die Königin sagte: »Ich will ihm meine zwei Söhne zur Hilfe geben und dazu zehnhundert wohlgewappnete Ritter. Und ihr helfet ihm, wie ihr denkt!« –
Da antwortete Attala-König: »Herrin, du sagst wahr: Didrik-König ist lange bei uns gewesen, und sehr hat er unser Reich gestärkt, seit er in unser Land kam. Es geziemte sich wohl für uns, ihm zu lohnen. Und ich werde, um seinet- und um deinetwillen, da du als sein Bote gegangen bist, ihm helfen, soviel ich kann. Willst du ihm deine beiden

Söhne geben und zehnhundert Ritter, dann werde ich ihm meinen Mann Markgraf Rodger geben und zweitausend wohlgewappnete Ritter.« –
Da sagte Didrik-König: »Das wußte ich wohl, daß ihr mir so antworten würdet, und oftmals nützt einem Mann ein guter Bote. Ich danke euch gern, Herr, für eure gute Nachricht. Und laßt mich die Hilfe ohne Aufschub erhalten, ich will nicht lang zaudern.« –
Den ganzen Winter über schmiedeten sie im Hünenland Helme, Brünnen und gute Schwerter. Als das Frühjahr kam, da sammelten sich in Soest die vielen, welche Herrn Didrik begleiten sollten.

Die Königsknaben

Erp und Ortwin, der junge Thetmar und Markgraf Rodger saßen in einem Baumgarten. Da kam dorthin Ercha-Königin gegangen und sagte: »Meine lieben Söhne, nun werde ich euch gut ausrüsten (für den Zug) mit Didrik-König.« – Sie gab ihnen zuerst Beinwappen und zwei Brünnen, weiß wie Silber, gefertigt aus hartem Stahl und wohl verziert mit rotem Gold; weiterhin gab sie ihnen zwei Helme mit vergoldeten Nägeln und zwei wohlvergoldete Schilde, und dazu Banner. Ein Zeichen führten sie nicht in ihrem Schild, denn sie waren noch ganz jung.
Dann sagte sie zu ihnen mit Tränen: »Ich habe euch nun so ausgerüstet, daß ich glaube, man wird nicht zwei Königssöhne besser gerüstet finden mit guten Waffen. Wehrt euch nun so wacker und mannhaft, wie die Waffen gut dazu sind! Und laßt mich lieber hören, daß ihr mannhaft sterbt, als daß ihr lebt und in Verruf geratet!« –
Darauf rief sie ihren Pflegesohn, Fähnrich Thetmarssohn, zu sich, nahm ihn in die Arme, küßte ihm seinen Mund und sagte: »Mein lieber Pflegesohn, ich habe nun meine Söhne wohl ausgerüstet, um Didrik-König zu folgen und dir, euer Land wiederzugewinnen. Und ihr drei jungen Leute sollt mitziehen und einer auf den andern achten! Ihr kamt bisher noch niemals in Kampf.« –
Thetmar antwortete: »Deine Söhne sind wohlgerüstet. Und so helfe mir Gott, daß ich dir beide heil wieder heimbringe! Oder du wirst von mir hören, daß ich niemals zurückkomme und nicht mehr lebe, wenn sie erschlagen werden!« – Die Königin bat ihn, sein Wort zu halten, und dankte ihm sehr dafür.

Dann gab sie Thetmar gute Rüstung, Beinwappen aus Stahl und eine gute Brünne, blank wie Silber, auch einen harten Helm, wohlvergoldet und mit kostbaren teuren Steinen besetzt, und gab ihm einen roten Schild, darin stand ein goldener Löwe.
Diese drei Jungherren waren wohl gewaffnet. Und das haben alte Leute gesagt, es hätte keiner drei Königssöhne gesehen, besser ausgerüstet mit Gold und edlen Steinen, als auf ihrer Rüstung war.

Vorbereitung und Ausmarsch

In Soest war so viel Getöse, Waffengerassel und Rossewiehern, und die Burg war so mit Volk gefüllt, daß da keiner mehr Raum fand. König Attala ging hinauf in einen Turm, rief laut und erbat sich Gehör. Daraufhin schwiegen sie alle. Der König sagte: »Es scheint mir, es ist hier zusammengekommen ein mächtiges Heer und manch tüchtiger Held. Ihr sollt nun tun, wie ich euch sage:
Didrik-König soll ausziehn mit *seinem* Banner und all seinen Mannen. Markgraf Rodger soll ausziehn mit *meinem* Volk. Alle andern, die nicht eingeteilt sind, sollen meinen Söhnen folgen und damit dem jungen Thetmar, dazu zehnhundert Ritter, die ihre Mutter auslieh.« – Da sagten alle: Ja, sie wollten des Königs Willen tun.
Da ritten zuerst aus Markgraf Rodger und seine Mannen; als nächste ritten die jungen Herren und ein Herzog, der Nordung hieß; der führte Fähnrich Thetmars Banner. Sie begleitete der gute Wolfhart, König Didriks Vetter, und der gute Ritter Hjalprik.
Da sagte Ercha-Königin: »Du guter Ritter Hjalprik, dir befehle ich meine Söhne an. Laß sie dir nahe sein, wenn ihr kämpfen sollt!« – Hjalprik antwortete: »Ich will das schwören bei Gott: daß ich niemals lebend heimkommen werde, wenn ich deine Söhne verliere.« – Die Königin dankte ihm sehr dafür.
Nordung-Herzog reitet vor mit dem Banner Fähnrichs Thetmars, dahinter reiten Erp und Ortwin, folgen Hjalprik-Ritter und Wolfhart, Didriks Vetter, mit all ihrem Volk.
Da sprang Didrik-König auf sein Roß Falke, und Meister Hillebrand hält sein Banner (hoch). Er reitet nun hinaus vor Didrik-König, und Wildefer und alle Mannen Herrn Didriks folgen dahinter. Da waren in den drei Heerhaufen zehntausend Ritter und unzähliges anderes Volk.

Sv 272
Als sie außen vor das Tor kamen, sagte Herr Didrik zu zweien seiner Gefolgsleute: »Ihr sollt reiten Tag und Nacht, bis ihr Ermenrik-König findet. Dann sagt ihm dies: Mein Bruder Thetmar und ich wollen nun reiten in unser Reich, in das Humlungaland. Will er das Land vor uns wahren, dann heißt ihn uns treffen vor Gränsport mit seinem Heer!«
Sie ritten sogleich ihren Weg nach »Rom«, und sie fanden Ermenrik-König dort und sagten zu ihm: »Du Ermenrik-König, ungetreuer Betrüger! Didrik-König und sein Bruder Thetmar kommen mit einem großen Heer von Hünenland, mit ihnen zwei Söhne Attala-Königs. Die wollen rächen, daß du ihnen ihr Reich mit Unehre nahmst, und du wirst deine Untreue jetzt entgelten! Willst du das Reich vor ihnen wahren, dann triff sie bei Gränsport! Das ließen sie dir sagen; denn sie wollen sich nicht hereinstehlen.« –
Als Ermenrik-König diese Kunde hörte, gab er den Sendboten jedem ein Roß und einen neuen Rock. Er hieß sie heimreiten und Dank haben für ihre Botschaft; denn er fürchte sich nicht sehr vor dem Hünenheer.

König Ermenriks Rüstung

Sv 273
König Ermenrik sammelte Heer über all sein Reich und hieß zu sich kommen alle, die Waffen tragen konnten und Rosse reiten. Da kam viel Volk zusammen in »Rom«. Binnen drei Tagen waren dort 17000 wohlgewappnete Ritter. Dahin kam auch Wideke Welandssohn und sagte zu Ermenrik: »Hier bin ich gekommen mit all meinen Mannen, und ich wollte gern kämpfen gegen das Hünenheer. Gegen Didrik von Bern und seinen Bruder will ich ungern streiten; doch werde ich tun, was du willst, Herr.« – Da bekam er in »Rom«-Burg manche blanken Helme zu sehen, gute Brünnen und schöne Schilde.

Sv 274
König Ermenrik ging auf einen Turm und hieß seine Mannen ihm Gehör geben. Er sagte: »Meine guten Freunde, folgt meinem Bannermeister! Sevekin, mein guter Freund, du sollst mein Banner führen und 6000 Ritter mit dir von meinen Mannen. Dich schicke ich gegen

Herrn Didrik von Bern, und es wäre mannhaft, wenn du sein Schwert in deine Hände bekämest, ehe ihr euch trennt!« –
Weiter sagte er: »Mein guter Freund Renald, du sollst 5000 Ritter haben und Herzog über sie sein. Dich schicke ich gegen Attala-Königs Volk und das Hünenheer. Dort sollt ihr manchen Mann erschlagen! – Mein guter Freund Wideke Welandssohn und mein bester Herzog, du sollst mit dir 6000 Ritter haben. Du pflegst gerne den Sieg zu gewinnen. Töte Didrik-König und Thetmar, seinen Bruder, und laß ja die Söhne Attala-Königs nicht heimkommen! Gott gebe euch Sieg auf dieser Fahrt, euren Ruhm zu mehren!«
Da antwortete Wideke Welandssohn: »Ich will mit Attala-König kämpfen und mit seinem Volk. Herrn Didrik will ich nichts tun, wenn ich raten darf.« – Darauf bliesen sie alle in ihre Hörner. Und sie steigen auf ihre Rosse und reiten blasend und rufend hinaus. Und nicht eher wandten sie sich, als bis sie nach Gränsport kamen. Dort war Herr Didrik mit seinem Heer nördlich des Flusses. Und sie lagerten sich zur Nacht.

Die Membrane beschreibt den Zug des »Rom«-Heers noch etwas ausführlicher und genauer:

Mb 325
Nun fahren sie ihres Weges nördlich übers Gebirge, und nicht lassen sie ab von ihrer Fahrt, bis sie an die Stätte kommen, die Gronsport (A: Grænsport; B: Grunnzport) heißt. Und dort treffen sie nördlich vom Fluß Thidrek-König von Bern mit seinem Heer. Nun setzen die Aumlungen ihre Landzelte nieder südlich des Flusses. Und so lagern nun die beiden Heere diese Nacht über.

Gränsport

So erzählt die Thidrekssaga den Aufmarsch der beiden Heere zur Schlacht bei Gränsport. Halten wir hier an und fragen wir: Wo lag dieser Punkt, der einerseits so gut kenntlich war, daß der Name genügte, um ihn zu bezeichnen, der andrerseits so geeignet war zur Gegenüberstellung zweier Heere, der sie trennte und ihnen doch die Verbindung durch eine breite Furt erlaubte, zugleich auch ausreichenden Platz bot für eine große Schlacht?

Als ich im Jahre 1958 zum ersten Mal nach der Stätte Gränsport mich umsah, hatte ich nicht die entfernteste Ahnung, wo ich suchen sollte. Da war einerseits der König Didrik von Bern, der als Verbannter in *Soest* lebte, der auszog, sein Berner Reich wiederzugewinnen – und ich vermutete damals schon, daß es sich bei »Bern« möglicherweise um Bonn handeln konnte, dessen alter Name »Verona« = Bern mir schon begegnet war –: da war andrerseits Didriks Oheim König Ermenrik in Rom, gegen den er deswegen kämpfen wollte. Aber wie und wo sollte der Rom-König dem von Soest kommenden König begegnen?
Damals hatte ich noch nicht den Gedanken gefaßt, daß unter dem »Rom« der Thidrekssaga möglicherweise ein norddeutscher Ort verstanden werden könne, sondern ich glaubte, daß tatsächlich das italienische Rom gemeint sei. Ich wunderte mich nur, daß niemals von einer Überquerung der Alpen die Rede war, und die angegebenen Entfernungen und Marschzeiten gar nicht so ungewöhnlich groß schienen.
Die Haupthandschriften der Thidrekssaga gaben an, daß die Schlacht an der *Mosel* stattgefunden hätte; aber die Handschrift D nannte den Fluß »Vmsula«, und die Handschrift B gar »Vinsala« (obgleich das »Vin« wahrscheinlich nur ein schlecht gelesenes »Vm«(= Um) war. Der Abschreiber konnte sich geirrt haben; und vielleicht war mit der »musula« auch die Maas gemeint? Ich wandte mich also an Maastricht mit der Frage, ob »Gränsport-Gronsport« vielleicht ein alter Name von Maastricht sein könne, zumal ich dort in der Nähe ein »Ronsfeld« gefunden hatte. Aber man bedauerte, dort nichts vorweisen zu können.
Die alten Namen von Maastricht lauteten: um 575 Urbs Traiectensis; 596 Trajectum (= Überfahrt): 638 Trega und ferner immer: Trajectum, Trajectum ad Mosam, Tricht, Treeg, Trectis und Trecta. Der Name Maastricht (Maas-Übergang) kommt erst im Jahre 1429 vor.
Mit der Maas war es nichts, ich mußte mich an die Mosel halten. An der Mosel aber war ein »Gränsport-Gransport-Gronsport-Grunzport« anscheinend nicht zu finden, obwohl hier -port-Namen durchaus an ihrem rechten Platze waren. Da gab es ein Hatzenport und ein Piesport, Stätten berühmter Weine; aber es gab kein Gränsport. Nur an der Sauer, einem Nebenfluß der Mosel bei Trier und also sehr weit weg, gab es einen Namen, der ähnlich lautete: Ronsport. Die Frühnamen dieses Flußüberganges waren: 634 Ruozvurt, 816 Ruochfurt, 953 Ruochesfurt, 1222 Roisporth, 1401 Roisport. Sie hatten mit dem gesuchten Namen keine Ähnlichkeit mehr. Es ergab sich aber daraus, daß die Silbe -port ursprünglich »Furt« bedeutete, und das traf auch auf andere -port-

Namen im deutschen Raume zu; denn bei allen diesen Orten führen alte Straßen, Römerstraßen, über den Fluß.[100]
Der Name »Gränsport« konnte also auf eine Furt hinweisen; und vielleicht war es überhaupt kein Ortsname, sondern *nur* der Name einer Furt. Und von einer Furt zwischen den sich am Fluß gegenüberliegenden Heeren spricht die Thidrekssaga, von einer gut kenntlichen, breiten, mühelos überschreitbaren Furt.
Wo sollte man diese Furt »Gränsport« suchen? In der späteren Schilderung der Schlacht ist die Rede von der Moselmündung, bis zu welcher Didrik den fliehenden Wideke verfolgt. Das ist der schon vor und in der Römerzeit besiedelte *Raum um Koblenz*. Hier irgendwo mußte sich der Ort oder die Furt »Gränsport« finden. Anfragen beim Staats- und Stadtarchiv Koblenz blieben ohne Ergebnis. Aber dann fragte ich beim Landesvermessungsamt Koblenz an. Ich schrieb:
»Ich möchte Sie um eine Auskunft bitten, die sich auf frühere Zeiten bezieht. In alten Sagen, die aber durch andere genaue Angaben als glaubwürdig erscheinen, wird ein Ort Gronsport (oder Grunzport, Gräns-, Gransport) an der Mosel genannt an einer Stelle, wo man von einem südlichen und einem nördlichen Ufer sprechen kann, wo die Mosel also von Westen nach Osten (oder umgekehrt) fließt, nicht von Süden nach Norden. Nicht allzuweit davon ist dann die Mündung der Mosel gedacht. Ist ein solcher oder ähnlich benannter Ort irgendwo aufzufinden, oder gibt es noch Flurnamen, in denen er vorhanden ist? Es könnte ja auch sein, daß der Name sich im Bereich der heutigen Stadt Koblenz befand. Vielleicht lag wirklich Koblenz oder seine nähere Umgebung damals im Kreis der alten Sage. Sicher findet sich einer Ihrer Herren, den die Frage auch persönlich interessiert.«

Das »Gänsfürtchen«

Er fand sich. Zwar erst ein Vierteljahr später, aber dafür umso ausführlicher, schrieb Dr. von der Heiden am 30. Juni 1959:

»Wir haben auf verschiedenen Wegen versucht, näheres über den Ort ›Gronsport‹ an der Mosel und über die Moselmündung zu erfahren. Hierbei hat sich folgendes ergeben:
In den amtlichen Karten des Landesvermessungsamtes (Topographische Karte 1:25 000) ist ein Ort Gronsport nahe der Moselmündung nicht verzeichnet. Auch die Katasterkarten zeigen an den Stellen, wo die Mosel nahe der Mündung von Westen nach Osten fließt, keinen derartigen Flurnamen.

Etwa 1,5 km oberhalb der heutigen Moselmündung war vor dem Bau der Staustufe Koblenz eine Stromschnelle, die den Namen ›Gänsefürtchen‹ führte. Ob dieser Name aus ›Gänsfurt‹ entstanden ist und ob diese Bezeichnung wiederum mit dem von Ihnen genannten ›Gränsport‹ identisch ist, vermögen wir nicht zu entscheiden. Es ist jedoch möglich, daß der bekannte Heimatforscher, Herr Dr. Dr. h.c. Michels, Koblenz, Ihnen hierüber weitere Auskunft geben kann. Herr Dr. Michels hat eine Arbeit über die Entstehung und Deutung der Flurnamen im Koblenzer Raum geschrieben.«

Bei näherem Nachforschen und durch die Auskünfte von Herrn Dr. Michels ergab sich dann dies: Das »Gänsefürtchen« war ein, das ganze Flußbett an dieser Stelle ausfüllender Felsriegel, welcher das rückwärtige Wasser der Mosel anstaute und das überfließende Wasser in stark abschüssiger Fahrt dem tiefer gelegenen Rheinbett weitergab, wodurch die Einfahrt der Schiffe in die Mosel erheblich behindert wurde. Da dieser Höhenunterschied bestand, *konnte* die Wasserschicht über dem Gänsefürtchen kaum mächtiger als einen halben Meter sein.
Dr. Michels wies noch auf etwas anderes hin: Hier an diesem Moselübergang hat im Jahre 1198 eine heftige Schlacht getobt, die durch einen Münzfund belegt ist. Als der Staufer Philipp von Schwaben gegen den Welfen Otto IV. den Übergang über die Mosel erzwingen wollte, stritt man einen Tag lang im Flußbett der Mosel, das durch die Dürre des Sommers fast ausgetrocknet war. »in alveo fluminis« heißt es in dem Bericht der Kölner Annalen,[101] »in der Mulde des Flusses«. Der Staufer erzwang den Übergang und stieß nach Norden vor.
Aus dieser Schilderung wird ersichtlich, daß die Moselfurt bei Koblenz, eben das Gänsefürtchen, ein fast ebener Felsboden war, nur in der Mitte etwas ausgemuldet und wahrscheinlich mit Geröll (Grant) überstreut, wodurch sich auch der Name »Gränsport-Gransport« (= Grant-furt) erklären könnte.[102] Ob nun der Name »Gänsefürtchen« aus dem alten Namen Gränsport-Grantsfurt durch volkstümliche Umdeutung entstanden ist, weil hier sicherlich auch die Gänse durch den Fluß wateten, oder ob nicht: in jedem Fall treffen hier alle in der Thidrekssaga genannten Vorbedingungen zusammen: Der Fluß Mosel, die Stelle kurz vor der Moselmündung, ein nördliches und ein südliches Ufer, eine breite, mühelos überschreitbare, sichere und leicht erkennbare Furt, ein Hügel am Fluß, davor südlich eine breite, für eine Schlacht geeignete Ebene und ein leicht erkennbarer und genauer Treffpunkt, mitten zwischen »Rom« und »Susa«. Gränsport war gefunden!
Aber erst sehr viel später, 18 Jahre danach, klärte sich mir der *ganze* Zusammenhang auf, als ich erkannte, daß mit dem »Rom« der Thi-

13 *Die Schlacht bei Gränsport. Die Anmarschwege*

drekssaga das Zweite Rom, TRIER, die »Roma secunda« schon der Römer, das Verwaltungszentrum ihres Reiches nördlich der Alpen, gemeint war. Setzte man Trier als das »Rom« der Thidrekssaga ein, dann brauchte kein Hochgebirge überquert zu werden, dann waren die Entfernungen keine ungeheuren, dann blieb alles im begrenzten norddeutschen Raum. Die Moselmündung lag so fast auf der Verbindungslinie von Soest nach »Rom«-Trier, nur wenig südlich davon, und das Entfernungsverhältnis war 5:3, d.h. 85 km dieser in Luftlinie 225 km langen Strecke hatte das Rom-Heer zurückzulegen, 140 km das Soest-Heer. Das war sinnvoll, weil Didrik früher aufgebrochen war; das war ritterlich, weil er dem Gegner entgegenkam; das war praktisch, weil er dessen Land erobern wollte. Und ihr Treffpunkt war wahrscheinlich ein bekannter neutraler Ort.
An diesem Punkt mündete nun auch der Weg »nördlich übers Gebirge«, d.h. nördlich der Mosel an den Höhen der Eifel entlang, die hier »Mundia« genannt wird (Hs. AB). Dieser alte Weg entspricht genau der Römerstraße, welche von »Rom«-Trier nach Andernach zog mit einem Abzweig nach Koblenz. Sie ist noch heute begehbar und zum Teil befahrbar oder als Straße ausgebaut. Sie führt an Kaisersesch – Polch – Kerben vorbei und mündet an der Mosel mit mehreren Strängen, von denen der erste auf das Gänsefürtchen zulief, ein weiterer auf die alte Römerbrücke etwas flußabwärts.[103]

Hillebrands Nachtritt

Sv 275
Herr Hillebrand war Wachthalter in der Nacht bei König Didriks Mannen. Um Mitternachtszeit ritt er über den Fluß dort, wo eine Furt war. Als er über den Fluß kam, da begegnete ihm ein Mann, und keiner von ihnen kannte den andern.
Hillebrand sprach ihn an und sagte zu ihm: »Nicht darf ich dir meinen Namen nennen; denn du bist einzeln und ich bin einzeln.« – »Ich wußte deinen Namen vor zwanzig Jahren«, antwortete der wieder, »du heißest Meister Hillebrand!« – Hillebrand antwortete: »Das ist wahr, was du sagst! Nicht will ich mein Wappen vor dir verbergen. Ich kenne auch dich wohl: du heißest Renald, verdienter Ritter und mein guter Freund. Gib mir Kunde von deinem Land!« –
Renald antwortete: »Dies kann ich dir sagen: Wideke Welandssohn,

Herrn Didriks guter Freund, ist ein Anführer unseres Heeres. Der zweite ist Sevekin, euer Widersacher. Ich ritt heimlich vom Heere weg. Ich hatte gedacht, König Didrik zu finden und ihm Nachricht zu geben. Gott lasse es ihm gut ergehen! Doch werde ich meinem Herrn folgen.«

Sv 276

Darauf ritten sie beide im Mondschein flußabwärts und sprachen miteinander.

Hier hat die Membrane einen etwas ausführlicheren Text, den wir seiner Wichtigkeit wegen hinzufügen:

Nun reiten sie beide am Strom hinauf und reden miteinander. Und da geht der Mond auf und es wird hell, so daß sie über beide Heere sehen können.

Denselben Text haben die isländischen Handschriften. Weiter berichtet nun die Svava:

Sie hielten auf einem Hügel, so daß sie beide Heere sahen. Hillebrand fragte: »Wo ist Sevekins Banner und Zelt? Ihm täte ich gerne Schlimmes, wenn ich könnte!« – Renald antwortete: »Dort steht ein goldenes Zelt und drei Goldknäufe oben darauf. Das ist König Ermenriks Zelt, dort liegt Sevekin und schläft darin. Du kannst ihm nichts antun, wenn du auch wolltest, solch großes Heer liegt rings herum.« Renald wies Hillebrand Widekes, Welandssohns, Zelt, er zeigte ihm auch sein eigenes Zelt. Da sagte Hillebrand: »Reite nun mit mir, so will ich dir unsere Zelte zeigen!« –

Sv 277

Darauf ritten sie flußaufwärts. Da begegneten ihnen fünf Ritter von Widekes Mannen. Die Fünf zogen ihre Schwerter. Hillebrand zog sein Schwert und ritt gegen sie. Da sprach Renald zu ihnen: »Was wollt ihr? Dieser Mann begleitet mich!« – Sie erkannten Hillebrand gleich und hieben sofort nach ihm auf den Helm, doch keines (ihrer Schwerter) biß darauf. Hillebrand hieb einem von ihnen auf den Hals, daß das Haupt abging. Damit trennten sie sich. Renald wollte nicht gestatten, daß sie sich mit Hillebrand schlügen.

Als sie auf den Hügel kamen, sagte Hillebrand: »Dort steht ein Zelt, und fünf Goldknäufe oben darauf. Das gehört König Didrik zu. Dort steht auch ein rotes Zelt, das gehört den Söhnen Attala-Königs und Thetmar, Didriks Bruder. Und dort steht ein grünes Zelt, das gehört Markgraf Rodger.« – Darauf umarmten sie sich und trennten sich. Hillebrand ritt zu seinen Mannen.

Sv 279

Als Renald zu seinem Zelt kam, war Sevekin wach mit vielem Volk und wollte hinter Hillebrand herreiten. Da sagte Renald: »Willst du hinter Hillebrand herreiten und ihn töten, so werde ich schnell mein Volk waffnen, und dann wirst du dich vorher mit mir schlagen und manchen Mann verlieren. Laß Hillebrand reiten, wohin er will!« Sevekin antwortete: »Mir scheint, du willst unser Feind sein; denn du verteidigst meines Herren Feind!« – (Renald:) »Ich will meinem Herrn helfen, soviel ich vermag. Nicht kann ich gestatten, daß ihr Hillebrand tötet; denn er ritt in gutem Vertrauen und redete mit mir. Morgen bekommst du Hillebrand zu sehen; dann will ich dir nicht verwehren, dich mit ihm zu schlagen. Ich denke, er wird sich wohl vor dir wahren.« –

Darauf brachen sie ihren Streit ab und legten sich nieder zum Schlafen. Hillebrand ritt zu Didrik-König und sagte ihm, wie alles gegangen war. Didrik dankte ihm: »Immer geht es dir mannhaft aus!« –

»... da geht der Mond auf«

Ehe wir nun die Erzählung von der Schlacht bei Gränsport wieder aufnehmen, sehen wir uns den Bericht von Hillebrands nächtlichem Ritt einmal sorgfältig an!

Es wird gesagt, daß Hillebrand »um Mitternachtszeit« über die Furt reitet. Es ist hier also anders als beim Rheinübergang der Niflungen, wo Hagen aufbricht, als das Heer schlafen gegangen ist, damals abends gegen 9 (21) Uhr. Der späte Ritt Hillebrands hat auch nicht darin seinen Grund, daß Didrik mit seinem Heer etwa erst spät am Abend angekommen wäre. Im Gegenteil! Als das Rom-Heer an der Furt anlangt, lagert das Soest-Heer schon auf dem nördlichen Ufer. Das Rom-Heer zieht an ihm vorbei über die Furt und schlägt dann auf dem südlichen Gelände seine Zelte auf. Hillebrands später Ritt muß einen anderen Grund haben. Er reitet zunächst im Dunkeln, so daß er den Entgegenkommenden nicht erkennt; als er aber die Furt überschritten hat, geht alsbald der Mond auf.

»Welch ein Zufall!« wird man sagen, »und welch gute Regie der Dichtung, daß sie nun, als Hillebrand die Zelte der Gegner auskundschaften will, den Mond aufgehen läßt!« – Es läßt sich aber auch andersherum deuten: Am Tag vor der Schlacht bei Gränsport *ging* der Mond tatsächlich um Mitternacht auf, und Hillebrand paßte es so ab, daß er die Furt noch im Dunkeln überschritt, um nicht gesehen zu werden, gleich danach aber schon Mondlicht hatte.

In welcher Phase geht der Mond um Mitternacht auf? Der Vollmond geht am Abend auf und am Morgen unter. Der Neumond, den man aber nicht sehen kann, geht am Morgen auf und am Abend unter. Der zunehmende Halbmond geht am Mittag auf und um Mitternacht unter, der abnehmende Halb-Mond geht gegen Mitternacht auf und gegen Mittag unter.

Bei Hillebrands Erkundungsritt ist also abnehmender Halbmond. Nehmen wir nun an, dies wäre auch hier keine Schilderung poetischer Phantasie, sondern Bericht über ein wirkliches Geschehen mit allen Einzelheiten, und den um Mitternacht aufgehenden Halbmond hätte es in der Nacht vor der Schlacht wirklich gegeben, dann wäre eine Woche früher Vollmond gewesen. Etwa eine Woche früher aber war Didrik mit seinem Heer von Soest aufgebrochen; denn für die Entfernung 140 km Luftweg = ca. 210 km Marschweg hätte er etwa 6 Tage gebraucht (Tagesleistung ca. 35 km). Dann wäre Didrik mit seinem Heer also am Tage nach Vollmond von Soest fortgeritten, so wie wir das auch für die Niflungen bei ihrem Aufbruch zum Zug nach Soest angenommen hatten. Hier aber läßt es sich am Mond errechnen. Das Soest-Heer wäre wahrscheinlich über den Herhof bei Meinerzhagen geritten und dann auf dem »Frankfurter Weg« nach Süden und wäre am Tage vor Halbmond an der Moselmündung angekommen, ebenso das Rom-Heer, das sich in drei Tagen gesammelt hatte. Wieder also bestätigt die Ths die Mitteilung des Tacitus, daß die Germanen es liebten, ihre Unternehmungen bei Vollmond oder bei Neumond zu beginnen.

Jetzt kennen wir den Ort und die Zeit der Schlacht. Folgen wir nun wieder der Schilderung der Thidrekssaga!

Die Schlacht

Sv 280

Am Morgen früh stand Herr Didrik auf und wappnete sich und ließ blasen in Pfeifen und Basunen. Thetmar, sein Bruder, tat desgleichen und ebenso Markgraf Rodger, und sie stiegen auf ihre Rosse. Meister Hillebrand ritt voraus mit Herrn Didriks Banner, das ganze Heer folgte dahinter. Er ritt über dieselbe Furt, über die er bei Nacht geritten war.

Als Sevekin das gewahr wurde und Wideke Welandssohn, da bliesen sie in alle ihre Hörner und hießen ihr Volk sich wappnen. Wideke stieg auf seinen Hengst Schimmling, desgleichen taten Renald und Walter von Waskastein. Der führte König Ermenriks Banner, das war beides, groß und lang, und viele Goldglöckchen daran. Das Banner läutet so laut, daß man es hören kann durch das ganze Heer. Darunter ritt Sevekin mit 6000 Rittern.

Als Didrik König Ermenriks Banner sah und erkannte, daß Sevekin darunter war, da hieß er Hillebrand sein Banner dagegen führen, das war aus weißer Seide gemacht und siebzig Goldglocken daran. Das hatte Ercha-Königin gemacht. Darauf stand ein vergoldeter Löwe. Dann kam Renald mit einem Banner rot wie Blut, gegen ihn reitet Markgraf Rodger.

Da ritt Wideke vor. Sein Banner war schwarz, und standen Hammer und Zange darin. Das führte ein Kämpe, der Runge hieß, der war groß und stark wie ein Riese. Gegen ihn reitet Herzog Nordung mit Fähnrich Thetmars Banner, darin stand ein Löwe von Gold. Das gab ihm Ercha-Königin. Dahinter folgten Thetmar und die jungen Herren und der gute Ritter Hjalprik – er war der rascheste aller Ritter. Ihre Waffen glänzten wie die Sonne.

Sv 281

Sie trafen zusammen mit diesen sechs Bannern. Herr Didrik saß auf seinem Roß Falke und schlug mit seinem guten Schwert Ekkisax. Vor ihm stürzte mancher Mann. Ihm voraus reitet Hillebrand – er erschlug auch manchen Mann – und der gute Ritter Wildefer. Da fiel eine Menge von Sevekins Volk.

Herr Didrik rief laut und hieß seine Mannen scharf vorgehen. Er sagte: »Wir haben uns oft mit den Rytzen geschlagen und viele Siege dort gewonnen; nun wolln wir auch wiedergewinnen unser eigenes

Land, und hierdurch heißen wir mächtige Männer!« – König Didrik ritt mitten in Sevekins Heer, er fällt beides, Männer und Rosse und alles, was vor ihm war. Er fuhr kreuz und quer durch das feindliche Heer, und alle fürchteten sich vor ihm. Er hat unzähliges Volk erschlagen.

Einen anderen Weg reitet Wildefer und haut mannhaft zu, weder Waffen noch Rosse halten vor ihm stand. Das sah Walter von Waskenstein, wie großen Schaden Wildefer tat, und daß alle vor ihm flohen. Walter schlug seinen Hengst mit den Sporen und setzte den Spieß auf Wildefers Brust, daß er zwischen den Schultern hinausging. Wildefer schlug den Spießschaft entzwei, dann hieb er auf Walters Schenkel, die Rüstung entzwei und das Bein ab, daß das Schwert im Sattel stand. Da stürzten sie beide tot herab, und nun fiel König Ermenriks Banner nieder, das Walter führte.

Als Sevekin sah, daß Walter erschlagen war und das Banner unten auf der Erde lag, floh er, was er nur konnte, und mit ihm seine Mannen, so viele unter dem Banner waren. Herr Didrik jagte hinter ihnen her und schlug die meisten von ihnen zur Hel. Dann wandte Herr Didrik um.

Der Tod der Königssöhne

Sv 282

Das sah Wideke Welandssohn, und es schien ihm große Schande, daß Sevekin floh. Er ritt ganz kühn vor auf Herzog Nordung los. Der hielt ihm entgegen, denn er war ein vorzüglicher Kämpe. Da hieb Wideke die Bannerstange entzwei, daß das Banner zu Boden fiel. Einen zweiten Hieb tat er auf des Herzogs Hals, die Brünne durch und den Hals durch, so daß das Haupt zur Erde herabfiel.

Das sahen die jungen Herren. Ortwin sagte zu Ritter Hjalprik: »Sahst du, wie der böse Hund Wideke Welandssohn Herzog Nordung erschlug? Reiten wir vorwärts und rächen wir ihn!« – Sie ritten voran. Ihnen entgegen kam Wideke Welandssohn und der starke Runge. Sie schlugen sich mannhaft so lange, bis Ortwin und Hjalprik beide erschlagen wurden.

Das sahen Erp und Thetmar. Sie ritten vor und kämpften tapfer. Thetmar hieb auf Runges Helm und zerklaffte sein Haupt, daß das Schwert im Sattel stand. Runge stürzte tot vom Roß. Indessen schlug Wideke Erp zur Hel.

Sv 283

Als Thetmar sah, daß beide Söhne König Attalas tot waren, da ritt er auf Wideke los und wollte seine Ziehbrüder rächen oder wollte darum sterben. Er hieb auf Wideke heftig und hart. Wideke fragte: »Bist du Thetmar, König Didriks Bruder? Reite hinweg, anderswohin und schlage dich dort! Um deines Bruders willen will ich dir nichts zuleide tun!« – Thetmar antwortete: »Das weiß Gott, daß mich nicht verlangt, länger zu leben, außer ich nehme Rache an dir bösem Hund, daß du meine Ziehbrüder erschlugst, König Attalas Söhne! Eines von beiden soll sein: Ich fälle dich zu Tod oder du mich!« –
Thetmar hieb noch halbmal fester auf Wideke. Wideke sagte: »Das weiß Gott, nur in der Not würde ich dich töten, um deines Bruders Didrik von Bern willen.« – Da hieb Thetmar mit voller Kraft auf Widekes Helm. Der Helm war von dem härtesten Stahl, den es geben konnte, deshalb glitt das Schwert von ihm ab und nieder auf den Hals des Hengstes vorn vor dem Sattelbogen, daß dessen Haupt zur Erde herabfiel, und dort ließ Schimmling sein Leben.
Wideke antwortete, als er dort auf dem Erdboden stand: »Das weiß der heilige Gott, daß du mich zu dem nötigst, was ich niemals gedachte gegen dich zu tun! Und so große Not zwingt mich dazu, daß entweder ich mein Leben lassen werde, oder ich werde dich töten! – Wideke nahm sein Schwert Mimung mit beiden Händen und hieb auf Thetmar hinten auf den Rücken, daß Brünne und Rücken und Leib zerschnitten wurden, und er fiel in zwei Stücken zur Erde. Darauf erschlug Wideke manchen Mann, sie stritten da ganz grimmig und stürzten zahlreich auf beiden Seiten.

Sv 284

Der gute Ritter Wolfhart! Er streitet wacker den ganzen Tag über. Er führte Markgraf Rodgers Banner. Er schlug beides, Männer und Rosse. Der Markgraf folgte ihm mannhaft. – Das sah Renald, der berühmte Ritter, welchen Schaden Wolfhart anrichtete, und daß alle vor ihm flohen. Er setzte seine Glaffe auf Wolfharts Brust, durch die Brünne hindurch ging sie und durch die Schultern. Wolfhart stürzte tot von seinem Pferd.[104] Das sah Markgraf Rodger. Er nahm sein Banner wieder auf, ritt auf Renalds Bannermeister los und hieb ihm in den Hals, daß das Haupt abging und die Bannerstange entzwei, und das Banner fiel zu Boden.

Sv 285

Das sahen Renalds Mannen, daß ihr Banner gefallen war, und Sevekin davongeflohen. Da flohen sie alle zusammen, und daraufhin flüchtete Renald mit ihnen. Didrik-König jagte scharf hinter ihnen her.

Didrik verfolgt Wideke

Da kam ein Ritter zu ihnen von seiner eigenen Mannschaft und sagte: »Ich kann dir schlimme Kunde sagen und wahre: Der böse Hund Wideke erschlug zuersten deinen guten Herzog Nordung, danach beide Attala-Söhne und dann deinen Bruder Thetmar. Reite zurück, Herr, und räche sie an ihm!«

Sv 286

Didrik antwortete: »Was gab Gott mir schuld, daß er solch schlimmen Tag über mich scheinen ließ, daß keine Waffe mich heute versehren mag, und ich noch wundenlos bin? Mein Bruder und die jungen Herren sind nun tot! Jetzt wage ich niemals mehr ins Hünenland zu kommen! Nun werde ich entweder sterben oder meine jungen Herren rächen!« –
Damit wandte er sich zurück und schlug das Roß mit den Sporen. Seine Mannen folgten ihm. Er ritt schnell ihnen voraus dahin, wo der Kampf gewesen war. Er war so wütig, harmvoll und grimmig, daß ein flammender Hauch ihm vom Munde ging. Kein Ritter wagte jetzt, gegen ihn anzukämpfen.
Das sah Wideke Welandssohn. Er flüchtete, was er konnte. Er jagte am Fluß hinunter, der Moselstrom heißt. Herr Didrik stürmte hinter ihm her, rief und sagte: »Du böser Hund, warte auf mich! Ich will meinen Bruder rächen! Darum sollst du nicht länger leben, wenn du dich traust, zu kämpfen mit einem einzelnen Mann!« –
Wideke tat, als hörte er nicht. Er raste davon, so schnell er nur konnte. Didrik rief ihm zu und hieß ihn warten. Er sagte: »Es ist Schande, zu fliehen vor einem einzelnen Mann, der seinen Bruder rächen will!« –
Wideke antwortete: »Daß ich deinen Bruder zur Hel schlug, tat ich aus Not! Ich mußte entweder ihn erschlagen, oder er hätte mich erschlagen. Ich will das büßen mit Gold und Silber und Edelsteinen!« –

> Wideke jagte davon, so schnell er nur konnte, doch Didrik hinter ihm her. Da sprengte Wideke hinein in die Flut und sank gleich unter Wasser. Didrik schoß seinen Spieß hinter ihm her, so daß der im Hügel stand hart am Fluß.

So die altschwedische Handschrift. Die Membrane sagt hier, wieder etwas ausführlicher:

> Und nun reitet Widga hinaus zum See, doch Thidrek ist nun nahe an ihn gekommen. Und in diesem Augenblick taucht Widga im See unter. Und nun schießt Thidrek-König den Spieß nach ihm, und der Spießschaft blieb stehen, wo er die Erde gebissen hatte in der Flußmündung. Und dort steht dieser Spießschaft noch heute, und ihn kann dort sehen jeder, der dahin kommt.

Die isländischen Handschriften A und B bringen den Text nochmals in etwas abgewandelter Form:

A	B
Doch Widga sprengt zum See. Thidrek ist ihm da nahe gekommen und schießt seinen Speer auf ihn. Und in diesem Augenblick taucht Widga in den See hinein.	Und nun reitet Wirga zum See und in den See hinaus. Doch Thidrek-König, der ihm nun so nahe gekommen, schießt seinen Speer auf ihn. Und in diesem Augenblick taucht Wirga in den See hinein.

Es ist nicht ganz klar, warum die früheren Übersetzer dieser Stelle glaubten, aus dem altschwedisch-altnordischen Wort sjö-sö ein »Meer« (Fine Erichsen) oder »die See« (v.d. Hagen, Raszmann) machen zu müssen. Auf Grund dieser unklar übersetzten Stelle ist die Thidrekssaga oft verspottet worden, daß sie die Mosel ins Meer fließen lasse.[105] Neben jener Angabe vom Zusammenfluß von Duna und Rhein wurde diese als ein weiterer Beweis für die Unzulänglichkeit und geographische Ahnungslosigkeit der Thidrekssaga ausgelegt. Die Worte sjö-siö-sö bedeuten aber: »der See; die See; das Wasser«, und die Grundbedeutung ist sogar »der Binnensee«. Die Angabe der Thidrekssaga an dieser Stelle ist wieder nicht eine geographische Unsinnigkeit, sondern die sehr gute und genaue Kennzeichnung eines geographischen Punktes zu einer sehr frühen Zeit.

14 *Die Moselmündung um 1806. Kartenaufnahme der Rheinlande durch Tranchot und von Müffling (Blatt Koblenz). Die Bezeichnung Gänseführtchen ist aus dem Meßtischblatt übertragen.*

Der Wasserspiegel des Rheins bei der Moselmündung war im frühen Mittelalter höher als heute und dadurch breiter, weil sein Abfluß nach Norden noch durch die Felsen im Binger Loch gehemmt war, welche erst in neuerer Zeit weggesprengt worden sind. Daher bildeten Moselmündung und Rhein damals hier einen mächtigen See. Dieser ist es, von dem die Thidrekssaga ganz folgerichtig erzählt, daß Wideke darin untertauchte und so dem Speerwurf seines Verfolgers Didrik entging.
Daß er dabei nicht umkam, sondern sich rettete und in seine nordische Heimat zurückkehrte, berichtet die altschwedische Handschrift in ihren letzten Kapiteln, wo wir Wideke auf Fehmarn wiederfinden. Für seine Rettung brauchte Wideke nicht die Hilfe seiner meerkundigen Ahnfrau.[106] Höchstens hat der Gedanke an sie, deren Lieblingselement das Wasser gewesen sein soll, ihn dazu angeregt, im Wasser seine Zuflucht zu suchen und in ihm und mit seiner Hilfe als ein wackerer Taucher und Schwimmer seine Rettung zu finden.
In den Kreisen fürstlicher Ritterschaft konnte sich Wideke seitdem nicht mehr sehen lassen. Durch seine Flucht vor einem einzelnen Mann, dem er den Zweikampf verweigerte, war er in den Augen aller Männer von Ehre verfemt und verrufen.

König Didriks Klage

Sv 287
Didrik von Bern wandte sich wieder dahin zurück, wo der Kampf gewesen war. Er fand dort manchen wackeren Mann, seine Freunde und Verwandten. Nun kam er dahin, wo sein Bruder lag, Thetmar, und sagte: »Hier liegt mein lieber Bruder! Das ist mir ein großer Schmerz, daß ich dich finde, so zugerichtet!« – Darauf warf er seinen Schild fort, denn der war übel verhauen, und nahm Thetmars Schild dafür.
Nun fand er auch, wo die jungen Herren lagen. Da sagte Didrik: »Gott gnade mir, daß ich euch verloren habe! Das weiß Gott, ich wollte lieber große Wunden empfangen haben! Ich wage nun niemals mehr, ins Hünenland zu kommen.« – Da kamen Didrik-Königs Mannen zu ihm.
Didrik sagte zu Markgraf Rodger: »Attala-König hat seine Söhne verloren und manchen schnellen Helden um meinetwillen. Darum wage ich niemals mehr, zu ihm zu kommen. Fahre du zu ihm heim und

sage ihm Nachricht und viele gute Nächte, auch Ercha-Königin und manchen anderen Fürsten!« –
»Das sollst du nicht tun! sagte der Markgraf. »Oft geschieht das im Kampf, daß Fürsten ihre Helden verlieren und gewinnen doch selbst den Sieg, wie nun du ihn gewonnen hast. Danke Gott für diesen Sieg und gib dich nicht selbst auf um der jungen Herren willen! Wir wollen alle dazu helfen, daß Attala-König und Ercha-Königin so lieb zu dir sein sollen wie je einmal früher, wenn sie auch ihre Söhne verloren haben!« –
Nun antwortete Didrik: »Niemals wage ich, dahin zu ziehen; denn ich gelobte Ercha-Königin, ich wollte ihre beiden Söhne ihr wiederbringen, und das kann ich nun nicht halten.« –
Es kamen auch alle Fürsten und Herren und baten Didrik, heimzuziehen. »Wir wollen dir wohl Freundschaft von Attala-König und von Ercha-Königin erwirken. Willst du nicht ins Hünenland ziehen, so ziehe in dein eigenes Reich und kämpfe mit Ermenrik-König! Wir wollen dich alle begleiten und nicht eher ins Hünenland kommen, bis du dein Reich zurückgewonnen hast.« –
Didrik antwortete: »Ich wage nicht mehr, König Attalas Heer zu führen, nachdem ich seine beiden Söhne verloren habe. Ich will mit euch heimfahren zu Attala-König.« Darauf wandten sie sich heimwärts mit all ihrem Heer.

Die Rückkehr nach Soest

Sv 288
Als sie ins Hünenland kamen, fanden sie Attala-König in Soest. Herr Didrik ging und legte sich in ein kleines Haus und wagte nicht, vor Attala-König zu gehen. Markgraf Rodger ging zu Attala-König und grüßte ihn. Der König antwortete: »Willkommen mein Edelmann Markgraf Rodger! Sage uns gute Nachricht von eurer Fahrt! Lebt König Didrik von Bern? Und haben die Hünen Sieg oder Unsieg empfangen?«
Der Markgraf antwortete: »Didrik lebt, und seine Mannen und die Hünen gewannen den Sieg; doch stieß uns allen Unheil zu; denn wir haben unsere jungen Herren, Erp und Ortwin, verloren.« – Als die Königin das hörte, weinte sie und fast alle, die drinnen waren. Attala fragte: »Sind viele von meinen Mannen gefallen?«

Der Graf antwortete: »Dort fiel mancher werte Held: Zuerst Fähnrich Thetmar von Bern und dein guter Freund Hjalprik-Ritter und Herzog Nordung, Wolfhart, Wildefer und manche andere gute Helden und große Fürsten; doch verlor König Ermenrik doppelt so viel, und viele flohen davon.« –

König Attala antwortete und hielt sich männlich bei dieser Nachricht: »Das geht nun wie früher, daß die sterben, die todbestimmt sind. Gute Waffen geben keinem todbestimmten Manne Leben. Obwohl meine Söhne gute Waffen hatten, mußten sie gleichwohl sterben.«

König Attala sagte dazu: »Wo ist nun mein guter Freund Didrik-König?« – Da antwortete einer von den Mannen des Königs: »Er sitzt draußen in einem Kochhaus und auch Meister Hillebrand. Sie legen dort ihre Waffen ab. Sie getrauten sich nicht, euch vor Augen zu kommen, so sehr beklagen sie eure Söhne.« –

Da schickte der König zwei Ritter nach ihnen aus, die baten Herrn Didrik, hineinzugehen zu König Attala. Didrik antwortete: »Ich wage vor Kummer noch nicht, zu ihm zu kommen.« – Die Ritter sagten dem König Didriks Antwort.

Sv 289

Da ging die Königin weinend mit ihren Jungfrauen dahin, wo Didrik saß, und sagte: »Mein guter Freund Didrik, wie wehrten sie sich, meine Söhne? Oder wie gute Helden waren sie, ehe sie fielen?« – Didrik antwortete mit großem Schmerz: »Sie wehrten sich mannhaft, und wollte keiner vom andern wegfliehen, so gute Helden waren sie.«

Die Königin nahm ihn in ihre Arme und sagte: »Mein guter Freund Didrik, geh mit mir vor den König und sei heiter! Du sollst uns willkommen sein! Das ist auch früher geschehen wie jetzt, daß die fielen im Kampf, denen es bestimmt war, und die, welche überleben, können sich deshalb nicht aufgeben. Es taugt nicht, um tote Männer zu trauern. Sei froh und heiter und geh nun mit mir zu Attala-König!« – Da ging er mit ihr.

Attala-König stand auf und hieß ihn willkommen sein und ließ ihn sich neben ihn in den Hochsitz setzen wie früher. Das dankte ihm Didrik wohl und blieb seitdem lange bei Attala-König. Sie blieben so gute Freunde wie zuvor.

Diese Erzählung von Didriks Schmerz, wie er trotz gewonnener Schlacht so vom Kummer erdrückt wird, daß er den Sieg nicht auszunutzen wagt, und die Erzählung von seiner Rückkehr und Versöhnung mit König Attala und Königin Ercha ist die ergreifendste der Thidrekssaga. Hier ist nichts mehr von dem unbekümmerten Übermut und dem Großtun der Jugendjahre. Es ist der Schlag des Schicksals, der mit Würde getragen wird.

Nicht nur Didrik ist gereift, auch der Erzähler ist ernster, schwerer, reifer geworden, auch er ist längst in die Jahre der Verantwortung und des Schicksals eingetreten. Wieder vermute ich hier, daß es Hillebrand war, der diese Begebenheiten im Anschluß an das jeweilige Geschehen festhielt, wie er ja auch besonders ausführlich seinen nächtlichen Erkundungsritt erzählt. Hillebrand war Didriks stetiger Begleiter, er war bei allem dabei, und wo er es nicht sein konnte, hatte er die Möglichkeit, die Vorgänge durch die beteiligten Zeugen aus erster Hand zu erfahren.

Königin Erchas Tod

Sv 290

Zwei Jahre, nachdem die Schlacht vor Gränsport stattgefunden, wurde die Königin krank. Sie sandte Botschaft nach König Didrik aus. Er ging zu ihr. Sie hieß ihn willkommen. Didrik sagte: »Das ist ein großer Kummer, daß du so übel krank sein sollst, und großes Verderbnis für Hünenland, wenn du von dieser Krankheit stirbst, eine so ehrenwerte Frau, wie du es bist! Und da verliere ich meinen besten Freund!« –

Die Königin antwortete: »Du bist unser guter Freund gewesen, und sehr gestärkt hast du unser Reich. Diese Krankheit wird nun unsere Freundschaft scheiden. Hier gebe ich dir einen Krug von Gold und 15 Mark (Pfund) Gold darin, dazu kostbare Kleider von Purpur. Und dazu gebe ich dir meine Nichte Jungfrau Häred. Sorge wohl für sie!«

Didrik antwortete: »Große Freundschaft hast du mir erzeigt. Gott vergelte dir deine Freundschaft und heile(?) dein Siechtum. Großen Schaden bringst du Attala-König, wenn er dich verliert!« – Nun weinte Herr Didrik wie ein Kind, er konnte nicht reden und ging alsbald hinaus.

Die Königin sagte: »Wo ist Hillebrand, mein guter Freund?« – »Ich bin hier«, sagte er. Sie zog den besten Goldring von ihrer Hand, gab ihm den und sagte: »Wir wollen voneinander scheiden als gute Freunde. So werden wir uns auch finden, wenn Gott es will.« –

Abb. 19 Römische Dolchscheide, tauschiert, aus dem 1. Jh. n. Chr., gefunden auf dem Aldenfils. Germanisches Nationalmuseum in Nürnberg.

Abb. 20 Ruine Limberg im Wiehengebirge. ▷
Hier soll nach einer Ravensberger Sage Dietrich von Bern einen Drachen erschlagen haben.

Abb. 21 Siegburg. Die Basaltkuppe des Michaelsberges. Blick nach Westen. Hier stand nach der Thidrekssaga die Burg der Wölfinge.

Abb. 22 Lüneburg mit dem »Kalkberg«, einem der auffallendsten Berge der norddeutschen Tiefebene, die »Bratingaborg« im »Bertangaland« der Thidrekssaga.

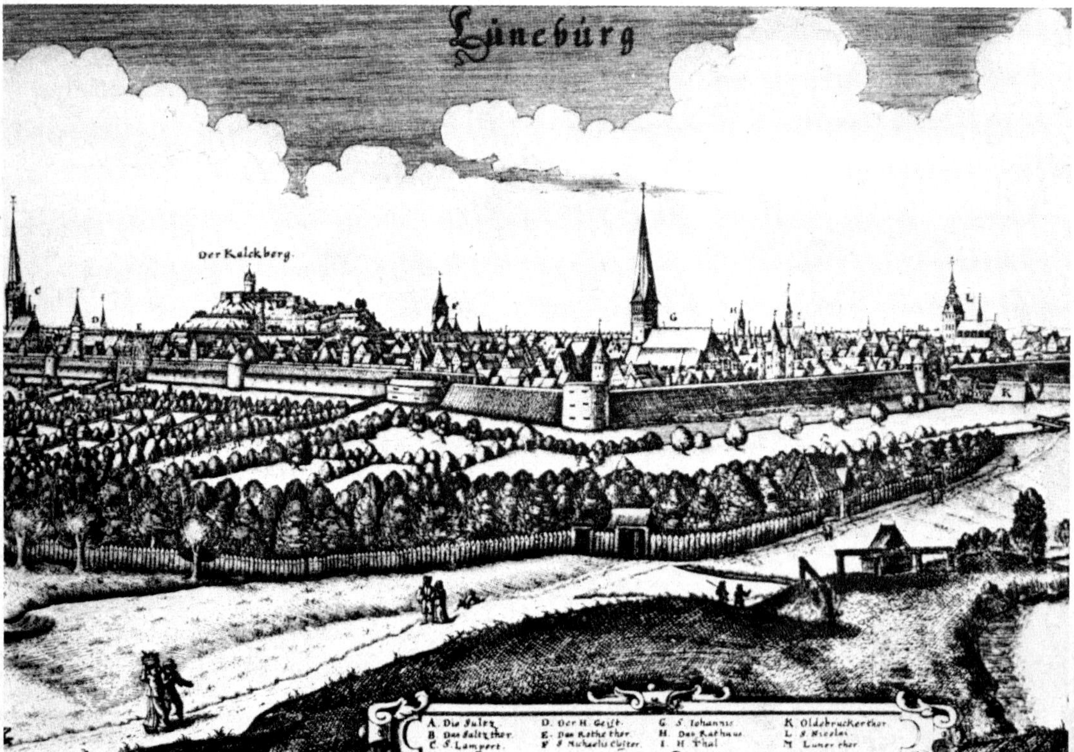

Hillebrand dankte ihr sehr für ihre schöne Gabe; dann ging er weinend hinaus.
Nun bat die Königin, Attala-König zu sich zu rufen. Der König ging zu ihr und fragte, was sie wollte. Sie sagte: »Du, der reiche König, wir werden uns nun scheiden; doch kannst du nicht lange ohne Gattin sein. Darum nimm dir eine ehrenwerte Frau, du bist das wohl wert! Nur bitte ich dich, nimm dir keine Frau aus Niflungaland und nicht von König Aldrians Geschlecht! Tust du das, dann kommt dir viel Unheil davon, beides, für dich und dein Kind!« – Darauf wandte sie sich von ihm ab und starb.
Als bekannt wurde, daß die Königin gestorben war, da weinte jedes Kind, das im Hünenland war und weitum anderwärts, und sie sagten: »Niemals mehr bekommt Attala-König eine so gute Königin!« – Keine Frau wurde mehr beweint im Hünenland. Der König ließ ihren Leichnam kostbar begraben und legte sie innen vor die Mauer, dicht an die Mauer. Dort standen bei ihr Didrik von Bern und Hillebrand und viele andere wackere Helden.

Die Zauberkünste der Ostacia

Im folgenden wird nochmals von einem großen Ostkampf berichtet, an dem Didrik allerdings keinen Anteil mehr hatte und auch nicht König Attala. Es entsteht ein großer Krieg zwischen König Herding von Wilzenland und König Isung von Bertangaland (»Britania«) und seinen neun Söhnen.[107]

Sv 297
Herding König in Wilzenland war ein reicher Mann und mächtiger Kämpe. Er hatte eine Ehefrau, die Ostacia hieß, ihr Vater Unne, König vom Ostreich. Ihre Stiefmutter war so voller Trolltum und übertrug ihr Trolltum (Zauberkunst) auf sie, daß sie noch viel zauberkundiger wurde als ihre Stiefmutter. Sie war trotzdem sowohl schön als auch klug. Darum mochte der König sie gern.

König Herding wollte seinen Vaterbruder Osantrix rächen, an dessen Erschlagung Isung einen Hauptanteil gehabt habe. Er heerte also in König Isungs Land, und dieser erfuhr davon erst, als die Feinde sein Land wieder verlassen hatten.

Nun sammelte König Isung ein großes Heer, und ihn begleiteten außer seinen neun Söhnen auch Detzlef der Däne und Fasold der Stolze. Sie zogen nun ihrerseits durch das Wilzenland und heerten dort und brannten.

> **Sv 298**
> Alles flieht vor ihnen, ein Teil in große Wälder und ödes Grenzland, ein andrer Teil auf Schiffe und welche zu Herding König.

Diese berichten ihm, daß König Isung mit seinen Söhnen, Detzlef und Fasold ins Land gekommen seien mit 5000 gewappneten Mannen. König Herding sammelt nun gleichfalls sein Heer und zieht jenen entgegen; aber die eigentliche Hilfe kommt ihm von einer ganz anderen Seite. Darüber wird sehr Merkwürdiges berichtet, das zunächst wie ein Märchen klingt, sich aber dann doch herausstellt als etwas, das wenigstens einen wahren Kern enthält. Da heißt es:

> **Sv 299**
> Als Herding sein Heer versammelt hatte, ging seine Ehefrau hinaus in einen großen Wald und gebrauchte ihre Zauberkraft. Sie brachte zusammen Löwen, Panter und weiße Bären, und die waren ihr ganz gehorsam, auch große Flugdrachen. Sie hatte sie so gezähmt mit ihrer Zauberkunst, daß sie sie lenken konnte, wohin sie wollte. Sie verwandelte sich selbst in einen Flugdrachen und fuhr so gegen Isung König. Ihr Heer war Teufeln ähnlicher als Menschen.

Inzwischen ist die Schlacht in vollen Gang gekommen, und »da fiel so viel von Herdings Volk, wie das Korn fällt vor dem Schnitter«.

> Da kam Ostacia Königin mit ihrem Heer, das sie zusammengebracht hatte mit Zauberkunst. Drachen flogen über das Heer und töteten manchen Mann mit Maul und Klauen, und Löwen und Bären bissen und rissen das Volk. Ostacia fliegt wie ein Drache über das Heer und hetzt alle Tiere zum Kampf auf.
> Isung König sah, wie großen Schaden diese Tiere seinem Volk taten. Er schlug sein Roß mit den Sporen und stach auf den größten Drachen, der über ihm flog, und erreichte ihn nicht. Der Drache aber stürzte sich herab auf den König, packte ihn mit seinen Klauen und verschlang ihn. Das sah sein ältester Sohn. Er stach den Drachen durchs Bein. Darauf packte der Drache ihn mit den Klauen durch

Brünne und Bauch und dort fand er seinen Tod. Doch hatte er einen Löwen und einen Bären erschlagen, ehe er starb.
Der jüngste Königssohn, welcher *Lorantin* hieß, tötete einen Löwen und schlug einen Drachen zur Hel, dann wurde ein Drache sein Tod. Isungs Söhne hatten dort fast alle Drachen und Löwen getötet. Darnach wurden alle Isung-Söhne erschlagen und auch er selbst. Kein Mensch bezwang sie, sondern Löwen, Drachen und Bären wurden ihr Tod.

Fasold der Stolze, nachdem er im Feindheer viel Schaden getan hat, wird von König Herding quer durch die Brust gestochen und fällt. Detzlef will ihn rächen, sticht König Herding vom Roß und verwundet ihn schwer.

Sv 301
Da flog einer der schlimmsten Drachen über Detzlef mit klaffendem Rachen und wollte ihn töten. Detzlef stach ihn mit seinem Spieß aufwärts durch Rachen und Hals. Der Drache fiel auf ihn mit seinen Klauen und schlug so hart mit seinen Schwingen, daß Detzlef zu Tode kam und das Roß unter ihm.
Als alle Kämpfer tot waren vom Bertangaland, da schlugen die Schwedenmänner, welche Wilzenmänner genannt werden, jedes Menschenkind, das übrig war. Die Schwedenmänner fanden ihren Herren sehr wund, führten ihn mit sich heim und ließen ihn pflegen. Als Herding heimkam in seine Burg, da wurde seine Frau Ostacia krank. Da erfuhr der König, woher die Tiere und Drachen gekommen waren, und welch eine Zauberkünstlerin seine Frau war. Am dritten Tag starb sie von derselben Zauberei. Herding König bekam Hilfe und Heilung seiner Wunde und lenkte lange seither sein Reich.

Die Erzählung dieser Zaubereien möchte man ganz in das Reich der Phantasie verweisen und sie als Zutaten aus dem Kreis der echten Thidrekssaga-Berichte ausschließen. Aber grade diese Zaubereien sind gut beglaubigt, und eben bei östlichen Völkerschaften. so schreibt Gregor von Tours von den Hunnen 4,23:

»Die Hunnen brechen ein und werden besiegt von Chilperich.« (im Jahre 561)
und wenig später:
»Die Hunnen – in Zauberkünsten bewandert – kämpften mit Hilfe von Spukgestalten.« (ca. 567)

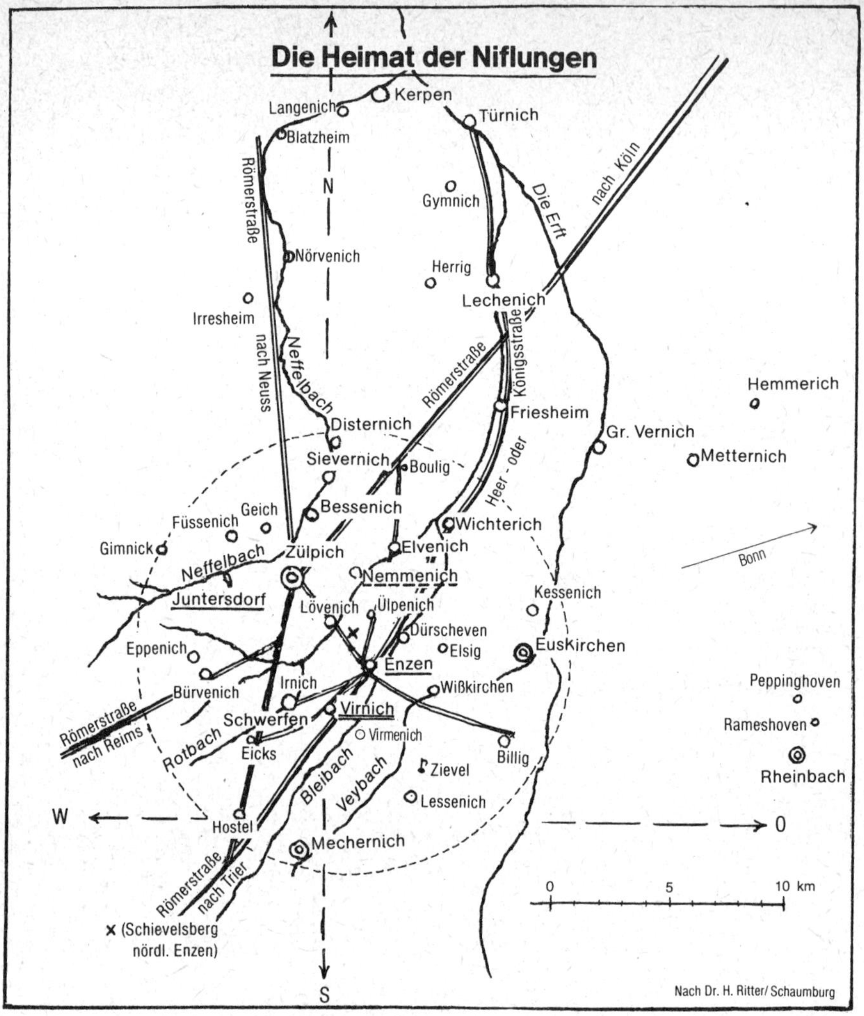

15 *Die Heimat der Niflungen*

Das ist fast genau die Zeit der in der Ths geschilderten Ereignisse. Wenn um 1400 Konrad Kyeser seine (handschriftliche) Bauanleitung zur Verfertigung von Warmluft-Drachen schreibt, so ist das zwar gut 800 Jahre später, deutet aber auf Bräuche, welche in sehr frühe Zeit zurückgehen.

Was nun wirklich in jenen Kämpfen geschehen sein soll, ist trotzdem nicht leicht vorzustellen. Nach den Schilderungen hört es sich fast so an, als seien in die Drachen Fangeisen eingebaut gewesen, welche wie

Krallen zuschnappten. Die Hauptwirkung scheint aber die Erregung großer Furcht gewesen zu sein, Furcht vor dem Unbekannten, und dadurch die Ablenkung der Aufmerksamkeit der Kämpfenden.
Aus der Erzählung wird aber auch klar, was hier mit Zauberei gemeint ist. Wie es schon die Geschichte von Sigfrids Kampf mit dem Drachen ahnen läßt, handelt es sich um Vortäuschungen, Tricks, Furchterregung, Verwirrung, also eben nicht um etwas Übernatürliches, sondern nur um Ungewohntes, um Überraschungen. In der ganzen Ths ist eigentlich nie von übersinnlichen Dingen die Rede, sondern alles läßt sich auf Natürliches zurückführen. Manches ist gelegentlich übertrieben, von Riesen und von Zwergen ist die Rede, aber immer hält es sich noch im Rahmen des Menschlichen und überschreitet ihn nicht. Es wird renommiert, es wird Jägerlatein berichtet; aber das Glaubwürdige wiegt vor.

Nach dem Tod der Königin Ercha, 22 Jahre seit Didriks Vertreibung, berichtet die Ths die Erzählung vom Streit der Königinnen und von Sigfrids Tod; dann das große Drama von GRIMHILDS RACHE, und später noch einmal von König Attalas Tod und Aldrians Rache.

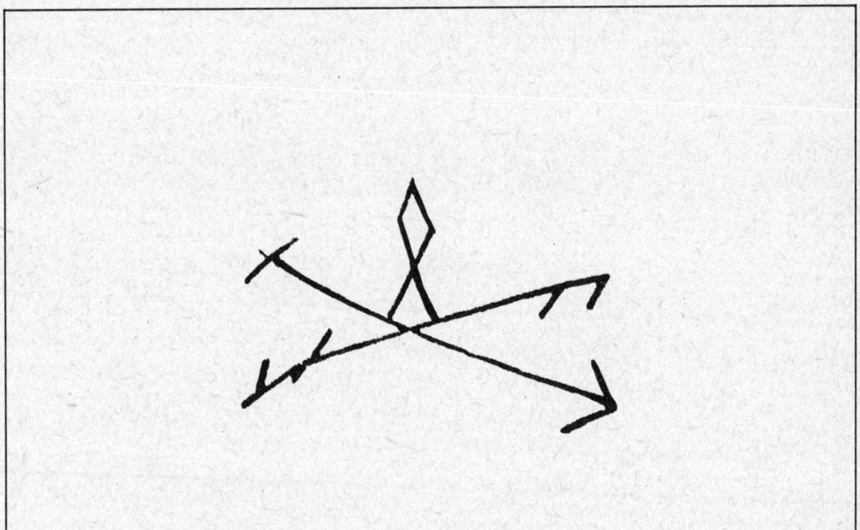

16 *Das Königsmonogramm auf der Soester Runenfibel*

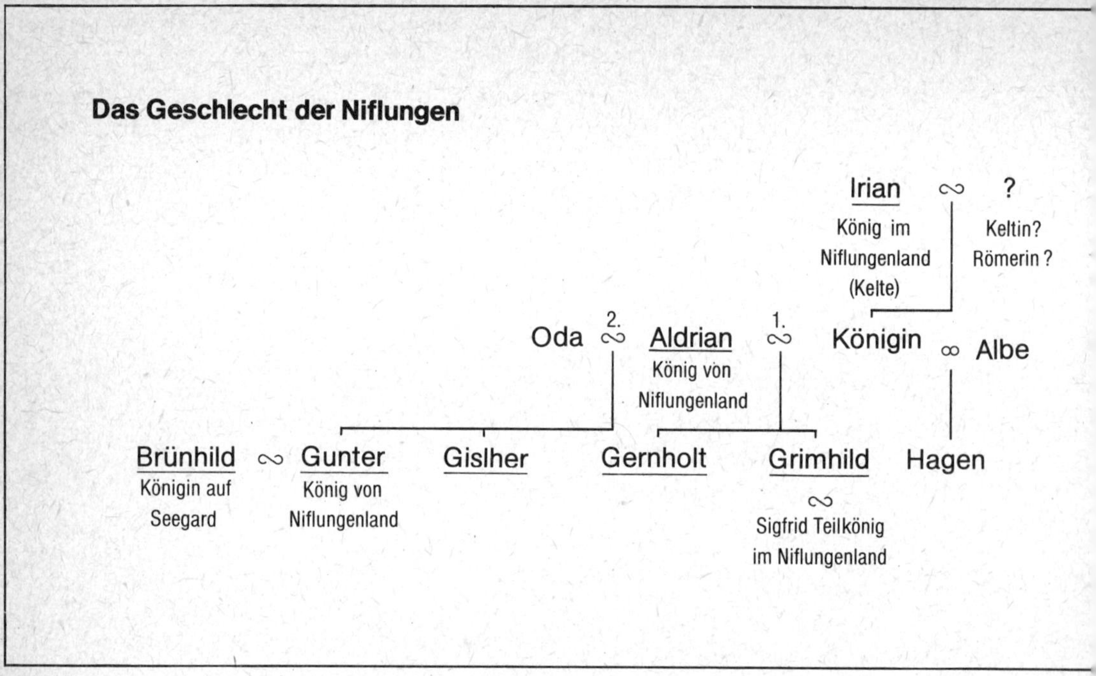

17 *Das Geschlecht der Niflungen*

Diese Erzählungen sind ausführlich behandelt in dem Buch »DIE NIBELUNGEN ZOGEN NORDWÄRTS«. Sie brauchen daher hier nicht nochmals gebracht zu werden. Dagegen werden die Erzählungen von Didriks Heimkehr und Didriks Sieg und Eroberung von »Rom«-Trier sowie von Didriks Alter und Ende ausführlich gebracht. Nicht gebracht werden die märchenhaften Erzählungen von Didriks späten Drachenkämpfen und seine Heirat mit der durch ihn befreiten Königin Isold von Bergara und die Spätgeschichte von »Heim im Kloster«. Die ersteren halte ich für eine späte rein dichterische Hinzufügung, mit der mich zu beschäftigen ich keinen Anreiz finde; Heims Klostergeschichte dagegen für eine sehr aufgebauschte Geschichte um einen echten Kern, deren bestes Stück die Wiederbegegnung von Didrik und Heim ist. Hier finden sich Erinnerungen an frühere Zeiten, die in der Ths gar nicht gebracht worden sind, aber zweifellos auf wirklich erlebte Gemeinsamkeiten zurückgehen. Wir werden das genau betrachten.
So folgen jetzt König Didriks Heimkehr und Sieg und König Didriks Alter.

III. Didriks Alter

Hier beginnt der dritte große Abschnitt in Didriks Leben. Nach den Abenteuern der Jugendzeit, nach den Kämpfen und Schmerzen der Verbannungszeit gelingt es König Didrik endlich, wieder heimzukehren und sein Reich zurückzugewinnen.

Didriks Heimkehr

Im Kampfe mit den Niflungen hatte Didrik alle seine Gefolgsleute und Freunde verloren bis auf Hillebrand. Er war nun 32 Jahre in der Fremde gewesen, seinem Reich und seiner Heimat fern, und es verlangte ihn nach der Rückkehr, wie sie sich auch gestalten mochte. Er sagte zu Hillebrand:

»Ich habe nun alle meine Mannen verloren und habe lange mein Reich entbehrt. Nun ist auch tot mein guter Freund Markgraf Rodger und Gunter-König vom Niflunga-Land und Hagen von Tröya, die unsere guten Freunde waren, und viele andere edle Männer. Was tun wir nun länger hier im Hünenland? Lieber will ich in mein Land fahren und dort mannhaft sterben oder wieder mein gutes Schloß Bern gewinnen...

Hillebrand antwortete: »Wir sind lange von unserem Reiche fortgewesen und haben sehr viel entbehrt; doch wir haben geringe Macht, mit Ermenrik König zu kämpfen. Aber lieber will ich sterben mit Ehre als leben mit Schande!« –

Da sagte Herr Didrik: »Hast du nicht erfahren, wer mein gutes Schloß in Gewalt hat?« – Hillebrand erwiderte: »Mir wurde gesagt, daß das

ein Herzog hat, der Alebrand heißt. Er ist ein mächtiger Kämpe; und ich glaube, daß er mein Sohn ist, weil meine Hausfrau mit einem Kind ging, als ich von Haus fuhr.« – Herr Didrik antwortete: »Wäre dein Sohn Herzog über Bern, das wäre umso besser für uns! Ihm werden wir willkommen sein, wenn er so treu sein will, wie du es gewesen bist!« –
Hillebrand antwortete: »Wie sollen wir von hier fortkommen, da all unser Volk zur Hel geschlagen ist und nichts übrig – außer wir erhalten Hilfe von Attala König? Doch (auch) *sein* Volk ist meist zur Hel geschlagen!« – Herr Didrik antwortete: »Wir können mit keinem Heere kommen, und keine Hilfe erhalten wir von Attala König. Fahren wir heimlich, du und ich und meine Ehefrau Herat!...« – Hillebrand: »Willst du heimlich fahren oder willst du Attala-König etwas davon sagen?« – Didrik antwortete: »Ich werde in mein Reich fahren, wie lieb das Attala sein mag, ›mit oder mot‹ (gegen)!« –

Nun bereiten sie alles vor. Frau Herat will Hoffnung und Gefahr mit ihnen teilen. Hillebrand macht vier Rosse bereit, von denen das vierte als Packpferd dient und Schmuck und Kleider trägt. Dann geht Didrik hinauf zu König Attala, um Abschied von ihm zu nehmen.

Ihm wehrte niemand, zu gehen, wohin er wollte. Sie (Mb: Die Wachtmänner) wußten wohl, daß er König Attalas guter Freund war.

Didrik sagt König Attala sein Vorhaben und antwortet auf seine Frage, daß er heimlich und ohne weitere Begleitung ziehen wolle. Attala bittet ihn, noch zu bleiben, und bietet ihm ein Hünenheer als Hilfe an. Didrik erwidert:

»Du bittest mich ritterlich, wie du früher getan hast. Lohne dir das Gott! Nicht will ich nochmals deine guten Helden verderben!« – König Attala begleitete ihn zu seinem Roß und trennte sich mit Tränen von ihnen. Ihn bekümmerte sehr, daß Didrik so ungeehrt von ihm ziehen wollte.

So reiten sie aus Soest fort, Hillebrand voran mit dem Packpferd, Didrik und Königin Herat hinterher.

Der Weg zur Mundia

Über ihren Weg sagt die Svava nichts Genaueres, wohl aber die anderen Handschriften. Bei ihnen heißt es: »Sie wählen *den westlichen Weg zur Mundia,* und dort will nun Didrik-König entlangziehen. Sie fahren nun Nächte und Tage und treffen keinen Menschen, und nicht fahren sie in Burgen.«[108]

> Sv 342
> Als sie bei Päklär (Bakalar) vorbeiritten, sagte Herr Didrik: »O du gutes Schloß Päklär, sehr bedaure ich deinen guten Herrn, Markgraf Rodger! Als ich aus meinem Reiche kam, und ich kam hierher, da ritt er zu mir heraus mit seiner Gattin und gab mir eine grüne Fahne auf meinen Speer. Wäre er am Leben, ich zöge hier nicht so kläglich vorbei!« – Hillebrand antwortete: »Das ist wahr, was du sagst! Der Markgraf war ein guter Held und vorzüglicher Kämpe. Das fand ich im Rytzeland, als ich von meinem Roß gestochen war. Wäre er nicht gewesen, dann wäre ich jetzt tot!« – Darnach ritten sie durch einen Wald, der *Lyrwald* heißt (Mb: nahe am Bergwald Lurwald). Sie ritten immer des Nachts, am Tage schliefen sie.

Der Zug der drei Rückwanderer ist von Susat-Soest bis Bern-Bonn ziemlich klar. Sie wenden sich westwärts zur »Mundia«, d.h. sie ziehen den Helweg entlang und schwenken dann nach Süden ein. Schon in meinem 1966 erschienenen Aufsatz »Der Zug der Niflungen nach Soest« habe ich dargelegt, daß die »Mundia« nicht die Alpen bedeuten kann, wie viele angenommen haben, daß der Name also nicht abzuleiten ist von »montes = Berge«, sondern von dem deutschen Wortstamm, zu dem »Mund« und »Mündung« gehören, wie er auch in Minden und Hannoversch Münden enthalten ist. Gemeint ist die niederrheinische Tieflandsbucht, welche nördlich des Siebengebirges bei Godesberg beginnt und vom »Vorgebirge« eingerahmt wird. Daß wir diese Landschaftsgestaltung nicht mehr als auffallend empfinden, liegt an unsrer Naturferne, an der Umgestaltung und Besiedelung durch den Menschen und an unserer Fortbewegungsart. Wer aber in frühen Zeiten durch ein wenig bevölkertes Gebiet ritt und von den Höhen kommend diese weite, völlig flache Mündungsbucht vor sich sah, der mußte sie schon als etwas Besonderes empfinden.

Der »Lyrwald« oder »Lurwald« aber ist in der Thidrekssaga das große

Waldgebirge Sauerland, in welchem der Name »Lur- Lür-« noch vielfach vorhanden ist. In den frühen Zeiten, als dieses mächtige Gebirge noch nicht oder noch kaum besiedelt war, sondern nur von Höhenfernwegen durchzogen, an denen einzelne Rasthöfe lagen, muß dieses Gebiet noch viel mehr als eine Einheit empfunden worden sein, ein Eindruck, der sich bis heute nicht verloren hat.
Wenn sich also Didrik, Hillebrand und Frau Herat von Soest aus auf den westlichen Weg zur »Mundia« machen und am Wald hinreiten oder im Walde selbst, so zogen sie jenen Weg, der später als der »Mauspfad« bekannt war und so noch heute in Straßennamen vorkommt. Damit kamen sie »vor Bakalar«, d.h. sie zogen in der Entfernung von einigen Kilometern westlich, bei Odenthal, an Bakalar-Altenberg vorbei. Und da kommt nun von der anderen Seite des Rheins her »über den Rhein gefahren« der Jarl Elsung mit 30 Rittern.
Das vielgebrauchte Wort »gefahren« kann uns hier nicht irre machen. Es hat in der Thidrekssaga den ganz allgemeinen Sinn der Fortbewegung, wie noch bei den »fahrenden Scholaren« oder »fahrenden Gesellen« und bei den »Fahrten« unserer Jugend, die nichts anderes waren als Wanderungen. In diesem Fall kann das Wort »gefahren« sowohl heißen: auf einer Furt durch oder auf einer Brücke über den Fluß geritten oder mit Fähre oder Kahn hinübergerudert.

Jarl Elsung von »Babilonia«

Und nun heißt es:

> **Sv 343**
> Es wohnte dort ein Jarl, der Elsung hieß. Er war mit 30 Mann über den Rhein gefahren. Ihm wurde gesagt, Herr Didrik ritte im Walde Lyrwald.«

Die Burg des Jarls wird später als *»Babilonia«* benannt. Sie liegt also jenseits des Rheins auf dessen linker Seite ein Stück südlich der Dhünmündung und kann nur *Köln* sein oder etwas ganz in der Nähe von Köln. Warum die Burg diesen seltsamen und etwas vorbelasteten Namen führt, kann verschiedene Gründe haben.[109] Aber wie dem auch sei: Selbst wenn die Burg »Babilonia« des Jarls Elsung nicht in Köln selbst gelegen

hätte, so wäre dieser doch der Herr und Herrscher über Köln gewesen, das nicht mehr zu König Didriks Berner Reich gehörte.[110]
Wenn von maßgeblicher Seite die Meinung vertreten wurde, mit diesem »Babilonia« könnte Wittekinds Wallburg »Babilonie« im Wiehengebirge bei Lübbeke gemeint sein,[111] so zeigt das nur die ungewöhnliche Schwierigkeit auf, mit den rätselhaften Angaben der Thidrekssaga fertig zu werden.
Jarl Elsung der Junge war der Schwestersohn Jarl Elsungs des Alten, welchen Didriks Großvater Samson im Kampf erschlagen hatte. Er wollte wohl den Tod seines Oheims an Didrik rächen, obwohl dieser selbst ein Enkel des alten Jarls war. Die Ths sagt es so:

> Sv343
> Er erinnerte sich auch wohl daran, daß der alte Samson, Herrn Didriks Vatersvater, seinen Blutsfreund zur Hel geschlagen hatte, Elsung Jarl, der Bern-Bonn besaß. Deshalb ritt er hinter Herrn Didrik her, was er konnte. ...
> Herr Didrik sagte: »Diese Männer reiten heftig hinter uns her! Was tun wir lieber? Fliehn wir in den Wald oder machen wir uns bereit, uns mit ihnen zu schlagen?« – Hillebrand antwortete: »Wir wollen nicht fliehen! Sitzen wir ab von unseren Rossen und rüsten uns wohl dazu! Das soll kund werden übers Hünenland, daß jene vor unseren Waffen fallen oder mit Schande von dannen fliehen!« – ... Didrik sagte: »Hillebrand, du bist ein guter Held! Wer dich im Rücken hat, der ist nicht allein!« – ...
>
> Sv 344
> Da kam der Jarl zu ihnen und einer seiner Mannen, der Allung hieß. Der sagte zu ihnen: »Wollt ihr uns diese schöne Frau geben, dann sollt ihr euer Leben behalten!« – Hillebrand antwortete: »Sie fuhr aus Soest nicht um deinetwillen, und nicht soll sie dir folgen!« –
> Da erwiderte einer der Jarlmannen: »Nie hörte ich einen so alten Mann so unverschämt antworten und mit größerem Hochmut!« – Herr Didrik antwortete: »Du vielmehr bist beschränkt an Witz und Höflichkeit! Er hat alle diese Jahre mit Ruhm gelebt und mit Tapferkeit! Bis zu diesem Tage war nie jemand so dreist, ihn für sein Alter zu schelten!« –
> Da sagte Elsung – er war des alten Jarls Schwestersohn –: »Gebt eure Waffen ab auf der Stelle! Oder soll ich mit meiner Hand in deinen

weißen Bart fahren, daß der größte Teil in meiner Hand bleibt?« – Hillebrand antwortete: »Kommt deine Hand in meinen Bart, dann reut dich das schnell! Denn entweder wird mein Arm zerbrechen, oder du wirst gleich deine Hand verlieren!«

Nach weiterem kurzem Wortwechsel haut einer von Elsungs Gefolgsleuten auf Hillebrand ein; aber der hat den Helm Hillegrim auf, den Didrik ihm geliehen hat, während Didrik den Helm Sigfrids hat, der »viel härter und besser vergoldet« ist. Hillebrand zieht das Schwert Gram, das er im Niflungenkampf dem jungen Gislher abgenommen hatte, Didrik den Ekkisax, damit erschlägt er den Jarl und sechs andere Ritter, Hillebrand erschlägt neun.
Jetzt wendet sich Hillebrand gegen Elsungs Schwestersohn Allung und haut so mächtig auf ihn ein, daß er zu Boden fällt und sich ergeben muß. Allung übergibt seine Waffen und gibt den Fragenden Auskunft. Didrik zeigt deutlich sein Wohlwollen für den jungen Verwandten, der sein Vetter (2. Grades) ist, und sagt:

»Allung, du bist ein guter Bursch! Gib mir gute Nachricht von meinem Land, dann will ich dir dein Leben schenken (Mb+: und deine Waffen und deine ganze Rüstung, auch aller deiner Gefährten als Sühne für deinen Oheim Elsung-Jarl!«) –
Allung antwortete: »Mein guter Herr Didrik, ich kann dir große Neuigkeit sagen. Ermenrik dein Oheim war übel siech, seine Därme lösten sich in ihm auf und zerrissen, und auf Sevekins Rat ließ er seinen Leib aufschneiden und da das Fett auswinden, und es ward seitdem halbmal schlimmer. Deshalb ist er so gut wie tot.« – (Mb: Nun lacht Hillebrand und auch Didrik König.) Sie dankten ihm für die gute Nachricht, und damit gaben sie ihn los.

Als die geschlagenen Mannen mit dem toten Jarl nach Babilonia zurückkommen, werden sie gefragt, wer denn das gewesen wäre, der von ihren 32 Leuten die Hälfte erschlagen hätte. Sie antworteten:

Sv 345
»Das haben zwei Männer getan. Der eine war so alt, daß es ein Wunder war. Gewiß war er ein Fädint (Deubel), der hatte ihn; und einen Fädint hatte er in seinen Händen, denn davor schützte kein Helm. Er hatte einen grauen Bart so (lang), daß er (bis) auf den Gürtel

> reichte.« – Da antwortete einer aus dem Rat des Jarls: »Das ist Kö
> Didrik von Bern gewesen und der alte Meister Hillebrand! Mit de
> ist nicht gut spielen!«

Und als Allung zurückkommt mit der Rüstung des Jarls, bestätigt er das:

> »Sie drängte dic Not dazu, sich mannhaft zu wehren, denn sie waren zwei und wir zweiunddreißig! Und wir verloren 16 Mann; denn sie waren tüchtige Männer!« –

Die Burg der Wölfinge

Nachdem die Kämpfe mit Jarl Elsung berichtet sind, schreibt die Thidrekssaga weiter:

> **Sv 347**
> »König Didrik und Hillebrand zogen nun ihres Weges. Sie kamen in einen großen Wald im Humlungaland. Dort lag ein Schloß nahbei.«

Das *Humlunga-Land* oder *Aumlunga-Land* ist in der Ths die zu Bern-Bonn gehörige Gegend, Didriks eigentliches Heimatland. Es reicht also in das rechtsrheinische Gebiet hinüber. Der Name ist immer gleichgesetzt worden mit dem der »Amelungen«, und man hat darin eine Gleichung gesehen zu dem Königsgeschlecht der Amaler, dem Theoderich der Große angehörte. Aber die Gleichung geht nicht auf. Didriks Geschlecht führt diesen Namen nicht, er haftet vielmehr nur an dem Land. Bei Theoderich dagegen haftet er nur am Geschlecht, nicht am Land. Der Name *Amelung* kommt dagegen in einem ganz anderen, linkselbischen Geschlecht der Ths vor. Hier ist also eine Parallelität nicht aufzufinden. Wieweit die Namensform selbst entspricht, müßte genau untersucht werden.
Aber was ist das für ein Wald und für eine Burg? Fragen wir noch die anderen Handschriften! Die Membrane hat hier eine große Lücke. Die Handschrift A sagt: »Didrik König sprach mit Hillebrand, sie sollen südwärts reiten durchs *Mundia-Gebirge*, und da ist vor ihnen der Wald. Nun wendet Didrik König hinein in den Wald ... doch Meister Hillebrand reitet aus dem Wald heraus zur Burg.« – Die Handschrift B sagt an

dieser Stelle: »Didrik König und Meister Hillebrand fahren immer ihres Weges nach Süden durchs *Mundiagebirge*, und als sie aus dem Gebirge herabkommen, ist dort der Wald.

Wenn die Mundia die niederrheinische Tieflandsbucht meint, muß das *Mundia-Gebirge* jenes Gebirge sein, welches diese Tieflandsbucht umschließt, und zwar ebenso großräumig gesehen wie die »Mundia« und der »Lurwald«. Da der Name »Mundia-Gebirge« später auch noch für das Gebirge nördlich der Mosel gebraucht wird, muß es sich um das Gebirge beiderseits des Rheins handeln, also um das »Rheinische Schiefergebirge« und die Eifel, jene zusammenhängenden großen Gebirge und Wälder.

Die drei Reiter kommen also aus dem Gebirge heraus an den Waldrand am Fuß der Berge, und da liegt vor ihnen nicht weit die Burg der Wölfinge. Von hier aus reitet Hillebrand später auf Bern-Bonn zu durch offenes Gelände. Diese Burg dürfte die Stelle meinen, wo heute *Siegburg* liegt, und den Burgberg selbst, der sich bedeutend über die Umgebung erhebt und weit ins Land hinaussieht.[112]

Dort lag ein Schloß nahbei, das besaß ein Jarl, der Ludwig hieß. Herr Didrik blieb im Wald mit Frau Herat, Hillebrand ging voraus zu der Feste. Dort stand ein Mann und hackte Holz. Hillebrand fragte ihn, wem die Feste gehöre. Er antwortete: »Er heißt Herzog Ludwig (Chlodver), und sein Sohn Konrad.« – Hillebrand fragte weiter: »Wer herrscht jetzt über Bern?« – Der Mann antwortete: »Er heißt Herzog Alebrand, dem alten Hillebrand sein Sohn.« – Hillebrand fragte: »Ist er ein tadelloser Mann?« – Der Mann antwortete: »Er ist der rascheste Kämpe, den es geben kann, und außerdem höflich und leutefreundlich; doch ist er doll grimm gegen seine Feinde und läßt keinen sich gleich sein.« – Hillebrand fragte nach weiteren Nachrichten. Der Mann antwortete: »Hier ist Nachricht, daß König Ermenrik von ›Rom‹ nun tot ist.« – Da freute sich Hillebrand sehr, sagte aber, das wäre schlimme Kunde.

Sv 348

Darauf begleitete der Mann ihn vor zur Burg. Hillebrand sagte: »Geh hinauf auf die Feste und bitte Konrad den Herzogssohn, er möge hierher zu mir gehn; »denn er ist leichter auf den Füßen als der Vater.« – Der Mann ging auf die Feste und sagte zu Konrad: »Hier steht ein Mann vor dem Tor mit einem weißen Bart, der bat, du möchtest zu ihm gehn. Er gab mir einen Goldring für meine Mühe.« –

Konrad ging zu Hillebrand und fragte, was er wollte. Hillebrand: »Ich will auch mit deinem Vater sprechen. Ich heiße Hillebrand, Herrn Didriks Mann von Bern.« – Da ging Konrad zu ihm und sagte: »Komm, du liebster aller Männer. Meister Hillebrand! Ich bin dein Blutsfreund! Geh hinauf zu meinem Vater, du sollst uns willkommen sein!« – Hillebrand antwortete: »... Sage mir eine gute Kunde!« – Konrad antwortete: »Hier ist die Kunde: König Ermenrik von ›Rom‹ ist tot!« – Hillebrand fragte: »Wer soll dann König werden?« – Konrad antwortete: »Das soll der üble Lügner Sevekin!« – Da sagte Hillebrand: »Hab Dank für gute Kunde!« –

Nun erfragt und erfährt Konrad von Hillebrand, daß Jarl Elsung von Babilonia erschlagen ist, und daß König Didrik wieder im Lande ist. Da ruft er aus:

»Gott sei gelobt, daß es so ist! Dein Sohn Alebrand hält Bern und das ganze Humlungeland, so daß Sevekin nichts davon abbekommt, und er sandte Botschaft ins Hünenland nach König Didrik, er solle heimkommen in sein Reich; denn alle Humlunge wollen gerne ihn haben. Sie wollen lieber sterben als Sevekins Untertanen werden!«–
Konrad ging in das Haus hinauf und sagte zu seinem Vater: »Ich kann dir gute Nachricht bringen: König Didrik ist ins Humlungaland gekommen und Meister Hillebrand, unser Blutsfreund. Er steht draußen vor dem Tor!« –
Da ging der Jarl hinaus zu ihm, und sie nahmen sich in die Arme und küßten sich. Der Jarl fragte: »Wo ist Didrik König?« – Hillebrand antwortete: »Er ist in dem Wald, der hier nahbei liegt.« – Nun rüstete der Jarl 6 gewappnete Ritter mit Speise und Trank aus und ritt selbst mit und sein Sohn Konrad auch dahin, wo Herr Didrik war. Als sie dahin kamen, da hatte er ein großes Feuer gemacht.
Sie stiegen von ihren Rossen, fielen auf ihre Kniee und küßten Herrn Didriks Hand. Sie empfingen Herrn Didrik wohl und mit großer Ehrfurcht und boten ihm zur Hilfe sich und ihr Volk, wohin er sie haben wollte. Da stand Herr Didrik auf, nahm sie bei der Hand und setzte sie beide neben sich. Der Herzog lud Herrn Didrik zu sich nach Hause ein. Herr Didrik sagte, er wolle eine Weile im Walde bleiben. Er hatte gelobt, er würde in keine Feste kommen im Humlungaland, bevor er über Bern käme.

Hillebrand und Alebrand

Während König Didrik und Herzog Ludwig miteinander reden, reitet Hillebrand aus, seinen Sohn Alebrand zu treffen. Konrad begleitet ihn ein Stück Weges und warnt ihn davor, mit Alebrand einen Kampf zu versuchen.

> Hillebrand sagte: »Woran soll ich meinen Sohn Alebrand erkennen?« – Konrad antwortete: »Er reitet allzeit auf einem weißen Hengst, und der ist geschmückt mit gutem Gold. Sein Schild und Banner sind weiß wie Schnee, und darauf gezeichnet eine Burg, gestaltet wie Bern. Er ist ein rascher Kämpe, daß keiner ihm gleich ist im ganzen Humlungaland, und du bist nun ein alter Mann. Deshalb rate ich dir, nicht mit ihm zu kämpfen.« –
> Da lachte Hillebrand: »Wenn er sich auch ein ganz großer Kämpe dünkt und läßt keinen sich gleich sein: so alt ich auch bin, er soll so schnell seinen Namen mir sagen wie ich ihm meinen!« – Damit trennten sie sich.

Hier beginnt nun die Erzählung von *Hillebrand und Alebrand,* von der wir glauben, daß sie uns bekannt sei aus dem sogenannten »Alten Hildebrandslied«, einer der frühesten Dichtungen in althochdeutscher Sprache. Während aber das Alte Hildebrandslied (künftig nur »Hildebrandslied«) für sich allein steht und von vielen sogar für ein Fragment gehalten wird, ein kurzer Ausschnitt aus einem größeren Geschehen, ist in der Thidrekssaga eben dieses größere Geschehen vollständig dargestellt, und der Kampf zwischen dem Vater (Hillebrand) und dem Sohn (Alebrand) ist nur ein Ausschnitt aus dem Gesamtbericht von Didriks Heimkehr.

Wir werden uns mit dem Hildebrandslied und seinem Verhältnis zur Thidrekssaga noch genau befassen und bringen hier zunächst die Erzählung der Thidrekssaga, nachher gehen wir auf das Hildebrandslied selbst ein.

Die Thidrekssaga-Erzählung müssen wir genau kennen lernen. Wir haben von ihr wieder die zwei verschiedenen Fassungen: die der altschwedischen Handschrift, welche wir Svava nennen, und die der übrigen Handschriften. Aber in dieser Erzählung sind, bis auf die Einleitung, ihre Unterschiede geringer. Die Svava 351 erzählt:

Hillebrand ritt auf Bern zu. Da begegnete ihm Alebrand auf einem weißen Hengst und ganz, wie vorher gesagt war. Er hatte Habicht und Hund bei sich. Hillebrand sah, daß er gut reiten könne, deshalb ritt er geradewegs auf ihn los und Alebrand ihm mannhaft entgegen. Jeder von ihnen stach in des anderen Schild, daß die Glaffen in Stücke gingen. Dann sprangen sie von ihren Rossen, zogen ihre Schwerter und kämpften tapfer, bis sie beide ermüdet waren. Sie setzten sich nieder und ruhten sich aus.

Alebrand sagte: »Sag mir deinen Namen! Oder wer ist dieser alte Mann, der sich so lange mit mir geschlagen hat? Sage mir schnell deinen Namen, oder es kostet dein Leben!« – Hillebrand antwortete: »Du sollst mir zuerst deinen Namen sagen, oder du wirst sehr geschwind mein Gefangener werden und wirst es dann gezwungen tun!« –

Da schwang Alebrand sein Schwert mit beiden Händen und hieb auf Hillebrand, und der wieder auf ihn, und keiner schonte den andern. Sie schlugen sich so lange, bis sie müde wurden und sich abermals ausruhten. Nun sagte Alebrand: »Sage mir deinen Namen schnell, sonst wirst du sterben! Willst du das nicht im Guten tun, dann wirst du es tun ohne deinen Dank!

Da hieb Alebrand schnell und hart und wurde so wütig und meinte, ihn zu erschlagen, den Alten; doch der wehrte sich mannhaft. Hillebrand sagte: »Bist du etwa vom Wölfing-Geschlecht, dann sage mir schnell deinen Namen, oder du sollst sterben!« – Alebrand antwortete: »Willst du dein Leben behalten, dann sage mir schnell deinen Namen! Nicht bin ich vom Wölfing-Geschlecht! Und gewiß bist du wunderlich, wenn du auch alt bist, daß du wagst, mich solches zu fragen!« – Darauf schlugen sie sich heftig.

Da hieb Hillebrand einen starken Hieb auf Alebrands Hüfte, daß die Brünne zerbarst und er doch eine große Wunde bekam, daß ihn das Bein nicht tragen wollte. Da sagte Alebrand zu Hillebrand: »Du hast den Deubel in deiner Hand, drum will ich meine Waffen übergeben. Ich habe keine Kraft, gegen dich zu kämpfen. Nimm hier mein Schwert!« – Wie Hillebrand nach dem Schwert griff, hieb der Junge zu und wollte dem Alten die Hand abhauen. Hillebrand schoß den Schild vor und sagte: »Den Hieb lehrte dich ein Weib und nicht dein Vater!« –

Dann ging Hillebrand so hart auf ihn los, daß er umfiel. Der Alte warf sich auf ihn, schlug ihm mit dem Knauf vor die Brust und sagte: »Sag

mir schnell deinen Namen, oder es wird dein Leben kosten!« – Der Junge antwortete: »Mir ist nicht viel um mein Leben mehr, seit so ein alter Mann mich überwinden wird!« –
Der Alte sagte: »Sage mir schnell, ob du mein Sohn Alebrand bist! Dann bin ich dein Vater Hillebrand!« – Alebrand antwortete: »Bist du mein Vater Hillebrand, dann bin ich dein Sohn Alebrand.« –
Darauf standen sie beide auf, nahmen sich in die Arme und küßten sich und waren da beide froh. Sie stiegen auf ihre Rosse und reiten nach Bern-Bonn. Alebrand fragte: »Wo trenntet ihr euch von Didrik von Bern?« – Hillebrand antwortete und sagte ihm alles, wie es damit stand.

Sv 352
Da ging hinaus zu ihnen Hillebrands Ehefrau, Alebrands Mutter. Sie sah ihren Sohn stark bluten, darum weinte sie, war unglücklich und sagte: »Mein lieber Sohn Alebrand, warum bist du so wund, und was für ein Mann begleitet dich da?« – Alebrand antwortete: »Diese Wunde macht mir keine Schande. Die gab mir mein Vater, Meister Hillebrand, und der kommt nun hier geritten.« – Da wurde die Mutter froh und begrüßte Meister Hillebrand wohl, und war dort große Freude auf beiden Seiten. Sie blieben in Bern über Nacht. Sie verband Alebrands Wunde, so gut sie nur konnte.

Das Hildebrandslied

Außer der Erzählung der Thidrekssaga von Hillebrand und Alebrand gibt es noch das sogenannte »Ältere Hildebrandslied«, in welchem gleichfalls Vater und Sohn kämpfen, »Hildibrant und Hadubrant zwischen zwei Heeren«. In diesem Lied in altniederdeutscher/althochdeutscher Sprache wird aber Theotrich oder Detrich oder Deotrich bereits als der Gotenkönig Theoderich der Große verstanden mit seinem Gegner Otacher-Odoakar, und mit den »Hunen« sind offenbar Etzels Hunnen gemeint.
Diesem »Älteren Hildebrandslied« gegenüber wird unsere Erzählung als eine »jüngere« Fassung der Sage angesehen, deren Ursprung später liege als der des »älteren« Liedes. Man wird unschwer erraten können, welche Folgerung sich aus den in diesem Buche dargelegten Forschungen zwangsläufig ergibt. Hier wie beim Waltharistoff ist es jeweils die Thidrekssaga,

welche uns die ganz alten Inhalte bewahrt hat, deren Texte sich durch ihre Kargheit von den rede-üppigeren späteren abheben, und die zugleich in einem großen Gesamt-Zusammenhang stehen.

Man hat aus den klagenden Wehrufen des Hildebrandsliedes geschlossen, daß es tragisch ausgegangen sein müsse. Das ist zwar nicht unmöglich, aber es ist auch nicht sicher und durch nichts zwingend vorbestimmt. Hervorgegangen sein aber kann es nur aus jenem größeren Zusammenhang, den die Thidrekssaga in ihren Berichten bietet.

In der Thidrekssaga finden sich zwar auch die Hin- und Widerreden; aber sie gehen notwendig hervor aus den Ehrvorstellungen, die es als unehrenhaft und feige ansehen, in der Einzelbegegnung ohne Zeugen sich zur Nennung des Namens zwingen zu lassen, etwa um so einem Kampf auszuweichen. Anderes wird in diesen Zwiegesprächen ja nicht gesagt.

Interessant ist, daß Hillebrand im Lied ebenso wie in der Thidrekssaga nach Sommern und Wintern rechnet, die Zahlen also doppelt: »Ich wallte der Sommer und Winter sechzig außer Landes«, so wie es auch in der Thidrekssaga heißt, deutschen Liedern zufolge wäre Hildebrand 200 Winter alt geworden, das sind 100 Winter und 100 Sommer. Hildebrand macht sich dadurch anscheinend älter und ehrwürdiger.[113]

Alle Beurteilungen des Hildebrandsliedes gehen (natürlich) von vorne herein von der Gleichsetzung Theoderich-Didrik aus. Aber der *Inhalt* des Liedes ist nicht das Leben des großen Gotenkönigs, sondern das Leben unseres Didrik von Bern, der vor dem Mächtigeren zum Hunenkönig geflohen ist und nun nach über 30 Jahren zurückkehrt mit seinem Gefolgsmann Hildebrand.

Dieser trifft seinen Sohn wieder, der ihn nicht erkennt, den er bisher nicht kannte, weil bei seinem Fortzug »die Braut im Hause (und) ein Kind unerwachsen« zurückgeblieben waren. Dies alles sind Inhalte der Thidrekssaga. Auch der Name Heribrant stammt aus ihr;[114] nur der Name Ermenrik oder Siweke ist in Otacher geändert, weil dieser der Gegner Theoderichs des Großen war; und weitere Andeutungen (Wendelsee, Kaiserring) weisen noch auf die Gotengeschichte hin.

Es lohnt sich, einen Blick in den alten Biese[115] zu werfen – eine Literaturgeschichte, welche für fast zwei Generationen maßgebend war –, um zu sehen, was jene Zeit über das alte Hildebrandslied dachte.

»Ein schwerer Widerstreit der Empfindungen entsteht in der Seele des Alten«, sagt Biese. Er hält diesen Seelenkampf, hält die Klage des Vaters über den aufgezwungenen Kampf mit dem Sohn für den Erweis der Ursprünglichkeit, ja, für archaisch und bewundernswert. Aber viel ursprünglicher erscheint doch die klaglose Kampflust in der Thidrekssaga, die Erprobung des Jungen durch den Alten, wenn auch Blut dabei fließt, der unmittelbare Gefühlsausbruch in Wut und in Freude, welcher der Wunden nicht achtet.

Im »alten« Hildebrandslied weht (nach Biese) »herbere Luft« als in der Thidrekssaga. Das ist sehr die Frage! Eher erscheinen die Wehrufe des alten Hildebrand anzuklingen an antike Rhetorik, wenn er ausruft:

> »Wehe nun, waltender Gott, Wehschicksal geschieht... So hat man mir in keiner Burg den Tod angeheftet. Nun soll mich mein leibliches Kind mit dem Schwerte hauen, mich hinstrecken mit seinem Leibe, oder ich ihm zum Mörder werden!«

Solche Klage vor dem Kampf findet sich in der ganzen Thidrekssaga nicht, und sie stammt sicher nicht von einem kampfgewohnten Mann. In der Thidrekssaga lacht Hillebrand und freut sich der Tüchtigkeit seines Sohnes, welche er auf die Probe stellt. Die Helden der Thidrekssaga klagen das Schicksal nicht an, sondern sie nehmen das Schicksal auf sich. *Das* scheint mir »herbere Luft«, *das* ist ursprünglicher, kraftvoller Stil!

Der Einzug in Bern-Bonn

Während Didrik und Frau Herat noch mit Herzog Ludwig zusammen im Walde warten, ziehen Hillebrand und sein Sohn Alebrand in die Burg Bern ein.

> Sv 353
> Als Hillebrand einritt in die Burg Bern, lief ein Torwächter heraus gegen ihn und schlug auf ihn mit seinem Schwert: denn er kannte ihn nicht. Alebrand zog sein Schwert und schlug ihm den Kopf ab. Hillebrand: »Nun tatest du eine schlechte Tat; denn du erschlugst einen schuldlosen Mann! Sein Hieb schadete mir nicht, und er wußte nicht, wer ich war!« – Alebrand antwortete: »Daß sein Hieb dir nicht schadete, dafür magst du deiner Brünne danken. Wäre sie nicht so hart gewesen, dann hätte ich jetzt meinen Vater gerächt. Deshalb war er nicht schuldlos!« –

Hillebrand, kaum heimgekehrt, übernimmt gleich seinem Sohn gegenüber die Rolle des Erziehers, wie er sich vorher mit den Waffen die nötige Achtung verschafft hat. Die richtige Rangfolge in seiner Sippe ist wieder hergestellt, wie sie, bei aller herzlichen Zuneigung, in den Augen seiner Zeit bestehen mußte. Der Kampf zwischen Vater und Sohn, der zunächst fast sinnlos erschien, hat eine reinigende Wirkung gehabt und ihr Verhältnis gefestigt. Jeder ist nun vom Wert des andern überzeugt.

Darnach versammelte Alebrand alles Volk, das in der Stadt war, und alle die Klügsten und Mächtigsten in der Stadt, und sagte zu ihnen: »König Didrik ist ins Humlungaland gekommen und will sein Reich zurückhaben. Gebt mir Antwort, was ihr lieber wollt: ihn als König und Herrn oder Sevekin-Balerad (den Verräter)?« – Sie antworteten einer nach dem andern: »Herr Didrik ist unser rechter Herr! Mit ihm wollen wir leben und sterben, damit er sein Land wiedergewinnen kann!« – Und sie dankten alle Gott, daß er wiedergekommen war.
Alebrand antwortete: »Wer das nicht glauben will, daß Herr Didrik wiedergekommen ist: Hier sitzt mein Vater, Meister Hillebrand, der von ihm kam und lange mit ihm fern gewesen ist!« – Da jubelten sie alle und hießen ihn hoch willkommen und priesen ihn sehr für seine Treue und Tapferkeit.

Alebrand sammelte nun die mächtigsten und am besten gerüsteten Männer um sich und ritt so mit 600 Rittern nach jenem Wald, in dem König Didrik sich aufhielt und sich mit Herzog Ludwig besprach.

Sie stiegen von ihren Rossen und riefen ihm Heil zu. Herr Didrik stand zu ihnen auf und begrüßte sie herzlich, er zog Alebrand in seine Arme und küßte ihn. Da war dort große Lust und Freude. Dann stieg König Didrik auf sein Roß Falke, Meister Hillebrand, Alebrand und Herzog Ludwig taten desgleichern, und sie ritten nach Bern-Bonn. Alebrands Volksgemeinde ging heraus zu ihm. Meister Hillebrand führte sein Banner.
Da ritt Alebrand zu Herrn Didrik und sagte: »Als du vertrieben wardst aus Bern, und ich seither zum Manne ward, überantwortete König Ermenrik mir dieses Schloß und Land. Das habe ich bewahrt vor Sevekin, nachdem der König starb.« –
Nun nahm Alebrand einen Goldring von seiner Hand, gab ihn Herrn Didrik und sagte: »Hiermit überantworte ich dir Bern und ganz Humlungaland und mich selbst und meine Mannen zum Dienst, solange ich lebe!« –

Nun reiten sie in die Stadt ein und werden dort wohl empfangen. Herr Didrik wird reich beschenkt mit Gütern, Gärten, Höfen, Rossen und Waffen.

> Meister Hillebrand und Alebrand führten Herrn Didrik hinein nach Bern hinauf und setzten ihn in seinen Hochsitz. Dann wurde ihm gehuldigt im ganzen Humlungaland, (und er ward) mächtig über Schlösser und Stätten.
>
> Sv 355
>
> Acht Tage darauf ritt Herr Didrik zu einer Stätte, die *»Room«* (Mb: Ran, Ram) heißt. Dort wurde ihm gesagt, daß Sevekin ein großes Heer sammelte und wollte mit ihm streiten.

»Ram«

Es schien zunächst völlig aussichtslos, einen Ort wie »Room, Rân, Raam, Rana« auffinden zu wollen. Immerhin: Es hatten sich schon viele Stätten der Thidrekssaga finden lassen, die kaum bedeutender waren, und es gab einige Anhaltspunkte. Einmal mußte dies Room-Rân in der Richtung auf Trier zu gesucht werden, wohin der Zug dann ging; zweitens konnte es nicht allzuweit von Bern-Bonn entfernt sein, da Didrik nur eben aus Bern herausreitet, um das Heer zu sammeln und Truppenschau zu halten; drittens mußte dieser Platz in der Nähe der Heerstraße Bonn–Trier liegen; viertens mußte es sich der Heerschau wegen um ein weites, ganz ebenes und offenes Gelände handeln – wir kennen ähnliche Stätten aus der Zeit Karls des Großen, etwa *Heerstelle* an der Weser, wo sich hinter einer Flußenge eine weite offene Ebene auftut mit vollkommener Übersicht. Vier Kennzeichen also für diesen Ort! Und dann gab es noch den Namen.
Von allen Orten, die einen ähnlichen Namen und eine entsprechende Lage hatten, kam zuletzt vor allem *Ramershoven* bei Rheinbach in Betracht. Ich fuhr nach Bonn, mietete einen Wagen für einen Tag und fuhr hinauf auf die sogenannte »Ville«, jene Hochfläche, die sich bedeutend über die Rheinmündungs-Ebene heraushebt. Hier fanden sich bei Ramershoven nun tatsächlich ideale Bedingungen für eine Heerschau: eine weite, vollkommen ebene Fläche mit weiter Übersicht, nach dem Rhein zu und gegen die eigentliche Eifel durch niedrige

Gebirgszüge abgeschlossen; durchflossen von dem kaum merkbar in das Gelände eingeschnittenen Swistbach, dessen Wasser für das Tränken der vielen Pferde unumgänglich war; zudem dicht an der römischen Heerstraße von Bonn nach Trier gelegen.

Alles stimmte, nur der Name nicht. Er enthielt zwar die wichtige Silbe »Ram«, aber störend war dahinter ein r eingefügt. Wie sollte man von Ramershoven auf Ram kommen? Das Handbuch der historischen Stätten Nordrhein-Westfalens (2. Aufl. 1970 S. 620) nennt die frühen Namen des Ortes nicht. In der »Geschichte der Pfarreien der Erzdiözese Köln. Die Pfarrkirchen und Dekanate Meckenheim und Rheinbach«, Köln 1926 S. 339, heißt es: XIII. Ramershoven. 1. Dorf, Herrlichkeit, Gericht...

> »Nach Mürkens, der Förstemann folgt, soll der alte Name des Ortes ›Ratmarsheim‹ gelautet haben. Doch ist der schon 1095: Ramersowa lautende Name wohl von dem altdeutschen Personennamen Rambrecht und dem altdeutschen Worte owa = Aue abzuleiten, so daß das Dorf ursprünglich Rambrechtsau (nicht Rambrechtshof) hieß.«

Ich traute diesen Deutungen nicht, suchte daher in Bonn das Landesamt für geschichtliche Landeskunde auf. Hier hatte Herr Dr. Klaus Flink, Mitherausgeber des Handbuches der Historischen Stätten NRW, die Freundlichkeit, mir die Originalakten vorzulegen. Und da fand sich denn zu unser beiderseitigem Erstaunen, daß der Name im Jahre 1095 nicht Ramersowa hieß, sondern RAMESOWA. Das störende R war gar nicht vorhanden. Der Name hieß RAM-AUE, eben der Name, welchen die Thidrekssaga angab. Zu ihren vielen richtigen Angaben kam hier eine neue hinzu, die sich durch Name, Lage, Örtlichkeit voll bestätigte, ein neuer Punkt in der Geo-Topographie der Thidrekssaga.[116]

Ramesaue-Ramershoven ist ein ganz alter Ort, welcher zusammen mit dem dicht dabeiliegenden Peppenhoven einen *Dingstuhl* hatte. Der Pippinsname zeugt nochmals für das Alter dieser Orte, welche ursprünglich zum Eigenbesitz der Pippiniden gehörten. Rames-owa, einen halben Tagesmarsch von Bonn entfernt, wird 895 im Prümer Güterverzeichnis erwähnt. Es gehörte im 8.–12. Jahrhundert zu dem Lieblingskloster der Karolinger, der Abtei Lorsch an der Bergstraße. Es war alter Königshof.

Hier wäre daher eine unmittelbare Beziehung der Ths zu diesem Kloster, an welches sich die Nibelungen-Tradition anhing, möglich.

Seine Kirche, ursprünglich wohl königliche Eigenkirche, ist den im ganzen Frankenreiche berühmten Heiligen Basilides und Cyrinus geweiht.

Schlacht bei Graach

In Raam also hält Didrik ein großes Thing. Darüber berichtet die Svava nun weiter:

> Er fragte die Bürger, ob sie ihn zum König und Herrn haben wollten, und sagte: »Ich will kämpfen mit Sevekin, hätte er auch zwanzigmal mehr Volk als ich! Ich will entweder sterben oder mein Land und Reich wiedergewinnen!« – Die Bürger antworteten: »Wir wollen viel lieber mit dir sterben als Sevekin dienen!« – Herr Didrik sprach: »Wer mir folgen will, der wappne sich schnell und folge mir! Ich werde Sevekin finden, wie das auch gehen mag!«
> So ritt er hinaus von der Stätte mit 8000 Rittern und anderem Volk. Als er vor einen Ort kam, der *Grächenborg* (Mb: Lücke; A: Gregen-

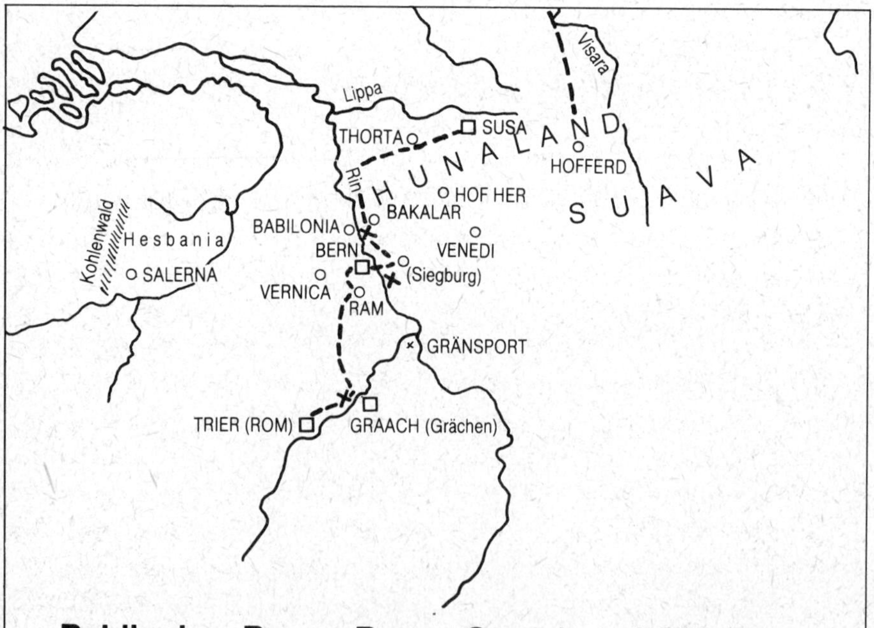

Babilonia – Bern – Ram – Graach – „ROM"/Trier

18 *Didriks Heimkehr. Der Zug gegen »Rom«*

borg; B: Gergen; an anderer Stelle: A + E: borg Gregen; B: Greings) heißt, traf ihn Junker Sevekin mit 13 000. Da ritt vor Herr Hillebrand mit König Didriks Banner. Dort entspann sich ein großer Kampf. Da kam einer von Sevekins Mannen von hinten auf Herrn Didriks Heer mit 7000 Rittern, die waren alle von »Rom«. Als Herr Didrik das vernahm, wandte er sich gegen diese, und Hillebrand mit ihm. Alebrand kämpfte gegen Sevekin mit seinen Mannen. Herr Didrik und Hillebrand kämpften tapfer den ganzen Tag über. Sie hieben zur Hel Männer und Rosse und ritten durchs Heer, wo sie nur wollten. Herzog Alebrand ritt scharf gegen Sevekin vor, bis er unter sein Banner kam, zerhieb die Bannerstange und die Hand ab dem, der die Bannerstange führte. Das sah Sevekin. Er ritt stracks gegen Alebrand. Sie gaben einer dem anderen große Hiebe. Ihr Kampf währte lange. Da ergrimmte Alebrand und hieb auf Sevekins Achsel, und er spaltete ihn bis in den Sattel hinab.
Als die »Rom«-Krieger sahen, daß ihr König gefallen war, ergaben sie sich und gaben den Kampf auf. Sie fielen König Didrik zu Füßen und gaben sich in seine Gewalt. Herr Didrik sagte zu Alebrand: »Du hast gehandelt als ein kühner Held, daß du den Verräter erschlugst! Wäre das vor 20 Jahren geschehen, es stünde besser im Humlungaland!« –

Sv 356

Nun zog Herr Didrik den gradesten Weg nach »Rom«, und alle diese Heere folgten ihm. Jeden Tag kam Volk zu ihm, und keiner wagte, gegen ihn zu kämpfen. Er ritt in »Rom« ein, stieg von seinem Roß, ging und setzte sich in denselben Stuhl, in dem Könige zu sitzen und gekrönt zu werden pflegen. Herr Hillebrand und Alebrand setzten Krone auf sein Haupt und gaben ihm (den) Königsnamen über das ganze Reich, das König Ermenrik vorher gehabt hatte. Dann gingen Ritter und Knappen vor und die ganzen Gemeinden und schwuren ihm Eide, wie es sich gebührte.

So hat Didrik nach 32 Jahren der Verbannung und des Lebens in der Fremde in seine Heimat zurückgefunden, hat nicht nur sein eigenes Reich, das Humlungaland wiedergewonnen, sondern dazu noch das Rom/Trierer Reich und beherrscht nun alle die Länder, welche sein Großvater Samson 60 Jahre zuvor teils gewonnen hatte, teils gewinnen wollte. Der Verräter Sevekin hat das Spiel verloren, hat Leben und Königtum eingebüßt. Seine Bosheiten haben sich nicht ausgezahlt.

Didriks Altersjahre

Über Didriks Altersjahre macht die Thidrekssaga noch einige Angaben, die von größerer Wichtigkeit sein könnten. Wir bringen sie im Wortlaut:

> Sv 356
> Herr Didrik war damals ein mächtiger König. Er ließ ein Bildnis von Kupfer schaffen von sich und seinem Roß Falke, das stand lange in »Rom« (Trier) nach seinem Tode.
> An Herzog Alebrand überantwortete er das Schloß, welches *Raam* hieß; darüber war dieser lange Herzog. Doch Meister Hillebrand wollte sich niemals von Didrik trennen. Er blieb bei ihm so lange, bis er (selbst) verstarb.

Die Handschriften A und B fügen noch hinzu: »Ein anderes Bildnis ließ er noch machen im Norden in der Burg (B+: Bern). Dort steht er im Turm und schwingt sein Schwert Ekkisax an der Steinbrücke, die über dem Fluß liegt.« [117] (B+: »Auch weithin anderwärts wird er gemalt und werden nach ihm Bildnisse gemacht.«)

> Keiner wagte, gegen Herrn Didrik zu kämpfen, kein König und kein Herzog, solch gewaltiger Ruf ging aus von seiner großen Mannheit.

Didrik wird Christ

> Als Herr Didrik ein alter Mann war, da wandten sich viele zum Christentum. Da ließen sich Herr Didrik und Hillebrand christen, und das ganze Reich, das zu »Rom« gehörte, und Lombardy [118] und manch anderes Land.

Hier erst also, am Ende seines Lebens, nimmt Didrik samt Hillebrand das Christentum an, und zwar das römische Christentum, nicht das arianische, wie es Theoderich der Große vertrat. Wenn Didrik bei der Eroberung von »Rom«-Trier 58 Jahre alt ist, so ist er jetzt etwa 60, Hillebrand 84. Daß der Übergang zum Christentum mehr ist als ein politischer Akt, als ein Mitgehen mit der Zeitströmung, mag man bezweifeln, da die noch zu erzählende Rache an Wideke nicht für ein Christentum der Gesinnung spricht.

Hillebrands Tod

Wenig später wurde Meister Hillebrand krank. König Didrik saß bei ihm Tag und Nacht. Da sagte Hillebrand: »Diese Krankheit wird mein Tod. Laß meinem Sohn (unsere Freundschaft) zugute kommen. Ihm gebe ich all meine Waffen, die soll er tragen für dich, wo du seiner weiterhin bedarfst.« – Darauf starb Hillebrand. Herr Didrik weinte und beklagte sehr seinen guten Freund. Herr Didrik ließ ihn beerdigen mit großer Feierlichkeit.
Das sagen deutsche Männer, daß er der treueste Mann war, den es geben konnte. Dazu war er stark, mannhaft, weise, gütig und ritterlich. Er war neunmal zwanzig Jahre alt, als er starb, und manche sagen, er war 200 Jahre alt.

Wir haben gesehen, daß wir Hillebrands Zahlen hälften müssen. Er wäre nach der Svava also 90 Jahre alt geworden. Die Handschrift B sagt aber, er hätte »hundertundsiebzig Winter gehabt«, das wären 85 Jahre; und das wird auch stimmen. Denn wenn er kurz vorher, als er sich »christen« ließ, 84 war, so wird er bei seinem Tod die 85 vollendet haben. A sagt »anderthalb hundert Winter« = 75 Jahre; das ist zu wenig. »Aber deutsche Lieder sagen, daß er zweihundert Winter hatte.« Das ist allerdings »Sage«.

Alebrand trat das Erbe seines Vaters an und diente Herrn Didrik, solange er lebte.
Wenig später starb Königin Herat (Ereth). Um sie trauerte mancher Mann; denn sie wirkte Gutes in jeder Sache. So tat auch ihre Mutterschwester Ercha Königin und Gudelin(da), Markgraf Rodgers Frau. Diese drei Frauen sind gepriesen worden vor allen Frauen, die es in deutschen Zungen gab, an edlem Anstand, Wohltätigkeit und Weisheit.

Die Handschrift A sagt hierzu noch genauer (A 415): »Spät in den Tagen Didrik-Königs ward verdammt die Lehre des Arius von den Christenmännern, und es wandten sich zum rechten Glauben alle, die der Lehre angehangen hatten.« –

Heim im Kloster

Didrik hatte nach und nach fast alle seine Gesellen verloren, er wußte, daß sie tot waren bis auf Wideke, den Töter der Königsknaben, der lebte auf Fehmarn. Nur vom Verbleib Heims wußte er nichts. Da hörte er von einem Mönch, der im Zweikampf um die Rechte des Klosters einen »Riesen« erschlagen hatte, und er fragte sich, wer dieser starke Kämpe wohl sein könnte, und ob das Heim gewesen sein möchte.

Heim war zuletzt bei König Ermenrik gewesen, und als er nach Didriks Flucht vor diesem weichen mußte, weil er dem treulosen Sevekin im Zorn fünf Zähne ausgeschlagen, hatte er sich in die Wälder gelegt und Ermenrik und Sevekin fortwährenden Schaden getan, so daß diese niemals ohne großen Schutz ausreiten konnten. Von Heims weiterem Verbleib wußte Didrik nichts. Er ritt daher zu dem Kloster, um die Sache zu erkunden.

Nun hat die Erzählung von Heims Klosteraufenthalt viele burleske Züge, und man möchte sie für eine späte Spielmannszutat halten. Das wird sie zum guten Teil auch sein. Aber es ist ein Gespräch darin mit Rückblicken auf frühere gemeinsame Erlebnisse, zum Teil auf solche, die in früheren Kapiteln der Thidrekssaga mitgeteilt sind, zum Teil aber auch auf ganz unbekannte Vorkommnisse. Diese Stellen können wir nicht übergehen und teilen sie daher nach der Svava (377 f) mit. Da heißt es:

> **Sv 370**
> Heim der Kleine hatte lange im Wald gelegen, ehe Didrik sein Land wiederbekam, er brannte Dörfer und Flecken nieder in König Ermenriks Land, solange der lebte. Nachher tat er Sevekin großen Schaden, während König Didrik draußen war. Als er erfuhr, daß König Didrik sein Land wieder hatte und Sevekin tot war, ließ er sich taufen; und es kam ihm zu Sinn, wieviel Böses er getan hatte in seinen Tagen, und er wollte das gerne gutmachen mit Gott, wenn er's könnte.

Nun wird sehr farbig erzählt, wie Heim im Kloster aufgenommen wird, und was sich dort alles begibt. Als Heim dann den Riesen erschlagen hat, heißt es Sv 377 weiter:

> **Sv 377**
> Das erfuhr Herr Didrik von Bern. Ihn wunderte mächtig, wer das sein

sollte, der alleine den Riesen Aspilian mit wehrender Hand erschlagen hätte. Er wußte, daß zu der Zeit alle Kämpen tot waren. Da war jüngst Alebrand gestorben und bekam einen guten Tod, wie sein Vater auch gehabt hatte. Herr Didrik wußte wohl, wo alle seine Kämpen waren – nur von Heim dem Kleinen hatte er nicht gehört, ob er noch lebte oder tot war.

So ritt er zu dem Kloster, in dem dieser war, dieses hieß *Wadhinkusan.*[119] Der Abt ging zu ihm hinaus, empfing ihn wohl und fragte, was er wollte. Herr Didrik fragte: »Ist hier nicht ein Mönch, der Heim heißt, Studders Sohn?« – Der Abt antwortete: »Hier ist kein Mann, der so heißt!« – Herr Didrik erwiderte: »Laß mich ins Kloster gehn und nachsehn!« –

Sv 378

Da ging ein Mönch aus dem Kloster, der war breitschultrig und gedrungen, sein Bart war breit und grau wie eine Taube. Herrn Didrik schien es, er kenne ihn, und er sagte: »Bruder, wir haben manches große Wasser durchsegelt und waren in manchen gefährlichen Spielen, du und ich. Du bist Heim, mein guter Freund!« – Der Mönch antwortete: »Niemals kannte ich den Mann, der Heim heißt, und niemals warst du mein Herr!« –

Herr Didrik antwortete: »Erinnerst du noch, Bruder, wie unsre Rosse an der Frisia tranken, so daß das Wasser sank an die zwei Fuß?« – Heim antwortete: »Niemals tränkte ich Rosse mit dir, und niemals sah ich dich früher als hier!« – Didrik sagte: »Erinnerst du nicht, wie ich aus meinem Reiche vertrieben war, und du begleitetest mich? Damals rittest du heim zu Ermenrik, und er trieb dich von sich?« – »Da weiß ich alles nichts von! Wohl habe ich nennen hören Ermenrik König und Didrik König.« –

Didrik sagte: »Mancher Schnee ist gefallen, seit wir uns sahen. Erinnerst du nicht, Bruder, wie wir nach ›Rom‹ ritten und fanden Iron Jarl tot auf dem Wege mit großer Wunde, und Habicht und Hund saßen bei ihm, und sein Roß stand bei ihm, und keins von ihnen wollte sich von ihm trennen, so hingen sie an ihrem Herrn?« – Der Mönch antwortete: »Nicht weiß ich, wo Iron-Jarl erschlagen wurde, und niemals hörte ich vorher von ihm sagen!«

Herr Didrik sagte: »Erinnerst du Bruder, das Fest, wie wir einritten in ›Rom‹ zu Ermenrik König? Frauen und Jungfrauen standen und sahen nach uns. Damals hatten wir das Haar golden und gelockt, nun ist es

wie eine Taube grau, deines und meines. Unsere Kleider waren beide in eins geschnitten! Erinnere dich nun daran und laß mich nicht länger vor dir stehn!« –
Heim antwortete und lachte dazu: »Mein guter Herr Didrik, jetzt erinnere ich mich an alles, was du gesagt hast, und jetzt will ich dir folgen!« – Dann ging er ins Kloster, warf seine Kutte weg und nahm seine Rüstung und wappnete sich. Dann folgte er Herrn Didrik nach »Rom«. Didrik machte ihn zu einem Grafen und zum Hauptmann über sein eigenes Volk und gab ihm groß Land.

Die Auffindung des erschlagenen Jarl Iron mit seinen trauernden Tieren muß auf die Zeugen einen tiefen Eindruck gemacht haben; und der Einzug Didriks und seiner Kämpen beim Fest in »Rom«, wie sie stolz einritten, in gleichgeschnittenen Kleidern, und von adligen Frauen und Jungfrauen bewundert wurden, muß den Beteiligten als ein Höhepunkt ihres Lebens lebhaft im Bewußtsein geblieben sein.

Didriks Fortritt

Heim wird später im Kampf mit einem Riesen erschlagen, und Didrik rächt ihn. Nun ist nur noch einer übrig von den 12 einstigen Gesellen, Wideke, Welands Sohn, der auf seinem Hof auf Fehmarn saß, Wideke, der einzige, der Didrik je wirklich besiegt hatte, wenn auch mit Hilfe des ungewöhnlichen Schwertes Mimung; Wideke, der sein treuer und tapferer Geselle in vielen Zügen und Kämpfen gewesen war, der im allseitigen Einverständnis zu König Ermenrik übergewechselt war noch zur Zeit ihrer Freundschaft, der dann die Schlacht bei Gränsport gegen Didrik hatte mitfechten müssen und dort zum eigenen Schmerz die Königsknaben erschlug und sich auf der Flucht vor dem rasenden Rächer Didrik ins Wasser des Stroms rettete.
Diese Rechnung war nicht beglichen. Didrik war zwar Christ, aber doch mehr im äußerlichen Bekenntnis; er lebte noch ganz in den Ehr-Vorstellungen der heidnischen Zeit; für sie war Rache notwendige Pflicht. Er hatte diese Rache lange aufschieben müssen, sie aber nicht aufgegeben, und der Gedanke an diese vermeintliche »Pflicht« erfüllte ihn bis in seine letzten Tage. So ist zu verstehen, daß er den Zug nach Fehmarn auf das Sorgfältigste vorbereitete, daß er seine Vorbereitungen ganz im Geheimen traf, damit er nicht mißlänge. Aus den zwiespältigen letzten Kapi-

teln der Thidrekssaga läßt sich herauslesen, welche Maßnahmen er wirklich traf, und welche Vorspiegelungen er einleitete.
Zwei Knappen begleiteten seinen Zug nach Fehmarn und zurück. Er war also nicht ohne Zeugen. Aber die beiden Knappen, von ihm ins Vertrauen gezogen und bis zum letzten Tag an seiner Seite, hatten nach seinem Tod keine rechte Bezugsperson mehr, welcher sie einen zusammenhängenden Bericht hätten geben können; und so ist das Ende König Didriks von einem Nebel umschleiert. Versuchen wir, ihn zu lichten!
Nur die Svava berichtet uns von dem Zug nach Fehmarn, von der Rache an Wideke. Die Membrane hat hier ihre Endlücke, und man müßte noch herausfinden, warum die isländischen Handschriften diese Überlieferung nicht kennen. Anschließend an ihren Bericht über Didriks Fahrt nach Fehmarn bringt die Svava in einem letzten Kapitel noch eine Überlieferung, die sich offenbar in fürstlichen Kreisen erhalten hat.

> Sv 386
> Herr Didrik ließ einen Hengst aufziehn in einem dunklen Haus unter der Erde, bis er 7 Jahre alt war. Und als er im Bade war, ließ er ihn losmachen und einen anderen Hengst, den Alebrand ihm gab, den ließ er dicht daneben binden, und einen anderen Hengst von gleicher Farbe stellte er in seinen eigenen Stall. Auf dem ritten die Knappen hinter ihm her.
> Und das war heimlich gemacht auf Herrn Didriks Rat, damit er aus seinem Reiche herauskäme; denn wäre er in aller Öffentlichkeit gefahren, so wäre davon weites Gerücht ausgegangen, und er hätte dann Wideke Welandssohn nicht gefunden.[120]

Dieser Text, der knapp und sachlich ist wie die anderen chronikartigen Teile der Svava (wenn auch nicht so ganz klar), sagt aus, daß Didrik gegen das Ende seines Lebens heimlich einen Hengst aufziehen ließ. Er bereitet damit eine Täuschung vor, die ihm ein unbemerktes Verschwinden aus seiner Burg »Rom« ermöglicht. Eines Tages reitet er dann aus dem »Bad« fort, nur von zwei Knappen begleitet, auf dem Pferd, von dem niemand sonst weiß, so daß es aussieht, als wäre er auf fremdem Pferde fortgeritten.

Die Legende

Wie aber den Uneingeweihten und dem unbeteiligten gewöhnlichen Volke Didriks Fortritt erschien – oder wie er ihnen dargestellt wurde –, das hat die Svava in ihrem 382. Kapitel festgehalten, und die isländischen Handschriften haben es ebenso aufgenommen. Da klingt es bereits wie eine Legende. Nach dieser Darstellung sei Didrik von einem schwarzen Roß entführt worden, und das könne nur der Teufel gewesen sein. Didrik habe herunter wollen, habe es aber nicht gekonnt, und so sei das Roß mit ihm ins Unbekannte entschwunden. Die Svava erzählt dies auf folgende Art:

Sv 382

Als Herr Didrik sehr alt war, da ritt er zu einem Bad, das noch »Didriks Bad« genannt wird. Da sagte ein Knappe zu ihm: »Hier läuft der schönste Hirsch, den ich sah alle meine Tage!« – Herr Didrik sprang heraus aus dem Bad und nahm seinen Bademantel um und hieß seinen Hengst und seine Hunde holen. Seine Knappen gingen nach seinem Hengst. Dem König dünkte es lange zu warten, denn er sah, wo das Tier lief. Da sah er, wie da ein schwarzes Roß stand mit Sattel und Zaum. Er sprang schnell darauf und jagte dem Tiere nach, und die Knappen schlugen die Hunde los. Die Hunde wollten dem Roß nicht folgen. Das Roß lief so schnell mit ihm – kein Vogel konnte schneller fliegen. Doch seine Diener folgten hinter ihm her auf seinem Roß Blanka, und dem folgten alle Hunde.

Herr Didrik fand da, daß dies kein Roß war, auf dem er saß, und wollte gerne sich von ihm trennen. Da saßen die Schenkel so fest am Sattel, er mußte bleiben, wohin er gekommen war. Da riefen die Knappen: »Herr, du reitest allzu schnell, mir scheint rätlich, du wendest wieder zurück!« – Herr Didrik antwortete: »Mir scheint, ich reite übel und nicht gut! Das ist ein Deubel, auf dem ich sitze! Doch werde ich wiederkommen, wenn Gott will und Jungfrau Maria!« – Darauf kam er schnell von dem Knappen weg, so daß der nicht wußte, wo er blieb. Seitdem kann keiner mit Wahrheit sagen, wo hinaus er gekommen war.

Diese Erzählung von Didriks Fortritt auf schwarzem Roß klingt wie ein legendärer Abgesang zu Didriks Leben, wie ein Ritt in den Tod, wie eine Entführung durch den Teufel. Ihr wird dann noch der ungewöhnliche Schluß hinzugefügt:

Abb. 23 Der »Goldbecher von Fritzdorf«,
gefunden 1954 nahe der alten
Aachen–Koblenzer Straße bei Fritzdorf.

Abb. 24 Das »Turmhaus« der Ritter von Friesdorf (heute in Bad Godesberg). In Friesdorf ist die »Fritilaburg« der Thidrekssaga zu suchen.

Abb. 25 Schutzpatron oder König? Im Burgmuseum in Soest steht diese übergroße, bemalte Holzfigur. Man hält sie für Patroclus, den Schutzpatron von Soest. Aber nichts Christliches ist an ihr. Sah der Schöpfer dieser kraftvollen Gestalt in ihr zugleich Soests Sagenkönig Attala, der diese Burgstadt zuerst erbaute und kostbar ausschmückte? Die Namen Patroclus wie Attala bedeuten beide »Väterchen«.

Abb. 26 Ritter mit Flugdrachen. Mit solchen Drachen, Bären und Löwen kam die »Zauberin« Königin Ostacia dem kämpfenden Heer König Herdings zu Hilfe und gewann ihm den Sieg. Ähnliches wird von den »Tartaren« in der Schlacht bei Liegnitz berichtet und (durch Gregor von Tours) von den Hunnen. Diese, »in Zauberkünsten bewandert, kämpften mit Hilfe von Spukgestalten«.

Abb. 27 Didriks Fortritt. Jagdszene. Relief an der Abteikirche zu Andlau

Abb. 28 Blick über die Moselmündung bei Koblenz, das Kampffeld »Rauenthal« und den »Hunnenkopf«. Wiedergabe nach dem Stich von Möbius um 1820. Hier wurde die »Schlacht bei Gränsport« geschlagen (»Rabenschlacht«).

Abb. 29 Ramershoven-Ramesaue. Die Ebene von Ram. Dingstätte und Heerschau-Platz. Blick nach Westen. ▷

Abb. 30 »Rom«-Trier, die Kaiserthermen, einst Palast der Könige, Didriks »Bad«. ▷▷

> Doch das ist deutschen Männern im Traum gekommen, daß Didrik das zu Nutz kommen möchte, daß er Gott anrief und Jungfrau Maria...

Hier wird mit einem Male das Verhältnis zu Glauben und Religion angesprochen, das in Didriks Leben niemals von Bedeutung gewesen ist, auch nicht bei seinem Übertritt zum Christentum. Hier scheint es, als würden in Didriks Leben Inhalte hereingetragen, welche in hohem Maße auf Theoderich den Großen zutrafen, dessen Leben erfüllt war von der Spannung zweier feindlicher Glaubensrichtungen, dessen Tod von der Kirche unter das Bild göttlicher Strafe gestellt wurde mit der Vorstellung, Papst Johannes und Symmachus hätten seine Seele in den Krater des Vulkans Lipari gestoßen; gewiß eine sehr ungerechte Vorstellung über diesen großen König, besonders merkwürdig noch dadurch, daß heilige Kirchenmänner, die ihre Feinde lieben sollten, an ihm eine heidnische Rache vollziehen.
Ob nun jene Vorkehrungen wirklich so getroffen wurden, oder ob solche Gerüchte nur ausgestreut wurden, das mag dahingestellt bleiben. Jedenfalls gelang es König Didrik, unbemerkt aus seiner Stadt »Rom« fortzukommen, ohne daß ihm nachgespürt werden konnte.
Der Krater von Lipori wurde von denen, die jene Legende verbreiteten, gewiß als ein Eingang zur Hölle angesehen, in welche der Ketzer Theoderich hinabgestoßen worden sei. Sollte diese Verdammung auch auf unseren Didrik übertragen werden? Der Ritt Didrik–Theoderichs ist mehrmals dargestellt worden, und die Skulptur am Dom von San Zeno in Verona ist nur die bekannteste. Ob das Pferd schwarz war, ist darauf nicht zu sehen. Aber ist dies wirklich ein Ritt in die Hölle? Nicht wie ein Verurteilter sitzt der Reiter auf jagendem Pferd, mit wehendem Mantel, das Hifthorn blasend, sondern als ein munterer Jäger, so als wäre er keineswegs von der Hölle bedroht.

Rache an Wideke

Was aber geschah nun wirklich (nach der Meinung der Thidrekssaga), als es Didrik geglückt war, aus seiner Burg fortzukommen und sich auf den Weg zu Wideke zu machen? Das berichtet die Svava in ihrem 383. und den folgenden Kapiteln:

Sv 383

Wie ihr früher gehört habt, floh Wideke Welandssohn vor Didrik von Bern und sank in den See bei Gränsport: da kam zu ihm eine Seefrau, seines Vater-Vaters Mutter, nahm ihn und führte ihn nach Seeland, und dort war er lange Zeit. Als er erfuhr, daß Didrik von Bern Kaiser in »Rom« geworden und ein Mächtiger war über Königreiche, da zog er auf eine Insel, die Fimber (Fehmarn) heißt, und baute sich dort einen Herrenhof, baute auch einen kleinen Turm am Sund und setzte dazu einen Fährmann. Auch ließ er ein Bildnis machen so gestaltet, wie Didrik von Bern war, und verbot dem Fährmann, einen Mann überzusetzen, der so aussah.

Sv 384

Didrik von Bern zog aus und suchte nach Wideke insgeheim und wollte gern seinen Bruder rächen. Er hatte nur zwei Knappen bei sich. So kam er zu diesem Sund und wurde gleich hinübergefahren. Da sah der Fährmann, daß beide sich ganz glichen, das Bildnis und er, und er sagte zu ihm: »Ich werde dich wieder wegfahren! Dir ist verboten, auf diese Insel zu kommen!« – Dann führte er ihn wieder zurück.

Da verstand Didrik wohl, was das bedeutete, und lieber wollte er sterben, als nicht seinen Bruder rächen. Darauf ging er in einen Marktflecken und ließ sich ein Auge ausbrechen bei einem Wundarzt. Als das verheilt war, zog er wieder zum Sund und wurde gleich übergesetzt auf die Insel, und der Fährmann ließ ihn gehen, wohin er wollte. Da ging er auf den Herrenhof und kam heimlich in Widekes Wohnung. Der stand vor seinem Bett und kleidete sich an, und war niemand da drinnen als er allein.

Als Didrik durch die Türe kam, sah er, wo Widekes Schwert Mimung lag, auf einer Truhe. Er nahm das Schwert, zogs aus der Scheide und schoß es ins Dach hinauf, daß es drin stecken blieb.

Als Wideke Herrn Didrik sah und erkannte, begrüßte er ihn und fiel auf die Knie vor ihm. Er bot sich und all sein Gut in seine Gewalt. Herr Didrik antwortete: »Als wir uns trennten vor Gränsport, als du meinen Bruder erschlagen hattest und die Jungherren, König Attalas Söhne, da dachte ich so inständig tief in meinem Herzen, du solltest niemals Frieden haben vor mir, wo immer ich dich finde. Drum wappne dich rasch und leg deine Rüstung an und wehre dich, so wohl du nur kannst!«

Wideke erwiderte: »Gib mir mein eignes Schwert Mimung!« – Herr Didrik sagte, dazu gäbe es keinen Rat. »Nimm ein anderes gutes

Schwert, das beste, das du hast!« – Da wappnete Wideke sich, und so nahmen sie Aufstellung und schlugen sich so lange, bis Wideke stürzte und lag tot vor seinem eigenen Bett.

Sv 385

Herr Didrik hatte viele Wunden, und große. Da nahm er das Schwert Mimung herab und ging so durch Holstein und Sassen. Seine Wunden schwollen und eiterten stark. Als er nach Swawen kam, erkannte er, daß er nicht länger leben könne. Da ging er vor an einen Fluß oder einen See. Da zog er das Schwert aus der Scheide, Mimung, und warf es hinaus in den See, so weit er nur konnte, so daß es nie mehr in irgend eines Menschen Hand kam.

Dann ging er in einen Ort, der Hofferdh heißt, und lag dort zur Nacht. Als er erkannte, daß es stark zum Tode ginge mit ihm, da verbot er den zwei Knappen, die ihn begleiteten, irgendeinem Menschen zu sagen, wer er war. Kurz darauf starb er an jenen Wunden, welche Wideke Welandssohn ihm gegeben hatte, und wurde beerdigt in demselben Ort als ein Kaufmann.

Seine Knappen zogen heim nach »Rom« und wagten nicht viel zu sagen von ihrer Fahrt, außer vor mächtigen Herren. Doch das wußten alle in Dänemark, daß Wideke erschlagen ward in seiner eigenen Wohnung, und keiner kannte seinen Töter. Das wußten auch deutsche Männer, daß König Didrik nie in sein Reich zurückkam, seit er fortritt von dem Bad, das noch »Didriks Bad« genannt wird. Deshalb halten alle »Römer« es für wahr, daß Didrik so starb, wie es vorher geschrieben steht.

Die so lange aufgeschobene Rache an Wideke endlich doch noch zu vollziehen muß eine der stärksten Triebfedern in Didriks Handeln gewesen sein: Rache für die Tötung seines »Bruders« (oder Sohnes) Thetmar, die ihn um Sinn und Sicherheit seines Königtums brachte, und Rache für die Tötung der Königsknaben, durch welche sein, der Königin Ercha gegebenes, Schutzversprechen gebrochen wurde. Wie stark das Begehren Didriks nach dieser Rache war, das sagen deutlich seine Worte an Wideke:

»Als wir uns trennten vor Gränsport, als du meinen Bruder erschlagen hattest und die Jungherren, König Attalas Söhne, da dachte ich so inständig tief in meinem Herzen, du solltest niemals Frieden haben vor mir, wo immer ich dich finde!«

Das ist ganz ohne Christentum gesprochen! Hier kennt Didrik kein höheres Walten, dem er sich beugen müßte, sondern *selbst* nimmt er die Vergeltung in die Hand.

Nachdem die Svava uns Didriks letzte Taten und sein Ende berichtet hat, schließt sie mit den Verszeilen:

deo gratias
här didriks bok haffuer nw ändha
gudh maa honum sina nada sändha
them som hona a swänska wendhe.

Dank an Gott.
Herrn Didriks Buch hat nun (sein) Enden
Gott möge seine Gnade senden
dem, der es tat auf Schwedisch wenden.

Didrik von Bern an der Mosel

Die Erinnerung an den König Didrik von Bern ist auch in späteren Jahrhunderten noch an der Mosel lebendig.
Die Kölner Annalen,[121] welche aus jedem Jahr eine Anzahl wichtig erscheinender Ereignisse aufgezeichnet haben, berichten für das Jahr 1197 zunächst vom Kaiser (Heinrich VI., Sohn Barbarossas), daß er mit der Kaiserin in Apulien weile und daß er, wie Gerüchte besagten, durch Gefahren bedroht sei. (Tatsächlich starb er noch im gleichen Jahr, am 28. 9. 1197). Dann berichten die Annalen von großem Mangel an Lebensmitteln, Feldfrüchten und Getreide, wodurch Teurung und Hungersnot drohe, und von einer Wolfsplage in den Gegenden um die Mosel, der etliche Menschen zum Opfer gefallen waren; und dann bringt sie die folgende merkwürdige Begebenheit:

> Im gleichen Jahre auch erschien einigen an der Mosel Entlangwandernden ein Trugbild von erstaunlicher Größe in menschlicher Gestalt, auf schwarzem Rosse sitzend. Diese Erscheinung kommt dreist auf sie zu und ermahnt sie, die von Furcht erschüttert sind, nicht zu erschrecken. Didrik, einst König von Bern, nennt er sich, und vielfältiges Unglück und Elend, welches über das ganze Römische Reich [deutscher Nation] hereinbrechen werde, verkündet er. Dieses und vieles mehr besprach er mit ihnen, und dann, von ihnen sich absetzend, überquerte er mit dem Rosse, auf dem er saß, die Mosel und entschwand ihren Augen.

Diese Erscheinung an der Mosel war mit dem Blick auf Theoderich den Großen nicht zu erklären, da dieser zu der Mosel in keiner Beziehung stand. Wenn aber Trier an der Mosel das »Rom« der Thidrekssaga war und der Alterssitz König Didriks von Bern-Bonn – und das nicht nur in erdichteter Sage, sondern in eingehend berichteter Überlieferung über einen rheinfränkischen König des 5./6. Jahrhunderts – dann wäre das Fortleben Didriks von Bern im Bewußtsein des Volkes grade an der Mosel sehr verständlich.
Nehmen wir den Bericht der Kölner Annalen indessen nicht als eine Spukgeschichte, sondern als die Wiedergabe eines wirklichen Vorgangs in dieser Gegend, so lassen sich daran noch andere Gedanken knüpfen. Dann wären hier ahnungslose Spaziergänger an der Mosel im Abenddämmern einem stattlichen adligen Reiter begegnet, welcher die Geschichte Didriks von Bern, wie sie die Thidrekssaga berichtet bis hin zu der »Entführung« auf schwarzem Roß, genau kannte und so davon erfüllt war, daß er sich selbst als diesen Sagenkönig darstellte.

Diese Vermutung wird noch wahrscheinlicher durch den Wortlaut einer zweiten Fassung des gleichen Berichts, in dem es nach den beiden ersten Sätzen heißt:

> »Dietrich den Berner« (Theodoricum Bernensem) nennt er sich, und in Kürze müsse im ganzen Reich die Ursach seiner Ankunft bekannt werden. Und als er vieles mit ihnen beredet, überquerte er mit dem Rosse, auf dem er saß, die Mosel, wobei er einige Adlige, die dort wohnten, durch jene an einen bestimmten Ort lud mit dem Bemerken, er werde zu des Herrn Himmelfahrt dorthin kommen und künftiges Geschehen ihnen vorausverkünden.

Aus dieser Fassung ergibt sich nun deutlich, daß der geheimnisvolle Reiter ein adeliger oder hochadeliger Mann war, daß er mit den hier ansässigen Adelsgeschlechtern wohlbekannt war und bei ihnen Ansehen genoß; und es ist anzunehmen, daß manche dieser Adligen seine Begeisterung für Dietrich von Bern teilten, von dem sie alle wohl wußten.
Das bedeutet aber, daß im Jahre 1197 die Überlieferung von Didrik von Bern höchst lebendig war, daß man diesen Sagenkönig hier an der Mosel durchaus an seinem Platz sah und in ihm nicht den Goten Theoderich vermutete.[122]
Nun ist aber das Jahr 1197 fast genau das Jahr, in dem aus den »Alten Maeren« das Nibelungenlied gedichtet wurde, in welchem die Gestalt des Königs Dietrich von Bern beispielhaft hervortrat und das Bewußtsein damaliger Rittergeschlechter erfüllte. Ja man könnte sogar fragen, ob der sagenbegeisterte Reiter auf schwarzem Roß nicht etwa selbst jenen ritterlichen oder fürstlichen Geschlechtern angehörte, aus denen die Minnesinger und Ependichter eben jener Zeit hervorgingen.[123]

Nachwort

Wir haben das ganze Leben Didriks von Bern kennengelernt. Was stimmt darin überein mit dem Leben Theoderichs des Großen?

Nicht die Vorfahren,
nicht die Jugend mit ihren Riesenkämpfen,
nicht die 12 vertrauten Gesellen,
nicht der Entscheidungskampf mit Sigfrid um den Vorrang,
nicht der lebenslange Streit mit seinem Oheim,
nicht die lange Exilzeit,
nicht die Kämpfe gegen die Nordost-Völker,
nicht der vergebliche Versuch, die Heimat zurückzugewinnen,
nicht der Verlust des Bruders und der Königssöhne,
nicht die Teilnahme am blutigen Untergang der Niflungen,
nicht die einsame Heimkehr, der freudige Empfang in der Heimat,
nicht die Eroberung des »Rom«/Trierer Reiches im Alter
nicht die späte Rache an Wideke.

Gar nichts von diesem allen gehört zum Leben Theoderichs des Großen.

Was Didriks Herz und Gedanken erfüllte, hat mit dem, was Theoderich erfüllte, nur das Germanisch-Heldenhafte gemein, den Mut, die Tapferkeit, Entschlußkraft, den unbedingten Willen zum Sieg. Sonst sind die Inhalte völlig andere. Keine Spur politischen Denkens und Wollens ist bei Didrik zu finden, nichts von dem Bestreben, Völker zu beglücken, ihre Verhältnisse zu ordnen, Recht zu schaffen, Spannungen auszugleichen. Keine Spur von dem Willen, die Umwelt zu gestalten, Bauten zu errichten, Kirchen, Theater, Thermen, oder der Kunst einen Raum zu schaffen. Pflege von Kunst und Wissenschaft liegen Didrik fern, fast möchte man ihn einen amusischen Menschen nennen. Aber Freundschaft halten ein Leben lang, wie die zu Hillebrand, wie die zwiespältige zu Wideke, einen Kreis von 12 gleichwerten Gesellen um sich scharen, unter denen er als Erster unter Gleichen die Mitte bildet, die festeste Treue auch in höchster Gefahr ohne Gedanken an Nützlichkeit dabei: Das sind kennzeichnende Eigenschaften Didriks von Bern.

Und nun der räumliche Bereich! Die Thidrekssaga, das Buch vom Leben Didriks von Bern, begleitet ausführlich und mit Dutzenden von genauesten Angaben alle seine Schicksale und Taten. Von dem, was einen Zusammenhang mit Italien nahezulegen schien, ist *nichts* geblieben. Didrik von Bern war kein italienischer König; er war ein Niederdeut-

scher von der Geburt bis an sein Ende. In Niederdeutschland verlebt er seine Jugend, seine Manneszeit, sein Alter. Durch Westfalen und Niedersachsen und noch Holstein gehen seine Züge, bis weit hinein in den Osten, und im Westen bis ins Trierische »Rom«.
Die Mainlinie hat er nie überschritten. Jeder Teil seines Lebens, jede geographische Angabe, bezieht sich auf Niederdeutschland oder geht von hier aus. Und das alles soll dichterischer Fantasie entsprungen sein?
Der Didrik von Bern der Thidrekssaga hat mit Theoderich von Ravenna nichts gemein, als daß beide germanische Königssöhne und Könige waren, tapfere Helden und etwa zur gleichen Zeit lebten. Aber sie waren nicht die einzigen Theoderiche ihrer Zeit.
Ich wiederhole daher nochmals, was ich schon früher aussprach: Wenn es auch in jedem Lexikon, in jedem Geschichtsbuch, in jeder Literaturgeschichte steht, daß der Didrik von Bern der Sage derselbe wie der große Gotenkönig sei, so ist das trotzdem *falsch*. Didrik von Bern/Bonn, von dem im Mittelalter durch Jahrhunderte die Menschen sangen, dessen Taten von einst bis heute die Menschen erregten, ist ein deutscher König von Rhein, Lippe und Mosel. Noch können wir ihn nicht einordnen in unsrer Frühgeschichte; aber vielleicht wird auch das noch gelingen.
Was gewinnen oder was verlieren wir durch die neue Erkenntnis? Wir verlieren einen Irrtum, eine Zwiespältigkeit. Wir gewinnen die Befreiung von dieser Zwiespältigkeit, von dem Zusammenschauenmüssen des nicht Zusammengehörigen. Wir gewinnen vor allem eine neue Heldenpersönlichkeit unserer Vergangenheit, die bisher vom Ruhme eines anderen zugedeckt war. Wir haben nun statt der einen unklaren und zwiespältigen Gestalt des Doppel-Dietrich *zwei* große Gestalten der Frühzeit, bedeutende Persönlichkeiten, die zu ihrer Zeit und in ihrem Bereich Mittelpunktskräfte waren, die in ihre Zeit hineinwirkten, auf welche die Augen der Zeit gerichtet waren ...
Sie hatten beide mit großen Widerständen zu kämpfen. Wie Theoderich die widerstrebenden Kräfte zweier Völker und zweier Religionen zu vereinen suchte, so steht Didrik von Bern im niederdeutschen Raum an der Wende einer Zeit, zwischen Heidentum und Christentum, zwischen aufstrebendem Germanentum, halbversunkenem Keltentum und ausklingendem Römertum.
Didrik selbst erlebte die besondere Tragik, daß er noch mitten im Übermut seiner Jugendjahre, als er eben sein Mannestum auf eigene Art entwickeln sollte, herausgeschlagen wurde aus all seinen Verbindungen,

daß er seine Selbständigkeit verlor, nur mehr als Gast im fremden Lande handeln konnte und sich anpassen mußte an die andere Umwelt, während die Zahl seiner Getreuen langsam dahinschmolz; daß der erste Versuch der Rückkehr, fast schon geglückt, auf tragische Weise zunichte wurde.

Wie Didrik trotzdem gemeinsam mit seinem treuen Begleiter Hillebrand sich immer wieder unverdrossen an die Aufgaben machte, welche der Tag ihm stellte, wie er keine Rücksicht gegen sich selbst und keine Furcht kannte, wie er den ungeheuren Schmerz um den Verlust der Königsknaben und seine dadurch angeschlagene Ehre auf sich nahm und endlich doch noch die Kraft zu siegreicher Rückkehr fand, das ist gewiß der Bewunderung wert.

Didrik ist keine nur lichte, makellose Gestalt. Er hat in seinem jugendlichen Ehrgeiz Sigfrid getäuscht und dessen Schicksal verwirrt; aber er hat alsbald versucht, dies wieder gutzumachen. Er war heftig und aufbrausend, aber er fand immer wieder zum Maß zurück. Er war einsatzfreudig und von unerschütterlichem Mut, ein stets zuverlässiger Freund, und er hat, in einer Zeit vorwiegender Fürstenherrschaft, einen Kreis Gleichberechtigter um sich geschart, dem er brüderlich verbunden war. Er gehört zu den großen Gestalten unserer Vergangenheit.

Herrn Didriks Buch hat hier sein Enden ...

Die Zeitordnung der Thidrekssaga

Zunächst ist nur eine relative Einordnung der Ths-Ereignisse möglich. Es ist also ein ungefährer Anfang zu setzen. Da Trier um 475 endgültig von den Franken besetzt wurde, Ermenrik Trier aber nicht sogleich erobern konnte, setze ich Samsons und Ermenriks Zug gegen Rom/Trier in das Jahr 470. Im Jahr davor war die Eroberung von Bern/Bonn und die Heirat Thetmars mit der Elsungtochter. *Didrik war dann 470 geboren. Das nehmen wir (hypothetisch) als unser Ausgangsdatum.*

Didriks Leben

470 Didrik geboren. Ermenriks Zug gegen die Römer, sein Sitz in Puli. Tod Samsons.
476 Hillebrand kommt nach Bern (Hillebrand * 446).
481 Didrik zum Ritter geschlagen. Heim kommt nach Bern.
482 Wideke kommt nach Bern. Kampf mit Didrik.
483 Zug zum Osning. Fasold, Sintram. Heim wird verbannt.
484 Detzlef kommt nach Bern. Hoftag König Ermenriks mit Attala.
484 König Thetmar †.
485 Wildefer kommt nach Bern.
486 Didrik hilft Attala gegen die Wilzen. Wideke gefangen – befreit.
487 Zug gegen Jarl Rimstein.
488 Didriks Gastmahl. Zug ins Bertangaland. Sigfrids und Gunters Hochzeit.
490 Hoftag in Rom. Jarl Irons Tod.
491 Heirat Didriks?
492 Akes Tod. Wideke wird Ermenriks Gefolgsmann.
493 Sevekins Rache beginnt, Tod der Königssöhne.
494 Tod der Örlungen.
495 Didriks Vertreibung, Aufnahme bei König Attala in Soest.
496 Hillebrand 50 Jahre alt.
Ostkämpfe.
515 Schlacht bei Gränsport.
517 Königin Erchas Tod.
526 Zug der Niflungen nach Soest und ihr Untergang.
527 Didriks Heimkehr, Schlacht bei Graach. König in »Rom«.
531 Hillebrand stirbt ca. 85 Jahre alt.
ca. 534–36 Didriks Tod.

Anmerkungen

1 Die Vorarbeiten zu den Büchern »Die Nibelungen zogen nordwärts« und »Dietrich von Bern – König zu Bonn« finden sich in folgenden Schriften von Heinz Ritter:

1. War die Lippe die Norddeutsche Duna? Zschr. d. Vereins f. Geschichte und Heimatpflege Soest (»Soester Zeitschrift«) Heft 77/1963.
2. Der Zug der Niflungen nach Soest. Wo Duna und Rhein zusammenfallen. (ebd.) Heft 79/ 1966.
3. Soest im Bilde der Thidrekssaga. (ebd.) Heft 82/1970.
4. Soester Kammergräber und Frauen der Thidrekssaga. (ebd.) Heft 84/1972.
5. Die Heimat der Niflungen. (ebd.) Heft 89/1977.
6. Die Königsburgen der Thidrekssaga: Bern – Rom – Salerna. (ebd.) Heft 91/1979.
7. Das Königsgrab zu Enzen. Jb. des Kreises Euskirchen 1978 S. 144–159.
8. Haben die Nibelungen ihre Heimat im Zülpicher Raum? (ebd.) 1979 S. 27–30.
9. Didrik von Bern in Osning und Rimslowald. In: Beiträge z. Gesch. Dortmunds u. d. Grafschaft Mark, hrsg. v. Histor. Verein Dortmund 1980.
10. Die schönsten Sagen. Gütersloh 1959, 1965. Nachwort.
11. Das Grab der Königin Ercha. Soester Anzeiger 23. 4. 1970.
12. Der Niflungengarten in Soest (ebd.) 26. 4. 1970.
13. Der Nibelungenzug nach Soest. (ebd.) 12. 6. 1970.
14. Die Niflungen reiten nach Soest. Gibt es historische Vorbilder für die Nibelungen-Sage? Damals. Gießen Juni/Juli 1978.
15. Die Niflungen reiten nach Soest. Merian August 1975.
16. Die Nibelungen zogen nordwärts. München 1981 (1.–3. Aufl.).

2 Heinrich Joachim Zimmermann, Theoderich der Große – Dietrich von Bern. Die geschichtlichen und sagenhaften Quellen des Mittelalters. Diss. Bonn 1972. Quellenverzeichnis S. 11–16, Lit. Verz. S. 17–24. s. S. 50 f.
Georges Zink, Les Légendes héroiques de Dietrich et d'Ermrich dans les littératures germaniques. IAC Lyon–Paris 1950. Auch Zink setzt Theoderich und Dietrich von Bern gleich.

3 Deutsches Heldenbuch II. Alpharts Tod; Dietrichs Flucht; Rabenschlacht. hrsg. Ernst Martin. 1. Aufl. 1866; 2. Aufl. (unveränderter Nachdruck) Dublin–Zürich 1967.
Die märchenhaften Dietrichepen sind: Sigenot; Laurin; Eckenlied; Virginal.

4 Das Hildebrandslied. In: Althochdeutsches Lesebuch von Wilhelm Braune, Halle 1911. S. 80–84. Mit Glossar. 15. Aufl. Tübingen 1969.

5 ÞIÐRIKS SAGA AF BERN. Udgivet for Samfund til utgivelse af gammal nordisk litteratur ved Henrik Bertelsen. I + II. Kopenhagen 1905–1911. Bertelsen bringt drei Handschriften der Thidrekssaga (künftig Ths): 1. die sogenannte »*Membrane*« (Mb), eine Pergament-Hs. aus dem 13. Jh. in altnordisch-isländischer Sprache; 2. und 3. die Handschriften A und B, Nachkommen verlorener Pergament-Hss. Im I. Teil druckt Bertelsen sowohl Mb wie A vollständig ab und gibt die Varianten von B; im zweiten Teil druckt er nur Mb ab und gibt die Abweichungen von A und B an.
SAGAN OM DIDRIK AF BERN, epter svenska handskrifter utgiven af Gunnar Olof Hyltén-Cavallius. Stockholm 1850. HC bringt hier die zwei altschwedischen Handschriften mit großem Apparat,

einem mehr als 100seitigen Namensverzeichnis mit allen Erwähnungen und einer 45seitigen »Wortsammlung« und Erklärung nicht mehr üblicher altschwedischer Wörter. Die hier »Svava« genannte Handschrift hat 386 Kapitel.

6 Die Thidrekssaga ist dreimal ins Deutsche übersetzt worden: Zuerst durch Friedrich Heinrich von der Hagen: Dietrich von Bern und die Nibelungen, Breslau 1814, 1854, 1872; dann durch August Raszmann, Die Deutsche Heldensage und ihre Heimat II, Hannover 1858; endlich durch Fine Erichsen in der Sammlung »Thule«, Die Geschichte Thidreks von Bern, Jena 1924, 1942, 1967 (Düsseldorf, jeweils im Text unverändert). Diese Übersetzung hat schöne, schwungvolle Sprache, aber keine große Genauigkeit und eine Fülle von irreführenden geographischen Angaben. Wichtig das Nachwort von Helmut Voigt 1967.

7 Heinz Ritter-Schaumburg. Die Nibelungen zogen nordwärts. 1.–3. Auflage, München 1981.

8 Einhard, Vita Caroli Magni, Das Leben Karls des Großen, Kap. 19. Vollendet etwa 836.

9 Anzeichen für eine fortbestehende Überlieferung und Kenntnis dieser Sagenstoffe gibt es noch viele weitere. Wir werden ihnen im Laufe unserer Darstellung mehrfach begegnen. Es sprechen davon die Quedlinburger Annalen um 1000, ein Bericht des Saxo Grammaticus aus dem 12. Jh., eine Mitteilung aus den Kölner Annalen aus dem Jahr 1197, Skulpturen an verschiedenen Kirchen aus der Zeit um 1130 u.a. Siehe Anm. 122!

10 Thegan, Das Leben Kaiser Ludwigs des Frommen. Kap. 19. Thegans Schrift ist 835 entstanden.

11 Der große Brockhaus. 16. völlig neubearbeitete Auflage in 12 Bänden. Wiesbaden 1952.

12 Meyers Großes Konversations-Lexikon. 6. gänzlich neubearbeitete und vermehrte Auflage. Leipzig und Wien 1907.

13 Ennodius – V. Magni Felicis Ennodii opera ed. F. Vogel in Mon. Germ. H. Auct. ant. VII. Paneg. 35, 271, 7ff.:
»qui in hostili acie viam desiderat me sequatur: non respiciat alterum qui dimicandi poscit exemplum! virtus multitudinem non requirit. – adtollite signa, per quae ne lateam providetur; moverint quem petant aut cuius iugulis adquiescant! qui congressui meo occurrerint, nobilitentur exitio.«
ebd. paneg. 39ff., 271, 23ff.:
»qui me de impetu non cognoverit, æstimet de nitore, invitet cupidorum oculos honor indumenti: pretiosior species feriendos exhibeat. habeat laboris solacium, cui iugulum meum, fortuna, præstiteris! inhient iacentis splendori, quos non contigerit videre pugnantem.«
Nach Wilhelm Enslin, Theoderich der Große. München 1947.

14 Zimmermann S. 177: »In Hinsicht auf die Identität des Helden Dietrich von Bern und des Ostgotenkönigs Theoderich herrschte im Mittelalter kein Zweifel. Die Berichte von Dietrich von Bern werden gemäß der gelehrten Tradition zurechtgerückt; daß es sich bei Etzel, Ermenrich und Dietrich um Attila, Ermanarich und Theoderich handelte, wurde nicht in Zweifel gezogen.«

15 Eine gewisse Verwirrung entsteht durch die Angaben der Hss, daß dem Jarl Elsung Hilfe gekommen sei durch Landesherren von Ungeren und Swaweren, wozu Sv (nicht die andern Hss) hinzufügt »und Beyeren und Torkeren«. Hier dürfte sich Ursprüngliches mit zugesetzter Späterklärung mischen. Svava-Swaweren erscheint in der Ths mehrfach und meint einen Bereich nördlich der Mittelgebirge Sauerland und Harz; und mit »Ungeren« möchte auch etwas Rechtsrheinisches gemeint sein (Engern?), da auch vom »Ungarawald« in der Gegend des Westerwaldes gesprochen wird. Beyeren und Torkeren dagegen dürften gelehrte Zusätze sein unter der Vorstellung einer ganz anderen Geographie.

16 Waldemar Haupt, Zur niederdeutschen Dietrichsage. Palaestra CXXIX. Berlin 1914.
Friedrich Panzer, Italische Normannen in deutscher Heldensage. Frankfurt 1925 (In: Deutsche Forschungen, hrsg. Fr. Panzer u. Jul. Petersen, Heft 1).

17 A Kap. 5: »Wie kommt ihr hierher so weit in diesen großen und dunklen Wald und unkunde Wege?« – »Ritter Samson sagte mir, daß man einen halben (B: ganzen) Tag dazu bedürfe, bevor man aus diesem Walde herauskäme.«
Im italienischen Salerno gibt es nicht »unkunde Wege«; dort kann man alles weithin überblicken.

18 Sv 343–346.

19 Heinz Ritter, Der Zug der Niflungen nach Soest, S. 54f.

20 Gregor von Tours, Geschichte der Franken. 2,9.

S. hierzu: Erich Zöllner, Geschichte der Franken. München 1970. S. 23 Anm. 3: »Die Lage der ›silva Carbonaria‹ spielt in den Thesen über die Landnahme der Franken eine große Rolle. Während man den Kohlenwald früher für die Ausbildung der Sprachgrenze verantwortlich machte, haben van der Linden, La Forêt Charbonnière, Revue belge de phil. et d'hist. II (1923) 203 ff., und Franz Steinbach, Studien zur westdeutschen Stammes- und Volksgeschichte (1926) S. 165 ff. festgestellt, daß sich der Wald in nord-südlicher Richtung (die spätere Sprachgrenze durchschneidend) von Brabant in den Hennegau erstreckte...«
Der Name »Kohlenwald« hat mit den in dieser Gegend vorhandenen Steinkohlen nichts zu tun. Er wurde zum Brennen von Holzkohle genutzt. Insofern ist der Name »Köhlerwald« entsprechender.

21 Diplom Otto I. vom 29.9.946. Original verloren. Copie um 1070 (in Gesta Abbatum Gembliacensium' durch Sigibert Fol. 16 v° Bibl. d. Stadt Leipzig). Guibert = Wicbertus, Gründer der Abtei und Stadt Gembloux, war Nachkomme der Fürsten Austrasiens.

22 André Wankenne, La Hesbaye wallonne au temps des Romains. In: Visages de la Hesbaye, hrsg. von Emile Bouvier. Tournai 1975. S. 39 eine Rekonstruktion der »römischen Villa«.
J. Toussaint, Le Bassin de l'Orneau. Gembloux 1975. Zum Namen: Gijsseling, Maurice, Typonomisch Woordenboek van Belgie, Nederland, Luxemburg, Nord-Frankrijk en West-Duitsland vor 1226. 2 Bde. 1960.
Emile Bouvier/Namur zweifelt nicht daran, daß das Salerna der Ths nahe am Kohlenwald und nahe am Haspengau gesucht werden muß; er macht aber wiederholt auf eine weitere Erklärungsmöglichkeit aufmerksam: Namen mit »Sal« gibt es in großer Fülle. Alle diese Namen haben mit Herrschaftsverhältnissen oder mit Schlössern zu tun, sie sind nicht einzeln, sondern vielfach vorhanden, auch drei »Salerne«, wenn auch nicht in unserer Gegend. Dieser Name ließe sich zurückführen auf »Salle-le-Roi« (Königssaal, Königssitz), und eines der Schlösser dieses Namens wird dann auch 1373 als »Aula regia« bezeichnet. Joseph Balon, Les fondements du Régime foncier au Moyen age. Étude de dogmatique et d'histoire du droit. In: 8°, Louvain, Nauwelaerts, 1954, bes. S. 66–72.
»Salerna« wäre hiernach kein eigentlicher Name, sondern eine allgemeinere und wiederholt auftretende Bezeichnung für einen Mittelpunktsort, der einen Herrschaftssitz anzeigt.
An der Grenze der Hesbaye nach Süden liegt hoch über der Maas die sehr alte, einst mächtige Felsenfeste Samson. Wiederholt wurde ich gefragt, ob hier nicht ein Zusammenhang mit der Erzählung vom Ritter, Herzog und König *Samson* bestehen könnte. Das ist zwar nicht unmöglich; ich kann es aber nicht nachweisen. Es ließe sich denken, daß diese Feste eine von Samsons Burgen in der Hesbaye gewesen wäre, daß Samson aber von einem Stärkeren aus seinem Reich vertrieben worden wäre, zuletzt auch aus dieser Feste, an welcher sein Namen dann haften geblieben wäre.

23 Die Beantwortung der Frage, wie die Berichte der Thidrekssaga in das Geschichtsbild eingeordnet werden können, ist schwierig und braucht Zeit. Zuerst einmal mußten diese Berichte selbst dargeboten werden, geordnet und erläutert. Die Frage ihrer Einordnung muß vorsichtig angegangen werden, sonst könnte es geschehen, daß aufs neue durch falsche Zuordnung die richtige Möglichkeit verpaßt wird.
Die Quellen für das 5/6. Jahrhundert n. Chr. sind spärlich. In eben diese Zeit aber dürften die hier berichteten Ereignisse gehören. Samsons und Ermenriks Fortzug aus dem Haspengau, ihre Eroberung des Bonner Bereichs, den schon vor ihnen ein germanischer Fürst (Jarl Elsung) beherrschte, ihre weitere Eroberung des Mosellandes bis Trier, wobei sie noch mit den »Römern« kämpften, setzt diese Ereignisse doch wohl in die zweite Hälfte des 5. Jhs.
König Didrik selbst, da er vertrieben ist, greift drei Jahrzehnte lang nicht in das linksrheinische Geschehen ein. Seine Wiederkehr kann man frühestens in den Beginn des zweiten Drittels des 6. Jhs. setzen. Die Gestalt aber, welche vor allem geschichtlich eingeordnet werden müßte, ist König Ermenrik in Rom/Trier. Er herrscht hier nach der Ths ohne Unterbrechung mehr als 50 Jahre. Dies ist aber auch die Zeit Chlodwigs, welche wir leidlich gut zu kennen meinen.
Vielleicht irren wir hierin. Vielleicht verstehen wir manches in den Berichten der damaligen Zeit zu einseitig. Vielleicht sind die sogenannten »Eroberungen« gar keine Besitzergreifungen, sondern z. T. nur die Auferlegung von Tributverpflichtungen, so wie es die Ths vielfach darstellt, besonders bei den Kriegen der Ostvölker. Wenn es noch nicht einmal klar ist, ob im

historischen Bereich mit den »Thüringern« das große thüringische Ostreich gemeint ist oder linksrheinische Thüringer (Zöllner S. 54), so mag sich manches anders darstellen.
Man kann auch fragen, ob sich unter dem Namen »Ermenrik« etwa eine andere geschichtliche Persönlichkeit verbirgt, und man wird die Ähnlichkeit bemerken, wie Ermenrik alle seine männlichen Verwandten umbringt und wie ganz entsprechend Chlodwig das gleiche tut. Aber hier kann auch einer den andern nachgeahmt haben. Die Hauptquelle über jene Zeit, von ihr aber zeitlich schon weit entfernt, ist Gregor von Tours. Er ist ganz westfränkisch eingestellt. Den mittleren Bereich bis an den Rhein heran scheint er nur wie durch einen Nebel zu sehen, mit einzelnen Erhellungen.
In gleich einseitiger Weise geht der Gesichtskreis der Thidrekssaga im Westen nur bis Rom/Trier. Der Raum des heutigen Frankreich tritt nicht in Erscheinung, während der Blick nach Osten hin unbegrenzt ist. Aber auch nach Süden hin ist der Blick der Ths ganz blockiert. Sie kennt nicht Main noch Neckar noch Donau, und das ganze Gebiet südlich von Harz und Sauerland scheidet aus ihrem Gesichtskreis aus, vor allem Schwaben und Bayern.
Nur einmal scheint Ermenrik nach Süden überzugreifen, wenn wir die Angabe »Gerimsheim« als Germersheim deuten. Das ist schon ungewiß. Es wäre ein Zug gegen die Alemannen, der aber doch wohl auch nur mit einer Tributverpflichtung endet, in die eigentlichen Verhältnisse also gar nicht eingreift. Die Bevölkerung bleibt dieselbe, die Strukturen ändern sich nicht, von einer Besetzung oder Besatzung ist nicht die Rede: nur ein neuer Herr oder Herrscher wird eingesetzt und vertraglich gebunden. Aber dieser Vertrag endet mit dem Tode des Siegers.
Was ist der Grund für diese Blicksperre, für diese fast vollständige Begrenzung der empfangenden wie tätigen Anteilnahme an den Geschehnissen über einen bestimmten Raum hinaus? Ist hier eine durch lange Zeit hindurch aufrecht erhaltene *Einflußsperre*, die nur selten unterbrochen wird, ähnlich wie die merkwürdige Abgrenzung zwischen den Franken westlich und östlich des Kohlenwaldes?
Jedenfalls müssen viele Fragen zunächst offen bleiben. Die Einordnung der Thidrekssaga-Geschehnisse kann dabei nicht zunächst *meine* Aufgabe sein. Ich kann nur den Stoff der Thidrekssaga darbieten und ihre Glaubwürdigkeit in vielen Punkten darlegen.

24 Erste Nennung im Anschluß an Urkunden der Jahre 911–918: »Lutfridus donavit fratribus Veronensibus vineam I in Ruzindorp« (Rauschendorf/Siegkreis). Wilhelm Levison, Die Bonner Urkunden des frühen Mittelalters. In: Bonner Jahrbücher ... Heft 136/137 Bonn und Darmstadt 1932. S. 252.
Hier scheint »Verona« bereits gleichgesetzt mit Bonn, die »fratres Veronenses« mit den Brüdern des Cassiusstiftes.
J. Niessen, Geschichte der Stadt Bonn I, 1955 S. 69–74: »Das Namenspiel Bonna–Verona« behandelt die Frage ausführlich. Er kommt zu dem Schluß (S. 71): »Wir können als Ergebnis feststellen, daß die Bezeichnungen Bonn und Verona unterschiedslos gebraucht wurden... Wenn Hagen in seiner Reimchronik von ›Bunne, dat heis man dô Berne‹ spricht, so deutete er damit an, daß ihm zu seiner Zeit (um 1270) der Name Bern veraltet erschien. Auch die Ausdrucksweise des oben erwähnten Stadtsiegels ›antique Verone, nunc oppidi Bunnensis‹ muß so erklärt werden, daß Bonn als der gangbare, Verona als der veraltete oder der antike Name der Stadt angesehen worden ist.«
»Völlig abzulehnen ist von vornherein der römische oder vorrömische Ursprung und Gebrauch des Namens Verona für eine Siedlungsstelle im Bonner Raum. Kein Zeugnis des Altertums kennt einen anderen Namen als Bonna« (Niessen S. 70).
Wenn also der Name Bern/Verona nicht in die römische Zeit gehört, und wenn er in den Nennungen seit dem 10. Jh. als ein schon alter Name Bonns angesehen wird, so müßte man daraus schließen, daß er der fränkischen Zeit angehören muß, die im 5. Jh. beginnt. Und da er in der heidnischen Sage so ausschließlich gebraucht wird, später aber nicht mehr, so möchte man vermuten, daß er nach der Christianisierung als ein heidnischer Name verworfen, später aber als ein Name ehrwürdigen Alters wieder hervorgeholt wurde.
Niessen führt zahlreiche schriftliche Belege für den Namen »Verona« an, etwa ein Dutzend, als letzten das bekannte Wallfahrtslied:

In Verona, Agrippina,
et in Troja, loca trina
consecrant martyria.

(In Bonn, Köln und Xanten, diesen drei Orten, verehrt man Martyrien.)
Hinzu kommen eine Vielzahl von Bonner Münzen mit der Aufprägung »VERONA«.
Zu dieser Frage auch: Wilhelm Levison, Bonna–Verona. Rhein. Vjbll. 1, 19, 1931/32 S. 351 ff., mit einiger weiterer Literatur. F. Hauptmann: Bonns Siegel, Wappen und Wahrzeichen. Bonner Archiv Jg. 1/1889, Jg. 5/1893.
Kurt Böhner, Bonn im frühen Mittelalter. Bonner Jahrb. 178, 1978.
Über das Legionslager: »... im 4. Jh. noch als militärische Anlage genutzt.«; Pfarrkirche St. Peter 795 zum ersten Mal genannt, 1021 zum ersten Mal DIETKIRCHE genannt (Thietkirche). (400)
»Auf dem bei der Kirche gelegenen Friedhof wurden neben den Romanen spätestens seit dem 6. Jh. auch Franken beigesetzt, deren Gräber sich durch reiche Beigaben deutlich von den bis zur Wende des 6./7. Jhs. beigabenlos bestattenden romanischen Bevölkerung unterscheiden.« (401)
»Da das Gebiet des Legionslagers als römisches Fiskalgut« (Staatsgut) »nach der Eroberung durch die Franken Eigentum des fränkischen Königs geworden war ...« (403)
»In fränkischer Zeit hat im Bereiche der Dietkirche der (im mittelalterlichen Fronhof fortlebende) Königshof gestanden, der der verwaltungsmäßige Mittelpunkt des Königsgutes und des Bonngaues war, welcher oft auch als Ahrgau oder als Bonn- und Ahrgau bezeichnet wird.« (404 f.)
»Das Legionslager wird in Urkunden der Karolingerzeit als castrum oder castellum Bonna bezeichnet, was Steinbach mit ›Bonnburg‹ übersetzt hat. Seine Mauern standen wenigstens teilweise bis ins 9. Jh. noch aufrecht (848 und 870: foras muros castro Bunnense).« (407 nach Ennen)
»Durch die Vermischung der seit dem 5. Jh. beigabenlosen Bestattungen der romanischen Bevölkerung mit den durch reiche Totenbeigaben gekennzeichneten Gräbern der Franken unterscheidet sich das Gräberfeld bei der Peterskirche und neben dem Legionslager deutlich von dem erwähnten Friedhof bei der Märtyrerkirche des Cassius und Florentius, welcher offensichtlich von der ansässigen romanischen Bevölkerung belegt wurde.« (404)
»In nachrömischer Zeit wurde auf dem Münsterplatz nicht mehr bestattet.« (409)
Nach Brosche, Die Geschichte des Frauenklosters und späteren Kanonissenstiftes Dietkirchen bei Bonn von den Anfängen der Kirche bis zum Jahre 1550, S. 8 ist die Dietkirche möglicherweise schon in spätrömischer, spätestens in frühfränkischer Zeit entstanden. (Bonn. Gesch. bll. 16, 1962 S. 125)
»Im Bereich des ehemaligen Legionslagers lag die bereits mehrfach genannte Siedlung Dietkirchen ... Ihren Mittelpunkt bildete der 1310 erstmalig erwähnte, vermutlich aus einem Königshof hervorgegangene Fronhof. Neben ihm bestanden nach der urkundlichen Überlieferung einige weitere kleinere Gehöfte ... Außerhalb des Bereiches des Legionslagers lag auf dem hier sanft zum Rhein abfallenden Uferhang der 948 erstmalig als curtis dominicalis in Bunna Wichendi erwähnte Wichelshof (J. Dietz, Bonner Geschbl. 17, 1963, 712). Unweit desselben stand die urkundlich bereits 795 genannte Kapelle St. Isidor, zu welcher 1143 ein eigener Hof gehörte (curia prepositi in Bunna ad sanctum Ysidorum cum capella) (Dietz ebd. 714 f.; ebd. 16, 1962, 142; 147). Die räumliche Nähe von Wichelshof und Isidorskapelle legt die Annahme nahe, daß diese aus einer Eigenkirche des Hofes hervorgegangen ist.
So bietet das frühmittelalterliche Bonn das im Rheinland durchaus geläufige Bild einer Gemarkung (marca) mit mehreren Hofbereichen, die teilweise ursprünglich sogar eigene Namen trugen und eigene Hofgerichte hatten. Aus römischer Zeit bestanden noch das castrum Bonna, der vicus Bonnensis, die Siedlung bei St. Paul und die villa Basilica. Fränkische Gründungen waren: die curtis des Erzbischofs, die villa Merhusen, der Ort Stockheim, der Fronhof Mülheim und der Wichelshof.« (Böhner 424)
Das römische Legionslager wird (Ennen 26 nach Steinbach) in der fränkischen Zeit »Bonnburg« genannt. Ältere römische Lager und Befestigungen, die man aufgefunden hat, können wir für unsere Zwecke wahrscheinlich übergehen.
Einige interessante ältere Nachrichten auch bei Kaspar Anton Müller, Geschichte der Stadt Bonn, Bonn 1834.
Carl Hauptmann, Das römische Bonn vom Jahre 53 v. Chr. bis 400. Bonn/Köln 1925.
Ders., Die römischen Geodäten am Rhein. Bonn 1922.

Über »Die Wasserversorgung des Bonner Raumes in alter und neuer Zeit« hat Dipl.-Ing. Fritz Buntzel, Betriebsdirektor der Stadtwerke Bonn, 1957 einen Bericht geschrieben, der in der Stadt-Bibliothek Bonn vorhanden ist. Er schreibt über die *Bäche bei Bonn*:
»Jetzt sind die Bonner Bäche nicht mehr sehr wasserreich infolge der stattgehabten Entwaldung und sind meist in das Kanalnetz der Stadt geführt. Diese Bäche dienten sicher auch dem Wasserbedarf der Bewohner. Von Godesberg und Friesdorf her floß ein Bach die Koblenzer Straße entlang und ergoß sich durch die Kallen- (d.s. Rinnen) und die Mühlengasse in den Rhein.« Er erwähnt weitere, heute in Kanäle abgeleitete Bäche. »Der Dransdorfer Bach, vom Kottenforst her gespeist, z.T. kanalisiert, ergießt sich als ›Rheindorfer Bach‹ bei (Grau-) Rheindorf in den Rhein.«
»*Grundwasser im Bonner Raum.* Der Untergrund Bonns und seiner Vororte weist allgemein unter einer deckenden wenig durchlässigen Schicht diluviale und alluviale Kiesablagerungen auf, in deren Poren Grundwasser talwärts zum Rheine zieht. Aus diesen Kiesschichten erhielten seit altersher zahlreiche Brunnen ihr Wasser...« Ein solcher Brunnen findet sich in dem ehemaligen Legionslager »auf dem Schänzchen« im Verbindungshaus der Burschenschaft Alemannia.
Edith Ennen (Vom Römerkastell zur Bundeshauptstadt. Bonn 1967, 3. Aufl. 1976) beginnt ihre »Kleine Geschichte der Stadt Bonn« mit der Beschreibung des ältesten Bildes vom Bonner Raum, der »Verherrlichung Mariae« des Kölner Meisters 1460/80:
»... schauen wir vom Deutzer Ufer über den durch Fahrzeuge belebten Rhein auf das große, türmereiche Köln. Hinter Köln erheben sich die Eifelberge. Links ... erblicken wir die kompakte Silhouette der Stadt Bonn, eng umgürtet vom mittelalterlichen Mauerring, vom fünftürmigen Münster überragt. Die Aussicht reicht weiter bis zu den Vulkankuppen des Siebengebirges; zwischen dem vorgelagerten Drachenfels, deutlich erkennbar durch den Steinbruch, und dem linksrheinischen, damals noch burggekrönten Basaltfelsen von Rolandseck durchbricht der Rheinstrom die letzte Talenge vor seinem Eintritt in die Ebene. Zunächst allerdings verbreitert sich das Tal nur zu einem nordwärts geöffneten Trichter, in dessen Mitte sich die Godesburg auf einem vorspringenden Basaltsporn beherrschend erhebt und an dessen Ausgang Bonn liegt, ›Wächter des Talweges an der Gebirgspforte‹ (Meynen). Von den nördlichsten Eckbastionen ist uns der Kreuzberg, Bonns weithin sichtbare Landmarke, durch das Banner Gereons verborgen, rechtsrheinisch erkennen wir den Ennert, fast rechtwinklig weichen hier die Randhöhen der sogenannten Haupterasse zurück – ganz links fließt die Sieg...«
Zur Zeit unseres Malers waren die sonnenseitigen Hänge des Siebengebirges und des Vorgebirges, der sogenannten »Ville«, eines 5 km breiten Höhenzuges parallel zum Rhein »zwischen Bonn und Köln, noch Rebgelände; von Wein- und Obstgärten und Getreidefeldern war die Stadt auf der Landseite umgeben. Das Rheintal etwa ab Remagen und der Süden der Kölner Bucht bilden Bonns fruchtbares, alt- und dichtbesiedeltes Umland. Auf der Höhe der Hauptterrasse – 110–120 m über dem Strom – breiten sich Wälder – der Kottenforst im Südwesten – früher auch Heiden und Schafweiden aus...«

25 In Sv Kap. 8 sind es nur 2000 und anderes Volk; in A + B sind es 15000 »und unzähliges anderes Volk«.

26 Die nordische Form Ulfard entspricht der deutschen Form Wolfhart. So werden wir den Namen künftig regelmäßig verwenden.

27 Karl Simrock, Der Rhein. Bonn 1857. Neuauflage im Verlag Borowski S. 475):
»Die schon ausgesprochene Vermutung, daß Bonns mythischer Name Verona (Bern) zuerst nur einem Teil der heutigen Stadt zugekommen sei, der, einst selbständig neben der römischen Bonna bestehend, hernach mit ihr zusammenwuchs, scheint die *Bonngasse* zu bestätigen, denn durch diese gelangte man wohl aus dem alten Bern nach dem, unterhalb der alten Stadt am Wichelshof gelegenen, Bonn ... Wer nun jener Bonner Theoderich (Dietrich von Bern) gewesen ist, ... weiß ich nicht...« In einem späteren Aufsatz: Bonna–Verona. Bonn. Beiträge zu seiner Geschichte und zu seinen Denkmälern. Festschrift 1868, meint Simrock nun seinen Helden zu kennen, einen »fränkischen Dietrich, der einst in der Sage unseres Landes hochberühmt war und von dem auch noch anderes in den Kreis des ostgotischen Dietrich hinübergezogen worden ist. Diese Sagengestalt geht zurück auf Theoderich, den Sohn Chlodowechs, der bei den Angelsachsen als der berühmteste König der Franken galt« (s. auch Karl Simrock, Das malerische und romantische Rheinland. Leipzig um 1840. Nachdruck Hildesheim – New York, Olms 1975).

Hierin irrt Simrock nun allerdings auch wieder. Er fährt fort:
»Es darf nicht unbeachtet bleiben, daß Bonn gleich dem Dietrich von Bern der Heldensage den Löwen im Wappen führt. Das oben erwähnte steinerne Wölfchen, das nicht bloß auf dem Münsterplatz stand (ein anderes sah man bei dem Stift Dietkirchen, das gleichfalls seinen Hunnen auf die Dingtage schickte), war genauer betrachtet ein Löwe, der ein Pardelweibchen überwältigte. Dieses seltsame Symbol könnte auf die Vereinigung der beiden Städte Bonn und Verona gedeutet werden.«

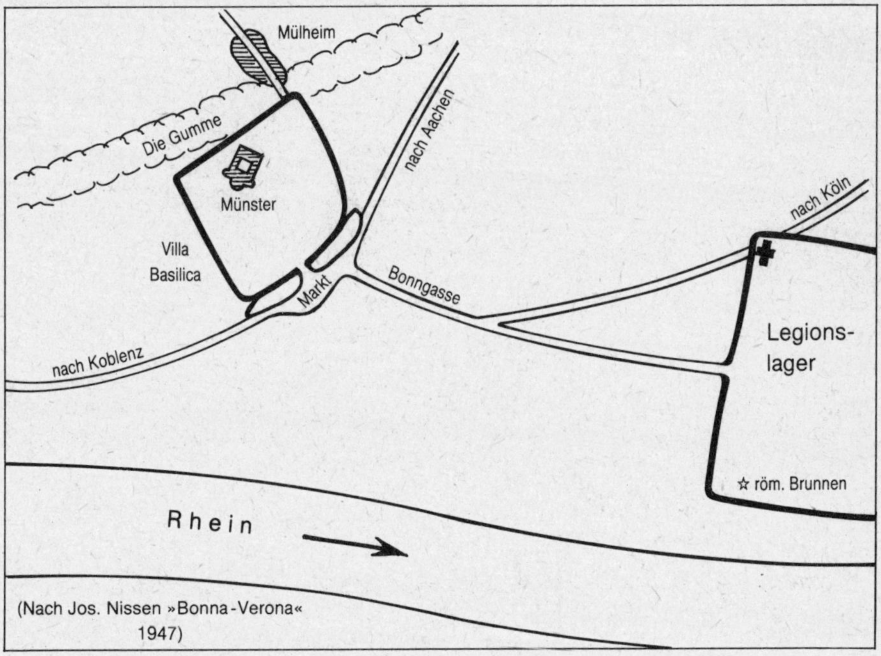

Die Bonngasse, Verbindung zwischen Bonn und Bern?
Auf welcher Seite lag »Bern«?

28 Städtebuch Rheinland-Pfalz und Saarland, Kohlhammer 1964. – Ludwig Falck, Mainz im frühen Mittelalter. Düsseldorf 1972 S. 119f. – Joh. Bärmann, Moguntia Metropolis Germaniae. Mainz 1960. – Elisabeth Darapsky, Aurea Maguncia Romane Ecclesie Specialis Filia. Mainz 1962.

29 Heinz Thomas, Studien zur Trierer Geschichtsschreibung des 11. Jhs., insbes. zu den Gesta Treverorum. Rhein. Archiv 68, Veröff. d. Instituts f. gesch. Landeskunde d. Rheinlande. Bonn 1968 S. 162: »Eine ganze Reihe von Städten kann sich rühmen, einmal als Roma secunda gegolten zu haben; jedoch kann Trier für sich in Anspruch nehmen, *die* Stadt im Abendland zu sein, die man am häufigsten mit diesem Titel gewürdigt hat ... Der Titel kommt Trier aufgrund seines weltlichen Ranges zu.« – S. 178: »... darf nunmehr als erwiesen gelten, daß der Titel Roma Secunda für Trier auf die Römer selbst zurückzuführen ist.«

30 1. Mb 241 am Beginn der Erzählung von Walter und Hildegund; 2. A (= EBD) 13.

31 Polch (Kr. Mayen). In: Hb. d. hist. Stätten Deutschlands. Rheinland-Pfalz/Saarland, S. 294: 895 Poliche, 1051 Pulecho, 1059 Pulicha, 1148 Pulcha. – Franz Steinbach, Der adlige Dingtag von Polch. Rhein Vierteljahrsbll. Mitteilungen des Instituts f. gesch. Landeskunde der Rheinlande Jg. 24/1909, Bonn. – Zu Pölich: Wolfgang Jungandreas, Historisches Lesebuch d. Siedlungs- u. Flurnamen des Mosellandes. Trier 1962. Maurice Gijsseling (s. Anm. 47): 633 Poliche (Fälschung?), 802 Polih, 1155 Pulcha.

32 Tausend Jahre Weinort Graach/Mosel 1975. S. 12: Der Ortsname Graach: »Belegt sind

folgende Formen: Gracha (975, 1098, 1124–27, 1155, 1177, 1181); Gracho (1023); Graca (1121, 1185, um 1200, 1274); Grache (1177, 1195, um 1250, 1299 etc.); Gracke (1184); Graka (1190, 1219 etc.); Grach (ab ca. 1220); Graich (ab 1315); Graiche (1315); Grayche (1338); Graech (1398); Krag (1740).«

Nach Jungandreas ist der Name aus kelt. »gravakens« (sandiger Ort) zu erklären.

Weitere Deutungen des Namens S. 13.

Die Umwandlung des a in ä oder e ist eine Eigentümlichkeit des dortigen Dialekts, in dem es noch heute heißt: »Die Grächer; die Grächer Höhen«.

33 Die Angaben über die Abstammung Hillebrands sind in der Svava unklar, und die verschiedenen Handschriften stimmen nicht überein. Bei späteren Erwähnungen bleiben sie gleichfalls unklar. Es scheint gemeint zu sein, daß Sintram der Neffe Hillebrands ist.

34 Marienstift bei Herford. Darpe, Einkünfte und Lehnsregister der Fürstabtei Herford, 1892 (Neudruck Münster 1960); 1200: Westfäl. Urk. buch. Addit. S. 103; Cod. Tr. W. IV S. 51. Heimatbuch des Kreises Wenden, ges. u. bearb. v. Fritz Wiemers, 1949 S. 326.

35 Albert K. Hömberg, Zwischen Rhein und Weser. Münster 1967 S. 210; Karte: Burgen und Wege in Süd-Westfalen. – Ders.: Heimatchronik von Olpe. Köln 1958 S. 21:

»*Eisenstraße,* die das Olper Land von SO nach NW durchzog … der von Sagen umsponnene ›*Kriegerweg*‹, der vom Siegerland in nö. Richtung über die Hundemer Berge führte, bei dem Hof Totenohl die Lenne überschritt und bei Bracht die *Heidenstraße* querte, um weiter in grader Linie über Eslohe, Meschede, Rüthen nach Paderborn zu führen.«

Hb. d. hist. Stätten NRW S. 660: »der alte *Kriegerweg* von Siegen nach Paderborn«. – Heimatstimmen aus dem Kreise Olpe, 11. Folge (1953) S. 708: »… der *Römerweg* Bonn – Olpe – Grevenbrück – Meschede – Brilon – Paderborn …« – Albert K. Hömberg, Drei alte Straßen. In: Olper Heimatbll. f. d. südl. Sauerland, 10. Jg. (1933) S. 109 ff. (Römerweg genauer).

36 Fritz Wiemers, Heimatbuch des Amtes Wenden (s. Anm. 72) S. 27 nach O. Wächter (Von den Femgerichten … und ihren beiden Freistühlen im Wendener Ländchen). Der Ritter Bernhard von dem Dieke (oder »uf der Mutze«) vermachte 1499 alle seine Besitzungen der Kirche zu Wenden. Die Burg mag auf älterer Grundlage stehen. Ausgrabungen sind nicht versucht worden.

37 Auf einen Kirchplatz mit ganz ähnlicher Anordnung radial im Kreis gestellter Häuser weist hin Bernhard Ortmann, Vororte Westfalens seit germanischer Zeit, Paderborn 1949 S. 53 f., der sich in der alten Warft Ezinge in Holland aus der Latène- bis Völkerwanderungszeit fast unverändert als Kirchplatz bis in die Neuzeit erhalten hat.

Der vorgeschichtliche Rundplatz von Ezinge

38 Die anderen Handschriften haben hier allerlei rhetorische Zusätze. Statt des einfachen Satzes: »Er sagte, er wolle König Thetmar dienen«, heißt es dort:
»sagt er seinem Vater, daß er mehrerer vornehmer Männer Sitten kennen lernen will, und nicht kann ich berühmt werden, wenn ich nichts anderes tun soll, als daheim in Wenden zu sein oder in Svava reiten ... Und nun rüstet er sich und mit ihm 15 Ritter, die sind alle wacker und schön ausgerüstet. Nun reitet er seines Weges, bis er nach Bern kommt.«
Die Svava erweist sich auch hier wieder als einfacher, klarer, ursprünglicher. Sie erzählt das Wesentliche, von dem auch kein Satz, fast kein Wort fehlen kann.

39 Gott wird in dieser Weise in Ausrufen, Wünschen, Danksagungen öfter genannt; aber es wäre falsch, darin etwas Christliches sehen zu wollen.

40 Auch in vielen Zwergensagen wird man Wirkliches vermuten. Bei den »Schanhollen« bei Börlinghausen (unweit Meinerzhagen) oder in Köbbinghausen im Eggegebirge, dürfte es sich um Reste solcher Kleinbevölkerung gehandelt haben. Vor allem beweist z. B. der sogenannte »Venetianerstollen« zwischen Bestwig und Ramsbeck am Nordhang des Bastenberges, einem der höchsten im Sauerland (745 m), welcher erforscht ist, daß es sich keineswegs um Märchenwesen handelt (Prof. Dr. Ing. Heinrich Quiring, Der bronzezeitliche Venetianerstollen). Hier sind Erzschürfgänge von nur 90 cm Höhe und 53 cm Breite vorgetrieben worden mit einer Gesamtlänge von 154 m.

41 Sv 15: »gik in j stuffunä«. A + B: »Nu geingur Heimer j hallina og innar fyrir kongs hásaeted« (Nun geht Heim in die Halle und drinnen vor des Königs Hochsitz).

42 Die Richtungsangabe fehlt A + B.

43 Gold als Vorrecht des Königsgeschlechts wird in der Ths mehrfach erwähnt. So heißt es von Detzlef: Deshalb hat er Gold auf seinem Schild, weil seine Mutter edelgeboren ist. Auch das Silber hat seinen bestimmten Rang (s. Hagens Schild!).

44 Der von Abt Nicolaus von Thvera hinterlassene Bericht seiner Reise von Island nach Rom ist von M. Erich Christian Werlauf, Symbolae ad Geographiam medii aevi ex monumentis Islandicis, 1821 veröffentlicht worden.

45 Detlev Hellfaier/Martin Last, Historisch bezeugte Orte in Niedersachsen. Hildesheim 1976. Auskunft des Archivs der Stadt Verden (K. Nerger).
1230 erscheint der Ort als »Etzen«, vor 1491 »to der Etzene«, um 1540 »zur Eitzen«, 1682 als »Eitze«. Die Ersterwähnung (in nicht-originaler Abschrift) im 11./12. Jh. mit der Datierung 9. Jh. hat die Form »Ekina«. Diese Abweichung ist kaum anders zu erklären, als daß ein c des Originals als k abgeschrieben wurde. Die ursprüngliche Form wäre dann »Ecina = Ezina = Etzina«, woraus 1230 Etzen(e) geworden war. Diese Frühformen sind als Ableitung aus Eidiss-a nicht voll befriedigend; es ist aber zu bedenken, daß in dieser Gegend das lange geschlossene $\bar{e}$ als $\bar{e}^i$ oder $\bar{e}^e$ gesprochen wird.
Ähnliche Namen gibt es in dieser Gegend mehr. »Eissel liegt dicht unterhalb der Allermündung in der Weseraue (1123 Esle, 1500 Eitzell, 1548 Eßel, 1600 Eissel).

46 Die Handschriften benennen das Land: A + B: Vindland; Mb^3 Vinnland; Mb^3 u. SvA Vinland; SvB Ffindlandh, Vinlandh, Vinlan.
Gemeint ist das östlich der Unterelbe gelegene Gebiet. Dieses »Vinland« erscheint auch im Itinerar des Abtes Nikolaus von Thvera, wo es heißt: »Heidaberra liegt dicht bei Slesvikr, dann eine Tagesfahrt bis Aegisdyr (Eider). Hier stoßen die Länder Danmerkr – Hollsetuland – Saxland und Vinland zusammen.« – Das ist allerdings um 1150. Die drei Reiter Hillebrand, Hornboge und Heime kommen von Osten oder ONO her.

47 Das Handbuch der historischen Stätten Deutschlands, Niedersachsen-Bremen schreibt hierzu (1969) S. 464:
»Kern von Verden ist, wie bei Bremen, Stade und vielen anderen Niederlassungen unseres Gebietes, eine altgermanische Kult- und Gerichtsstätte bei dem Lugenstein gewesen ... Das Gericht des Sturmigaues verblieb hier noch bis in die Neuzeit. An solchen Stellen treffen sich auch die Wege. Vor allem führte die große Fernstraße vom Rhein nach Skandinavien hier vorbei, weil sie Furten durch die Weser und Aller benutzen konnte. Daher rührt auch der Name Ferdi (782), Fardium, Werdun.«
Zu *Minden* sagt das Handbuch der historischen Stätten Nordrhein-Westfalen (1970) S. 517 f.: »Seine Geschichte wird von seiner Lage vor der Porta Westfalica und an einer Furt der Weser, wo alte Heer- und Handelsstraßen zusammenliefen, bestimmt.«

48 Wieder ist der Name in verschiedenen Formen überliefert. Mb Brictan, Britan; A: Bittann, Bitan; B: Bettam, Bittam. Sv nennt den Namen nicht.
1884 *Holthausen* (Anm. 63) S. 486 f. sagt zu Brictan: »Unter *Brictan* kann ich weder das dafür vorgeschlagene Wrexen a. d. Diemel noch Brixen in Tirol verstehen; am meisten paßt zu dem namen und den angaben der saga das dorf Brechten im kreise Dortmund, eine stunde südwestlich von der stadt Lünen an der Lippe.« – Man sieht, wie uferlos die Suche umherschweifte, zwischen Niederdeutschland und Italien schwankend, wie Holthausen denn auch ohne Bedenken die Eidis-a mit der Etsch in der Po-Ebene gleichsetzt, wie andere mit der Eider in Schleswig-Holstein, Raszmann mit der Eder.
Mit der Furt durch die Lippe befaßt sich in anderen Zusammenhängen Otto Prein, Aliso, Münster 1907 S. 66. Er gibt die Furt glaubhaft an etwas oberhalb von Lünen bei Beckinghausen. Wo der Hünenpfad über die Lippe ging, »befindet sich 200 m unterhalb der Mündung des roten Baches noch heute eine Furt in der Lippe, die von Arbeitern der Hütte Westfalia in trockenen Sommern benutzt wird.« (Dazu seine Karte)

49 Dio Cassius, Römische Geschichte, Buch 54, Cap. 33 berichtet vom Bau einer solchen Brücke: durch Drusus 11 v. Chr.:
»Mit dem Anfange des Frühlings jedoch brach er wieder zum Kriege auf, ging über den Rhein und unterwarf die Usipeter. Nachdem er über die Lippe eine Brücke geschlagen hatte, fiel er auch in das Land der Sugambrer ein ...«
Links der Lippe gehörte der Grund und Boden zum Kirchspiel Brechten. (Hb. d. hist. St. NRW. S. 487 oben)

50 Albert K. Hömberg, Zwischen Rhein und Weser. Münster 1967 S. 2. Hömbergs Arbeiten zeichnen sich aus durch große Klarheit und Übersicht und eine fast dramatische Darstellung der Entwicklungen in den verschiedenen Zeiten.

51 Karl Husz, Das Landschaftliche und Ungarn in der Thidrekssaga und die Entstehung von Nibelungenlied und Klage. Zschr. f. dt. Phil. 57 S. 105 ff.

52 Zum Herhof s. E. Dresbach, Zur Geschichte der alten Kirchengemeinde Meinerzhagen. Meinerzhagen 1924, S. 27, 34. Dr. berichtet auch über die Straßen- und Wegeverhältnisse, a. a. O. S. 18. Ferner E. Dösseler, süderländische Geschichtsquellen und Forschungen II, Werdohl 1955. Genaue Unterlagen über den Herhof (mindestens seit dem 18. Jh.) liegen beim Grundbuchamt Meinerzhagen. Direkt am Herhof geht eine alte Höhenstraße entlang, die dann den Mönchspfad weiter ins Aggertal führt (Richtung Bonn). Etwas oberhalb vom Herhof links die Flurbezeichnung »ten Lü-berge«.
Der Herhof liegt an der Quellmulde eines kleinen Bächleins, das in die Volme mündet.

53 Heinrich Dittmaier, Siedlungsnamen und Siedlungsgeschichte des Bergischen Landes. Neustadt/Aisch 1956. S. 294: ... Teil der Köln-Frankfurter Straße, der von Köln über Porz – Uckendorf nach *Siegburg*, einem der wichtigsten Straßenknotenpunkte der Vor- und Frühzeit, verläuft ...

54 Ekke ist Niederdeutscher. Die hier gegebene Erklärung des Schwertnamens stammt nicht aus dem deutschen Sprachbereich.

55 a) Die Membrane hat denselben, offensichtlich heidnischen, Ausdruck, der auch sonst verschiedentlich vorkommt. Er heißt im Urtext (Mb 104): »Ef Þv matt eigi veita mer liðÞa veiti sa mer sitt fylgi er ec trvi a.« Diese Stelle übersetzen von der Hagen und Raszmann ganz richtig: »Wenn du mir keine Hilfe leisten kannst, so gewähre mir der seinen Beistand, auf den ich vertraue.« Fine Erichsen aber gibt denselben Text in der merkwürdigen (falschen) Abwandlung wieder: »Kannst du mich nicht unterstützen, so gewähre mir wenigstens deine Begleitung, auf die ich mich verlasse. Helf mir Gott!« – Warum änderte Fine Erichsen, die zwei richtige Übersetzungen vor sich hatte, den Text so ab, in dem nun der heidnische Wortlaut ganz ausgelöscht war? Ihre Übersetzung galt 50 Jahre lang als die maßgebliche. A + B haben: »Þa veiti gud mier.«

55 b) An zwei Stellen wird von einem »Ölbaum« gesprochen, an den Didrik sein Pferd anbindet. Das klingt nun doch wieder so, als ob diese Erzählung mit dem italienischen Süden zusammenhinge. Das stünde dann zu allen anderen Angaben im Widerspruch. Nun gibt es aber auch in unseren Gegenden einen Baum, der Ölfrüchte trägt, das ist die Buche mit ihren Eckernbündeln. Aus ihnen wurde früher Öl gewonnen. *Die Buche* war also *der deutsche Ölbaum*, und man kann aus dieser Erwähnung eine Beziehung zu Italien nicht notwendig folgern.

Andrerseits kommt in den wichtigen Handschriften A und B und ihren Parallelen E und D ein Ölbaum gar nicht vor. An der zweiten Stelle bindet Didrik seinen Hengst nicht an, und bei der ersten Stelle steht in allen vier Handschriften statt Ölbaum: »Lindenbaum«. So werden wir eher vermuten, daß einer der vielen Abschreiber in der Kette der Überlieferung, der zugleich Italien kannte, seine abweichende Vorstellung hier »berichtigend«, wie er wohl meinte, eingebracht hat. Zwischen Mb und Sv aber zeigt sich an dieser Stelle wie an manchen anderen eine Gemeinsamkeit.

56 Es ist anzunehmen, daß die reitenden Helden Marschverpflegung mit sich führten, die etwa für 3 Tage reichte. Diese wird aus sehr einfacher Nahrung bestanden haben. Wir wissen von den Guanchen auf den Kanarischen Inseln, daß sie als Marschverpflegung ein aus drei Kornsorten gemahlenes Mehl mit sich führten, das sie mit etwas Rotwein zu einem Teig vermischten, der eine sehr konzentrierte Nahrung darstellte, Goffio genannt.

57 Heinrich Hempel, Sächsische Nibelungendichtung und sächsischer Ursprung der Thidrekssaga. In: Edda, Skalden, Saga. Festschrift zum 70. Geburtstag von Felix Genzmer, hrsg. von Hermann Schneider. Heidelberg 1952. S. 154.

58 Bei Melle und unweit vom Riemslowald liegt auf dem Gipfel des höchsten Berges die *Didriksburg*. Woher dieser Name stammt, ist nicht sicher ergründet.

59 Nach Trübners Deutsches Wörterbuch, begründet von Alfred Goetze, hrsg. Walther Mitzka, Berlin 1939–1957 heißen außer dem bekannten Haar-filz auch »dicht vermooste Gründe« so. »Besonders in Bayern sind Geländenamen wie Seefilz oder Elmoser Filz häufig.« Man wird an die Externsteine erinnert, wo stets ein feuchter Grund war. Die Angaben der Ths sind aber zu spärlich, um hierzu Sicheres auszusagen.

Die Externsteine sind eine Felsbildung von so ungewöhnlicher Form, von so eindrucksvoller Lage und von solchem Geheimnis umwittert, daß man sich keine Zeit denken kann, welche sie nicht in irgendeiner Weise besonders beachtet hätte. Die aufeinanderfolgenden Felssäulen, die Höhlen, der See, aus dem sie steil aufragen, alles scheint ihnen eine besondere Bedeutung zu geben.

Das christliche Relief war noch nicht vorhanden. Das darunterbefindliche ist älter, in dem ein Mann und eine Frau von einem riesigen Drachen mit Vogelbeinen umschlungen werden. Aufgänge waren in irgendeiner Form gewiß vorhanden, das Sonnenloch auf dem zweiten Felsen kann nicht von Mönchen geschaffen worden sein.

Die Ths erwähnt die Externsteine nicht als solche, sie nennt nur den Drachensumpf (Drekanfils, Drakas(h)us, Drekansell) als Namen, wenn auch als Namen für die beiliegende Burg, nicht für die Felsen.

In dem mittelalterlichen Gedicht »Der hürnen Seyfrid«, in welchem gleichfalls ein Drache eine Jungfrau entführt, werden die Externsteine ganz offensichtlich gemeint. Da heißt es (19): »Er fürt sie in das gepirge auff eynen stayn so lang, daß er ein viertel meyle den schat auffs birge zwang« (eine Steinsäule, die so hoch war, daß ihr Schatten eine halbe Meile weit fiel in dem so hohen Gebirge [36]), in dem »finstern Tann« (37). Dort sitzt die Jungfrau jetzt »auff disem holen stayn«. Auf diesem »Trachenstayn« hält der Drache die Jungfrau gefangen. Ein See ist dabei (87), eine Höhle im Stein (99, 128, 131, 135). Und auf diesem Drachenstein treibt der Zwerg Eugel die Kunst Astronomey:

(160) Laß mich deyner kunst geniessen,
Astronomey genannt.
Dort auff dem Trachensteyne
heut frü du hast erkandt
die Stern und jr anzeygen,
wie es mir sol ergan ...

Man kann kaum zweifeln und hat von jeher vermutet, daß hiermit die Externsteine gemeint seien samt dem Sonnenloch. Und die Parallelität zwischen dem Zug Seyfrids (Sigfrids) zum Drachenstein und dem Zug Didriks zum Drekanfils mit allen besonderen Umständen wartet noch auf eine ausführliche Analyse.

Aus der Ths läßt sich nicht mehr entnehmen, als daß Didrik eben in dieser Gegend das Gebirge durchritt und mit Ekke in Kampf kam.

60 Das Geschehen zwischen Sigfrid, Mime, Regin und Brünhild spielt nach der Ths am Nordrand des Harzes zwischen Thale und Wernigerode. Hierzu habe ich umfangreiche Untersuchungen

gemacht und mehrere Fahrten dorthin durchgeführt. Viele Namen und Umstände dort entsprechen den Angaben der Ths.

61 Dittmaier (s. Anm. 97) S. 44: »sel: Dieses Grundwort gehört entweder zu ahd. sal, altsächsisch seli – oder zu althochdeutsch selida, mittelhochdeutsch selde. Die Bedeutung beider ist, Wohnung, Haus, spezieller das nur aus einem Raum bestehende Gebäude.« – S. 272 zählt die Vorkommen: Im 7. und 8. Jh. je 3 -sel-Namen, im 9. Jh. 14, im 10. Jh. 7, zwischen 1000 und 1200 45. Hauptverbreitungsgebiete Holland, Belgien und Westfalen.
s. auch: Jacob Grimm, Deutsche Rechtsaltertümer, Darmstadt 1965. Wiss. Buchgesellschaft. II S. 85 und 425 Anm. 2. – Ferner: Franz Petri, Germanisches Volkserbe in Wallonien und Nordfrankreich. Bonn 1937 S. 904.

62 Oleg Woinoff, früherer russ. Offizier und Emigrant, sammelte Nachrichten über die Oldendörfer. Er hatte sich die Frage gestellt, welchen besonderen Umständen die zahlreichen Olden-, Alden-, Ohlendörfer und -stätten ihr Entstehen und ihren Namen verdankten; aber er vollendete diese Arbeit nicht. Als ich nach Jahren gelegentlichen Briefwechsels im Oktober 1970 sein Haus in Celle betrat, war er in eben dieser Nacht gestorben. Die Celler Zeitung vom 31. 10. 1970 schrieb aus diesem Anlaß über sein Lebenswerk:
»Gründliche Untersuchungen der Flurverhältnisse, der urkundlichen Spuren, der früheren Stellung dieser im altbesiedelten Teil des germanischen Raumes weitverbreiteten Dörfer ließen ein einheitliches Bild erkennen. Die Oldendörfer in der Lüneburger Heide in den Kreisen Bleckede, Celle, Harburg, Lüchow, Lüneburg, Uelzen (bei Ebstorf und Suderburg) bis zu dem Altdorf in der Schweiz waren keine Gegenstücke zu einem Niendorf oder Neudorf, sie verdankten ihren Namen einer früheren führenden Bedeutung auf kultischem, gerichtlichem und politischem Gebiet. Sie hatten diese führende Bedeutung eingebüßt durch Niederlagen (Überschichtung von einer neuen führenden Bevölkerung – Sachsen –, Einführung des Christentums durch Karl den Großen), und nur der Name (›das alte Dorf‹) deutete ihre frühere Bedeutung an. Das Werk über die Oldendörfer harrt noch eines Verfassers.«
Woinoff kam mit seiner Forschung zu ähnlichen Ergebnissen wie jenen, zu denen mich die Frage nach der Bedeutung von Aldinsaela geführt hatte. Die Zusammensetzungen mit »Alten-« scheinen eine besondere juristische Funktion in sehr alter Zeit anzudeuten.

63 Ferdinand Holthausen, Studien zur Thidrekssaga, Halle 1884 (in: Pauls und Braunes Beiträgen ...). S. 474: »Das vielgenannte Bern der deutschen und nordischen heldensage ist bekanntlich Verona an der Etsch, könig Thidreks hauptstadt.« S. 488 über Osning, Drekanfils, Aldinsaela.

64 Gustav Engel, Die Ravensbergischen Landesburgen. Bielefeld 1934 S. 269.

65 Heinrich Friese, Die Dinosaurierfährten von Barkhausen im Wiehengebirge (Wittlager Heimathefte Heft 5) Bad Essen 1962 (1967, 1972). Neu herausgegeben, überarbeitet und erweitert von Horst Klassen Osnabrück 1979.

66 Nach der Erzählung finden Didrik und Fasold die beiden Großtiere bzw. deren Spuren nicht an einer Stelle, sondern an verschiedenen. Zuerst im Rimslowald das Elefantentier. Danach »steigen sie auf ihre Rosse und reiten ihres Weges. Nun, als sie in den Wald kommen, sehen sie einen Flugdrachen.« Die Drachenspuren bei Barkhausen waren damals noch nicht aufgedeckt, während die Elefantenfußspuren möglicherweise schon zu sehen waren, zumal sie in den aufeinanderliegenden Schichten wiederkehrten.
Inzwischen sind weitere Saurierspuren ähnlicher Art entdeckt worden, aber im gleichen Raum, bei Bad Rehburg jenseits der Weser. Sie ändern an den Zuordnungen nichts.

67 Dicht bei Siegen liegt Wilnsdorf, um 1200 Willandisdorf. Dieser Ort macht auf Wielands Aufenthalt dort Anspruch. Hier finden sich auch ganz frühe Eisengewinnung und Verarbeitung sowie Silbergruben.
Das Wölundlied der Edda sagt, »daß Wölund *einsam im Wolfstal saß*«. »Wölfe« nannte man die schwammigen Eisenklumpen, die in den frühen Rennöfen gewonnen wurden. »Wolfstal« könnte sich also von der frühen Eisenherstellung ableiten.
Am Südrand von Wilnsdorf findet sich der Flurname »Aufm Wolf« am Wildebach im Quirnbachtal etwa 1200 m unterhalb des Quellteichs »Entenweiherchen«. Neben dem Flurstück »Aufm Wolf« heißt es »In der Furth«, auf der anderen Seite »In der Grubenwiese«, südlich etwas bergauf: »Meilerplätze«. Solche gibt es nochmals auf der anderen Bachseite.

Westlich kommt dann die »Wildenburger Fuhrt« und etwas bergan »Wolfstruth«. Diese ganze Gegend liegt ziemlich genau 1000 m hoch.
Näheres über den Ort in: Franz Dago, Wilnsdorf, Geschichte und Landschaft. Wilnsdorf Kr. Siegen 1955. Erstnennung 1185 Willelmesdorf, Zweitnennung 1223 Willandesdorf, und so bis 1264.
S. auch: Alfred Lück, Vom Eisen. Siegen 1959, wo S. 24f. folgendes angeführt wird:
In der »vita Merlini« des Galfrid von Monmouth, der Lebensbeschreibung Merlins, heißt es:
Afferique jubet vestes volucres canesque quadrupedesque citos aurum gemmasque micantes pocula, quae sculpsit *Guilandus* in urbe Sigeni.
(Er ließ herbeibringen Gewänder, Gevögel und Hunde, schnelle Vierfüßer, Gold und leuchtende Steine, Becher, die Wieland schuf in der Stadt Siegen.)

68 Burg Limberg, Landkreis Lübbecke, Gemeinde Holzhausen. »Wohnturm, Mauerreste, Wälle und Gräben und die sog. Femelinde sind die Überreste der ehemaligen Landesburg Limberg oberhalb Holzhausen. Die ersten Erbauer sind nicht bekannt... Urkundlich genannt wird sie zuerst 1319.« (Hb. d. hist. Stätten NRW, 1970 S. 464)

69 »Geschichte des Amtes Grönenberg« in: Gröneberger Heimathefte 2; Heimatbuch »Der Grönegau«, hrsg. v. Landkreis Melle 1968.
Hb. d. hist. Stätten Niedersachsen, Melle S. 326: »Melle liegt an der alten Königsstraße von Herford nach Osnabrück und ist seit alters Zentrum des Grönegaues. Graingau ist die ältere Form des Namens für die Siedlungslandschaft im Elsetal zwischen Teutoburger Wald und Wiehengebirge... – Die Gerichtslinden auf der Höhe bei Altenmelle bezeichnen die ursprüngliche Versammlungs- und Gerichtsstätte.«

70 Über die Bedeutung von »sal« s. Anm. 61!

71 Die Frage der Überschriften in der Svava (auch in den anderen Handschriften) wäre eine Untersuchung wert. Die bei Hyltén-Cavallius über die Kapitel gesetzten Überschriften gehören nicht zum ursprünglichen Text. Dagegen finden sich innerhalb der Texte vielfach Sätze, die im Präsens stehen statt im üblichen Imperfekt. In ihnen möchte man alte Überschriften vermuten. Dies müßte aber ganz im einzelnen durchgearbeitet werden. Ebenso die Zeichensetzung, die Satz- und Kapitellängen, das Verhältnis von Haupt- und Nebensätzen. Hierdurch könnte man zeitliche Schichten trennen.

72 Schriftliche Mitteilung von Rektor Henneböle (†) aus Rüthen. Er hat die Benennung »Duivelspad« für den Fernweg am Aldenfils vorbei festgestellt.

73 vgl. Anm. 59!

74 Der verstorbene Landeshistoriker Prof. Dr. Albert K. Hömberg/Münster schrieb mir auf Anfrage, einerseits über den Hof Altenfils, andrerseits über die Burg Aldenvils, am 7. 11. 1961 folgendes:
»1. Der Hof Altenfils ist erst in neuerer Zeit entstanden. Der Hof hat seinen Namen erhalten von der Flur ›im alten Filz‹ (so auf dem Urkataster), der an den von der Burg zum Hof hinabstreichenden Feldern haftet.
2. Die Burg ist mindestens zweiperiodig.«
(Hömberg will damit sagen, daß er außer den zwei, später hier beschrieben, mittelalterlichen Perioden noch eine weitere, frühere, der Ths entsprechende Periode für möglich oder für wahrscheinlich hält.)
Ersterwähnung in dem sog. Verzeichnis der Besitzungen des 1144 verstorbenen Grafen Sigfrid (Nik. Kindlinger, Münsterische Beiträge zur Gesch. Deutschlands III, 1, Urk. Anhang Nr. 13): »Castrum Aldenviles, Curia Hanecrait«. Das Register ist wahrscheinlich um 1180 aufgezeichnet worden..., dürfte aber die Zustände um 1140 ziemlich richtig wiedergeben. Bei dem Grafen Sigfrid handelt es sich um den aus dem Hause der mächtigen Grafen von Northeim stammenden Grafen Siegfried von Homburg (b. Stadtoldendorf) oder von Boyneburg (an der Werra), welcher Vogt von Corvey war und die Grafschaft im Ittergau innehatte. Danach ist anzunehmen, daß die Burg Altenfils von diesem Grafen nach 1120 erbaut worden ist, nachdem die Burg Padberg, die vorher Sitz der Ittergaugrafen gewesen war, durch Kauf in den Besitz der Erzbischöfe von Köln übergegangen war. Von dem Grafen Sigfried kamen die Besitzungen zunächst an den Grafen Hermann von Wilzenburg und nach dessen Ermordung 1152 an Herzog Heinrich den Löwen. 1180–1181, anläßlich des Sturzes Heinrichs des Löwen, wurden sie von Barbarossa eingezogen, dann 1192 an den Bischof von Paderborn übertragen, dieser Vertrag wurde jedoch 1195 wieder

rückgängig gemacht. Die Burg Altenfils wird in den Verträgen von 1192 und 1195 nicht genannt. Ich nehme an, daß sie in den Kämpfen, die dem Sturze Heinrichs des Löwen vorangingen, zerstört worden ist. Erwähnt wird die Burg noch einmal in dem Teilungsvertrag der Söhne Heinrichs des Löwen von 1203. Aus diesem Vertrag ist jedoch weder zu erschließen, daß die Burg noch bestand, noch daß sie in der Hand der Welfen war...
1295 hat der Erzbischof Siegfried von Köln die Burg wieder aufbauen lassen... (WUB VII 2301a). Die Burg wird dann bis 1326 noch einige Male als eine mit Burgmännern besetzte kölnische Landesburg genannt.
3. Am Fuße der Burg, wahrscheinlich in der Nähe des heutigen Hofes Altenfils, lag der oben genannte Haupthof Hanecrait, Honderat oder Honderade, der im 14. Jh. nicht kölnisch, sondern arnsbergisch war.

75 Karl Albert Hömberg, Heimatchronik des Kreises Olpe. Archiv f. dt. Heimatpflege, Köln 1958 S. 21:
»Dieser Weg begann in der Gegend von Bonn, überschritt die untere Sieg und stieg dann über den langgestreckten Hohenrücken des Nutscheid zur Erdinger Hochfläche empor. Der Weg führte weiter als Kammweg über den Lohkopf nach Olpe, wo die Bigge gequert wurde, und bald rechts, bald links der heutigen Chaussee nach Oberveischede. Während die moderne Straße von hier an dem Veischetal folgt, ging der alte Weg über die Höhe am Jäckelchen und Pettmecke vorbei, um sich oberhalb von Förde mit der Heidenstraße zu vereinigen und mit ihr über Grevenbrück nach Elspe zu führen. Hinter Elspe die Heidenstraße wieder verlassend führte der ›Römerweg‹ in nordöstlicher Richtung über Alten- und Obervalbert in das Wennetal bei Bremke« (heutige B 55) »und weiter zur oberen Ruhr und zur Briloner Hochfläche. Auch an diesem Fernwege erinnerte noch lange ein Flurname an die Franken, nämlich die Bezeichnung ›Frankfurt‹, die 1530 an dem Henneübergang bei Nichtinghausen haftete.«
Nochmals beschreibt Hömberg den »Römerweg« in seinem Aufsatz »Die Heidenstraße« (Zwischen Rhein und Weser) (Anm. 50) S. 210. Der Nutscheid ist ein von Bonn aus in nordöstlicher Richtung verlaufender Höhenzug zwischen den Flüssen Sieg und Bröhl.

76 Die Handschriften A und E sagen: »ok nv er tekit vid Þidrek og hans felughum med mikilli aulværd«, was Raszmann ganz den Gegebenheiten entsprechend übersetzt mit: »und Thidrek und seine Gesellen wurden nun mit einem großen lustigen Aeltrinken aufgenommen«.

77 Hier tritt der Name *Amlung* in der Ths auf; aber er hat keine Beziehung zu Didrik von Bern. Dessen Geschlecht wird nicht mit einem besonderen Namen benannt, und Amlung ist mit Didrik nicht verwandt. Amlungs Vater ist Jarl Hornboge, welcher in *Wendland* herrscht, das jenseits der Unterelbe gedacht ist.
Didriks Heimat um Bern herum wird das *Ömlungaland* genannt, auch *A(H)umlungaland*, und so werden Didriks Kämpen die *Ömlungen – A(H)umlungen* genannt. Nicht aber das Fürstengeschlecht! Man kann also nicht die Ömlungen gleichsetzen wollen mit dem Amaler-Geschlecht, welchem Theoderich der Große angehörte. Hier ist keine Gleichsetzung möglich.

78 Die Geschichte von Walter und Hildegund findet sich mitten innerhalb der Ths zusammen mit anderen Geschichten über Verwandte der königlichen Familien Didriks und Ermenriks, ohne zeitlichen Bezug. Zu diesen Zwischengeschichten gehört auch die der Familie von Didriks Schwester Isolde, die wir noch bringen, in welcher mit allerlei Namensverschiebungen das Epos von Tristan seine Vorlage gefunden hat.

79 Friedrich Panzer, der Kampf am Wasichenstein. Waltharius-Studien. Speyer 1948.
Panzer behandelt ausführlich die Beziehung zwischen Walthari-Lied und Thidrekssaga, aber im rein negativen Sinn, indem er die Ths-Erzählung vollständig als einen verkürzten, veränderten, vergröberten Auszug aus dem ihr angeblich schriftlich vorliegenden »Waltharius« abzuleiten sucht. Er sagt: »Unsere Feststellungen zeigen ... noch einmal einwandfrei, wie willkürlich der Sagaschreiber mit seinen Vorlagen umging, indem er sie kürzte und abänderte.« (S. 49)
Panzer spricht von der Thidrekssaga als dem »Schmerzenskind der deutschen Heldensage«.
Ein Schmerzenskind bleibt die Ths aber nur solange, als man sie aus den späteren Epen abzuleiten sucht und sie nicht als deren Ursprung und Vorlage ansieht und annimmt. Sobald man von der Ths ausgeht als dem Ursprung, lösen sich alle Schwierigkeiten, erweist diese Überlieferung sich als der kostbarste literarische Besitz der Vergangenheit, den wir überhaupt haben.
Panzers Anschauung steht hier nur symptomatisch für viele ähnliche.

80 MRUB (1865) II, Nr. 28 u. 79 u. III. Nr. 370. s. auch: Die Kunstdenkmäler des Landkreises Cochem, Teil I, bearbeitet v. Ernst Wackenroder S. 382 »*Forst* ... *Römische Siedlung* ... *Quelle* ... *Zur Ortsgeschichte: Die ältesten urkundlichen Formen vosca* und *vostra* (1178 und 1186) und das 1229 genannte *vorste* schcinen darauf hinzudeuten, daß um die Wende des 12./13. Jh. der nicht verstandene keltische Ortsname in das sprachlich naheliegende Forst umgewandelt wurde.«

81 Die Namen der Burg lauten in den verschiedenen Handschriften:

Sv A Gerimshem
Sv B Greminsten
Mb Gerimsheim
A E Geringsheim
B D Beringsheim

Von diesem Namensfächer dürfte zunächst die Form »Beringsheim« der minder guten Handschrift B (= D) auszuscheiden sein, wahrscheinlich verlesen aus Geringsheim. Ebenso bleibt die Form mit »-sten« eine Ausnahmeform und dürfte zunächst als »Greminshem« zu lesen sein. Es bleiben dann die Formen: Gerimshe(i)m – Greminshe(i)m – Geringsheim. Von diesen ist wieder die zweite die unwahrscheinlichste und am schlechtesten beglaubigte, so daß als wichtigste Möglichkeiten bleiben: Gerimsheim und Geringsheim.
Der Ort wäre im weiteren Umfeld der Mosel zu suchen. Dafür käme Gernsheim in Betracht. Noch wäre Germersheim zu erwägen, das im alemannischen Bereich liegt.

82 Im Kap. 170 der Membrane ist noch von einem weiteren Bruder König Gunters die Rede, der Guthorm hieß. Auch er wurde von König Didrik zu seinem Gastmahl geladen, zu dem dann Gunter und Hagen fuhren. »Guthorm aber blieb daheim, weil er siech war.« Die Handschriften A und B setzen an dieser Stelle »Gernoz« bzw. Gernis. Darnach wäre Guthorm mit Gernoz-Gernholt gleichzusetzen. Die Membrane hat aber in ihrem Kapitel 169 als Söhne König Aldrians Gunter, Gernoz und Gislher genannt, keinen Guthorm. Sie hat dieses Kapitel dann durchstrichen und dafür Kapitel 170 gesetzt. In diesem Kapitel 170 heißt es im Gegensatz zu den anderen Handschriften:
»Der König selbst hatte mit der Königin vier Söhne und eine Tochter, und die hieß Grimhild. Der älteste Königssohn hieß Gunter und der zweite Guthorm, der dritte Gernoz, der vierte Gisler.« Hiernach wären also Guthorm und Gernoz zwei verschiedene Personen, und Guthorm könnte wegen seiner Krankheit frühzeitig ausgeschieden sein.

83 Sv A: Britanea, Bretania, Britania, Bertania, Bertanea; Sv B: Britania; Mb: meist Bertanga, einmal Brittanga; A: Brittania; B: Britanga. An dieser Stelle der Svava steht: bretania.

84 An dieser Stelle haben die Handschriften einen Einschub, der Sigfrids Größe maßlos übertreibt, der sich aber zugleich durch andere Zeitform (Imperfekt statt Präsens) als Fremdkörper kundgibt. Er heißt: »Er hatte so breite Schultern wie sonst 3 Männer, und dementsprechend war er groß. Sigfrid war so groß, daß, wenn er in einem Roggenfeld ging, das reif war, und hatte sein Schwert an der Seite, der Schwertfuß dann ganz oben an die Roggenähren rührte.«
Auch der Aufbau dieses Satzes fällt völlig aus dem üblichen einfachen Stil der Ths heraus.

85 Über *Bardowick* schreibt das Hb. d. hist. Stätten Nds. S. 33:
»Diese Gegend, wo die Ilmenau in das Urstromtal der Elbe mündete und die beste, kürzeste Verbindung zum rechts-elbischen Osten bestand, war bereits früh besiedelt.«
Die Gleichsetzung des Bertanga-Landes mit dem Bardengau bestätigt sich durch alle Erwähnungen der Ths. Nur scheint sein Bereich in der Ths größer zu sein als der Bardengau der karolingischen Zeit und erstreckte sich bis (fast) an den Harz.

86 Sv 186: »wilia i nokon skatt wtgøra som her är en gamall sidwänia.« – Mb 201: »minn herra sendi mic hengat með sinu œrendi. at taka af yðr skatt sem her ero log til at konungr a at hava.« (Übersetzung S. 359)

87 Die Teilnehmer an der Bertangafahrt werden viermal genannt: zuerst bei der Aufzählung der Helden und ihrer Wappen vor Didriks Gastmahl, dann ihre Sitzordnung beim Gastmahl selbst; drittens die Kennzeichnung der Wappen durch Sigfrid: viertens die Reihenfolge der Kämpfe. Diese vier Aufzählungen weichen in manchen Punkten voneinander ab, und es lassen sich daraus mancherlei Schlüsse ziehen. Dadurch wird wahrscheinlich, daß die Zahl der Gesellen ursprünglich geringer war als 12, nämlich 9 oder 10, und das wird auch durch die altdänischen Balladen (kämpeviser) bestätigt.

88 Detzlef wird hier wie an anderen Stellen der Ths besonders herausgehoben und immer in die Siegerrolle gesetzt, dazu noch besonders als »Dänischer« hervorgehoben; auch wird ihm weit mehr Platz eingeräumt als den anderen, wie schon die große Länge seines Kapitels zeigt. Er ist die Lieblingsgestalt eines der Gestalter der Ths-Überlieferung auf einer frühen Stufe (9. Jh.?) – entweder ganz neu eingefügt oder aus einer unbedeutenden Nebengestalt zu einer Hauptfigur gemacht.
In Sv 298 ist nicht von 11, sondern nur von 9 Söhnen König Isungs die Rede. Es könnte also sein, daß 11 und nicht 13 die ursprüngliche Zahl der Kämpfer war, daß also auch auf Didriks Seite es zwei weniger waren. Hier könnte Detzlef eingefügt worden sein.

89 Hyltén-Cavallius S. 369: »FRITILIA ... Is(ländisch) Fertilia, er Väringiar kalla Fridsalu. Fritilaborg. Staden Vercelli i N. Italien.«
Raszmann II Vorrede XI: »Nach der Vorstellung des Verfassers (der Ths) liegt auch die Fritilaburg, von der unsre Denkmäler nicht das Geringste melden, in Italien und soll Vercelli sein, indem er c.13 hinzufügt, daß dieselbe von den Wäringern Fridsæla genannt wurde. (So wurde diese Stadt nach dem Itinerarium des Abtes Nicolaus [aus der Mitte des 12. Jh.] auch von den Isländern genannt.)« Raszmann sucht die Burg aber doch in der Nähe des Rheins in Friedberg in der Wetterau.

90 Es gibt zwar eine Ruine »Thurmberg« auf steilem Felsen zwischen Boppard und St. Goar am rechten Rheinufer, aber sie kommt ihrer südlichen Lage nach nicht in Betracht. »Turnborg« und »Trieborg« werden wir nicht als Namen werten dürfen, sondern als Kennzeichnungen. Der Name unserer Burg bleibt *»Fritil(i)a«*.

91 Zwischen Bonn und Godesberg steigt nach dem Landesinneren zu das Gelände so steil an, daß ein Aufstieg hier kaum möglich ist. Erst bei Godesberg öffnet sich das Vorgebirge und läßt die Wege durch. Hier (im heutigen Ortsteil Friesdorf) dürfte Akes »Burg« gelegen haben. Die Lage wird in früherer Zeit als »paradiesisch schön« beschrieben, und Alexander von Humboldt nannte es »das achte Weltwunder« (sieben Weltwunder kannten die Griechen). Akes Besitz war wahrscheinlich klein, aber sehr bevorzugt, auch durch den vorzüglichen Wein.

92 Hb. d. hist. Stätten NRW S. 236:

a) »Nachdem bereits aus röm. Zeit eine größere Siedlung durch die Entdeckung einer ausgedehnten Villa bezeugt ist, wird der Ort, der nach dem Franken Fritigiso benannt ist, 722 im Besitz des Bonner Cassiusstiftes erwähnt. ... Der dortige Weinbau wird in einem mittelalterlichen Preisgedicht verherrlicht.«

b) Svava nennt die Burg FRITILIA (FRITALIA); A (da, wo Mb noch seine Lücke hat) sagt: »oc borg þa er heitit *Fritila* er Væringiar kalla Fridsælu«. (B: Fertila). Die Bemerkung über die Benennung durch die Wäringer ist eine späte Zutat. Von vielen wird sie auf Fritzlar gedeutet. Das ist aber keineswegs die Meinung des ursprünglichen Textes und daher völlig irreführend.

c) Bemerkenswert ist, daß die Burg ihren (germanischen) Namen bereits hat, als sie an Herzog Ake gegeben wird. Der Name ist also früher. Fritila ist aber auch der Name eines Gefolgsmannes von Herzog Ake, und zwar eines einflußreichen. Wir treffen ihn später zu Gast am Hofe König Ermenriks, als er dessen bösen Absichten gegen die jungen Örlungen widerspricht und spornstreichs nach Fritilia-borg reitet, um zu warnen. Aus der Übereinstimmung der Namen des Mannes und der Burg möchte man schließen, daß Fritila der ursprüngliche Besitzer dieses Burggutes war und dieses nach seinem Namen Fritilia nannte, daß er aber nach der Eroberung der Burg durch Samson und der Einsetzung Herzog Akes in diesen Besitz dort verblieb und Akes Dienstmann wurde und der Verwalter dieses Gutes.

d) Das Grab Herzog Akes wäre nahe bei Friesdorf zu suchen, und das Grab Jarl Irons nur einen kurzen Ritt entfernt. Hinter Friesdorf geht der alte Fernweg an der Godesburg vorbei hinauf zur »Ville«, und dicht daneben dehnt sich rechts auf der Höhe der mächtige Kottenforst aus, Jagdgebiet der Fürsten zu allen Zeiten.

e) Über die Auffindung des Goldbechers von Fritzdorf berichtet das Buch: 1200 Jahre Fritzdorf, Wachtberg-Berkum 1974, S. 7f.:
»Nahe der Gemeindegrenze wurde im November 1954 von Heinrich Sonntag beim Anlegen einer Rübenmiete auf seinem Acker südwestlich der Kirche ein Goldbecher gefunden. Das Feld liegt nicht weit von der Fritzdorfer Windmühle entfernt, auf einem Höhenrücken, der den Flurnamen ›Auf dem Scheidt‹ trägt. Das heute im Landesmuseum ausgestellte Gefäß

besteht aus hochkarätigem Gold, ist etwa 12 cm hoch und aus einem Stück dünnen Goldblechs wohl über eine Form aus Holz getrieben... Der Becher ist ein ganz einzigartiger Fund, dem in unserer Gegend keine vergleichbaren Stücke zur Seite stehen. Er ähnelt allein einem in Südengland entdeckten Becher, der die gleiche Henkelverzierung und Anbringung des Henkels besitzt. Dieser wiederum wird in seiner Form mit einem Goldbecher verglichen, den Heinrich Schliemann seinerzeit in einem der berühmten Schachtgräber von Mykenä (Griechenland) ausgegraben hat.«

93 In anderen Überlieferungen wird dies allerdings behauptet.

94 Wie schon in Anm. 90 angedeutet, könnte der Name »Örlungen« einen Zusammenhang mit der Ahr bedeuten. Der Bonngau wurde früher zeitweise auch Ahrgau genannt und sie grenzten in jedem Fall aneinander.

95 S. Anm. 92c).
Dieser Fritila wird vorher nie genannt, hier aber ausführlich. Wenn die Vermutung stimmt, daß er der Vorbesitzer und Gründer von Fritilia war, so würde das auch den Eifer erklären, mit dem er schnell zu der gefährdeten Burg zurückreitet.

96 Der Name Sevekin-Sifka wird mit »Hund« übersetzt. Raszmann (2, 572) sagt: »Sowol der Name Sifka, ags. Sifeca mhd. Sibiche, Sibeke, als auch dessen ältere, altn. Form Bikki und Otacher in unserm Hildebrandsliede bedeuten ... sämtlich: Hund.« Russisch heißt der Hund sobéka. Der Name würde bei Sevekin einerseits dem treuen, andrerseits dem falschen Hund entsprechen. Von Didrik und Hillebrand her wird er »der falsche Hund« genannt.
In der Geschichte von Sevekins Verrat ist vieles sehr unklar und zweifelhaft. Sevekin soll nach Sarkaste(i)n reiten und dort Herrschaftsrechte für Ermenrik ausüben. *Sarkastein* könnte man mit Sarchem (Sarkheim) zusammenbringen, das im hannoverschen Wendland liegt. Aber was hat König Ermenrik, dessen Herrschaftsbereich nie über den Rheingau hinausgegriffen hat, in dieser Gegend zu tun? Dann wird Ermenriks Sohn Fridrik auf Sevekins Rat nach *Wilcinaborg* geschickt, das weit im Osten in Mecklenburg gelegen ist; und der dortige Jarl soll mit Sevekin verwandt sein. Von Sevekins Vater wird nur ganz unbestimmt gesprochen (»Das sagte mein Vater«).
Die Fahrt des zweiten Sohnes soll nach *Ängelland* gehen, das (auch?) zu Schiff zu erreichen sei. Das könnte England oder Angeln in Holstein meinen. Bei Angeln würde es eine Fahrt um das Skagerrak herum bedeuten, auf einem kleinen Schiff mit nur 30 cm Tiefgang (Moselschiffe bis 1948) von Trier aus ein todsicheres Unternehmen! Und Schatzung Ermenriks aus England? Und vom König Osantrix von Wilzenland, während zwischen Ermenriks und Osantrix' Land das mächtige Hünenreich König Attalas liegt? Hier steht ein Fragezeichen hinter dem anderen.
Das gilt auch für die Geschichte mit Sevekins Frau und dem König. Die Frau behauptet, Ermenrik habe ihr Gewalt angetan, sie habe sich wild gewehrt, so daß ihre Kleider zerrissen, welche sie Sevekin vorweisen kann. Da diese Frau aber später bei der Verleumdung der Örlungen ganz frech lügt und Beschuldigungen aus der Luft greift, ist ihr auch in dem früheren Fall nicht zu glauben, zumal König Ermenrik von ihrer Anschuldigung nichts ahnt. Vielleicht hatte die Frau etwas ganz anderes getan und Ermenrik nur vorgeschoben, weil Sevekin diesen nicht befragen konnte. Auf ihr Theaterspiel mit den zerrissenen Kleidern fällt dann Sevekin herein?
Was will die Frau eigentlich erreichen? Will sie sich nur reinwaschen? Oder will sie, daß Sevekin es schafft, König zu werden und sie zur Königin zu machen? Jedenfalls reizt sie ihren Mann gegen den König und seine Verwandten auf und beseitigt die Söhne und Neffen, welche auf Ermenriks Nachfolge Anspruch machen könnten.
Sevekin wird zuerst (Sv 126) Ermenriks »fatabur-swen« (Schatzmeister) genannt, dann (Sv 230 ff.) Ermenriks Ratgeber, gleichsam Kanzler; später (Sv 274) ist er Ermenriks »Bannermeister« (Feldmarschall), und zuletzt (Sv 355) wird er »jonkar sewekin« (Thronfolger) genannt. Schatzmeister – Kanzler – Feldmarschall – Thronfolger, ein klarer Aufstieg. Ist das Sevekins Werk oder das seiner Frau?
»Junker« oder »Jungherr« bedeutet in der Sprache der Ths den Thronfolger. Thronfolger aber sind hier immer Verwandte. Es fragt sich also, ob irgendeine Verwandtschaft zwischen Sevekin und Ermenrik bestand. Aus der Ths ist das nicht zu entnehmen. Aber in anderen Überlieferungen wird dies tatsächlich behauptet (s. Anm. 122).

So bleiben in dieser Erzählung Fragen und Zweifel. Zwei der angeblichen Söhne Ermenriks könnten zugedichtet sein. Wahrscheinlich aber scheint die Tötung mindestens eines Sohnes, und sicher die mehrfach überlieferte Vernichtung der Örlungen und die Vertreibung Didriks.

97 Von Bern/Bonn aus liegt König Ermenriks Gebiet südwärts bis südwestwärts, im Eifel- und Moselgebiet (»Mundia-Gebirge«); darnach reiten sie »nordwärts ins Mundialand«, d.h. in die niederrheinische Tieflandsbucht und zur Burg Bakalar rechts des Rheins. Den gleichen Weg ziehen 32 Jahre später Didrik und Hillebrand in umgekehrter Richtung.
Über die Lage von Burg Bakalar und ihre Gleichsetzung mit Altenberg an der Dhün s. Ritter, Die Nibelungen zogen nordwärts.

98 Markgraf Rodinger begleitet die in der Ths erzählten Ereignisse fast von ihrem Beginn an. Er ist es, der für König Attala Osantrix' Tochter Ercha entführt und mit ihr deren ältere Halbschwester Berta »die Adlige« als seine eigene Frau. Von dieser ist in der späteren Erzählung nicht mehr die Rede, nur von ihrer Tochter Herad, die von Königin Ercha als Gattin an Didrik von Bern gegeben wird. Da nun Berta »die Adlige« ganz aus der Erzählung verschwindet, muß man annehmen, daß sie gestorben ist, und daß Markgraf Rodinger als zweite Frau die nun hier erwähnte Gudelinda genommen hat, und zwar schon ziemlich früh, da seine Tochter bei der Nibelungenfahrt schon mannbar ist.

99 Für die Geographie der Ostkriege habe ich eine Analyse bisher nicht versucht. Dies mag eine besondere Aufgabe für kenntnisreiche Forscher bleiben. Für den Lebensgang Didriks von Bern sind diese Feldzüge nur insoweit wichtig, als sie uns Kunde davon geben, was König Didrik in der Zeit seiner Verbannung getan und wie er sich verhalten hat.

100 S. Elke Winter, Der Siedlungsname *Hatzenport* und die westeuropäischen *-port*-Namen. In: Beiträge zur Namenforschung, Neue Folge (hrsg. v. Rudolf Schützeichel) Beiheft 1. Heidelberg 1969. E. Winter führt das Namenwort *-port* auf die Grundbedeutung, »Durchgang, Furt« zurück (S. 38): »Im deutschen Sprachraum wurde offensichtlich das Namenwort *-port* ausschließlich dazu verwendet, einen Flußübergang zu bezeichnen.« (S. 45) Der Name »Gränsport« wird nicht behandelt.

101 Annales Colonienses maximi A 1198. MGS S. 17, 807:
»Nam circa inicium Octobris Phylippus rex collecto exercitu, cum Rege Boemiae et aliis suis auxiliariis ripas Moselle obsedit, volens transire in partes inferiores et vastare episcopatum Coloniensem. Sed Otto rex et episcopus Coloniensis, contractis ex adverso partibus, in alia ripa castra metati sunt. Burgenses quoque Coloniae cum apparatu et ornatu multo navium illo advenerant; stabatque anceps proelium, nec superioribus ad inferiores, nec inferioribus ad superiores transire audentibus. Tandem Philippus rex et sui concepta audacia transitum facere conati sunt, quibus Lotharingi in alveo fluminis obstiterunt. Ibi ab utraque parte in ancipiti pugnatum, donec nocte proelium dirimente Lotharingi sequenti mane ad castra sua redierunt, tutum sibi non arbitrantes cum infinita illorum multiudine in sua paucitate congredi. Quo viso illi statim flumen transierunt...«

102 Die Namen lauten in den verschiedenen Handschriften:
Sv: Gransporth, Gransport, Grans porth
Mb: Gransport, Granssport, Gronsport
A: Gransport, Graensport
B: Grunzport, Grunsport, Grönsport
Als der gängigste Name erscheint fast Gransport, und das könnte sich von Grantsport ableiten (Grant = Stein- oder Kiesgeröll und -gesplitter).

103 Hb. d. hist. Stätten Rhld. Pfalz-Saarland, S. 175: »Wo die große Heerstraße Mainz–Köln die Mosel überquerte, entstand ... (14–37) ein Erdkastell ... unter Kaiser Konstantin (323–37) ... wurde wohl auch die Holzbrücke über die Mosel erbaut...«
Auf der Tranchot-Karte von ca. 1805 ist die damals noch unbebaute große Ebene zu sehen, auf welcher die Schlacht bei Gränsport stattgefunden haben muß. Sie heißt hier das »Rauenthal«. In den späteren Epen heißt die Schlacht die »Rabenschlacht«, womit dort zwar Ravennaschlacht gemeint ist im Hinblick auf Theoderich den Großen; aber es könnte auch ein ursprünglicher Zusammenhang bestehen mit der Überlieferung der Schlacht im Rauenthal-Rabenthal. Auf der Karte sieht man außerdem den »Hünenkopf«, der südlich des Rauenthals steil ansteigt. Die Herkunft des Namens ist nicht bekannt.

104 Wolfhart stirbt hier seinen Kampftod und scheidet damit aus dem Bericht der Thidrekssaga

aus. Er kämpft also den Nibelungenkampf nicht mehr mit. Das hindert das Nibelungenlied nicht, ihn für die Hunnenkämpfe an Etzels Hof wieder aufleben zu lassen, da es einen großen Bedarf an Personen hat. Wolfhart ist also zwar eine Gestalt, welche das Nibelungenlied in seiner Quelle, der Ths, finden konnte, aber er gehörte nicht mehr zum Nibelungengeschehen hinzu.

105 Die vollste Ratlosigkeit spricht Holthausen (s. Anm. 63) aus, wenn er S. 481 schreibt: »Offenbar hat der verfasser vom laufe der Mosel keinen begriff, sie fließt ihm ins meer und ihr lauf geht ihm von osten nach westen, da er von einem nördlichen und südlichen ufer redet; sie muß für ihn die Grenze von Húnaland und Italien gewesen sein, da man sonst nicht begreifen kann, warum *hier* Thidrek sein verlorenes reich von Ermanrich wiedererkämpfen will. Daß der könig von Bern erst über den Rhein setzen mußte, um an der Mosel seinem feindlichen oheim zu begegnen, ist dem sagaschreiber gar nicht bewußt gewesen.«

Immer wieder wird die Schuld an dem Unverständnis dem angeblich ahnungslosen und unwissenden »Sagamann« oder »Sagaschreiber« zugeschoben.

106 Die Ths weist hier zurück auf die Erzählung von Widekes Urgroßvater König Wilkinus, von dem Sv 18 folgendes berichtet:

»Als Wilkinus heimfuhr, lag er einmal bei Rytzeland und ging von seinem Volk weg allein in einen Wald. Dort sah er eine Frau, eine sehr schöne, und ging hin, wo sie war. Es war eine See(manns-)frau. Der König machte ihr ein Kind und kam wieder in sein Schiff, bekam Wind und segelte ins Meer. Als er weit vom Lande war, kam dieselbe Seefrau auf, umgriff seinen Schiffssteven und hielt das Schiff, daß es gar nicht fortkam. Da sah der König, daß das dieselbe Frau war, mit der er zusammengelegen hatte, und sagte zu ihr: »Laß uns fahren! Hast du irgend ein Anliegen an mich, dann komm in unser Land! Dort wollen wir dich wohl empfangen!« – Sie glitt fort, und der König segelte heim.

Ein halb Jahr darnach kam dieselbe Frau zu ihm. Da ließ er sie zu einem Gehöft führen, das er besaß. Einige Zeit darauf bekam sie einen Knaben. Der König nannte ihn *Wade*. Sobald das Kind geboren war, verschwand die Mutter.

Dies ist wieder eine von den Geschichten, die mythisch genommen worden sind, und wenn auch nicht in obiger Erzählung, so macht doch auch schon die Ths in ihrem 383. Kapitel daraus einen mythischen Vorgang. Da heißt es:

Wie ihr vorher gehört habt, wie Wideke Welandssohn floh vor Didrik von Bern und sank in die See bei Gränsport, da kam zu ihm eine Seefrau, seines Vatervaters Mutter, und nahm ihn und führte ihn nach Seeland, und dort war er lange Zeit.«

Diese Späterzählung haben die anderen Handschriften nicht.

In der ursprünglichen Erzählung vom unstandesgemäßen Liebesabenteuer des Königs Wilkinus ist nur von sehr menschlichen Vorgängen die Rede, keineswegs von übersinnlichen. Es ist eine junge russische oder esthnische Fischerfrau oder -jungfrau, mit welcher der König sich einläßt. Sie behindert sein Boot und bringt ihm später jenen Sohn Wade oder Wate, der trotz seiner Riesenhaftigkeit so gar nichts Heldisches an sich hat. Er wird später Gutsbesitzer auf Seeland und für die Ths nur wichtig als Vater Wielands und Großvater Widekes.

Auf der Panorama-Ansicht der Moselmündung von Irmgard Scholz nach einem Stich von Charles Bodmer vom Jahre 1825(?) ist der Rhein mit Koblenz im Vordergrund und ist die Moselmündung gut zu sehen, der Mosellauf selbst nur ahnungsweise. Dafür ist der Überblick über die ganze Landschaft besonders eindrucksvoll. Deutlich sieht man die große Ebene zwischen der Mosel und den südlichen Bergen (»Hünenkopf«), welche plötzlich und mächtig aufsteigen.

Auch sieht man im mittleren Hintergrund die Steinbogenbrücke über die Mosel und den Fernweg, der von Trier aus am Eifelrand entlang nach Koblenz und Andernach führt. Etwas oberhalb der Brücke ist die Furt (»Gänsfürtchen«).

107 Hier ist nun von neun Söhnen König Isungs die Rede; und wenn auch nicht auszuschließen ist, daß zwei Söhne in der Zwischenzeit verstorben waren, so ist doch auch möglich, daß 9 die ursprüngliche Zahl war und nicht 11 (s. Anm. 88).

In dieser Erzählung erhärten sich nochmals die geographischen Vorstellungen, daß das Bertangaland um Lüneburg-Bardowick lag, denn König Isung von Bertangaland ist hier Nachbar des Königs Osantrix von Wilcinaland.

Daß aber König Isung einen Hauptanteil an König Osantrix' Tod gehabt hätte, berichtet die

Ths nicht. Offenbar verwechselt ein später Schreiber hier Isung den König und Isung den Spielmann. Letzterer war stark beteiligt an Osantrix' Tod.

108 Raszmann II 627 übersetzt merkwürdigerweise: »Sie fuhren neun Nächte und neun Tage...« Das steht nicht im Text (»Þäir fara nu nætr oc daga«), und die anderen zwei Übersetzungen haben es auch *nicht*. Auch in den anderen Handschriften steht es nicht. R muß wohl das »nu« falsch verstanden haben.
Abschied von Attala und Antritt der Heimfahrt berichtet auch die dem Nibelungenlied angehängte »Klage«.

109 S. Ritter. Der Zug der Niflungen nach Soest (Anm. 1) S. 56:
»Nun ist der Name »Babilionia« urkundlich nicht zu finden. Eine Beziehung zu Widukinds Burg Babilonie im Wiehengebirge suchen zu wollen, ist unsinnig, da hier der Rhein genannt ist. Auch mit Trojaburgen, sogenannten »Babilonien«, hat er nichts zu tun. Daß der Name einen Vergleich der, für frühe Verhältnisse verhältnismäßig sehr großen, Stadt Köln mit Babilon darstellen könnte, ist nicht ausgeschlossen. (Es könnte sich aber auch um die Folgen einer Verschreibung oder Verlesung handeln: Statt ›Colonia‹ – ›Balonia‹, zu ›Babilonia‹ ergänzt, da beide Namen mit -lonia enden.)«

110 Ob Jarl Elsung von Babilonia in einem Abhängigkeitsverhältnis zu dem unmittelbar benachbarten Berner Reich oder zu König Ermenrik stand, ist aus der Ths nicht ersichtlich.

111 Hempel s. Anm. 57.

112 Hb. d. hist. Stätt. NRW S. 684: *Siegburg.*
»In einem Halbkreis lagert sich die Stadt um eine Hügelgruppe mit den Tuffbasaltkuppen des 118 m hohen Michaelsberges und der beiden Wolsberge, aus deren vulkanischem Gestein Stadtmauer, Abteikirche und -gebäude ... der Stadt errichtet wurden.«
Wolsdorf hieß früher *Woilfstorp* (Siegburger Urkundenbuch I Nr. 515). 15. Juli 1386.
In derselben Urkunde wird als alter Name von Elsdorf: *Eigelstorp* genannt. Eigil war der Bruder Wielands.

113 Zu der Stelle: »Ich habe nun mein Reich schon 32 Winter verlassen«, sagt v. d. Hagen in seiner Übersetzung S. 401 Anm.:
»Im *Hildebrands*-Liede ... eben so viel, in der Dresdener Handschrift 30, im ältesten *Hildebrands*-Liede 60 Sommer und Winter = 30 Jahre.«

114 Auch der Name HERIBRANT findet sich bereits in der Membran-Handschrift der Ths Kap. 83 bei der Begegnung Widekes mit Hildebrand. Da sagt Hildebrand, die Namen vertauschend: »Ich heiße Boltram, Reginbalds Sohn, des Jarls von Fenedi, der andere heißt Sistram, HERINBRANDS Sohn...« (A: Herbrands).

115 Alfred Biese, Deutsche Literaturgeschichte, München 1918.
»Voll Lebensernst und tragischer Wucht ist auch jenes einzige, den frühesten Zeiten entstammende Lied in althochdeutscher Sprache, das wir jedoch auch erst in einer Niederschrift des achten und neunten Jahrhunderts besitzen – das *»Hildebrandslied«*. ...ein großartiges Bruchstück altdeutschen Heldengesanges, das jene drangvollen Zeiten mit ihren wandernden Völkern und den in den Tod sinkenden Heldengestalten unmittelbar und in lebendiger Anschaulichkeit vor uns erstehen läßt.«
Das würde man von der Darstellung der Ths in gleicher Weise sagen können.
»Die Lanzen splittern, die Schilde dröhnen; vom Roß steigen die Helden, die Schwerter klingen. – Hier bricht das Lied in tragischer Größe ab. Der Schluß kann wohl nicht zweifelhaft sein. Der Vater erschlägt den Sohn. So deutet es wenigstens die altnordische Sage an. Erst eine spätere zahmere Zeit hat in einer mittelalterlichen Bearbeitung und in einem Volksliede des fünfzehnten Jahrhunderts die Spitze des Konflikts umgebogen und nach Verwundung der beiden Helden eine friedliche Versöhnung eintreten lassen.«
Mit der »mittelalterlichen Bearbeitung« ist die Ths gemeint. Wenn nun aber die Ths-Überlieferung alle Zeichen einer ganz frühen Entstehung trägt, früher als das Hildebrandslied, so wird man andersherum fragen müssen: Was veranlaßte den Dichter des Hildebrandsliedes, aus der zwar sehr harten, aber doch sehr menschlichen Begegnung, die auch nicht ohne Humor ist, eine so tragisch-heroische Dichtung zu machen, die seine Vorlage ihm nicht bot? War das Nachahmung der Antike? Woher kommt nun die Änderung von Sibeke in »Otacher«? Erinnern wir uns, daß wir sie ebenso in den Quedlinburger Annalen wiederfinden! Diese Gleichsetzung muß wohl ein sehr früher Versuch sein, die Überlieferung von Didrik von Bern

mit dem Lebenslauf des großen Gotenkönigs in Einklang zu bringen, dessen größter Gegner Odoakar war.
Biese I/28: »Die Sprache des Hildebrandsliedes ist einfach und kernig, knapp und markig, wie der starre, spröde Stoff es verlangt: die Form zeigt eine seltsame Mischung der altsächsisch-niederdeutschen Grundsprache mit hochdeutschen Formen, so daß man auf einen hochdeutschen Abschreiber schließen möchte. Welche Wucht liegt in den Worten Hildebrands in der Urschrift:
welaga nû, waltant got, wêwurt skihit...«

116 Hb. d. hist. Stätt. NRW S. 620:
»*Ramershoven* (Lk. Bonn). Als altes Königsgut war Ramershoven an das Kloster Lorsch geschenkt worden. ... Ramershoven bildete mit dem heute zur Gemeinde gehörenden Peppenhoven einen Dingstuhl der Grafschaft bzw. seit 1545 des jülichschen Amtes Neuenahr. Neben der kath. Pfarrkirche aus dem 18. Jh. lag der *Burghof.* Reste breiter Wassergräben umgeben Kirche und Gebäude und deuten auf den Ursprung der Pfarrkirche aus einer Eigenkirche des Hofes hin... Peppenhoven, wahrscheinlich von Pippin abzuleiten, war 893 eine Besitzung des karolingischen Hausklosters Prüm...«

117 Der Ort, wo das kupferne Bildnis auf dem Turm in der Burg nahe der Steinbrücke gestanden haben soll, kann kaum Bern/Bonn sein, wie die Handschrift B hinzusetzt. Oder gab es in Bonn eine frühzeitliche Steinbrücke? – Es kann auch kaum Rom/Trier meinen, da die Steinbrücke dort nicht nördlich der Kaiserthermen liegt, sondern östlich. Vielleicht gehört diese Angabe schon in den Bereich der Verwechslungen mit Theoderich dem Großen?

118 Sv 357 »ok lombardy ok mangh annar land« klingt wieder nach späterem Einschub und nach Theoderich-Vorstellungen.

119 Das Kloster Vadincusan ist immer mit einem westfälischen Kloster ähnlichen Namens gleichgesetzt worden. So schreibt Holthausen (Anm. 63) S. 490f.:
»In Westfalen liegt auch, wie schon Raszmann II, XI sah, das kloster *Vadincusan* (c. 434), wohin sich Heim zurückzieht, um mönch zu werden... Es ist das Prämonstratenserkloster *Wedinghausen*, in älterer Form *Wedinchusen*, bei Arnsberg an der Ruhr in Westfalen, um das Jahr 1170 vom grafen Heinrich von Arnsberg gestiftet.«
Diese Deutung ist stets wiederholt worden; und solange man die Angaben der Ths für unsinnig hielt, mochte es hingehen. Wenn aber das »Rom« der Ths Trier ist, dann müssen sich die Begebenheiten um das Kloster Wadincusan in der Trierer Gegend zugetragen haben, aus welcher Heim nie mehr herausgekommen ist. Hier gibt es nun ebenfalls ein Kloster ähnlichen Namens, nämlich Wadingozzan, heute Wadgassen an der Saar. Auch Wadgassen war Prämonstratenser-Abtei. Die Franken begründeten in Wadgassen einen Königshof, 902 »Villa Vadegozzinga«. Die Abtei entstand als Familiengründung des Saarbrücker Grafengeschlechtes, 1135. (Franz Martin/Karl-Heinz Braun, Zur Siedlungsgeschichte von Wadgassen. In: Einheitsgemeinde Wadgassen, Jahr der Jubiläen, 1975) Nur dieses Kloster kann gemeint sein. Beide so ähnlich benannten Klöster sind späte Gründungen und können mit der Zeit Didriks unmittelbar nichts zu tun haben. Hier ist Späteres eingemischt. Doch hat Raszmann (II, 683 Anm.) recht, wenn er sagt:
»Diese Darstellung von Heimirs letzten Taten ist schwerlich ein späterer Zusatz zu Thidreks Geschichte, sondern hat ohne Zweifel ursprünglich dazugehört. Was hier erzählt wird, entspricht sehr genau dem wilden Charakter, welcher dem Heimir in dem Vorhergehenden beigelegt wurde, so wie es auch mit dem ganzen Plan der Saga übereinstimmt, daß der Tod aller berühmten Berner Helden umständlich erzählt wird.«
Die Geschichte »Heim im Kloster« endet in der Ths so, daß Heim König Didrik anreizt, vom Kloster Schatzung zu erheben. Heim reitet in des Königs Auftrag hin, und als die Mönche Einspruch erheben, erschlägt er den Abt und die Mönche, raubt das Kloster aus und brennt es nieder.

120 Die ersten beiden Zeilen dieses Schlußkapitels lauten: »Ein Kaiser war in Rom, der hieß Henrik, sein Vater hieß Fyppoldhi, Herzog von Borgundia, der sagte, daß Herr Didrik ein Roß aufziehen ließ...« Hierzu sagt Raszmann II, 691: °»Fyppoldhi scheint aus Philipp baldi (der Kühne) entstanden zu sein, schwerlich, wie von der Hagen vermutet, aus Leopold. Einen Kaiser Heinrich als Sohn Philipps des Kühnen (oder Leopolds) von Burgund kennt jedoch die Geschichte nicht.«

Auch wenn man das »Rom« auf Trier bezieht, wird der Satz nicht klarer. Dieses Kapitel überliefert nur die Svava.

121 Mittelrhein. Regesten, 2. Theil. Coblenz 1879. Annales Colonienses maximi. MGH SS 17, S. 807. – Chronica Regia Coloniensis. rec, Gg. Waitz, Hannover 1880 S. 159. – Auch Raszmann II S. 688 Anm.

122 Teile der Ths sind schon aus früheren Jahrhunderten bekannt. So berichtet Saxo Grammaticus, wie König Magnus von Dänemark im Jahre 1131 seinem Vetter Knud Laward von Schleswig ans Leben wollte und ihn mit dieser Absicht zu sich einlud. Die Einladung überbrachte ein sächsischer Sänger. Dieser hatte Stillschweigen schwören müssen, wollte aber Knud retten. Um ihn zu warnen, sang er ihm dreimal »notissimam Grimildae erga fratres perfidiam« vor, den allbekannten Trug Grimhilds gegen ihre Brüder, leider ohne Erfolg. Die Erzählung von Grimhilds Verrat war also in singbarer Form bei niedersächsischen Sängern und in Dänemark zu jener Zeit allbekannt. Saxo berichtet dies um 1200.

Noch früher wird die Überlieferung von Didrik von Bern in Niedersachsen bezeugt in den »Quedlinburger Annalen« (Annales Quedlinburgienses MGH SS III S. 22–90). Diese kennen große Teile der Ths-Überlieferung von Sevekins Verrat an. Sie sehen Theoderich den Großen und Didrik von Bern allerdings als eine Person an und mischen Beschreibungen von Theoderichs Leben mit Geschehnissen der Ths. Sevekin nennen sie Odoaker, wie es auch das Hildebrandslied tut, und die Untertanen *König Ermenriks* nennen sie »die *Goten*«. Sie berichten (kurz nach 1000), Theodoricus sei mit Attila-Königs Hilfe in das Reich der Gothen (Ermanarichs Reich) zurückgeführt worden und habe seinen Blutsfreund Odoacer (Sevekin) in der Stadt Ravenna besiegt. Dies kann nur die Rabenschlacht bei Gränsport meinen, und zwar die Didriks, nicht die Theoderichs des Großen; denn der hatte in seinem Leben mit keinem Attila zu tun.

Das wird noch deutlicher durch das, was zuvor gesagt ist: »Zu jener Zeit herrschte Ermanrik über alle Gothen (Aumlungen), gewitzt in List, träge in Gabe. Dieser, nach dem, auf seinen Wunsch ins Werk gesetzten, Tode seines einzigen Sohnes Fridrich hängte seine Neffen Embrica und Fritla an den Galgen. Ebenso vertrieb er seinen Neffen Theoderic (Didrik) auf Anstiften seines Neffen Odoacer (Sevekin) aus Bern und zwang ihn, bei Attila (Attala) ins Exil zu gehen.«

Das alles ist im Leben Theoderichs unbekannt.

In diesen kurz nach 1000 niedergeschriebenen Quedlinburger Annalen sind also wesentliche Teile der Lebensgeschichte Didriks von Bern überliefert: Die Untaten Ermenriks an seinem Sohn Friedrich, an »Embrica und Fritla«, die Vertreibung Didriks auf Anstiften von Sevekin zu König Attala und der Versuch der Rückkehr in sein Reich mit Attalas Hilfe in der Rabenschlacht mit dem Sieg über Sevekin. Und dann folgt, nach einigen Zwischensätzen, die bekannte, gelegentlich angezweifelte, Stelle:

»Et iste fuit Thideric de Berne, de quo cantabant rustici olim«

(Und dies war Didrik von Bern, von dem die Landleute einstmals sangen). Hier sehen wir die Stufenleiter, die über die Jahrtausendwende zurück in das »einstmals« führt, als die Lieder um Didrik im Volk noch gesungen wurden, und hier findet sich, mitten im lateinischen Text, der deutsche Name *»Bern«*.

In diesen Annalen wird zugleich nochmals die Verwandtschaft Sevekins-Odoacers mit Ermenrik behauptet, die wir aus der Ths nur erschließen konnten, und es wird von Frideric als Ermenriks *einzigem* Sohn berichtet.

Zu all diesem s. Zimmermann (Anm. 2) S. 91 f. und S. 200.

Noch frühere Kenntnis der Inhalte der Ths deutet an Otto L. Jiriczek, Die deutsche Heldensage, Berlin u. Leipzig 1916 S. 41:

»Bei den Verwandtenkämpfen der letzten Karolinger wies Erzbischof Fulco von Reims in einem Schreiben an König Arnulf († 899), den er um Milde gegen Karl den Einfältigen bat, warnend auf Ermanarich hin, der sein ganzes Geschlecht dem Tode geweiht habe, verleitet durch seinen ruchlosen Ratgeber (überliefert von dem Geschichtsschreiber Flodoard, † 966).«

Zum gleichen Vorgang schreibt Friedrich Heinrich von der Hagen in der Einleitung zum Nibelungenlied (Der Nibelunge Lied, Breslau 1820 S. VII):

»Nichts anderes waren wohl die Deutschen Bücher, aus welchen Fulco, Erzbischof von

Rheims, 885 das Beispiel von König Ermenrichs Frevel gegen seinen Verwandten anführte. Vor diesem mußte sein Bruder Dietrich von Bern zu Etzeln fliehen.«
Der Inhalt der Ths hinsichtlich der Verleumdung und Vertreibung Didriks zu König Attala durch seinen Oheim König Ermenrik war also schon 885 bekannt, keine hundert Jahre nach Karls des Großen Sammlung.

123 *Trier*. Aus: E. Krämer/Hilchenbach-Müsen, Römische Heerwege an der oberen Sieg; Siegener Ztg. 14-2-1981: »äußerst wichtige Wahrnehmung ... daß alle aus dem Innern Galliens nach dem Rheine ziehenden Römerstraßen sich auf dem anderen Ufer nach dem Innern Deutschlands fortsetzen, ... zu beachten, daß die römischen Straßen tunlichst grade und mit Vorliebe *über die Höhen gelegt* und als Dämme aufgehöht sind ... Auch steht fest, daß die Straßen des Mittelalters mit den römischen und diese mit den keltischen und germanischen häufig zusammenfallen.«

Übersetzung der Thidrekssaga-Texte

Vorwort zur Übersetzung

Die Thidrekssaga ist dreimal ins Deutsche übersetzt worden, vorwiegend nach der Membrane:
1. von Friedrich von der Hagen 1814;
2. von August Raszmann 1858;
3. von Fine Erichsen 1924.

Die sorgfältigste und wörtlichste Übersetzung ist die von August Raszmann. Er führt außerdem die Abweichungen von A und B an. Wer sich den Raszmann beschaffen kann, ist in einer guten Lage. Raszmann bringt zusätzlich viele Parallel-Überlieferungen zu den Thidrekssaga-Texten in Übersetzung und viele gute Überlegungen, natürlich auch manche falsche. –

Die Übersetzung von Fine Erichsen ist schwungvoll und großzügig, aber nicht genau und wörtlich, und in den Anmerkungen, besonders bei den geographischen Angaben, äußerst irreführend. – Von der Hagen kombiniert die Handschriften und erstellt einen gut lesbaren Text. Alle drei Übersetzungen haben den Nachteil, daß sie die Gegenwartsform der Membrane in die Vergangenheitsform übertragen.

Die Svava ist bisher noch niemals ins Deutsche übertragen worden. Daher bringe ich hier eine *Erstübersetzung der Svava*. Die Übersetzung ist wörtlich und versucht sich soweit als möglich dem Text der Svava eng anzupassen.

Es werden hier nur diejenigen Teile der Svava gebracht, die in engem Bezug zum Leben Didriks von Bern stehen.

I. Didriks Jugend

(Didriks Vorfahren)

(Didriks Großvater Samson)

Sv 1
Hier beginnt der Bericht über einen Ritter, der geboren war im Appolij in einem Ort, der Salerna heißt. Darüber herrschte ein Jarl, der Rodger hieß, und sein Bruder Brunste(i)n. Der Jarl hatte eine schmucke Tochter, hieß Hilleswid, und ihm diente ein Ritter, hieß Samson. Der war viel stärker als andere Männer. Sein Haar und Bart waren schwarz wie Pech. Er war gewachsen wie ein Hüne, nur war er nicht so hoch. Er war dick und stark wie ein Riese, doch war er wohlgewachsen. Er hatte ein starkes Herz. Sein Antlitz war breit und lang und grimmig. Zwischen seinen Augen war eine Spanne Abstand. Seine Brauen waren schwarz, als säßen zwei Krähen über seinen Augen. Sein Hals war dick. Seine Schultern waren dick und breit. Seine Arme waren dick und hart wie sonst Knüttel. Er hatte weiche Hände und schöne Finger. Er war wohlgewachsen in jeder Weise, auch schnell und rasch in allen Spielen.
Sein Sinn war solcher Art: Er war freundlich und bescheiden, und allen antwortete er lächelnd. Er war verständig und mild und gediegen in seinem Sinn. Er war ein solcher Kampfheld, daß ihm niemals, wenn es zum Kampf kam, irgendwie bange war. Er war oft in Zweikampf und Heerkampf, und immer gewann er den Sieg.
Was er gelobte, schlecht oder gut, das würde er halten, und stürbe er darum. Deshalb wurde er sehr gepriesen. Seine Feinde waren alle in Furcht vor ihm.
Niemals rühmte er sich selbst, welche Mannstat er auch vollbrachte. Rühmte ihn ein anderer, so stand er und hörte zu. Er diente dem Jarl gut, und der achtete ihn hoch.
Sehr liebte er die Tochter des Jarls. Eines Tages stand er vor dem Tisch des Jarls. Der Jarl gab ihm eine Schüssel mit Essen und hieß ihn die

seiner Tochter bringen. Samson nahm die Schüssel und ging zu dem Turm, wo die Jungfrau war.
Und während er in den Turm hinaufging, befahl er seinem Knappen, sein Roß zu rüsten und seine Waffen und was er hatte.
Er ging hinauf in den Turm, setzte die Schüssel vor die Jungfrau und stand und aß mit ihr. Er sprach mit der Jungfrau und bat sie, ihm zu folgen. Sie sagte: Ja, das wollte sie gerne tun. Als sie satt waren, nahm die Jungfrau ihre Kleider und ihr Gold und Silber und machte sich fertig. Sie sagte zu ihren Jungfern: »Ritter Samson will mich mit sich fortnehmen, ob ich will oder nicht. Ich wage nicht, ihm nein zu sagen. Wären hier 100 Gewappnete, er nähme mich gleichwohl fort, wenn er wollte; und ich werde ihm folgen, obwohl ich Schande davon habe, daß ich so allein fahre ohne meines Vaters Willen.«
Und sie bat ihre Frauen, sie sollten es nicht ihrem Vater sagen, daß sie weg wäre. Sie fürchtete, der würde nachreiten und durch Samson zu Schaden kommen. »Ich weiß wohl«, sagte sie, »bevor Samson mich läßt, wird manch Schild zerbrochen, manch Helm zerkloben, manche Brünne zerrissen, und manch Schwert blutig gemacht; denn er ist der rascheste Ritter, der ein Roß reitet.«

Sv 2

Samson nahm die Jungfrau in seine Arme, trug sie hinunter und setzte sie auf sein Pferd; ein anderes Roß hatte er noch, darauf führte er Gold und kostbare Habe mit. Er wappnete sich gut, band seinen Helm fest und ritt seines Weg. Er lag lange in einem großen Walde und machte sich dort ein Haus.

Sv 3

Viel später wurde der Jarl gewahr, daß seine Tochter fort war. Da ließ er Beschlag auf alles legen, was Samson besaß, und tat ihn in Acht und Bann. Das erfuhr Samson dort in dem Wald, wo er war. Er ritt aus dem Walde heraus, brannte im Lande des Jarls und schlug zur Hel Vieh und Volk, wo er fuhr. Alle flohen vor ihm. Da ritt er wieder in den Wald zurück.
Da traf ihn Jarl Rodger mit 60 Mann. Samson wollte nicht fliehen. Er schlug seine Glaffe unter den Arm, stieß den Hengst mit den Sporen und stach den Ersten, auf den er traf, durch Schild und Brünne und Brust, daß er weit vom Pferd flog und gleich tot war. Dann zog er das Schwert und hieb den, der das Banner trug, auf die linke Achsel. Er

spaltete ihn so, daß das Schwert im Sattel stand. Er hieb einen andern hinten über den Rücken und zur Brust hinaus, daß er gleich tot von seinem Pferd stürzte. Dann hieb er dem Jarl oben auf den Helm und spaltete ihm Kopf und Rumpf, daß das Schwert im Sattel stand, und der Jarl tot von seinem Roß fiel. In kurzer Frist schlug er 15 Ritter; die andern flohen vor ihm.
Darauf ritt er zurück in den Wald. Da war sein Harnisch ganz von ihm gehauen, und doch war er nicht wund. Jene, die vor ihm geflohen waren, kamen heim nach Salerna und sagten dem Bruder des Jarls, daß der Jarl tot war.

Sv 4

Brunstein bestimmte ein Thing über das ganze Land und wurde da zum König genommen. Darauf ritt er aus und suchte nach Samson. Und oftmals ritt Samson hinaus aus dem Wald und tat Schaden in dem Lande des Königs, wo er nur konnte.
So stand es zwei Jahre. Da ritt der König einmal hinein in den Wald, in dem Samson war, und fand ihn nicht. Darauf ritt er aus dem Walde zu einem Schloß, das nahe dabei lag, und blieb dort zur Nacht. Um die Mitternachtszeit kam Samson zum Schlosse. Die Tore waren verriegelt, der Wächter lag im Schlaf. – Samson stieg vom Pferd, band es fest und zündete ein Haus an, das draußen davor stand; dann nahm er einen lohenden Brand und warf ihn hinüber ins Schloß. Da fing das Schloß an zu brennen.
Jetzt erwachte der König. Er legte die Rüstung an, und ebenso alle seine Mannen. Sie bliesen in ihre Hörner und meinten, ein Heer wäre vorm Schloß. Der König sprang auf sein Roß, 6 Ritter mit ihm, und sie sprengten zum Wald; dasselbe taten auch mehrere andre von ihnen. Samson verbrannte das Schloß und schlug dort manchen Mann zur Hel, ehe der Tag kam.
Der König ritt weit in den Wald hinein. Er sah, daß da ein Haus stand, und eine Frau stand vor der Tür. Der König erkannte sie gleich; denn es war seines Bruders Tochter. Er fragte sie, warum sie dort wäre und wo ihr Mann wäre, und er bat sie, ihm nach Hause zu folgen. Sie antwortete: »Samson ritt des Nachts fort, und kam er nicht dahin, wo ihr wart, so weiß ich nicht, wo er ist. Wie kamt ihr, wo lagt ihr zur Nacht?« –
Der König antwortete: »Ich lag auf einem Schloß hier hart am Wald; und da kam ein großes Heer und verbrannte das Schloß. Ich kam ab in

der Dunkelheit mit 6 Rittern. Gestern abend hatte ich 100 Ritter, und nun habe ich nicht mehr als 6.« – Die Jungfrau erwiderte: »Ich meine, Samson hat das getan!« – Der König antwortete: »Du redest töricht! Wie konnte Samson allein das tun? Nimm deine Kleider und folge mir!« – Sie erwiderte: »Ich meine, ihr kriegt jetzt etwas andres zu tun! Ich sehe, daß Samson dort kommt!« –

Da wandte der König sich um und ritt gegen Samson. Sie zogen beiderseits ihre Schwerter. Samson hieb den König auf den Helm, daß das Schwert in den Schultern stand. Der König stürzte gleich tot nieder. Samson tat einen zweiten Hieb einem anderen Ritter auf seine Achsel, daß das Schwert im Sattel stand. Den Dritten stach er quer durch und durch. Die übrigen flohen, was sie nur konnten. Samson verfolgte sie und schlug sie alle zur Hel bis auf einen. Der ritt heim und sagte die Kunde, daß der König erschlagen war.

Samson machte seine Rosse bereit, nahm die Jungfrau und was er hatte und ritt aus dem Wald. Da begegneten ihm 12 Männer. Der eine hatte einen vergoldeten Schild, darin stand ein Löwe. Dasselbe Wappen führte Samson. Er erkannte sie: Das war Thetmar, seines Vaters Bruder; der ritt und suchte nach Samson. Sie waren beidseits froh, da sie sich fanden.

Darauf ritten sie allesamt zu einem Platz. Als die Bürger erfuhren, daß Samson kam, wurden sie alle voll Furcht vor ihm; denn sie hatten von seiner großen Tapferkeit erfahren, und sie hatten derzeit keinen Anführer.

Da nahmen sie alle mit einem Beschluß Samson als ihren Anführer an und gelobten ihm Treue und Gefolgschaft. Daraufhin hielt er ein Thing mit dem Landvolk ab und bekam dort die gleiche Antwort.

Sv 5

Samson reitet aus von der Stätte mit 500 Mann und kommt zu einem anderen Ort, der war viel größer. Er sandte Botschaft in den Ort, sie sollten herausgehen und sollten ihm huldigen als ihrem Herrn.

Die Bürger kamen zusammen und sprachen von seiner großen Tapferkeit. Sie trauten sich nicht, gegen ihn zu kämpfen. Darum übergaben sie den Ort und sagten ihm treue Dienste an.

Samson ritt hinein in den Ort mit all seinem Volk und berief zur Versammlung das ganze Land. So wurde ihm gehuldigt als ihrem

Anführer. Keiner war so kühn, daß er wagte, ein Wort dagegen zu sprechen.
Sie wollten Samson zum König machen. Er antwortete: »Ich will nicht Königs Namen tragen, bevor ich das ganze Land gewonnen habe!« – Er blieb dort 5 Tage. Dann ritt er hinaus mit 2000 Mann und los auf Salerna. Das war der größte Ort, der im Lande war. Er schickte Botschaft hinein, sie sollten die Stätte in seine Gewalt übergeben.
Bei dieser Nachricht wurden die Bürger sehr besorgt. Sie kamen zusammen, berieten darüber und wurden dann einig, sie wollten ihm huldigen. Sie trauten sich nicht gegen ihn zu kämpfen.
Doch legten sie ihre Rüstungen an und ritten hinaus mit manchem Banner und vielem Volk, mit Pfeifern und Bläsern, bis sie zu Samson kamen.
Dort stiegen sie von den Rossen, fielen auf ihre Kniee und gaben sich und den Ort in seine Gewalt.
Samson dankte ihnen sehr. Darauf stiegen sie wieder zu Pferde und begleiteten ihn hinein in den Ort, wo des Königs Haus war, setzten ihn auf den Königssitz und gaben ihm Königs Namen.

Samson sandte Botschaft übers ganze Land, sie sollten zu ihm kommen. Also kam dort viel Volk zusammen und huldigte ihm als ihrem König und Herrn.

Sv 6

Samson ist nun König über das gesamte Land, welches vordem König Brunstein besessen hatte. Samson hatte einen Sohn, der hieß Thetmar. Er war männlich gewachsen, darum hatte der König ihn gern. Als Samson ein alter Mann wurde, war Ermenrik zu seinen Jahren gekommen, und Thetmar war 12 Jahre alt.
Eines Tages saß Samson in seinem Herrensitz, und Ermenrik stand vor ihm. Der König sprach zu ihm:
»Du sollst nicht länger dienen, mir nicht und keinem andern! Ich will dir Königtum in Hesbanien geben und 13 gemauerte Schlösser, die ich gewann mit meinem Schwert. Mehr gewinne dir selbst! Ich erbte kein Land von Vater und Mutter und habe gleichwohl genug!« – Darauf setzte er Ermenrik zu sich und ließ Speisen vorlegen und einschenken für ihn wie für sich selbst. Da ließ sich der junge Bruder, Thetmar, vernehmen:

»Mich dünkt, ihr habt ungleich zwischen uns Brüdern geteilt! Was wollt ihr nun mir geben, wenn er so viel bekommen soll?« –
Der König saß und hörte zu, und er sah zornig auf Thetmar, weiß der so keck redete. Da ging Thetmar hinaus; denn er bekam keine Antwort von seinem Vater.

Sv 7
Eines Tages saß der König an seinem Tisch und hielt großen Hofstaat. Da waren viele Herzöge und Grafen, Ritter und Knappen, und sein Tisch war ganz besetzt mit Silberschüsseln und Silberbechern, und das Haus war innen mit Goldgewebe bezogen. Vor ihm standen viele Edelleute und hatten kostbare Goldbecher in Händen; auch waren dort Pfeifer und Bläser genug.
Da sprach der König zu seinen Edelleuten: »Ich bin nun ruhig in meinem Reiche gesessen 20 Jahre lang, so daß alle meine Mannen guten Frieden gehabt haben; und ich habe in diesen 20 Jahren mein Reich nicht vermehrt. In diesem Haus sitzt manch wackerer Mann, und hier herrscht große Freude und Lust, und vieles ist seither geschehen. Mein Haar und Bart waren rabenschwarz und sind nun taubengrau. Damals waren meine Arme rot und blau, nun sind sie wie Schnee. Meine Brünne kam nicht von mir, oft ein halbes Jahr lang, und damals waren unsre Schwerter oft rot von Blut, und große Scharten darin von harten Helmen – nun sind sie rot von Rost. Jetzt wollt ihr alle auf Damenpferden (Zeltern) reiten, damals aber ritten wir große, schöne Rosse.
Welchen Wert hat mein weißer Bart und daß ich hier sitze mein Alter über und habe gute Tage? Ich werde gleichwohl sterben. Habe ich aber tapfere Taten getan in Krieg und in Fehde, das überlebt mich bis zum Gericht (til domen). Darum taugt es nicht, lange so dazusitzen!« – Und nun gebot er, alle seine Ritter und Knappen im ganzen Land sollten bereithalten Hengst und Harnisch auf den Tag, den er ihnen ansagte.

Sv 8
Darauf ließ er einen Brief schreiben an einen Jarl, der Elsung hieß und damals über Bern (Bonn) herrschte, und sandte mit ihm 6 Ritter dorthin. Und er schrieb also in diesem Brief: »Wisse, Jarl Elsung, du hast lange in Bern gesessen, und ich kriegte doch niemals Schatzung von dir. Darum sende mir deine Tochter Odilla, die soll mein Sohn

haben sich zur Gesellin. Und laß sie begleiten von 12 freigeborenen Jungfrauen! Und schicke mir mit ihnen 40 Ritter, wohlgewappnet! Jeder Ritter soll einen Knappen haben.
Du sollst mir auch senden 40 Falken und 40 Hunde, die gut gezogen sind! Der beste Hund soll einen goldenen Halsring haben, die Leine soll geflochten sein aus deinem eigenen Bart! So kriegst du zu wissen, ob irgend ein König der Welt mächtiger ist als du bist! – Willst du das nicht tun, dann sei bereit binnen 3 Monaten mit all deiner Macht, dann will ich dich heimsuchen.« –
Die 6 Ritter kamen nach Bern-Bonn mit des Königs Brief und übergaben ihn dem Jarl. Der Jarl las den Brief und wurde dabei rot wie das Blut. Darauf sprach er zu seinen Mannen:
»Der reiche Samson hat mir geschrieben, er wolle Schatzung haben von mir. Er weiß, ich bin nun ein alter Mann. Doch ehe das geschieht, was er hier geschrieben hat, soll zuvor mancher Helm zerkloben werden und manches Ritters Blut vergossen! Es soll eher mein Leben kosten, und meine ganze Burg werde niedergebrochen, ehe mir solche Schande geschieht!« – Dann ließ er die 6 Ritter ergreifen, die den Brief vortrugen; einen ließ er hängen, vieren ließ er den Kopf abschlagen, dem sechsten ließ er die Hände abhauen und sandte ihn heim, die Nachricht anzusagen. Darauf ließ er seine Burg ausbauen, so fest er nur konnte, und setzte eine Wurfschleuder vor jedes Tor. All sein Volk aber ließ er ausrüsten mit Waffen und Rossen.
Der eine Ritter kam heim zu Samson und brachte ihm die Botschaft, wie es ergangen war. Samson saß eben über Tisch. Da konnte keiner erkennen, was er für Kunde bekommen hatte. Er wurde weder rot noch blaß. Er war, als wäre ihm nichts geschehen. Drei Monate später sammelte Samson ein großes Heer und ritt nun aus Salern heraus, mit ihm drei Könige, dazu Herzöge, Grafen, viele Ritter und Knappen, daß sie alles in allem 2000 Mann waren. Sobald er ins Land des Jarls kam, traf ihn der Jarl mit 1000 Rittern. Diesem folgte auch zahlreiches anderes Volk und Landsherrn von Ungeren und Swaweren und Beyeren und Torkeren. Sie schlugen ihre Banner aus, und beide Seiten ritten gegeneinander.

Sv 9

Samson ritt vorwärts, und seine zwei Söhne begleiteten ihn, Ermenrik und Thetmar. Samson hieb zu beiden Händen Männer und Rosse, so daß nichts ihm standhielt, wohin er sich wandte. Da flohen alle vor ihm, und sein Roß war ganz blutig. Er schlug sein Schwert an seinen Schenkel, und das hallte und knallte so, daß mans hörte all über das Heer, und er rief lauthallend: »Wäre ich auch alleine hier, ich wollte euch alle zusammen bestehn!« – Allen grauste bei seinem Ruf. Nun sah der Jarl, wieviel Schaden Samson seinem Volke tat. Er rief seinen Mannen zu, hieß sie kühn vordringen und sagte: »Wir gewinnen den Sieg!« –

Damit ritt er auf Samson los und rief: »Du hast viele meiner Edlen erschlagen, das sollst du nun büßen!« – Dann hieb er auf Samson und zerschlug ihm den Schild in zwei Stücke; und den zweiten Hieb tat er auf Samsons Helm. Der Helm war hart, und das Schwert glitt an ihm ab, fuhr in die Schulter und brach durch die Brünne. So bekam Samson eine große Wunde. Da hieb Samson ihm so auf den Hals, daß das Haupt abging. Darauf hielt er das Haupt hoch und fragte seine Feinde, ob sie es kennten, und rief sie alle auf, sich zu ergeben. Als diese sahen, daß ihr Anführer tot war und viele von ihrem Volk waren erschlagen, da mußten sie sich ergeben und huldigten Samson als ihrem König und Herrn.

Sv 10

Samson ritt ein in die Stadt Bern, und alles Volk ging hinaus ihm entgegen mit Pfeifern und Bläsern. Sie fielen ihm zu Füßen, folgten ihm wieder in die Stadt hinein und übergaben ihm all das Gold und Silber, das der Jarl besessen hatte.

Da vermählte Samson seinen Sohn Thetmar, er gab ihm des Jarls Tochter und alles Reich, das ihr Vater besessen hatte, und machte ihn zum König darüber.

Samson ritt von dort weg und auf »Rom«, sein Sohn Ermenrik begleitete ihn. Da erkrankte Samson tödlich und starb. Ermenrik zog vor »Rom«, kämpfte mit den Römern und errang großen Ruhm, auch gewann er den größten Teil von »Rom«. Er zog auch nach Grekin und gewann den größten Teil des Landes dazu und würde sogleich ein mächtiger König.

Samson hatte noch einen dritten Sohn, der hieß Herzog Ake. Er hatte ein Schloß, das Fritila hieß.

(Didriks Vater Thetmar)

Sv 11

König Thetmar herrscht über Bern (Bonn).
Er war ein großer Kriegsmann und freundlich und freigebig.
Seine Ehefrau war beides, schön und fromm.
Sie bekamen einen Sohn, der Didrik hieß. Er wuchs auf groß und stark. Er hatte scharfe Augen. Sein Haar war wie das Gold und schön gelockt, und er bekam niemals einen Bart, so lange er lebte. Seine Schultern waren zwei Ellen breit. Seine Arme waren hart wie sonst Stämme. Er war so stark, daß sich wenige seinesgleichen fanden. Doch war er schmal an seinem Leib, und schmucke Beine hatte er und starke.
Er war fröhlich und freundlich und mildtätig, weder sparte er Gold noch Silber. Das sagten alle Menschen.
Zu jener Zeit ward nie ein solcher Mann geboren, sowohl an Sinnesart wie an Fähigkeiten, außer seinem Vatersvater Samson. Und alle mochten ihn gern.
Als er 11 Jahre alt war, schlug sein Vater ihn zum Ritter und machte ihn zum Hauptmann über all sein Hofgesinde.

(Didrik und seine Kämpen)

(Hillebrand)

Sv 12

Eine Stadt lag ostwärts von Bern, die nennt sich *Venedi* (Wenden). Dort war ein Herzog, der Ragbald hieß, der war reich und untadelig. Er hatte zwei Söhne; der eine hieß Boltram und der andere Ragbald. Er (Boltram) ward vermählt und bekam einen Sohn, der Sintram hieß. Der erste, Herzog Ragbald, hatte einen Sohn, der *Hillebrand* hieß. Er war Hauptmann über sein Hofgesinde. Als er 12 Jahre alt war, gab sein Vater ihm Hengst und Harnisch. Er war ein schöner Mann, weiß und rot von Angesicht, goldenes Haar und gelockt, und so war auch sein Bart. Er war stark gewachsen, so daß alle sich über ihn wunderten, und nicht fand sich seinesgleichen in Wenden. Er war sanftmütig und bedachtsam und der weiseste Mann, von dem man zu sagen wußte. Er war auch freigebig, so daß alle ihn lobten. Er hatte ein

mutiges Herz, so daß man niemals hörte, daß er irgendwann bange war. Als er 30 Jahre alt wurde, bat er seinen Vater um Erlaubnis, nach Bern/Bonn zu fahren. Der Vater fragte, was er dort wolle. Er sagte, er wolle König Thetmar dienen. Der Vater hieß ihn fahren, wenn ihm das richtig schiene. Da ritt er aus Wenden selb-dreizehnt und zu König Thetmar. Er war ihm willkommen, und er blieb da bei ihm.
Didrik, Thetmars Sohn, war damals 6 Jahre alt, als Hillebrand dorthin kam. Hillebrand liebte ihn sehr. Er setzte ihn immer neben sich und lehrte ihn gute Sitte. Didrik nannte ihn seinen Pflegevater.

(Didriks Jugendabenteuer mit Hillebrand)

Sv 13

Als Didrik 12 Jahre alt war, ritt Meister Hillebrand eines Tages mit ihm aus mit Habicht und Hund. Sie pflegten auch niemals auszureiten, ohne daß sie ihre Rüstung anhatten. Sie erblickten einen Hirsch und schlugen ihre Hunde los. Didrik jagte lange dem Hirschen nach. Da erblickte er einen Zwerg. Didrik sprengte hinter ihm her, griff den Zwerg beim Kragen, ruckte ihn auf in den Sattel und führte ihn vor sich her. Er hieß Alfrik. Er war der beste Schmied, von dem man zu sagen wußte. Da sagte der Zwerg: »Lieber Herr, laßt mir mein Leben! Ich weiß euch mehr Gold und Silber, als König Thetmar, euer Vater, zu eigen hat!« – Didrik fragte, wo das wäre. Er antwortete: »In einem Berge hier ganz nahbei. Dort wohnt ein großer Mann, der heißt *Grim*. Er hat eine Frau, die heißt *Hilde*. Sie ist noch größer als er. Sie haben ein Schwert, das *Nagelring* heißt, dieses Schwert machte ich. Das ist so scharf, daß es ein Wunder ist. Bekommst du nicht dies Schwert von ihm, so gewinnst du keinen Sieg über ihn!« – Didrik antwortete: »Es soll dich dein Leben kosten, außer du kannst mir dieses Schwert stehlen!« Der Zwerg schwur ihm einen Eid, daß er das tun wollte. Daraufhin ließ Didrik ihn laufen. Sie ritten dann hinter den Hirschen her, und sie kamen vor einen großen Berg. Dort kam der Zwerg wieder zu ihnen. Er hatte das Schwert bei sich, gab es Didrik und zeigte ihm, wo er in den Berghang hineingehen sollte. Der Zwerg sagte: »Könnt ihr den starken Grim zur Hel schlagen und sein Gold und Silber kriegen, dann gewinnt ihr großen Ruhm; denn er hat Zwölf-Männer-Stärke. Mich aber bekommt ihr niemals mehr wieder!« – Darnach wußten sie nicht, wo der Zwerg blieb. Sie stiegen von ihren Pferden und gingen zum Berg. Didrik zog das Schwert Nagelring heraus, und ihm schien, ein besseres Schwert hätte er nie gesehen. Sie gingen in den Berg hinein und banden ihre Helme fest. Didrik ging voran. Als Grim sah, daß sie kamen, lief er zu seiner Waffenkiste und suchte sein Schwert. Er fand es nicht und wußte nun wohl, daß der Zwerg es gestohlen hatte. Er griff einen lohenden Brand vom Feuer und ging auf Didrik los. Er schlug sich lange mit ihm. Die Frau sprang zu und packte Hillebrand um die Schultern, sie schlug ihn nieder zu Boden und wollte ihn binden. Sie hielt ihn so fest, daß das Blut heraussprang an jedem Nagel, und schlug ihm gegen die Brust mit der Faust, daß ihm die Sinne fast schwanden. Er rief nach Didrik und bat ihn um Hilfe: »Ich kam noch niemals in solche Not!« – Didrik antwortete: »Ich werde gewiß dir helfen!« – Nun lief er erst wütig auf Grim los und hieb ihm manche Wunde. Ein Hieb traf Grims Hals, daß das Haupt abging. Dann lief er zu Hillebrand und zerhieb die Frau in der Mitte des Leibes. Sie war aber solch Zauberweib, daß die Stücke zusammenruckten, und sie gleich heil war. Didrik zerhieb sie noch einmal in zwei Stücke, da ging es nochmals wie zuvor. Da sagte Hillebrand: »Wenn sie zerhauen ist, solltet ihr euren Fuß zwischen die beiden Stücke stoßen, dann kommen die nie mehr zusammen!« – Da hieb Didrik nach ihr, genau auf die Hüften, hieb sie in zwei Stücke und stieß seinen Fuß dazwischen. Nun fielen beide Stücke von Hillebrand ab, und da starb sie.

Hillebrand stand auf und sagte zu Didrik: »Hätte Grim dich so überwunden, wie die Frau mich überwand, dann wären wir niemals von hinnen gekommen! Aber Gott lohne dir, daß du mir halfst wie ein edler Herr!« – Darauf nahmen sie Gold und Silber, soviel sie haben wollten. Da fand Didrik einen Helm im Berg, den besten, den es geben konnte. Grym hatte die Hälfte zu seinem Namen gegeben und die Frau die Hälfte; darum hieß der Helm *Hyllagrym* (Hildegrim). Didrik hatte den Helm in manchen Kämpfen seither, und niemals ward er durchhauen. Sie hatten so viel Gold und Silber, daß ihre Rosse mehr nicht zu tragen vermochten. Darnach ritten sie heim nach Bern/Bonn. Und für diese Tat wurden sie sehr gepriesen.

(Heim)

Sv 14

Vor dem Nordgebirge liegt ein Schloß, das Sägard heißt. Das besaß die reiche Brünhild, die schöne und die kluge; und viele Taten geschahen um ihretwillen in der Welt. Sie war eine mächtige Jungfrau. Ihr Vater und Mutter waren tot.
In einem Wald dort ganz nahbei besaß sie ein großes Gehöft, darauf wirtschaftete ein Mann, der Studder hieß. Er hatte dort sein Gestüt in diesem nämlichen Wald, und die (Rosse) waren alle grau und schwarz. Dort zog man die besten Hengste auf, die es gab, Schimmlinge und Falken und manche mehr.
Studder hatte einen Sohn, der hieß auch Studder. Sein Gesicht war breit und nicht lang, Er war groß- und schnelläugig, gülden Haar hatte er und braunen Bart, großen Kopf und breite Schultern. Er hatte lange Arme und vier Ellbogen, dicke Hände und schöne Finger. Er war ein kleiner Mann, recht vierschrötig.
Es war seine größte Lust, zum Zweikampf zu reiten und fechten zu lernen. Er konnte wohl mit der Armbrust schießen. Er war grimm und hochmütig, so daß keiner begehrte, Umgang mit ihm zu haben. Er war der rascheste Ritter, den es geben konnte. Die Freunde, die er hatte, liebte er von Herzen. Sie änderten seinen Namen und nannten ihn Heim; denn ein Wurm heißt Heim, der ist voller Gift, alle Würmer fürchten sich vor ihm. So tat auch das Volk vor Heim, daß alle vor ihm bange waren. Er handelte öfter schlimm als gut. Sein Vater gab ihm einen Hengst, der Rispa hieß. Er war in demselben Gestüt gezogen, von dem vorher gesagt war; und er war (pech-)grau.

Sv 15

Es war einmal, daß Heim seinen Hengst nahm und wappnete sich und band sein Schwert zur Seite, das hieß Blutgang, das war äußerst scharf. Er sagte zu seinem Vater: »Ich will reiten zu einem jungen Herrn und mich mit ihm schlagen. Er heißt Didrik, König Thetmars Sohn von Bern.« – Der Vater antwortete: »Da tust du wie ein unkluger Mann! Mir ist gesagt, daß er der rascheste Mann ist, der sich jetzt finden läßt. Reite lieber anderwärts hin und versuche dich!« – Heim antwortete: »Ich bin nicht so bange wie du! Ich werde entweder Sieg gewinnen oder drum sterben! Man hat mir gesagt, daß Didrik nicht mehr als 12 Jahre alt ist, und ich bin nun 17 Jahre alt. Sollte er

Sieg über mich gewinnen, dann wäre das ein Wunder!« – Er nahm seine Glaffe und sprang auf sein Roß er ritt durch manche großen Wälder, Länder und Stätten, bis er nach »Bern« kam.
Als er dahin kam, stieg er von seinem Hengst, ging hinein in die Stube (Herdhalle) und grüßte König Thetmar. Dann wandte er sich zu Didrik, grüßte ihn und sagte: »Ich bin geritten langen Weg um deinetwillen, und viel ist mir von dir gesagt. Stelle dich mir hier draußen vor dem Schloß und schlage dich mit mir! Wer dort gewinnt, soll des anderen Waffen zu eigen haben!« – Didrik antwortete und sah zornig auf ihn, weil er hastig auf ihn einsprach: »Mir hat keiner bisher solche Botschaft geboten, wie du es tust!« – Dann sprang er vom Tisch auf und ging hinaus, und Hillebrand und viele andere Ritter gingen mit ihm. Er ließ sich seine Rüstung bringen, legte sie an und machte sich fertig, band seinen Helm Hildegrim auf und Nagelring an seine Seite. Hillebrand hielt ihm den Steigreif, während er aufs Roß stieg.

Sv 16

Nun reitet Didrik aus Bern hinaus.

Heim hielt dort vor ihm. Sie schlugen ihre Rosse mit den Sporen, und jeder stach in des anderen Schild. Doch keiner von ihnen ging vom Pferd. Sie rannten zum zweiten Mal zusammen und es ging etwa ebenso. Sie rannten zum dritten Mal gegeneinander, da stach Heim durch Didriks Schild und zerriß ihm die Brünne, doch der wurde nicht wund. Didrik stach ihm durch den Schild und die zwiefache Brünne, doch auch Heim wurde nicht wund. Herrn Didriks Roß fiel zur Erde, aber er blieb im Sattel. Entzwei gingen die Glaffen. Sie sprangen beide von den Rossen, zogen ihre Schwerter und traten gegeneinander an. Sie schlugen sich so wacker: keiner wollte dem andern weichen, nicht so weit, wie ein Fuß breit war. Da hieb Heim mit aller Kraft auf Didriks Helm Hillegrim. Der Helm war härter; deshalb brach das Schwert am Heft entzwei. Als Heim nun sah, daß er keine Waffe mehr hatte, sagte er zu Didrik: »Laß mich leben, ich will dir wohl dienen!« – Didrik antwortete: »Dann sage mir deinen Treudienst an!« – »Gerne!« sagte Heim. Und damit blieben sie verglichen. So ritten sie wieder zum Schloß hinauf und waren gute Freunde.
Da sprach Heim zu Didrik: »Das wundert mich, Herr, daß ihr nicht ein gutes Roß haben solltet, ein so vollkommener Mann, wie ihr seid! Ich will heimreiten und sehn, ob ich euch ein gutes Roß verschaffen

kann, das einen Stoß aushält! In dem Wald, welcher Brünhild gehört, sind vier Hengste. Einer heißt Grane, der zweite Schimmling, der dritte heißt Falke, und der vierte heißt Rispa, mein eigenes Roß. Bekommst du einen von diesen Hengsten, dann, glaube ich kannst du reiten, in welchen Kampf du auch willst!« – Didrik dankte ihm und hieß ihn reiten. Er ritt heim und holte einen Hengst, der *Falke* hieß. Er kam mit ihm zurück und gab ihn Didrik. Der dankte ihm sehr.

Sv 17–32 = Von den Ostkönigen: entfällt

(Attalas Aufstieg)

Sv 33

In Friesland war ein König, der hieß Osid. Er hatte zwei Söhne; der eine hieß Herding, der andere Aktilia (Attala). Dessen Sinn war so: Er wollte allezeit kriegen und gewann manches Land und viel Sieg. So kriegte er gegen Melias-König. Als Attala eindrang in Melias' Land, da sagte er so: »Ich werde niemals von hinnen fahren, bevor ich dies Land gewonnen habe!« – Er gewann viele Kämpfe gegen Melias-König. Melias zog sich zurück zu einer Stadt, die Wilcina hieß. Attala gewann ihm all sein Land ab und unterwarf es sich. Und setzte sich an eine Statt, die Susa heißt (Soest), und ließ sie kostbar mauern. Da wurde dem Attala gehuldigt als einem König über ganz Hünenland, wie es zuvor Melias besaß.

Das erfuhr Osantrix-König, und es schien ihm schlimm (zu sein), daß der Vater seiner Frau so vertrieben war. Es begann nun großer Krieg zwischen Osantrix und Attala-König, und sie hatten manchen Kampf miteinander. Doch alles verblieb dem Attala-König mit dem Reiche, das er gewonnen hatte. Er sagte, es solle keiner von ihm bekommen, solange er lebte. »Mein Bruder Herding soll Friesland haben nach unsres Vaters Tod.« –

(Attalas Werbung)

Sv 34
Da starb Osid, König in Friesland. Herding übernahm das Reich. Er bekam einen Sohn, der *Osid* hieß. Aus dem wurde ein starker Mann. Als er erwachsen war, ritt er zu seinem Vatersbruder Attala König und war allezeit Hauptmann über sein Volk, wenn es kämpfen sollte.

Sv 35
Als sie nach Großschweden (Wilcinaland) kamen, empfing der König sie wohl und fragte, was ihr Anliegen wäre. Sie sagten ihm, Attala wolle seine Tochter haben. Osantrix antwortete: »Er ist nicht mein Freund! Er hat den Vater meiner Ehefrau aus dem Reiche vertrieben und mir großen Schaden getan; darum kann er meine Tochter nicht bekommen! Ich will aber keinem Sendboten anderes tun als Gutes. Deshalb fahrt heim und sagt eurem Herrn, was ich geantwortet habe!« – Sie fuhren heim und sagten Attala König, welche Antwort sie bekamen, und ferner, daß sie niemals eine schönere Jungfrau gesehen hätten, als Osantrix' Tochter Ercha es war. Diese hatte eine (ältere) Schwester, welche Berta hieß.

Sv 36
Eine Burg lag im Hünenland, welche *Bakalar* heißt. Die hatte ein Markgraf, der Rodger hieß. Er war damals bei Attala. Der König sandte ihn zu Osantrix König mit der gleichen Botschaft und schrieb ihm dazu so: »Könnte er nicht seine Tochter bekommen, dann sollte er sich auf großen Unfrieden mit ihm gefaßt machen. Der Markgraf kam zu Osantrix und 50 Ritter mit ihm. Der König empfing ihn wohl, so gut er nur konnte, und fragte, was sein Anliegen wäre. Er sagte ihm, Attala König wolle seine Tochter haben, wenn er sie mit Freundschaft und Liebe bekommen könne. »Kann das nicht sein, dann kommt er mit Heermacht in euer Land und will sie gleichwohl holen. Er hat manches Land mit seinem Schwert gewonnen, deshalb wäre es besser, Freundschaft mit ihm zu haben als Feindschaft.« –

Sv 37
Da antwortete Osantrix König: »Du bist ein untadeliger Mann und trägst deines Herren Botschaft höflich und wohl vor. Mir scheint es wunderlich, daß er es wagt, um meine Tochter anzuhalten, während

er mein Reich weggenommen hat, das mir zu Recht zukommt. Ich müßte den großen Schaden rächen, den er dem Vater meiner Ehefrau angetan hat. Wohl wage ich, mit Attala König zu kämpfen; denn ich habe recht, und er hat unrecht! Bleibt hier, solange es euch gefällt! Dann fahrt und sagt eurem Herrn: Er bekommt meine Tochter nicht!« – Darauf gab er dem Markgrafen kostbare Geschenke, und damit zog dieser von dannen. Er kam zu Attala König und sagte ihm, welche Antwort er bekommen hatte.

Sv 38–54 = Attala gewint Ercha: entfällt
Sv 55–75 = Weland der Schmied: entfällt

(Widekes Zug nach Bern)

Sv 76
Welands Sohn Wideke wächst auf.
Als er 12 Jahre alt war, da war er stark, hübsch und freundlich und gar nicht hochmütig. Weland fragte seinen Sohn Wideke, ob er so große Kunst erlernen wolle, wie sein Vater sie vor ihm verstand, insonderheit, daß er einer der besten drei Schmiede war, die es in aller Welt gab. Wideke antwortete: »Niemals soll mein mütterlich Geschlecht die Schande erfahren, daß ich schmiede mit Hammer und Zange!« – Weland fragte: »Was willst du dann lernen, dich zu kleiden und zu nähren ohne Schande?« – Wideke antwortete: »Ich will am liebsten guten Hengst und scharfen Spießschaft, gutes Schwert und neuen Schild, harten Helm und blanke Brünne, will einem mächtigen Fürsten dienen und mit ihm reiten, solange ich lebe!« –
(Weland:) »Wenn ich dir gebe, was du erbittest, wohin willst du dann fahren?« – Wideke antwortete: »Mir ist gesagt von einem Herren im Humlunga-Land, Er heißt Didrik, Thetmar-Königs Sohn, der über ›Bern‹ herrscht. Er ist der kühnste Kämpe jetzt, von dem alle Welt zu sagen weiß. Er ist gleich-alt mit mir. Ihn will ich aufsuchen, in einem Kampf will ich ihn bestehn! Falle ich von seiner Hand, dann habe ich erfahren, daß er solch guter Held ist. Er läßt mir wohl mein Leben, und dann werde ich sein Mann. Es kann aber glücken, daß es besser ausgeht!« –

Sv 77

Weland antwortete: »Das ist mein Rat nicht, daß du eben diesen Didrik aufsuchst. Kommt ihr zusammen im Kampf, du stehst ihm nicht einen Tag! Ich weiß einen Riesen in einem Wald, der ist groß und stark und tut manchem Mann Schaden. Dazu will ich lieber helfen, daß du den überwindest. Kannst du deine Mannheit bewähren, dann wird der König von (Groß-)Schweden dir das gut lohnen und gibt dir seine Tochter zur Frau und damit sein halbes Reich; denn der Riese hat großen Schaden getan ihm und seinen Mannen.« –

Wideke antwortete: »Das werde ich keineswegs tun! Schlüge der Riese mich zur Hel, dann sagten alle, ich hätte mein Leben verloren um eines Weibes willen! Ich will jetzt südwärts fahren und mich erproben mit Didrik-König!« – Da antwortete Weland: »Nachdem ich deinen Sinn nicht wenden kann, so gebe ich dir, was du begehrst.« –

Sv 78

Da gab Weland ihm Brünne und Brünnenhosen, das schlug er sich über, es war hart wie Stahl und gut und weit, wie es ihm recht schien. Dann nahm Weland das Schwert und sagte: »Mein Sohn: Dieses Schwert heißt Mymming. Halte und nutze es wohl! Dieses Schwert machte ich dir zu Handen; und vertraue darauf, daß es gut beißt, wenn deine Hände tüchtig sind!« – Nun setzte er den Helm auf sein Haupt, der war gemacht vom härtesten Stahl, darauf eingelegt war ein Wurm aus Gold, der »Schlange« heißt. Der Wurm war mit Goldfarbe überzogen: das bedeutet seine Ritterschaft; der Wurm ist voller Gift: das bedeutet seine Grimmheit.

Dann hängte er einen Schild auf seinen Hals, der war weiß, und darauf gemalt mit roter Farbe ein Hammer und eine Zange, weil sein Vater Schmied war. Darin standen auch 3 Karfunkelsteine: das bedeutet sein Mutterteil; denn das war Königsgeschlecht. Dann gab er ihm einen Hengst, der war Schimmling geheißen, der war stark und schnell. Sein Sattel war aus Elfenbein.

Darauf ging Wideke zu seiner Mutter und bot ihr Gute Nacht. Sie gab ihm 3 Mark (Pfund) Gold und einen Goldring, nahm ihn in die Arme und küßte ihn. Dann bot er seinem Vater Gute Nacht. Darauf nahm er seine Glaffe (Lanze) und sprang auf sein Roß ohne Steigreif. Da lachte Weland. Der Vater ging und wies ihm den Weg, und dann trennten sie sich.

(Begegnung am Eydiss-Fluß)

Sv 79

Wideke reitet nun seinen Weg durch öde Marken und große Wälder. Er kam an einen großen Fluß, der heißt Eydiss-Fluß. Er fand dort nicht die Furt hinüber, von der sein Vater ihm gesagt hatte. Er band den Hengst an einen Baum und vergrub seine Rüstung im Sand. Dann watete er hinein in den Fluß ganz bis unter das Kinn und suchte nach der Furt.

Da erblickte er 3 Ritter. Der eine hieß Hillebrand, der zweite Heim, der dritte Hornboge-Jarl. Nun sprach Hillebrand zu ihnen: »Ich sehe einen Zwerg im Fluß! Ich meine, das ist Alfrik-Zwerg, den Herr Didrik und ich einmal griffen, und wir bekamen dadurch das gute Schwert Nagelring. Können wir ihn kriegen, dann soll er uns viel Gold geben!« –

Sv 80

Nun stiegen sie von ihren Rossen und gingen zum Fluß. Wideke hörte deutlich, was sie sagten. Er bat sie, ihm zu erlauben, ans Land zu gehen. »Da mögt ihr sehen, ob ich ein Zwerg bin oder ein Mann!« –

Sie hießen ihn heraufkommen. Daraufhin sprang er aus dem Fluß, 9 Fuß (fast 3 m) in *einem* Sprung. Hillebrand fragte: »Was für ein Mann bist du? Oder woher kommst du?« – Wideke antwortete: »Ich meine, du bist ein Edelmann. Mich wundert, daß du einen nackenden Mann um Auskunft fragen willst. Laß mich in meine Kleider fahren, dann frage mich, was du möchtest!« – Hillebrand sagte: »Fahr in deine Kleider!« – Da fuhr er in seine Kleider, legte seine Rüstung an, stieg auf sein Roß und ritt zu ihnen hin.

»Ihr drei guten Ritter, Gott helfe euch! Ich nennte euch gern (mit Namen), wenn ich wüßte, wie ihr heißt.« Hillebrand antwortete: »Was ist dein Name? Oder wo bist du geboren? Warum reitest du so allein in fremdem Land?« –

Wideke antwortete: »Ich bin geboren in Dänemark. Mein Vater heißt Weland, meine Mutter ist König Nidungs Tochter aus Jütland, und ich heiße Wideke. Ich will reiten zu Didrik, König Thetmars Sohn von Bern; und bevor wir uns scheiden, da wolln wir erproben, wer härteren Helm hat oder schärferes Schwert; denn er ist jetzt der beste Kämpe, von dem ich habe sagen hören.«

Hillebrand sah, daß der Mann kühn war und groß und kraftvoll gewachsen und hatte eine gute Rüstung; und er dachte so in seinem Sinn, es möchte sein Herr in große Gefahr kommen.

Sv 81
Da sprach Hillebrand zu Wideke: »Gott sei gelobt, ich fand den Mann, der seinen Speer wagt zu heben gegen Didrik von Bern und ihm zu dämpfen den großen Hochmut! Wolln wir einander begleiten nach Bern, dann laßt uns den Eid schwören einer dem andern, daß wir uns nicht trennen, welche Not uns auch ankommt!« –

Sv 82
Wideke fragte, was ihre Namen wären. Hillebrand antwortete: »Ich heiße Boltram, Sohn des Jarls von Wenden. Der zweite heißt Sintram, Hillebrands Sohn. Der dritte heißt Hornboge-Jarl, er soll nun Didriks Mann werden.« – Darauf nahmen sie sich bei Händen, Wideke und Hillebrand, und gelobten einander Bruderschaft. Dann ritt Hillebrand vorauf in den Fluß. Er wußte, wo die Furt war.

(Das Kastell auf der Lippe)

Als sie über den Fluß kamen, schieden sich dort zwei Wege. Da sagte Hillebrand: »Diese Wege liegen beide nach Bern. Der eine ist lang und schlecht, der andre ist kurz und gut. Auf dem kürzeren aber ist schlecht vorankommen. Wir müssen dort über eine STEINBRÜCKE, und da steht ein Schloß mitten auf der Brücke, darauf liegen 12 Kämpen. Dort werden wir zollen müssen Waffen und Rosse und danken Gott, daß wir behalten Leib und Leben. Didrik von Bern war auch dort, und er konnte da keinen Sieg gewinnen. Deshalb traue ich nicht, daß wir dort vorankommen. Könnte einer das Schloß gewinnen, der darf sich nicht fürchten vor Didrik von Bern. Mein Rat ist, wir reiten den längeren Weg!« –

Sv 83
Da antwortete Wideke: »Wir reiten den kürzeren Weg! Die lassen wohl ausländische Männer fahren, wohin sie wollen!« – Sie ritten nun den kürzeren Weg, wie Wideke wünschte, durch einen Wald, der LYRAWALD heißt. Da erblickten sie das bewußte Schloß. Da sagte Wideke: »Erwartet mich hier! Ich will vorausreiten und uns Erlaubnis erbitten, daß wir durchreiten können ohne Zoll. Wollen die nicht,

dann komme ich schnell zu euch zurück.« – Sie sagten, das würde gut sein.
Wideke ritt zur Brücke und sah, wo die Zwölf saßen. Ihr Hauptmann, der Gramleif hieß, spach: »Dort kommt ein Mann geritten! Er hat einen guten Schild, den will ich haben! Seine Habe teilt, wie es euch gelüstet!« – Da erwiderte der zweite: »Ich will sein Schwert haben, das will ich keinesfalls missen!« – Nun meldete sich einer, der Trella hieß: »Seine Brünne will ich haben!« – Antwortete Segistop: »Seinen Helm will ich haben!« – Der fünfte: »Ich will sein Pferd haben!« – Der sechste wollte seinen Rock haben und seine Kleider, der siebte seine Beinschienen, der achte wollte sein Gold und Bargeld. Der neunte sagte: »Ich will seine rechte Hand haben!« – Der zehnte: »Ich will seinen rechten Fuß haben!« – Der elfte sagte: »Ich will seinen Kopf haben!« –
Dem entgegenete Studfuß: »Sein Leben wollen wir nicht haben, nachdem wir seine Habe verteilten!« – Da sprach der Hauptmann: »Reiten nun drei gegen ihn und nehmen ihm Rüstung und Kleider, rechte Hand und linken Fuß!« –

Sv 84

Nun ritten drei gegen ihn. Wideke sagte: »Willkommen, Edelleute!« – Sie erwiderten: »Nicht willkommen sollst du sein; denn du sollst hier zollen Roß und Rüstung, rechte Hand und linken Fuß, und Gott danken, daß du mit dem Leben entkommst!« – Wideke antwortete: »Ungleich wollt ihr teilen mit mir! Ruft mir euren Hausherrn! Sein Urteil will ich hören. Vorher bekommt ihr meine Wehre nicht!« – Sie ritten zurück und sagten ihrem Hauptmann, was er geantwortet hatte. Da stand er auf und waffnete sich, und so alle die Zwölf, und sie ritten auf Wideke los.

Sv 85

Wideke sprach zu ihnen: »Willkommen Edelleute!« – Gramleif antwortete: »Du bist nicht willkommen! Wir haben alles verteilt, was dir gehört, und dazu sollst du zollen Hand und Fuß! Ich soll deinen Schild haben!« – Wideke entgegenete: »Misse ich meinen Schild, so ist das mein Schade! Komme ich heim nach Dänemark, was soll ich meinem Vater erwidern, wenn er fragt, wer meinen Schild nahm? Denn ich gedachte, Didrik von Bern zu treffen; und ich kann meinen Schild nicht missen, ehe wir uns treffen!« –

Da antwortete Studfuß: »Gib mir dein Schwert, das kommt auf mein Teil!« – Wideke antwortete: »Ich weiß nicht, ob mein Schwert gut ist oder schlecht, und ungern möchte ich das an euch erproben, wenn ich reiten darf. Nimmst du mir mein Schwert, womit soll ich mich da wehren, wenn ich Didrik von Bern treffe? Den werde ich ja treffen. Darum kann ich meine Wehre nicht missen!« – Nun verlangten auch die übrigen ihren Anteil, wie sie es aufgeteilt hatten.
Wideke antwortete: »Laßt mich meines Weges reiten! Ich will euch nicht zollen, nicht einen Pfennig!« – Da antwortete Studfuß: »Ich denke, wir sind verrückte Leute! Wir sind 12 und er ist einer! Zieht eure Schwerter und teilt ihn samt Roß und Rüstung, und Leben mit!« –

Sv 86
Da zog Studfuß sein Schwert und hieb auf Widekes Helm. Der Helm war so hart, daß es nicht einbiß. Da zog Wideke sein gutes Schwert Mymming in großem Zorn und hohem Mut und hieb nach Studfuß auf dessen linke Schulter, und Brünne und Brust durch und wieder hinaus auf der rechten Seite. Er zerteilte ihn in zwei Stücke, und der fiel tot zur Erde. Da wurden seine Stallbrüder ganz verstört und wollten manche lieber daheim sein; doch zogen sie alle ihre Schwerter und griffen ihn an. Gramliff hieb auf Widekes Helm, doch das biß nicht. Da hieb Wideke auf Gramliff. Er zerklaffte ihm Kopf und Brust, daß es im Gürtel stand, und der fiel tot zur Erde.

Sv 87
Da sprach Hillebrand zu seinen Stallbrüdern: »Ich sehe, sie sind nun aneinandergeraten. Reiten wir besser vor! Bekommt Wideke Sieg über diese Männer, dann sieht er, wir haben ihn getäuscht. Wenn wir ihm nicht helfen, dann sind wir ihm eidbrüchig, und könnte das unser Leben kosten, wenn Wideke uns trifft!« – Nun antwortete Heim: »Gewinnt er den Sieg, dann wollen wir ihm helfen; wird er erschlagen, dann wollen wir weichen und machen uns keine Sorge (wonda) um einen fremden Mann!« – (Hillebrand) sagte: »Dann trennen wir uns übel von ihm!« – Da sagte Hornboge Jarl: »Nachdem wir ihm Treue gelobt haben, halten wir die!« – Das sagte auch Hillebrand. Darauf ritten sie vor zu Wideke. Da hatte er große Hiebe verteilt, und 7 lagen tot bei ihm, und 5 flohen.

Sv 88

Wideke war froh über ihr Kommen. Darauf ritten sie hinein auf das Schloß, nahmen dort Gold und Silber und lagen da zur Nacht. Um Mitternachtszeit, während Wideke schlief, stand Hillebrand auf und tauschte das Schwert mit Wideke. Er steckte sein Schwert in dessen Scheide und Widekes in seine. Er fürchtete für seinen Herrn Schaden; denn er sah, daß Widekes Schwert äußerst scharf war.
Als es tagte, standen sie auf. Wideke fragte: »Was machen wir mit diesem Schloß?« – (Hillebrand sagte:) »Was dir gut scheint. Ich will nicht länger meinen Namen verleugnen. Ich heiße Hillebrand, ich bin Didriks Mann von Bern, und meine Stallbrüder auch. Ich will alle die Treue halten, die ich dir gelobte. Lassen wir hier zwei zurück, die das Schloß verwahren, und wir wollen reiten zu Didrik von Bern. Dieses Schloß mögt ihr beide behalten, wenn ihr euch als Freunde trennt!« – Da antwortete Wideke: »Dieses Schloß hat viel Unheil gemacht für Inländische und Ausländische. Mag ich raten, dann soll hier entlangfahren, wen es gelüstet, und soll kein Zoll länger sein!« – Da antwortete Hornboge« »Wer das Schloß gewann mit seiner eigenen Hand, der darf bestimmen, wie man damit verfährt.« – Daraufhin setzte Wideke Feuer ins Schloß und brannte alles zusammen auf und wollte nicht von dannen fahren, bevor das alles zu Kohle verbrannt war, und die Wände niedergebrannt.
Dann ritten sie davon und kamen an einen Fluß, der Wisar hieß. Dort war die Brücke abgeworfen. Das hatten die 5 gemacht, die vor Wideke flohen. Wideke hieb den Hengst mit den Sporen, und der Hengst sprang über den Fluß mit ihm. Hillebrand ließ (seinen Hengst) hinter ihm herspringen und kam mitten in die Strömung; denn es langte nicht hinüber. Da ließ Hornboge sein Pferd springen, und es erging ihm ganz wie Hillebrand, und nun kamen sie beide naß ans Land. Da sprengte Heim zum Fluß; sein Hengst war Schimmlings Bruder, daher sprang er glatt hinüber, wie Schimmling tat.

Sv 89

Als Wideke hinübergekommen war, sah er, wo die 5 standen, die vor ihm geflohen waren. Er sprengte stracks auf sie los. Sie wandten sich gegen ihn und griffen zur Wehre. Wideke schlug sich lange mit ihnen. Heim verhielt und sah zu und wollte nicht helfen. Da sprengte Hornboge Jarl zu Wideke und half ihm wacker. Da wurden die 5 erschlagen. Da wußte Wideke noch nicht, daß sein Schwert weg war.

(In Bern/Bonn)

Sv 90

Den andern Tag kamen sie nach Bern, als der König über Tische saß. Didrik ging hinaus zu ihnen und gab ihnen allen die Hand, nur nicht Wideke, denn er kannte ihn nicht; und er sprach nicht zu ihm. Wideke zog seinen Handschuh ab und gab ihn Didrik in die Hand. »Was bedeutet das?« fragte Didrik. Wideke antwortete: »Hiermit fordere ich dich heraus zum Zweikampf mit mir. Ich habe viel von dir sagen hören, und weit bin ich geritten um deinetwillen. Wir sind beide gleichalt. Und nun bin ich bereit, mich mit dir zu schlagen.« –
Didrik antwortete: »Ich werde solchen Frieden setzen in meines Vaters Land und meinem, daß nicht soll jeder Schalk (= Knecht) oder Schelm (Spitzbube) mich zum Kampf fordern!« – Da entgegnete Meister Hillebrand: »Halt Herr! Rede nicht so! Du weißt nicht, mit wem du redest! Und nicht weißt du, wer von euch den Sieg bekommt, ehe ihr euch scheidet! Mir scheint wahrscheinlich, daß du den Teil bekommst, der Unsieg heißt, wenn du nicht einen anderen Mann dafür stellst als dich selber!« –
Da antwortete einer von Didriks Mannen, der Renald heißt: »Das ist doch große Schande, daß jeder Knecht sich erkühnen kann, meinen Herrn zum Kampf zu fordern in seinem eigenen Land!« – Hillebrand hob seine Faust auf und schlug Renald so an sein Auge, daß er bewußtlos lag: »Du sollst mir nicht meinen Stallbruder schelten, der mich hierher begleitet hat!« – Da sprach Didrik zu Hillebrand: »Ich sehe, du bist ganz verliebt in diesen Mann! Und das soll er dir recht genießen! Noch heute soll er hängen hier vor Bern!« –
Da antwortete Meister Hillebrand: »Habt ihr ihn überwunden mit Schwertes Schlag, dann schaltet darüber, wie es euch gut scheint! Er wird sich damit zufrieden geben; doch denkt er, viel besser dabei zu fahren, und ich hoffe, er bleibt unbezwungen an diesem Tag!« –

(Der Kampf mit Didrik)

Sv 91

Da ließ Didrik seine Rüstung holen. Dann wappnete er sich, so gut er nur konnte, [– sein Schild war weiß, darauf gemalt ein Löwe aus Gold –] und band sein Schwert an seine Seite, das Nagelring hieß, und sprang auf seinen Hengst, der Falke hieß, der war Schimmlings Bruder. Dann ritt er aus Bern hinaus. Sein Vater begleitete ihn, und viele Ritter und Knappen. Wideke hatte keinen, der ihn begleitete, außer Meister Hillebrand. Wideke saß auf seinem Hengst Schimmling, und war bereit.

Sv 92

Da nahm Heim eine Goldschale, gefüllt mit Wein, trug sie zu Didrik und sagte zu ihm: »Trink Herr, Gott gebe dir Sieg den Tag!« – Didrik nahm die Schale und trank. Da nahm Meister Hillebrand eine Silberschale, trug sie zu Wideke und bot ihm zu trinken. Wideke erwiderte: »Gib Didrik zu trinken zuerst!« Da bot Hillebrand Didrik die Schale. Der war so wütig: er wollte nicht trinken. Hillebrand antwortete: »Du darfst nicht zürnen, Herr! Jetzt findest du einen *Mann* vor dir, und niemals vorher!« – Dann trug er die Schale zu Wideke. Der nahm die Schale und trank. Hillebrand sagte zu ihm: »Wehre dich nun wacker, und helfe dir Gott! Ich kann dir nun nicht mehr helfen.« – Wideke nahm einen Goldring, gab (ihn) Hillebrand und dankte ihm für seine guten Dienste.

Sv 93

Da sprach Wideke zu Didrik und fragte ihn, ob er bereit wäre. Didrik sagte Ja. Darauf stießen sie die Rosse mit Sporen und preschten los, einer gegen den andern so schnell, wie ein hungriger Falke auf Beute stößt. Wideke traf in Didriks Schild, daß die Glaffe zersprang. Didriks Glaffe blieb heil, denn sie glitt ab von Widekes Schild.
Wideke sagte zu Didrik: »Da deine Glaffe heil ist und meine entzwei, so renne wacker auf mich los! Ich will dich erwarten.« – Damit zog Wideke sein Schwert. Didrik sprengte scharf auf ihn los und meinte, ihn durch und durch zu stechen und traf mitten auf seinen Schild. Da hieb Wideke die Glaffe entzwei und ein Stück von seinem eigenen Schild.
Darauf sprangen sie von den Rossen und schlugen sich wacker, so daß einer dem andern große Hiebe gab. Wideke schwang sein Schwert auf und hieb mit aller Kraft auf Didriks Helm Hillegrim; aber der war so hart, daß das Schwert am Heft zerbrach.

Sv 94

Da sagte Wideke: »Weland-Vater, hab Gottes Zorn dafür, daß du schufst solch schlechtes Schwert, so gut wie du doch schmieden konntest! Ich hätte mich wohl gewehrt, hätt' ich ein gutes Schwert gehabt! Dies ist nun beides, Schande und Schaden, auch für dich, der das Schwert machte!« – Herr Didrik nahm sein Schwert mit beiden Händen und wollte Widekes Haupt abhauen. Hillebrand sprang dazwischen mit seinem Schild und sagte: »Herr Didrik, schenkt ihm das Leben und macht ihn zu eurem Mann! Du bekommst niemals einen tüchtigeren Gefolgsmann! Er gewann ganz allein das Schloß von 12 Kämpen, das früher du nicht gewinnen konntest mit all deinen Mannen. Und du hast große Ehre davon, daß solch ein Mann dir dient!« –

Da antwortete Herr Didrik: »Es soll gehn, wie ich vorher gesagt habe: Heute soll er gehängt werden!« – Hillebrand antwortete: »Das könnt ihr nicht tun! Er ist geboren aus Königsgeschlecht, beides, von Vaters- und Mutterseite! Handelt edel an ihm, ihr habt Ehre davon!« – Da antwortete Didrik: »Ich werde nun wirken den Frieden in meines Vaters Land, daß nicht jeder Knecht, der da kommt, mir Kampf bieten soll! Wenn ich diesen erst hänge, bin ich frei von dem Ärger, und soll dir nicht viel nützen! Geh schnell von mir fort, mir ist jetzt nicht um deine Dienste zu tun, sonst haue ich erst dein Haupt ab und dann auch seins!« –

Sv 95

Als Hillebrand hörte, daß seine Bitte nicht gewährt war, und Didrik ihn nicht verschonen wollte, da antwortete er: »Weil ihr das nicht einsehen könnt, daß ich euch rate guten Rat, so soll das Kind haben, was es verlangt!« und zog das Schwert aus seiner Scheide, gab es Wideke und sagte: »Gott verhüte, daß ich jemandem sollte untreu sein! Hier hast du dein Schwert! Wehre dich nun wacker!« –

Wideke ward froh wie der Vogel im Frühlicht, er küßte beides, Klinge und Knauf, und bat Gott um Vergebung, daß er seinen Vater gescholten. Wideke sagte zu Didrik: »Siehst du dies Schwert wohl? Das heißt Mymming! Nun will ich gerne mich mit dir schlagen, wie ein durstiger Mann nach Trank begehrt und ein hungriger Mann nach Speise!«

Damit hieb er auf Herrn Didrik ein, so häufig wie hart, und mit jedem Hieb nahm er ein Stück von Didriks Helm, Schild oder Brünne weg.

Wideke hieb so schnell: Herr Didrik konnte nichts anderes tun als sich schützen mit seinem Schild, und konnte nicht einen Schlag dagegen tun. So bekam Herr Didrik 5 Wunden.
Als Didriks Vater das sah, bat er Hillebrand, sie zu trennen. Hillebrand antwortete: »Als *ich* sie getrennt haben wollte, da wollte *er* es nicht und hätte doch Ruhm davon gehabt über alle Lande. Laßt sie's nun ausfechten! Als ich sagte, Wideke wäre ein tüchtiger Mann, da sagte er, ich löge!« –
Da sprach Hillebrand zu Herrn Didrik: »Mir scheint, dein Helm ist arg verhauen, dein Schild zerpellt, deine Brünne zerrissen, und selber hast du große Wunden! Nun wirst du dies mit Schande beenden, wo du es vorher mit Ruhm tun konntest! Nun mag Wideke richten und das gleiche Urteil dir sprechen, wie du es ihm zudachtest – außer er will es besser machen mit dir!« –
Als König Thetmar dies sah, da nahm er einen Schild und ging zu Wideke. Wideke fragte, was er wollte. »Willst du, König Thetmar, mir unrecht tun und mich hier töten, indem du in deinem Eigenreich bist und hast mehr Macht als ich? Ich habe einen Mutterbruder als König in Jütland, der ist reicher als du, der wird das wohl an dir rächen!« –
Da antwortete Thetmar-König: »Ich will dir nichts tun als Gutes. Ich will dich bitten, daß du meinem Sohn diesen Kampf erläßt. Ich sehe, daß er bald überwunden ist. Dann gebe ich dir ein gutes Schloß, eine reiche Jungfrau und mache dich zu einem Grafen!« – Wideke antwortete: »Ich will das nicht tun! Er soll das gleiche Urteil haben, das er mir zugedacht, oder ich werde von ihm erschlagen mit großer Macht!« – Da ging König Thetmar hinweg, nachdem sein Wort nicht erhört worden war.
Nun begannen sie, sich aufs neue zu schlagen. Herr Didrik wehrte sich wacker. Wideke drang hart auf ihn ein, er hieb von seinem Helm wohl ein Drittel weg, und da folgte ein Teil des Haares mit. Das sah Hillebrand, daß Herrn Didriks Helm zerhauen war. Er sprang zwischen sie und bat Wideke, Herrn Didrik Friede zu geben, und beide Stallbrüder zu werden. »Bleibt ihr beide beisammen, dann besteht euch kein Kämpe!« – Wideke antwortete: »Um seinetwillen will ich's *nicht* tun! Eurer Bitte zuliebe will ich ihm gerne das Leben geben!« – Hillebrand legte ihre Hände zusammen und machte sie zu guten Freunden. Hierauf geleiteten sie sich, hinein in die Stadt Bern, und blieben Stallbrüder lange seitdem.

(Didriks Ritt zum Osning)

(Ritt zum Osning)

Sv 96

König Thetmar war in Bern und Didrik mit ihm und ließ seine Wunden verheilen. Ihm dienten da vier Ritter, nämlich Hillebrand, Wideke Welandssohn, Hornboge Jarl und Heim der Kleine. – Als Didriks Wunden geheilt waren, ritt er so aus Bern fort, daß keiner es wußte außer Wideke. Ihm sagte er, wohin er wollte, und sagte so: »Ich will nie wieder nach Bern kommen, ehe ich wieder so großen Ruhm gewonnen habe, wie ich jetzt Schande erlitt!« – Er ritt sowohl des Tags wie des Nachts, keiner begleitete ihn, durch große Wälder und Heiden. Den 7. Tag kam er an einen Bergwald, der OSSYEN heißt. Dort lag ein Schloß nahbei, welches DREKANFILS hieß. Das Schloß gehörte einem König, *Drocian* hieß er; der war nun tot. Die Königin überlebte ihn mit 9 Töchtern. Damals hatte ein Kämpe sich mit der Königin verlobt, der *Ekke* hieß. Er hatte einen Bruder, der *Fasold* hieß, »der Stolze«.

Die Brüder waren so rasche Ritter, wie es sie nur geben konnte, und beide waren sie schmuck.

Herr Fasold war so tollkühn, er wollte auf keinen Kämpen mehr schlagen als *einen* Hieb; und keinen fand er, der nicht vor ihm fiel auf den ersten Hieb.

Es war auch Herrn Ekkes Brauch, zu Wald zu reiten und Tiere zu jagen; doch hatte er stets seine Rüstung bei sich, falls er einen finden könnte, der mit ihm kämpfen wollte. Nun wußte Didrik nicht, wie er durch den Wald kommen sollte wegen Herrn Ekke; denn ihm wollte er nicht begegnen, bevor er sich nicht versucht hätte mit anderen Kämpen. Die Wunden taten auch noch weh, die er von Wideke empfangen hatte.

Didrik ritt zum Wald hinauf um Mitternacht, damit Ekke ihn nicht gewahr werden sollte, und er verirrte sich im Wald. Indem kam Herr Ekke und sprach zu Didrik und fragte, wer der wäre, der da so stattlich einherritt.

(Der Kampf mit Ekke)

Sv 97

Didrik antwortete: »Hier reitet der Mann, welcher Heim heißt, Studders Sohn, mit Didrik-Königs Botschaft nach Britania in seines Vaters Land. Ich habe nichts mit dir zu tun und will dich nicht angreifen.« – Da antwortete Ekke: »Wohl magst du Heim sein, doch deine Stimme gleicht eher Didrik, König Thetmars Sohn. Bist du der Mann, von dem man spricht, dann verleugne deinen Namen nicht vor einem einzelnen Mann!« –

Didrik antwortete: »Da du so eifrig meinen Namen erfragst, so verberge ich es nicht: Ich bin Didrik, Thetmar Königs Sohn von Bern, doch habe ich keinerlei Anliegen an dich, sondern will meines Weges reiten.« – Ekke antwortete: Man hat mir gesagt, daß du üblen Unsieg empfingst durch einen dänischen Mann. Nun kannst du hier so großen Sieg gewinnen, wie du dort vertatest. Deine Waffen wurden sehr beschädigt in eurem Kampf; nun kannst du wieder unbeschädigte Waffen gewinnen, wenn du mich bezwingst!« –

Didrik antwortete: »Ich bin nicht bereit, mit dir zu kämpfen. Und wie sollten wir jetzt kämpfen, da keiner den anderen sehen kann? Wäre lichter Tag, dann könnte ich schwerlich dir Kampf versagen, obwohl ich nun nicht gleichgut gerüstet bin wie du. Ich bin immer unzag zum Kampf gewesen, wenn ich dazu gefordert ward, wie manchem bekannt ist in meinem Land, wenn das hier auch wenig erzählt wird. Doch ich will mich nicht schlagen so gerüstet!« –

Herr Ekke sagte: »Neun Königstöchter und deren Mutter, die meine Braut ist, die gaben mir diese Waffen, deshalb will ich kämpfen um ihretwillen.

Sv 98

Mein Helm ist ganz vergoldet, auch meine Brünne ist goldgeschmückt. Auf einen Schild kamen nie mehr Gold und kostbare Steine, als auf meinem sind. Ich habe kein Roß, und du reitest; darum kannst du fliehen, wenn du willst. Es wäre jedoch mannhafter, einen einzelnen Mann zu bestehen. Leider ließ ich den Hengst zu Haus. Wäre er hier, dann müßtest du dich mit mir schlagen, ob du gern wolltest oder nicht!« – Weiter sagte Herr Ekke: »Stelle dich mir, Didrik, du bist ein Edelmann! Ich habe hier ein Schwert, von dem ich dir vieles sagen kann. Das schlug derselbe Alfrik-Zwerg, der dein

Schwert Nagelring schmiedete. Er machte es lange Zeit unter der Erde, bevor es vollendet war. Er suchte in 9 Königreichen und konnte das Wasser nicht finden, in dem er das Schwert härten wollte, bis er an einen Fluß kam, der TROYE heißt. Darin härtete er das Schwert. Griff und Knauf und Handfang sind aus rotem Gold geschlagen, und die ganze Scheide ist überzogen mit Rotgold. Schwertgurt und Schließe sind auch von Gold. Das Schwertblatt ist schön geblankt und mehrfach mit Gold gemustert. Senkst du die Spitze abwärts zur Erde, so sieht es so aus, als liefe am Schwertblatt hinauf eine Schlange aus Rotgold. Hebst du die Spitze hoch, dann läuft die Schlange vom Griff zur Spitze.

Es ist so scharf, daß nichts vor ihm schützen wird. Das Schwert heißt Ekkisax. Deshalb heißt es so, weil *kein Schwert* (ekki sax) ihm gleich aus der Flamme gezogen ward, suchte man auch durch die ganze Welt. Das Schwert war gestohlen und lange verborgen. Das tat der große Schalk Alfrik-Zwerg. Er stahl es von seinem eigenen Vater und gab es einem König, der Roseleff hieß; der hatte es lange. Dann bekam es der junge Roseleff und schlug damit manchen Mann zur Hel und manchen Königssohn. Wenn du das Schwert von mir bekommst ohne Wunde, dann lasse Gott dich das wohl genießen. Ich will lieber sterben, als es sparen, wenn ich bedrängt bin.« –

Herr Didrik antwortete: »Wie kann ich mich mit dir schlagen, während ich dich nicht sehen kann? Und nicht weiß ich mehr von dir, als was ich dich reden höre. Ich habe nun beides: verlorenen Weg und noch den, der mir nachläuft, und ich bin ganz verärgert darüber. Sobald der Tag kommt, sollst du nicht länger zum Kampf mich fordern, und dann soll es dein Leben kosten, weil du so großspurig redest!«

Sv 99

Herr Ekke sagte: »Fahr nun heil und glücklich! Noch will ich dir etwas von meinem Geldgurt sagen. Darin sind 12 Pfund roten Goldes. Schlägst du mich zur Hel, dann ist das dein, dann hast du großen Ruhm gewonnen. Mein Herz brennt so heftig in meiner Brust, weil ich mich nicht mit dir schlagen kann. Willst du dich nicht mit mir schlagen um Gold und Edelstein, dann schlag dich mit mir um der neun Königstöchter und ihrer Mutter willen!« –

Herr Didrik antwortete: »Das weiß Gott: weder um Gold noch um Silber will ich mich schlagen mit dir, doch um der neun Königstöchter und ihrer Mutter Anmut und Ehre, da will ich mich gerne schlagen mit dir!«

Sv 100

Damit sprang er von seinem Roß. Herr Didrik sagte: »Hier ist es so dunkel – ich kann dich nicht sehen!« – Darauf zog er sein Schwert Nagelring und hieb in einen Stein, daß das Feuer vom Stein flog. Da erblickte er einen Ölbaum, daran band er seinen Hengst. Zugleich ward Didrik grimmig im ganzen Herzen. Nun ist nicht gut vor ihm stehen. Er stampfte so stark, daß die Steine stoben vor seinen Füßen, wohin er voranstieg. Als Herr Ekke sah, Didrik wollte sich schlagen, ward er ganz vergnügt und zog sein Schwert und hieb in den Stein, daß das Feuer vom Stein flog. Sie hatten kein anderes Licht als das Feuer, das aus den Steinen ging.

Sie traten gegeneinander an und schlugen sich so wacker, daß keiner seitdem von zwei Männern erfuhr, die so mannhaft kämpften. Und das war dort so anzusehn, wo sie hieben, einer auf die Waffen des andern, als wäre ein funkelnd Feuer gewesen. Und derart knallte es im Walde von ihren Schlägen, als wenn der Thorsdonner kracht. Sie hieben den Harnisch einer vom andern – da war noch keiner von ihnen wund.

Herr Ekke hieb auf Hillegrim so, daß Didrik zu Boden fiel und die Sinne ihm schwanden. Herr Ekke warf sich gleich über ihn, griff ihm um seine beiden Arme, hielt ihn hart und sagte: »Ich werde dich entweder binden, oder du sollst nicht länger leben. Gib rasch deine Waffen auf! Ich werde dich mit mir nach Hause führen und lasse die Königskinder dich sehn, die heute mich rüsteten.« Herr Didrik antwortete: »Ich will jetzt lieber hier sterben, als daß die neun Königstöchter und deren Mutter mich sollten gebunden sehn, und ich würde dann verspottet von allen Frauen und Mädchen, solange ich lebe!« – Nun wurden Didriks Hände frei, er griff Herrn Ekke um den Hals, und sie rangen lange Zeit.

Sv 101

Das sah Herrn Didriks Hengst Falke, daß sein Herr in großer Not war. Er zerriß den Zaum, lief hin zu Herrn Ekke, hob seine beiden Vorderläufe auf und schlug mit aller Kraft auf Herrn Ekkes Rücken, daß der beinah zerbrach. Da kam Didrik auf und hieb gleich auf Herrn Ekkes Hals, daß das Haupt abging. Dann legte er seine

Rüstung ab, waffnete sich mit Herrn Ekkes Rüstung und band sich dessen Schwert Ekkisax zur Seite.

Sv 102
Er stieg auf sein Roß und ritt aus dem Wald, da war lichter Tag. Dann ritt er zum Schloß, und es sah so aus, als wäre er Herr Ekke gewesen. Die Königin stand in einem Turm. Sie sah Herrn Didrik reiten und meinte, es wäre Herr Ekke. Sie ward ganz vergnügt, ging zu ihren Töchtern und sagte zu ihnen: »Ich bringe gute Nachricht! Herr Ekke ging gestern Abend von hier fort; nun kommt er zurück und reitet ein schönes Roß. Also hat er nun Sieg über einen Kämpen gewonnen!« – Dann kleideten sie sich in Gold und Seide und gingen hinaus ihm zu. Da sahen sie wohl, das war nicht Herr Ekke. Als die Königin Ekkes Waffen sah, wußte sie, daß er tot war; denn er pflegte sie keinem zu leihen.

Sv 103
Da weinte sie bitterlich, daß sie beinahe in Ohnmacht sank. Dann gingen sie wieder hinein. –
Als Herrn Ekkes Dienstmannen gewahr wurden, daß ihr Herr tot war, legten sie ihre Rüstungen an und wollten ihn gerne rächen. Herr Didrik ritt davon, so schnell er nur konnte, so viel Volk jagte dort hinter ihm her, bis er in den Wald kam. Daraufhin kehrten sie alle wieder zurück. –
Er ritt lange im Bergwald und war besorgt; denn er war da in fremdem Land und hatte ihren Herrn zur Hel geschlagen.

(**Die Begegnung mit Fasold**)

Er ritt heraus aus dem Wald. Dort traf er einen Mann, der war wohl gewaffnet. Das war Fasold der Stolze. Fasold wünschte Herrn Didrik Heil; er meinte, es wäre Herr Ekke, sein Bruder; denn er kannte seine Waffen. Herr Didrik antwortete: »Ich heiße nicht Ekke!« – Da antwortete Fasold: »Du übler Hund und Mörder! Du hast dich an meinen schlafenden Bruder herangestohlen, als du ihn erschlugst! Wäre er wach gewesen, dann hättest du das schlechtere Los gezogen; denn er war von allen Kämpen der beste!« –
Herr Didrik antwortete: »Du redest nicht recht! Er war wach, als ich

mich mit ihm schlug, und er nötigte mich dazu, ihn zu töten. Er forderte mich heraus um Gold und Silber und um der neun Königstöchter und ihrer Mutter willen, und nach aller Ritterregel, wie es sich gehörte. Deshalb stieg ich von meinem Hengst und schlug ihn zur Hel. Hätte ich das gewußt, daß er solch mannhafter Mann war, dann hätte ich nicht mir zugetraut, mich mit ihm zu schlagen! Und das magst du gewiß wissen: Ich nahm nicht seine Waffen, ehe er tot war!« –

Sv 104

Herr Fasold zog sein Schwert und hieb so auf Didriks Helm, daß der vom Roß stürzte und beinah betäubt war von dem heftigen Hieb. Herr Fasold pflegte nicht mehr zu hauen als einen einzigen Hieb auf den, der vor ihm fiel, und keinem pflegte er die Rüstung abzunehmen. Deshalb ritt er rasch seines Weges.

Als Herr Didrik sich wieder besann, stand er eilig auf und stieg auf sein Roß und sprengte hinter Herrn Fasold her, rief und bat, sich ihm zu stellen: »Bist du ein Kämpe so gut, wie man sagt, dann weiche nicht vor einem einzelnen Mann! Willst du dich mir nicht stellen, dann wirst du verrufen, wohin du auch kommst, darum daß du nicht wagtest, deinen Bruder zu rächen!« –

Herr Fasold wandte sein Roß herum. Er wollte nun lieber sich schlagen als in Verruf geraten. Sie stiegen beide von ihren Rossen, traten gegeneinander an und schlugen sich. Jeder gab dem anderen große Hiebe. Da bekam Herr Didrik drei Wunden. Herr Fasold hatte fünf, und alle schwer, und er blutete heftig. Nun sorgte er sehr um sein Leben. Deshalb gab er sich in Herrn Didriks Gewalt und bot ihm seine Dienste an, obwohl er ein untadeliger Kämpe war.

Herr Didrik antwortete: »Du bist ein vortrefflicher Mann und ein adliger Ritter. Dein Leben will ich dir gerne geben. Deinen Dienst will ich nicht haben, denn ich traue dir nicht wohl, bis ich dir den Tod deines Bruders gebüßt. Wenn du die Buße haben willst, dann will ich dir die Ehre antun, daß ich dir einen Eid schwöre und du mir einen wieder, daß wir einer dem anderen helfen, in was für Not wir auch kommen mögen, als wären wir zwei geborene Brüder, und soll jeder des andern Geselle heißen!« –

Damit begnügte sich Fasold wohl. Daraufhin schwuren sie einer dem andern den Eid, wie gesagt war. Sie stiegen dann auf ihre Rosse und ritten, was sie konnten.

Sv 105

Da wollte Herr Didrik zurück nach Bern reiten; denn er hatte großen Preis errungen.

Am Abend kamen sie an eine Stätte, die *Adinsela* heißt. Dort lagen sie die Nacht über.

(Die Riesentiere im Rimslowald)

Am Morgen ritten sie früh davon in einen Wald, der *Runslo* heißt. Dort begegnete ihnen ein Tier, das fil (Elefant) heißt. Das war beides, groß und grimm. Herr Didrik sagte zu Fasold: »Ich will mit diesem Tiere kämpfen, wenn du mir helfen willst! Und das wäre ein großer Ruhm, wenn wir es überwänden!« –

Fasold (antwortete): »Ich habe so große Wunden, dieselben, die ich von dir empfing, und das Blut ist mir stark ausgelaufen, deshalb traue ich mich nicht, dir groß zu helfen. Doch streitest du mit diesem Tier, dann meine ich, daß du niemals in größere Not kamst!« –

Sv 106

Didrik antwortete: »Bekomme ich keine Hilfe von dir, dann helfe mir der, auf den ich vertraue! Ich will dieses Tier töten, wie es mir auch gehe, wohl oder übel!« – Didrik band sein Roß an einen Ölbaum (an eine Buche), ging stracks auf das Tier los und hieb darauf mit seinem Schwert, und dieses biß gar nicht. So schlug das Tier ihn zu Boden mit seinen Vorderfüßen. Als Fasold Didrik in dieser Not sah, sprang er sogleich von seinem Roß und lief und wollte Didrik helfen und fand nicht die Stelle, wo er sich (zu)traute, dem Tier eine Wunde zu schlagen. Da sagte er zu Didrik: »Du kannst nirgends das Tier wund machen, außer du kannst es in den Nabel stechen, während du so darunter liegst.« –

Falke, der gute Hengst, sah Herrn Didrik in großer Not, riß sich los, lief zu dem Tier und schlug es so stark auf die Lenden, daß es fast umfiel. Indem stach Herr Didrik dem Tier das Schwert beim Nabel hinein, hinauf bis zum Heft und lief so unter dem Tier weg, und das Tier fiel tot zur Erde. Fasold hatte dem Tier manchen Hieb gegeben und wollte Herrn Didrik helfen; doch das (Schwert) biß nicht darauf. Dann ritten sie davon.

(Der Mann im Drachenmaul)

Sv 107

Als sie durch den Wald kamen, sahen sie einen Flugdrachen, der war ganz grimm und wunderlich. Er hatte großen Körper, große Beine, lange scharfe Klauen und große Augen. Er flog dicht über die Erde hin. Und wo er in die Erde griff mit seinen Klauen, da war es, als wäre mit dem Pflugeisen geschnitten. Er hatte im Schlund einen gewappneten Mann, die Füße drinnen bis an die Schultern, die Hände waren innen in den Unterkiefern. Und der Mann lebte! Er sah die zwei reiten und sagte zu ihnen: »Gute Burschen, helft mir! Dieses grimme Tier griff mich, da ich schlief auf meinem Schild. Wäre ich wach und in Waffen gewesen, dann hätte es mir nicht geschadet!«

Sv 108

Didrik und Fasold sprangen von ihren Rossen, liefen zum Drachen und hieben auf ihn ein. Didriks Schwert biß etwas, doch Fasolds gar nicht. Der Drache war stark und stur (groß), doch hatte er nicht die Kraft, zu fliegen, und kam auch nicht dazu, sich zu wehren wegen dessen, den er verschlungen hatte.

Sv 109

Da sah der Mann, den der Drache verschlungen hatte, daß Fasolds Schwert nicht auf ihn biß, und sagte zu Fasold: »Nimm mein Schwert in den Drachenkiefern! Das zerschneidet alles, woran seine Schneide kommt, wenn der Kerl taugt, der es führt!« Fasold sprang vor mit großer Kraft und nahm das Schwert aus den Drachenkiefern.
Da sagte der Mann, der im Drachen war: »Meine Beine sind tief unten in des Drachen Schlund. Deshalb hau vorsichtig, daß ich nicht wund werde von meinem eigenen Schwert! Und nun tüchtig zu, gute Burschen! Denn der Drache drückt mich so fest mit seinen Kiefern, daß mir Blut läuft aus Nase und Mund!« –
Darauf hieben sie auf den Drachen, bis er tot war. Sintrams Schwert biß auf ihn so, wie das schärfste Bartmesser bisse in einem Bart. So wurde der Mann frei aus dem Maul des Drachen.

Sv 110

Er sagte zu ihnen: »Nun hätte ich euch das wohl zu lohnen, denn ihr erlöstet mein Leben von diesem üblen Troll. Doch eine Bitte bitte ich euch: Gebt mir mein Schwert wieder!« – Da sagte Didrik zu ihm: »Guter Bursch, was für ein Mann bist du, und aus welchem Geschlecht? Und wohin willst du fahren?« – Er antwortete: »Ich heiße *Sintram-Jarl*, mein Vater heißt Ragbald und ist Jarl in Wenden. Dort bin ich geboren. Und ich zog aus, meinen Blutsfreund Hillebrand zu treffen und seinen Herrn Didrik. Ich bin nun elf Tage geritten, so daß ich und mein Roß müde waren, und legte mich deshalb, um zu ruhen. Da kam der Drache und packte mich, wie ihr saht!« –

Sv 111
Didrik antwortete: »Guter Bursch, wir wollen dein Schwert dir wiedergeben und alles, was du hattest. Du hasts gut getroffen; denn du hast mich nun gefunden: Didrik hier vor dir! Begleite mich heim nach Bern, dort wird dir ein guter Empfang!« –

(Am Aldenfils)

Dann suchten sie im Wald und fanden seinen Schild. Als sie zwei Tage nach dem Roß gesucht hatten und fanden es nicht, trennten sie sich, jeder seinen Weg zu suchen.
Didrik kam zu einer Burg, die *Aldinfils* heißt. Dort stand das Roß mit Sattel und Zaum. Des Grafen Mannen hatten es im Wald gefunden. Didrik bat, ihm das Roß zu geben, und sagte, wem es gehörte. Der Graf sagte nein. Didrik forderte, ihm das Roß im Guten zu geben, »oder es kostet dich zehn Rosse und mehr, dazu Leben, Land und Reich!« –
Als der Graf hörte, wie kühn der Mann sprach, und hatte kostbare Waffen, da fand er, es wäre ein adeliger Kämpe, und sagte zu ihm: »Ich will dir aus Freundschaft das Roß zurückgeben. Ich sehe, du bist ein Edelmann und kühn an unbekannter Statt! Hier hast du auch einen Goldring, den will ich dir geben. Bist du Didrik von Bern? Dann sage mir das!« – Didrik antwortete: »Meinen Namen will ich nicht leugnen. Ich bin Didrik, König Thetmars Sohn von Bern. Lebe gesund und glücklich, und hab Dank für deine Gabe!« – Der Jarl wünschte ihm gute Fahrt.
Herr Didrik brachte das Roß zu Sintram, da trafen sie sich alle drei und ritten dann wieder heim nach Bern.

(Widekes und Heims Feindschaft)

Sv 112

Eines Tages saß Herr Didrik bei Tisch neben seinem Vater, und manche Edelleute mehr. Heim der Kleine schenkte vor ihm ein und hatte eine Goldschale auf seiner Hand. Didrik nahm sein Schwert Nagelring, gab es Heim und hieß es ihn behalten für seine Dienste: »Ich gönne das Schwert keinem besser als dir. Es war in schwerer Prüfung, als ich jetzt jüngst von Bern fortritt.« – Heim dankte seinem Herren sehr, auch alle die Edelleute, welche dabei saßen. Nicht aber Wideke Welandssohn. Er sagte:
»Nun ist Nagelring schlecht angekommen! Es hätte einem untadligen Mann gebührt!« – Und er sagte zu Heim: »Ich hätte ebenso gern ein Weib als Hilfe wie dich; denn du handelst übel gegen mich! Wir schlugen uns, zwei gegen fünf; du verhieltest und sahst zu und wolltest uns nicht helfen. Wenn ich dazu komme, dir das zu vergelten, dann soll das nicht versäumt werden!« –
Didrik antwortete: »Das wäre große Schande, daß du deinem Stallbruder nicht helfen wolltest, während er in Not stand! Du wärest wert, daß ich dich hängte draußen vor Bern! Geh aus meinen Augen und laß mich nie mehr dich sehen!« – Da ergrimmte Heim, ging seines Wegs zur Tür, nahm sein Roß und Waffen und ritt seines Weges bis an einen Wald, welcher Falster heißt. Dort war ein Waldräuber, der Ingram hieß, bei dem blieb er lange. Dieser Wald lag zwischen Dänemark und Sassen.

Sv 113 = Räuber überfallen Kaufleute: entfällt

(Detzlef der Däne)

(Detzlefs Jugend)

Sv 114

Ein Ort liegt in Schonen, der Thummatorp heißt. Dort wohnte ein Mann, der Biterulf hieß. Seine Ehefrau hieß Oda. Sie war Tochter des Jarls von Sassen. Sie hatten einen Sohn, der Detzlef hieß.

Sv 115
Biterulf war der beste Kämpe, den es in Dänemark gab. Sein Sohn wuchs auf, männlich und stark. Er liebte Ritterschaft nicht sehr, allezeit war er im Kochhaus. Ungern wollte er mit seinem Vater reiten, und keinem Herren wollte er dienen. Deshalb liebten Vater und Mutter ihn wenig und nannten ihn einen Toren und Wechselbalg. Oft genug sah er Ritterspiele – er gab nicht darauf acht. Niemals wollte er seinen Kopf waschen oder kämmen, sondern er lag in der Asche.

Sv 115b – 122a = Detzlefs Jugend und Ausritt: entfällt

(Detzlefs Fahrt nach Bern/Bonn)

Sv 122
Damit ritt Detzlef seines Weges. Als er nach Sassen kam, traf er einen Mann, der aus Bern geritten kam. Detzlef fragte: »Kennst du Didrik von Bern? Und ist er daheim?«
»Ich kenne ihn gewiß«, sagte er. »Er ist König Thetmars Sohn und ist der Oberste aller Kämpen an Tapferkeit, Mildheit und Freundlichkeit. Er ist auch grimm gegen seine Feinde. Didrik ist nicht daheim, er ritt nach ›Rom‹, wie sein Ohm ihn eingeladen hatte, König Ermenrik.«
Detzlef fragte nach dem Weg dahin. Der Mann antwortete: »Didrik ritt nach Wenden und darauf nach ›Rom‹«. Detzlef gab ihm einen Goldring, bevor sie sich trennten.

Sv 123
Detzlef wollte nicht zu seinem Muttervater reiten. Er nahm den gradesten Weg, der nach »Rom« lag. Er kam zu einem Schloß, das FRITILA heißt, das besaß Herzog Ake, König Ermenriks und König Thetmars Bruder. Dort fand er Didrik von Bern vor sich.

(Detzlef wird Didriks Mann)

Didrik fragte, welches sein Name wäre. Er sagte, er heiße Wildenrik, Söres Sohn von der Wellands-Harde in Dänemark. Didrik fragte: »Wohin willst du fahren, da(ß) du hierher kommst?«

Detzlef antwortete: »Ich will einem mächtigen Fürsten dienen, das ist mein Anliegen, und sein Stallbursch sein und seine Rüstung pflegen. Könnte ich Didrik von Bern finden, ihm wollte ich dienen am allerliebsten.« – Wideke und Heim waren bei Didrik.
Detzlef fragte, was ihre Namen wären und wer ihr Anführer. »Nehmt es nicht übel, daß ich so unbedarft frage; denn ich bin erst kürzlich von Hause geritten und habe wenig gute Sitten gesehen ...«
Wideke antwortete: »Du hast nicht übel geredet. Hier kannst du nun sehen Didrik von Bern und einen mit ihm, der Heim heißt, und weitere Edelleute. Willst du ihm dienen, dann bist du willkommen!« –

Sv 124
Detzlef ging zu Didrik, brachte ihm den Heilgruß und sagte: »Das ist gut, daß ich nicht länger nach dir suchen muß, und ich biete dir meine Dienste an.« –
Didrik nahm sie an und befahl ihm, über seine Rosse und Rüstungen zu wachen.
Am zweiten Tag darnach ritt Didrik nach »Rom«, und Herzog Ake und 20 Ritter mit ihnen. Dort waren vor ihnen viele Häuptlinge. Didrik und der Herzog gingen aufs Schloß, Detzlef blieb im Gutshof mit ihren Rossen und Rüstungen.

Sv 125–129 = Detzlefs Exzesse: entfällt

Sv 130
Didrik dankte Ermenrik-König und ritt dann heim nach Bern. Detzlef begleitete ihn und weitere gute Helden.

(Kurznachrichten aus Bern/Bonn)

Wenige Tage (darnach) kam dahin ein junger Mann geritten der hieß Amlung; denn sein Vater war bei Didrik, der hieß Hornboge. Er war Didrik willkommen, und sie sind nun 9 Gesellen in Bern.

Sv 131
König Thetmar wurde krank und starb, gleich nachdem Didrik heimgekommen war. Da wurde Didrik König über Bern und über das ganze Reich, und wurde gepriesen in der ganzen Welt. Eines Tages, als

König Didrik über Tisch saß, kam da ein Mann hereingegangen, der war groß und stark. Nicht war er wohl ausgestattet mit Waffen oder Kleidung. Er grüßte den König höflich. Der König hieß ihn willkommen sein. Der König fragte: »Was für ein Mann bist du?« – Er antwortete: »Ich heiße WILDEFER, ich bin geboren im Humlunga-Land. Ich will gerne euch dienen, wenn ihr es annehmt. Der König antwortete: »Willst du gut dienen, dann will ich deinen Dienst haben, wenn das auch meine übrigen Edelherrn wünschen.« Wideke antwortete: »Nehmt ihn zu euch, er kann ein guter Held werden!« Da sagte er dem König seinen Dienst an. Der König hieß ihn zu Tisch sitzen. Er streifte seine Ärmel auf und wollte seine Hände waschen; da bekamen sie an seinem Arm einen großen Goldring zu sehen. Wideke sagte: »Dieser Mann kann aus gutem Geschlechte sein, wenn er auch nicht gut gekleidet ist.« – Der König gab ihm gute Kleider, Roß und Rüstung, und daraufhin schien er ein schmucker Mann. Er diente dem König gut, und Wideke liebte ihn mehr als jeden andern von des Königs Gefolgsleuten.

Sv 132

König Didrik hörte von einem Mann, der HERBRAND (Herr Brand) heißt, den manche den »Weitgereisten« nennen; denn er war ein Länderbefahrender.

Er war bei vielen Fürsten gewesen am Nordmeer und in Griechenland. Er kann viele Sprachen, und seither ist er ein mächtiger Kämpe. Er kam zu Didrik und wurde sein Mann und sein Rat; denn er war ein kluger Mann. Er führte des Königs Banner lange seither.

(Die Ostkönige)

(König Osantrix)

Sv 133

In dieser Zeit war großer Unfriede zwischen Osantrix-König und Attala-König, und sie gewannen umschichtig den Sieg. König Attala hatte sehr sein Reich vermehrt, und alle hatten ihn gern und wollten ihn keinesfalls missen.

Osantrix-König hatte ein anderes Wesen in seinem Alter als in seiner Jugend. Das Volk wollte ihm wenig wohl, und besonders seine eigenen Ritter und Junker, welche Lehen von ihm hatten; denn er

legte selbst ihnen Abgaben auf, und die, welche Lehen hatten, führten niemals so viele Gelder ab, daß es ihm genügte. Da wußte keiner, wo das blieb. Hunger und Durst hatten sie genug an seinem Hof. Wenn er nicht Krieg hatte, schatzte er schwer sein eigenes Land und brachte das Eigentum anderer Männer an sich und seine Verwandten. Das war, wenn er daheim war, seine Hauptbeschäftigung. Wenn er im Krieg war, baten alle zu Gott, daß er niemals zurückkäme.
Zwei Riesen begleiteten ihn; der eine hieß Unulf und der andere Awidtro. Den dritten Riesen sandte er zu Isung-König, der hieß Odgeor. Er lag in einem Wald, König Isungs Land zu hüten.

(Didrik hilft Attala)

Sv 134
Attala-König sandte Botschaft an Osantrix-König und bot ihm Freundschaft und Liebe an. Er bekam die Antwort, Osantrix wolle sein Freund nicht sein. Daraufhin sandte König Attala Botschaft an Didrik von Bern und bat ihn um Hilfe.
König Didrik antwortete so: »Gerne will ich ihm helfen, was ich kann!« und machte sich gleich bereit. Er ritt aus Bern mit fünfhundert Rittern und allen seinen Kämpen. Er kam zu Attala-König, da hatte der ein Heer versammelt. Darauf zogen sie hinein ins Wilzen-Land und brannten und heerten Burgen und Flecken und schlugen viel Volk zur Hel, und viele entflohen.
Da kam Osantrix König ihnen entgegen mit einem großen Heer, und sie begannen mannhaft zu streiten. Da stürzte manch rascher Held. Herr Brand reitet voraus mit Herrn Didriks Banner und haut zu beiden Händen. Mancher stürzte tot vor ihm. Herr Didrik reitet hinter ihm mit seinen Kämpen. Sie streiten mit großem Sturm und erproben ihre Schwerter an harten Helmen und starken Brünnen. Herr Didrik und seine Eigenkämpen tun auch großen Schaden, reiten mitten durch das Heer, hauen Männer und Mähren und werfen einen tot auf den andern. Und keine Schar hält stand vor ihnen, wo sie hinkommen.

Sv 135
Da kam ihnen entgegen der starke Riese Widulf-mit-der-Stange. Wideke war da der vorderste von Didriks Mannen. Der Riese schlug

auf ihn mit seiner Eisenstange, daß er von seinem Roß zur Erde stürzte.
Das sah Heim der Kleine, er griff gleich Widekes Schwert Mimung und kümmerte sich um Wideke nicht mehr. Osantrix' Volk geht tapfer vor, und es entsteht großer Männerfall. Herr Didrik trieb seine Mannen voran und hieß sie einhauen mit höchstem Mut: »Lehrt die Wilzenmannen unsere großen Hiebe kennen!« – Da wurden seine Mannen noch wütiger als zuvor und sprengten jeden Trupp, auf den sie trafen. Jetzt floh Osantrix-König, und es blieben dort von den Seinen 500 Tote zurück. Von König Attalas Mannen waren 300 tot.
Da kam Herding, Osantrix' Bruderssohn, dahin, wo Wideke lag. Er erkannte Widekes Schild. Deshalb ließ er ihn binden und flüchtete, was er konnte, und führte ihn mit sich fort.
So gewann Osantrix König Unsieg, und jeder fuhr heim in sein Reich. Osantrix-König ließ Wideke in den Turm werfen.

Sv 136–143 = Wildefer befreit Wideke: entfällt

(Der Zug gegen Jarl Rimstein)

Sv 144
Da kam König Ermenriks Botschaft zu König Didrik von Bern, er sollte nach »Rom« kommen mit all der Macht, mit der er auf der Stelle kommen könnte. König Didrik machte sich bereit mit 5 Hundert gewappneten Mannen außer seinen eigenen Kämpen.
Da sprach Wideke zu Heim: »Gib mir mein Schwert Mimung wieder!« – Heim antwortete: »Leihe es mir für diese Fahrt! Wenn wir heimkommen, soll es deins sein!« – Wideke war damit wohl zufrieden.
König Didrik ritt nach »Rom«. König Ermenrik traf ihn mit 6 Tausend raschen Mannen. Nun ritten diese zwei Könige ein in das Land eines Jarls, der *Runsten* hieß. Der lehnte es ab, König Ermenrik Schatzung zu geben. Sie verbrannten und verheerten sein Land und erschlugen dort manchen Mann. Sie kamen vor ein Schloß, welches GERIMSHEIM genannt wird, verbrannten alle Gebäude dort rings herum und schlugen ihre Zelte vor dem Schlosse auf, König Didrik auf der einen Seite, König Ermenrik auf der andern. Sie lagen

dort zwei Monate lang davor und konnten das Schloß nicht gewinnen.

Sv 145

Eines Tages ritt der Jarl aus dem Schloß selbsechst und wollte sehn, ob ihre Wächter schliefen oder wachten. Er hatte dazu erst innen hinter dem Tor seine Mannschaft gewappnet und wollte sich heimlich über sie hermachen, wenn er seine Gelegenheit ersehen hätte.
Als er voraus kam, begegnete ihm einer von König Didriks Wächtern, das war der starke Wideke. Als der Jarl seinen Feind sah, sprengte er sofort auf ihn los, dann zogen sie ihre Schwerter und hieben auf Wideke ein. Sie waren 6 und er war einer. Wideke wehrte sich mannhaft und hieb mit seiner Kraft auf des Jarls Helm und spaltete ihm Haupt und Brust, so daß (das Schwert) im Gürtel stand. Da fiel der tot zu Boden. Seine Diener flohen zum Schloß mit übler Zeitung.

Sv 146

Wideke ritt zu Herrn Didriks Zelt. König Didrik und alle seine Mannen standen draußen vor dem Zelt. Ihnen schien, Wideke hätte irgend eine Heldentat vollbracht; denn er ritt so übermütig. Sie hießen ihn willkommen und fragten ihn nach Neuigkeiten. Er antwortete: »Der Jarl ist nun tot, und wir brauchen nicht länger hier zu liegen!« –
Sie fragten, wer ihn erschlug. Wideke antwortete: »Ich bin eben der, der ihn fällte tot zur Erde!« – Heim antwortete: »Nicht brauchst du dich dessen so zu rühmen! Er war so ein alter Mann, daß ein Weib ihn wohl hätte zur Hel schlagen mögen, wenn es mit dem Schwert hätte umgehen können!« –

Sv 147

Da ergrimmte Wideke, sprang zu Heim, ergriff Mimungs Handfang und entriß Heim das Schwert; Nagelring warf er ihm vor seine Füße und forderte ihn auf der Stelle zum Kampf. Heim zog Nagelring heraus und sagte: »Ich bin bereit, mit dir zu kämpfen!« – König Didrik sprang dazwischen und mehrere Edelleute und wollten das nicht zulassen.
Wideke sagte: »Niemals soll Mimung in seine Scheide kommen, ehe er ihm den Kopf vom Rumpf getrennt hat! Deshalb, weil er mich oftmals feindselig behandelt hat, wie er auch tat, als ich lag zu Boden

geschlagen im Wilcinaland. Damals konnte er mir wohl geholfen haben, so daß ich nicht ergriffen worden wäre! Er tat, wie wenn er mein Feind wäre und raubte mir mein Schwert weg! Deshalb will ich, daß er seinen Lohn bekommt! Dafür ist es so gut jetzt wie ein andermal!«

Herr Didrik sprach mit Heim, strafte ihn dafür und hieß ihn Wideke Abbitte tun. Darauf schwur Heim einen Eid, daß das Scherz und Schnack von ihm war, was er zu Wideke geredet, und nicht Hohn oder Haß – und damit blieben sie verglichen.

König Didrik fragte Wideke: »Wolltest du den Tod des Jarls?« – »Ja!« sagte Wideke, »er kam auf mich selbsechst, und als er erschlagen war, flohen die fünf.« – König Didrik sagte: »Du sollst dafür großen Lohn haben und meine Liebe. Du bist ein tüchtiger Mann und ein vorzüglicher Kämpe!« –

König Didrik sandte eine Botschaft zu Ermenrik-König und ließ ihm sagen, daß der Jarl tot war. Als der das erfuhr, ließ er in alle seine Ludren blasen, waffnete all sein Volk und stürmte stracks zum Schloß so lange, bis die Mannen des Jarls das Schloß übergaben, indem sie abzogen mit Harnisch und Habe. König Ermenrik übernahm das Schloß und setzte dazu als Hauptmann Walter von Waskensten, seinen Schwestersohn. Darauf ritten beide Könige heim in ihr eigenes Land.

Sv 148–160 = Sigfrids Eltern und Jugend: entfällt
Sv 161 = Von König Aldrian und Hagen: entfällt

(Der Zug ins Bertangaland)

(Fest in Bern)

Sv 162

König Didrik ließ richten ein großes Gastmahl sich und seinen Mannen zur Freude und lud dazu ein alle die Obersten, die in seinem Reiche waren, Fürsten und andere Edelleute. Da wurde ihm gesagt von einem mächtigen Kämpen, der hieß Gunter, König Aldrians Sohn. Daraufhin bat er ihn zu Gast, und seine Brüder Gernholt und Hagen. Sie kamen dorthin, und sie wurden wohl empfangen. Dann saßen Didrik, Gunter und Hagen, Hillebrand und Hornboge Jarl alle auf einer Bank, und zu seiner linken Hand saßen Wideke, Amlung, Detzlef Danske, Stolzer Fasold, Sintram von Wenden, Wildefer, Herr Brand Weitgereist, der Weise, und Heim der Grimme.

(Didriks Kämpen)

Sv 163
Didrik-Königs Schild war gemalt mit roter Farbe, und darauf gezeichnet ein goldner Löwe. Seit er König ward über Bern, führte er eine goldene Krone auf des Löwen Haupt. Dazu führte er es auf all seinem Banner und auf all seinen Waffen. Daran war er kenntlich, wo immer er ritt. Das bedeutet so viel: Wie der Löwe grimmig war über alle Tiere, so war er grimmig über alle Menschen, und alle waren bange vor ihm und vor seinem Wappen. Das war damals Brauch, daß wer den Löwen führen wollte, der durfte niemals fliehen.

Sv 164
Hillebrand der Alte hatte Schild von derselben Farbe wie Didrik. Darin stand ein Schloß, Bern nachgezeichnet. Das führte er auf all seinen Waffen. Das bedeutete, daß er niemals verleugnen wollte, daß er König Didriks Mann war. Niemals kam er in so große Not.

Sv 165
Wideke Welandssohn. Er hatte weißes Haar wie eine Lilie und dicht und hübsch gelockt, und ein weißes Antlitz. Sein Leib war weiß wie Schnee. Seine Augen waren scharf und grimm anzusehen, wenn er zornig war. Dann war sein Antlitz rot wie Blut. Er war dick (stark) und breit, in der Mitte schlank, wohlgewachsen an all seinen Gliedern. Er war so groß: wenige reichten ihm weiter als bis an die Achsel. Jedermann sagte, er wäre schön gewachsen. Er war still in seiner Freude, wenn er bei seinen Freunden saß – unter großen Herren war er wortkarg. Bei Thing und Versammlung konnte er wohl reden, für sich, bescheiden vor seinen Freunden. Wenn er im Kampf war, dann geschah niemals so großer Schaden, daß es ihm irgend leid darum war. Er war durch und durch stark.
Seine Rüstung war ganz weiß. Sein Schild war rot, darin standen ein Hammer und eine Zange, und drei Karfunkelsteine. Das bedeutete sein mütterlich Teil. Auf seinem Helm lag ein goldener Wurm,

welcher »Schlange« genannt wird, der ist stets voller Gift. Das bedeutet seinen großen Hoch-Mut und Zorn. Auf seinem Banner hatte er gleiches Wappen, und auf all seiner Rüstung. Daran war er kenntlich, wo immer er ritt.

Sv 166

Hornboge Jarl hatte weißes Antlitz. Er war ein schöner Mann, wohlgewachsen und stark. Er wurde ein Mittelmann genannt; denn er war immer zwischen großen Männern. Er konnte gut spielen (umgehn) mit Schild und Schwert und Spieß. Er war ein guter Bogenschütze. Er war ein rascher Reiter. Er schied sich niemals mit Unehre von seinem Roß. Er hatte den schnellsten Verstand. Auf Thing-Versammlungen konnte er gut reden, so daß alle ihn rühmten. Kühn in allen Spielen.

Sein Schild war braun. Darin stand ein goldener Falke, und zwei Vögel fliegen vor ihm. Das bedeutet seine Ritterschaft. Er war so scharf hinter seinen Feinden her wie der Falke hinter andern Vögeln. Braune Farbe ist auf seinem Wappen. Er war weise und reich, und viele Sagen gingen über ihn um. Denn er hatte ein weites Reich und große Burgen. Deshalb sandte Didrik seinen guten Freund Hillebrand nach ihm aus und Heim den Kleinen.

Sv 167

Amlung, sein Sohn, war ähnlich seinem Vater. Sein Schild war von der gleichen Farbe. Darin stand ein Falke, und zwei Vögel fliegen vor ihm. Er war unbesonnen, wenn er kämpfen sollte, er wollte entweder schnellen Sieg haben oder den Tod. Er wollte gerne gelobt werden. Er war freundlich und mildtätig gegen jedermann.

Sv 168

Sintram von Venedi (Wenden) hatte ein schönes Gesicht, hübsche Augen, weißes (= weißblondes) Haar gelockt, langen Hals. Sein ganzer Körper war weiß. Er war lang und schmal. Er hatte schöne Hände und Füße. Er war schnell und stark und ein großer Kämpe. Er war vergnügt und trank gerne, war freigebig und betriebsam.

Sein Schild war grün wie Gras, darin stand ein brauner Drache mit roten Füßen. Das deutet darauf, daß er im Maul des Drachen lag, und viel hatte er das Herrn Didrik von Bern zu danken, der ihn daraus erlöste. Er hatte ein Schwert, das war grün anzusehn. Kein Schwert war schärfer. Banner und Rüstung waren ganz und gar grün.

Sv 169

Fasold war *Herrn Ekke*, seinem Bruder, so gleich, daß keiner den einen vom andern unterscheiden konnte, solange Herr Ekke lebte. Fasold hatte weiß(blond)es Haar und nicht gelockt, breites Gesicht und roten Bart. Schöne Augen, kurzen Hals und dicken, schön breit an seinen Schultern, schöne Hände und Füße. Er konnte gut (umgehn) mit Schild und Schwert. Er war hochmütig und schroff und prahlte gerne mit Waffen und Kleidern; wortkarg und streitlustig und nachtragend, ehrgeizig und vorzüglich in allen Spielen.
Sein Schild war golden. Darin stand ein roter Löwe und keine Krone. Das bedeutete: er wollte lieber sterben als fliehen.

Sv 170

Detzlef der Däne hatte braunes Haar, und nicht gelockt. Er hatte großes Gesicht, eine große Nase und dünn, auch scharfe Augen und war schön anzusehn. Nicht weiß; wenn er zornig war, da war er bleich wie Asche. Er war lang und dick und stark. Er war jederzeit vergnügt und zutraulich mit jedem Kind und lustig. Er ist ein kecker Sprecher vor Herren und Fürsten und kühn in allen Spielen, so daß sich kaum seinesgleichen fand. Hart und grimm gegen seine Feinde in Schlacht und Zweikampf.
Sein Schild war blau; darin stand ein goldener Elefant. Deshalb führte er dieses Wappen, weil Sigurd den Elefanten zu reiten pflegte, mit dem Detzlef kämpfte und den er überwand, als er zum ersten Mal ausritt.

Sv 171

Wildefer der Hochgemute. Sein Gesicht war bleich und lang, wohlgestaltet, hakennäsig. Er war groß und breitschultrig und wohlgewachsen. Weiße, schöne Hände hatte er und dicke, starke Arme. Er war der schnellste aller Männer und vollkommen in allen Spielen, von gutem Verstand, weise und freundlich, kühn, klug, höflich und überlegt, hart im Kampf und siegreich.
In seinem Schild stand ein Eber und ein Bär in roter Farbe, und der Schild war golden. So war seine ganze Rüstung. Damals führte er deshalb einen Willegalt, das heißt auf deutsch Wildeber, weil er so genannt wurde. Er war niemals bei seinen Verwandten oder in seinem väterlichen Land, sondern er war bei ausländischen Fürsten. Den Bären führte er deshalb in seinem Schild, weil eine Bärenhaut ihm dazu half, Wideke aus dem Turm zu befreien.
Seinen Schild kann man weithin erkennen.

Sv 172
Brand der Weitgereiste hatte ein braunes Gesicht, blaß und mager, einen braunen Kinnbart zweigeteilt, langes Gesicht, schnelle Augen. Er war nicht sehr schön. Sein Antlitz war grimmig anzusehn. Er war groß und stark und wohlgewachsen. Er konnte gut zu Pferde sitzen. Er war verständig, redete gern kühn und war vollkommen in allen Spielen.
Sein Schild war rot, darauf gemalt eine leuchtende Flamme. Er war beides, rasch und rüstig.

Sv 173
Gunter König hatte lockiges Haar, lockigen Bart und weißblond, breite Schultern, war groß und stark gewachsen und der beste Ritter, mannhaft, wenn er zu Rosse saß. Er konnte auch gut umgehn mit Schild und Spieß und Schuß. Er war hitzigen Sinnes und unbesonnen, grimm gegen seine Feinde, sonst fröhlich und freundlich.
Auf seinem Schild stand ein gekrönter Adler, den hatte er auf all seinem Gewaffen. Denn er war geboren aus Königsgeschlecht, wie der Adler König ist über alle Vögel. Deutlich ist er kenntlich, wo er reitet, an seiner Ritterschaft.

Sv 174
Sein Bruder Hagen hatte schwarzes Haar, große Nase, tiefhängende Brauen und bleichen Bart. Sein Antlitz war auch bleich und grimmig. Er hatte *ein* schwarzes Auge. Er war groß und kräftig. Wenn er in seiner Rüstung war, war er grimm und schmuck. Er war stark und der beste Ritter, gerne mochte er kämpfen. Er war verständig, klug und wortkarg. Er hatte ein starkes Herz, war ausdauernd und geradezu. Er hatte gleiches Wappen wie Gunter, sein Bruder. Sein Schild war silbern. Damals war es Brauch, daß niemand einen silbernen Schild trug, der nicht aus Königsgeschlecht geboren war. Er führte auch einen Adler, doch ohne Krone.

Sv 175
Heim der Hochmütige. Er hatte einen blauen Schild; darin stand ein weißes Roß. Dies hatte er auf all seiner Rüstung. Das Blau bedeutet kalte Brust und grimmes Herz; denn er war der beste Ritter und Reiter, den es geben konnte.

Sv 176

Gernholt hatte das gleiche Wappen wie sein Bruder König Gunter und Hagen. Er war rasch in allen Spielen, so daß man wenig ihm gleich fand.

(Die Kunde von Sigfrid)

Sv 177

Diese saßen alle bei König Didrik, alle auf einer Bank. König Didrik sah nach beiden Seiten und sagte zu ihnen: »Große Macht ist hier zusammengekommen von diesen teuren Helden. Was für ein Mann möchte so kühn sein, daß er es wagte, hier gegen anzugehn? Hier sitzen nun 13 Männer. Wären die in Waffen und säßen auf ihren Rossen, dann möchten sie wohl in Frieden durch alle Welt reiten, so daß sie niemals ihresgleichen fänden, und keiner wäre so kühn, daß er sich traute, einen Spieß gegen sie zu recken. Wäre auch einer so kühn und unklug, daß er nicht fürchtete unsre große Macht, unsre scharfen Schwerter und harten Helme, starken Brünnen und Schilde, und raschen Rosse, die grimm sind wie sonst Löwen, und wohl es wagen, Leute zu (er)schlagen, dann würde er nicht mehr lange leben. Da antwortete Brand, der Weitgereiste: »Halt Herr! Rede nicht so! Du weißt nicht, was du sagst! Du bist noch ein Kind und redest mehr aus Übermut als aus Erkenntnis! Du läßt keinen dir gleich sein noch deinen Mannen!

Sv 178

Ich will dir sagen von einem Lande, das heißt Bertanga; darüber herrscht ein König, der Isung heißt. Er ist der tüchtigste Mann, der in allen Landen (zu finden) ist. Er hat 11 Söhne, und jeder von ihnen ist stark wie sein Vater. Er hat einen Bannerführer, der heißt Jungherr Sigfrid, der ist der größte Kämpe, den man finden kann, beides, im Einzelkampf wie im Heerkampf. Seine Haut ist hart wie Horn. Er ist so stark, er bände uns wohl alle zusammen, wenn er hier wäre. Er hat kein schlechteres Schwert, als du es hast, Herr, das heißt *Gram*. Sein Roß heißt *Grane*, das ist Falkes Bruder, Schimmlings und Rispas. Gram ist ein so gutes Schwert, es kann Helme spalten und Männerknochen zerscheren. Sigfrid hat goldlockiges Haar und Bart, breites und großes Antlitz. Seine Augen sind so grimm, daß wenige wagen hineinzusehen, wenn er in Zorn ist. Er weiß wohl mit dem Schwert zu

schlagen, mit dem Speer zu stoßen und den Bogen zu spannen, und jede Art Kampfspiel versteht er gut. Er sitzt auch fest in seinem Sattel. Er kennt auch die Vogelsprache. Er redet allezeit kühn. Es war seine Sitte, zu Kampf zu reiten und Gold und Silber zu gewinnen.
Sein Schild hat rote Farbe, darin steht ein Drache, halb braun und halb rot. Dieses Zeichen war auf all seiner Rüstung. Er führt deshalb den Drachen, weil er den großen Drachen schlug, Mymmers Bruder. Zählte man alle Kämpen her, man fände doch niemals seinesgleichen. Sein Name wird vielerorts genannt, im Norden wie im Westen, am griechischen Meer, in der ganzen Welt. Und das glaube mir«, sagte Herr Brand, »kommst du in Kampf mit ihm, dann wirst du selber sehen, daß du niemals in größere Not kamst, du und jene deiner Männer, die es lüstet, dorthin zu fahren.

Sv 179
Der König entgegnete mit großem Zorn: »Ist es so, wie du sagst von diesem mächtigen König und seinen Söhnen, und von dem rüstigen Bannermeister, dem du so großen Preis gibst, dann gehe nun stracks und waffne dich und steig auf dein Roß und nimm mein Banner in deine Hand, und ich und meine Kämpen werden dir folgen. Reite du voran nach Bertangaland! Ich werde nicht mehr schlafen in meinem Bette zu Bern, ehe ich versuche, ob jene stärker sind als wir!« –

(Der Aufbruch ins Bertanga-Land)

Herr Brand waffnete sich gleich und setzte sich auf sein Roß in all seinem ritterlichen Schmuck. Er hatte des Königs Banner in seiner Hand. Er ritt vor Didrik Königs Saal und rief laut: »Du reicher König Didrik von Bern, willst du reiten ins Bertanga-Land? Nun bin ich bereit, dir den Weg zu weisen!« –

Sv 180
Da ging Didrik zu seinem Roß und sprang in den Sattel ohne Steigreif. Das machten auch mehrere seiner Kämpen. Brand reitet nun vor ihnen, Didrik König hinter ihm selb-zwölft.
Sie ritten durch große Wälder und Heiden, wo König Didrik niemals vorher gewesen war. Sie kamen zu einem großen Wald, der nennt sich Bertanga-Wald. Da wandte Brand sein Roß und sagte zum König: »In diesem Wald liegt ein großer Riese, der Edger heißt, Bruder Widulfs

und Asplians. Er liegt hier zur Landwacht auf des Königs Weg, wovon ich euch gesagt habe. Wir haben keinen anderen Weg als durch diesen Wald, wenn du Isung König finden willst. Dieser Riese ist so stark, ich glaube, es gibt seinesgleichen nicht. Reite nun vor, wer da will! Ich will nicht durch den Wald reiten, außer wir reiten alle zusammen!« – Da antwortete Wideke Welands-Sohn: »Der König mag hier zurückbleiben und ihr alle; ich will in den Wald reiten und den Riesen um Erlaubnis bitten, daß wir weiter ziehen können. Man hat mir gesagt, wir wären verwandt. Deshalb kann es sein, daß er uns erlaubt, vorwärts zu reiten. Will er nicht, dann sprenge ich rasch zu euch zurück.«
Der König sagte, das wäre ein guter Vorschlag.

(Der Kampf mit dem Riesen)

Sv 181
Wideke ritt nun voran in den Wald. Er fand, wo der Riese lag und schlief. Er hatte dicke Beine und große Arme, einen großen Körper und großen Kopf. Zwischen seinen Augen waren zwei Ellen Abstand. Dem entsprechend war sein ganzer Wuchs. Er blies so stark, während er schlief, daß die Zweige an den Bäumen davon schwankten.
Wideke stieg von seinem Hengst und band ihn an einen Baum. Dann stieß er den Riesen mit seinem Fuß und hieß ihn aufstehen, und sich wehren. Er sagte: Schlecht bewachst du des Königs Land, wenn du so fest schläfst!« –
Der Riese erwachte und sah, daß der Mann bei ihm stand. Er fürchtete sich nicht viel vor ihm und sagte zu Wideke: »Ich schlafe zu zeiten und wache zu zeiten und fürchte mich nicht viel vor dir. Was für ein Mann bist du? Warum wecktest du mich? Ich rate dir, fahr deines Weges und laß deine großen Worte! Mir scheint das viel verlangt, aufzustehn und nicht mehr zu erschlagen als einen einzigen Mann!«
Darauf schlief der Riese weiter. Da zog Wideke sein Schwert Mimung und stieß den Riesen mit seinem Fuß so in die Seite, daß zwei Rippen in ihm zerbrachen. Der Riese sprang auf mit großem Grimm und schlug nach Wideke mit seiner Eisenstange. Der nahm sich in acht, so gut er nur konnte. Er sprang weg, und (die Stange) traf ihn nicht, sondern fuhr tief in die Erde zwischen zwei Felsen. Dort saß sie fest.
König Didrik hörte den starken Schlag. Da sagte Brand, der Weitgereiste: Jetzt schlug der Riese Wideke zur Hel! Laßt uns noch beizeiten fliehen!« –

Da schoß der Riese einen Spieß auf Wideke, und er traf ihn nicht. Nun schlug Wideke ein Stück aus dem Schenkel des Riesen, das kein Pferd mehr zu tragen vermöchte. Dann schlug er mehr Hiebe und gab dem Riesen viele Wunden. Da stürzte der Riese hin und wollte gerne auf Wideke fallen, konnte ihn aber nicht erreichen. Da sagten König Didriks Mannen, der Riese hätte Wideke erschlagen. Einige sagten: »Der Riese fiel!« –

Wideke sagte zum Riesen: »Ich werde nun dein Haupt abhauen!« – Der Riese antwortete: »Ich will dir Gold und Silber geben, so viel du nur haben willst. Und lieber Herre, laß mich leben!« – Da sagte Wideke: »Begleite mich dahin und zeige mir, wo das ist!« –

Da stand der Riese auf und war sehr matt, und viel Blut war ihm ausgelaufen. Sie gingen in den Wald, dort lag ein Stein, und ein großer Eisenring darin. Der Riese hieß ihn den Stein aufheben. »Hier ist Gold und Silber drunter!« – Wideke zog mit beiden Händen, vermochte den Stein aber nicht zu bewegen. Darauf hieß er den Riesen den Stein wegnehmen, falls er leben wolle. Da nahm der Riese notgedrungen den Stein und warf ihn weg mit einer Hand. Unter dem Stein war eine Tür, dort war ein Haus, gefüllt mit Gold und Silber. Der Riese hieß Wideke hinuntergehn und das Gold nehmen.

Wideke wagte das nicht. Er fürchtete, der Riese würde den Stein auf die Höhle legen, und dann käme er niemals davon. Er hieß den Riesen hinunter ins Haus gehn, hob sein Schwert hoch mit beiden Händen und hieb ihm das Haupt ab.

Sv 182

Wideke nahm die Zunge des Riesen und beschmierte mit Blut seine Rüstung und sein Roß. Die Zunge band er an die Mähne als Wahrzeichen dafür, daß er nicht löge. Dann stieg er auf sein Roß und jagte, was er nur konnte, auf Herrn Didrik zu. Er hielt das gezogene Schwert in der Hand und schrie, als wäre er toll: »Flieht, liebe Freunde! Der Riese hat mir üble Wunden gemacht. So tut er auch euch, wenn ihr warten wollt!« –

Als sie Widekes Ruf hörten, flohen sie allesamt davon, nur nicht Didrik von Bern. Er wandte sein Roß zu Wideke, zog sein Schwert und sagte zu ihm: »Lieber Wideke, fliehe nicht und denke daran, was wir gelobt haben, daß keiner von uns von dem anderen fliehen soll! Diesen Riesen wollen wir wohl bestehn, wenn wir beide beisammen sind!« –

Darauf sagte Wideke dem König, wie es damit war. Da lachte der König über die, welche geflüchtet waren. Nun sahen Gunter König und mehrere seiner Begleiter, welche geflohen waren, daß Wideke und König Didrik ihnen nicht nachkamen. Dadurch wußten sie, daß Wideke sie gefoppt hatte, und sie wendeten ihre Rosse.
Wideke sprach mit König Gunter und einigen von ihnen und bat sie, nicht übel zu nehmen, daß er dies getan hatte. »Ich will euch das gerne büßen mit Gold und Silber und Geld, was ihr haben wollt.« Sie antworteten alle nacheinander: »Wir wollen dir gerne zugeben, es war mehr unsere Schuld als die deine. Gott lasse uns nie mehr fliehen!« –

Sv 183
Darnach ritten sie alle durch den Wald, ritten und schauten, wo der Riese gefallen war, und sahen, wo die Stange in die Erde gefaßt hatte. Dann gingen sie zu dem Haus, in dem der Riese lag, und nahmen dort Gold und Silber und kostbare Kleinode. Das gehörte König Isung, und einiges hatte der Riese aus Dänemark bei sich.
Didrik sprach zu Wideke: »Mir scheint rätlich, wir lassen dies Gold hier liegen, bis wir zurückkommen. Wir wollen uns mit König Isung schlagen und sehen, was für einen Sieg wir bekommen. Trennen wir uns als gute Freunde, dann will ich nichts haben von seinem Gold und Geld.«

(Ankunft im Bertangaland)

Sv 184
Nun ritten sie durch den Wald hindurch. Da sahen sie hoch oben auf einem Berg eine Burg stehn. Dort schlugen sie ihre Zelte auf, draußen, dicht vor dem Schloß.
Jungherr Sigfrid stand auf der Zinne und sah diese Neuigkeit. Er ging hinein vor den König und sagte zu ihm: »Ich sah eine Neuigkeit, die, wie mir scheint, groß ist und nicht klein. Hier ist ein Zelt aufgeschlagen draußen vorm Schloß, und ich habe ein solches vorher noch nicht gesehen. Dort steht oben darauf ein großer Knopf aus Gold. Und dort steht ein zweites Zelt und ist rot, und ist auch ein goldener Knopf darauf. Das dritte Zelt ist grün. Noch stehen dort zwei Zelte, die sind beide weiß, und goldene Knöpfe darauf. Ich glaube, keiner hat kostbarere Zelte gesehen. Außen vor dem ersten Zelt hängen 13 Schilde.«

Sv 185

Der König sagte: »Kennst du welche von den Schilden?« – »Ja«, sagte Sigfrid, »ich meine, ich sollte sie kennen. Dort hing ein blauer Schild, und es stand ein Hengst darin. Das führt Heim der Hochmütige. Auf dem zweiten Schild stand ein goldener Hauk (Falk), und zwei Vögel fliegen vor ihm. Das ist einer meiner Verwandten; ich vermute, das ist Hornboge Jarl. Auf dem dritten Schild stehn Hammer und Zange und 3 Karfunkelsteine. Das führt Wideke Welandssohn. Auf dem vierten Schild steht auch ein Löwe von Gold mit Krone, den führt Didrik von Bern. Auf dem fünften Schild steht ein goldener Adler mit Krone, den führt Gunter König. Auf dem sechsten Schild steht auch ein Adler, den führt Held Hagen. Auf dem siebenten Schild steht ein leuchtendes Feuer, den führt Brand, der Weitgefahrene. Auf dem achten Schild steht ein Löwe ohne Krone; den führt Fasold der Stolze. Auf dem neunten Schild steht ein Drache, braun und rot; den führt Sintram von Wenden. Auf dem zehnten Schild steht eine Burg, gestaltet wie Bern; den führt Meister Hillebrand. Auf dem elften Schild steht ein Eber und ein Bär; den führt Wildefer. Auf dem 12. Schild steht ein Elefant; den führt Detzlef Danske. Auf dem dreizehnten Schild steht ein Hauk, den führt Gernholt, Hagens Bruder.

Nun glaube ich«, sagte Sigfrid, »daß fremde Kämpen in unser Land gekommen sind, welches Anliegen sie auch haben. Laßt mich reiten, Herr, und erfahren, wer sie sind, die so kühn ihre Zelte aufgeschlagen haben vor eurem Schloß, und so hochmütig sind, ohne euren Willen in unser Land zu kommen!« –

Der König sagte: »Ich will ihnen einen geringeren Mann senden und Zoll und Schatzung von ihnen fordern, wie es alter Brauch ist, wenn sie ihr Leben behalten wollen.« – Sigfrid sagte: »Dahin soll keiner reiten als ich!« –

(Jungherr Sigfrid)

Sv 186

Er nahm sich Waffen und schlechte Kleider und ein geringes Pferd und ritt vom Schloß ohne Sattel, als wäre er ein schlichter Bursche. Als er vor das Zelt kam, stieg er von seinem Pferd und ging hinein vor die Herren und Fürsten und sagte: »Heil sei euch, ihr guten Helden! Ich grüßte euch gerne mit jedem eurer Namen, wenn ich wüßte, wie ihr heißt.« – Sie antworteten und hießen ihn willkommen. Sigfrid fragte:

»Wollt ihr irgend Schatzung entrichten, wie hier ein altes Gewohnheitsrecht ist? Ganz gewiß will ich Königs-Schatzung von euch haben. Wollt ihr das nicht im Guten geben, so verliert ihr darüber Leben und Gut und alles, was ihr mit euch führt!« –
König Didrik antwortete: »Wir kommen nicht deshalb hierher, um deinem König Schatzung zu geben. Mein Anliegen ist: ich will mit ihm kämpfen. Sage deinem Herrn das wieder! Und bevor wir uns scheiden, soll er sagen: Helden haben ihn heimgesucht.«
Sigfrid antwortete: »Mit eurer Erlaubnis will ich euch fragen: Was sind eure Namen, und woher seid ihr gekommen? Ihr habt getan, was keiner zuvor zu tun sich traute: meinem Herrn Kampf zu bieten in seinem eigenen Land. Habt ihr nicht gehört, was für ein mächtiger Mann er ist? Gleichwohl wagt er, mit euch zu kämpfen. Nicht kümmert er sich darum, was für Männer ihr seid.«
Da antwortete Wideke Welandssohn: »Unser Anführer ist König Didrik aus Bern. Ihm folgt ein König von Niflungenland, der heißt Gunter König. Hier sind noch mehr rasche Helden, wenn ich sie auch nicht nenne. Doch was denkst du: Werden Isung König und Jungherr Sigfrid es wagen, mit uns zu kämpfen?« –
Sigfrid antwortete: »Nicht wird Isung oder Sigfrid vor euch weichen in seinem eigenen Land, wenn ihr auch aus Bern gekommen seid. Wie das auch gehen mag, so gebt immer dem König seine Schatzung, die ihr ihm mit Recht pflichtig seid! Ihr mögt das wohl billigerweise tun, das ist euch keine Schande, und ihm ist es eine Ehre.«
König Didrik antwortete: »Weil du deinen Auftrag so wacker vorträgst, werde ich ihm gewißlich Schatzung senden. Er soll eins unsrer Rosse haben und einen unserer Schilde! Darum wollen wir mit einem Würfel werfen, wer es hergeben soll!« – Sie warfen mit Würfeln. Da traf es Amlung, Hornboges Sohn. Sie nahmen sein Roß und Schild und gaben sie Jungherrn Sigfrid. Er ritt den nächsten Weg zum Schlosse hin.

(Sigfrid und Amlung)

Sv 187
Amlung reute sein gutes Roß sehr. Er sagte zu Wideke Welandssohn: »Leihe mir Schimmling, dein Roß, ich will hinter ihm herreiten!« – Wideke antwortete: »Ist das der Mann, wie ich denke, so bekommst du dein Roß nicht wieder, und du magst noch eines dazu verlieren!« –

Amlung antwortete: »Verliere ich dein Roß, dann sollst du mein ganzes Reich besitzen, das sind 12 Schlösser in Wendland. Die gab mir mein Vater, und du sollst sein Erbe sein, und nicht ich, wenn du dein Roß nicht wiederbekommst. Ich werde entweder mein Roß kriegen oder den Tod erleiden!« – Wideke gab ihm da sein Roß Schimmling.

Amlung steigt auf Schimmlings Rücken und reitet hart hinter Sigfrid her. (Alte Überschrift)

Als er ihn erblickte, rief er und bat ihn zu warten und sagte: »Ich will mein Roß zurück, ich habe weit nach Hause zu reiten!« – Sigfrid antwortete: »Was für ein Mann bist du? Warum sprichst du so kühn über dies Roß? Ich denke, du kriegst es niemals wieder!« – Amlung sagte: »Steig schnell von meinem Roß herunter, oder du sollst nun dein Leben lassen!« – Da erkannte Sigfrid Amlung und wußte, daß es sein Blutsfreund war. Sigfrid sprach da zu ihm: »Ich sehe, du willst dich um dieses Roß mit mir schlagen. Hier triffst du wohl den Mann, der sich traut, mit dir zu kämpfen; doch will ich das nur notgedrungen tun. Fährst du von mir mit Freundschaft und Liebe, dann wirst du dein Roß besser bekommen. Schlägst du dich mit mir, dann verlierst du auch das, auf dem du sitzest!« – Amlung sagte: »Ich werde mit dir kämpfen, gehe es dann, wie es mag!« – Sigfrid antwortete: »Renne nur mannhaft auf mich los; ich will nun ruhig vor dir halten.« –

Sv 188

Amlung schlug sein Roß mit den Sporen und sprengte zu mit aller Macht. Er stach Sigfrid auf seinen Schild, daß das Roß sich dabei nieder in die Fesseln bog und die Glaffe entzweisprang. Sigfrid sagte: »Wacker war das zugeritten von einem jungen Mann, und es kann sein, daß du solche Blutsfreunde in deinem Geschlecht hast, die sich wohl auf Ritterschaft verstehen. Steige nun ab von deinem Roß und gürte es fester und rüste beide, es und dich, so gut du nur kannst. Du hast dabei alles nötig, wenn du dein Roß nicht verlieren sollst!« – Amlung tat, wie er es angab. Da schlug Sigfrid sein Roß mit den Sporen und stach mit seinem dicken Spieß mitten auf Amlungs Schild und warf ihn weit hinunter. Darauf nahm Sigfrid Schimmling und sagte zu Amlung: »Noch hast du dein Roß nicht gewonnen, und verloren hast du das Roß, auf dem du hierher rittest, das dich viel Gut gekostet hat, wenn es so ist, wie ich glaube, daß dies Schimmling ist,

Widekes Hengst. Und nun wirst du Feindschaft von ihm erfahren. Wärest du meinem Rat gefolgt, dann wäre das nicht so gegangen!« Amlung antwortete: »Es kann hier noch Gutes daraus werden, wenn es bisher auch übel ausergangen ist.« – Sigfrid sagte: »Was willst du mir dafür geben, wenn du dein Roß wiederbekommst, und das dazu, welches du jetzt verlorst?« – Amlung antwortete: »Dafür will ich alles geben, was ich kann, und was mir keine Schande ist und meinen Blutsfreunden.« – Sigfrid sagte: »Ich fragte dich vorhin darnach, welches dein Name wäre. Da warst du so verwegen, daß du mir das nicht sagen wolltest. Nun sollst du es mir sagen, wenn du dein Roß zurückhaben willst!« – Amlung antwortete: »Hätte ich dir meinen Namen gesagt, als ich auf meinem Roß saß mit meiner Wehre, dann hätten meine Blutsfreunde gesagt, ich wäre bange vor dir. Ich kaufe keine Rosse und nicht Geld und Gut damit, daß ich in Verruf komme unter Edelleuten!« –
Sigfrid antwortete: »Ich will dich nicht darnach fragen. Ich weiß das gleichwohl, daß du Herrn Hornboges Sohn bist, mein Blutsfreund. Ich will dir lieber Ruhm verschaffen als Schande. Darum will ich dir meinen Namen zuerst sagen: »Ich heiße Sigfrid, Jungherr.« –
Amlung antwortete: »Nachdem du mir deinen Namen gesagt hast, und trieb dich keine Not dazu, so will ich dir nun meinen Namen sagen, wenn du mir das schwören willst, daß ich davon keine Schande habe.« –
Sigfrid sagte: »Du wirst keine Schande davon haben!« – »Dann heiße ich Amlung, Hornboges Sohn, und bin dein Blutsfreund!« – Sigfrid antwortete: »Ich werde so fliehen, daß du Ruhm gewinnst durch diese Fahrt.« – Nun stieg Sigfrid von seinem Roß und sagte: »Lieber Blutsfreund, nimm nun beide Rosse und reite damit heim und sage, daß du sie von mir gewannst. Du sollst mich zuerst an diese Linde binden, die hier steht. Nimm dann meinen Speer mit dir und meinen Schild und mein Roß mit dir fort!« – Amlung tat, wie er angab. Er band ihn an die Linde mit einem Schildriemen. Dann nahm er die Rosse und ritt zu seinem Herren zurück.

Sv 189
König Didrik steht draußen vor dem Zelt.
Er sagte: »Nun kommt Amlung mit seinem Roß. Wäre das Jungherr Sigfrid gewesen, dann hätte er es nicht so schnell gewonnen, wenn er ihm nicht gesagt hat, daß er sein Blutsfreund war, und Sigfrid ihm so

das Roß wiedergegeben hat. Niemals nahm er das Roß von Jung-Sigfrid ohne dessen Willen!« –
Nun stieg Amlung vom Roß. Sie fragten, wie er sein Roß wiederbekam. Amlung antwortete: »Ich stach ihn zu Boden und gewann mein Roß von ihm. Mein Spieß ging entzwei, und was heil war, schoß ich auf ihn. Dann band ich ihn an eine Linde, und er steht jetzt noch dort angebunden.
Da riefen alle: »Du hast dein Roß wacker zurückgewonnen!« –
Wideke sagte zu König Didrik: »Ich will dahin reiten, wo der Mann gebunden liegt. Ist das Jungherr Sigfrid, dann ist das mit Absicht gemacht, daß er sich binden ließ!« – König Didrik hieß ihn reiten.
Wideke sagte: »Das ist eine Schande, daß der Mann dort gebunden liegen soll! Ich will hin und ihn lösen!« – Darauf ritt er dahin. Das ersah Sigfrid, daß Wideke kam. Da zerriß er die Fesseln und ging schnell zum Schloß. Er wollte Wideke nicht erwarten. Als Wideke zum Baum kam, lagen dort die Fesseln zerrissen und der Speer zerbrochen. Da ritt Wideke wieder heim und sagte König Didrik, daß es wahr war, was Amlung sagte, und er wußte das Richtigere nicht.

(Die Zweikämpfe)

Sv 190

Nun kam Sigfrid hinauf in die Burg und sagte zu Isung König: »Ich war bei den edlen Herren. Dort fand ich 13 Kämpen, die sehr vornehm sind. Ihr Anführer ist König Didrik von Bern. Wir haben von ihnen gehört; nun bekommen wir zu wissen, welcher Art sie sind; denn König Didrik entbot dich zum Kampf selb-dreizehnt, wie auch er es ist, und er sandte dir ein Roß, das gab ich meinem Freund, den ich unterwegs traf.« – König Isung antwortete: »Fordert er mich zum Kampf, das will ich ihm freudig gewähren und werde nicht damit zögern!« –

Sv 191

Am Morgen darnach stand Isung König auf und wappnete sich mit seinen 11 Söhnen. Jungherr Sigfrid war der Dreizehnte. Sigfrid nahm des Königs Banner und ritt vor ihn, Isung König folgte dahinter und dann seine Söhne. Sie hatten schöne Schilde, blanke Brünnen und Helme glatt wie Glas. Sie hatten scharfe Schwerter, starke Speere und

große, wohlgewappnete Rosse. Sie waren auch selber stark, und jeder von ihnen hatte ein mutiges Herz.
Als sie vor das Zelt kamen, sagte Isung König zu König Didrik: »Bist du ein so untadeliger Kämpe, wie man sagt, und hast mich herausgefordert zum Kampf, so wappne dich schnell, komme heraus gegen mich selb-dreizehnt und laß uns erproben, wer die besseren Helden sind!« –
König Didrik antwortete: »Zweifle nicht daran! Deshalb bin ich ja solchen langen Weg geritten, weil ich mit dir kämpfen wollte und erproben, ob du schärfere Schwerter hast oder härtere Helme, als wir haben!« –
Isung und seine Söhne stiegen von ihren Rossen. Herr Didrik wappnete sich schnell und ging zu ihm. Sie stellten je zwei und zwei zusammen und gelobten, es sollte keiner dem anderen helfen.

Sv 192

Heim der Grimme begann den ersten Kampf mit dem jüngsten Königssohn. Sie kämpften mannhaft eine lange Weile. Da wurde der Königssohn sehr zornig. Er warf den Schild von sich, faßte das Schwert mit beiden Händen und hieb so auf Heims Helm, daß der umfiel, und der Königssohn auf ihn. Er sagte zu ihm: »Willst du leben, so liege ruhig, während ich dich binde!« – Heim wollte nicht ruhig liegen und stemmte stark dagegen. Da schlug der Königssohn ihm mit seiner Faust außen auf den Helm gegen das Ohr, daß der Helm sich davon verbog und das Blut ihm aus Nase und Mund sprang, so daß er fast die Besinnung verlor. Da wurden ihm beide Hände gebunden und seine Füße. Der Königsssohn stieß seinen Spießschaft in die Erde und band ihn daran. Darauf ging er wieder zu seinem Vater zurück.

Sv 193

Nun ging vor Brand, der Weitgereiste. Gegen ihn kam der zweite Königssohn. Sie schlugen sich beide lange und mannhaft, und nicht schonten sie ihre Waffen. Da bekam Brand fünf Wunden und blutete sehr stark, darum fiel er zu Boden und gab seine Waffen auf. Der Königssohn band ihn an einen Spießschaft und ging dann zu seinem Vater zurück.

Sv 194

Da kam der dritte Königssohn. Gegen ihn ging Wildefer. Sie schlugen sich kräftig und lange. Da konnte man große Hiebe sehen. Der

Königssohn bekam fünf Wunden, und Wildefer bekam sieben Wunden, und alle schwer, und das Blut entströmte ihm stark. Darum ermüdete er und fiel hin. Der Königssohn band ihn und ging zu seinem Vater zurück.

Sv 195

Jetzt ging der vierte Königssohn vor gegen Sintram von Wenden. Sie schlugen sich beide schnell und hart, keiner wollte dem anderen weichen. Sintrams Schwert biß gleich gut auf Stahl wie auf Stoff. Deshalb bekam der Königssohn drei Wunden, und alle schwer. Da hieb der Königssohn mit aller Macht so auf Sintrams Helm, daß das Schwert am Heft abbrach. Doch trug er den Schild vor sich. Er wollte lieber sterben als fliehen. Er lief Sintram mit seinem Schild so heftig an, daß dieser hinfiel und nicht wieder aufkam, bis ihm Hände und Füße gebunden wurden. Der Königssohn ging zu seinem Vater zurück, und sie rühmten sich sehr ihrer Siege.

Sv 196

Nun ging Fasold der Stolze vor – auf ihn traf der fünfte Königssohn – und sie begannen zu kämpfen. Sie waren beide stark. Jeder gab dem andern manchen Schlag. Keiner konnte sehen, wer es von ihnen dort besser konnte. Keiner wollte vor dem andern weichen. So bekam jeder von ihnen zwei große Wunden. Da tat der Königssohn einen so starken Hieb auf Fasolds Helm, daß Fasold umfiel und ohnmächtig wurde. Der Königssohn stand, sah auf ihn und sagte: »Solch großer Kämpe wie du es bist, und solch höfischer Ritter, warum sollst du fallen vor eines Mannes Schlag? Steh auf und wehre dich!« – Alsbald sprang Fasold auf. Sie traten gegeneinander an und schlugen sich sehr mannhaft.
Der Königssohn sagte: »Es ist eine Schande, daß ein einzelner Mann so lange vor mir stehen soll! Ich dächte, alleine den Sieg zu gewinnen über alle diese 13 Kämpen, wenn ich nur wollte!« Er hieb auf Fasolds Helm, daß der hinfiel und gleich gebunden wurde. Dort standen 5 Spießschäfte in der Erde.

Isungs Mannen sind nun froh, denn sie haben viel Sieg gewonnen. (alte Überschrift)

Sv 197

Da sprach Amlung: »Das war eine böse Stunde, als Didrik König hierher kam, wenn er selbst und alle seine Mannen hier sollen gebunden werden! Er wäre besser daheim in Bern geblieben und hätte sein Land verwaltet!« – Amlung sagte zu seinem Vater: »Nimm meinen Helm und binde ihn mir aufs Haupt, und meinen Schild an meinen linken Arm, so fest du nur kannst! Ich schwöre das auf meine Treue, ich werde mich nicht binden lassen, ich würde denn vorher zerhauen wie ein Fisch! Nicht sollen Isungs Mannen ihren Spießschaft an meinen Rücken stecken!« – Darauf ging er kühn vor. Ihm begegnete der 6. Königssohn. Sie kämpften mit großem Ehrgeiz, hart und lange. Amlung dachte: »Ich werde mein Leben besser wagen, wenn hier ein Ruhm daraus werden soll!« – Er nahm sein Schwert in beide Hände und hieb dem Königssohn auf seinen Helm. Es konnte aber nicht beißen auf dem harten Helm, doch fiel der Königssohn nieder, und Amlung warf sich auf ihn und hieß ihn sich ergeben, wenn er leben wolle. »Und nun werde ich dich binden! Willst du aber meinen guten Freund Fasold lösen und Brand den Weitgereisten, dann will ich dich nicht binden!« – Der Königssohn sagte, er wolle das tun. Dann wurden sie gelöst, und es ging jeder zu seinen Gesellen. Jungherr Sigfrid hatte gegen Amlung den weichherzigsten Königssohn gestellt, weil Amlung sein Blutsfreund war.

Sv 198

Nun ging vor Hornboge Jarl. Gegen ihn kam der 7. Königssohn. Sie kämpften gut und wacker mit großer Tapferkeit. Weil Hornboge alt war und hatte einen starken Kämpen vor sich, mußte er fallen vor den großen Hieben, die er von dem Königssohn bekam. Darauf wurde er gebunden, und so trennten sie sich.

Sv 199

Da ging vor *Held Hagen*. Gegen ihn kam der 8. Königssohn. Sie schlugen sich mannhaft. Einer hieb auf des anderes Helm, daß das Feuer davonflog. Wäre es dunkle Nacht gewesen, wie es da Tag war, man hätte gut sehen können von dem Feuer, das von ihren Helmen flog. Keiner wollte dem anderen weichen. Da hieb der Königssohn auf Hagen und brachte ihm drei große Wunden bei. Dadurch fiel Hagen und wurde an seinen Spießschaft gebunden. Der Königssohn ging zu seinem Vater und sagte, es sollte so mehreren gehen.

Sv 200

Nun ging Detzlef der Däne vor. Ihn traf der 9. Königssohn. Sie kämpften mit höchstem Mut. Sie hieben beide schnell und hart. Sie schlugen so schnell, man konnte kaum ihre Schwerter sehen. So lange schlugen sie sich, daß sie beide müde waren. Da setzten sie sich nieder und ruhten sich aus.

Detzlef sagte zum Königssohn: »Willst du dein Leben behalten, dann gib dich nun gefangen, und ich will dich binden!« – Der Königssohn antwortete: »Noch gebe ich mich nicht gefangen vor dir, wenn du auch ein Dänischer bist! Vorher sollst du noch schwere Hiebe bekommen von meinem Schwert! Welch guter Held du auch bist, ich hoffe, du sollst heute noch mein Gefangener werden!« –

Darauf liefen sie gegeneinander an und schlugen sich tapfer so lange, bis sie müde waren. Da begann es zu dunkeln von der Nacht. Didrik König nahm einen Schild und Isung einen andern, und sie trennten sie. Da war noch keiner von ihnen wund, und jeder hatte Ruhm vom andern.

Isung König sagte zu Didrik König: »Die Nacht scheidet uns nun, wir sehen nicht länger, wie sie sich schlagen. Darum wollen wir heimreiten, und deine Mannen sollen hier gebunden liegen, bis ich morgen hier wieder herkomme. Dann wollen wir uns aufs neue versuchen, und unsere rüstigen Helden auch! Morgen Abend sollst du gebunden liegen am gleichen Platz, wo du jetzt stehst! Dann hast du deine Aufgabe in meinem Land erfüllt!« – Damit trennten sie sich. Isung König ritt heim, und alle seine Mannen waren froh. König Didrik ging in sein Zelt.

Am andern Tag, als es hell war, kamen Isung König und seine Söhne. Didrik König stellte sich ihnen mit seinen Mannen entgegen. Da traten gegeneinander an Detzlef und derselbe Königssohn, und sie schlugen sich tapfer so lange, bis Detzlef den Sieg bekam. Er schlug den Königssohn, daß er lag. Da sagte Detzlef zu ihm: »Ich werde dich nun töten, wenn du nicht Hagen losgibst, meinen guten Freund!« – Der Königssohn sagte, das wolle er gerne tun. So wurde Hagen los. Der Königssohn ging zu seinem Vater.

Sv 201

Da ging Hillebrand vor. Ihm trat der 10. Königssohn entgegen. Sie kämpften mannhaft. Der Königssohn bekam drei Wunden. Hillebrand hieb auf seinen Helm, daß das Schwert am Heft zerbrach. Da ging der Königssohn auf ihn los, griff ihn mit Händen, legte ihn nieder und band ihn. Darauf ging er zu seinem Vater. Da waren die (Bertanga-Mannen) sehr froh über ihren Sieg.

Sv 202

Da ging vor König Gunter von Niflunga-Land. Ihn traf König Isung. Die beiden Könige stritten mannhaft; keiner wollte vor dem andern weichen, doch war König Isung vielmals stärker. Da ergrimmte Isung König darüber, daß er den Sieg nicht so schnell gewinnen konnte, wie er wollte. Er hieb auf König Gunters Helm; der war so hart, daß das Schwert in zwei Stücke brach. Da nahm Isung ein Stück von einem Spießschaft, an den Hagen gebunden gewesen war, und schlug so auf König Gunters Helm, daß der stürzte, und Blut ihm aus Nase und Mund sprang. Darauf band Isung ihn und ging so von ihm und sagte, dieser Mann hätte seine Sendung hierher gut erfüllt.

Sv 203

Da ging vor der starke Wideke gegen den 11. Königssohn. Der war stärker als jeder seiner Brüder. Sie stritten hart und vielmals heftiger, als einer vorher getan hatte, und niemand sah einen männlicheren Kampf. Da wurde Wideke bewußt, wie gut das Schwert Mimung war, und welch großen Trost er an ihm hatte, wenn er kämpfen sollte. Er schwang Mimung mit beiden Händen auf des Königssohns Helm und hieb ein großes Stück ab von dem Helm, da folgte ein Teil des Haares mit, und der (Königssohn) bekam eine kleine Wunde. Nun schlug Wideke einen zweiten Hieb auf seinen Schenkel, daß das Beinwaffen entzweiging und beinah das Bein ab. Wideke sprach zu Isung König: »Du sollst nun loslassen alle meine Stallbrüder, oder soll ich deinen ältesten Sohn töten?« – Der König antwortete: »Ich lasse sie nicht los, ehe mein Sohn überwunden ist! Mir scheint, er hat noch nicht Schaden gelitten!« – Da rief der Königssohn seinem Vater zu: »Tu seinen Willen, oder es kostet mein Leben! Er hat einen Deubel in seinen Händen! Kein Kämpe kann vor ihm bestehen!« –
Isung antwortete: »Ich will *einen* Mann für dich lösen und nicht mehrere!« – Wideke sagte: Lösest du nicht alle meine Stallbrüder, dann werde ich erst deinem Sohn das Haupt abschlagen und dann dir selber! Nicht soll Mimung in seine Scheide kommen, bevor alle unsre Mannen gänzlich los sind!« – Dann lief er hin und zerhieb jeden Spießschaft, den er fand, und löste alle Mannen Herrn Didriks. Darauf lief er zum Königssohn, der mit ihm gekämpft hatte, und wollte ihn töten. Da liefen Isung König und Jung-Sigfrid, wie Didrik bat, zwischen sie, verglichen sie und machten sie zu Freunden. So waren alle los auf beiden Seiten.

(Didriks Kampf mit Sigfrid)

Sv 204

Nun nimmt König Didrik sein Schwert Ekkisax. (Alte Überschrift) Er ging vor auf dem Kampfplatz vor allen seinen Mannen. Jung-Sigfrid ging gegen ihn und hatte sein Schwert Gram in Händen. Sie begegneten sich kühnlichst und schlugen sich mit großer Kraft, und keiner schonte den andern. Sie schwangen ihre Schwerter einer über des anderen Haupt mit großem Ingrimm. Von ihren Schlägen ging solch ein Getöse aus, daß ihre Freunde um beide bangten. Das war ein ingrimmiger Kampf!

Sie schlugen sich einen ganzen Tag. Als es dunkelte, nahm Isung König seinen Schild und Wideke einen andern, gingen dazwischen und trennten sie. Isung reitet heim mit seinen Männern; Didrik König blieb im Zelt mit seinen Mannen, und sie waren den Abend ganz vergnügt.

Sv 205

Am Morgen früh kam Isung zurück. Sie begannen ihren Kampf aufs neue, Herr Didrik und Jung Sigfrid. Sie schlugen sich mit höchstem Mut, bis sie beide ermüdet waren. Sie ruhten sich eine kurze Weile aus, dann traten sie gegeneinander an und schlugen sich. Sie hatten so gute Rüstungen, daß keiner von ihnen wund wurde. Sie schlugen sich den ganzen Tag so lange, bis die Nacht sie trennte. Isung ritt zum Schloß, und Didrik blieb im Zelt.

Sv 206

Wideke sprach zu Didrik: »Ich glaube, du hast mit einem untadeligen Mann zu kämpfen. Doch kann keiner sehn, wer von euch gewinnen mag, und noch keiner von euch ist wund!« –

Didrik antwortete: »Ich weiß nicht, wie das zugeht. Er hat eine so harte Haut, daß mein Schwert nicht darauf einbeißt. Sie ist härter als jede Brünne. Willst du mir dein Schwert Mimung leihen? Ich meine, das beißt in seine Haut, und er fürchtet sich sehr vor diesem Schwert. Ich mußte ihm heut einen Eid schwören, daß Mimung nicht in meiner Hand war.« –

Wideke entgegnete: »Darum darfst du mich nicht bitten! Mimung war noch nie von mir fort, außer als Heim es mir wegnahm, und das soll nicht öfter geschehen!« – Der König erwiderte voller Zorn: »Du

hältst mich nicht für besser als meinen Stallbursch? Nun werden wir niemals mehr gute Freunde!« –
Wideke antwortete: »Habe ich etwas Übles gesagt, so will ich das damit büßen, daß ich dir das Schwert leihen will, so daß niemand es wisse außer uns Zweien allein; und es werde dir zum Nutzen!« – darauf legten sie sich nieder zum Schlafen.

Sv 207
Am Morgen früh kam Isung mit seinen Mannen dahin. Didrik stand mit gezogenem Schwert und hieß Sigfrid kommen. Sigfrid antwortete: »Du sollst mir einen Eid schwören, daß du nicht Widekes Schwert Mimung hast. Gegen dieses Schwert will ich nicht kämpfen!« – Da schwur Didrik ihm einen Eid. Er stellte das Schwert gegen seinen Rücken, hielt es am Heft, stieß die Spitze in die Erde hinein und bat sich so Gott zu Hilfe: daß er Mimungs Spitze nicht über der Erde wüßte, und nicht seinen Griff in eines Mannes Hand. Das behagte Sigfrid wohl. Darauf traten sie gegen einander an und schlugen sich. Herr Didrik hieb beides, häufig und hart. Mit jedem Hieb nahm er immer ein Stück, sei es von Helm, Schild oder Brünne. So bekam Sigfrid fünf Wunden. Nun kam ihm in den Sinn, daß Didrik den Eid in falscher Weise geschworen hatte, und er erkannte Mimungs Schneiden deutlich. Da sagte er zu Herrn Didrik: »Ich will meine Waffen dir übergeben, denn du bist ein vorzüglicher Mann. Ich habe keine Schande davon, einem solchen Herren zu dienen, wie du es bist, lieber als daß ich mein Leben verliere!« –
So übergab Sigfrid seine Waffen. Didrik machte ihn zu seinem Mann, und es schien ihm, er hätte einen tüchtigen Mann gewonnen.

(Die Heimkehr)

Herr Didrik und seine Mannen waren nun höchst vergnügt und rühmten sich sehr ihrer Fahrt. Isung und seine Söhne waren ganz unfroh, weil ihr bester Kämpe Unsieg empfangen hatte, der, an dem sie den meisten Trost hatten.

Sv 208
Didrik König und Isung König schlossen Freundschaft untereinander und gaben einer dem anderen große Geschenke. Jung-Sigfrid gab

Hornboge Jarl große Gaben. Es war Sigfrid zu danken, daß Isung an Amlung seine Tochter gab, welche Walburg hieß. Sie war sehr schön. Didrik König trank Brautlauf, ehe er fort fuhr, der stand 5 Tage lang mit Pfeifern und Bläsern und allerhand Reigentanz-Spielen.
Dann ritt Didrik König davon und Jungherr Sigfrid mit ihm. Amlung und seine Gattin folgten auch mit. Sie hatte viel Gold und Silber mit sich. Didrik zog wieder desselben Wegs. Er kam nach Bern mit allen seinen Mannen. Er wurde dort wohl empfangen. Sein Ruhm wuchs je mehr und mehr. Sein Lob steht durch die ganze Welt, und er kann nun ruhig in seinem Reiche sitzen, denn keiner wagte, ihm Kampf zu bieten.

Sv 209
König Didrik und seine Mannen haben sich in vielen Kämpfen erprobt, so daß niemand sich traut, seinen Schild gegen sie zu erheben. Nun zieht jeder heim in sein Reich. Hornboge Jarl zog heim nach Wendland, Amlung und seine Ehefrau mit ihm. Sintram zog nach Wenden und wurde dort Herzog. Brand der Weitgereiste zog auch heim in sein Reich und wurde gleichfalls ein mächtiger Herzog.

Sv 210–212 = Gunters Hochzeit: entfällt
Sv 213–220 = Herbort und Hilda: entfällt

(**Didriks Heirat**)

Sv 221
Als König Didrik das erfuhr, (daß Herbort die Werbung, die er für ihn, Didrik, hätte ausführen sollen, für sich selbst genutzt und die Braut heimgeführt hatte,) ritt er nordwärts durch das Gebirge, Detzlef der Däne und Fasold mit ihm und 70 Ritter. Er kam zu einem Schloß, das DRAKENSELL hieß. Dort war er willkommen. Dort waren die neun Königstöchter. Ihre Mutter war gestorben durch den Kummer, den sie erfuhr, als Herr Ekke erschlagen war. Didrik warb um die älteste, um die zweite Detzlef der Däne, um die dritte der stolze Fasold. Sie bekamen gute Antwort und machten ihren Brautlauf, bevor sie von dannen ritten. Fasold und Detzlef behielten das Reich, welches der Vater der Jungfrauen gehabt hatte. König Didrik machte sie beide zu Herzögen. Dann ritt er heim nach Bern und hatte seine Ehefrau mit sich.

(Walter und Hildegund)

Sv 222

König Attala war ein reicher König. Er hatte große Freundschaft mit Ermenrik-König. Er gab seinen Neffen, welcher Osid hieß, zu Ermenrik-König, mit 12 Rittern. König Ermenrik gab ihm dafür seinen Neffen, der Walter hieß von Waldsken. Er war damals nicht sehr alt. Eine Jungfrau war bei Attala-König, sie hieß Hildegund, des Jarls Tochter von Greken. Sie war dahin gegeben als Geisel. Walter hatte sie sehr lieb.

Sv 223

Einmal hatte Attala-König viele Gäste und viel Kurzweil mit Tanz und allerlei Spiel. Walter hielt die Jungfrau bei der Hand, Hildegund, und sagte zu ihr: »Was willst du lieber: Mir folgen oder König Attalas Frilla sein?« Sie antwortete: »Wäre das euer Ernst, so will ich keinen lieber haben als euch!« – Er antwortete: »Gott werde mir so hold, wie ich euch hold sein werde!« Die Jungfrau sagte ihm, sie wollte gerne seinen Willen tun. Er sagte: »Komm am Morgen, sowie es tagt, außen vor die heimliche Pforte und habe mit dir Gold und Silber und deine Kleider!« Sie sagte, das wolle sie tun. Nicht erfuhr es der König, ehe sie beide draußen waren. Da kam der Torhüter und sagte ihm das.

Sv 224

Hagen war damals bei Attala König und war damals ganz jung. Der König sagte zu ihm: »Reite der Jungfrau nach und Walter!« – Er gab ihm 11 Ritter mit. Sie ritten eilends hinter Walter her.

Als Walter ihrer ansichtig wurde, stieg er von seinem Roß und nahm die Jungfrau herab. Dann sprang er wieder auf sein Roß und band sich den Helm fest aufs Haupt. Die Jungfrau sagte: »Das ist sehr leid, daß du allein sollst mit 12en kämpfen! Flieh lieber davon und rette dein Leben!« – Walter antwortete: »Weine nicht, Jungfrau! Ich sah schon früher Helme, Brünnen und Schilde spalten und manch einen hauptlos vom Hengste stürzen. Oftmals bin ich dabei gewesen; deshalb graust es mir nicht vor diesen zwölfen!« –

Dann ritt er hart gegen sie an, und sie schlugen sich sehr lange. Walter schlug die elf zur Hel, und Hagen entfloh in einen Wald, der nahbei lag.

Sv 225
Walter kam in denselben Wald, und die Jungfrau mit ihm. Er machte Feuer und bereitete Essen. Als Walter saß und aß von einer Wildeberkeule, da kam Hagen mit dem gezogenen Schwert und lief auf Walter los. Die Jungfrau rief: »Wahre dich, Herr! Hier kommt einer von deinen Feinden!« – Walter sprang auf und nahm die Keule und schlug Hagen so gegen sein Auge, daß das eine Auge ausging, und er umfiel. Hagen sprang schnell auf und stieg auf sein Roß und ritt heim zu Attala König und sagte ihm das Neueste und hatte da sein eines Auge verloren. Walter ritt zu Ermenrik-König und war ihm willkommen und blieb dort für lange Zeit.

(Jarl Iron)

Sv 226
Ein König hieß Salmon. Er hatte viel Streit mit zwei Brüdern. Einer hieß Appolon und (der andere) Iron Jarl. Sie taten jeder dem anderen großen Schaden und jagten Tiere, jeder in des anderes Wald.

Sv 227
König Ermenrik bat viele Könige zu sich nach Rom (Trier) zu seinem Hochfest. Dahin sollte Attala-König kommen. Ihn begleitete Iron Jarl von *Brandenburg*. Sie kamen zu einem Schloß, das *Fritila* heißt. Dort war ein Herzog, der Ake hieß. Er war König Ermenriks Bruder. Er hatte eine schöne junge Frau. Sie tranken tüchtig am Abend. Sie gewann große Zuneigung zu Iron Jarl, und er zu ihr, und sie faßten einen Plan miteinander, daß Iron Jarl dorthin kommen sollte, wenn Herzog Ake in »Rom« wäre. Am Morgen ritt Attala König von dannen, und Iron Jarl mit. König Attala ritt nach »Rom«, Iron blieb in einem Wald und schrieb einen Brief an die Frau, er wollte zu ihr kommen, wenn der Herzog wegritte. Der Herzog sah, daß sie einen Brief bekam und machte sie dann trunken von Wein. Bei Nacht, als sie lag und schlief, stahl er den Brief von ihr und fand darin geschrieben, daß der Jarl zu ihr kommen wollte, wenn der Herzog weggeritten wäre. Am Morgen stand der Herzog auf und wappnete sich, und 40 seiner Gefolgsleute mit ihm und ritt in den Hinterhalt vor Iron Jarl. Da kam Iron Jarl aus dem Walde geritten. Der Herzog schlug sofort auf ihn ein. Der Jarl wehrte sich, solange er konnte, dann wurde er

erschlagen und stürzte tot von seinem Rosse. Seine Leute waren auch von ihm geflohen, darum blieb er alleine dort liegen. Seine Hunde bei ihm heulten, sein Roß und sein Falke taten desgleichen. Der Herzog ritt von ihm fort.

Sv 228

Da kam dahergeritten König Didrik von Bern und Wideke Welandssohn und Heim der Kleine. Sie wunderten sich, wer da tot lag. Sie stiegen von ihren Rossen. Da erkannten sie, daß das Iron Jarl war. Sehr schmerzte sie sein Tod, denn er war ein mächtiger Kämpe.

Sie nahmen seinen Leichnam und gruben ihn ein und machten das, so gut sie nur konnten, und hängten daneben seinen Schild und seinen Helm.

Da kam Herzog Ake dahergeritten. Herr Didrik fragte, wer den Jarl erschlagen hätte. Herr Ake antwortete: »Das tat ich!« – Der König fragte, was seine Schuld war. Der Herzog antwortete: »Er wollte in meinem Walde jagen, das Tier, das zwei Füße hatte, wider meinen Willen. Dafür schlug ich ihn zur Hel!« –

Darauf ritten sie nach »Rom« und weilten dort bei König Ermenrik. Da gab es beides: Herren und Fürsten – und viele Frauen und Jungfrauen. Und als das Hoffest vorüber war, da ritt jeder zu sich heim.

(Herzog Akes Tod)

Sv 229

Bald darnach starb Herzog Ake. Er hatte zwei Söhne: der eine hieß Eggerd; der andere Ake. Ihre Mutter hieß Bolfriana.

Das erfuhr Wideke WELANDSSOHN: er bat Herrn Didrik, sein Bote zu sein bei König Ermenrik, damit er diese Frau bekäme, die Herzog Ake gehabt hatte. König Ermenrik antwortete: »Will Wideke mir seinen Dienst ansagen und mir so treu sein, wie er dir gewesen ist, dann will ich gerne tun, was ihm lieb ist.« – Wideke sagte, ja, das wollte er tun, und sagte König Ermenrik seinen Dienst an. Darauf gab er ihm die Herzogin Bolfriana, Land und Schloß, und machte ihn zum Grafen. Als der Brautlauf getrunken war, ritt König Didrik wieder heim.

II. Didrik im Exil

(Sevekins Hinterlist)

(Junker Sevekin und der König)

Sv 230
König Ermenrik war ein mächtiger König, so daß manche Könige ihm Schatzung gaben überall südlich des Mundia-Gebirges.
Es war einmal, daß König Ermenrik zu sich rief einen aus seinem Rat, der Junker Sevekin hieß. Er war des Königs Hofmeister. Der König sagt zu ihm: »Reite zu einer Stätte, die *Sarkasten* heißt! Dort treffen dich mehrere meiner Edelleute. Und du sollst stehen an meiner Statt!« – Sevekin tat, wie der König wünschte, und ritt dahin so schnell er nur konnte, und manche Ritter mit ihm.
Sevekin hatte eine hübsche Frau, und deshalb schickte der König ihn fort. Eines Tages war sie allein in ihrem Haus, und der König kam allein dahin und bat sie, seinen Willen zu tun. Sie sagte nein, das könnte nicht sein; doch mußte sie des Königs Willen tun, weil sie andres nicht wagte. Ihre Kleider wurden übel zerrissen. Dann ging der König fort.
Wenig später kam Sevekin heim. Seine Frau ging ihm entgegen und gab sich übel und weinte ganz bitterlich. Sevekin fragte, was ihr geschehen sei. Sie antwortete: »Gleich als du fortgeritten warst, und ich saß in meinem Gemach, da kam der König hereingegangen und tat mir Gewalt an gegen meinen Willen. Und niemals werde ich froh, bevor das gerächt wird!« – Er sagte: »Sei froh und vergnügt und tu, als wenn das niemals geschehen wäre! Ich werde ihm das übel vergelten mit mancherlei Schande!« – Dann ging er zum König und grüßte ihn fröhlich. Der König empfing ihn wohl.

Sv 231
Es war ein Tag.
Der König und Sevekin saßen und sprachen miteinander. Sevekin sagte: »Herr, du bist aller Könige reichster, die in der Welt sind, und

von allen Landen bekommst du Schatzung, nur nicht von Groß-Schweden.

(Der Tod der drei Söhne Ermenriks)

Deshalb schiene mir rätlich, dorthin euren Sohn Frederik zu senden und Schatzung von ihm zu fordern. Und rüste ihn ehrenvoll aus und laß nicht viele ihm folgen! Das ist Sendboten-Sitte!« – Der König sagte, das wäre guter Rat.
Der König sagte zu seinem Sohn: »Du sollst reiten und Schatzung fordern vom König in Groß-Schweden. Er machte sich selb-sechst bereit und ritt gleich los. Da kam er zu einer Burg im Hünenland, darin wohnte ein Jarl, das war Sevekins Blutsfreund. Frederik gab ihm den Brief, darin stand, der Jarl sollte Frederik töten. Und das tat er, sobald der Brief gelesen war, und er wurde selb-sechst erschlagen. Das erfuhr Ermenrik-König.

Sv 232
Ein andermal sprach Sevekin zum König: »Dir käme auch zu, Schatzung von England zu haben. Das hörte ich von meinem Vater. Sende deinen Sohn nun dahin, Regbald! Der König von England wagt nicht, ihm die Schatzung zu weigern. Und laß deinen Sohn gut ausrüsten! Gib ihm ein Schiff, denn besser ist es, den Schatz zu Schiff zu führen als zu Pferd!«
Der König rief seinen Sohn zu sich und hieß ihn fahren. Regbald machte sich fertig. Da lagen dort drei Schiffe im Fluß, und Regbald wollte das beste haben. Sevekin hieß ihn das schlechteste nehmen. Da nahm Regbald das schlechteste, aber das tat er nur notgedrungen. Als er in die See kam, brach sein Schiff mitten durch. Da ertrank Regbald und all sein Volk.

Sv 233
Es war einmal, daß König Ermenrik Tiere jagen ritt, und mit ihm sein jüngster Sohn Samson, und Sevekin war ganz bekümmert. Der König fragte, was ihm geschehen sei. Sevekin antwortete: »Mich dünkt es schändlich: Samson, dein Sohn, wollte meiner Tochter Gewalt antun.« –
Da ergrimmte der König, ritt zu Samson hin und griff in sein Haar so,

daß der vom Pferd fiel, und das Roß des Königs trat ihn so, daß er seinen Tod fand. Der König ritt heim. Da erfuhr er, daß Regbald, sein Sohn, ertrunken war.

(Der Tod der Örlungen)

Sv 234

Sevekins Frau ging zur Königin und sagte zu ihr: »Herzog Akes Söhne, des Königs Neffen, haben gesagt, daß der eine euch beiliegen will. Nehmt euch deshalb in Acht!« – Die Königin erzürnte sich darüber und klagte das vor dem König, daß sein Brudersohn ihr Schande antun wolle. Der König wurde ganz zornig und sagte: »Sollst du nicht Frieden vor denen haben, so sollen sie nicht Frieden vor mir haben! Ich werde sie schnell heimsuchen und sie hängen, alle zwei!« – Da antwortete einer ihrer Mannen: »Wäre ihr Stiefvater daheim. Wideke, Welands Sohn, dann, meine ich, würde, ehe sie gehängt würden, mancher Helm zerkloben und viel Blut vergossen. Sie entgelten es, daß er nicht daheim ist!« – Der König antwortete: »Sie werden nicht viel Nutzen von dir haben, wenn du auch ihr Mann bist!« – Dieser hieß Fritila. Er stieg sofort auf sein Pferd und wollte sie gerne warnen.

Sv 235

Als er zum Schloß kam, war da keine Fähre, mit der er hinüberkommen konnte. Er band sein Pferd im Wald an und schwamm über den Fluß.

Eggerd und Ake gingen ihm entgegen und fragten, warum er so hastig daherführe. Er antwortete: »Dazu treibt mich große Not. Euer Vatersbruder, König Ermenrik, kommt hierher mit einem großen Heer und will euch beide hängen! Darum lauft zum Wald, was ihr könnt!« – Eggerd antwortete: »Wir vergleichen uns wohl, wenn wir uns treffen!« – Sie wollten nicht fliehen. Sie machten sich fertig zur Abwehr, so gut sie nur konnten.

Sv 236

Da kam König Ermenrik mit einem großen Heer. Er ritt sogleich zum Tor, warf sein Banner über den Graben und stürmte zum Schloß. Eggerd sagte: »Wessen beschuldigst du uns? Warum willst du uns

unser Schloß nehmen?« – »Welche Schuld ich euch auch gebe, ihr sollt beide heute hängen!« – Eggerd antwortete: »Dann werden wir Ausgleich für unser Leben schaffen!« –
Der König stürmte das Schloß; sie wehrten sich mannhaft. Da schoß er Feuer zu ihnen hinein. Das Schloß begann zu brennen. Eggerd sagte: »Wir wollen lieber tapfer hinausgehn als hier drinnen verbrennen!« – Sie brachen aus mit 60 Mann und schlugen sich tapfer, so daß der König 400 verlor. Dann wurden sie ergriffen und gleich gehängt. Es ging, wie Sevekin gedacht hatte. Darnach zog König Ermenrik heim.

Sv 237
Wenig später kam Wideke heim. Seine Stiefsöhne waren gehängt, seine Frau in Trauer, seine Burg war aufgebrannt, seine Frau war in einem Bauernhof. Er ritt zu Herrn Didrik und klagte vor ihm seine Not. Didrik begleitete ihn zu Ermenrik-König und fragte, was seine (Widekes) Schuld wäre. König Ermenrik antwortete: »Wideke hat keine Schuld. Ich werde das wohl mit ihm schlichten.« – Darauf gab er ihm ein besseres Schloß und mehr Lehen. Da ritt König Didrik wieder heim und ihn bekümmerte das sehr, daß König Ermenrik seine Verwandten so haßte.

(Didriks Vertreibung)

Sv 238
Eines Tages sprach Sevekin zu König Ermenrik: »Mir scheint, daß du bald auf der Hut sein mußt vor deinem Neffen, König Didrik von Bern. Er ist ein ungetreuer Mann und ein mächtiger Kämpe. Du mußt dich vorsehen, daß er dir nicht dein Reich abgewinnt! Er vergrößert jeden Tag sein Reich, und deines vermindert er. Ich habe erfahren, daß dir zukommt, Schatzung von ihm zu bekommen. Dein Vater gewann dieses Land mit seinem Schwert!« –
Der König antwortete: »Ganz besaß mein Vater dies Land, und ebenso käme es mir zu, es zu besitzen wie ihm!« – Sevekin sagte: »Sende Ragnall, den verdienten Ritter, zu ihm und 60 mit ihm und fordere Schatzung von Didrik-König!« – Der König tat nach seinem Rat.
Ragnall ritt ins Humlunga-Land und forderte Schatzung, wo er

hinkam, und rief die Lehnsleute zusammen. Nun antworteten die Lehnsleute: »Wir haben Schatzung an Didrik-König gegeben, wie es unsre Pflicht ist. Will er König Ermenrik diese Schatzung geben, so mag er darüber entscheiden. Wir wollen nicht ihnen beiden Schatzung geben!« – Darauf sandten sie allesamt Botschaft an Didrik-König, daß er käme und für sie antwortete.

Sv 239

Didrik ritt zum Thing mit 12 Rittern und sagte zu Ragnall, er möge heimfahren und Ermenrik-König sagen, »er bekommt keine Schatzung von meinem Land! Und sage ihm großen Undank für seine Forderung!« –

Ragnall zog wieder zu Ermenrik-König und sagte ihm, welche Antwort er bekam. Da sagte Sevekin: »Das habe ich seit langem gesagt, daß Didrik meint, ein größerer Mann zu sein als du! So bleibt er auch, wenn du es nicht beizeiten wendest!« – Ermenrik antwortete: »Weil Didrik glaubt, so große Mannestaten getan zu haben, daß er nun mehr sein will als ich, soll er erfahren, daß ich ihn will hängen lassen!« –

Da antwortete Heim: »Gott gebe Didrik-König Heil! Du entgiltst das noch einmal, Ermenrik, daß du so deine Sippe haßt! Und dies und andres dergleichen verdankst du alles Sevekin!« – Da sagte Wideke: »Herr, läßt du Didrik hängen, so hast du Schande davon, solange die Welt steht!« –

Sv 240

Wideke lief gleich zu seinem Roß und ritt spornstreichs nach Bern, so schnell er nur konnte. Um Mitternacht trommelte er dort ans Tor. Die Wächter fragten, wer da wäre. Er antwortete: »Ich bin Wideke! Laßt mich ein! Ich habe eine wichtige Botschaft an Didrik-König.« – Einige gingen, Wideke einzulassen, und einige sagten Didrik davon. Didrik sprang auf und ging Wideke entgegen, und einer begrüßte den andern. Da fragte Didrik, was seine Botschaft wäre, daß er so hastig daherkäme.

Wideke antwortete: »Meine Botschaft ist groß und schlimm. Und wartest du, bis der Tag kommt, so kommt König Ermenrik mit einem großen, unbesiegbaren Heer und umstellt dich so hier drinnen, daß du niemals davonkommst, und auch er nicht, bevor er dich tot gesehn hat!« –

Da ließ Didrik seine Ludren blasen und rief alle seine Mannen zusammen und sagte ihnen die Kunde, die er bekommen hatte. Er sprach: »Wir haben nun keine Wahl außer zweien. Das Eine ist, wir warten hier und schlagen uns mit Ermenriks Volk, solange wir leben können, und schlagen noch ebenso viele zur Hel, wie wir sind. Dann gilt es gleichwohl unser Leben; denn seine Macht ist uns allzu groß. Das andre ist: Wir reiten zu unsrer Rettung und lassen diese Burg stehn. Gott mag es fügen, daß wir sie wohl wiederbekommen! Dann behalten wir unser Leben und manchen rüstigen Kämpen dazu!« –

Sv 241
Da antwortete Hillebrand: »Wir werden nun unser Reich schmählich übergeben. Und wer nun Didrik-König begleiten will, der sei bereit, so schnell er nur kann!« – Da sagten alle, Hillebrand hätte klug gesprochen.
Nun entstand großes Weiber- und Kindergejammer, als jeder seine Freunde beweinte. Andern Orts war großes Getöse von Waffen, und Rossegewieher, ehe jeder zu seinem Roß kam. Als sie alle fertig waren, gingen sie alle in des Königs größten Saal und saßen und tranken und besprachen sich dabei.
Da kam Heim, Didriks Mann, und sagte ihnen die gleiche Kunde: daß Ermenrik-König schnell hierher käme mit 5 Tausend Rittern und unzähligem anderen Volk. Und er schwur bei Gott: »Zwar lassen wir unser Reich vor Ermenrik-König; aber davon soll er mehr Schaden haben als Nutzen, ehe wir unser Reich übergeben!« –

(**Ausritt aus Bern**)

Nun nahm Hillebrand Didriks Banner und hieß alle ihm folgen, wohin er reitet. Da lief jeder Ritter zu seinem Roß, und Hillebrand reitet vor ihnen. Didrik hatte 700 Ritter außer anderem Volk. Hillebrand ritt hinaus am Mundia-Gebirge entlang und wieder zurück in Ermenriks Reich, und sie heerten und verbrannten 11 tausend Dörfer, Schlösser und Stätten. Doch Wideke und Heim trennten sich traurig von ihren Kumpanen und ritten zurück zu Ermenrik-König.

Sv 242
Heim ging vor den König und sagte mit großem Zorn: »Du, Ermenrik-König, hast viel Böses getan an deinen Blutsfreunden! Frederik

und Regbald schicktest du in den Tod, den jungen Samson tötetest du, deine Brudersöhne Eggerd und Ake ließest du hängen. Und nun hast du Didrik-König und seinen Bruder Thetmar aus ihrem Reich vertrieben, und Wolfhart, deinen Schwestersohn, und den guten Helden Hillebrand und viele andere teure Ritter, einige getötet und andere verderbt. Und all diese Übel verursacht der bösratende Sevekin!«
Sevekin antwortete: »Herr, das sagte ich dir längst, als du Heim zu dir zogst und machtest ihn so stolz, und nun schmäht er dich! Drum magst du ihn wohl in jenen Wald senden, wo sein Vater saß, um dort deine Hengste zu hüten!« – Heim antwortete: »Hätte ich hier mein gutes Schwert Nagelring, das weiß Gott, ich würde dich hier erschlagen wie einen Hund!« – Und er schlug Sevekin ans Ohr mit seiner Faust, daß er niederfiel vor des Königs Füße und die Besinnung verlor; und fünf Zähne flogen ihm aus dem Mund.

Sv 243

Da sagte Ermenrik-König: »Auf, meine Mannen, greift Heim und hängt ihn hier gleich!« – Heim ging schnell davon, legte seine Rüstung an, sprang auf seinen Hengst Rispa und ritt aus der Burg. Hinter Heim her liefen 70 Ritter, wohl gewappnet. Da sprang Wideke ins Tor gegen sie und hatte Mimung blank in der Hand. Deshalb traute sich keiner von ihnen hinaus hinter Heim her. Heim kam indessen hinaus, legte sich in die Wälder in König Ermenriks Land, brannte dort 400 Höfe ab, schlug unzähliges Volk zur Hel und lag lange in den Wäldern.
Sevekin aber traute sich niemals, mit weniger als mit 70 Rittern auszureiten, solange es so stand.

Sv 244

Nachdem Didrik-König den Schaden angerichtet hatte, ritt er nordwärts ins Mundia-Land zu einer Feste, die Bekkulär (Bakalar) hieß, nahe am Rhein; die hatte Markgraf Rodger inne. Seine Frau hieß Godelinda. Als der Markgraf erfuhr, daß König Didrik gekommen war, empfing er ihn sehr herzlich. Er gab ihm ein schönes Roß und kostbare Rüstung, ganz mit Gold belegt; und die Gräfin gab ihm ein kostbares Banner von roter und grüner Seide, darin stand ein vergoldeter Löwe; und beschenkte seine Ritter reich. So ritt er in die Burg ein mit Markgraf Rodger, und sie machten sich ganz vergnügt in dieser Nacht.

Sv 245

Am Morgen reiten Didrik-König und Rodger zu Attala-König zu einer Feste, die Susa (Soest) heißt. Als Attala-König erfuhr, daß Didrik-König dorthin gekommen wäre, ließ er in seine Ludren blasen und all sein Volk sich bereit machen, so gut sie nur könnten; und er ließ all seine Banner hinaustragen und ritt so hinaus, König Didrik entgegen, und seine Königin Ercha mit ihm, und empfangen Didrik-König wohl und führen ihn mit sich hinauf aufs Schloß. Attala-König setzte ihn neben sich und bat ihn, dort zu bleiben, solange es ihm behagte. König Didrik dankte ihm und blieb lange dort bei ihm.

(Die Ostkämpfe)

(Kampf gegen die Wilzen)

Sv 246

Attala-König klagte vor Didrik-König, wie großen Schaden er erlitten von dem König im Wilzenland, der sein Land verbrannt und sein Volk erschlagen. Herr Didrik antwortete: »Das sollt ihr nicht länger leiden! Wollt ihr das rächen, solange ich hier bin, so will ich euch gerne begleiten!«

Da kam ein Mann vor Attala-König und sagte, daß der König von Wilzenland in sein Land gekommen wäre und brennt und heert, wo er entlangfährt. Da ließ Attala-König blasen in alle seine Ludren und hieß seine Mannen sich wappnen, so rasch sie nur könnten.

König Didrik sagte zu Hillebrand: »Nimm mein Banner rasch! Und alle meine Mannen waffnen sich! Wir werden Attala-König helfen!« – Nun reitet Attala-König aus Soest hinaus und König Didrik und Markgraf Rodger. In allem hatte er 10 tausend Ritter. Als er nach Brandenborg kam, traf er auf den König von Wilzenland.

Sv 247

Sie ordneten ihre Scharen, schlugen ihre Banner aus und kämpften mannhaft. Dort konnte man sehn manch raschen Helden mit blanker Brünne und hartem Helm und scharfem Schwert. König Didrik und seine Mannen brachen in deren Scharen ein, wo immer es ihnen gut schien, und hießen ihre Mannen hart vorgehen.

Herr Hillebrand reitet mit König Didriks Banner und haut alles um,

Männer und Mähren. Hinter ihm reitet Didrik-König und haut zu beiden Händen. Wolfhart, sein Blutsfreund, folgt ihm heldenhaft. Hillebrand führte das Banner so mannhaft durch ihr Heer, König Didrik und seine Mannen folgen hart hinter ihm und tun großen Schaden.
Der Wilzen-König wandte sich hart gegen sie. Wolfhart ritt gegen ihn. Sie schlugen sich so lange, bis der König von Wilzenland tot von seinem Rosse fiel. Die Hünen drangen fest vor und erschlugen manchen Mann, doch etliche flüchteten. König Attala bekam den Sieg und gewann den Kampf. Da hatte er 500 Ritter verloren und Didrik-König 60 Ritter. Darauf ritt Attala-König heim nach Soest.
Osantrix-König hatte einen Bruderssohn im Wilzenland, welcher Hernid hieß. Der wurde da zum König genommen über Wilzenland.

(Der Rytzenkrieg)

Sv 248
Als Attala-König daheim gewesen war eine kurze Weile, da war es eines Tages, daß Didrik-König in dem höchsten Turm stand, der in Soest war, und sah weit hinaus ins Hünenland. Da sah er großen Rauch und Brände weit über Hünenland. Er ging zu Attala-König und sagte ihm die Neuigkeit, die er gesehn hatte. Und er bat ihn, hinauszureiten und sein eigen Land zu retten. Da kam Botschaft, das wäre Waldemar-König von Rytzeland. Attala ließ in alle seine Ludren blasen und hieß alle seine Mannen sich wappnen. König Didrik tat desgleichen. Dann ritten sie aus Soest heraus. Da hatte König Waldemar 10 hundert Dörfer verbrannt und 15 Kastelle, und 1000 Menschen erschlagen und eine gemauerte Feste gewonnen und den edlen Ritter Rodolf ergriffen und ihn gebunden. Als er erfuhr, daß Attala-König käme und Didrik von Bern mit einem großen Heer, da flüchtete er außer Landes wieder heim nach Rytzeland.
König Attala zog hinter ihm her nach Rytzeland hinein, brannte und heerte überall, wo er herzog. Da zog Waldemar-König gegen ihn und hatte mehr Volk als Attala. Dort erhob sich ein mächtiger Kampf. König Waldemar hatte einen Sohn, der Tydrek hieß, der war ein mächtiger Kämpe. Didrik von Bern ließ sein Banner gegen ihn tragen. Attala-König ließ sein Banner tragen gegen Waldemar-König. Dort geschah großer Schaden auf beiden Seiten.

Sv 249

König Didrik von Bern ritt mitten in den Kampf und hieb zu beiden Händen. Gegen ihn kam Tydrek Waldemarssohn. Sie kämpften lange miteinander, gaben jeder dem andern große Hiebe und manche Wunde, also daß Didrik von Bern 9 Wunden hatte, doch Tydrek Waldemarssohn hatte 5 Wunden. Didrik von Bern ritt grimmig vor und hieb rasch und hart so lange, bis er Tydrek Waldemarssohn griff; und er ließ ihn gleich binden. Da riefen seine Mannen ihm zu und forderten, tapfer vorzudringen. Als der Kampf am härtesten stand und das Volk fiel auf beiden Seiten, da floh Attala-König mit all seinem Volk, Das sah König Didrik. Er rief grimmig und sagte: »Wer hier flieht von meinen Mannen, der soll an einem Galgen hängen!« Da wandten alle seine Mannen sich wieder, die zu ihm gehörten, und kämpften mannhaft. Herr Didrik sagte: »Ich will nicht fliehen! Mir scheint, nun ists am besten, fortzuspielen! Und wir können noch siegen!« –

Er hieb nach beiden Seiten und zerklob Schilde und Helme.

König Attala ritt heim ins Hünenland und hatte 500 Mann verloren. Didrik von Bern kämpfte den ganzen Tag über mannhaft, da hatte er 200 Mann verloren, und König Waldemar hatte 2000 Ritter verloren.

(Im belagerten Kastell)

Sv 250

Am Abend zog König Didrik zu einem wüsten Schloß, das dort nahbei lag, mit dem Volk, das er noch hatte. König Waldemar belagerte ihn darin und legte sich rings um das Schloß mit 12000 Rittern. König Didrik schlug sich mit ihnen jeden Tag und erschlug viele von ihrem Volk.

Schließlich hatte er nichts zu essen. Eines Tages stand König Didrik auf der Brüstung und sah, daß König Waldemar zu Tische ging. Da ließ er 500 Ritter sich waffnen, ließ die Hälfte hinausgehen mit seinem Banner zum einen Tor, und die Hälfte zum andern Tor, und sie kamen auf einen Schlag von zwei Seiten auf Waldemar-König los. König Didrik ließ auch alle seine Ludren blasen, und sie kamen im Sturm über die Rytzen. König Waldemar meinte, König Attala wäre gekommen mit einem großen Heer; deshalb floh er gleich davon, und es wurde dort viel von seinem Volk erschlagen. König Didrik bekam hier

Wein und Speise genug. Da vernahm Waldemar König, wie es darum bestellt war. Daher wandte er sich wieder um und lagerte sich rings um das Schloß und lag lange davor, bis Herr Didrik nichts mehr zu essen hatte, außer sie aßen ihre eigenen Pferde.

(Wolfharts Ausbruch)

Sv 251
Da sagte Didrik-König zu Hillebrand: »Was für einen Ratschluß sollen wir nun fassen, da wir nichts mehr zu essen haben? Wir werden einen Mann zu Attala-König senden, wüßten wir, wer so verwegen wäre, daß er das tun wollte und durch die Rytzen reiten.« – Herr Hillebrand antwortete: »Dazu ist keiner besser geeignet (als) Wildefer. Er hat ein mutiges Herz.« –
König Didrik bat ihn, zu reiten. Wildefer antwortete: »Ich habe große Wunden, deshalb kann ich nicht durchreiten durch ein so großes Heer. Und das andere ist, solange ich meinen Schild tragen kann und meinen Helm, will ich niemals mich von dir trennen. Rufe deinen Vetter Wolfhart. Er ist dazu am besten geeignet. Er ist beides, stark und kühn.« –
König Didrik sagte zu Wolfhart: »Reite durchs Rytzenheer und zu Markgraf Rodger und sage ihm, in welcher (Not) wir sind!« Wolfhart antwortete: »Wollte Wildefer reiten, er ist der beste Kämpe in all unserm Heer. Ich bin sehr jung und wenig erprobt zu solch einer Mannstat.«
Didrik antwortete: »Wildefer ist übel wund, darum kann er nicht reiten.« Wolfhart sagte: »Er wagt nicht zu reiten, drum wies er euch zu mir! Gib mir deinen Helm Hildegrim und dein Schwert Ekkisax und dein rasches Roß Falke, dann will ich reiten, wohin du willst!« – Herr Didrik antwortete: »Du bekommst, was du bittest!« –

Sv 252
Dann nahm einer des anderen Rüstung und Roß. Wolfhart ritt aus von der Burg, als die Nacht stockduster war, zu einem Feuer, nahm einen lohenden Brand und ritt damit ins Heer; und die Wächter meinten alle, das wäre einer von ihnen, weil er so keck daherritt.
Als er mitten ins Heer kam, sah er manch Zelt, doch eines, das ganz kostbar war. Da hinein warf er das Feuer; und darin lag König

Waldemar selbst, und die meisten seiner Hauptleute rings herum. Da erfaßte das Feuer die Seide gleich, und das Zelt begann zu flammen. Da sprangen alle im Zelte auf.
Indem sprang Wolfhart von seinem Pferd, lief hinein in das Zelt und schlug zur Hel 11 Hauptleute. Nicht konnte er erkennen, ob er den König auch traf, denn die Nacht war dunkel. Dann lief Wolfhart zu seinem Pferd und fegte davon, was er konnte. Didrik stand auf der Feste und bei ihm Hillebrand und Wildefer und sahen des Königs bestes Zelt brennen. Da freuten sie sich sehr und gingen dann schlafen. Wolfhart ritt Nacht und Tag, bis er ins Hünenland kam zu Attala-König und Markgraf Rodger. Als Markgraf Rodger das Wappen Didrik-Königs sah, dachte er, es wäre Didrik-König selbst und ritt hin zu ihm. Als sie sich trafen, sagte Wolfhart: »Willkommen Markgraf Rodger! Didrik-König wünscht dir Heil!« – Da sah Markgraf Rodger, daß das Didriks Mann war und nicht er selber und sagte: »Gott sei dafür gelobt, daß Didrik heil ist! Wir wollen schnell kommen und ihm helfen!« –
Nun erzählte Wolfhart dem Markgrafen, wie alles dort ergangen war. Der Markgraf ging gleich vor den König und sagte ihm die Kunde.

(Die Befreiung)

Attala-König ließ sofort alle seine Ludren blasen und alle seine Landzelte aufnehmen und kehrte gleich um, Didrik-König zu helfen. Er zog mit seinem Heer dahin, bis er zur Burg kam.

Sv 253
Als Waldemar, König von Nogard, gewahr wurde, daß ein unüberwindliches Heer ins Rytzeland gekommen war, ließ er alle seine Ludren blasen und ließ ansagen all seinem Volk, sie sollten flüchten, was sie nur könnten. Als Didrik-König das gewahr geworden, daß die Rytzen fliehen, liefen er und seine Mannen aus der Burg und schlugen 200 zur Hel von den Rytzen. Dann kehrten sie um und zogen Attala-König entgegen. Als sie sich trafen, begrüßte einer den andern herzlich. Attala-König sagte: »Gott sei dafür gelobt, daß ich dich, Didrik, heil finde!« –
Da sagte Markgraf Rodger: »Gott verdamme den Kummer, daß wir nicht konnten früher dazu kommen, euch aus dieser Not zu helfen! Doch diese häßlichen Hunde sind jetzt davongeflohn!« – Da sagte

Hillebrand: »Ich bin nun 100 Winter alt, aber niemals war ich in solcher Drangsal! Hier sind wir 500 Mann gewesen und aßen 500 Pferde auf, und es leben nicht mehr als 7 von denen, die wir hierher brachten.«
Hierauf ließ Didrik-König den Attala-König Tydrek sehen, König Waldemars Sohn, und sagte: »Diesen ergriff ich im Kampf. Aus Freundschaft gebe ich ihn dir. Du magst ihn töten oder auslösen lassen, was du willst.« – Da antwortete Attala-König: »Didrik-König, hab vielen Dank! Lieber will ich diese Gabe als ein Schiffspfund rot Gold!«
Hierauf fuhren Attala-König und Didrik-König heim ins Hünenland. Didrik-Königs Wunden waren groß und schlimm, darum ließ er sich pflegen; doch Tydrek Waldemarssohn ward in den Turm gelegt. Er war aber übel wund.

(Der russische Tydrek)

Sv 254
Als Attala König nicht lange daheim gewesen war, da machte er sich bereit mit 8000 Rittern und unzähliger anderer Mannschaft, ließ in alle seine Ludren blasen und hieß sein Volk sich wappnen. König Didrik war so wund, daß er ihn nicht begleiten konnte.
Da ging Ercha Königin zu Attala König und sagte: »Um eine Gunst will ich euch bitten, Herr: Laßt mich Tydrek Waldemarssohn, meinen Vetter, pflegen und ihn aus dem Turm nehmen! Ihr könnt euch noch vergleichen, sein Vater und ihr, und dann ist es besser, er lebt, als er ist erschlagen.« – Der König antwortete: »Das kann ich dir nicht gewähren. Wird er heil von seinen Wunden, während ich fort bin, dann kann er reiten, wohin er will, und dann bekomme ich ihn niemals wieder!« – Sie antwortete: »Ich will mein Haupt zum Pfande setzen! Ist er fort, wenn du heimkommst, dann sollst du mein Haupt abschlagen lassen!« Da erzürnte sich Attala König und sagte: »Willst du aus dem Turm nehmen meinen größten Feind, Tydrek Waldemarssohn, und ihn heilen? Und wenn er von mir reitet und hinein ins Rytzeland, dann habe ich mehr Schaden davon, als wenn ich mein Schloß Soest verloren hätte; denn sein Vater gibt mir Geld für ihn und große Burgen und ein weites Reich, und du bietest dein Haupt für ihn?« – Er sagte weiter: »Bilde dir nichts ein: Kommt er aus, ehe ich heimkomme, dann werde ich dir dein Haupt abschlagen lassen!«

Sv 255

Dann fuhr Attala König ins Polarna-Land und weiter hinein ins Rytzeland.

Da nahm Ercha Königin Tydrek Waldemarssohn aus dem Turm und pflegte ihn selbst, so gut sie nur konnte, und gab ihm jeden Tag köstliche Speisen. Didrik von Bern gab sie einer Dienstfrau, welche ihn pflegen sollte. Die konnte es nicht so gut, wie die Königin, deshalb wurden seine Wunden schlimm und rochen sehr.

Als Tydrek Waldemarssohn geheilt war, waffnete er sich, so gut er konnte und band sich den Helm aufs Haupt, blank wie Glas und hart wie Stahl und sagte dann: »Du guter Helm, manchen Hieb hast du erhalten von Didrik von Bern. Das habe ich ihm gut vergolten! Darum liegt er noch wund. Hätte ein andrer Mann das getan und nicht so ein guter Held, wie er ist, dann würde ich sein Tod werden, läge er nicht krank. Und nun will ich von hier wegreiten und heim ins Rytzeland! Das kann mir nun keiner verwehren, weder Attala-König noch Didrik von Bern!« –

Da sah Ercha-Königin, daß er wegreiten wollte. Sie fragte ihn, wohin er zu reiten gedächte.

Er antwortete: »Ich bin lange genug im Hünenland gewesen; deshalb will ich nun heimfahren in mein Reich.« – »Dann reitest du von hier weg mit wenig Mannheit und lohnst mir schlecht meine guten Werke! Auch steht mein Haupt zum Pfande für dich. Du kümmest dich nicht darum, wie es damit geht, wenn du nur davonkommst!« – Tydrek antwortete: »Du bist eine mächtige Königin; König Attala läßt dich nicht töten; doch erwarte ich ihn hier, wird er gewiß mein Tod.« – Darauf ging TydrekWaldemarssohn dahin, wo König Didrik von Bern lag, und fragte, wie es ihm ginge und ob er rasch heil würde. Der antwortete: »Meine Wunden sind zahlreich und groß und riechen sehr; auch kann ich weder reiten noch gehen, wenn es nicht besser wird.« –

Tydrek Waldemarssohn ging von ihm fort und nahm eines von König Attalas Pferden und legte den Sattel auf. Da sprach Ercha-Königin zu ihm: »Bleibe hier, Vetter, bei mir! Ich werde dich gut vergleichen mit Attala-König. Willst du das nicht tun, dann haut man mir das Haupt ab, wenn der König heimkommt!« – Tydrek ritt seines Weges und tat, als hörte er nicht, was sie sagte.

Sv 256

Die Königin weinte ganz bitterlich und zerriß ihre Kleider. Sie ging dahin, wo Didrik von Bern lag, und sagte zu ihm: »Didrik, guter Held, wie ist nun Rat zu schaffen? Ich habe Tydrek Waldemarssohn geheilt und setzte mein Haupt zum Pfande für ihn – nun ritt er davon, nicht als ein Edelmann; und ich fürchte für mein Leben, wenn der König heimkommt, außer ich genieße deine Hilfe dabei.« –

König Didrik antwortete: »Das ist recht, daß er dir so deine guten Werke lohnte! Du legtest großen Wert darauf, ihn zu pflegen. Mir schicktest du eine üble Frau, die konnte mich schlecht pflegen; denn sie lag jede Nacht bei einem Mann! Und meine Wunden sind schlimmer, als sie zuerst waren; sie sind sehr geschwollen und riechen übel. Ich bin nun wund und krank, ich kann weder gehen noch stehen und mit keinem Mann kämpfen. Und niemals, seit ich mich niederlegte, kamst du zu mir als erst jetzt!« –

Die Königin weinte und gab sich schuld in dieser Sache. Sie sagte: »Lieber Herr Didrik, du bist ein Herr über alle Herren, die es in der Welt gibt, beides, an Herz und an Mannessinn! Weh über mich« – sagte sie – »daß ich dich nicht pflegte, so daß du nun mir helfen könntest! Dann wäre Tydrek Waldemarssohn nicht davongeritten! Nun habe ich keinen in meinem Reich, der ihn zurückholen kann, und kann der König mein Haupt abhauen, wenn er heimkommt! Dann wird das kund über alle Lande! O Herr Didrik-König« – sagte sie – »wärest du nun gesund, dann möchte ich wohl leben und mein Reich lenken noch lange Zeit!« – Oft klagte sie dasselbe und zerriß ihre Kleider und ihr Haar und schlug sich vor die Brust.

Sv 257

Da bedauerte Didrik sie. Alsbald stand er auf, fuhr in seine Brünne, nahm Schild und Helm und ließ sein Roß holen. Er stieg auf dessen Rücken und ritt seinen Weg, so rasch er nur konnte. Und während er ritt, rann ihm das Blut durch die Brünne hindurch, so daß sein Roß ganz blutig war. Er kam vor eine Burg, die WILCINA hieß. Dort verlor damals Fredrik sein Leben, König Ermenriks Sohn, den Sevekin ausgesandt.

Dort stand eine Jungfrau auf dem Turm, die hatte Tydrek Waldemarssohn reiten sehen. Als sie Didrik von Bern sah, ging sie hinunter durch die heimliche Pforte. Sie war die Tochter des Jarls, dem das Schloß gehörte. Herr Didrik sprach zu ihr: »Sahst du einen Mann,

Jungfrau, mit blanker Rüstung und blankem Schild, auf grauem Roß? Das war mein guter Freund, ich will ihn treffen!« –
Die Jungfrau sagte: »Er ist nicht weit von hier. Er ritt vorhin hier am Schloß vorbei.« – Da schlug Herr Didrik den Falk mit den Sporen und ritt zu, so fest er nur konnte.

Sv 258
Nun kam Herr Didrik dem anderen nach an einen Wald, der heißt BURGWALD (BORGA-W.), der liegt zwischen PALERNA und HUNALAND. König Didrik sagte zu Tydrek Waldemarssohn: »Komm zurück! Ich will dir soviel Gold und Silber geben, wie ich habe im Hünenland, und ich bringe dich in Freundschaft mit Attala-König.« –
Da antwortete Tydrek Waldemarssohn: »Du Deuwel (dieffuill), warum bietest du mir Gold und Silber? Ich will niemals dein Freund mehr sein! Unterließe ich es nicht um der Schande willen, niemals solltest du Königin Ercha mehr sehen! Reite hinweg, ich kann den Gestank deiner Wunden nicht riechen!« –
Da sagte Didrik König: »Wende um, guter Held! Es ist Schande für dich, so aus Hünenland wegzureiten, daß Ercha Königin ihren Kopf verliert durch deine Schuld! Willst du umkehren, so wollen wir beide dir Attala-Königs Freundschaft verschaffen!« – Tydrek Waldemarssohn antwortete wie vorher.
Da sagte Didrik von Bern: »Willst du nicht wieder umwenden ins Hünenland für Gold oder Silber und nicht für deiner Base Ercha-Königin Freundschaft und Leben, und nicht um deiner Mannesehre und deiner Blutsfreunde willen, und reitest so weg: dann sollst du von allen verrufen (forsmadder) sein und ein Neiding (niding) genannt von jeglichem Manne und niemals heißen ein Ehrenmann (dandeman) dafür, daß du fliehst vor einem einzelnen Manne! Auch ist mein Hengst so gut: Wenn du auch fliehen willst, so soll dir das nichts helfen! Und erschlage ich dich auf der Flucht, dann bist du niemals wert, daß du genannt wirst unter wackeren Männern!« –

Sv 259
Als Tydrek Waldemarssohn das hörte, wendete er sein Roß. Nun sprangen sie von den Rossen und traten gegeneinander an und schlugen sich lange Zeit sehr heldenhaft und kühn, und zerbeulte einer des anderen Rüstung, und sie schlugen einander große Wunden und tiefe, bis sie beide ermattet waren; am meisten Didrik von Bern

durch seine alten Wunden. Jeder von ihnen sezte seinen Schild auf die Erde nieder und ruhte sich aus.
Da sagte Didrik von Bern: »Lieber Freund, wende um, und geleiten wir uns beide ins Hünenland! Ich will dir Attala-Königs Freundschaft verschaffen; und kann ich sie dir nicht vermitteln, dann will ich mit allen meinen Mannen dich wieder heim in dein Reich geleiten.« – Tydrek Waldemarssohn wollte das keinesfalls. Darauf schlugen sie sich in großem Zorn, bis Didrik von Bern Tydrek Waldemarssohn das Haupt abschlug, daß es vom Körper flog.

Sv 260
König Didrik nahm Tydrek Waldemarssohns Haupt und band es an seinen Sattelbogen und stieg auf sein Roß und ritt zu derselben Feste, wo die Jungfrau ihm den Weg gewiesen, und fand sie dort wieder, die zuvor sich erboten, seine Wunden zu verbinden. Und er bat herzlich darum, seine Wunden zu verbinden, worin sie denn auch einwilligte. Da ritt er zu ihr und warf ein Tuch über Tydrek Waldemarssohns Haupt, so daß sie es nicht sehen konnte.
Nun kam der Jarl, ihr Vater, und fragte ihn, was für ein Mann er wäre. »Ich weiß nicht, ob ich dir meinen Namen sagen soll; denn ist es so, wie ich denke, dann habe ich hier meinen Vetter (Frederik) verloren. Doch will ich meinen Namen nicht verleugnen. Ich heiße Didrik, König Thetmars Sohn aus Bern.«
Als der Jarl das hörte, lud er Didrik ehrerbietig zu sich ein, bei ihm die Nacht zu bleiben. Das nahm Didrik mit Dank an, denn er war sehr übel wund und matt. Nun wurde er dort bedient und wohl empfangen, und die Tochter des Jarls lag da bei ihm in dieser Nacht.
Am Morgen, als es tagte, ging der Jarl zu seinen Mannen und fragte sie um Rat, was er König Didrik für seinen Blutsfreund (Frederik) an Buße bieten sollte, daß sie beide Ehre davon hätten. Da antwortete ein Ritter – er war Sevekins Blutfreund –: »König Didrik ist hier jetzt allein. Nehmen wir unsre Waffen und töten wir ihn! Dann sind wir ihn los! Lassen wir ihn von hier entweichen, dann kommt er wieder und gewinnt uns Land und Schloß ab, und überdies kostet es allen das Leben. Er ist so grimmig, er verschont keinen Menschen, auch nicht den, der weniger verbrochen hat als wir.« –
Der Jarl antwortete: »Schlagen wir Herrn Didrik zur Hel, dann müssen wir uns Unfrieden von Attala-König erwarten, und dann verlieren wir beides, Schloß und Land; denn er ist viel mächtiger als ich.« –

Da antwortete einer von den Mannen des Jarls: »Fassen wir einen besseren Rat! Pflegt Herrn Didrik, so gut ihr nur könnt, und gebt ihm Gold und kostbare Steine, und laßt eure Ritter ihn heimgeleiten! Dann erhaltet ihr großen Dank von ihm, denn er ist ein edler Mann!« – Das gefiel allen wohl.

Herr Didrik blieb dort eine kleine Weile. Der Jarl stattete ihn kostbar aus. Er ließ sechs Ritter in purpurne, kostbare Kleider kleiden und ging so hinein zu Didrik von Bern. Er sagte: »Diese 6 Ritter will ich dir geben, damit wir desto bessere Freunde werden möchten. Und vergib mir deines Vetters Tod!« – Herr Didrik dankte ihm höchlich und vergab ihm alles, was er verbrochen hatte.

Sv 261

Da wollte Didrik von dannen reiten und sezte sich auf sein Roß, und der Jarl bekam das Haupt zu sehen, das am Sattel hing. Er fragte, was das zu bedeuten hätte. Herr Didrik sagte ihm, wie das zugegangen war. Dann ritt er seines Weges und die 6 Ritter mit ihm. Als er heim nach Soest kam, da ging Ercha-Königin ihm glücklich entgegen und meinte, Tydrek Waldemarssohn wäre mit ihm geritten, weil sie so viele beisammen waren.

Herr Didrik saß ab von seinem Roß und hatte das Haupt in seiner Hand und warf es der Königin vor die Füße. Die Königin weinte und jammerte, daß ihr Vetter ihretwegen sterben mußte. König Didrik ging zu seinem Bett und legte sich, wo er vorher lag. Die 6 Ritter dienten ihm, so gut sie nur konnten, mit großer Treue.

(Unglückliche Schlacht)

Sv 262

König Attala war in Rytzeland und verbrannte dort manche Schlösser und Orte. König Waldemar traf ihn mit einem unüberwindlichen Heer. Er hatte 10 000 Ritter und unzähliges anderes Volk. Sie traten sich entgegen und kämpften mit großer Tapferkeit. König Attala ritt zuvorderst in seinem Heer und hatte sein Banner in seiner Hand. Hillebrand führte König Didriks Banner und kämpfte sehr tapfer. Er fällte manchen Mann zur Erde. Herrn Didriks Mannen folgten ihm alle, auch Markgraf Rodger.

Waldemar-König ritt hart vor und ließ in alle seine Ludren blasen. Er ließ die Rytzen hart zudringen. Da fielen viele von Attalas Volk, wohl zehn Hundert. Als Attala-König das sah, flüchtete er davon, was er konnte. Das sahen Hillebrand und Markgraf Rodger. Da dachte Hillebrand daran, wie tapfer Herrn Didriks Mannen kämpfen konnten. Er hieß sie hart zudringen. Dasselbe tat Markgraf Rodger mit seinen Mannen. Sie begannen nun aufs Neue zu kämpfen und fällten in einer kurzen Zeit zweitausend von König Waldemars Volk.

Da traf auf sie ein Jarl aus Greken. Er stach auf Hillebrand mit seinem Spieß, so daß der weit vom Pferd kam. Das sah Markgraf Rodger, daß Hillebrand gefallen war. Er trieb seine Mannen hart vorwärts und hieß sie, Herrn Hillebrand helfen. Der Markgraf fing Herrn Hillebrands Hengst, führte ihn zu Hillebrand und half diesem auf in den Sattel.

Als Hillebrand auf sein Roß kam, kämpfte er mit großem Zorn, und es fielen die Rytzen einer über den andern. König Waldemar hatte aber so viel Volk, daß Hillebrand und der Markgraf fliehen mußten. Sie hatten zweihundert von ihrem Volk verloren. Sie flüchteten, was sie konnten, bis sie ins Hünenland kamen. Und es ärgerte sie sehr, daß sie Unsieg erfahren hatten und große Schande.

Sv 263

Hillebrand ging dahin, wo Herr Didrik lag, und sagte zu ihm: »Darüber bin ich froh, daß du lebst! Doch ich wäre viel froher, wenn deine Wunden geheilt wären.« – Herr Didrik fragte: »Wie ist es dir gegangen in Rytzeland?« – Hillebrand antwortete: »Uns ist es übel gegangen. Du hast mir oft gesagt, König Attala wäre ein wackerer Mann und kühn in Kampf und Krieg. Mir scheint, er ist kein Kämpe und kein tüchtiger Mann; er scheint mir ein furchtsamer Mann zu sein. Als wir nach Rytzeland kamen, kämpften wir mit Waldemar König, und der Kampf stand ganz hart. Ich erwartete, wir würden den Preis bekommen, da jagte er davon wie ein böser Hund, ließ sein Banner fallen und nahm mit sich das ganze Hünenheer. Da vertraute ich auf deine Mannen, wandte mich dreimal wieder gegen sie und Markgraf Rodger mit mir, und wir schlugen eintausend Rytzen zur Hel.

Nachdem der König wich, kam ein Jarl aus Greken, der war König Waldemars Bruder. Er stach mich weit von meinem Pferd. Das magst du Markgraf Rodger danken, er rettete mein Leben, denn er führte mir meinen Hengst wieder zu. Darauf flüchtete ich von dannen, und wir erwarben beide Schande und Unsieg in Rytzeland.«

König Didrik antwortete: »Du Hillebrand, sage mir nicht mehr von deiner Fahrt; denn sie taugt nicht viel. Werde ich heil von meinen Wunden, dann muß ich noch einmal nach Rytzeland hinein und erproben, wer dort früher flieht. Nicht sollen die Rytzen sich lange dessen rühmen, daß sie den Sieg über uns bekommen haben!« –
Als König Didrik von seinen Wunden geheilt war, sprach er mit Attala-König: »Erinnerst du dich, wieviel Schaden du erlittest in Rytzeland von Waldemar-König? Willst du das niemals mehr rächen?« – Der König antwortete: »Ich wollte es gerne rächen, wenn du mir helfen willst. Ich vertraue sehr auf deine Mannhaftigkeit.« – Didrik König antwortete: »Ich will dir gerne helfen. Sammle du Volk über all dein Reich! König Waldemar soll flüchten aus seinem Reich, oder er soll sterben, oder wir werden nie zurückkommen.«

(Zweiter Feldzug gegen Waldemar)

Sv 264

Attala-König sammelte Volk über all sein Reich, so viel er nur konnte. Da konnte keiner daheim bleiben, der zwanzig Jahre alt war. Er zog aus Hünenland mit 20000 Rittern außer anderem Volk. Er kam nach Rytzeland hinein, brannte und heerte überall, wo er durchzog. Er belagerte eine Burg, die Palteskia heißt. Er schickte sein Heer in drei Partien rings um das Schloß. Er hatte selbst 10000 unter seinem Banner, 10000 hatte König Didrik von Bern unter seinem Banner und 10000 der Markgraf unter seinem Banner. Sie schlugen sich jeden Tag mit den Burgmannen und erlitten großen Schaden auf beiden Seiten.

Als sie drei Monate lang davor gelagert hatten, sagte König Didrik zu Attala-König: »Ich will hier nicht länger liegen. Entweder reite du nach Rytzeland und Markgraf Rodger mit dir mit dem Volk, das ihr habt, und ich bleibe hier vor dem Schloß; oder lieg du hier vor dem Schloß, dann will ich reiten mit meinen Mannen.« – Attala: »Großes Verlangen habe ich nach dieser Stadt. Ich will nicht eher von hier fort, als bis mein Banner drinnen auf der Mauer steht. Ich will auch nicht das Volk teilen. Es wäre das beste, wir blieben zusammen. Kommt König Waldemar gezogen, dann bedürfen wir wohl des Volkes dabei.« – König Didrik antwortete: »Spät gewinnen wir Rytzeland, wenn wir alle vor dieser Stadt liegen. Wir haben uns früher mit den Rytzen geschlagen mit weniger Volk, als wir nun haben. Liege du hier

vor, Herr, und Markgraf Rodger mit dem größten Heer. Ich will nach Rytzeland hineinreiten mit meinen Mannen. Ich hoffe, wir werden den Sieg bekommen.« –
König Attala antwortete: »Du sollst entscheiden.« – Doch hätte er lieber gesehen, daß Herr Didrik geblieben wäre. Er fürchtete, König Waldemar würde zu ihm kommen und ihn dort vom Schlosse vertreiben.

Sv 265
Da brach König Didrik alle seine Zelte ab und zog hinein nach Rytzeland. Er brannte und heerte Städte und Dörfer und tötete dort manchen Mann. Er legte (sich) vor eine Stadt, die Smolensk heißt, und schlug sich dort lange mit den Burgmannen. Da kam Waldemar-König dahin mit 9000 Rytzen. König Didrik ließ in alle seine Ludren blasen. Er hieß seine Mannen sich wappnen und Waldemar-König entgegenreiten. Er sagte: »König Waldemar soll entweder sterben oder fliehen, oder ich werde sterben und alle meine Mannen.«
Didrik ritt hart vor und alle seine Mannen. Ihm folgten Herr Hillebrand mit seinem Banner und Wolfhart und Wildefer, die guten Helden. Sie ritten mitten ins Rytzenheer und hieben nach beiden Seiten, daß die Rytzen stürzten einer über den andern. König Didriks Mannen wurden vergnügt und fröhlich und kämpften den ganzen Tag mit höchstem Mut. König Didrik fuhr in ihr Heer wie der Löwe unter andere Tiere fährt, so daß keiner ihm zu begegnen wagte. Alle fürchteten sich vor seinem Schwert. Er ist ganz blutig und so auch sein Roß. Da traf er König Waldemars Banner. Herr Didrik hieb nach dem Ritter, der das Banner führte, auf seine rechte Schulter, so daß Arm und Banner zu Boden fielen. Dann hieb er auf Waldemar-König auf dessen Helm, daß das Schwert unten im Sattel stand, und der stürzte tot vom Roß. Da gab es großen Lärm unter Herrn Didriks Volk.
Sie gingen nun hart vor. Da fielen die Rytzen ganz dicht, Herr Didrik und seine Mannen kämpften den Tag über und den nächsten Tag dazu und töteten so viele von den Rytzen, daß es ein Wunder war. Die, welche überlebten, entflohen da, und Herr Didrik bekam den Sieg.

Sv 266
Inzwischen hatte der König (Attala) die Stadt gewonnen, vor der er lag und brach sie nieder bis auf den Grund. Er erschlug dort manchen Mann, und sie bekamen dort Gold und Geld genug. Darauf zog

Attala-König nach Rytzeland hinein zu Didrik-König. Sie trafen sich vor demselben Schloß, das Smolensk heißt. Das Schloß hatte Iron-Jarl, König Waldemars Bruder. Er traute sich nicht, das Schloß vor ihnen zu schirmen. Deshalb wurde er eins mit Attala-König daß er barfuß abziehen sollte und all seine Rüstung ablegen, und alle seine Fürsten gingen mit ihm, auch alle seine Mannen, waffenlos und barfuß, und gaben sich in seine Gewalt.
Attala fragte Herrn Didrik, ob er den Jarl töten solle. König Didrik sagte: »Das wäre geringe Ehre, denn er steht hier als ein Gefangener. Laßt ihn alle seine Mannen euch Eide schwören, daß er euch ›hold und treu‹ sein wird.« So tat der Jarl. Darauf setzte Attala-König ihn neben seine anderen Fürsten, und er sollte sein Mann werden.
König Attala fragte Didrik-König darnach, wie er mit dem Land verfahren sollte, das er gewonnen hatte. Didrik bat ihn, selbst zu entscheiden, doch mit Herrn Didrik und mehreren Edelleuten überantwortete er dem Iron-Jarl Rytzeland in der Art, daß er König Attalas Dienstmann sein sollte, wo er seiner bedürfte, und ihm Schatzung geben von Rytzeland. Darauf ritten Attala-König und Didrik-König wieder heim ins Hünenland.

(Die Schlacht bei Gränsport)

(Jungherr Thetmar)

Sv 267

Als Didrik-König nach Soest kam, und war gewichen vor seinem Vaterbruder König Ermenrik, da hatte er mit sich seinen Bruder Thetmar; der war damals ein Jahr alt, als Herr Didrik aus Bern wich. Er war so lange bei Königin Ercha, bis er zwanzig Jahre alt war. Er war männlich und schmuck und so stark, daß sich Wenige seinesgleichen finden. König Attala hatte zwei Söhne, einer hieß Erp und der andere hieß Ortwin. Sie waren gleichalt mit Thetmar, Didriks Bruder, und waren alle drei aufgewachsen bei Königin Ercha. Sie hatten einander so lieb, daß sie sich niemals von einander trennen wollten, wenn es nach ihnen ginge. Ercha-Königin war so lieb zu Jungherr Thetmar wie zu ihren eigenen Söhnen. Die drei jungen Leute wurden sehr gepriesen auf König Attalas Hof und im Hünenland.

(Didrik und Ercha)

Sv 268

Eines Tages ging König Didrik von Bern zu Ercha-Königin, dahin, wo sie mit ihren Frauen und Mädchen saß. Sie stand zu ihm auf und empfing ihn erfreut, gab ihm eine Goldschale mit Wein und bat ihn, sich zu ihr zu setzen; und er tat, wie sie bat.
Sie fragte ihn, was ihm am Herzen läge. Herr Didrik saß lange und schwieg und war ganz bekümmert, so daß ihm Tränen aus beiden Augen liefen. Dann antwortete er:
»Mir kommt nun in den Sinn, wie ich mein Reich verließ und verlor meine gute Burg Bern und viele andere Schlösser und Stätten. Nun sind es zwanzig Jahre her, seitdem ich hier bin wie ein Almosen-Mann. Früher war ich ein König über Land und Reich! Das bekümmert mich jeden Tag, und das klage ich nun vor Gott und euch.« –
Die Königin antwortete: »Das ist kein großes Wunder, daß ihr Kummer tragt um euren großen Schaden, da ihr so lange euer Reich entbehrt habt und waret hier bei uns und gewannet uns viel Gut zu eigen. Willst du fahren und dein Land wiedergewinnen, dazu will ich helfen, was ich kann. Ich will euch meine beiden Söhne geben, Erp und Ortwin, und zehnhundert Ritter von meinem eigenen Volk. Dazu will ich Attala-König bitten, daß er euch hilft, so sehr er nur kann.« –
König Didrik dankte ihr.

Sv 269

Darauf stand die Königin auf und nahm Didrik bei der Hand, und sie gingen so vor Attala-König. König Attala empfing sie beide wohl, setzte die Königin neben sich und fragte, was ihr Anliegen wäre. Die Königin antwortete:
»Herr Didrik hat vor mir geklagt, wie er verloren hat Land und Reich und ist lange draußen gewesen. Nun will er gerne versuchen, sein Land wieder zu gewinnen, wenn er könnte, und wenn ihr ihm dazu helfen wollt. Ihr wißt wohl selber, welch tapfere Taten er vollbracht, euch zu eigen gewonnen Land und Reich und manchen schlimmen Tag gehabt um euretwillen, in Zweikampf und Heerkampf. Da ziemt es euch, ihm das wohl zu lohnen. Leiht ihm ein Heer von Hünenland, daß er sein Eigen wiedergewinnen mag!« –
König Attala antwortete mit großem Zorn: »Wenn Didrik Hilfe haben will, sein Land wieder zu gewinnen, so mag er selbst zu mir

reden! Ist er so hochmütig, daß er meint, ich sollte ihm ein Hünenheer anbieten?« – Die Königin erwiderte: »Er bat mich darum, sein Bote zu sein. Er meinte, ich würde besser gehört werden als er. Er spräche gerne selbst mit euch.« – Die Königin sagte: »Ich will ihm meine zwei Söhne zur Hilfe geben und dazu zehnhundert wohlgewappnete Ritter. Und ihr helfet ihm, wie ihr denkt!« –

Da antwortete Attala-König: »Herrin, du sagst wahr: Didrik-König ist lange bei uns gewesen, und sehr hat er unser Reich gestärkt, seit er in unser Land kam. Es geziemte sich wohl für uns, ihm zu lohnen. Und ich werde, um seinet- und um deinetwillen, da du als sein Bote gegangen bist, ihm helfen, soviel ich kann. Willst du ihm deine beiden Söhne geben und zehnhundert Ritter, dann werde ich ihm meinen Mann Markgraf Rodger geben und zweitausend wohlgewappnete Ritter.« –

Da sagte Didrik-König: »Das wußte ich wohl, daß ihr mir so antworten würdet, und oftmals nützt einem Mann ein guter Bote. Ich danke euch gern, Herr, für eure gute Nachricht. Und laßt mich die Hilfe ohne Aufschub erhalten, ich will nicht lang zaudern.« –

Den ganzen Winter über schmiedeten sie im Hünenland Helme, Brünnen und gute Schwerter. Als das Frühjahr kam, da sammelten sich in Soest die vielen, welche Herrn Didrik begleiten sollten.

(Die Königsknaben)

Sv 270

Erp und Ortwin, der junge Thetmar und Markgraf Rodger saßen in einem Baumgarten. Da kam dorthin Ercha-Königin gegangen und sagte: »Meine lieben Söhne, nun werde ich euch gut ausrüsten (für den Zug) mit Didrik-König.« – Sie gab ihnen zuerst Beinwappen und zwei Brünnen, weiß wie Silber, gefertigt aus hartem Stahl und wohl verziert mit rotem Gold; weiterhin gab sie ihnen zwei Helme mit vergoldeten Nägeln und zwei wohlvergoldete Schilde, und dazu Banner. Ein Zeichen führten sie nicht in ihrem Schild, denn sie waren noch ganz jung.

Dann sagte sie zu ihnen mit Tränen: »Ich habe euch nun so ausgerüstet, daß ich glaube, man wird nicht zwei Königssöhne besser gerüstet finden mit guten Waffen. Wehrt euch nun so wacker und mannhaft, wie die Waffen gut dazu sind! Und laßt mich lieber hören, daß ihr mannhaft sterbt, als daß ihr lebt und in Verruf geratet!« –

Darauf rief sie ihren Pflegesohn, Fähnrich Thetmarssohn, zu sich, nahm ihn in die Arme, küßte ihm seinen Mund und sagte: »Mein lieber Pflegesohn, ich habe nun meine Söhne wohl ausgerüstet, um Didrik-König zu folgen und dir, euer Land wiederzugewinnen. Und ihr drei jungen Leute sollt mitziehen und einer auf den andern achten! Ihr kamt bisher noch niemals in Kampf.« –
Thetmar antwortete: »Deine Söhne sind wohlgerüstet. Und so helfe mir Gott, daß ich dir beide heil wieder heimbringe! Oder du wirst von mir hören, daß ich niemals zurückkomme und nicht mehr lebe, wenn sie erschlagen werden!« – Die Königin bat ihn, sein Wort zu halten, und dankte ihm sehr dafür.
Dann gab sie Thetmar gute Rüstung, Beinwappen aus Stahl und eine gute Brünne, blank wie Silber, auch einen harten Helm, wohlvergoldet und mit kostbaren teuren Steinen besetzt, und gab ihm einen roten Schild, darin stand ein goldener Löwe.
Diese drei Jungherren waren wohl gewaffnet. Und das haben alte Leute gesagt, es hätte keiner drei Königssöhne gesehen, besser ausgerüstet mit Gold und edlen Steinen, als auf ihrer Rüstung war.

⟨Vorbereitung und Ausmarsch⟩

Sv 271

In Soest war so viel Getöse, Waffengerassel und Rossewiehern, und die Burg war so mit Volk gefüllt, daß da keiner mehr Raum fand. König Attala ging hinauf in einen Turm, rief laut und erbat sich Gehör. Daraufhin schwiegen sie alle. Der König sagte: »Es scheint mir, es ist hier zusammengekommen ein mächtiges Heer und manch tüchtiger Held. Ihr sollt nun tun, wie ich euch sage:
Didrik-König soll ausziehn mit *seinem* Banner und all seinen Mannen. Markgraf Rodger soll ausziehn mit *meinem* Volk. Alle andern, die nicht eingeteilt sind, sollen meinen Söhnen folgen und damit dem jungen Thetmar, dazu zehnhundert Ritter, die ihre Mutter auslieh.« –
Da sagten alle: Ja, sie wollten des Königs Willen tun.
Da ritten zuerst aus Markgraf Rodger und seine Mannen; als nächste ritten die jungen Herren und ein Herzog, der Nordung hieß; der führte Fähnrich Thetmars Banner. Sie begleitete der gute Wolfhart, König Didriks Vetter, und der gute Ritter Hjalprik.
Da sagte Ercha-Königin: »Du guter Ritter Hjalprik, dir befehle ich

meine Söhne an. Laß sie dir nahe sein, wenn ihr kämpfen sollt!« – Hjalprik antwortete: »Ich will das schwören bei Gott: daß ich niemals lebend heimkommen werde, wenn ich deine Söhne verliere.« – Die Königin dankte ihm sehr dafür.
Nordung-Herzog reitet vor mit dem Banner Fähnrichs Thetmars, dahinter reiten Erp und Ortwin, folgen Hjalprik-Ritter und Wolfhart, Didriks Vetter, mit all ihrem Volk.
Da sprang Didrik-König auf sein Roß Falke, und Meister Hillebrand hält sein Banner (hoch). Er reitet nun hinaus vor Didrik-König, und Wildefer und alle Mannen Herrn Didriks folgen dahinter. Da waren in den drei Heerhaufen zehntausend Ritter und unzähliges anderes Volk.

Sv 272
Als sie außen vor das Tor kamen, sagte Herr Didrik zu zweien seiner Gefolgsleute: »Ihr sollt reiten Tag und Nacht, bis ihr Ermenrik-König findet. Dann sagt ihm dies: Mein Bruder Thetmar und ich wollen nun reiten in unser Reich, in das Humlungaland. Will er das Land vor uns wahren, dann heißt ihn uns treffen vor Gränsport mit seinem Heer!«
Sie ritten sogleich ihren Weg nach »Rom«, und sie fanden Ermenrik-König dort und sagten zu ihm: »Du Ermenrik-König, ungetreuer Betrüger! Didrik-König und sein Bruder Thetmar kommen mit einem großen Heer von Hünenland, mit ihnen zwei Söhne Attala-Königs. Die wollen rächen, daß du ihnen ihr Reich mit Unehre nahmst, und du wirst deine Untreue jetzt entgelten! Willst du das Reich vor ihnen wahren, dann triff sie bei Gränsport! Das ließen sie dir sagen; denn sie wollen sich nicht hereinstehlen.« –
Als Ermenrik-König diese Kunde hörte, gab er den Sendboten jedem ein Roß und einen neuen Rock. Er hieß sie heimreiten und Dank haben für ihre Botschaft; denn er fürchte sich nicht sehr vor dem Hünenheer.

(König Ermenriks Rüstung)

Sv 273
König Ermenrik sammelte Heer über all sein Reich und hieß zu sich kommen alle, die Waffen tragen konnten und Rosse reiten. Da kam viel Volk zusammen in »Rom«. Binnen drei Tagen waren dort 17000

wohlgewappnete Ritter. Dahin kam auch Wideke Welandssohn und sagte zu Ermenrik: »Hier bin ich gekommen mit all meinen Mannen, und ich wollte gern kämpfen gegen das Hünenheer. Gegen Didrik von Bern und seinen Bruder will ich ungern streiten; doch werde ich tun, was du willst, Herr.« – Da bekam er in »Rom«-Burg manche blanken Helme zu sehen, gute Brünnen und schöne Schilde.

Sv 274
König Ermenrik ging auf einen Turm und hieß seine Mannen ihm Gehör geben. Er sagte: »Meine guten Freunde, folgt meinem Bannermeister! Sevekin, mein guter Freund, du sollst mein Banner führen und 6000 Ritter mit dir von meinen Mannen. Dich schicke ich gegen Herrn Didrik von Bern, und es wäre mannhaft, wenn du sein Schwert in deine Hände bekämest, ehe ihr euch trennt!« –
Weiter sagte er: »Mein guter Freund Renald, du sollst 5000 Ritter haben und Herzog über sie sein. Dich schicke ich gegen Attala-Königs Volk und das Hünenheer. Dort sollt ihr manchen Mann erschlagen! – Mein guter Freund Wideke Welandssohn und mein bester Herzog, du sollst mit dir 6000 Ritter haben. Du pflegst gerne den Sieg zu gewinnen. Töte Didrik-König und Thetmar, seinen Bruder, und laß ja die Söhne Attala-Königs nicht heimkommen! Gott gebe euch Sieg auf dieser Fahrt, euren Ruhm zu mehren!«
Da antwortete Wideke Welandssohn: »Ich will mit Attala-König kämpfen und mit seinem Volk. Herrn Didrik will ich nichts tun, wenn ich raten darf.« – Darauf bliesen sie alle in ihre Hörner. Und sie steigen auf ihre Rosse und reiten blasend und rufend hinaus. Und nicht eher wandten sie sich, als bis sie nach Gränsport kamen. Dort war Herr Didrik mit seinem Heer nördlich des Flusses. Und sie lagerten sich zur Nacht.

(Hillebrands Nachtritt)

Sv 275
Herr Hillebrand war Wachthalter in der Nacht bei König Didriks Mannen. Um Mitternachtszeit ritt er über den Fluß dort, wo eine Furt war. Als er über den Fluß kam, da begegnete ihm ein Mann, und keiner von ihnen kannte den andern.
Hillebrand sprach ihn an und sagte zu ihm: »Nicht darf ich dir meinen

Namen nennen; denn du bist einzeln und ich bin einzeln.« – »Ich wußte deinen Namen vor zwanzig Jahren«, antwortete der wieder, »du heißest Meister Hillebrand!« – Hillebrand antwortete: »Das ist wahr, was du sagst! Nicht will ich mein Wappen vor dir verbergen. Ich kenne auch dich wohl: du heißest Renald, verdienter Ritter und mein guter Freund. Gib mir Kunde von deinem Land!« –
Renald antwortete: »Dies kann ich dir sagen: Wideke Welandssohn, Herrn Didriks guter Freund, ist ein Anführer unseres Heeres. Der zweite ist Sevekin, euer Widersacher. Ich ritt heimlich vom Heere weg. Ich hatte gedacht, König Didrik zu finden und ihm Nachricht zu geben. Gott lasse es ihm gut ergehen! Doch werde ich meinem Herrn folgen.«

Sv 276

Darauf ritten sie beide im Mondschein flußabwärts und sprachen miteinander. Sie hielten auf einem Hügel, so daß sie beide Heere sahen. Hillebrand fragte: »Wo ist Sevekins Banner und Zelt? Ihm täte ich gerne Schlimmes, wenn ich könnte!« – Renald antwortete: »Dort steht ein goldenes Zelt und drei Goldknäufe oben darauf. Das ist König Ermenriks Zelt, dort liegt Sevekin und schläft darin. Du kannst ihm nichts antun, wenn du auch wolltest, solch großes Heer liegt rings herum.«
Renald wies Hillebrand Widekes, Welandssohns, Zelt, er zeigte ihm auch sein eigenes Zelt. Da sagte Hillebrand: »Reite nun mit mir, so will ich dir unsere Zelte zeigen!« –

Sv 277

Darauf ritten sie flußaufwärts. Da begegneten ihnen fünf Ritter von Widekes Mannen. Die Fünf zogen ihre Schwerter. Hillebrand zog sein Schwert und ritt gegen sie. Da sprach Renald zu ihnen: »Was wollt ihr? Dieser Mann begleitet mich!« – Sie erkannten Hillebrand gleich und hieben sofort nach ihm auf den Helm, doch keines (ihrer Schwerter) biß darauf. Hillebrand hieb einem von ihnen auf den Hals, daß das Haupt abging. Damit trennten sie sich. Renald wollte nicht gestatten, daß sie sich mit Hillebrand schlügen.

Sv 278

Als sie auf den Hügel kamen, sagte Hillebrand: »Dort steht ein Zelt, und fünf Goldknäufe oben darauf. Das gehört König Didrik zu. Dort steht auch ein rotes Zelt, das gehört den Söhnen Attala-Königs und Thetmar, Didriks Bruder. Und dort steht ein grünes Zelt, das gehört Markgraf Rodger.« – Darauf umarmten sie sich und trennten sich. Hillebrand ritt zu seinen Mannen.

Sv 279

Als Renald zu seinem Zelt kam, war Sevekin wach mit vielem Volk und wollte hinter Hillebrand herreiten. Da sagte Renald: »Willst du hinter Hillebrand herreiten und ihn töten, so werde ich schnell mein Volk waffnen, und dann wirst du dich vorher mit mir schlagen und manchen Mann verlieren. Laß Hillebrand reiten, wohin er will!« Sevekin antwortete: »Mir scheint, du willst unser Feind sein; denn du verteidigst meines Herren Feind!« – (Renald:) »Ich will meinem Herrn helfen, soviel ich vermag. Nicht kann ich gestatten, daß ihr Hillebrand tötet; denn er ritt in gutem Vertrauen und redete mit mir. Morgen bekommst du Hillebrand zu sehen; dann will ich dir nicht verwehren, dich mit ihm zu schlagen. Ich denke, er wird sich wohl vor dir wahren.« –

Darauf brachen sie ihren Streit ab und legten sich nieder zum Schlafen. Hillebrand ritt zu Didrik-König und sagte ihm, wie alles gegangen war. Didrik dankte ihm: »Immer geht es dir mannhaft aus!« –

(Die Schlacht)

Sv 280

Am Morgen früh stand Herr Didrik auf und wappnete sich und ließ blasen in Pfeifen und Basunen. Thetmar, sein Bruder, tat desgleichen und ebenso Markgraf Rodger, und sie stiegen auf ihre Rosse. Meister Hillebrand ritt voraus mit Herrn Didriks Banner, das ganze Heer folgte dahinter. Er ritt über dieselbe Furt, über die er bei Nacht geritten war.

Als Sevekin das gewahr wurde und Wideke Welandssohn, da bliesen sie in alle ihre Hörner und hießen ihr Volk sich wappnen. Wideke stieg auf seinen Hengst Schimmling, desgleichen taten Renald und Walter von Waskastein. Der führte König Ermenriks Banner, das war beides, groß und lang, und viele Goldglöckchen daran. Das Banner läutet so laut, daß man es hören kann durch das ganze Heer. Darunter ritt Sevekin mit 6000 Rittern.

Als Didrik König Ermenriks Banner sah und erkannte, daß Sevekin darunter war, da hieß er Hillebrand sein Banner dagegen führen, das war aus weißer Seide gemacht und siebzig Goldglocken daran. Das hatte Ercha-Königin gemacht. Darauf stand ein vergoldeter Löwe. Dann kam Renald mit einem Banner rot wie Blut, gegen ihn reitet Markgraf Rodger.

Da ritt Wideke vor. Sein Banner war schwarz, und standen Hammer und Zange darin. Das führte ein Kämpe, der Runge hieß, der war groß und stark wie ein Riese. Gegen ihn reitet Herzog Nordung mit Fähnrich Thetmars Banner, darin stand ein Löwe von Gold. Das gab ihm Ercha-Königin. Dahinter folgten Thetmar und die jungen Herren und der gute Ritter Hjalprik – er war der rascheste aller Ritter. Ihre Waffen glänzten wie die Sonne.

Sv 281

Sie trafen zusammen mit diesen sechs Bannern. Herr Didrik saß auf seinem Roß Falke und schlug mit seinem guten Schwert Ekkisax. Vor ihm stürzte mancher Mann. Ihm voraus reitet Hillebrand – er erschlug auch manchen Mann – und der gute Ritter Wildefer. Da fiel eine Menge von Sevekins Volk.

Herr Didrik rief laut und hieß seine Mannen scharf vorgehen. Er sagte: »Wir haben uns oft mit den Rytzen geschlagen und viele Siege dort gewonnen; nun wolln wir auch wiedergewinnen unser eigenes Land, und hierdurch heißen wir mächtige Männer!« – König Didrik ritt mitten in Sevekins Heer, er fällt beides, Männer und Rosse und alles, was vor ihm war. Er fuhr kreuz und quer durch das feindliche Heer, und alle fürchteten sich vor ihm. Er hat unzähliges Volk erschlagen.

Einen anderen Weg reitet Wildefer und haut mannhaft zu, weder Waffen noch Rosse halten vor ihm stand. Das sah Walter von Waskenstein, wie großen Schaden Wildefer tat, und daß alle vor ihm flohen. Walter schlug seinen Hengst mit den Sporen und setzte den Spieß auf Wildefers Brust, daß er zwischen den Schultern hinausging. Wildefer schlug den Spießschaft entzwei, dann hieb er auf Walters Schenkel, die Rüstung entzwei und das Bein ab, daß das Schwert im Sattel stand. Da stürzten sie beide tot herab, und nun fiel König Ermenriks Banner nieder, das Walter führte.

Als Sevekin sah, daß Walter erschlagen war und das Banner unten auf der Erde lag, floh er, was er nur konnte, und mit ihm seine Mannen, so viele unter dem Banner waren. Herr Didrik jagte hinter ihnen her und schlug die meisten von ihnen zur Hel. Dann wandte Herr Didrik um.

(Der Tod der Königssöhne)

Sv 282

Das sah Wideke Welandssohn, und es schien ihm große Schande, daß Sevekin floh. Er ritt ganz kühn vor auf Herzog Nordung los. Der hielt ihm entgegen, denn er war ein vorzüglicher Kämpe. Da hieb Wideke die Bannerstange entzwei, daß das Banner zu Boden fiel. Einen zweiten Hieb tat er auf des Herzogs Hals, die Brünne durch und den Hals durch, so daß das Haupt zur Erde herabfiel.
Das sahen die jungen Herren. Ortwin sagte zu Ritter Hjalprik: »Sahst du, wie der böse Hund Wideke Welandssohn Herzog Nordung erschlug? Reiten wir vorwärts und rächen wir ihn!« – Sie ritten voran. Ihnen entgegen kam Wideke Welandssohn und der starke Runge. Sie schlugen sich mannhaft so lange, bis Ortwin und Hjalprik beide erschlagen wurden.
Das sahen Erp und Thetmar. Sie ritten vor und kämpften tapfer. Thetmar hieb auf Runges Helm und zerklaffte sein Haupt, daß das Schwert im Sattel stand. Runge stürzte tot vom Roß. Indessen schlug Wideke Erp zur Hel.

Sv 283

Als Thetmar sah, daß beide Söhne König Attalas tot waren, da ritt er auf Wideke los und wollte seine Ziehbrüder rächen oder wollte darum sterben. Er hieb auf Wideke heftig und hart. Wideke fragte: »Bist du Thetmar, König Didriks Bruder? Reite hinweg, anderswohin und schlage dich dort! Um deines Bruders willen will ich dir nichts zuleide tun!« – Thetmar antwortete: »Das weiß Gott, daß mich nicht verlangt, länger zu leben, außer ich nehme Rache an dir bösem Hund, daß du meine Ziehbrüder erschlugst, König Attalas Söhne! Eines von beiden soll sein: Ich fälle dich zu Tod oder du mich!« –
Thetmar hieb noch halbmal fester auf Wideke. Wideke sagte: »Das weiß Gott, nur in der Not würde ich dich töten, um deines Bruders Didrik von Bern willen.« – Da hieb Thetmar mit voller Kraft auf Widekes Helm. Der Helm war von dem härtesten Stahl, den es geben konnte, deshalb glitt das Schwert von ihm ab und nieder auf den Hals

des Hengstes vorn vor dem Sattelbogen, daß dessen Haupt zur Erde herabfiel, und dort ließ Schimmling sein Leben.
Wideke antwortete, als er dort auf dem Erdboden stand: »Das weiß der heilige Gott, daß du mich zu dem nötigst, was ich niemals gedachte gegen dich zu tun! Und so große Not zwingt mich dazu, daß entweder ich mein Leben lassen werde, oder ich werde dich töten! – Wideke nahm sein Schwert Mimung mit beiden Händen und hieb auf Thetmar hinten auf den Rücken, daß Brünne und Rücken und Leib zerschnitten wurden, und er fiel in zwei Stücken zur Erde. Darauf erschlug Wideke manchen Mann, sie stritten da ganz grimmig und stürzten zahlreich auf beiden Seiten.

Sv 284
Der gute Ritter Wolfhart! Er streitet wacker den ganzen Tag über. Er führte Markgraf Rodgers Banner. Er schlug beides, Männer und Rosse. Der Markgraf folgte ihm mannhaft. – Das sah Renald, der berühmte Ritter, welchen Schaden Wolfhart anrichtete, und daß alle vor ihm flohen. Er setzte seine Glaffe auf Wolfharts Brust, durch die Brünne hindurch ging sie und durch die Schultern. Wolfhart stürzte tot von seinem Pferd.[104] Das sah Markgraf Rodger. Er nahm sein Banner wieder auf, ritt auf Renalds Bannermeister los und hieb ihm in den Hals, daß das Haupt abging und die Bannerstange entzwei, und das Banner fiel zu Boden.

Sv 285
Das sahen Renalds Mannen, daß ihr Banner gefallen war, und Sevekin davongeflohen. Da flohen sie alle zusammen, und daraufhin flüchtete Renald mit ihnen. Didrik-König jagte scharf hinter ihnen her.

(Didrik verfolgt Wideke)

Da kam ein Ritter zu ihnen von seiner eigenen Mannschaft und sagte: »Ich kann dir schlimme Kunde sagen und wahre: Der böse Hund Wideke erschlug zuersten deinen guten Herzog Nordung, danach beide Attala-Söhne und dann deinen Bruder Thetmar. Reite zurück, Herr, und räche sie an ihm!«

Sv 286

Didrik antwortete: »Was gab Gott mir schuld, daß er solch schlimmen Tag über mich scheinen ließ, daß keine Waffe mich heute versehren mag, und ich noch wundenlos bin? Mein Bruder und die jungen Herren sind nun tot! Jetzt wage ich niemals mehr ins Hünenland zu kommen! Nun werde ich entweder sterben oder meine jungen Herren rächen!« –

Damit wandte er sich zurück und schlug das Roß mit den Sporen. Seine Mannen folgten ihm. Er ritt schnell ihnen voraus dahin, wo der Kampf gewesen war. Er war so wütig, harmvoll und grimmig, daß ein flammender Hauch ihm vom Munde ging. Kein Ritter wagte jetzt, gegen ihn anzukämpfen.

Das sah Wideke Welandssohn. Er flüchtete, was er konnte. Er jagte am Fluß hinunter, der Moselstrom heißt. Herr Didrik stürmte hinter ihm her, rief und sagte: »Du böser Hund, warte auf mich! Ich will meinen Bruder rächen! Darum sollst du nicht länger leben, wenn du dich traust, zu kämpfen mit einem einzelnen Mann!« –

Wideke tat, als hörte er nicht. Er raste davon, so schnell er nur konnte. Didrik rief ihm zu und hieß ihn warten. Er sagte: »Es ist Schande, zu fliehen vor einem einzelnen Mann, der seinen Bruder rächen will!« – Wideke antwortete: »Daß ich deinen Bruder zur Hel schlug, tat ich aus Not! Ich mußte entweder ihn erschlagen, oder er hätte mich erschlagen. Ich will das büßen mit Gold und Silber und Edelsteinen!« –

Wideke jagte davon, so schnell er nur konnte, doch Didrik hinter ihm her. Da sprengte Wideke hinein in die Flut und sank gleich unter Wasser. Didrik schoß seinen Spieß hinter ihm her, so daß der im Hügel stand hart am Fluß.

(König Didriks Klage)

Sv 287

Didrik von Bern wandte sich wieder dahin zurück, wo der Kampf gewesen war. Er fand dort manchen wackeren Mann, seine Freunde und Verwandten. Nun kam er dahin, wo sein Bruder lag, Thetmar, und sagte: »Hier liegt mein lieber Bruder! Das ist mir ein großer Schmerz, daß ich dich finde, so zugerichtet!« – Darauf warf er seinen Schild fort, denn der war übel verhauen, und nahm Thetmars Schild dafür.

Nun fand er auch, wo die jungen Herren lagen. Da sagte Didrik: »Gott gnade mir, daß ich euch verloren habe! Das weiß Gott, ich wollte lieber große Wunden empfangen haben! Ich wage nun niemals mehr, ins Hünenland zu kommen.« – Da kamen Didrik-Königs Mannen zu ihm.

Didrik sagte zu Markgraf Rodger: »Attala-König hat seine Söhne verloren und manchen schnellen Helden um meinetwillen. Darum wage ich niemals mehr, zu ihm zu kommen. Fahre du zu ihm heim und sage ihm Nachricht und viele gute Nächte, auch Ercha-Königin und manchen anderen Fürsten!« –

»Das sollst du nicht tun! sagte der Markgraf. »Oft geschieht das im Kampf, daß Fürsten ihre Helden verlieren und gewinnen doch selbst den Sieg, wie nun du ihn gewonnen hast. Danke Gott für diesen Sieg und gib dich nicht selbst auf um der jungen Herren willen! Wir wollen alle dazu helfen, daß Attala-König und Ercha-Königin so lieb zu dir sein sollen wie je einmal früher, wenn sie auch ihre Söhne verloren haben!« –

Nun antwortete Didrik: »Niemals wage ich, dahin zu ziehen; denn ich gelobte Ercha-Königin, ich wollte ihre beiden Söhne ihr wiederbringen, und das kann ich nun nicht halten.« –

Es kamen auch alle Fürsten und Herren und baten Didrik, heimzuziehen. »Wir wollen dir wohl Freundschaft von Attala-König und von Ercha-Königin erwirken. Willst du nicht ins Hünenland ziehen, so ziehe in dein eigenes Reich und kämpfe mit Ermenrik-König! Wir wollen dich alle begleiten und nicht eher ins Hünenland kommen, bis du dein Reich zurückgewonnen hast.« –

Didrik antwortete: »Ich wage nicht mehr, König Attalas Heer zu führen, nachdem ich seine beiden Söhne verloren habe. Ich will mit euch heimfahren zu Attala-König.« Darauf wandten sie sich heimwärts mit all ihrem Heer.

(Die Rückkehr nach Soest)

Sv 288

Als sie ins Hünenland kamen, fanden sie Attala-König in Soest. Herr Didrik ging und legte sich in ein kleines Haus und wagte nicht, vor Attala-König zu gehen. Markgraf Rodger ging zu Attala-König und grüßte ihn. Der König antwortete: »Willkommen mein Edelmann Markgraf Rodger! Sage uns gute Nachricht von eurer Fahrt! Lebt

König Didrik von Bern? Und haben die Hünen Sieg oder Unsieg empfangen?«

Der Markgraf antwortete: »Didrik lebt, und seine Mannen und die Hünen gewannen den Sieg; doch stieß uns allen Unheil zu; denn wir haben unsere jungen Herren, Erp und Ortwin, verloren.« – Als die Königin das hörte, weinte sie und fast alle, die drinnen waren. Attala fragte: »Sind viele von meinen Mannen gefallen?«

Der Graf antwortete: »Dort fiel mancher werte Held: Zuerst Fähnrich Thetmar von Bern und dein guter Freund Hjalprik-Ritter und Herzog Nordung, Wolfhart, Wildefer und manche andere gute Helden und große Fürsten; doch verlor König Ermenrik doppelt so viel, und viele flohen davon.« –

König Attala antwortete und hielt sich männlich bei dieser Nachricht: »Das geht nun wie früher, daß die sterben, die todbestimmt sind. Gute Waffen geben keinem todbestimmten Manne Leben. Obwohl meine Söhne gute Waffen hatten, mußten sie gleichwohl sterben.«

König Attala sagte dazu: »Wo ist nun mein guter Freund Didrik-König?« – Da antwortete einer von den Mannen des Königs: »Er sitzt draußen in einem Kochhaus und auch Meister Hillebrand. Sie legen dort ihre Waffen ab. Sie getrauten sich nicht, euch vor Augen zu kommen, so sehr beklagen sie eure Söhne.« –

Da schickte der König zwei Ritter nach ihnen aus, die baten Herrn Didrik, hineinzugehen zu König Attala. Didrik antwortete: »Ich wage vor Kummer noch nicht, zu ihm zu kommen.« – Die Ritter sagten dem König Didriks Antwort.

Sv 289

Da ging die Königin weinend mit ihren Jungfrauen dahin, wo Didrik saß, und sagte: »Mein guter Freund Didrik, wie wehrten sie sich, meine Söhne? Oder wie gute Helden waren sie, ehe sie fielen?« – Didrik antwortete mit großem Schmerz: »Sie wehrten sich mannhaft, und wollte keiner vom andern wegfliehen, so gute Helden waren sie.« Die Königin nahm ihn in ihre Arme und sagte: »Mein guter Freund Didrik, geh mit mir vor den König und sei heiter! Du sollst uns willkommen sein! Das ist auch früher geschehen wie jetzt, daß die fielen im Kampf, denen es bestimmt war, und die, welche überleben, können sich deshalb nicht aufgeben. Es taugt nicht, um tote Männer zu trauern. Sei froh und heiter und geh nun mit mir zu Attala-König!« – Da ging er mit ihr.

Attala-König stand auf und hieß ihn willkommen sein und ließ ihn sich neben ihn in den Hochsitz setzen wie früher. Das dankte ihm Didrik wohl und blieb seitdem lange bei Attala-König. Sie blieben so gute Freunde wie zuvor.

(Königin Erchas Tod)

Sv 290

Zwei Jahre, nachdem die Schlacht vor Gränsport stattgefunden, wurde die Königin krank. Sie sandte Botschaft nach König Didrik aus. Er ging zu ihr. Sie hieß ihn willkommen. Didrik sagte: »Das ist ein großer Kummer, daß du so übel krank sein sollst, und großes Verderbnis für Hünenland, wenn du von dieser Krankheit stirbst, eine so ehrenwerte Frau, wie du es bist! Und da verliere ich meinen besten Freund!« –

Die Königin antwortete: »Du bist unser guter Freund gewesen, und sehr gestärkt hast du unser Reich. Diese Krankheit wird nun unsere Freundschaft scheiden. Hier gebe ich dir einen Krug von Gold und 15 Mark (Pfund) Gold darin, dazu kostbare Kleider von Purpur. Und dazu gebe ich dir meine Nichte Jungfrau Häred. Sorge wohl für sie!« Didrik antwortete: »Große Freundschaft hast du mir erzeigt. Gott vergelte dir deine Freundschaft und heile(?) dein Siechtum. Großen Schaden bringst du Attala-König, wenn er dich verliert!« – Nun weinte Herr Didrik wie ein Kind, er konnte nicht reden und ging alsbald hinaus.

Die Königin sagte: »Wo ist Hillebrand, mein guter Freund?« – »Ich bin hier«, sagte er. Sie zog den besten Goldring von ihrer Hand, gab ihm den und sagte: »Wir wollen voneinander scheiden als gute Freunde. So werden wir uns auch finden, wenn Gott es will.« – Hillebrand dankte ihr sehr für ihre schöne Gabe; dann ging er weinend hinaus.

Nun bat die Königin, Attala-König zu sich zu rufen. Der König ging zu ihr und fragte, was sie wollte. Sie sagte: »Du, der reiche König, wir werden uns nun scheiden; doch kannst du nicht lange ohne Gattin sein. Darum nimm dir eine ehrenwerte Frau, du bist das wohl wert! Nur bitte ich dich, nimm dir keine Frau aus Niflungaland und nicht von König Aldrians Geschlecht! Tust du das, dann kommt dir viel Unheil davon, beides, für dich und dein Kind!« – Darauf wandte sie sich von ihm ab und starb.

Als bekannt wurde, daß die Königin gestorben war, da weinte jedes Kind, das im Hünenland war und weitum anderwärts, und sie sagten: »Niemals mehr bekommt Attala-König eine so gute Königin!« – Keine Frau wurde mehr beweint im Hünenland. Der König ließ ihren Leichnam kostbar begraben und legte sie innen vor die Mauer, dicht an die Mauer. Dort standen bei ihr Didrik von Bern und Hillebrand und viele andere wackere Helden.

Sv 291–296 = Streit der Königinnen; Sigfrids Tod: entfällt

⟨Herdings Kampf gegen Isung⟩

Sv 297

Herding König in Wilzenland war ein reicher Mann und mächtiger Kämpe. Er hatte eine Ehefrau, die OSTACIA hieß, ihr Vater Unne, König vom Ostreich. Ihre Stiefmutter war so voller Trolltum und übertrug ihr Trolltum (Zauberkunst) auf sie, daß sie noch viel zauberkundiger wurde als ihre Stiefmutter. Sie war trotzdem sowohl schön als auch klug. Darum mochte der König sie gern.

Sv 298

In dieser Zeit herrschte Isung König über BRITANIA mit seinen 9 Söhnen. Er hatte viel Krieg mit Herding König; denn Herding König wollte seinen Vaterbruder Osantrix König rächen sowohl an Attala König und Didrik König wie an Isung König; denn der war der größte Haupttäter bei der Erschlagung seines Vaterbruders. Da sammelte Herding König ein großes Heer und zog in König Isungs Land, brannte und heerte überall, wo er durchzog, und erschlug manchen Mann. Isung und seine Söhne waren in Bratinga-Burg und wußten nicht davon, bevor jene ihren Anschlag beendet hatten und aus dem Lande zogen. Daraufhin sammelten sie ein großes Heer durch all ihr Reich und ritten Herding nach und wollten ihren Schaden rächen. Detzlef Danske und Fasold der Stolze begleiteten Isung König. Als sie ins Wilzenland kamen, brannten und heerten sie überall, wo sie durchzogen und erschlugen manchen Mann. Wo sie entlangzogen, floh alles vor ihnen, und kein Mann war so kühn, daß er sich traute, einen Speer gegen sie zu stoßen. Alles flieht vor ihnen, ein Teil in große

Wälder und ödes Grenzland, ein anderer auf Schiffe, und etliche zu Herding König und sagen ihm, daß Isung König in sein Land gekommen ist mit seinen Söhnen, und mit ihm Detzlef Danske und Fasold der Stolze, dazu 5 tausend gewappnete Mannen.
Da wird Herding König zornig und sammelt Mannschaft durch all sein Land. Doch waren sie sehr furchtsam, daß sie kämpfen sollten gegen Isung König, weil er ein guter Kämpe war und seine Söhne mit ihm.

(Die Zauberkünste der Ostacia)

Sv 299
Als Herding sein Heer versammelt hatte, ging seine Ehefrau hinaus in einen großen Wald und gebrauchte ihre Zauberkraft. Sie brachte zusammen Löwen, Panther und weiße Bären, und die waren ihr ganz gehorsam, und große Flugdrachen. Sie hatte sie so gezähmt mit ihrer Zauberkunst, daß sie sie lenken konnte, wohin sie wollte. Sie verwandelte sich selbst in einen Flugdrachen und fuhr so gegen Isung König. Ihr Heer war Teufeln ähnlicher als Menschen.
Isung König und seine Söhne gehen hart vor und erschlagen vielmals Mann und Mähre und vor ihnen fiel alles, was vor ihnen war. Detzlef Danske tat desgleichen. Er hieb zu beiden Händen und gab manchem Mann die Todeswunde. Fasold der Stolze machte es ebenso und trennte manchen Mann von seiner Mähre, daß sie nie wieder aufstanden.

Sv 300
Da fiel so viel von Herdings Volk, wie das Korn fällt vor dem Schnitter. Da kam Ostacia Königin mit ihrem Heer, das sie zusammengebracht hatte mit Zauberkunst. Drachen flogen über das Heer und töteten manchen Mann mit Maul und Klauen, und Löwen und Bären bissen und rissen das Volk. Ostacia fliegt wie ein Drache über das Heer und hetzt alle Tiere zum Kampf auf. Isung König sah, wie großen Schaden diese Tiere an seinem Volk taten. Er schlug sein Roß mit den Sporen und stach auf den größten Drachen, der über ihm flog, und er erreichte ihn nicht. Der Drache aber stürzte sich herab auf den König, packte ihn mit seinen Klauen und verschlang ihn.
Das sah sein ältester Sohn. Er stach den Drachen durchs Bein. Darauf

packte der Drache ihn mit den Klauen durch Brünne und Bauch, und dort fand er seinen Tod. Doch hatte er einen Löwen und einen Bären erschlagen, ehe er starb. Der jüngste Königssohn, welcher LORANTIN hieß, tötete einen Löwen und schlug einen Drachen zur Hel, dann wurde ein Drache sein Tod. Isungs Söhne hatten dort fast alle Drachen und Löwen getötet. Darnach wurden alle Isungs-Söhne getötet und auch er selbst. Kein Mensch bezwang sie, sondern Löwen, Drachen und Bären wurden ihr Tod.

Sv 301

Fasold der Stolze reitet fest vor und ließ vor sich Banner tragen mitten ins Wilzenheer hinein. Fasold war da übel wund, doch hatte er zuvor manches Hundert erschlagen den Tag über. Herding König stach auf ihn mit seinem Spieß und quer durch seine Brust. Darauf fiel er von seinem Roß und starb.

Das sah Detzlef Danske. Er hatte da so viele Wilzenmänner getötet, daß sie tot lagen einer auf dem andern, große Haufen, so daß es stand bis an seinen Sattelbogen. Er war da selber vielfach wund, und verloren hatte er all sein Volk. Detzlef stach auf Herding König ein – er wollte seinen Stallbruder Fasold rächen – durch Schild und zweifache Brünne und zwischen die Schultern. Der König stürzte gleich von seinem Roß. Nachdem der König gefallen war, fällte Detzlef manchen Mann, und viele flohen.

Da flog einer der schlimmsten Drachen über Detzlef mit aufgerissenem Rachen und wollte ihn töten. Detzlef stach ihn mit seinem Spieß aufwärts durch Rachen und Hals. Der Drache fiel auf ihn mit seinen Klauen und schlug so hart mit seinen Schwingen, daß Detzlef zu Tode kam und das Roß unter ihm.

Als die Kämpen tot waren vom Bertangaland, da schlugen die Schwedenmänner, welche Wilzen-Männer genannt werden, jedes Kind, das übrig war. Die Schweden-Männer fanden ihren Herrn sehr wund, führten ihn mit sich heim und ließen ihn pflegen. Als Herding heimkam in seine Burg, da wurde seine Frau Ostancia krank. Da erfuhr der König, woher die Tiere und Drachen gekommen waren, die ihm zu Hilfe kamen, und welch eine Zauberin seine Frau war. Am dritten Tag starb sie von derselben Zauberei. Herding König bekam Hilfe und Heilung seiner Wunde und lenkte lange sein Reich darnach.

Sv 302–339 = Niflungasaga: entfällt

III. Didriks Alter

(Didriks Heimkehr)

Sv 340

Herr Didrik von Bern hatte damals manchen Mann verloren. Er sagte zu Meister Hillebrand: »Ich habe nun all meine Mannen verloren und habe lange mein Reich entbehrt. Nun ist auch tot mein guter Freund Markgraf Rodger und Gunter-König vom Niflunga-Land und Hagen von Tröya, die unsere guten Freunde waren, und viele andere edle Männer. Was tun wir nun länger hier im Hünenland? Lieber will ich in mein Land fahren und dort mannhaft sterben oder wiedergewinnen mein gutes Schloß Bern. Auch will ich nicht länger im Hünenland liegen und altern, noch Attala-König länger dienen.« –

Hillebrand antwortete: »Wir sind lange von unserm Reiche fortgewesen und haben sehr viel entbehrt; doch wir haben geringe Macht, mit König Ermenrik zu kämpfen. Aber lieber will ich sterben mit Ehre als leben mit Schande.« – Da sagte Herr Didrik: »Hast du nicht erfahren, wer mein gutes Schloß in Gewalt hat?« – Hillebrand erwiderte: »Mir wurde gesagt, das hätte ein Herzog, der Alebrand heißt. Er ist ein mächtiger Kämpe, und ich glaube, daß er mein Sohn ist, weil meine Hausfrau mit einem Kind ging, als ich von Hause fuhr.« – Herr Didrik antwortete: »Wäre dein Sohn Herzog über Bern, das wäre um so besser für uns! Ihm werden wir willkommen sein, wenn er so treu sein will, wie du es gewesen bist!« –

Hillebrand antwortete: »Wie sollen wir von hier fortkommen, da all unser Volk zur Hel geschlagen ist und nichts übrig, außer wir erhalten Hilfe von Attala-König? Doch (auch) *sein* Volk ist meist zur Hel geschlagen!« – Herr Didrik antwortete: »Wir können mit keinem Heere kommen, und keine Hilfe erhalten wir von Attala-König. Fahren wir heimlich, du und ich und meine Ehefrau Herat! Und komme ich wohlbehalten in mein Land, dann werde ich niemals mehr hierher zurückkommen, eher soll es mein Leben gelten!« –

Hillebrand: »Willst du heimlich fahren oder willst du Attala-König etwas davon sagen?« – Didrik antwortete: »Ich werde in mein Reich ziehen, wie lieb das Attala sein mag, ›mit oder mot‹ (gegen)!« – Didrik fragte Frau Herat, ob sie ihn begleiten wolle. Sie antwortete: »Ich will dich gerne begleiten heim in dein Land!« – Darauf machten sie sich fertig. Meister Hillebrand machte ihre Rosse bereit. Sie hatten drei Rosse, das vierte trug ihr Gold, ihr Silber und ihre Kleider.

(Abschied von Soest)

Sv 341

Als sie fertig waren, sagte Hillebrand zu Herrn Didrik: »Sprich mit Attala-König, ehe du fortziehst!« –

Didrik antwortete: »Reitet voraus auf den Weg, Frau Herat und du! Ich will hinaufgehn und mit Attala-König reden!« – Dann ging er hinauf zu Attala.

Ihm wehrte niemand zu gehn, wohin er wollte, obschon er seine Rüstung anhatte. Sie wußten wohl, daß er König Attalas guter Freund war. Herr Didrik kam zu Attala-König. Der begrüßte ihn freundlich und fragte, warum er so früh seine Rüstung anhätte, er alleine?

Herr Didrik antwortete: »Ich will mit dir reden. Du weißt wohl, wie lange ich mein Reich entbehrt habe und meine gute Burg Bern. Darum habe ich großen Kummer, daß meine Feinde mein Reich besitzen sollen. Das soll nicht länger so bleiben! Ich werde mein Leben daran wagen, so bald ich kann!« –

König Attala: »Wo ist das Volk, das dir folgen soll? Oder womit willst du dein Land wiedergewinnen?« – Didrik antwortete: »Ich will heimlich fahren, ich habe keine andere Macht.« – König Attala antwortete: »Fahr nicht von hier so ungeehrt fort! Bleibe noch eine Weile hier, dann will ich dir ein Hünenheer geben, um damit dein Reich zurückzugewinnen.« Didrik erwiderte: »Du bittest mich ritterlich, wie du es früher getan hast. Lohne dir das Gott! Nicht will ich nochmals deine guten Helden verderben!« –

König Attala begleitete ihn zu seinem Roß und trennte sich mit Tränen von ihnen. Ihn bekümmerte sehr, daß Didrik so ungeehrt von ihm ziehen sollte. Herr Didrik dankte ihm sehr. Dann stieg er auf seinen Hengst Falke und ritt seines Weges. Hillebrand ritt voraus mit dem Packpferd, Didrik und die Königin hinterher.

Sv 342
Als sie bei Päklär (Bakalar) vorbeiritten, sagte Herr Didrik: »O du gutes Schloß Päklär, sehr betraure ich deinen guten Herrn, Markgraf Rodger! Als ich aus meinem Reiche kam, und ich kam hierher, da ritt er zu mir heraus mit seiner Gattin und gab mir eine grüne Fahne auf meinen Speer. Wäre er am Leben, ich zöge hier nicht so kläglich vorbei!« – Hillebrand antwortete: »Das ist wahr, was du sagst! Der Markgraf war ein guter Held und vorzüglicher Kämpe! Das fand ich in Rytzeland, als ich von meinem Roß gestochen war. Wäre er nicht gewesen, dann wäre ich jetzt tot!« – Darnach ritten sie durch einen Wald, der *Lyrwald* heißt. Sie ritten immer des Nachts, am Tage schliefen sie.

(Jarl Elsung)

Sv 343
Es wohnte dort ein Jarl, der Elsung hieß. Er war mit 30 Mann über den Rhein gefahren. Ihm wurde gesagt, Herr Didrik ritte im Walde *Lyrwald*. Er erinnerte sich auch wohl daran, daß der alte Samson, Herrn Didriks Vatersvater, seinen Oheim zur Hel geschlagen hatte, Elsung-Jarl, der Bern/Bonn besaß. Deshalb ritt er hinter Herrn Didrik her, was er konnte. Herr Hillebrand sah zurück und sagte zu Didrik-König: »Ich sehe manchen Mann mit blanker Brünne und schönem Schild, und die reiten hart hinter uns her!« – Da weinte die Königin und gab sich übel, und sagte: »Fliehn wir zum Wald vor ihnen, es sind allzu viele!« –
Da wandte Herr Didrik sein Roß und sah zurück. Er sagte zu Hillebrand: »Dort kommen lauter gewappnete Männer und reiten hart hinter uns her. Ich kann nicht erkennen, wer die sind. Oder was siehst du, Hillebrand?« – Hillebrand antwortete: »Hier ist kein Fürst in der Nähe ringsum, außer es kann Elsung-Jarl sein, daß er über den Rhein gekommen ist und hat etwas von unserer Fahrt erfahren. Dann, glaube ich, will er den alten Elsung-Jarl rächen!« – Herr Didrik sagte: »Diese Männer reiten heftig hinter uns her! Was tun wir lieber? Fliehn wir in den Wald oder machen wir uns bereit, uns mit ihnen zu schlagen?« –
Hillebrand antwortete: »Wir wollen nicht fliehen! Sitzen wir ab von unseren Rossen und rüsten uns wohl dazu! Das soll kund werden

übers Hünenland, daß jene vor unseren Waffen fallen oder mit Schande von dannen fliehen!« –
Sie stiegen von den Hengsten und hoben die Königin vom Roß. Dann banden sie ihre Helme fest auf und zogen ihre Schwerter. Didrik sagte: »Hillebrand, du bist ein guter Held! Wer dich im Rücken hat, der ist nicht allein!« – Herr Didrik sagte (zur Königin): »Weine nicht eher, als bis du uns beide tot liegen siehst! Doch es kann besser werden, wenn Gott will!«

Sv 344

Da kam der Jarl zu ihnen und einer seiner Mannen, der Allung hieß. Der sagte zu ihnen: »Wollt ihr uns diese schöne Frau geben, dann sollt ihr euer Leben behalten!« – Hillebrand antwortete: »Sie fuhr aus Soest nicht um deinetwillen, und nicht soll sie dir folgen!« –
Da erwiderte einer der Jarlmannen: »Nie hörte ich einen so alten Mann so unverschämt antworten, und mit größerem Hochmut!« – Herr Didrik antwortete: »Du vielmehr bist beschränkt an Witz und Höflichkeit! Er hat all seine Jahre mit Ruhm gelebt und mit Tapferkeit! Bis zu diesem Tage war nie jemand so dreist, ihn für sein Alter zu schelten!« –
Da sagte Elsung – er war des alten Jarls Schwestersohn –: »Gebt eure Waffen ab auf der Stelle! Oder soll ich mit meiner Hand in deinen weißen Bart fahren, daß der größte Teil in meiner Hand bleibt?« – Hillebrand antwortete: »Kommt deine Hand in meinen Bart, dann reut dich das schnell! Denn entweder wird mein Arm zerbrechen, oder du wirst gleich deine Hand verlieren! – Wie heißt euer Hauptmann?« –
Da erwiderte einer von ihnen: »Wenn du auch einen langen Bart hast, so bist du doch unverständig in deiner Rede! Kennst du nicht Herrn Elsung-Jarl? Was bist du so dreist, daß du es wagst, nach unserm Hauptmann zu fragen? Auch ist es uns eine Schande, daß zwei (einzelne) Männer uns solche Worte geben sollen!« – Damit zog er sein Schwert und hieb auf Hillebrands Helm Hillegrim, den Didrik diesem geliehen hatte. Und darauf biß das Schwert nicht ein.
König Didrik hatte den Helm, den Jung-Sigfrid besessen, der war viel härter und besser vergoldet. Hillebrand zog sein Schwert Gram, das er dem Giselher abnahm, als der erschlagen wurde, und hieb auf Ingrams Helm. Er spaltete ihm Helm und Haupt, Brust und Bauch, daß das Schwert im Sattel stand.

Herr Didrik hieb mit Ekkisax einem andern Ritter auf seine Achsel, daß der Arm abging, und er stürzte und starb. Darauf hieb er dem Jarl selber unter seinen linken Arm nach oben und zerhieb ihm die Brust, daß das Schwert oben im Halse stand. Da fiel der Jarl gleich tot hin. Den Mannen des Jarls grauste es sehr, und sie wären lieber daheim in Babilonia (Köln) gewesen. Sie wehrten sich wacker. Da schlug Herr Didrik sieben Ritter, und Hillebrand schlug neun.

(Allung)

Sv 345

Jetzt hieb Hillebrand so auf Allungs Schild und Helm, daß der zu Boden fiel. Hillebrand warf sich auf ihn und sagte: »Entweder du wirst dich ergeben, oder es wird dich das Leben kosten!« – Allung antwortete: »Ich fürchte, ich komme in Verruf, daß ich mich vor solch einem alten Mann ergebe. Aber doch will ich ungerne sterben.« – Darauf übergab er seine Waffen. Nun ließ Hillebrand ihn aufstehn und fragte: »Warum wolltet ihr uns erschlagen? Oder was war unser Vergehen?« – Allung antwortete: »Elsung-Jarl wollte rächen, daß der alte Samson seinen Oheim erschlug.« –
Herr Didrik sagte: »Allung, du bist ein guter Bursch! Gib mir gute Nachricht von meinem Land, dann will ich dir dein Leben schenken.« Allung antwortete: »Mein guter Herr Didrik, ich kann dir große Neuigkeit sagen. Ermenrik dein Oheim war übel siech, seine Därme lösten sich in ihm auf und zerrissen, und auf Sevekins Rat ließ er seinen Leib aufschneiden und da das Fett auswinden, und es ward seitdem halbmal schlimmer. Deshalb ist er so gut wie tot.« Herr Didrik und Hillebrand dankten ihm für die gute Nachricht, und damit gaben sie ihn los. Darauf ritten sie ihres Weges.

Sv 346

Die, welche vom Jarl geflohen waren, kamen heim nach *Babilonia* und sagten, der Jarl wäre erschlagen und sechzehn von seinen Mannen. Die Mannen des Jarl fragten, wer das getan hätte. Sie sagten: »Das haben zwei Männer getan. Der eine war so alt, daß es ein Wunder war. Gewiß war er ein Deubel, der hatte ihn, und einen Deubel hatte er in seinen Händen, denn davor schützte kein Helm. Er hatte einen grauen Bart, so daß er bis auf den Gürtel reichte.« Da antwortete einer aus dem Rat des Jarls: »Das ist König Didrik von Bern gewesen und der alte Meister

Hillebrand! Mit denen ist nicht gut spielen! Die richten noch mehr Schaden an, bevor sie aus unserem Lande kommen!« –
Da kam Allung heim selbzwölft und hatte mit sich die Rüstung des Jarls. Sie fragten ihn: »Wer waren die, welche den Jarl dort erschlugen? Und wer war der alte, barttragende Mann, der die mächtigen Hiebe schlug?« – Allung antwortete: »Dieser alte Mann war ein guter Held! Er gab mir mein Leben. Er hätte mich wohl erschlagen, wenn er gewollt hätte. Das war Meister Hillebrand. Der jüngere war Herr Didrik von Bern. Sie drängte die Not dazu, sich mannhaft zu wehren, denn sie waren zwei und wir zweiunddreißig. Und wir verloren sechzehn Mann; denn sie waren tüchtige Männer.«

(Die Wölfinge)

Sv 347
König Didrik und Hillebrand zogen nun ihres Weges. Sie kamen in einen *großen Wald im Humlungaland.* Dort lag ein Schloß nahbei, das besaß ein Jarl, der Ludwig hieß. Herr Didrik blieb im Wald mit Frau Herat, Hillebrand ging voraus zu der Feste. Dort stand ein Mann und hackte Holz. Hillebrand fragte ihn, wem die Feste gehörte. Er antwortete: »Er heißt Herzog Ludwig, und sein Sohn Konrad.« –
Hillebrand fragte weiter: »Wer herrscht jetzt über Bern?« – Der Mann antwortete: »Er heißt Herzog Alebrand, dem alten Hillebrand sein Sohn.« – Hillebrand fragte: »Ist er ein tadelloser Mann?« – Der Mann antwortete: »Er ist der rascheste Kämpe, den es geben kann, und außerdem höflich und leutefreundlich; doch ist er doll grimm gegen seine Feinde und läßt keinen sich gleich sein!« – Hillebrand fragte nach weiteren Nachrichten. Der Mann antwortete: »Hier ist Nachricht, daß König Ermenrik von ›Rom‹ nun tot ist.« Da freute sich Hillebrand sehr, sagte aber, das wäre schlimme Kunde.

Sv 348
Darauf begleitete der Mann ihn vor zu Burg. Hillebrand sagte: »Geh hinauf auf die Feste und bitte Konrad, den Herzogssohn, er möge hierher zu mir gehn; denn er ist leichter auf den Füßen als der Vater.« – Der Mann ging auf die Feste und sagte zu Konrad: »Hier steht ein Mann vor dem Tor mit einem weißen Bart, der bat, du möchtest zu ihm gehn. Er gab mir einen Goldring für meine Mühe.« –
Konrad ging zu ihm und fragte, was er wollte.

Hillebrand: »Ich will auch mit deinem Vater sprechen. Ich heiße Hillebrand, Herrn Didriks Mann von Bern.« – Da ging Konrad zu ihm und sagte: »Komm, du liebster aller Männer, Meister Hillebrand! Ich bin dein Blutsfreund! Geh hinauf zu meinem Vater, du sollst uns willkommen sein!« – Hillebrand antwortete: »Das kann nicht jetzt zu dieser Zeit sein. Sage mir eine gute Kunde!« – Konrad antwortete: »Hier ist die Kunde: König Ermenrik von ›Rom‹ ist tot!« –

Hillebrand fragte: »Wer soll dann König werden?« – Konrad antwortete: »Das soll der üble Lügner Sevekin!« – Da sagte Hillebrand: »Hab Dank für gute Kunde!« – Da sagte Konrad zu Hillebrand: »Gib mir nun genauere Nachricht! Woher bist du gekommen?« – Hillebrand antwortete: »Die Neuigkeit kann ich sagen: Elsung-Jarl von ›Babilonia‹ ist nun tot! Und dann: König Didrik von Bern ist hier ins Land gekommen!« – Konrad antwortete: »Gott sei gelobt, daß es so ist! Dein Sohn Alebrand hält Bern und das ganze Humlungaland, so daß Sevekin nichts davon abbekommt, und er sandte Botschaft ins Hünenland nach König Didrik, er solle heimkommen in sein Reich; denn alle Humlunge wollen gerne ihn haben. Sie wollen lieber sterben als Sevekins Untertanen werden.« –

Sv 349

Konrad bat Hillebrand, mit ihm hinauf in das Haus zu gehen, Hillebrand antwortete: »Ich werde in den Wald reiten. Dort liegt Herr Didrik und wartet auf mich.« – Da sagte Konrad: »Warte hier so lange auf mich! Ich sage meinem Vater davon!« –

Konrad ging in das Haus hinauf und sagte zu seinem Vater: »Ich kann dir gute Nachricht bringen: König Didrik ist ins Humlungaland gekommen und Meister Hillebrand, unser Blutsfreund. Er steht draußen vor dem Tor!« – Da ging der Jarl hinaus zu ihm; sie nahmen sich in die Arme und küßten sich. Der Jarl fragte: »Wo ist Didrik-König?« – Hillebrand antwortete: »Er ist in dem Wald, der hier nahebei liegt.« –

Nun rüstete der Herzog sechs gewappnete Ritter mit Speise und Wein aus und ritt selbst mit und sein Sohn Konrad (auch) dahin, wo Herr Didrik war. Als sie dahin kamen, da hatte er ein großes Feuer gemacht.

Sie stiegen von ihren Rossen, fielen auf ihre Knie und küßten Herrn Didriks Hand. Sie empfingen Herrn Didrik wohl und mit großer

Ehrfurcht und boten ihm zur Hilfe sich und ihr Volk, wohin er sie haben wollte. Da stand Herr Didrik auf, nahm sie bei der Hand und setzte sie beide neben sich.
Der Herzog lud Herrn Didrik zu sich nach Hause ein. Herr Didrik sagte, er wolle eine Weile im Walde bleiben. Hillebrand sagte, »der Herzog und sein Sohn mögen hier bei dir bleiben, ich will reiten und mit meinem Sohn Alebrand reden«. – Herr Didrik hatte gelobt, er würde in keine Feste kommen im Humlungaland, bevor er über Bern käme.

(Hillebrand und Alebrand)

Sv 350

Da ritt Hillebrand seines Weges. Konrad geleitete ihn noch etwas auf den Weg und sagte zu ihm: »Wenn du deinen Sohn Alebrand findest, sprich höflich mit ihm und sage ihm, daß du sein Vater bist! Sonst, fürchte ich, wird er dein Tod. Er ist ein mächtiger Kämpe!« – Hillebrand sagte: »Woran soll ich meinen Sohn Alebrand erkennen?« –
Konrad antwortete: »Er reitet allzeit auf einem weißen Hengst, und der ist geschmückt mit gutem Gold. Sein Schild und Banner sind weiß wie Schnee, und darauf gezeichnet eine Burg, gestaltet wie Bern. Er ist ein so rascher Kämpe, daß keiner ihm gleich ist im ganzen Humlungaland, und du bist nun ein alter Mann. Deshalb rate ich dir, nicht mit ihm zu kämpfen.« – Da lachte Hillebrand: »Wenn er sich auch ein ganz großer Kämpe dünkt und läßt keinen sich gleich sein: so alt ich auch bin, er soll so schnell seinen Namen mir sagen wie ich ihm meinen!« – Damit trennten sie sich.

Sv 351

Hillebrand ritt auf Bern zu. Da begegnete ihm Alebrand auf einem weißen Hengst und ganz, wie vorher gesagt war. Er hatte Habicht und Hund bei sich. Hillebrand sah, daß er gut reiten könne, deshalb ritt er geradewegs auf ihn los und Alebrand ihm mannhaft entgegen. Jeder von ihnen stach in des anderen Schild, daß die Glaffen in Stücke gingen. Dann sprangen sie von ihren Rossen, zogen ihre Schwerter und kämpften tapfer, bis sie beide ermüdet waren. Sie setzten sich nieder und ruhten sich aus.
Alebrand sagte: »Sag mir deinen Namen! Oder wer ist dieser alte

Mann, der sich so lange mit mir geschlagen hat? Sage mir schnell deinen Namen, oder es kostet dein Leben!« – Hillebrand antwortete: »Du sollst mir zuerst deinen Namen sagen, oder du wirst sehr geschwind mein Gefangener werden und wirst es dann gezwungen tun!« –

Da schwang Alebrand sein Schwert mit beiden Händen und hieb auf Hillebrand, und der wieder auf ihn, und keiner schonte den andern. Sie schlugen sich so lange, bis sie beide müde wurden und sich abermals ausruhten. Nun sagte Alebrand: »Sage mir deinen Namen schnell, sonst wirst du sterben! Willst du das nicht im Guten tun, dann wirst du es tun ohne deinen Dank!«

Da hieb Alebrand schnell und hart und wurde so wütig und meinte, ihn zu erschlagen, den Alten; doch der wehrte sich mannhaft. Hillebrand sagte: »Bist du etwa vom Wölfing-Geschlecht, dann sage mir schnell deinen Namen, oder du sollst sterben!« – Alebrand antwortete: »Willst du dein Leben behalten, dann sage mir schnell deinen Namen! Nicht bin ich vom Wölfing-Geschlecht! Und gewiß bist du wunderlich, wenn du auch alt bist, daß du wagst, mich solches zu fragen!« – Darauf schlugen sie sich heftig.

Da hieb Hillebrand einen starken Hieb auf Alebrands Hüfte, daß die Brünne zerbarst, und er doch eine große Wunde bekam, daß das Bein ihn nicht tragen wollte. Da sagte Alebrand zu Hillebrand: »Du hast den Deubel in deiner Hand, drum will ich meine Waffen übergeben. Ich habe keine Kraft, gegen dich zu kämpfen. Nimm hier mein Schwert!« – Wie Hillebrand nach dem Schwert griff, hieb der Junge zu und wollte dem Alten die Hand abhauen. Hillebrand schoß den Schild vor und sagte: »Den Hieb lehrte dich ein Weib und nicht dein Vater!« – Dann ging Hillebrand so hart auf ihn los, daß er umfiel. Der Alte warf sich auf ihn, schlug ihm mit dem (Schwert)Knauf vor die Brust und sagte: »Sag mir schnell deinen Namen, oder es wird dein Leben kosten!« –

Der Junge antwortete: »Mir ist nicht viel um mein Leben mehr, seit ein so alter Mann mich überwinden wird!« – Der Alte sagte: »Sage mir schnell, ob du mein Sohn Alebrand bist! Dann bin ich dein Vater Hillebrand!« – Alebrand antwortete: »Bist du mein Vater Hillebrand, dann bin ich dein Sohn Alebrand!« – Darauf standen sie beide auf, nahmen sich in die Arme und küßten sich und waren da beide froh. Sie stiegen auf ihre Rosse und ritten nach Bern. Alebrand fragte: »Wo trenntet ihr euch von Didrik von Bern?« – Hillebrand antwortete und sagte ihm alles, wie es damit stand.

Sv 352

Da ging hinaus zu ihnen Hillebrands Ehefrau, Alebrands Mutter. Sie sah ihren Sohn stark bluten, darum weinte sie, war unglücklich und sagte: »Mein lieber Sohn Alebrand, warum bist du so wund, und was für ein Mann begleitet dich da?« – Alebrand antwortete: »Diese Wunde macht mir keine Schande. Die gab mir mein Vater, Meister Hillebrand, und der kommt hier nun geritten.« – Da wurde die Mutter froh und begrüßte Meister Hillebrand wohl, und war dort große Freude auf beiden Seiten. Sie blieben in Bern über Nacht. Sie verband Alebrands Wunde, so gut sie nur konnte.

(Der Einzug in Bern)

Sv 353

Als Hillebrand einritt in die Burg Bern, lief ein Torwächter heraus gegen ihn und schlug auf ihn mit seinem Schwert; denn er kannte ihn nicht. Alebrand zog sein Schwert und schlug ihm den Kopf ab. Hillebrand: »Nun tatest du eine schlechte Tat, denn du erschlugst einen schuldlosen Mann! Sein Hieb schadete mir nicht, und er wußte nicht, wer ich war!« – Alebrand antwortete: »Daß sein Hieb dir nicht schadete, dafür magst du deiner Brünne danken! Wäre sie nicht so hart gewesen, dann hätte ich jetzt meinen Vater gerächt! Deshalb war er nicht schuldlos!« –

Darnach versammelte Alebrand alles Volk, das in der Stadt war, und alle die Klügsten und Mächtigsten in der Stadt, und sagte zu ihnen: »König Didrik ist ins Humlungaland gekommen und will sein Reich zurück haben. Gebt mir Antwort, was ihr lieber wollt: ihn als König und Herrn oder Sevekin-Balerad (den Verräter)?« – Sie antworteten einer nach dem andern: »Herr Didrik ist unser rechter Herr! Mit ihm wollen wir leben und sterben, damit er sein Land wiedergewinnen kann!« Und sie dankten alle Gott, daß er wiedergekommen war.

Alebrand antwortete: »Wer das nicht glauben will, daß Herr Didrik wiedergekommen ist: Hier sitzt mein Vater Meister Hillebrand, der von ihm kam und lange mit ihm ferne gewesen ist!« – Da riefen sie alle und hießen ihn hoch willkommen und priesen ihn sehr für seine Treue und Tapferkeit. Alebrand sagte: »Alle mächtigen Männer und die, welche gute Waffen haben: Macht euch eilig bereit! Wir wollen zu König Didrik reiten!« – Sie taten, wie er wünschte.

Sv 354

Darauf ritten Hillebrand und Alebrand aus Bern heraus mit 600 Rittern und in den Wald, wo Herr Didrik war. Sie stiegen von ihren Rossen und riefen ihm Heil zu. Herr Didrik stand zu ihnen auf und begrüßte sie herzlich. Er zog Alebrand in seine Arme und küßte ihn. Da war dort große Lust und Freude auf allen Seiten. Dann stieg König Didrik auf sein Roß Falke, Meister Hillebrand, Alebrand und Herzog Ludwig taten desgleichen, und sie ritten nach Bern.
Alebrands Volksgemeinde ging heraus zu ihm. Meister Hillebrand führte sein Banner. Da ritt Alebrand zu Herrn Didrik und sagte: »Als du vertrieben wardst aus Bern, und ich seither zum Mann ward, überantwortete König Ermenrik mir dies Schloß und Land. Das habe ich bewahrt vor Sevekin, nachdem der König starb.« Nun nahm Alebrand einen Goldring von seiner Hand, gab ihn Herrn Didrik und sagte: »Hiermit überantworte ich dir Bern und ganz Humlungaland und mich selbst und meine Mannen zum Dienst, solange ich lebe!« – Herr Didrik antwortete: »Habe Dank! Ich werde dir das lohnen, solange du lebst!« – Dann ritten sie hinein in die Stadt und wurden dort wohl emmpfangen. Da wurde Herr Didrik beschenkt: Einige gaben ihm Güter und Gärten (Höfe), einige schöne Rosse, einige scharfe Schwerter und harte Helme, auch gute Rüstung. Meister Hillebrand und Alebrand führten Herrn Didrik hinein, nach Bern hinauf, und setzten ihn in seinen Hochsitz. Dann wurde ihm gehuldigt im ganzen Humlungaland, (und er ward) mächtig über Schlösser und Orte.

(Die Schlacht bei Graach)

Sv 355

Acht Tage darauf ritt Herr Didrik zu einer Stätte, die »Room« (Râm) heißt. Dort wurde ihm gesagt, daß Sevekin ein großes Heer sammelte und wollte mit ihm streiten. Er fragte die Bürger, ob sie ihn zum König und Herrn haben wollten, und sagte: »Ich will kämpfen mit Sevekin, hätte er auch zwanzigmal mehr Volk als ich. Ich will entweder sterben oder mein Land und Reich wiedergewinnen!« – Die Bürger antworteten: »Wir wollen viel lieber mit dir sterben als Sevekin dienen!« – Herr Didrik sprach: »Wer mir folgen will, der wappne sich schnell und folge mir! Ich werde Sevekin finden, wie das auch gehen mag!« –

So ritt er hinaus von der Statt mit 8000 Rittern und anderem Volk. Als er vor einen Ort kam, der Grächenborg (Graach) heißt, traf ihn Junker Sevekin mit 13000. Da ritt vor Herr Hillebrand mit König Didriks Banner. Dort entspann sich ein großer Kampf. Da kam einer von Sevekins Mannen von hinten auf Herrn Didriks Heer mit 7000 Rittern, die waren alle von »Rom«. Als Herr Didrik das vernahm, wandte er sich gegen diese, und Hillebrand mit ihm. Alebrand kämpfte gegen Sevekin mit seinen Mannen. Herr Didrik und Hillebrand kämpften tapfer den ganzen Tag über. Sie hieben zur Hel Männer und Rosse und ritten durchs Heer, wo sie nur wollten. Herzog Alebrand ritt scharf gegen Sevekin vor, bis er unter sein Banner kam, zerhieb die Bannerstange und die Hand ab dem, der die Bannerstange führte. Das sah Sevekin. Er ritt stracks gegen Alebrand. Sie gaben einer dem andern große Hiebe. Ihr Kampf währte lange. Da ergrimmte Alebrand und hieb auf Sevekins Achsel, und er spaltete ihn bis in den Sattel hinab. Als die Rom-Krieger sahen, daß ihr König gefallen war, ergaben sie sich und gaben den Kampf auf. Sie fielen König Didrik zu Füßen und gaben sich in seine Gewalt. Herr Didrik sagte zu Alebrand: »Du hast gehandelt als ein kühner Held, daß du den Verräter erschlugst! Wäre das vor 20 Jahren geschehen, es stünde besser im Humlungaland!« –

(Einzug in »Rom«)

Sv 356

Nun zog Herr Didrik den gradesten Weg nach »Rom«, und all diese Heere folgten ihm. Jeden Tag kam Volk zu ihm, und keiner wagte, gegen ihn zu kämpfen. Er ritt in »Rom« ein, stieg von seinem Roß, ging und setzte sich in denselben Stuhl, in dem Könige zu sitzen und gekrönt zu werden pflegen. Herr Hillebrand und Alebrand setzten Krone auf sein Haupt und gaben ihm (den) Königsnamen über das ganze Reich, das König Ermenrik vorher gehabt hatte. Dann gingen Ritter und Knappen vor und die ganzen Gemeinden und schwuren ihm Eide, wie es sich gebührte.

Herr Didrik war damals ein mächtiger König. Er ließ ein Bildnis in Kupfer fertigen von sich und seinem Roß Falke, das stand lange in »Rom« nach seinem Tode.

An Herzog Alebrand überantwortete er das Schloß, das Room hieß,

darüber war dieser lange Herzog. Doch Meister Hillebrand wollte sich niemals von ihm trennen. Er blieb bei Didrik so lange, bis er verstarb.
Keiner wagte, gegen Herrn Didrik zu kämpfen, kein König und kein Herzog, solch ein gewaltiger Ruf ging aus von seiner großen Mannheit.

Sv 357

Als Herr Didrik ein alter Mann war, da wandten sich viele zum Christentum. Da ließen Herr Didrik und Hillebrand sich christen und das ganze Reich, das zu »Rom«/Trier gehörte, und Lombardy und manch anderes Land.
Wenig später wurde Meister Hillebrand krank. König Didrik saß bei ihm Nacht und Tag. Da sagte Hillebrand: »Diese Krankheit wird mein Tod. Laß meinem Sohn (unsere Freundschaft) zugute kommen. Ihm gebe ich all meine Waffen, die soll er tragen für dich, wo du seiner weiterhin bedarfst. Darauf starb Hillebrand. Herr Didrik weinte und beklagte sehr seinen guten Freund. Herr Didrik ließ ihn beerdigen mit großer Feierlichkeit.
Das sagen deutsche Männer, daß er der treueste Mann war, den es geben konnte. Dazu war er stark, mannhaft, weise, gütig und ritterlich. Er war neunmal zwanzig Jahre alt, als er starb, und manche sagen, er war zweihundert Jahre alt.
Alebrand trat das Erbe seines Vaters an und diente Herrn Didrik, solange er lebte.
Wenig später starb Königin Herat. Um sie trauerte mancher Mann; denn sie wirkte Gutes in jeder Sache. So tat auch ihre Mutterschwester Ercha-Königin und Gudelin(da), Markgraf Rodgers Frau. Diese drei Frauen sind gepriesen worden vor allen Frauen, die es in deutschen Zungen gab, an edlem Anstand, Wohltätigkeit und Weisheit.

(König in Rom/Trier)

Sv 358

Herr Didrik von Bern ritt nun allezeit aus mit Hund und Habicht. Das war seine größte Lust, daß er kühn war und stark, so daß er sich nicht vorsah, wohin er ritt, in große Wälder und Öden. Oft ritt er allein. Er hatte auch einen so guten Hengst und einen so raschen, der Blanke hieß, den gab ihm Alebrand. Herr Didrik fürchtete weder Mensch noch Tier, wo er ritt.

Sv 359–364 = Abenteuer Didriks: entfällt
Sv 365–368 = König Aldrians Rache: entfällt

(Didrik König vom Hünenland)

Sv 369
Damals übernahm Didrik, König von Bern, das Hünenland und wurde König darüber; denn das Volk des Landes wollte ihn gerne haben. Er war auch ein so untadeliger Mann, daß, wo er auch ritt mit seinem Wappen, kein König wagte, mit ihm zu streiten. Seine Mannheit wurde kund über alle Lande.

Sv 370–376 = Heim im Kloster: entfällt

(Didrik und Heim)

Sv 377
Das erfuhr Herr Didrik von Bern. Ihn wunderte mächtig, wer das sein sollte, der alleine den Riesen Aspilian mit wehrender Hand erschlagen hätte. Er wußte, daß zu der Zeit alle Kämpen tot waren. Da war jüngst Alebrand gestorben und bekam einen guten Tod, wie sein Vater auch gehabt hatte. Herr Didrik wußte wohl, wo alle seine Kämpen waren – nur von Heim dem Kleinen hatte er nicht gehört, ob er noch lebte oder tot war.

So ritt er zu dem Kloster, in dem dieser war, dieses hieß *Wadhinkusan.*[119] Der Abt ging zu ihm hinaus, empfing ihn wohl und fragte, was er wollte. Herr Didrik fragte: »Ist hier nicht ein Mönch, der Heim heißt, Studders Sohn?« – Der Abt antwortete: »Hier ist kein Mann, der so heißt!« – Herr Didrik erwiderte: »Laß mich ins Kloster gehn und nachsehn!« –

Sv 378

Da ging ein Mönch aus dem Kloster, der war breitschultrig und gedrungen, sein Bart war breit und grau wie eine Taube. Herrn Didrik schien es, er kenne ihn, und er sagte: »Bruder, wir haben manches große Wasser durchsegelt und waren in manchen gefährlichen Spielen, du und ich. Du bist Heim, mein guter Freund!« – Der Mönch antwortete: »Niemals kannte ich den Mann, der Heim heißt, und niemals warst du mein Herr!« –

Herr Didrik antwortete: »Erinnerst du noch, Bruder, wie unsre Rosse an der Frisia tranken, so daß das Wasser sank an die zwei Fuß?« – Heim antwortete: »Niemals tränkte ich Rosse mit dir, und niemals sah ich dich früher als hier!« – Didrik sagte: »Erinnerst du nicht, wie ich aus meinem Reiche vertrieben war, und du begleitetest mich? Damals rittest du heim zu Ermenrik, und er trieb dich von sich?« – »Da weiß ich alles nichts von! Wohl habe ich nennen hören Ermenrik König und Didrik König.« –

Didrik sagte: »Mancher Schnee ist gefallen, seit wir uns sahen. Erinnerst du nicht, Bruder, wie wir nach ›Rom‹ ritten und fanden Iron Jarl tot auf dem Wege mit großer Wunde, und Habicht und Hund saßen bei ihm, und sein Roß stand bei ihm, und keins von ihnen wollte sich von ihm trennen, so hingen sie an ihrem Herrn?« – Der Mönch antwortete: »Nicht weiß ich, wo Iron-Jarl erschlagen wurde, und niemals hörte ich vorher von ihm sagen!«

Herr Didrik sagte: »Erinnerst du Bruder, das Fest, wie wir einritten in ›Rom‹ zu Ermenrik König? Frauen und Jungfrauen standen und sahen nach uns. Damals hatten wir das Haar golden und gelockt, nun ist es wie eine Taube grau, deines und meines. Unsere Kleider waren beide in eins geschnitten! Erinnere dich nun daran und laß mich nicht länger vor dir stehn!« –

Heim antwortete und lachte dazu: »Mein guter Herr Didrik, jetzt erinnere ich mich an alles, was du gesagt hast, und jetzt will ich dir folgen!« – Dann ging er ins Kloster, warf seine Kutte weg und nahm seine Rüstung und wappnete sich. Dann folgte er Herrn Didrik nach »Rom«. Didrik machte ihn zu einem Grafen und zum Hauptmann über sein eigenes Volk, und gab ihm groß Land.

Sv 379–381 = Heim im Kloster: entfällt

(Didriks Fortritt)

Sv 382
Als Herr Didrik sehr alt war, da ritt er zu einem Bad, das noch »Didriks Bad« genannt wird. Da sagte ein Knappe zu ihm: »Hier läuft der schönste Hirsch, den ich sah alle meine Tage!« – Herr Didrik sprang heraus aus dem Bad und nahm seinen Bademantel um und hieß seinen Hengst und seine Hunde holen. Seine Knappen gingen nach seinem Hengst. Dem König dünkte es lange zu warten, denn er sah, wo das Tier lief. Da sah er, wie da ein schwarzes Roß stand mit Sattel und Zaum. Er sprang schnell darauf und jagte dem Tiere nach, und die Knappen schlugen die Hunde los. Die Hunde wollten dem Roß nicht folgen. Das Roß lief so schnell mit ihm – kein Vogel konnte schneller fliegen. Doch seine Diener folgten hinter ihm her auf seinem Roß Blanka, und dem folgten alle Hunde.
Herr Didrik fand da, daß dies kein Roß war, auf dem er saß, und wollte gerne sich von ihm trennen. Da saßen die Schenkel so fest am Sattel, er mußte bleiben, wohin er gekommen war. Da riefen die Knappen: »Herr, du reitest allzu schnell, mir scheint rätlich, du wendest wieder zurück!« – Herr Didrik antwortete: »Mir scheint, ich reite übel und nicht gut! Das ist ein Deubel, auf dem ich sitze! Doch werde ich wiederkommen, wenn Gott will und Jungfrau Maria!« – Darauf kam er schnell von dem Knappen weg, so daß der nicht wußte, wo er blieb. Seitdem kann keiner mit Wahrheit sagen, wo hinaus er gekommen war.

Doch das ist deutschen Männern im Traum gekommen, daß Didrik das zu Nutz kommen möchte, daß er Gott anrief und Jungfrau Maria...

(Rache an Wideke)

Sv 383

Wie ihr früher gehört habt, floh Wideke Welandssohn vor Didrik von Bern und sank in den See bei Gränsport: da kam zu ihm eine Seefrau, seines Vater-Vaters Mutter, nahm ihn und führte ihn nach Seeland, und dort war er lange Zeit. Als er erfuhr, daß Didrik von Bern Kaiser in »Rom« geworden und ein Mächtiger war über Königreiche, da zog er auf eine Insel, die Fimber (Fehmarn) heißt, und baute sich dort einen Herrenhof, baute auch einen kleinen Turm am Sund und setzte dazu einen Fährmann. Auch ließ er ein Bildnis machen so gestaltet, wie Didrik von Bern war, und verbot dem Fährmann, einen Mann überzusetzen, der so aussah.

Sv 384

Didrik von Bern zog aus und suchte nach Wideke insgeheim und wollte gern seinen Bruder rächen. Er hatte nur zwei Knappen bei sich. So kam er zu diesem Sund und wurde gleich hinübergefahren. Da sah der Fährmann, daß beide sich ganz glichen, das Bildnis und er, und er sagte zu ihm: »Ich werde dich wieder wegfahren! Dir ist verboten, auf diese Insel zu kommen!« – Dann führte er ihn wieder zurück.

Da verstand Didrik wohl, was das bedeutete, und lieber wollte er sterben, als nicht seinen Bruder rächen. Darauf ging er in einen Marktflecken und ließ sich ein Auge ausbrechen bei einem Wundarzt. Als das verheilt war, zog er wieder zum Sund und wurde gleich übergesetzt auf die Insel, und der Fährmann ließ ihn gehen, wohin er wollte. Da ging er auf den Herrenhof und kam heimlich in Widekes Wohnung. Der stand vor seinem Bett und kleidete sich an, und war niemand da drinnen als er allein.

Als Didrik durch die Türe kam, sah er, wo Widekes Schwert Mimung lag, auf einer Truhe. Er nahm das Schwert, zogs aus der Scheide und schoß es ins Dach hinauf, daß es drin stecken blieb.

Als Wideke Herrn Didrik sah und erkannte, begrüßte er ihn und fiel auf die Knie vor ihm. Er bot sich und all sein Gut in seine Gewalt. Herr Didrik antwortete: »Als wir uns trennten vor Gränsport, als du meinen Bruder erschlagen hattest und die Jungherren, König Attalas Söhne, da dachte ich so inständig tief in meinem Herzen, du solltest niemals Frieden haben vor mir, wo immer ich dich finde. Drum wappne dich rasch und leg deine Rüstung an und wehre dich, so wohl du nur kannst!«

Wideke erwiderte: »Gib mir mein eignes Schwert Mimung!« – Herr Didrik sagte, dazu gäbe es keinen Rat. »Nimm ein anderes gutes Schwert, das beste, das du hast!« – Da wappnete Wideke sich, und so nahmen sie Aufstellung und schlugen sich so lange, bis Wideke stürzte und lag tot vor seinem eigenen Bett.

Sv 385

Herr Didrik hatte viele Wunden, und große. Da nahm er das Schwert Mimung herab und ging so durch Holstein und Sassen. Seine Wunden schwollen und eiterten stark. Als er nach Swawen kam, erkannte er, daß er nicht länger leben könne. Da ging er vor an einen Fluß oder einen See. Da zog er das Schwert aus der Scheide, Mimung, und warf es hinaus in den See, so weit er nur konnte, so daß es nie mehr in irgend eines Menschen Hand kam.

Dann ging er in einen Ort, der Hofferdh heißt, und lag dort zur Nacht. Als er erkannte, daß es stark zum Tode ginge mit ihm, da verbot er den zwei Knappen, die ihn begleiteten, irgendeinem Menschen zu sagen, wer er war. Kurz darauf starb er an jenen Wunden, welche Wideke Welandssohn ihm gegeben hatte, und wurde beerdigt in demselben Ort als ein Kaufmann.

Seine Knappen zogen heim nach »Rom« und wagten nicht viel zu sagen von ihrer Fahrt, außer vor mächtigen Herren. Doch das wußten alle in Dänemark, daß Wideke erschlagen ward in seiner eigenen Wohnung, und keiner kannte seinen Töter. Das wußten auch deutsche Männer, daß König Didrik nie in sein Reich zurückkam, seit er fortritt von dem Bad, das noch »Didriks Bad« genannt wird. Deshalb halten alle »Römer« es für wahr, daß Didrik so starb, wie es vorher geschrieben steht.

(Kaiser Henrik)

Sv 386

Herr Didrik ließ einen Hengst aufziehn in einem dunklen Haus unter der Erde, bis er 7 Jahre alt war. Und als er im Bade war, ließ er ihn losmachen und einen anderen Hengst, den Alebrand ihm gab, den ließ er dicht daneben binden, und einen anderen Hengst von gleicher Farbe stellte er in seinen eigenen Stall. Auf dem ritten die Knappen hinter ihm her.

Und das war heimlich gemacht auf Herrn Didriks Rat, damit er aus seinem Reiche herauskäme; denn wäre er in aller Öffentlichkeit gefahren, so wäre davon weites Gerücht ausgegangen, und er hätte dann Wideke Welandssohn nicht gefunden.

Deo gratias!
Herrn Didriks Buch hat nun (sein) Enden
Gott möge seine Gnade senden
dem, der es tat auf Schwedisch wenden.

Bildnachweis

Abb. 2 und 19: Germanisches Nationalmuseum Nürnberg

Abb. 3 und 4: Stadtarchiv und wissenschaftliche Stadtbibliothek, Bonn

Abb. 5, 6 und 30: Bildarchiv Preußischer Kulturbesitz, Berlin

Abb. 8: Robert Cornely Verlag, Bad Wörishofen

Abb. 12: Hochbauamt des Kantons Zürich, Gygax

Abb. 13: Dr. Harald Busch, Frankfurt a. M.

Abb. 23 und 24: Rheinisches Landesmuseum, Bonn

Abb. 25: Ursula Heyn, Lippstadt

Abb. 26: Niedersächsische Staats- und Universitätsbibliothek, Göttingen

Abb. 29: Heinz Specht, Rheinbach

Alle anderen Abbildungen: Privatarchiv